유원총보역주 4
類苑叢寶譯注

서울대학교 규장각한국학연구원 한국학자료총서 14-4

유원총보역주 4

펴낸곳 서울대학교출판문화원
펴낸이 성낙인
지은이 김육
역주자 이영주 허성도 김창환

초판 1쇄 인쇄 2015년 2월 5일
초판 1쇄 발행 2015년 2월 10일
출판등록 제15-3호

주소 151-742 서울 관악구 관악로 1
대표전화 02-880-5252 팩스 02-888-4148
마케팅팀(주문상담) 02-889-4424, 02-880-7995
이메일 snubook@snu.ac.kr
홈페이지 www.snupress.com

ISBN 978-89-521-1676-5 94000
978-89-521-1026-8(세트)

서울대학교 규장각한국학연구원 한국학자료총서 14-4

유원총보역주 4

類苑叢寶譯注

김육 지음
이영주 허성도 김창환 역주

서울대학교출판문화원

Yuwonchongbo

Translated and Annotated by

Yeong-Ju Lee
Seong-Do Heo
Chang-Hwan Kim

Seoul National University Press

머리말

인류(人類)는 문자를 발명한 이후, 접하는 대상이나 현상에 대해 사고하고 분석한 것들을 기록으로 남겼다. 이것이 우리에게 전승된 문화이다. 유서(類書)는 이런 기록들을 대상으로, 그 내용을 항목별로 분류하고 해당 사항들을 발췌하여 '부류별로 정리한 책'이다.

중국에서 당대(唐代)에 《예문유취(藝文類聚)》가 나오면서 그 형식이 확립된 유서는, 송대(宋代) 이후로 양적으로나 질적으로 발전을 거듭하면서 동양적 백과사전으로서의 위상을 확고히 하였다. 송대에 나온 《사문유취(事文類聚)》는 유서의 전범(典範)으로 자리잡게 되었다.

우리나라의 경우, 고려 때 처음으로 유서를 수입하였고 조선시대에 이르러 마침내 독자적으로 제작하기 시작하였다. 현재까지 확인된 유서 가운데 가장 오래된 것으로 1554년[명종(明宗) 9년]에 어숙권(魚叔權)이 편찬한 《고사촬요(攷事撮要)》를 들 수 있다. 그러나 이 책은 사대교린(事大交隣)에 관한 문제와 일상생활에 필요한 제반사항을 모아 2권 2책의 분량으로 간략하게 엮은 것으로, 비망록의 범주를 벗어나지 않는다.

조선(朝鮮) 인조(仁祖) 때의 문신이자 학자인 김육(金堉: 1580-1658)이 엮은 《유원총보(類苑叢寶)》는 내용이나 분량 면에서 우리나라 최초의 본격적인 유서라고 할 만하다. 김육은 《유원총보》 자서(自序)에서 이 책을 엮게 된 경위와 그 명칭을 붙이게 된 내력을 다음과 같이 말하였다.

> 지난날의 자취를 두루 살피는 데에는 송(宋) 축목(祝穆)이 편찬한 《사문유취》만 한 것이 없는데, 학사(學士)와 대부(大夫) 가운데 이 책을 가지고 있는 사람이 적으니 하물며 먼 지방의 선비들은 어떻겠는가.
>
> 작년 여름에 내가 한가한 부서(府署)에 있으면서 비로소 이 책을 초록(抄錄)하면서 번잡스럽고 쓸데없는 것들을 빼버리고 그 요지(要旨)만을 남긴 뒤, 아울러 《예문유취》, 《당유함(唐類函)》, 《천중기(天中記)》, 《산당사고(山堂肆考)》, 《운부군옥(韻府群玉)》 등의 여러 책을 가져다 표제(標題)에 따라 더하거나 빼고, 빠진 것을 보충하여 문장을 다듬었다. 한 질(帙)의 책 안에 수백 권의 정수(精粹)를 포괄하여, 책 이름을 《유원총보》라고 하였다.

잦은 전란으로 인하여 도서의 구득은 물론 보관조차 여의치 못하던 때에, 편자의 식견과 판단에 따라 중국의 주요 유서에서 정수를 취사선택하여 편찬한 이 책은, 글쓰기를 위한 참고서로뿐 아니라 교학(敎學)의 텍스트로도 중요한 역할을 담당하였다.

이《유원총보》는 우리나라 최초의 본격적인 유서라는 역사적 의의뿐만이 아니라, 형식이나 내용 면에서도 대표성을 지니고 있다. 따라서 이 책은 오늘날의 국학 연구자들에게 요긴한 공구서로서의 역할을 할 수 있을 것이다. 동일한 주제어 아래에 다양한 층차의 유사어 및 관련어의 실례를 모았기 때문에, 일차적으로는 한자(漢字)로 씌어진 텍스트를 해석할 때 수시로 부딪히게 되는 의미 변별의 문제를 해결할 수 있어 보다 정확하고 심도 있는 번역을 가능하게 한다. 다음으로, 이 책은 그 자체로서 문화학(文化學) 텍스트로서의 기능을 지니고 있어 국학 관련 연구에 종사하는 연구자들에게 한문(漢文)에 대한 소양을 심화시킬 수 있는 텍스트로 활용될 수도 있을 것이다.

이 책은 서울대학교 규장각한국학연구원 2013년도 21세기 신규장각 자료구축사업의 지원을 받았다. 방대하면서도 시장성을 확보할 수 없는 학술공구서의 번역과 출판에 전폭적인 지원과 관심을 아끼지 않은 규장각한국학연구원과 편집과 조판의 어려움을 무릅쓰고 좋은 책으로 펴낸 서울대학교출판문화원에 대하여 이 자리를 빌려 깊은 감사를 드린다.

2015년 2월

역주자 일동

유원총보서

우리 동방은 본디 문헌(文獻)이 증거하기에 충분한 나라로 칭해졌으며, 또 대대로 중국과 교통(交通)하여 문장(文章)의 성대함이 중국과 어깨를 견줄 만하였다. 그러나 불행하게도 수십 년 이래로 전란이 계속해서 일어나, 서책은 실어 나르는 소를 땀나게 하지 못하고 재주는 말에 기대어 글을 짓는 이가 없게 되었으니, 어찌 깊이 개탄하지 않을 수 있겠는가.

지난날의 자취를 두루 살피는 데에는 송(宋) 축목(祝穆)이 편찬한 《사문유취》만 한 것이 없는데, 학사(學士)와 대부(大夫) 가운데 이 책을 가지고 있는 사람이 적으니 하물며 먼 지방의 선비들은 어떻겠는가.

작년 여름에 내가 한가한 부서(府署)에 있으면서 비로소 이 책을 초록(抄錄)하면서 번잡스럽고 쓸데없는 것들을 빼버리고 그 요지(要旨)만을 남긴 뒤, 아울러 《예문유취》, 《당유함(唐類函)》, 《천중기(天中記)》, 《산당사고(山堂肆考)》, 《운부군옥(韻府群玉)》 등의 여러 책을 가져다 표제(標題)에 따라 더하거나 빼고, 빠진 것을 보충하여 문장을 다듬었다. 한 질(帙)의 책 안에 수백 권의 정수(精粹)를 포괄하여, 책 이름을 《유원총보》라 하였으니 모두 46편(篇)이다. 금년 가을에 이르러 책이 완성되었는데, 호남(湖南) 감사인 남선(南銑)이 나와 뜻을 같이하는 선비로서 나를 위해 이 책을 간행하였다.

아아, 내가 어찌 좋아서 이 일을 하였겠는가. 사고(四庫)의 서책이 병란의 재로 타서 다 없어졌고, 천금(千金)을 주고 사오던 일도 연경(燕京)의 시장에서 길이 끊겼다. 내가 참람스러움도 잊고 감히 찾아 모은 것은, 그 뜻이 있는 곳이 있으니 마음이 진실로 슬프다.

취하고 버림과 더하고 빼는 데에 반드시 잘못된 것이 많을 것이고, 또 판(板)을 새기는 데 다급하여 정밀하게 교정하지 못하였으니, 안목을 갖춘 노숙한 이들에게 비웃음 받기를 면치 못할 것을 잘 알고 있지만, 나는 정말 그런 것을 돌아볼 겨를이 없고 또 감히 사양할 수도 없었다. 이것이 진실로 공자(孔子)께서 이른바, '나를 알아주는 것과 나를 죄주는 것'*의 뜻이니, 훗날의 여러 군자들이 나를 혹 조금은 용서해 줄 수 있을 것이다.

계미년(1643, 인조 21) 만추(晩秋) 하순(下旬)에, 청풍 김육이 서문(序文)을 쓴다.

---

* 《맹자(孟子)·등문공하(滕文公下)》, "春秋, 天子之事也. 是故孔子曰, 知我者, 其惟春秋乎, 罪我者, 其惟春秋乎."

類苑叢寶序

吾東素稱文獻之足徵, 且歷世通中國, 文章之盛, 方駕於華夏. 不幸數十年來, 兵火繼起, 書不汗牛, 才無倚馬, 安得不爲之深慨也.

博攷往蹟, 無過於祝氏事文, 而學士大夫有此書者尙少, 況遐遠之縫掖乎.

去年夏, 餘在閑局, 始抄此書, 刻去繁亢, 存其旨要, 兼取藝文類聚, 唐類函, 天中記, 山堂肆考, 韻府群玉等諸書, 因其標題而增損之, 補其闕漏而潤色之. 一帙之中, 包括數百卷之精粹, 名之曰類苑叢寶, 凡四十六篇. 迄今秋而書成, 湖南伯南公銑, 同志之士也, 爲餘刊而行之.

嗚呼, 餘豈樂爲此哉. 四庫之書, 燒盡於秦灰, 千金之易, 路絶於燕市. 余所以忘其僭越, 敢爲搜輯者, 其意有在, 其情誠可悲也.

其取舍增減, 必多謬戾, 又急於剞劂, 未及精校, 固知未免爲具眼老所嗤, 而余固不暇恤也, 亦不敢辭也. 此誠夫子所謂知我罪我之意也, 後來諸君子, 倘肯少恕乎我哉.

時昭陽協洽杪秋下浣, 淸風金堉序.

범례

一. 이 책은 전적으로 《사문유취(事文類聚)》를 본떠, 대제목(大題目)의 아래에 먼저 여러 책들의 중요한 말을 쓰고 다음으로 고금(古今)의 사실(事實)을 언급하였다. 시대의 전후는 한결같이 순서대로 할 수가 없어서 혹은 위에, 혹은 아래에 기술하였다.

一. 此書, 專倣事文類聚, 大題目之下, 先以群書要語書之, 次及古今事實. 世代前後, 不能一依次序, 或上或下書之.

一. 고금의 사실 또한 제목으로 삼았는데 매 제목마다 행(行)을 달리하면 책의 분량이 많아지기 때문에, 제목을 음각자(陰刻字)로 새기고 다음에 한 글자를 띄우고 이어 적어, 열람에 편리하도록 하였다.

一. 古今事實, 亦爲題目, 而每題別行, 則簡秩積多, 故題目以陰字刻之, 仍爲間一字連書, 以便閱覽.

一. 고금의 문집(文集)에는 혹 대가의 전집(全集)도 있고, 혹 긴요하게 감상하지 않아도 될 것도 있는데 모두 수록하지 않았다. 다만 드물게 보이는 기문(奇文)은 취했는데, 동약(僮約)·축빈(逐貧)·풍우대(風雨對)·취향기(醉鄕記)와 같은 것들이 그것이다.

一. 古今文集, 或有大家全集, 或有不緊吟味者, 竝不錄. 只取罕見奇文, 如僮約·逐貧·風雨對·醉鄕記之類, 是也.

一. 한 가지 일이 혹 다른 제목에도 보이는 것은 두 군데에 적었다. 간혹 "아무개 문에 보인다(見於某題門)"라고 적어 서로 참고하도록 하였다.

一. 一事或見於他題者, 兩書之. 或以見於某題門書, 互相備也.

一. 공허하고 황당한 말은 이치에 맞지 않아 의당 취하지 말아야 하지만, 월계(月桂)·기석(機石)·선가(仙家)·석가(釋家)·도가(道家)와 같은 것들은 예로부터 유전되어 시인들이 시로 읊는 자료가 되었기 때문에 모두 그대로 보존하였다.

一. 浮虛誕妄之說, 不近於理, 所當不取, 而如月桂·機石·仙·釋·道家之類, 自古流傳, 以爲詩人吟詠之資, 故竝仍存之.

차례

유원총보 전체 차례

※( )를 친 항목은 판본에 따라 異同이 있거나 出入이 있는 항목임.

【第十九卷 吏部】: 入仕 遷除 濫官 同官 交承 薦擧 閑退 致仕 休假 貶謫 科擧 主試 登第 狀元 下第 同年

【第二十卷 戶部】: 戶口 田制 賦稅 役民 勸課 復除 賑卹 興利 鹽鐵 貢獻 漕運

【第二十一卷 禮部】: 禮 冠 昏 祭 喪 居喪 起復 弔慰 祭奠 賻贈 壽藏 碑銘 挽歌 制諡

【第二十二卷 禮部】: 樂 歌 舞 琴 瑟 琵琶 笙 簫 等 笛 鍾 磬 鼓 箜篌 笳 角

【第二十三卷 兵部】: 將帥 女將 兵 謀策 征伐 號令 講武 火攻 水戰 守城 器械 間諜 戍卒 烽燧 斥候 糧餉 陣 從軍 發兵 勝捷 受降 救援 敗軍 馬政

【第二十四卷 刑部】: 刑法 酷刑 獄囚 聽訟 赦 治盜

【第二十五卷 人倫門】: 君臣 父子 母子(乳母) 孝子 祖父母 外祖孫女

【第二十六卷 人倫門】: 子婦 女壻 伯叔父母 姑 姨 姊妹 兄弟 內外兄弟 夫妻 嫂叔 舅甥 宗族 世家 姓(氏)名(諱) 稱呼

【第二十七卷 人倫門】: 師 交友 父執 門客 賓主 姬妾 奴婢

【第二十八卷 人道門】: 始生 生日 同庚 幼悟 老壽 年齒 肖貌 眠睡 夢 言語 疾病 魂魄 喜怒 笑 哭

【第二十九卷 人事門】: 聖 賢 德量 志氣 公正 剛直 恭敬 淸廉 儉約 名譽 知人 義士 俠客 勇士

【第三十卷 人事門】: 隱逸 神仙 道士 釋敎

【第三十一卷 人事門】: 農 蠶 商賈 工匠 漁(釣) 獵 醫 卜(筮) 相(人) 談命 巫 畵 射 投壺 棋 博塞 射覆 算數 倡優

【第三十二卷 人事門】: 富貴 貧賤 禍福 謁見 餞別 報恩 報讎 陰報 奸邪 讒毁 奢侈 貪濁 吝嗇 僭踰

【第三十三卷 文學門】: 御製 宸翰 學術 著書 藏書 博識 不學

【第三十四卷 文學門】: 文章 詩 書簡 書法

【第三十四卷 筆墨門】: 筆 墨 紙 硯

【第三十四卷 璽印門】: 玉璽 印 符 節

【第三十五卷 珍寶門】: 金 銀 銅鐵 錢 珠 玉 琉璃 珊瑚 瑪瑙 水精 貝 玳瑁 琥珀 雜寶

【第三十五卷 布帛門】: 帛 布 絲 綿絮 錦繡 綾羅

【第三十六卷 器用門】: 舟 車 蓋 弓 弩 矢 劍 旌旗 甲 盾 几杖 扇 鏡 屛 簾 床榻 枕 釵釧 針 麈尾 囊 酒器 香爐 香 燈檠 燭

【第三十七卷 飮食門】: 飯 粥 羹 餠 食物 鹽醬 油 蜜 酒 茶

【第三十八卷 冠服門】: 冕 冠 巾帽 笏 帶 衣服 靴履

【第三十八卷 米穀門】: 穀 禾 黍 粟 稷 豆麥 米 麻 蔬菜

【第三十九卷 草木門】: 芝 蘭 菊 瓜 蔗 葛蒲 萍 芋 芭蕉 芙蕖 菱 苔 雜草 藥草

【第四十卷 草木門】: 松 桂 栢 桑 槐 柿楓 檜 梧桐 楊柳 竹 梅 櫻桃 桃 李柰 石榴 枸杞 海棠 棗 梨 杏 栗 橘柑 荔支 葡萄 牧丹 芍藥 衆木

【第四十一卷 鳥獸門】: 鳥 鳳 翡翠 鸞 鶴 孔雀 鴻雁 鵝 鴨 鷄 雉 鷗

【第四十二卷 鳥獸門】: 杜鵑 燕 雀 鷹 鴿 鸚鵡 鸛鴿 烏 鵲 鴿 鳩 鶯 鳶鴦 秦吉了(布穀) 諸禽

【第四十三卷 鳥獸門】: 麒麟 騶虞 獅(子) 犀 象(兕) 虎 態 鹿 猿猴 狐貍 豺狼 獺 馬

【第四十四卷 鳥獸門】: 牛 羊 狗 豕 驢騾 猫 鼠 駱駝 免 貂 群獸

【第四十五卷 蟲魚門】: 龍 龜 魚(黿) 鱉 蟹 蚌蛤 螺 鰕

일러두기

一. 원문 검토:

1. 경서류(經書類)나 자서류(子書類)에서 인용한 원문은 해당 원서와의 이동(異同)을 살핀다. 다만 원서에서 확인되지 않는 부득이한 경우에는 글자의 출입이 비교적 적은 유서류와 비교하도록 한다.
2. 출처를 명시하지 않은 항목에 대해서는 《사고전서》본의 원서를 참고하여 비교한다. 이 경우에도 원서에서 확인되지 않는 내용은 유서류와 비교하도록 한다.

二. 출처 표시:

1. 《사고전서》에 수록된 해당 원서의 서명(書名)과 편명(篇名)을 제시한다. 편명이 없고 권수(卷數)만 있는 경우는 서명과 권수를 제시한다.
2. 《사고전서》의 원서에서 확인되지 않고 유서류에 문장이 보이는 경우에는, 글자의 출입이 적은 유서류를 우선적으로 제시한다.

三. 주석 표시:

1. 원서의 원문 소개: 《유원총보》의 원문이 원서의 원문과 일치하거나 편자가 편집 목적에 따라 의도적으로 문장을 재구성한 경우에는 원서의 원문을 소개하지 않는 것을 원칙으로 하나, 문장의 이해에 필요한 경우에는 소개한다.
2. 글자의 출입 표시: 원서의 원문과 글자의 출입이 있을 경우, 《유원총보》의 명백한 오류인 경우에는 원서의 원문에 있는 글자를 소개하고, 재구성 과정에서 의도적으로 바꾼 글자는 필요에 따라 소개한다. 통용되는 글자[예: 於와 于 등]나 어조사는 그대로 둔다.
3. 인명(人名), 지명(地名), 도서명(圖書名)의 소개: 문장의 이해에 필요하다고 판단되는 경우에 주를 달고, 세인(世人)이 주지(周知)하는 명칭이나, 반대로 편벽되어 소개의 필요성이 없는 명칭은 설명을 생략한다.

四. 교감 문제:

1. 《유원총보》의 각종 판본에 따른 글자의 출입을 정밀하게 검토해본 결과 판본간의 출입이 극히 적으며, 그 출입도 애초에 《유원총보》가 저본으로 삼은 원문의 출입 범위 안에 있는 것들이다. 이는 판각을 위한 원고를 검토하던 이가 자신의 기억에 따라 몇몇 글자를 수정한 때문으로 풀이된다. 본 연구 작업에서는 이에 굳이 판본을 명시하지 않고 '甲'자가 '乙'로 된 판본도 있다는 식으로만 밝힌다.

五. 역주의 참여자들이 책임지고 분담한 업무는 다음과 같다.

1. 연구 책임: 이영주
2. 전체 교열: 허성도
3. 책임 번역: 김창환

【유원총보 권 13】

관직문(官職門)

태자사부 太子師傅

• 삼대(三代)[1]의 왕들이 세자를 가르칠 때에는 반드시 예악(禮樂)으로 하였고, 태부(太傅)[2]와 소부(少傅)[3]를 두어 훈도함으로써 부자(父子)와 군신(君臣)의 도리를 알게 하고자 하였다. 태부는 부자와 군신의 도리를 살펴서 보여 주고 소부는 세자를 받들어 태부의 덕행을 관찰하도록 하였다. 태부는 앞에 있고 소부는 뒤에 있으며 들어가면 보(保)가 있고 나가면 사(師)가 있었으니,[4] 이 때문에 가르침이 깨달아지고 덕이 완성되었다. '사(師)'라는 것은 일로 가르쳐서 덕을 깨우쳐 주는 것이고 '보(保)'라는 것은 그 자신을 삼감으로써 세자를 보좌하고 인도하여 정도로 돌아가게 하는 것이다.《예기(禮記)》

三王教世子, 必以禮樂, 立太傅少傅以養之, 欲知父子君臣之道也. 太傅審父子君臣之道以示之, 少傅奉世子以觀太傅之德行. 太傅在前, 少傅在後, 入則有保, 出則有師, 是以教喩而德成也. 師也者, 教之以事, 而諭諸德者也, 保也者, 謹其身以輔導之, 而歸諸道者也.《記》[5]

• 천하의 단정한 선비로서 효성스럽고 공손하며 박학하여 학술이 있는 자를 선발하여 보좌하고 돕도록 한다. 그러므로 태자는 바른 일을 보고 바른 말을 들으며 바른 길을 가니, 좌우와 전후가 모두 바른 사람이기 때문이다.《대대례(大戴禮)》

選天下端士, 孝悌愽[6]聞, 有道術者, 以輔翼之. 故太子見正事, 聞正言, 行正道, 左右前後, 皆正人也.〈大戴禮〉[7]

• 선왕이 태자를 세울 때에는 반드시 아홉 가지 덕[구덕(九德)[8]]을 갖춘 스승과 여섯 가지 행실[육행(六行)[9]]을 지닌 사부를 선택하였습니다.〈설종(薛綜)[10] 표문(表文)〉

先王之建太子, 必擇九德之師 · 六行之傳.〈薛綜表〉[11]

• 실로 여섯 스승[육부(六傅)[12]]의 어짊에 힘입어, 세 가지 선[삼선(三善)[13]]의 유익함을 넓힌다.《백집(白集)》[14]

---

1. 삼대(三代): 하(夏), 상(商), 주(周) 세 왕조를 가리킨다.
2. 태부(太傅): 태자를 보좌하는 벼슬로 서한(西漢) 시대에는 태자태부(太子太傅)라고 하였다.
3. 소부(少傅): 태부(太傅)의 버금 벼슬이다.
4. 네 직책의 스승들이 항상 세자의 주변에서 교육을 진행한 것을 가리킨다.
5. 《예기(禮記) · 문왕세자(文王世子)》에, "凡三王教世子, 必以禮樂, 樂所以修內也, 禮所以修外也. 禮樂交錯於中, 發形於外, 是故其成也懌, 恭敬而溫文. 立大傅少傅以養之, 欲其知父子君臣之道也. 大傅審父子君臣之道以示之, 少傅奉世子以觀大傅之德行而審喩之. 大傅在前, 少傅在後, 入則有保, 出則有師, 是以教喩而德成也. 師也者, 教之以事而喩諸德者也. 保也者, 愼其身以輔翼之而歸諸道者也"라고 한 내용을 재구성한 것이다.
6. 愽: 博의 속자이다.
7. 《대대례(大戴禮) · 보부(保傅)》
8. 구덕(九德): 《일주서(逸周書) · 상훈(常訓)》에, "九德, 忠信敬剛柔和固貞順"이라고 하였다.
9. 육행(六行): 《주례(周禮) · 지관(地管) · 대사도(大司徒)》에, "六行, 孝友睦婣任恤"이라고 하였다.
10. 설종(薛綜): 삼국시대 오(吳)나라 패군(沛郡) 출신으로 자가 경문(敬文)이다. 상서복야(尙書僕射), 태자소부(太子少傅) 등을 역임하였다.
11. 설종(薛宗), 〈양소사표(讓少師表)〉
12. 육부(六傅): 태사(太師) · 태부(太傅) · 태보(太保) · 소사(少師) · 소부(少傅) · 소보(少保)를 가리킨다.
13. 삼선(三善): 《예기(禮記) · 문왕세자(文王世子)》에, "行一物而三善皆得者, 唯世子而已. … 故學之爲父子焉, 學之爲君臣焉, 學之爲長幼焉, 父子君臣長幼之道得而國治"라고 하였다.
14. 《백집(白集)》: 정식 명칭은 《백씨장경집(白氏長慶集)》으로 당(唐) 백거이(白居易)의 시문집이다.

實資六傅之賢, 用弘三善之益.《白集》15

- 태자의 세 스승[삼사(三師)16]은 도덕으로 태자를 보좌하는 자들이다. 움직임과 일상생활, 말하기와 보고 들음에 이르기까지 모두 그들에게 본받는 것이 있다.《통전(通典)》

  太子三師, 以道德輔翼太子者也. 至於動靜 · 起居 · 言語 · 觀聽, 皆有以師焉.《通典》17

- 태자[춘위(春闈)18]를 보좌하니, 이는 가르침을 힘입는 것이다.

  輔翼春闈, 是資教導.19

- 태자를 가르치고 이끌어서, 여러 관료들을 통솔하게 한다.

  傅道元子, 師長庶僚.20

- 직위의 영예를 넉넉하게 해야 하고, 궁중의 신하 자리를 지극하게 한다.

  宜優天秩之榮, 俾極宮臣之位.21

- 태자에게 가르침을 행한다.

  作訓元儲.22

- 새벽에는 금지(金墀)23에서 알현하니 섬김은 충성과 정직을 절실히 하고, 저녁에는 은계(銀棨)24로 출입하니 도리는 교육과 보살핌을 앞세운다.

  晨謁金墀, 事切於忠蹇, 夜隨銀棨, 義先於調護.25

- 태자를 보좌함이 진실로 소사(少師)와 소보(少保)에게로 귀결된다.[모두 당(唐)의 제조(制詔)이다.]

  贊翼皇儲, 允歸師保.26[幷唐制]

- 총애는 허리에 찬 은장식에서 지극하고, 영광은 패옥(佩玉)에서 깊도다.《기실신서(記室新書)》

  寵極腰銀, 榮深佩玉.《記室新書》27

- 한(漢)나라에서는 명유(名儒)를 선택하였으니 임용에 소광(疏廣)28을 앞세웠고, 진(晉)에서는 큰 덕을 높였으니 선발에 산도(山濤)29가 있었다.《백공육첩(白孔六帖)》

  漢擇名儒, 任先疏廣, 晉崇碩德, 選在山濤.《六帖》30

태자로 하여금 절하게 하라.[영태자배(令太子拜)]

진(晉) 무제(武帝)31 때에, 유사(有司)가 태자의 두 스승은 예의가 같지 않음을 아뢰자 무제가 말하기를, "스승을 높이는 것이 존경하는 것이니, 이전 시대의 훌륭한 법도였다. 어찌 신하인가 아닌가를 따지겠는가? 태자로 하여금 그들에게 절하게 하라"라고 하였다.

---

15. 백거이(白居易), 〈엄수가태자소부제(嚴綬可太子少傅制)〉
16. 삼사(三師): 태사(太師) · 태부(太傅) · 태보(太保)를 가리킨다.
17. 《고금사문유취외집(古今事文類聚外集) · 동궁관부(東宮官部)》
18. 춘위(春闈): 태자 또는 세자의 궁, 나아가 태자 또는 세자를 가리킨다. 춘궁(春宮), 동궁(東宮)이라고도 한다.
19. 육지(陸贄), 〈이면태자태사제(李勉太子太師制)〉
20. 손적(孫逖), 〈신안왕의태자태사제(信安王禕太子太師制)〉
21. 손적(孫逖), 〈신안왕의태자태사제(信安王禕太子太師制)〉
22. 상관의(上官儀), 〈책허경종태자태사문(冊許敬宗太子太師文)〉
23. 금지(金墀): 금으로 장식한 궁궐의 섬돌, 나아가 황제를 가리킨다.
24. 은계(銀棨): 나무에 은가루로 글자를 쓴 부신(符信)으로 궁궐을 출입할 때의 증표이다.
25. 상관의(上官儀), 위의 글.
26. 소정(蘇頲), 〈수기왕범태자소사등제(授岐王範太子少師等制)〉
27. 《기실신서(記室新書)》: 《신당서(新唐書) · 예문지(藝文志)》에 당(唐) 이도(李途)의 저술 30권으로 저록되어 있다. 기실(記室)은 장표(章表) 등을 주관하는 관직이다.
28. 소광(疏廣): 한(漢) 동해(東海) 출신으로 자가 중옹(仲翁)이다. 선제(宣帝) 때에 박사(博士), 태부(太傅) 등을 역임하였다.
29. 산도(山濤): 진(晉) 하내(河內) 사람으로 자가 거원(巨源)이다. '죽림칠현(竹林七賢)'의 한 사람으로 노장(老莊)을 좋아하였고, 이부상서(吏部尙書), 좌복야(左僕射), 시중(侍中) 등을 역임하였다.
30. 백거이(白居易), 《백공육첩(白孔六帖) · 태자태사태부태보(太子太師太傅太保)》
31. 무제(武帝): 진(晉) 초대 황제로 재위 기간은 265-289년이다.

晉武帝時, 有司奏東宮二傅, 禮儀不同, 帝曰, 崇敬師傅, 所以尊敬, 前世之令典也. 何論臣與不臣. 其令太子拜之.[32]

만날 때마다 먼저 절하다.[견첩선배(見輒先拜)]

당(唐) 순종(順宗)[33]이 황태자일 때, 사부를 예로 존중하여 만날 때마다 먼저 절하였다.

唐順宗, 爲皇太子, 禮重師傅, 見輒先拜.[34]

숭현문(崇賢門)[35]에서 영접하다.[영숭현문(迎崇賢門)]

진(晉)나라 동궁(東宮)의 관례로, 황태자가 숭현문(崇賢門)에 가서 사부를 영접하였다.

晉東宮故事, 皇子詣崇賢門, 迎師傅.[36]

나이 80에도 규범대로이다.[팔십여의(八十如儀)]

노균(盧鈞)[37]이 태자태사(太子太師)로 있을 때, 황제가 설날에 함원전(含元殿)[38]에서 크게 잔치를 베풀었다. 노균은 나이가 80인데도 오르내리는 것이 규범대로이고, 말이 나오는 것이 우렁차고 맑아 온 조정 사람들이 감탄하였다.

盧鈞守太子太師, 帝元日大饗含元殿. 鈞年八十, 升降如儀, 音吐鴻暢, 擧朝咨歎.[39]

전복을 좋아하는 것을 간언하다.[간기포어(諫嗜鮑魚)]

주(周) 문왕(文王)이 태공망(太公望)을 태자 발(發)의 스승으로 삼았다. 발이 전복을 좋아하자 태공망이 말하기를, "전복은 제사에도 오르지 못하니 어찌 예가 아닌 물건으로 태자를 봉양할 수 있겠습니까?" 라고 하였다.

周文王使太公望傅太子發. 發嗜鮑魚, 望曰, 鮑不登于俎, 安有非禮之物, 養太子哉.[40]

모두가 석분(石奮)[41]을 추천하다.[개추석분(皆推石奮)] 석분은 효문제(孝文帝) 때에 공손함과 삼감이 온 조정에 비교할 만한 이가 없었다. 태자태부(太子太傅)가 결원이 되자 스승 삼을 만한 자를 뽑는데 모두가 석분을 추천하여 마침내 태자태부가 되었다. 석분의 아들 석경(石慶)도 품행이 단정하였으며 효성스럽고 조심스러웠는데, 원수(元狩)[42] 원년에 태자를 세우고 여러 신하 중에서 스승 삼을 만한 자를 뽑는데 석경이 패(沛)의 태수에서 태자태부가 되었다.

石奮, 孝文時, 恭謹擧朝無與比. 太子太傅缺, 選可傅者, 皆推奮, 遂爲太子太傅. 奮子慶, 循行孝謹, 元狩元年立太子, 選群臣可傅者, 慶自沛守爲太子太傅.[43]

즉시 장일(張佚)[44]을 임명하다.[즉배장일(卽拜張佚)]

현종(顯宗)[45]이 전에 황태자를 세우고 나서 조서로 누가 태자의 스승으로 삼을 만한 자인지를 묻자 여러 신하들이 모두 음식(陰識)[46]이 좋겠다고 하였다.

---

32. 《고금사문유취외집(古今事文類聚外集) · 동궁관부(東宮官部)》
33. 순종(順宗): 당(唐) 제10대 황제로 재위 기간은 805-806년이다.
34. 《신당서(新唐書) · 본기제칠(本紀第七)》
35. 숭현문(崇賢門): 낙양(洛陽)의 동문 이름이다.
36. 《고금사문유취외집(古今事文類聚外集) · 동궁관부(東宮官部)》
37. 노균(盧鈞): 당(唐) 유주(幽州) 출신으로 자가 자화(子和)이다. 동중서문하평장사(同中書門下平章事), 태보(太保) 등을 역임하였다.
38. 함원전(含元殿): 당(唐) 고종(高宗)이 세운 궁전 이름이다.
39. 《신당서(新唐書) · 노균전(盧鈞傳)》
40. 한(漢) 가의(賈誼), 《신서(新書) · 예(禮)》
41. 석분(石奮): 서한(西漢) 하내(河內) 출신으로 별호가 만석군(萬石君)이다. 한(漢) 고조(高祖)를 모셨고 태중대부(太中大夫)를 역임하였다.
42. 원수(元狩): 한(漢) 무제(武帝)의 연호(BC 122-BC 117)이다.
43. 《사기(史記) · 만석전(萬石傳)》
44. 장일(張佚): 동한(東漢) 사람으로 국자박사(國子博士), 태자태부(太子太傅) 등을 역임하였다.
45. 현종(顯宗): 동한(東漢) 명제(明帝)의 묘호(廟號)로 재위 기간은 58-75년이다.
46. 음식(陰識): 동한(東漢) 남양(南陽) 출신으로 자가 차백(次伯)이다. 시중(侍中)을 역임하였다.

국자박사 장일(張佚)이 아뢰기를, "지금 폐하께서 태자를 세우신 것은 음씨를 위한 것입니까? 천하를 위한 것입니까? 음씨를 위한 것이라면 음후(陰侯)가 좋습니다만 천하를 위한 것이라면 진실로 천하의 뛰어난 인재를 등용해야 합니다"라고 하였다. 황제가 이르기를, "스승을 두려는 것은 태자를 보좌하려는 것이다. 지금 박사가 짐을 바로잡는 것을 어려워하지 않으니 하물며 태자는 어떻겠는가?"라 하고 즉시 장일을 임명하여 태자태부로 삼고 환영(桓榮)[47]을 소부(少傅)로 삼았다.

顯宗始立爲皇太子, 詔問誰可傅太子者, 群臣皆言陰識可. 博士張佚曰, 今陛下立太子, 爲陰氏乎, 爲天下乎? 卽爲陰氏則陰侯可, 爲天下則固宜用天下之賢才. 帝曰, 欲置傅者, 以輔太子也. 今博士不難正朕, 況太子乎. 卽拜佚爲太子太傅, 桓榮爲少傅.[48]

잔을 올려 축수하다.[봉상위수(奉觴爲壽)] 소광(疏廣)은 자가 중옹(仲翁)인데 태자태부가 되었고 소광의 조카인 소수(疏受)[49]는 태자소부가 되었다. 선제(宣帝)[50]가 술자리를 마련하였는데 태자가 직접 잔을 올려 축수하자 황제가 매우 가상하게 여겼다. 지위에 있은 지 5년 만에 소광이 소수에게 말하기를, "만족할 줄을 알면 욕되지 않고 그칠 줄을 알면 위태롭지 않다"라 하고는 상소를 올려 사직하고 돌아가기를 청하자 보는 이들이 모두 "훌륭하도다. 두 대부여!"라고 하였다.

疏廣, 字仲翁, 爲太子太傅, 廣兄子受爲少傅. 宣帝置酒, 太子躬奉觴以爲壽, 上甚嘉之. 在位五歲, 廣謂受曰, 知足不辱, 知止不殆. 上疏乞骸骨歸, 觀者皆曰, 賢哉二大夫.[51]

별도의 문건으로 받들어 대하다.[별안봉대(別案奉對)] 당(唐) 태종(太宗)이 동쪽으로 정벌을 나섰을 때 고사렴(高士廉)[52]이 태자태부를 대행하였다. 태자가 명령을 내리기를, "태부는 조정의 명망 있는 대신이고 나라의 인재이며 본보기가 되시는 분이오. 내가 욕되게 감독하여 지키는 일을 맡고 있지만 진실로 가르침에 힘입고 있으니, 바라건대 자문하고 아룀을 통하여 몽매함을 없애고자 하오. 다만 문건에 따라 받들고 대하는 것이 마음에 편안하지 않으니 별도의 문건으로 태부에게 올리도록 하시오"라고 하였다.

唐太宗東征, 高士廉攝太子太傅. 太子下令, 太傅朝望國華, 儀刑攸屬. 寡人忝膺監守, 實資訓導, 庶因咨白, 以袪蒙蔽. 但據案奉對, 情所未安, 以別案供太傅.[53]

상복을 입어 은혜에 보답하다.[소복보은(素服報恩)] 한(漢) 하후승(夏侯勝)[54]이 태자태부일 때 왕명을 받들어 《상서설(尚書說)》, 《논어설(論語說)》을 지었다. 나이 90에 죽었는데 태자가 하후승을 위해 5일간 상복을 입어 스승의 은혜에 보답하니, 학자들이 영예롭게 여겼다.

漢夏侯勝爲太子太傅, 受詔撰尚書論語說. 年九十

---

47. 환영(桓榮): 동한(東漢) 패군(沛郡) 출신으로 자가 춘경(春卿)이다. 태자소부(太子少傅)를 역임하였고 관내후(關內侯)에 봉해졌다.
48. 《후한서(後漢書)·환영전(桓榮傳)》
49. 소수(疏受): 전한(前漢)의 동해(東海) 출신으로 소광(疏廣)의 조카이다. 소광이 태자태부로 있을 때 소수는 태자소부로 있다가 함께 물러났다.
50. 선제(宣帝): 서한(西漢) 제8대 황제로 재위 기간은 BC 73-BC 49년이다.
51. 《고금사문유취외집(古今事文類聚外集)·동궁관부(東宮官部)》
52. 고사렴(高士廉): 당(唐) 발해(渤海) 출신으로 이름이 검(儉)이고 사렴(士廉)은 자이다. 이부상서(吏部尙書), 우복야(右僕射) 등을 역임하였다.
53. 《구당서(舊唐書)·고사렴전(高士廉傳)》
54. 하후승(夏侯勝): 서한(西漢) 동평(東平) 출신으로 자가 장공(長公)이다. 광록대부(光祿大夫), 태자태부(太子太傅) 등을 역임하였다.

卒, 太子爲勝素服五日, 報師傅之恩, 儒者以爲榮.[55]

집을 하사하자 개인적으로 사양하다.[사제사양(賜第私讓)] 당(唐) 우지녕(于志寧)[56]이 태자태부로 옮겼는데 이전에 우복야(右僕射) 장행성(張行成)[57]과 함께 집을 하사받은 적이 있었다. 우지녕이 아뢰기를, "신은 동관(潼關)의 서쪽에 살면서 대대로 가업[기구(箕裘)[58]]을 계승하여 북주(北周), 서위(西魏) 이래로 기반이 무너지지 않았습니다. 장행성 등이 새로 집을 짓는데 아직 전원(田園)이 부족하고 신에게는 넉넉하니 거듭 개인적으로 사양하기를 청합니다"라고 하였다.

唐于志寧遷太子太傅, 嘗與右僕射張行成, 俱蒙賜第. 志寧奏曰, 臣居關右, 代襲箕裘, 周魏以來, 基址不墜. 行成等新營莊宅, 尙少田園, 於臣有餘, 乞申私讓.[59]

태자가 직접 절하다.[태자친배(太子親拜)] 당(唐) 정관(貞觀)[60] 초엽에 이강(李綱)[61]이 태자소사(太子少師)가 되었는데 태자를 위해 부자 간, 군신 간의 도리와 부모의 안부를 묻고 음식을 살피는 방도를 진술하면, 듣는 자가 지루함을 잊었다. 매번 말할 때마다 말투가 강개하여 태자가 일찍이 반듯하게 예를 갖추고 대하지 않은 적이 없었다. 이강이 다리의 병이 있자 태종(太宗)은 가마를 타고 동궁에 들어가게 하였고 황태자는 인도하여 궁전에 오르게 하고 직접 절하였다.

唐貞觀初李綱爲太子少師, 爲陳父子君臣之道・問寢視膳之方, 聽者忘倦. 每吐論發言, 辭色慷慨, 太子未嘗不聳然禮待. 綱有脚疾, 太宗令乘輿入東宮, 皇太子引上殿, 親拜之.[62]

방현령(房玄齡)[63]이 태자소사일 때 황태자가 배례(拜禮)를 행하려고 하면 예를 갖추어 대하였다. 방현령이 심하게 스스로 양보하고 낮추어서 찾아뵙는 것을 감당하지 못하자 식견 있는 자들은 그의 높은 겸양을 존중하였다.

房玄齡爲太子少師時, 皇太子將行拜禮, 備禮以待之. 玄齡厚自推損, 不敢修謁, 識者重其崇讓.[64]

말을 타고 궁 안에 들어가다.[승마입성(乘馬入省)] 허경종(許敬宗)[65]이 태자소사가 되었는데, 건봉(乾封)[66] 초엽에 연로하여 걸어다닐 수 없자 특별히 명을 내려 조회하는 날에 작은 말을 타고 대궐문을 들어와 궁 안에 이르도록 하였다.

許敬宗爲太子少師, 乾封初以年老不能行步, 特令朝日乘小馬入禁門, 至內省.[67]

진(晉) 산도(山濤)가 소부(少傅)일 때 태자를 배알하고 물러나기를 청하자 황제가 작은 가마를 하사하여 타게 함으로써 태자를 훈계하였다.

---

55. 《전한서(前漢書)・하후승전(夏侯勝傳)》
56. 우지녕(于志寧): 당(唐) 경조(京兆) 출신으로 자가 중밀(仲謐)이다. 시중(侍中), 태자태사(太子太師) 등을 역임하였다.
57. 장행성(張行成): 당(唐) 의풍(義豊) 출신으로 자가 덕립(德立)이다. 우복야(右僕射), 태자소부(太子少傅) 등을 역임하였다.
58. 기구(箕裘): 부형(父兄)의 직업을 가리킨다. 《예기(禮記)・학기(學記)》, "良冶之子, 必學爲裘. 良弓之子, 必學爲箕."
59. 《구당서(舊唐書)・우지녕전(于志寧傳)》
60. 정관(貞觀): 당(唐) 태종(太宗)의 연호(627-649)이다.
61. 이강(李綱): 당(唐) 관주(觀州) 출신으로 자가 문기(文紀)이다. 예부상서(禮部尙書), 태자소부(太子少傅) 등을 역임하였다.
62. 《구당서(舊唐書)・이강전(李綱傳)》
63. 방현령(房玄齡): 당(唐) 제주(齊州) 출신으로 자가 교(喬)이다. 15년 동안 재상으로 있으면서 태종(太宗)을 도와 정관지치(貞觀之治)를 이루었다. 왕명으로 《진서(晉書)》를 중찬(重撰)하였다.
64. 《구당서(舊唐書)・방현령전(房玄齡傳)》
65. 허경종(許敬宗): 당(唐) 항주(杭州) 출신으로 자가 연족(延族)이다. 고종(高宗)을 도와 무측천(武則天)을 후(后)로 책봉하였다. 시중(侍中), 중서령(中書令) 등을 역임하였다.
66. 건봉(乾封): 당(唐) 고종(高宗)의 연호(666-668)이다.
67. 《구당서(舊唐書)・허경종전(許敬宗傳)》

晉山濤爲少傅, 拜太子求退, 帝賜小輦乘之, 以訓太子.[68]

밖으로 스승으로서의 가르침에 참여하게 하다.[외참부훈(外參傅訓)] 주의(周顗)[69]가 태자소부(太子少傅)에 제수되자 상소를 올려 아뢰기를, "신은 학문이 한 권의 경서도 통하지 못하였고 지혜는 한 개의 관직도 수행하지 못하는데, 오히려 신으로 하여금 안으로 전형(銓衡)[70]을 담당하고 밖으로 스승으로서의 가르침에 참여하게 하려 하시니, 재질은 매미의 날개처럼 가벼운데 일은 천균(千鈞)만큼 무겁습니다. 이것은 논의를 거쳐 밝히지 않을 수 없습니다"라고 하였다. 조서를 내려 이르기를, "이전의 뜻과 부합하게 할 것이니, 겸손해하여 사양하지 말 것이오"라고 하였다. 또 이르기를, "어린 나이에 태자의 자리에 있게 하였으니, 본보기가 되는 선비에 의지하여 몽매함을 없애야 합니다. 바라볼 때에 근엄한 것이 말로 하지 않는 유익함이니 어찌 배워서 익히는 것이겠소"라고 하였다.

周顗拜太子少傅, 上疏曰, 臣學不通一經, 智不效一官, 乃欲使臣內管銓衡, 外參傅訓, 質輕蟬翼, 事重千鈞. 此之不可不待議而明矣. 詔曰, 當副往意, 不宜沖讓. 又曰, 幼沖使居儲副, 當賴軌匠以祛蒙蔽. 望之儼然, 斯不言之益, 何學之習耶.[71]

가마를 태워 맞아들이도록 하다.[승련도입(乘輦導入)] 산도(山濤)[72]가 소부(少傅)로 옮겨졌는데 병으로 물러나기를 청하는 글을 올렸으나 받아들여지지 않았다. 얼마 후에 선무장(宣武場)에서 무예를 익히는데 황제가 가마를 태워 맞아들이도록 하면서 명하기를, "산도는 덕을 지닌 것이 깊고 순수하여 옛사람의 풍도가 있다. 비록 태자를 보좌하더라도 조정의 일을 아울러 살피도록 해야 한다"라고 하였다.

山濤轉少傅, 表疾求退, 不聽. 尋講武于宣武場, 帝命乘輦導入, 詔曰, 濤秉德沖素, 有古人之風. 雖使輔導東宮, 宜兼督朝事.[73]

덕망이 당시 사람들에게 존중되다.[덕중당시(德重當時)] 한(漢) 왕단(王丹)[74]이 소부가 되었는데, 반듯하게 바르고 곧아서 명성과 덕망이 당시 사람들에게 존중되었다.

漢王丹爲少傅, 謇謇正直, 名德重於當時.[75]

궁관 宮官

- 동궁[저위(儲闈)[76]]에 올라 받드니, 역시 중요하고도 현달한 자리에 있다.《문선(文選)》
  升宋[77]儲闈, 亦居淸顯.《選》[78]
- 옛날 주(周)나라와 한(漢)나라에서도, 가깝고 어진 이들이 보필하였네.[왕포(王褒)]

68. 《고금사문유취외집(古今事文類聚外集)·동궁관부(東宮官部)》
69. 주의(周顗): 진(晉) 안성(安成) 출신으로 자가 백인(伯仁)이다. 상서좌복야(上書左僕射)를 역임하였다.
70. 전형(銓衡): 관리 선발을 맡은 직위, 또는 그 부서의 우두머리를 가리킨다.
71. 《진서(晉書)·주의전(周顗傳)》
72. 산도(山濤): 진(晉) 하내(河內) 출신으로 자가 거원(巨源)이다. 죽림칠현(竹林七賢)의 한 사람으로 노장(老莊)을 좋아하였다. 이부상서(吏部上書), 좌복야(左僕射), 시중(侍中) 등을 역임하였다.
73. 명(明) 매정조(梅鼎祚), 《서진문기(西晉文紀)·무제(武帝)》
74. 왕단(王丹): 한(漢) 하규(下邽) 출신으로 자가 중회(仲回)이다. 왕망(王莽)의 부름에 응하지 않았고 곤궁한 사람들을 구휼하였다. 후에 태자소부(太子少傅)가 되었다.
75. 사마표(司馬彪), 《속후한서(續後漢書)·왕단(王丹)》
76. 저위(儲闈): 태자가 거처하는 궁전으로, 저궁(儲宮)이라고도 한다.
77. 심(宋): 《유원총보》의 '심(宋)'은 '채(采)'의 오자이다.[《문선(文選)·주탄왕원(奏彈王源)》]
78. 심약(沈約), 〈주탄왕원(奏彈王源)〉

昔在周漢, 親賢保弼.[王襃][79]

- 훌륭한 원칙을 생각하고, 예복을 갖춘 채 공손히 묻는다.[이의부(李義府)[80]]

思皇茂則, 敬詢端輔.[李義府][81]

- 뛰어났던 사호(四皓)[82]를 기다려 태자를 교육하고 보살핀다.《백씨장경집(白氏長慶集)》

望優四皓, 調護春闈.《白集》[83]

- 화려한 태자의 처소에 올라 동궁에서 보좌한다.《당(唐) 제조(制詔)》

陞華儲幄, 輔相東禁.《唐制》[84]

- 세 번이나 동궁의 관속[저례(儲隸)[85]]들을 방해하였고(태자의 스승이 되었고), 다섯 번이나 조정의 관복을 더럽혔다(조정의 관리가 되었다).[안연지(顔延之)]

三叨[86]儲隸, 五塵朝黻.[顔延之][87]

- 마침 외람되이 한림원[금마(金馬)[88]]에서 일하게 되었고, 또 동궁[동룡(銅龍)[89]]을 더럽히게 되었다.[90]

屬叨金馬, 又玷銅龍.[91]

- 궁방(宮坊)[92]을 책임지게 하니, 반열이 태자궁[용루(龍樓)[93]]에 자리 잡게 된다.《당(唐) 제조(制詔)》

俾尹宮坊, 列位龍樓.《唐制》[94]

- 동궁에 직책을 명 받으니, 중서자(中庶子)[95]가 중요하다.

儲宮命職, 中庶爲重.[96]

- 창을 버리고 홀(笏)을 잡아, 들어가서 태자를 돕는다.[서자(庶子)[97]이다.]

委戈執笏, 入賓皇儲.[庶子也.][98]

- 팔사(八舍)[99]의 직책이다.[상동]

八舍之職.[同][100]

- 태자첨사(太子詹事)[저단(儲端)[101]]는 화려하고 중요하니, 실로 보통의 부서와는 다르다.〈첨사(詹事)〉[102]

儲端華重, 實異常司.〈詹事〉[103]

---

79. 왕포(王襃), 〈후주황태자잠(後周皇太子箴)〉
80. 이의부(李義府): 당(唐) 영주(瀛州) 출신이다. 태자사인(太子舍人), 이부상서(吏部尚書) 등을 역임하였는데, 겉으로는 부드러웠으나 뜻에 맞지 않는 이들을 몰래 해쳐 사람들이 '소중도(笑中刀)'라고 불렀다.
81. 이의부(李義府), 〈승화잠(承華箴)〉
82. 사호(四皓): 상산사호(商山四皓)를 가리킨다.
83. 백거이(白居易), 〈수조창검교리부상서겸태자빈객제(授趙昌檢校吏部尚書兼太子賓客制)〉
84. 상곤(常衮), 〈수장위예부시랑제(授張謂禮部侍郎制)〉
85. 저례(儲隸): 동궁에 딸린 관속을 가리킨다.
86. 도(叨): 《유원총보》의 '도(叨)'는 '방(妨)'의 오자이다.[《한위육조백삼가집(漢魏六朝百三家集)·안연지집(顔延之集)》]
87. 안연지(顔延之), 〈응조연곡수작시(應詔讌曲水作詩)〉
88. 금마(金馬): 금마서(金馬署)를 줄인 말로 한림원(翰林院)의 별칭이다.
89. 동룡(銅龍): 동룡문(銅龍門)을 줄인 말로 동궁(東宮)의 문 이름에서 동궁을 가리키게 되었다.
90. 원래의 시구는 "屬叨金馬署, 又黜銅龍門"이다.
91. 육궐(陸厥), 〈봉답내형희숙(奉答內兄希叔)〉
92. 궁방(宮坊): 태자의 관서를 가리킨다.
93. 용루(龍樓): 태자궁의 문인 용루문(龍樓門), 나아가 태자궁을 가리킨다.
94. 송(宋) 송민구(宋敏求), 《당대조령집(唐大詔令集)·송신석태자우서자제(宋申錫太子右庶子制)》
95. 중서자(中庶子): 벼슬 이름으로 태자의 속관이다.
96. 《고금사문유취유집(古今事文類聚遺集)·동궁관부(東宮官部)》
97. 서자(庶子): 태자의 속관을 가리킨다.
98. 〈진육의비(晉陸禕碑)〉
99. 팔사(八舍): 왕궁을 숙위(宿衛)하던 왕자들이 휴식하던 여덟 곳을 가리킨다.
100. 《주례(周禮)·천관(天官)·궁백(宮伯)》, "宮伯, … 授八次八舍之職事."
101. 저단(儲端): 태자첨사(太子詹事)의 다른 이름이다.

- 태자궁의 상급 관료가 온 궁을 규율한다.[상동]

  龍樓上僚, 彈肅一宮.[同][104]

- 태자를 보좌함은 반드시 재능이 뛰어난 자를 기다리고, 일을 총괄하는 첨사[궁단(宮端)[105]]는 진실로 충성스러운 사람에 힘입는다. 한(漢)나라에서는 덕 있는 이를 선발했으니 예의가 두경(竇卿)[106]에게서 높았고, 진대(晉代)에는 현능한 이에게 맡겼으니 영광이 사염(謝琰)[107]에게로 돌아갔다.

  弼諧儲副, 必俟才英, 総務宮端, 允資忠藎. 漢朝選德, 禮儀峻於竇卿, 晉代任賢, 光榮歸於謝琰.[108]

- 박망원(博望苑)[109]에서 단호한 결단을 규정함에 민심은 모두 태자궁[승화(承華)[110]]에 쏠린다. 규율을 맡김은 현능한 이를 임용함에 달려 있네.

  博望斷裁之規, 輿情僉屬承華. 彈肅之寄, 任賢斯在.[111]

- 스스로 기량이 흰 구름 위로 솟고 운치가 밝은 달과 같은 이가 아니라면, 어떻게 아름다운 지초의 동산에 불려와 깃과 구슬로 장식한 가지를 꽂겠는가?[모두 상동]

  自非器上白雲, 韻同明月, 何以延芳芝苑, 揷羽瓊條.[竝同][112]

빈객(賓客)[113] 한(漢) 고조(高祖)는 상산사호(商山四皓)에게 명하여 태자를 교육하고 보살피도록 하였고, 무제(武帝)는 태자를 위하여 박망원(博望苑)을 세워 빈객(賓客)들과 교류하게 하였다.

漢高令四皓調護太子,[114] 武帝爲太子立博望苑, 使通賓客.[115]

당(唐) 한원(韓瑗)[116]·내제(來濟)[117]·허경종(許敬宗)·우지녕(于志寧)이 함께 빈객이 되었다. 나이를 중시하였는데, 이는 사호(四皓)에게서 상징을 취한 것이다.

唐韓瑗·來濟·許敬宗·于志寧, 竝爲賓客. 上齒, 蓋取象於四皓.[118]

첨사(詹事) 응소(應劭)[119]가 말하였다. 첨(詹)은 살피는 것이고 공급하는 것이니, 태자를 받드는 것을 말한다. 녹봉은 2천 석이다.

應劭曰, 詹, 省也, 給也, 言給事太子. 秩二千石.[120]

---

102. 첨사(詹事): 진한(秦漢) 이래로 황후와 태자를 보좌하던 관직이다.
103. 양(梁) 육수(陸倕), 〈제첨사면양표(除詹事免讓表)〉
104. 《고금사문유취외집(古今事文類聚外集)·동궁관부(東宮官部)》
105. 궁단(宮端): 태자첨사(太子詹事)의 다른 이름이다.
106. 두경(竇卿): 내력이 자세하지 않다.
107. 사염(謝琰): 동진(東晉) 진군(陳郡) 출신으로 자가 원도(瑗度)이다. 저작랑(著作郎), 시중(侍中) 등을 역임하였다.
108. 〈책이관태자첨사문(冊李寬太子詹事文)〉(《당대조령집(唐大詔令集)》)
109. 박망원(博望苑): 한(漢) 무제(武帝)가 여태자(戾太子)를 위해 세운 원(苑)의 이름이다.
110. 승화(承華): 태자궁의 문 이름으로 태자궁을 가리킨다.
111. 〈책이관태자첨사문(冊李寬太子詹事文)〉(《당대조령집(唐大詔令集)》)
112. 제(齊) 공치규(孔稚珪), 〈양첨사표(讓詹事表)〉
113. 빈객(賓客): 태자빈객(太子賓客)의 준말로 태자의 시종(侍從), 의전(儀典) 등을 담당하던 관직이다.
114. 《사기(史記)·유후세가(留侯世家)》
115. 《전한서(前漢書)·무오자전(武五子傳)》
116. 한원(韓瑗): 당(唐) 경조(京兆) 출신으로 자가 백옥(伯玉)이다. 황문시랑(黃門侍郎), 시중(侍中) 등을 역임하였다.
117. 내제(來濟): 당(唐) 양주(楊洲) 출신이다. 중서령(中書令), 검교이부상서(檢校吏部尙書) 등을 역임하였고 《진서(晉書)》를 편찬하였다.
118. 《통전(通典)·직관(職官)》
119. 응소(應劭): 동한(東漢) 여남(汝南) 출신으로 자가 중원(仲遠)이다. 태산태수(太山太守)를 역임하였고 《한관의(漢官儀)》, 《풍속통(風俗通)》 등을 저술하였다.
120. 《산당사고(山堂肆考)·신직(臣職)》

서자(庶子) 궁중과 여러 관리의 장자와 차자들로 호적에 있는 자들을 주관한다.

主宮中竝諸吏之適子及支庶, 在版藉者也.[121]

《속한서(續漢書) · 백관지(百官志)》의 기록이다. 중서자(中庶子)[122]는 직책이 시랑(侍郞)[123]과 같았다. 녹봉은 6백 석이다.

漢百官志. 中庶子, 職如侍郞. 秩六百石.[124]

중윤(中允)[125] 서자(庶子)의 아래, 선마(洗馬)의 위에 있다. 한(漢)나라 제도에, 태자는 5일에 한 번 조회하고 조회하는 날이 아닐 때에는 바로 중윤을 시켜 안부를 묻는다.

在庶子下 · 洗馬上. 漢制, 太子五日一朝, 其非朝日, 卽使中允問起居.[126]

선마(洗馬)[127] 선마는 진(秦)나라의 관직이었는데 한(漢)나라에서 따랐다. 직책은 알자(謁者)[128]와 비슷하니 태자가 출행하게 되면 말 앞에서 길을 정리하였기 때문에 선마(洗馬)라고 하였다. 녹봉은 6백 석에 다음간다.

洗馬秦官, 漢因之. 職比謁者, 太子出, 則在馬前淸道, 故曰洗馬. 秩比六百石.[129]

스승과 벗은 뛰어난 이들이어야 한다.[사우영준(師友英俊)] 지절(地節)[130] 연간에, 허백(許伯)[131]이 자신의 동생인 중랑장(中郞將) 허순(許舜)을 시켜 태자의 거처를 지키게 하였다. 소광(疏廣)이 말하기를, "태자의 스승과 벗은 반드시 천하의 뛰어난 이들이어야 하니 오직 외가만 친히 하면 안 됩니다"라고 하였다.

地節中, 許伯使其弟中郞將舜, 監護太子家. 疏廣曰, 太子師友, 必天下英俊, 不宜獨親外家.[132]

남쪽 지역에서 뛰어난 명망이 있었던 이들[남토수망(南土秀望)] 오왕[吳王: 손호(孫皓)]이 낙양으로 들어왔는데, 오직 육기(陸機),[133] 육운(陸雲),[134] 고영(顧榮)[135]만이 남쪽 지역에서 뛰어난 명망이 있었던 이들이라는 이유로 태자사인(太子舍人)으로 옮겨졌다.

吳王入洛, 唯陸機 · 陸雲 · 顧榮, 以南土秀望, 遷太子舍人.[136]

다섯 가지 일로 간언하다.[이오사간(以五事諫)] 진(晉) 강통(江統)[137]이 태자선마가 되었는데, 태자가 유람하고 연회하기를 매우 좋아하여 간혹 조회의

---

121. 《예문유취(藝文類聚) · 직관부(職官部)》
122. 중서자(中庶子): 벼슬 이름으로 태자의 속관이다.
123. 시랑(侍郞): 중서(中書), 문하(門下), 상서(尙書) 등 삼성(三省)의 장관 다음의 직책이었다.
124. 《북당서초(北堂書鈔) · 설관부(設官部)》
125. 중윤(中允): 태자의 관속으로 첨사부(詹事府)에 속한다.
126. 《통전(通典) · 직관(職官)》
127. 선마(洗馬): 태자가 출행할 때 말 앞에서 선도하는 관속이다.
128. 알자(謁者): 빈객의 응대를 담당하거나 왕명을 전달하던 관직명으로, 주로 환관(宦官)이 담당한다.
129. 《어정연감유함(御定淵鑑類函) · 설관부(設官部)》
130. 지절(地節): 한(漢) 선제(宣帝)의 연호(BC 69-BC 66)이다.
131. 허백(許伯): 당시 태자의 외조부이다.
132. 《전한서(前漢書) · 소광전(疏廣傳)》
133. 육기(陸機): 서진(西晉) 화정(華亭) 출신으로 자가 사형(士衡)이다. 오나라 명신(名臣) 육손(陸遜)의 손자이다. 진(晉)에 벼슬하여 평원내사(平原內史)를 역임하였기 때문에 흔히 육평원(陸平原)으로 불린다. 하북대도독(河北大都督)을 역임하였고, 동생 육운(陸運)과 함께 문명(文名)을 떨쳤다.
134. 육운(陸雲): 진(晉) 문인으로 자가 사룡(士龍)이며 육기(陸機)의 동생이다.
135. 고영(顧榮): 서진(西晉) 오군(吳郡) 출신으로 자가 언선(彦先)이다. 산기상시(散騎常侍)를 역임하였으며 육기(陸機), 육운(陸運)과 함께 '삼준(三俊)'으로 칭송되었다.
136. 《고금사문유취(古今事文類聚) · 동궁관부(東宮官部)》
137. 강통(江統): 진(晉) 진류(陳留) 출신으로 자가 응원(應元)이다. 박사(博士), 산기상시(散騎常侍) 등을 역임하였다.

참석을 빠뜨리자 강통이 다섯 가지 일로 간언하였다.

晉江統, 爲太子洗馬, 太子頗好遊宴, 或闕朝侍, 統以五事而諫.[138]

모두 명문가에서 뽑다.[개취갑족(皆取甲族)] 양(梁) 천감(天監)[139] 연간에 유오릉(庾於陵)[140]이 태자선마에 제수되었는데 당시에 동궁의 관속들은 모두 명문가에서 재능과 명망이 있는 자를 뽑았다. 무제(武帝)가 이르기를, "관료는 사람이 청렴한 것을 기준으로 해야지 어찌 명문가에 국한하는가?"라고 하였다.

梁天監中庾於陵拜太子洗馬, 時東宮官屬皆取甲族有才望者. 武帝曰, 官以人淸, 豈限甲族.[141]

문체를 궁체(宮體)[142]라고 부르다.[문호궁체(文號宮體)] 양(梁) 서리(徐摛)[143]는 글을 지을 때 새로운 변화를 추구하기를 좋아하였다. 태자가령겸관서기(太子家令兼管書記)가 되었는데, 문체가 특별하여 궁체(宮體)라는 칭호가 이로부터 시작되었다.

梁徐摛屬文, 好爲新變. 爲太子家令兼管書記, 文體旣別, 宮體之號, 自斯而起.[144]

인망이 있는 이를 잘 뽑다.[묘선인망(妙選人望)] 정관(貞觀)[145] 초엽에 태자사의랑(太子司議郎)을 두었는데, 인망이 있는 이를 잘 뽑았으니 내제(來濟)[146]를 임명한 것이다.

貞觀初, 置太子司議郎, 妙選人望, 以來濟爲之.[147]

마주(馬周)[148]는 지위가 높아서 사의랑이 되지 못한 것을 한스러워했다.

馬周以位高, 恨不得司議郎.[149]

서호(徐浩)[150]는 자가 계해(季海)이다. 현종(玄宗) 때에 사의랑(司議郎)이 되었는데, 숙종(肅宗)[151]이 즉위할 때에 조령(詔令)이 대부분 서호에게서 나왔다. 현종이 양위할 때 칙령과 책문은 모두 서호가 작성하였으니 사의랑의 글은 총애가 비할 바가 드물었다.

徐浩, 字季海. 玄宗時爲司議郎, 肅宗卽位, 詔令多出於浩. 玄宗傳位, 誥册皆浩爲之, 司議郎之文翰, 寵遇罕與比.[152]

〈유선잠(諭善箴)〉을 바치다.[헌선유잠(獻善諭箴[153])] 위승경(韋承慶)[154]이 사의랑으로 옮겼는데 의봉(儀鳳)[155] 연간에 조서를 내려 태자 이현(李賢)으로 하

---

138. 《진서(晉書)·강통전(江統傳)》
139. 천감(天監): 남조(南朝) 양(梁) 무제(武帝)의 연호(502-519)이다.
140. 유오릉(庾於陵): 남조(南朝) 양(梁) 신야(新野) 출신으로 자가 자개(子介)이다. 중서황문시랑(中書黃門侍郎), 홍려경(鴻臚卿) 등을 역임하였다.
141. 《남사(南史)·유오릉전(庾於陵傳)》
142. 궁체(宮體): 궁중의 생활을 묘사한 시체(詩體)의 하나로 수사가 화려한 특징이 있다.
143. 서리(徐摛): 남조(南朝) 양(梁) 동해(東海) 출신으로 자가 사수(士秀)이다. 태자좌위률(太子左衛率)을 역임하였다.
144. 《양서(梁書)·서리전(徐摛傳)》
145. 정관(貞觀): 당(唐) 태종(太宗)의 연호(627-649)이다.
146. 내제(來濟): 당(唐) 양주(楊洲) 출신이다. 중서령(中書令), 검교이부상서(檢校吏部尙書) 등을 역임하였고 《진서(晉書)》를 편찬하였다.
147. 《구당서(舊唐書)·내제전(來濟傳)》
148. 마주(馬周): 당(唐) 박주(博州) 출신으로 자가 빈왕(賓王)이다. 중서시랑(中書侍郎), 중서령(中書令) 등을 역임하였다.
149. 《구당서(舊唐書)·원진전(元稹傳)》
150. 서호(徐浩): 당(唐) 월주(越州) 출신으로 자가 계해(季海)이다. 사의랑(司議郎), 중서사인(中書舍人) 등을 역임하였다.
151. 숙종(肅宗): 당(唐) 제9대 황제로 재위 기간은 756-761년이다.
152. 《고금사문유취(古今事文類聚)·동궁관부(東宮官部)》
153. 선유잠(善諭箴): 《유원총보》의 '선유잠(善諭箴)'은 '유선잠(諭善箴)'의 오류이다.[《구당서(舊唐書)·위승경전(韋承慶傳)》]
154. 위승경(韋承慶): 당(唐) 정주(鄭州) 출신으로 자가 연휴(延休)이다. 옹왕부참군(雍王府參軍), 비서원외소감(秘書員外少監) 등을 역임하였다.

여금 국사를 주관하도록 하였다. 당시에 태자가 음악과 여색을 매우 가까이하자 위승경이 글을 올려 간언하고 또 〈유선잠(諭善箴)〉을 지어 바치니 태자가 좋게 여겼다.

韋承慶遷司議郎, 儀鳳中詔太子賢監國. 時太子頗近聲色, 承慶上書諫, 又爲善諭箴以獻, 太子善之.[156]

사마광(司馬光)[157]이 명망이 중후하다.[사마명중(司馬名重)] 신종(神宗)[158]이 대신[집정(執政)[159]]들에게 이르기를, "연안군왕(延安郡王)[160]이 제후로 책봉[출합(出閤)[161]]할 만하니, 궁료(宮寮)[162]에 대해 논의해야만 하겠소"라고 하자 아뢰기를, "사마광(司馬光)이 명망이 중후하여 궁료로 삼기에 마땅하니, 바로 한(漢)나라의 우익(羽翼)[163]이라고 하겠습니다. 여공저(呂公著)[164]와 손각(孫覺)[165] 같은 이들도 모두 맡길 만합니다"라고 하였다.

神宗諭執政曰, 延安郡王可出閤, 當議宮寮. 乃曰, 司馬光名重, 宜爲宮官, 乃漢羽翼之謂. 如呂公著·孫覺, 皆可任之.[166]

안수(晏殊)[167]는 근후하다.[안수근후(晏殊謹厚)] 원헌공(元獻公) 안수가 관직(館職)[168]을 맡았는데, 당시 천하에 일이 없자 신료들에게 좋은 곳을 골라 마시고 놀게 하였으나 공은 홀로 집에 머물면서 형제들과 강론하고 공부하였다. 하루는 동궁의 관속을 뽑는데 홀연 어명[중비(中批)[169]]으로 안수(晏殊)를 제수하자 대신들이 까닭을 아는 이가 없었다. 다음 날 나아가 알현하니 황제가 이르기를, "근래 듣자하니, 관각의 신료들이 놀며 즐기지 않는 이가 없는데 오직 안수만이 문을 닫고 형제들과 독서를 한다 하오. 이와 같이 근후하니 바로 궁관으로 삼을 만하오"라고 하였다. 공이 명을 받은 뒤에 제수한 뜻을 면대하여 알려주자 공이 말하기를, "신은 노는 것을 즐기지 않는 것이 아닙니다. 다만 가난 때문에 할 만한 것이 없었을 뿐입니다"라고 하였다. 황제가 그의 성실함을 더욱 가상히 여겼다.

晏元獻公殊爲館職, 時天下無事, 許臣寮擇勝飮宴, 公獨家居, 與昆弟講習. 一日選東宮官, 忽中批除晏殊, 執政莫諭所因. 次日進呈, 上諭曰, 近聞, 館閣臣寮無不嬉遊, 惟殊杜門, 與兄弟讀書. 如此謹厚, 正可爲宮官. 公旣受命, 而面諭除授之意, 公曰, 臣非不樂燕遊者. 直以貧無可爲之具. 上益嘉其誠實.[170]

---

155. 의봉(儀鳳): 당(唐) 고종(高宗)의 연호(676-679)이다.
156. 《구당서(舊唐書)·위승경전(韋承慶傳)》
157. 사마광(司馬光): 송(宋) 섬주(陝州) 출신으로 자가 군실(君實)이다. 한림겸시독학사(翰林兼侍讀學士), 좌복야(左僕射) 등을 역임하였고 《자치통감(資治通鑑)》을 편찬하였다.
158. 신종(神宗): 송(宋) 제6대 황제로 재위 기간은 1068-1085년이다.
159. 집정(執政): 송(宋)·금(金) 시기에 고급 관리들에 대한 통칭이다.
160. 연안군왕(延安郡王): 신종(神宗)을 이어 송(宋) 제7대 황제가 된 조후(趙煦)이다.
161. 출합(出閤): 천자의 아들이 제후로 책봉되어 나가는 일을 가리킨다. '출각(出閣)'과 같다.
162. 궁료(宮寮): 태자궁의 속관을 가리킨다.
163. 우익(羽翼): 보좌하는 사람을 가리킨다.
164. 여공저(呂公著): 송(宋) 수주(壽州) 출신으로 자가 회숙(晦叔)이다. 상서우복야겸중서시랑(尙書右僕射兼中書侍郎)을 역임하였다.
165. 손각(孫覺): 송(宋) 고우(高郵) 출신으로 자가 신로(莘老)이다. 어사중승(御史中丞), 용도각학사(龍圖閣學士) 등을 역임하였다.
166. 《고금사문유취외집(古今事文類聚外集)·동궁관부(東宮官部)》
167. 안수(晏殊): 송(宋) 임천(臨川) 출신으로 자가 동숙(同叔)이다. 추밀사(樞密使)를 역임하였으며 범중엄(范仲淹), 구양수(歐陽修) 등이 그의 문하에서 나왔다.
168. 관직(館職): 당송(唐宋) 시기에 소문관(昭文館), 사관(史館) 등에서 수찬, 편집 등을 맡아보던 직책이다.
169. 중비(中批): 임금의 명령을 가리킨다.
170. 《고금사문유취외집(古今事文類聚外集)·동궁관부(東宮官部)》

경전을 가르치는 데 정성을 다하다.[부경계옥(傅經啓沃)] 진준경(陳俊卿)[171]이 보안군왕(普安郡王)의 저택에서 매번 강경(講經)할 때마다 경전을 가르치는 데 정성을 다하니 왕이 그를 매우 중시하였다. 하루는 왕이 공놀이를 하자, 공(公)이 한유(韓愈)[172]의 〈간건봉서(諫建封書)〉를 가지고 풍간하니 왕이 전문을 암송하면서 한 자도 빠뜨리지 않았다. 공이 물러나 기뻐하며 말하기를, "왕이 총명하고 간언을 즐기시니, 사직의 복이로다"라고 하였다.

陳俊卿在普安郡王邸每當講, 必傅經啓沃, 王深器之. 一日王習毬鞠, 公取韓愈諫建封書以諷, 王誦全文, 不遺一字. 公退而喜曰, 王聰明而樂諫, 社稷之福也.[173]

왕도(王陶),[174] 한유(韓維)[175]는 후덕하였다.[왕한후덕(王韓厚德)] 신종(神宗)이 태자가 되었을 때, 영종(英宗)[176]이 한위공(韓魏公)[177]에게 명하여 궁료(宮寮)를 선발하게 하자 왕도(王陶), 한유(韓維) 등을 등용하니 모두 후덕한 선비들이었다. 하루는 태자를 모시고 앉았는데 내시가 궁중 문양의 신발을 올렸다. 한유가 아뢰기를, "왕께서는 어디에 춤추는 신발을 쓰시겠습니까?"라고 하자 신종은 바로 없애도록 하였다. 일찍이 병을 이유로 지방관으로 나가기를 청하여 장차 태자궁을 떠나려 할 때에, 동평헌왕(東平憲王)[178]의, 선을 즐긴다는 말을 취하여 찬문(贊文)을 지어 올렸다.

神宗就邸, 英宗命韓魏公擇宮寮, 用王陶韓維等, 皆厚德之士. 一日侍坐, 內侍以宮様靴進. 維曰, 王安用舞靴. 神宗亟令毁去. 嘗引疾請郡, 將去王府, 採東平樂善之語, 爲贊以獻.[179]

엄숙함과 경건함으로 칭송되다.[숙경견칭(肅敬見稱)] 한(漢) 왕상(王商)[180]은 자가 자위(子威)이다. 태자중서자(太子中庶子)가 되었는데 엄숙함과 경건함으로 칭송되었다.

漢王商, 字子威. 爲太子中庶子, 以肅敬見稱.[181]

위(魏) 포훈(鮑勳)[182]은 청렴결백하여 높은 절개가 있었다. 중서자(中庶子)가 되었는데, 안색을 바르게 하고 굽히지 않았다.

魏鮑勳, 淸白有高節. 爲中庶子, 正色不撓.[183]

〈시신잠(侍臣箴)〉을 바치다.[헌시신잠(獻侍臣箴)] 진(晉) 온교(溫嶠)[184]는 중서자(中庶子)일 때에 〈시

---

171. 진준경(陳俊卿): 송(宋) 흥화군(興化郡) 출신으로 자가 응구(應求)이다. 중서사인(中書舍人), 상서우복야(尙書右僕射) 등을 역임하였다.
172. 한유(韓愈): 당(唐) 하남(河南) 출신으로 자가 퇴지(退之)이다. 국자박사(國子博士), 중서사인(中書舍人), 형부시랑(刑部侍郎), 이부시랑(吏部侍郎) 등을 역임하였다.
173. 《송사(宋史)·진준경전(陳俊卿傳)》
174. 왕도(王陶): 송(宋) 경조(京兆) 출신으로 자가 낙도(樂道)이다. 태자첨사(太子詹事), 어사중승(御史中丞) 등을 역임하였다.
175. 한유(韓維): 송(宋) 개봉(開封) 출신으로 자가 지국(持國)이다. 한림학사승지(翰林學士承旨), 문하시랑(門下侍郎) 등을 역임하였다.
176. 영종(英宗): 송(宋) 제5대 황제로 재위 기간은 1064-1067년이다.
177. 한위공(韓魏公): 송(宋)의 정치가인 한기(韓琦)로 자가 치규(稚圭)이다. 사마광(司馬光)과 함께 왕안석(王安石)의 신법(新法)을 반대하였고 추밀사(樞密使)와 재상을 역임하였다.
178. 동평헌왕(東平憲王): 후한(後漢)의 유창(劉蒼)으로 선을 행하는 것이 가장 즐겁다고 하였다.
179. 《고금사문유취외집(古今事文類聚外集)·동궁관부(東宮官部)》
180. 왕상(王商): 서한(西漢) 탁군(涿郡) 출신으로 자가 자위(子威)이다. 좌장군(左將軍), 승상(丞相) 등을 역임하였다.
181. 《산당사고(山堂肆考)·신직(臣職)》
182. 포훈(鮑勳): 삼국시대 위(魏) 태산(太山) 출신으로 자가 숙업(叔業)이다. 중서자(中庶子), 시어사(侍御史) 등을 역임하였다.
183. 《삼국지(三國志)·위서(魏書)·포훈전(鮑勳傳)》
184. 온교(溫嶠): 동진(東晋)의 정치가로 자(字)는 태진(殆眞)이다. 벼슬은 시중(侍中)과 좌사마(左司馬)에 이르렀고, 시안군공(始安郡公)에 봉해졌다.

신잠(侍臣箴)〉을 바쳤는데 매우 도움이 된다고 인정 받았다.

晉溫嶠爲中庶子, 獻侍臣箴, 甚見補益.[185]

천자의 조정에서 명을 받다.[수명천조(受命天朝)]

정묵(鄭默)[186]이 중서자(中庶子)가 되었는데, 조정에서 태자의 관료는 배신(陪臣)[187]이라고 칭해야 한다고 하였다. 정묵이 상소하여 아뢰기를, "황태자는 체통이 중요하고 지극한 지존으로 천하에 사사로움이 없고, 태자궁의 관료들은 모두 천자의 조정에서 명을 받기 때문에 제후국과 같게 할 수 없습니다"라고 하자 일이 마침내 시행되었다.

鄭默爲中庶子, 朝廷以爲太子官屬, 宜稱陪臣. 默上言, 皇太子體重極之尊, 無私於天下, 宮臣皆受命天朝, 不得同之藩國. 事遂施行.[188]

태자궁에 오래 머물도록 하다.[구류승화(久留承華)]

진(陳) 왕창(王瑒)[189]의 부친인 왕충(王沖)[190]이 일찍이 왕창에게 영중서자(領中庶子)를 사직하도록 하니 문제(文帝)[191]가 왕충에게 이르기를, "왕창을 태자궁에 오래 머물도록 하는 것은, 바로 태자로 하여금 조금이나마 왕창의 풍모와 규범을 지니도록 하려는 것뿐이오"라고 하였다.

陳王瑒父沖嘗爲瑒辭領中庶子, 文帝謂沖曰, 所以久留瑒於承華, 正欲使太子微有瑒風法耳.[192]

당영칙(唐令則)[193]을 죄줄 것을 청하다.[청죄영칙(請罪令則)]

수(隋) 태자 용(勇)이 관속인 좌서자(左庶子)들에게 연회를 베푸는데, 당영칙이 자청하여 비파를 연주하고 또 무미낭(武媚娘)이라는 노래를 부르자 선마(洗馬) 이강(李綱)이 아뢰기를, "당영칙은 신분이 태자궁의 관료 직책을 맡고 있으니 교육하고 보호해야 하는데 연회 좌석에서 스스로 광대를 따르고 있습니다. 그의 죄를 바로잡기를 청합니다"라고 하였다.

隋太子勇宴官臣左庶子, 唐令則自請奏琵琶, 又歌武媚娘之曲, 洗馬李綱曰, 令則身任宮卿職, 當調護, 乃於宴坐自比倡優. 請正其罪.[194]

유행본(劉行本)[195]이 좌서자(左庶子)가 되었는데, 태자가 일찍이 좋은 말을 얻어 유행본에게 타게 하였다. 유행본이 정색을 하면서 아뢰기를, "황제께서 신을 서자(庶子)의 직위에 두신 것은, 전하를 정도(正道)로 보좌하고 이끌도록 하시고자 함이지 전하의 놀이 상대 신하로 삼은 것이 아닙니다"라고 하자, 태자가 부끄러워하면서 그만두었다.

劉行本爲左庶子, 太子嘗得良馬, 令行本乘. 行本正色而進曰, 至尊置臣於庶子之位者, 欲令輔導殿下以正道, 非爲殿下弄臣. 太子慚而止.[196]

《간원(諫苑)》을 지어 풍간하다.[찬간원풍(撰諫苑諷)]

당(唐) 우지녕(于志寧)이 우서자(右庶子)가 되자 태종이 우지녕에게 이르기를, "지금 태자가 어리니

---

185. 《진서(晉書)·온교전(溫嶠傳)》
186. 정묵(鄭默): 진(晉) 형양(滎陽) 출신으로 자가 사원(思元)이다. 비서랑(秘書郞), 동군태수(東郡太守) 등을 역임하였다.
187. 배신(陪臣): 신하의 신하를 가리킨다.
188. 《진서(晉書)·정묵전(鄭默傳)》
189. 왕창(王瑒): 남조(南朝) 진(陳) 낭야(琅邪) 출신으로 자가 자여(子璵)이다. 태자중서자(太子中庶子), 상서좌복야(尙書左僕射) 등을 역임하였다.
190. 왕충(王沖): 남조(南朝) 진(陳) 낭야(琅邪) 출신으로 자가 장심(長深)이다. 양(梁)에서는 상서좌복야(尙書左僕射), 진(陳)에서는 광록대부(光祿大夫)에 올랐다.
191. 문제(文帝): 진(陳)의 제2대 황제로 재위 기간은 560-566년이다.
192. 《진서(陳書)·왕창전(王瑒傳)》
193. 당영칙(唐令則): 수(隋) 북주(北州) 출신이다. 악부하대부(樂府下大夫), 태자좌서자(太子左庶子) 등을 역임하였다.
194. 《구당서(舊唐書)·이강전(李綱傳)》
195. 유행본(劉行本): 수(隋) 패(沛) 출신이다. 황문시랑(黃門侍郞), 태자좌서자(太子左庶子) 등을 역임하였다.
196. 《수서(隋書)·유행본전(劉行本傳)》

경은 마땅히 정도(正道)로 보좌해 주시오"라고 하였다. 태자 승건(承乾)[197]이 자주 예법을 어기자 우지녕은 바로잡고 고쳤으며, 《간원(諫苑)》 20권을 지어 풍간하니 태종이 크게 기뻐하였다.

唐于志寧爲右庶子, 太宗謂志寧曰, 今太子幼, 卿當輔以正道. 太子承乾, 數虧禮度, 志寧正救, 撰諫苑二十卷, 諷之, 太宗大悅.[198]

〈찬도부(贊道賦)〉를 짓다.[작찬도부(作贊道賦)]

이백약(李百藥)[199]이 우서자(右庶子)가 되어 〈찬도부(贊道賦)〉를 지어 풍간하였는데, 모두가 옛 태자의 일들을 기록한 것이었다.

李百藥爲右庶子, 作贊道賦以諷, 悉述古儲副事.[200]

약석(藥石)이 되는 말을 올리다.[진약석언(進藥石言)]

고계보(高季輔)[201]가 우서자(右庶子)일 때에 상소하여 당시 정치의 잘잘못을 간절하게 간하자, 특별히 석종유(石鍾乳)[202] 한 제[劑: 20첩(貼)]를 하사하며 이르기를, "약석(藥石)이 되는 말을 올렸기에 약석으로 보답하오"라고 하였다.

高季輔爲右庶子, 上疏切諫時政得失, 特賜鍾乳一劑, 曰進藥石之言, 故以藥石報.[203]

환관(宦官)을 임용하는 것을 간언하다.[간용시인(諫用寺人)] 태자 승건(承乾)이 측근에 환관을 많이 임용하자 우지녕이 간언하기를, "이려(伊戾)[204]는 송(宋)나라를 패하게 하였고 역아(易牙)[205]는 제(齊)나라를 패하게 하였으며, 조고(趙高)[206]는 진(秦)나라를 망하게 하였고 장양(張讓)[207]은 한(漢)나라를 기울게 하였습니다. 전하께서는 모두 환관을 등용하시어 높은 작위에 있는 이들을 소홀히 하시고 귀한 벼슬에 있는 이들을 업신여기시니, 임용의 등급이 차례를 잃고 기강이 서지 않습니다"라고 하자 태자가 좋아하지 않았다.

太子承乾, 左右多任宦官, 于志寧諫曰, 伊戾敗宋, 易牙敗齊, 趙高亡秦, 張讓傾漢. 殿下皆用寺人, 輕忽高班, 凌轢貴仕, 品命失序, 經紀不立. 太子不悅.[208]

경을 면직시켜 태자를 보좌하게 하다.[철경이좌(輟卿以佐)] 두정륜(杜正倫)[209]이 태자중서자(太子中庶子)에 제수되었는데 황제가 두정륜에게 명하기를, "내 아이가 어려서 아직 덕을 이루지 못하여, 내가 일찍이 갖가지로 경계해 주었습니다. 그래서 경을 조정에서 면직시켜 태자를 보좌하게 한 것입니다"라고 하였다.

杜正倫除太子中庶子, 帝詔正倫曰, 吾兒幼, 未有就德, 我嘗物物戒之. 故輟卿於朝, 以佐太子.[210]

재상으로 겸하다.[이재상겸(以宰相兼)] 당(唐) 송

197. 승건(承乾): 당(唐) 태종의 아들로 자가 고명(高明)이다. 태자에 책봉되었으나 가무와 여색을 좋아하다가 폐위되었다.
198. 《구당서(舊唐書)·우지녕전(于志寧傳)》
199. 이백약(李百藥): 당(唐) 안평(安平) 출신으로 자가 중규(重規)이다. 중서사인(中書舍人), 종정경(宗正卿) 등을 역임하였고 《북제서(北齊書)》를 저술하였다.
200. 《구당서(舊唐書)·이백약전(李百藥傳)》
201. 고계보(高季輔): 당(唐) 덕주(德州) 출신으로 이름은 빙(馮)이고 자가 계보(季輔)이다. 이부시랑(吏部侍郎), 시중(侍中) 등을 역임하였다.
202. 석종유(石鍾乳): 종유석(鐘乳石)을 가루낸 것으로 약용한다.
203. 《구당서(舊唐書)·고계보전(高季輔傳)》
204. 이려(伊戾): 춘추시대 송(宋)나라 사람으로 태자내사(太子內師)로 있으면서 태자를 모함하여 죽게 하였다.
205. 역아(易牙): 춘추시대 제(齊) 환공(桓公)의 총신으로 요리를 잘하였고 비위를 잘 맞추었다.
206. 조고(趙高): 진(秦)의 환관(宦官)으로 진시황 사후에 전횡을 일삼아 진(秦)이 삼대(三代)에서 망하는 원인을 제공하였다.
207. 장양(張讓): 동한(東漢) 영천(潁川) 출신이다. 영제(靈帝) 때에 중상시(中常侍)가 되었다.
208. 《구당서(舊唐書)·우지녕전(于志寧傳)》
209. 두정륜(杜正倫): 당(唐) 원수(洹水) 출신이다. 중서문하삼품(中書門下三品), 중서령(中書令) 등을 역임하였다.
210. 《신당서(新唐書)·두정륜전(杜正倫傳)》

경(宋璟)[211]은 재상으로 서자(庶子)를 겸하였다.
唐宋璟以宰相兼庶子.[212]

조종유(趙宗儒)[213]가 재상에서 물러나 우서자(右庶子)가 되었는데, 단정하게 지내면서 도를 지키니 덕종(德宗)[214]이 가상하게 여겨 이부시랑(吏部侍郎)으로 옮겨 주었다. 그를 불러 접견하면서 위로하기를, "경이 6년 동안이나 문을 닫고 지낸 것을 알기 때문에 이번의 제수가 있었던 것이오"라고 하였다.
趙宗儒罷相爲右庶子, 端居守道, 德宗嘉之, 遷吏部侍郎. 召見勞之曰, 知卿閉關六年, 故有此拜.[215]

간의대부(諫議大夫)로 우서자(右庶子)를 겸하다.[간의겸우(諫議兼右)] 장사손(張士遜)[216]은 자가 순지(順之)이다. 인종(仁宗)[217]이 황태자일 때 우간의대부겸우서자(右諫議大夫兼右庶子)로 옮겼고 또 빈객(賓客)이 되었다. 얼마 후 양 부(府)의 대신(大臣)들은 모두 동궁의 관직을 겸하였다.
張士遜, 字順之. 仁宗爲皇太子, 遷右諫議大夫兼右庶子, 又爲賓客. 旣而, 兩府大臣皆領東宮官.[218]

비밀스런 주요 업무에 참여하다.[참여기밀(參與機密)] 안수(晏殊)가 좌서자(左庶子)로 옮겨 동궁을 보좌하였다. 진종(眞宗)[219]이 자문할 것이 있으면 사방 1촌(寸)의 작은 종이를 가지고 작은 글씨로 써서 묻는 적이 많았다. 이 때문에 비밀스런 주요 업무에 참여하게 되었고, 응대하는 모든 것은 반드시 그 원고를 올려서 보임으로써 누설되지 않았다.
晏殊遷左庶子, 佐佑東宮. 眞宗有所諮訪, 多以方寸小紙, 細書問之. 由是參與機密, 凡所對必以其藁進示, 不洩.[220]

《한비자(韓非子)》 보는 것을 간언하다.[간관한자(諫觀韓子)] 유량(庾亮)[221]이 동궁에서 시강(侍講)할 때에 원제(元帝)[222]가 한창 형법(刑法)에 의지하고 있어 《한비자(韓非子)》를 태자에게 주었다. 유량이 간언하기를, "신불해(申不害)·한비자(韓非子)는 각박하여 교화에 손상이 되니 마음을 둘 만한 것이 못 됩니다"라고 하자 태자가 받아들였다.
庾亮侍講東宮, 元帝方任刑法, 以韓子賜太子. 亮諫以爲申韓刻薄傷化, 不足留心, 太子納焉.[223]

어서(御書)를 빌려주어 읽도록 하다.[차어서독(借御書讀)] 이경현(李敬玄)[224]은 여러 책을 두루 읽었는데, 고종(高宗)[225]이 동궁에 있을 때 마주(馬周)[226]가 아뢰어 그를 추천하니 숭현관(崇賢館)에 불러들여 영시독(領侍讀)을 겸하게 하였고 아울러 어

---

211. 송경(宋璟): 당(唐) 남화(南和) 출신으로 현종(玄宗) 때의 현상(賢相)이었다. 직언을 잘 하고 법 집행에 공평무사하여 요숭(姚崇)과 함께 개원(開元) 연간의 훌륭한 치적을 이루었다.
212. 《고금사문유취외집(古今事文類聚外集)·동궁관부(東宮官部)》
213. 조종유(趙宗儒): 당(唐) 등주(鄧州) 출신으로 자가 병문(秉文)이다. 동중서문하평장사(同中書門下平章事), 사공(司空) 등을 역임하였다.
214. 덕종(德宗): 당(唐) 제11대 황제로 재위 기간은 780-804년이다.
215. 《구당서(舊唐書)·조종유전(趙宗儒傳)》
216. 장사손(張士遜): 송(宋) 광화(光化) 출신으로 자가 순지(順之)이다. 시어사(侍御史), 동중서문하평장사(同中書門下平章事) 등을 역임하였다.
217. 인종(仁宗): 송(宋) 제4대 황제로 재위 기간은 1023-1063년이다.
218. 《고금사문유취외집(古今事文類聚外集)·동궁관부(東宮官部)》
219. 진종(眞宗): 송(宋) 제3대 황제로 재위 기간은 998-1022년이다.
220. 《송사(宋史)·안수전(晏殊傳)》
221. 유량(庾亮): 동진(東晉) 영천(潁川) 출신으로 자가 원규(元規)이다. 성제(成帝) 시절에 중서령(中書令)을 역임하였다.
222. 원제(元帝): 동진(東晉) 초대 황제로 재위 기간은 317-322년이다.
223. 《진서(晉書)·유량전(庾亮傳)》
224. 이경현(李敬玄): 당(唐) 박주(亳州) 출신이다. 중서시랑(中書侍郎), 이부상서(吏部上書) 등을 역임하였다.
225. 고종(高宗): 당(唐) 제3대 황제로 재위 기간은 650-683년이다.

서(御書)를 빌려 주어 읽도록 하였다. 이경현은 풍격(風格)이 높고 준엄하여 범할 수 없는 모습이 있었다.

李敬玄博覽群書, 高宗在東宮, 馬周啓薦之, 召入崇賢館, 兼領侍讀, 仍借御書讀. 敬玄風格高俊, 有不可犯之色.[227]

경을 읽고 수업을 하다.[독경수업(讀經授業)]

소덕언(蕭德言)[228]은 경사(經史)를 널리 섭렵하였는데 특히 《좌씨춘추(左氏春秋)》에 정통하였으며 글짓기를 좋아하였다. 만년에 더욱 학문에 뜻을 돈독히 하여 매번 오경(五經)을 펼칠 때마다 깨끗이 씻고 띠를 띤 채 정좌하고 대하였다. 고종(高宗)이 진왕(晋王)일 때 소덕언에게 명하여 경을 강의하고 수업을 하도록 하였고, 태자에 오르자 여전히 시강(侍講)을 겸하게 하였다.

蕭德言博涉經史, 尤精左氏春秋, 好屬文. 晚年尤篤志於學, 每開五經, 必盥濯束帶, 危坐對之. 高宗爲晋王, 詔德言講經授業, 及升春宮, 仍兼侍講.[229]

《모시찬의(毛詩纂義)》 허숙아(許叔牙)[230]는 젊어서 《모시(毛詩)》와 《예기(禮記)》에 정통하였다. 고종(高宗)이 동궁에 있을 때 태자선마(太子洗馬)로 옮겼는데 여전히 시독(侍讀)을 겸하였다. 일찍이 《모시찬의(毛詩纂義)》 10권을 지어 올리자 태자가 비단 200단(段)을 하사하였다.

許叔牙少精毛詩・禮記. 高宗在東宮, 遷太子洗馬, 仍兼侍讀. 嘗進毛詩纂義十卷, 太子賜帛二百段.[231]

〈익선기(翼善記)〉를 바치다.[진익선기(進翼善記)]

현종(玄宗)이 동궁에 있을 때 저무량(褚無量)[232]이 태자시독(太子侍讀)을 겸하고 있었는데, 〈익선기(翼善記)〉를 지어 바치니 태자가 수고를 치하하며 비단을 하사하였다. 그가 연로하다는 이유로 특별히 천천히 다니는 것을 허락하였고 또 그를 위해 요여(腰輿)[233]를 만들어 내급사(內給事)[234]에게 명하여 내전(內殿)에서 수레로 모시도록 하였다.

玄宗在春宮, 褚無量兼太子侍讀, 撰翼善記以進之, 太子嘉勞賚絹. 以其年老, 特許緩行, 又爲造腰輿, 令內給事輿於內殿.[235]

〈궁훈(宮訓)〉을 짓다.[저궁훈(著宮訓)] 정공저(丁公著)[236]가 태자시독(太子侍讀)을 맡아 〈궁훈(宮訓)〉 10권을 지었다. 목종(穆宗)[237]이 즉위하자 공부시랑(工部侍郎)으로 옮겼는데 총애가 동궁 시절 그대로였다.

丁公著充太子侍讀, 著宮訓十卷. 穆宗卽位, 遷工部侍郎, 寵春宮之舊也.[238]

〈용루잠(龍樓箴)〉을 바치다.[헌용루잠(獻龍樓箴)]

---

226. 마주(馬周): 당(唐) 박주(博州) 출신으로 자가 빈왕(賓王)이다. 중서시랑(中書侍郎), 중서령(中書令) 등을 역임하였다.
227. 《구당서(舊唐書)・이경현전(李敬玄傳)》
228. 소덕언(蕭德言): 당(唐) 옹주(雍州) 출신으로 자가 문행(文行)이다. 비서소감(秘書少監), 은청광록대부(銀青光祿大夫) 등을 역임하였다.
229. 《구당서(舊唐書)・소덕언전(蕭德言傳)》
230. 허숙아(許叔牙): 당(唐) 윤주(潤州) 출신으로 자가 연기(延基)이다. 진왕부참군(晋王府參軍), 홍문관학사(弘文館學士) 등을 역임하였다.
231. 《고금사문유취외집(古今事文類聚外集)・동궁관부(東宮官部)》
232. 저무량(褚無量): 당(唐) 항주(杭州) 출신으로 자가 홍도(弘度)이다. 시독(侍讀), 좌산기상시겸국자좨주(左散騎常侍兼國子祭酒) 등을 역임하였다.
233. 요여(腰輿): 손으로 끄는 수레로 높이가 허리에 닿기 때문에 붙여진 이름이다.
234. 내급사(內給事): 당대(唐代)의 관직으로 황후(皇后)를 시위하는 일을 맡았다.
235. 《구당서(舊唐書)・저무량전(褚無量傳)》
236. 정공저(丁公著): 당(唐) 오(吳) 출신으로 자가 평자(平子)이다. 태자제왕시독(太子諸王侍讀), 태상경(太常卿) 등을 역임하였다.
237. 목종(穆宗): 당(唐) 제14대 황제로 재위 기간은 821-824년이다.
238. 《구당서(舊唐書)・정공저전(丁公著傳)》

귀등(歸登)[239]은 학문이 갖추어져 동궁의 시독(侍讀)이 되었는데 〈용루잠(龍樓箴)〉을 바쳐 풍간하였다. 귀등의 자는 충지(沖之)이고 귀숭경(歸崇敬)[240]의 아들이다. 귀숭경은 젊어서 학문에 부지런하여 경전 공부로 급제하였고 천보(天寶)[241] 말엽에 찬선대부(贊善大夫)에 제수되었다.

歸登有文學, 爲東宮侍讀, 獻龍樓箴以諷. 登字沖之, 崇敬子也. 崇敬少勤學, 以經業擢第, 天寶末授贊善大夫.[242]

홀(笏)에 시를 적어 하사하다.[제홀사시(題笏賜詩)]

왕기(王起)[243]는 자가 거지(擧之)인데, 문종(文宗)[244] 때에 태자시독(太子侍讀)이 되었다. 왕기는 학문을 좋아하는 것이 지나쳐 비록 관위(官位)가 높고 중요했지만 깊이 파고들면서 싫증냄이 없었다. 책은 보지 않은 것이 없었고 눈을 거치면 빠뜨리는 것이 없었다. 태자를 위하여 〈광오운도(廣五運圖)〉와 〈문장수구(文場秀句)〉를 바치니 황제가 태자의 홀(笏)에 시를 적어 하사하였다. 또 명을 내려 편전(便殿)에 초상을 그려 놓도록 하고 '지금 세상의 공자(孔子)'라고 일렀다.

王起字擧之, 文宗時爲太子侍讀. 起癖於嗜學, 雖官位崇重, 耽玩無斁. 書無不覽, 經目靡遺. 爲太子, 廣五運圖及文場秀句, 獻之, 帝題詩太子笏以賜. 又詔畫像便殿, 號當世仲尼.[245]

〈회해집(詼諧集)〉을 바치다.[진회해집(進詼諧集)]

유납언(劉納言)[246]이 건봉(乾封)[247] 연간에 《한서(漢書)》를 패왕(沛王) 이현(李賢)에게 가르쳤다. 이현이 태자가 되자 선마겸시독(洗馬兼侍讀)으로 옮겼는데 〈회해집(詼諧集)〉 15권을 지어서 바쳤다. 이현이 폐위되었는데 고종(高宗)이 그것을 보고서 화를 내면서 이르기를, "유납언은 충효(忠孝)의 훌륭한 규범은 빠뜨린 채 우스갯소리의 비루한 말을 올렸으니, 태자가 덕을 그르친 것이 또한 비롯된 바가 있도다"라 하고는 진주(振州)에 유배시켰다가 사형에 처했다.

劉納言, 乾封中以漢書授沛王賢. 及賢爲太子, 遷洗馬兼侍讀, 撰詼諧集十五卷以進. 及賢廢, 高宗見而怒之曰, 納言闕忠孝之良規, 進詼諧之鄙說, 儲宮敗德, 抑有所由. 配流振州而死.[248]

위수(韋綬)[249]는 자가 자장(子章)으로 원화(元和)[250] 연간에 태자시독(太子侍讀)을 맡았다. 당시는 목종(穆宗)이 동궁에 있었는데 책을 강독하는 틈에 자주 농담으로 기쁘게 하였다. 일찍이 집에서 만든 음식을 몰래 가지고서 궁에 들어와 태자에게 먹이기도 하였다. 헌종(憲宗)[251]이 일찍이 불러서 만났는데 위수가 아뢰기를, "태자가 글씨를 배울 때,

239. 귀등(歸登): 당(唐) 오(吳) 출신으로 자가 충지(沖之)이다. 우습유(右拾遺), 공부상서(工部尙書) 등을 역임하였다.
240. 귀숭경(歸崇敬): 당(唐) 오(吳) 출신으로 자가 정례(正禮)이다. 좌습유(左拾遺), 병부상서(兵部尙書) 등을 역임하였다.
241. 천보(天寶): 당(唐) 현종(玄宗)의 연호(742-756)이다.
242. 《구당서(舊唐書)·귀숭경전(歸崇敬傳)》
243. 왕기(王起): 당(唐) 태원(太原) 출신으로 자가 거지(擧之)이다. 이부상서(吏部尙書), 동중서문하평장사(同中書門下平章事) 등을 역임하였다.
244. 문종(文宗): 당(唐) 제16대 황제로 재위 기간은 826-840년이다.
245. 《신당서(新唐書)·왕기전(王起傳)》
246. 유납언(劉納言): 당(唐) 고종(高宗) 때 사람이다.
247. 건봉(乾封): 당(唐) 고종(高宗)의 연호(666-668)이다.
248. 《구당서(舊唐書)·진경통전(秦景通傳)》
249. 위수(韋綬): 당(唐) 경조(京兆) 출신으로 자가 자장(子章)이다. 예부상서(禮部尙書), 검교호부상서(檢校戶部尙書) 등을 역임하였다.
250. 원화(元和): 당(唐) 헌종(憲宗)의 연호(806-820)이다.
251. 헌종(憲宗): 당(唐) 제13대 황제로 재위 기간은 806-820년이다.

'의(依)'자에 이르러 매번 '인(人)'방을 없애기에 신이 물으니 태자가 이르기를, '부왕께서 이 글자로 천하 사람들의 상소를 허락하시니, 신하는 전부 다 쓰는 것이 가당하지 않습니다'라고 하였습니다"라고 하자 황제가 태자의 훌륭함을 가상히 여기면서 채색 비단을 하사하였다. 위수는 위엄스런 모습이 없어 때때로 속세의 비루한 말이나 농담으로 태자를 기쁘게 하려고 하였기 때문에 헌종이 좋아하지 않아 시독(侍讀)을 그만두게 하고 건주자사(虔州刺史)로 내보냈는데 목종이 즉위하자 불러서 상서우승(尙書右丞)을 삼았다.

韋綬, 字子章, 元和中充太子侍讀. 時穆宗在東宮, 講書之隙, 頗以嘲誚悅之. 嘗密齎家所造食, 入宮餉太子. 憲宗嘗召對, 綬奏曰, 太子學書, 至依字, 輒去旁人, 臣問之, 太子云, 君父以此字, 可天下奏事, 臣子不合全書. 上益嘉太子之賢, 賜綵錦. 綬無威儀, 時以人間鄙說戲言, 以取悅太子, 憲宗不悅, 罷侍讀, 出爲虔州刺史, 穆宗卽位, 召爲尙書右丞.[252]

노문관(露門館)[253]에서 강학하다.[노문강학(露門講學)] 심중(沈重)[254]은 표기장군(驃騎將軍)과 노문박사(露門博士)로서 여전히 노문관(露門館)에서 태자에게 《논어(論語)》를 강의하였다.《북사(北史)》

沈重以驃騎將軍 · 露門博士, 仍於露門館爲太子講論語.《北史》[255]

범충(范沖)[256]과 주진(朱震)[257]은 최고의 선발이다.[범주극선(范朱極選)] 고종(高宗)[258]이 조정(趙鼎)[259]에게 이르기를, "태자를 제후로 책봉하여 출임시려고 하니 관리를 선발하여 가르치도록 하시오"라고 하였다. 조정이 이에 동료들과 함께 범충(范沖)과 주진(朱震)을 선발하여 익선(翊善)[260]으로 삼으니, 조정의 의론이 두 사람을 천하 최고의 선발이라고 하였다.

高宗語趙鼎曰, 欲令太子出閤, 選官敎之. 鼎乃與同列選范沖 · 朱震, 爲翊善, 朝論以二人爲天下之極選.[261]

왕에게 학문을 진전시킬 것을 권하다.[면왕진학(勉王進學)] 황상(黃裳)[262]이 가왕부(嘉王府)의 익선(翊善)이 되었는데 가왕의 탄신일을 기회로 혼천의(渾天儀)를 만들어 바치고 시를 지어 왕에게 학문을 진전하는 것이 하늘처럼 그침이 없을 것을 권하였다.

黃裳爲嘉王府翊善, 因王誕日, 乃作渾天儀以獻, 爲歌詩, 勉王進學如天而不息.[263]

---

252. 《구당서(舊唐書) · 위수전(韋綬傳)》
253. 노문관(露門館): 노문(露門)은 궁궐의 오문(五門) 가운데 가장 안에 있는 문으로 북주(北周) 때에 황태자와 귀족의 자제를 가르치는 학교가 있었다.
254. 심중(沈重): 남조(南朝) 양(梁) 오흥(吳興) 출신으로 자가 자후(子厚)이다. 군서(群書)에 정통하여 오경박사(五經博士)가 되었고 산기상시(散騎常侍), 태상경(太常卿)에 올랐다.
255. 《주서(周書) · 심중전(沈重傳)》
256. 범충(范沖): 송(宋) 성도(成都) 출신으로 자가 원장(元長)이다. 한림시독학사(翰林侍讀學士), 용도각직학사봉사(龍圖閣直學士奉祀) 등을 역임하였다.
257. 주진(朱震): 송(宋) 형문군(荊門軍) 출신으로 자가 자발(子發)이다. 한림학사(翰林學士)를 역임하였는데 경학에 정통하여 한상선생(漢上先生)이라고 불렸다.
258. 고종(高宗): 남송(南宋) 초대 황제로 재위 기간은 1127-1162년이다.
259. 조정(趙鼎): 남송(南宋)의 정치가 겸 사인(詞人)으로 자가 원진(元鎭)이다. 충성스러운 인품으로 명망이 높았다. 벼슬은 상서좌복야겸추밀사(尙書左僕射兼樞密使)에 이르렀다.
260. 익선(翊善): 송대(宋代)에 친왕부(親王府)에서 시종(侍從)과 강의(講義)를 맡았던 벼슬이름이다.
261. 《송사(宋史) · 조정전(趙鼎傳)》
262. 황상(黃裳): 송(宋) 보성(普成) 출신으로 자가 문숙(文叔)이다. 가왕부익선(嘉王府翊善), 예부상서겸시독(禮部尙書兼侍讀) 등을 역임하였다.
263. 《고금사문유취외집(古今事文類聚外集) · 동궁관부(東宮官部)》

비단옷을 입다.[의금(衣錦)] 당(唐) 장행성(張行成)[264]이 태자소첨사(太子少詹事)로 전보되었다. 태종(太宗)이 동쪽으로 정벌을 나섰을 때 태자가 정주(定州)에서 국사를 주관하였는데 바로 장행성의 고향 읍(邑)이었다. 태종이 장행성에게 이르기를, "공에게 비단옷을 입고 고향에 돌아가도록 하겠소"라 하고 이에 담당자에게 명하여 그의 선조 선영에 제사 지내도록 하였다.

唐張行成轉太子少詹事. 太宗東征, 太子於定州監國, 卽行成本邑. 太宗謂行成曰, 送公衣錦還鄕. 於是令有司祀其先人墓.[265]

강족(羌族) 정벌에 공이 있다.[정강유공(征羌有功)] 진(晉) 사염(謝琰)[266]은 사안(謝安)의 아들인데, 강족(羌族) 정벌에 공이 있어 보국장군(輔國將軍)과 영태자첨사(領太子詹事)가 되었다.

晋謝琰, 安之子也, 征羌有功, 爲輔國將軍 · 領太子詹事.[267]

시아버지께서는 첨사(詹事)를 얻게 될 것이다.[구득첨사(舅得詹事)] 장열(張說)[268]의 딸이 노(盧)씨에게 시집을 갔는데 일찍이 시아버지인 노공(盧公)을 위하여 관직을 구하려고 부친이 조정에서 퇴청하기를 기다려 물었다. 부친은 말을 하지 않고 다만 지상귀(擖床龜)[269]를 가리켜 보여 주었다. 딸이 돌아가 그녀의 남편에게 말하기를, "시아버지께서는 첨사(詹事)를 얻게 될 것입니다"라고 하였다.[270]

張說女嫁盧氏, 嘗爲舅盧公求官, 候父下朝而問焉. 父不語, 但指楮[271]床龜而示之. 女歸告其夫曰, 舅得詹事矣.[272]

장사(長史)가 품계가 낮추어져 제수되다.[장사굴제(長史屈除)] 고종(高宗)이 황태자일 때 이적(李勣)[273]을 태자첨사우필률(太子詹事右弼率)로 전보시켰다. 태종(太宗)이 이르기를, "내 아이가 새로이 태자에 오르게 되었는데, 경은 이전의 장사(長史)였기 때문에 이번의 제수가 있게 되었소. 비록 품계가 낮아졌지만 전혀 괴이하게 여기지 마시오"라고 하였다.

高宗爲皇太子, 轉李勣太子詹事右弼率.[274] 太宗謂曰, 我兒新登儲貳, 卿舊長史, 故有此除. 雖屈階資, 可勿怪也.[275]

보좌하여 조화시키고 살펴서 깨우쳐 주다.[필해심유(弼諧審喩)] 당(唐) 이강(李綱)이 태자첨사(太子詹事)일 때 태자가 일찍이 나들이를 나갔는데 물고기를 바친 자가 있었다. 태자가 그것을 회 뜨게 하니 당검(唐儉)[276]과 조원정(趙元鼎)[277]이 스스로 자

---

264. 장행성(張行成): 당(唐) 의풍(義豊) 출신으로 자가 덕립(德立)이다. 태자소부(太子少傅)를 역임하였다.
265. 《구당서(舊唐書) · 장행성전(張行成傳)》
266. 사염(謝琰): 진(晉) 진군(陳郡) 출신으로 자가 원도(瑗度)이다. 영태자첨사(領太子詹事), 회계내사(會稽內史) 등을 역임하였다.
267. 《고금사문유취외집(古今事文類聚外集) · 동궁관부(東宮官部)》
268. 장열(張說): 당(唐) 낙양(洛陽) 출신으로 자가 도제(道濟), 열지(悅之)이고 봉호가 연국공(燕國公)이다. 동중서문하평장사(同中書門下平章事), 중서령(中書令)을 역임하였다. 문장에 뛰어나서 조정의 문서가 대부분 그의 손에서 나와, 허국공(許國公) 소정(蘇頲)과 함께 '연허대수(燕許大手)'라고 칭해졌다.
269. 지상귀(擖床龜): 평상의 다리를 받치는 거북 모양의 받침대이다.
270. 첨사(詹事)는 황후(皇后)와 태자(太子)의 가사(家事)를 돌보며 물품을 공급하는 일을 맡아보던 벼슬이다. 지상귀(擖床龜)가 가구를 받쳐주는 역할을 한다는 의미에서 첨사를 상징한 것으로 보인다.
271. 지(楮): 《유원총보》의 '楮'는 '擖'의 오자이다.
272. 《고금사문유취외집(古今事文類聚外集) · 동궁관부(東宮官部)》
273. 이적(李勣): 당(唐) 조주(曹州) 출신으로 자가 무공(懋功)이다. 본성은 서(徐)씨였는데 당에 귀의하여 이(李)씨 성을 하사받았다. 상서좌복야(尙書左僕射), 사공(司空) 등을 역임하였다.
274. '太子詹事右弼率'은 《구당서(舊唐書) · 이적전(李勣傳)》에는, '太子詹事兼左衛率'로 되어 있다.
275. 《구당서(舊唐書) · 이적전(李勣傳)》

신이 잘한다고 말하자 태자가 이르기를, "칼을 잡아 생선을 회 뜨고 솥의 맛을 맞추는 것은 공들이 잘하겠지만, 보좌하여 조화시키고 살펴서 깨우쳐 주는 것은 이강에게 속하지요"라고 하였다.

唐李綱爲太子詹事, 太子嘗遊, 有進魚者. 太子使膾之, 唐儉·趙元鼎, 自言其能, 太子曰, 操刀膾腥, 和鼎味, 公等善之, 若弼諧審喩, 則屬綱矣.278

공패(孔霸)279가 경전을 가르치다.[패이경수(霸以經授)] 공광(孔光)280의 부친인 공패(孔霸)는 자가 차유(次孺)이다. 선제(宣帝) 때에 경전(經典)을 태자에게 가르쳐 첨사(詹事)가 되었다.

孔光父霸, 字次孺. 宣帝時以經授太子, 爲詹事.281

경은 동궁의 관료입니다.[경시동료(卿是東寮)]

당(唐) 덕종(德宗)이 최우(崔芋)282를 유덕(諭德)283으로 제수하였다. 최우가 동궁을 면대하여 아뢰기를, "신은 조정의 전례(典禮)를 알지 못합니다. 전하를 뵐 때 신(臣)으로 칭하는 것이 합당한지요?"라고 하자 태자가 이르기를, "경은 동궁의 관료이니 자연히 합당함을 알 것이오"라고 하였다.

唐德宗拜崔芋爲諭德. 芋對東宮曰, 臣不識朝廷典故, 見殿下, 合稱臣否. 東宮曰, 卿是東寮, 自合知也.284

편지로 전유암(田遊巖)285을 책망하다.[서책유암(書責遊巖)] 당(唐) 장엄(蔣儼)286이 태자우위부솔(太子右衛副率)에 제수되었다. 당시에 은사(隱士)인 전유암을 불러 태자선마(太子洗馬)로 삼았는데 태자궁에 있으면서 보좌하는 것이 없자 장엄이 편지를 보내 책망하기를, "그대는 소유(巢由)의 높은 절개를 지니고 요순과 같은 성왕에게도 꺾이지 않으며, 구름과 노을의 빼어난 기운을 기르고 산림의 은일 정서를 지켰습니다. 주상께서 만승의 중후함을 굽히시고 삼고초려의 영예를 펼치시어 그대를 상산사호로 대우하시고 그대를 신하로 여기지 않는 예로 대하시니, 장차 태자를 보좌하고 이끌어 지란(芝蘭)의 향으로 물들여야 할 뿐입니다. 황태자께서 춘추가 한창이시라 성군의 도가 아직 두루 갖추어지지 않았습니다. 그대가 교육하고 보살피는 책임을 맡았으니 지금은 말을 올릴 만한 때인데, 예예 하면서 한 마디 말도 없이 느긋하게 세월을 마치고 있습니다"라고 하자 전유암이 대답하지 못하였다.

唐蔣儼除太子右衛副率. 時徵隱士田遊巖, 爲太子洗馬, 在宮無所補, 儼貽書責曰, 足下負巢由之峻節, 傲唐虞之聖主, 養烟霞之逸氣, 守林壑之遁情. 主上屈萬乘之重, 申三顧之榮, 遇子以商山之客, 待子以不臣之禮, 將輔導儲貳, 漸染芝蘭爾. 皇太子春秋鼎盛, 聖道未周. 足下受調護之寄, 是可言之秋, 唯唯而無一談, 悠悠以卒年歲. 遊巖不能答.287

---

276. 당검(唐儉): 당(唐) 병주(幷州) 출신으로 자가 무약(茂約)이다. 이세민(李世民)을 도와 천하를 평정하였다. 중서시랑(中書侍郞), 천책부장사(天策府長史) 등을 역임하였다.
277. 조원정(趙元鼎): 《신당서(新唐書)·이강전(李綱傳)》에는, '趙元楷'로 되어 있는데 내력이 자세하지 않다.
278. 《신당서(新唐書)·이강전(李綱傳)》
279. 공패(孔霸): 서한(西漢) 사람으로 자가 차유(次儒)이다. 박사(博士)와 태사(太師) 등을 역임하였다.
280. 공광(孔光): 서한(西漢) 사람으로 자가 자하(子夏)이다. 경학에 정통하였으며, 어사대부(御史大夫), 대사도(大司徒), 태사(太師) 등을 역임하였다.
281. 《고금사문유취외집(古今事文類聚外集)·동궁관부(東宮官部)》
282. 최우(崔芋): 《고금사문유취외집(古今事文類聚外集)·동궁관부(東宮官部)》에는, '최천(崔芊)'으로 되어 있는데 내력이 자세하지 않다.
283. 유덕(諭德): 당대(唐代)에 태자의 교육을 담당하던 벼슬 이름이다.
284. 《고금사문유취외집(古今事文類聚外集)·동궁관부(東宮官部)》
285. 전유암(田遊巖): 당(唐) 경조(京兆) 출신이다. 은자로서 숭문관학사(崇文館學士), 태자선마(太子洗馬) 등을 역임하였다.
286. 장엄(蔣儼): 당(唐) 상주(常州) 출신이다. 태복경(太僕卿), 태자첨사(太子詹事) 등을 역임하였다.
287. 《구당서(舊唐書)·양리열전(良吏列傳)》

특별하게 친밀한 대우를 받다.[특피친우(特被親遇)]

제(齊) 문혜태자(文惠太子)[288]가 동궁에 들어가 있을 때 심약(沈約)[289]이 보병교위관서기(步兵校尉管書記)가 되었다. 당시에 궁 안에 선비가 많았는데 심약이 특별하게 친밀한 대우를 받아 매일 아침 들어가 알현하고 해가 기울어야 비로소 나왔다. 얼마 후에 태자가령(太子家令)으로 옮겼다.

齊文惠太子入居東宮, 沈約爲步兵校尉管書記. 時中宮多士, 約特被親遇, 每旦入見, 影斜方出. 尋遷太子家令.[290]

심약이 일찍이 황제를 모시고 연회를 할 때, 양(梁) 무제(武帝)[291]에게 기비사(妓婢師)[292]가 있었는데 제(齊) 문혜태자(文惠太子)의 궁인(宮人)이었다. 황제가 좌중의 손님을 아는지를 묻자, "오직 태자가령이었던 심약뿐입니다"라고 하자 심약이 땅에 엎드려 눈물을 흘렸다. 황제도 역시 슬퍼하였고 그 때문에 술자리를 파했다.

約嘗侍宴, 梁武帝有妓婢師, 是齊文惠太子宮人. 帝問識座中客否, 曰唯沈家令. 約伏地流涕. 帝亦悲焉, 爲之罷酒.[293]

음식을 줄인 것을 위로 아뢰다.[상계감선(上啓減膳)]

건봉(乾封)[294] 초엽에 태자 홍(弘)이 태자궁의 신하들을 드물게 만나자, 전선승(典膳丞)[295]인 형문위(邢文偉)[296]가 음식을 줄이고서 위로 아뢰기를, "세 번 조현(朝見)한 뒤에는 단지 나인(內人)들과만 지내시니, 어떻게 성지(聖知)를 발휘하시겠습니까? 삼가 예법을 지켜 바로 음식을 줄였음을 아룁니다"라고 하였다. 이로 말미암아 이름이 알려졌는데, 그 해에 좌사(左史)[297]가 결원되자 황제가 이르기를, "형문위는 내 아이가 책을 보지 않는다고 고기를 주려 하지 않았으니 이 사람은 매우 정직하다"라 하고 마침내 좌사에 제수하였다.《당서회요(唐書會要)》

乾封初太子弘稀見宮臣, 典膳丞邢文偉減膳, 上啓曰, 三朝之後, 但與內人獨處, 何由發揮聖知. 謹守禮經, 輒申減膳. 由是知名, 其年左史闕, 上曰, 邢文偉以吾兒不讀書, 不肯與肉, 此人甚正直. 遂拜焉.《唐書會要》[298]

태자를 간언하여 바로잡다.[규정동궁(規正東宮)]

엎드려 생각건대 전하께서는 나라의 태자로서 제기(祭器)를 주관하시고 종묘를 받드시니 백성들이 마음을 의지하고 만방이 기대하고 있습니다. 한 가지 일을 행함에 천하가 바라보고 한 마디 말을 냄에 천하가 들으니, 행동을 삼가지 않을 수 없고 진퇴를 숙고하지 않을 수 없습니다. 진실로 자주 바른 사람을 불러 잘잘못을 물으시어, 충성스런 말이 날마다 귀에 들리고 선한 일이 항상 마음에 연관되게 하셔야, 하는 바가 법도에 맞고 반드시 자신의 잘못을 스스로 알게 됩니다. 이와 같이 하시면 바른 마음이 일어나고 사특한 마음이 사라져 덕성과 학문이 날로 새로워지고 명성이 두루 퍼져 복록을 길이 지킬 수 있

288. 문혜태자(文惠太子): 남조(南朝) 제(齊) 무제(武帝)의 장자인 소장무(蕭長懋)로 무제가 즉위한 뒤 황태자가 되었으나 일찍 죽었다.

289. 심약(沈約): 남조(南朝) 양(梁)의 문학가이자 사학가로 자가 휴문(休文)이다. 이부상서(吏部尙書), 태자소부(太子少傅) 등을 역임하였다. 사성론(四聲論)과 팔병설(八病說)을 제기하여 근체시(近體詩) 형성의 기틀을 마련하였다.

290. 《남사(南史)·심약전(沈約傳)》

291. 무제(武帝): 남조(南朝) 양(梁)의 초대 황제로 재위 기간은 502-549년이다.

292. 기비사(妓婢師): 기생에게 가무를 가르치는 사람이다.

293. 《양서(梁書)·심약전(沈約傳)》

294. 건봉(乾封): 당(唐) 고종(高宗)의 연호(666-668)이다.

295. 전선승(典膳丞): 임금의 수라를 맡은 벼슬 이름이다.

296. 형문위(邢文偉): 당(唐) 저주(滁州) 출신이다. 봉각시랑겸홍문관학사(鳳閣侍郎兼弘文館學士)를 역임하였다.

297. 좌사(左史): 천자의 왼쪽에서 천자의 행동을 기록하였던 사관(史官)이다.

298. 《구당서(舊唐書)·형문위전(邢文偉傳)》

고 영예로운 지위가 오래도록 안전할 수 있습니다.

만약 아첨하는 자들이 옆에 있으면 충성스럽고 훌륭한 사람들이 나서지 않습니다. 뜻이 향하는 곳이 있으면 말을 모아 훌륭하다고 칭송하고 말이 입에서 나오지 않았는데도 소리를 함께하여 아름답다고 칭송할 것이니, 그릇됨이 있어도 깨닫지 못하고 잘못이 있어도 알지 못한 채 곧 스스로 지혜롭고 총명함이 고금에 가장 뛰어나다고 여기니 교만함이 자라나는 것이 언제나 반드시 여기에서 비롯됩니다.

엎드려 바라건대 특별히 지혜로운 마음을 간직하시고 항상 경계심을 지니시어 잘못을 들으시면 반드시 고치고 선을 보시면 반드시 행하여 조석으로 힘쓰면서 항상 미치지 못할까를 염려하신다면 나라가 힘입고 천하가 매우 다행스러울 것입니다. 덕을 향상시키고 학업을 닦는 것은《주역(周易)》에서 글을 남겼고,[299] 예(禮)를 말하고 시(詩)를 중시함은《춘추(春秋)》에서 귀하게 여긴 것입니다.[300]《상서(尙書)》에 이르기를, "내내 학문에 한결같기를 생각하라"[301]라 하였고《예기(禮記)》에 이르기를, "옥은 쪼지 않으면 기물이 되지 못하고 사람은 배우지 않으면 도를 알지 못한다"[302]라고 하였으며, 공자는 말씀하기를, "내가 일찍이 종일토록 먹지 않고 밤새도록 자지 않으면서 생각을 했는데 유익함이 없었다. 배우는 것만 같지 못하였다"[303]라고 하셨습니다.

전하께서 전에 제후왕으로 계실 때에 전적들을 탐독하시고 도를 논하시며 책을 보신 것이 아침이 아니면 저녁이었습니다. 태자에 오르신 때로부터 이미 시간이 지나면서 시독(侍讀)이 말씀을 받드는 것이 점차 드물게 들립니다. 비록 예지의 자질이 태어나면서 탁월하셨고 두뇌의 기능이 생지(生知)의 자질이시니 재능과 학식이 저절로 그러하여 밖으로 장려함을 구할 것이 아니지만, 그러나 다시 연찬과 노력을 가하신다면 더욱 풍교와 덕화를 증가시키실 것입니다.

엎드려 바라건대 자주 유생들을 부르시어 육경(六經) 공부를 부지런히 닦으시어 서책[겸상(縑緗)[304]]이 좌우에서 떠나지 않게 하시고 펼쳐 보심이 밤낮으로 그치지 않아 날마다 모르던 것을 알고 달마다 듣지 못한 것을 듣도록 하소서. 무릇 필부(匹夫)의 경우에도 진실로 힘써 공부할 수 있으면 높이 명예를 얻고 벼슬자리에 앉을 수 있는데, 하물며 전하께서는 태자의 지존으로 배움에 마음을 두실 수 있다면 덕스러운 말씀의 아름다움은 진실로 칭송할 바가 없을 것입니다. 사냥하면서 치달리는 것은 덕을 그르치는 근원입니다. 반드시 순리대로 움직이셔야 하니 놀면서 법도가 없어 짐승을 쫓느라 들을 가로지르고 언덕을 내달려 말의 다리가 구름처럼 날고 가벼운 활이 번개처럼 때릴 때 그 적의(適意)함을 만나 어찌 어려움과 위태로움을 꺼리겠습니까? 험준한 곳을 오르지 않은 곳이 없고 깊은 곳을 다다르지 않은 곳이 없다가 홀연히 달리는 말에서 고삐를 놓치고 맹수 가운데 무리를 잃어 놀라는 염려에 이르고 넘어지고 떨어지는 근심을 남긴다면 비록 후회함이 있더라도 어떻게 미칠 수 있겠습니까? 부잣집 자제라도 오히려 앉을 때에 마루의 가장자리에 앉지 않는데, 하물며 만국의 정간(貞幹)에 계시면서 어찌 신중하기를 생각하지 않을 수 있겠습니까?

전하께서 막 태자의 자리에 올라 동궁에서 덕을 기르시니, 도리상 고요해야 하고 스스로 문사(文史)에 머무는 것으로 힘쓰셔야 하니, 자주 유람하고 방종

299.《주역(周易)·건괘(乾卦)·문언전(文言傳)》, "君子, 進德修業, 欲及時也."
300.《춘추좌전(春秋左傳)·희공(僖公)·27년》, "臣亟聞其言矣, 說禮, 樂而敦詩書."
301.《상서(尙書)·열명(說命)》
302.《예기(禮記)·학기(學記)》
303.《논어(論語)·위령공(衛靈公)》
304. 겸상(縑緗): 글씨 쓰는 데에 사용하는 비단으로, 책을 가리킨다.

하여 덕스러운 말씀을 손상시키면 안 됩니다. 《상서(尙書)》에 이르기를, "안으로는 색에 탐닉하고 밖으로는 사냥에 탐닉하며 술을 달게 여기고 음악을 좋아하며 집을 높이 짓고 담장을 조각하는 것에서 이 중에 한 가지라도 있으면 혹시라도 망하지 않는 경우가 없다"[305]라고 하였습니다. 엎드려 바라건대 고금을 자세히 살펴 거울과 경계로 삼으십시오.

전하께서는 부리는 사람들을 항상 북문으로 불러들이시는데 이러한 무리들은 모두 간사하고 말재주를 피는 사람들로, 받들게 되었다는 이유로 자신이 특별하게 은총을 받았다고 여겨 밖으로는 망령되이 위력과 은혜를 행사하고[위복(威福)[306]], 안으로는 오로지 아부를 일삼아 교묘한 아첨을 백 가지로 하여 안색을 살피면서, 하루에 한 가지 일을 하고 한 번에 한마디 말을 올려 점차 미세한 것을 쌓아서 마침내 옥의 티가 되고 실의 얽힌 덩어리가 되니 이러한 젖어듦을 깨닫고 살피기가 가장 어렵습니다. 특별히 멀리 내치고 물리쳐 좌우에 가까이해서는 안 됩니다.

전하께서는 태자로서 나라의 계승자이시며 황제의 아들이자 하늘의 손자이십니다. 창고가 가득하고 궁실이 화려하지만, 단지 비루하게 하지 않을 뿐이지 사치를 하지 마소서. 모든 필요한 것들은 담당자가 다 구비시키니 어찌 이런 것을 빌미로 별도로 받듦을 두겠습니까? 지금 재상부[남아(南衙)[307]]의 관료들은 모두 사대부이거나 혹은 연로한 덕인들이고 박학다식하거나 명망 있는 뛰어난 인재들로 몸을 닦고 행동을 깨끗이 하여 벼슬길에 올라 충성으로[책명위지(策名委質)[308]] 받드는 이들이지만, 전하께서는 본디 법도와 의장으로 따르는 경우가 아니면 한번도 황제의 얼굴을 받들 수 없으니 어찌 노복과 하급 관료[여대(輿臺)[309]]를 두어 특별하게 은혜와 보살핌을 받을 수 있겠습니까? 엎드려 바라건대 한결같이 모두 막아 다시 이르는 것을 허락하지 마소서.

동궁에서 만나는 자들이 오직 단정한 인사들이고 듣는 것들이 오직 《시경(詩經)》, 《예기(禮記)》, 《서경(書經)》뿐이면 사특함이 말미암아 일어날 수 없고 허물과 후회가 따라서 생기지 않아, 지혜로운 덕이 더욱 높아지고 아름다운 명성이 날로 멀리 퍼질 것입니다. 엎드려 살피건대 금년 6월 30일에 영서(令書)[310]로 숭문관(崇文館) 안에 학사(學士)가 매우 적은 이유로 빈객(賓客), 서자(庶子), 첨사(詹事) 및 태자궁의 관료로 오품(五品) 이하에게 명하여 각각 아는 자를 천거하도록 하였는데, 명령이 나온 이래로 세월이 이미 오래되었고 태자궁의 관료들이 천거한 것은 모두 이미 이름을 아뢰었는데 지금에 이르기까지 다시 진척이 없습니다.

전하께서는 육경(六經) 공부를 숭상하시고 세상의 영재를 널리 찾으시니 천하 사방에 기뻐하지 않는 이가 없는데, 학문하는 선비들은 자신을 단속하고 질문을 기다리다가 부질없이 시간만 보내면서 지향할 바가 없고, 조정의 관료들은 모두 이르기를, "전하는 단지 명성만 있지 내실이 없다"라고 하면서 사사로운 담론과 몰래 하는 의논이 많은 사람들의 입에 자못 가득합니다. 다만 명령이 나가면 오직 시행해야 하니 이치가 헛되이 마련된 것이 아닙니다. 능력 있는 자를 등용하고 선한 자를 올리는 것은 그 일이 가볍지 않습니다. 한번 영서(令書)를 내렸는데 해가 다 가도록 고요하니 천하의 뛰어난 이들 어느

305. 《상서(尙書) · 오자지가(五子之歌)》
306. 《상서(尙書) · 홍범(洪範)》, "惟辟作福, 惟辟作威."
307. 남아(南衙): 당대(唐代)의 중서성(中書省), 문하성(門下省), 상서성(尙書省)의 재상부(宰相府)를 가리킨다.
308. 책명위지(策名委質): 과거에 급제하여 예물을 바침, 즉 벼슬길에 올라 충성을 다하는 것을 가리킨다.
309. 여대(輿臺): 지위가 낮은 벼슬아치를 가리킨다. 《춘추좌전(春秋左傳) · 소공(昭公) · 7년》에, "王臣公, 公臣大夫, 大夫臣士, 士臣皁, 皁臣輿, 輿臣隸, 隸臣僚, 僚臣僕, 僕臣臺"라고 하였다.
310. 영서(令書): 태자나 세자가 서면으로 내리는 명령을 가리킨다.

누가 흩어지지 않겠습니까? 이것이 바로 유익함을 바라다가 도리어 손실이 되는 것이고 옳음에 적용하려다가 더욱 그르게 되는 것입니다. 엎드려 바라건대 빈객(賓客)이나 서자(庶子) 등과 마땅함을 헤아려 일찍 조처하시고, 일이 혹시 단독으로 처리할 수 없으면 역시 신속하게 아뢰어야 하니 머뭇거리고 끌다가 비방을 불러오면 안 됩니다.

지금 관중(關中)과 감숙성의 밖에서는 변방의 오랑캐가 나라를 도적질하니 장차 백성을 위로하고 적을 정벌하고자 크게 군대를 일으켜 공급을 대느라 비용이 나날이 많아집니다. 황제께서 안으로는 백성을 돌아보고 밖으로는 변방을 염려하시느라 날이 밝기 전에 옷을 입고 밤이 깊어서야 수라를 드시면서 생각은 근심하시고 마음은 두려워하십니다. 전하는 나라에서는 태자이시고 집안에서는 장자로서, 일이 집안과 국가를 겸하시니 어떻게 홀로 편안하시겠습니까? 거처, 복식 등 좋아하는 것과 음식, 음악 등은 모두 간략함을 따르기에 힘써 황제의 염려와 수고에 도움을 주셔야 하고 매사에 풍부하게 하고 스스로 안일을 추구하시면 안 됩니다.

태자의 존귀함은 백성들이 우러러보는 바입니다. 비록 동궁은 일이 간단하여 매일 조회에 참여할 필요는 없지만 초하루와 보름날에 이르러 여러 제후왕의 빈객들이 다 모여 모두 직접 조령(詔令)을 받들고자 하니 황제의 위의(威儀)를 엄숙히 받들어야 합니다. 엎드려 살피건대 가을·겨울 이래로 여러 달 동안 한 번도 참여하지 않았으니 자신을 공손히 하는 뜻이 적이 훼손됨이 있을까 생각됩니다. 엎드려 바라건대 매번 이 조회에 이르시어 특별히 법도와 의장을 대하시면 전하께서는 편안하려는 안일이 없고 뭇 신료들은 따르고 받드는 기쁨이 있을 것입니다.

신은 듣건대 너그러운 덕을 살펴 행하는 것은 간언을 받아들이는 데에 있고 충정(忠貞)의 지극함을 지니는 것은 절개를 다하기를 기약하는 것이라고 하였습니다. 이것이 군주는 꺼리지 않음으로 그 아름다움을 밝히고 신하는 숨기지 않음으로 그 정성을 통하게 함을 아는 것이니, 진실로 군신 간의 대의(大義)이고 고금의 공통된 도리입니다.

엎드려 생각건대 전하께서는 빼어난 지혜로 정미한 이치를 추구하고 확고한 지조로 밝음을 길러, 황제의 원자(元子)로 계시고 만백성의 태자이십니다. 책봉의 명을 받았던 초기에 천하의 모든 사람들[함치대발(含齒戴髮)[311]]과 아이들, 목동에 이르기까지 기뻐서 뛰고 손뼉치고 춤추며 노래하지 않은 이가 없었습니다. 전하의 지극한 덕과 지극한 인, 훌륭한 충성과 훌륭한 효도 때문에 위로는 하늘의 뜻에 합당하고 아래로는 인심에 호응하였으니 비록 하(夏)나라가 계(啓)[312]를 세웠고 주(周)왕조가 송(誦)[313]을 세웠던 것도 여기에 미치지 못합니다. 오직 도(道)로 행동하고 인(仁)으로 지키며, 편안함에서 위태로움을 염려하시고 가득함에서 넘칠 것을 방비하십시오. 하루에 세 가지로 살피고 하나의 일에 아홉 가지로 생각하시며, 농사의 어려움을 아시고 궁궐 원유(苑囿)의 놀이를 줄이시며, 말을 반듯하게 하고 명을 바르게 하여 항상 마음을 단속하고 간사한 음악과 어지러운 여색으로 총명을 막지 마소서. 충성스럽고 곧은 말을 하는 자를 이끌어 가까이하시고 말 잘하는 자를 물리쳐 멀리하시면, 길이 종묘의 울창주를 주관하여 영원히 나라의 근본을 유지할 수 있습니다. '황색의 붙음[황리(黃離)[314]]'을 비춰 크게 선하고 길함을 보존하고, 동쪽의 진방(震方)에 있으

311. 함치대발(含齒戴髮): 이가 있고 머리털이 있음, 즉 사람을 가리킨다.
312. 계(啓): 하(夏) 우(禹)임금의 아들이다.
313. 송(誦): 주(周) 무왕(武王)의 아들 성왕(成王)이다.
314. 황리(黃離): 《주역(周易)·이괘(離卦)·육이(六二)》에, "六二, 黃離, 元吉"이라고 한 데에서 태자를 비유하는 말이 되었다.

면서 형통하고 곧음에 이로울 것입니다.[315]

신은 소학과 태학[교상(膠庠)[316]]을 나와 곧바로 제후왕의 저택에 있으면서, 한미한 반열에서 두 번 바뀌어 해를 보낸 것이 열 번 변하였습니다. 부족한 재주와 빈약한 글로 외람되이 발탁됨과 장려함을 입어 문장을 기록함에 은혜와 맡김을 특별히 받다가, 태자에 오르심에 미쳐 은으로 장식한 방문(榜文)을 다시 얻게 되어 욕되게 동궁에서 모시면서 아래로는 벼슬자리를 잇게 되고 위로는 기린의 털끝을 잡고서 드넓은 큰 못에서 적셔짐이 그치지 않으니 작고 얕은 뜻으로 은공에 보답할 방법이 없습니다. 그리하여 마음의 근원을 다하고 간과 피를 짜내어, 나무하고 꼴 베는 자와 같은 하찮은 논의를 바치고 거칠고 눈먼 자와 같은 한 마디 말씀을 바칩니다.

바라건대 가벼운 이슬 같은 소리를 보내어 작은 바다에 조금이나마 보태고, 가는 먼지 같은 그림자를 모아 먼 산에 미약하나마 도움이 되고자 합니다. 귀에 거슬리는 말씀이 혹시나 거듭되어 역린을 건드린 죄를 달게 받겠습니다. 지극한 정성을 감당할 수 없습니다.〈사의랑(司議郎) 위승경(韋承慶)[317]이 태자 현(賢)에게 올리는 글〉

伏以殿下國之儲貳, 主器承祧, 百姓繫心, 萬方延首. 行一事, 天下所瞻, 出一言, 天下所聽, 動靜不可以不愼, 進退不可以不思. 固須數引正人, 詢謀得失, 使忠言日聞於耳, 善事每關於心, 所爲合度, 必自知其過. 如此則正心起, 邪心息, 德業日新, 聲聞彌廣, 福祿可以長守, 榮位可以久安. 若諂諛在側, 忠良不進. 意有所向, 則合詞稱善, 言未出口, 則同聲稱美, 有非莫悟, 有過莫知, 便自謂神睿聰明, 超絶今古, 驕溢之漸, 常必由之. 伏願特留睿情, 每存規誡, 聞過必改, 見善必行, 朝夕孜孜, 常恐不及, 則邦家是賴, 天下幸甚. 進德修業, 大易垂文, 說禮敦詩, 春秋所貴. 尙書云, 念終始典于學, 禮云, 王不琢, 不成器, 人不學, 不知道. 孔子曰, 吾嘗終日不食, 終夜不寢以思, 無益. 不如學也. 殿下昔在藩邸, 耽讀典墳, 論道觀書, 匪朝伊夕. 自升儲貳, 已歷炎凉, 侍讀承言, 稍以稀聞. 雖睿姿天挺, 神用生知, 器業自然, 非求外奬, 然更加硏勵, 彌益風猷. 伏願數召儒生, 勤修學藝, 縑緗不離於左右, 披閱無捨於光陰, 使日知所未知, 月聞所未聞. 凡在匹夫, 苟能强學, 猶可以高取名譽, 坐致簪纓, 況殿下以儲后之尊, 而能留心於學, 德音之美, 固無得而稱焉. 畋獵馳騁, 敗德之源. 必須順動, 不可以盤遊無度, 至於從禽逐獸, 絶野馳原, 駿足雲飛, 輕弧電擧, 當其適意, 豈憚艱危. 無險不淩, 無深不赴, 忽然奔馬委轡, 猛獸逸群, 致驚駭之憂, 貽顚墜之患, 雖有所悔, 如何可及. 夫以千金之子, 猶且坐不垂堂, 況在萬國之貞, 豈可不思重愼. 殿下初升儲位, 養德春闈, 理宜靜默, 自居文史爲務, 不可數遊縱以損德音. 尙書云, 內作色荒, 外作禽荒, 酣酒嗜音, 峻宇雕墻, 有一於此, 未或不亡. 伏願詳鑑古今, 以爲鑑誡. 殿下驅使之人, 每於北門召入, 如此等色, 皆是憸利小人, 緣得供奉祇承, 自謂別蒙恩幸, 外則妄爲威福, 內則專事諂諛, 巧媚百端, 以求顔色, 日爲一事, 時進一言, 漸積纖微, 遂成瑕纇, 此之浸潤, 最難覺察. 特須斥遠屛黜, 不宜親近左右. 殿下皇儲國嗣, 帝子天孫. 府庫充盈, 宮室崇麗, 但使不爲鄙僻, 不作奢淫. 凡所營求, 有司畢備, 何藉此等, 別有秪承. 今南衙官僚, 皆是縉紳士子, 或耆年舊德, 博識洽聞, 或雅望英才, 修身潔行, 莫不策名委質奉事, 殿下自非陪扆法仗, 不得一奉宸顔, 豈有僕隷輿臺, 而可特承恩眄. 伏願一皆杜絶, 勿許更至. 宮闈所見者, 唯端士

---

315. 《주역(周易)·진괘(震卦)·단사(彖辭)》에, "震驚百里, 驚遠而懼邇也, 出可以守宗廟社稷, 以爲祭主也"라고 하였다.

316. 교상(膠庠): 교(膠)는 태학이고 상(庠)은 소학을 가리킨다.

317. 위승경(韋承慶): 당(唐) 정주(鄭州) 출신으로 자가 연휴(延休)이다. 옹왕부참군(雍王府參軍), 비서원외소감(秘書員外少監) 등을 역임하였다.

正人, 所聞者, 唯詩禮典誥, 則邪孽無由而起, 咎悔無從而生, 睿德彌高, 休聲日遠. 伏見今年六月三十日, 令書以崇文館中學士極少, 令賓客庶子詹事及宮官五品以下, 各擧所知, 令出已來, 日月已久, 宮寮所擧, 咸已進名, 迄至于今, 更無進止. 殿下崇敦學藝, 廣訪時英, 天下四方, 莫不欣悅, 文學之士, 飭躬待問, 而淹歷時序, 未有指歸, 朝廷縉紳, 咸謂殿下徒有其聲, 而無其實. 私談竊議, 頗盈衆口. 但令出惟行, 理非虛設. 擧能進善, 其事不輕. 一降令書, 終年寂寞, 天下英髦, 誰不解體. 此乃欲益反損, 應是更非. 伏願與賓客庶子等量宜, 早爲處分, 事或不可專決, 亦須速以聞奏, 不可淹延, 致招誹謗. 今關隴之外, 蕃夷寇竊國家, 將申吊伐, 大興師旅, 轉輸給用, 糜費日多. 聖上內恤黎元, 外憂疆埸, 宵衣旰食, 惕慮兢懷. 殿下在國爲儲君, 在家爲長子, 事兼家國, 何以自寧. 至於居處·服翫·飮食·聲樂, 竝請務從省約, 以助聖上憂勞, 不可每事豐華, 自爲安逸. 儲副之尊, 士庶瞻仰. 雖宮闈務簡, 不資每日坐朝, 至於朔望之辰, 諸王賓客咸萃, 皆欲親承睿旨, 肅奉宸儀. 伏見秋冬已來, 累月不曾一坐, 恭己之義, 竊謂有虧. 伏願每至此朝, 特臨法仗, 則殿下無宴安之逸, 群僚有趨奉之歡. 臣聞體寬裕之德者, 在乎納諫, 懷忠貞之極者, 期於盡節. 是知君以不諱昭其美, 臣以無隱達其誠, 固君臣之大義, 古今之通道. 伏惟殿下挺叡研幾, 凝貞毓照, 處帝王之元子, 爲億兆之副君. 當其册命之初, 天下含齒戴髮, 童兒牧豎, 莫不歡忻踴躍, 抃舞謳歌者. 以殿下至德至仁, 克忠克孝, 故能上當天意, 下應人心, 雖夏邦建啓, 周朝立誦, 不之及也. 但能行之以道, 守之以仁, 居安慮危, 在滿防溢. 一日三省, 一事九思, 知稼穡之艱難, 省宮苑之遊翫, 正辭雅誥, 每關心術, 奸聲亂色, 不留聽明. 忠讜者, 引而親之, 便佞者, 屛而遠之, 則可以長主宗鬯, 永在國本. 照黃離以保元吉, 居蒼震而亨利貞. 臣出自膠庠, 叨參藩邸, 微班再易, 馳年十變. 短才弱翰, 濫蒙甄獎, 書記文章, 特受恩寄, 洎乎嗣登, 銀榜復得, 忝侍銅闈, 俯存簪屨之餘, 仰攀鱗羽之末, 蕩蕩鴻澤, 霈濡不已, 區區淺志, 答效無階. 所以輸罄心源, 瀝盡肝血, 奉芻蕘之片議, 獻狂瞽之一言. 庶輕露馳聲, 薄滋於少海, 纖塵驟影, 微助於遙山. 逆耳儻申, 觸鱗甘罪. 無任悾款之至.〈司議郎韋承慶上太子賢〉318

사관 史官319

• 사관(史官)은 황제(黃帝) 때부터 있었다. 하(夏)나라와 상(商)나라에서는 태사(太史)가 있었고 주(周)나라에서는 태사(太史)·소사(小史)·내사(內史)·외사(外史)가 있었다. 진(秦)나라에서는 태사령(太史令)이 있었고 한(漢)나라에서는 무제(武帝)에 이르러 처음으로 두어 사마담(司馬談)320을 임명하였는데 사마담이 죽자 아들 사마천이 계승하였다.

史官, 自黃帝有之. 夏商有太史, 周有太史·小史·內史·外史. 秦有太史令, 漢至武帝始置, 以司馬談爲之, 談卒, 子遷嗣.321

• 당(唐) 태종(太宗)은 궁중에 별도로 사관(史館)을 두었으니 그 직책을 중요하게 여기고 그 일을 비밀스럽게 한 것이었다.

唐太宗, 別置史館於禁中, 所以重其職, 而秘其事

318.《고금사문유취외집(古今事文類聚外集)·동궁관부(東宮官部)》
319. 사관(史官): 문서와 전적을 담당하고 역사를 편찬하는 관원이다.
320. 사마담(司馬談): 한(漢) 하양(夏陽) 출신으로 사마천(司馬遷)의 부친이다. 태사령(太史令)을 역임하였다.
321.《고금사문유취신집(古今事文類聚新集)·제원부(諸院部)》

也.[322]

- 한(漢) 무제(武帝) 때에 금중기거주(禁中起居注)를 두었다.[323]

 漢武帝, 有禁中起居注.[324]

- 마황후(馬皇后)[325]가 《명제기거주(明帝起居注)》를 지었는데, 아마도 궁중에서 여사(女史)[326]의 임무였던 듯하다. 그 뒤에 기거(起居)는 모두 가까이에서 모시는 신하로서 기록을 담당하였다.

 馬皇后撰明帝起居注, 似在宮中爲女史之任. 其後起居皆近侍之臣, 錄記也.[327]

- 《주례(周禮)》의 기록이다. 외사(外史)는 사방의 기록을 담당하고 소사(小史)는 나라의 기록을 담당한다.

 周禮曰. 外史掌四方之志, 小史掌邦國之志.[328]

- 《묵자(墨子)》의 기록이다. 나는 모든 나라의 역사를 보았다.

 墨子曰. 吾見百國春秋.[329]

- 《문중자(文中子)》의 기록이다. 역사의 잘못은 사마천으로부터 본디 시작되었으니, 기록은 번잡하고 뜻은 적다.

 文中子曰. 史之失自遷固始, 記繁而志寡.[330]

- 문중자(文中子)가 이르기를, "순열(荀悅)[331]은 훌륭한 사관인가? 훌륭한 사관이로다"라고 하였다. [상동]

 子謂, 荀悅, 史乎?史矣.[同]

- 옥판(玉版)에 새기고 금궤(金匱)에 보관하여, 천지와 함께 마치리라.[조착(鼂錯)]

 刻於玉版, 藏於金匱, 與天地相終.[鼂錯][332]

- 권선징악과 교화가 《춘추(春秋)》에 달려 있으니, 편집하고 다듬는 것은 반드시 훌륭하고 곧은 이에게 돌아가야 한다.《당(唐) 제조(制詔)》

 懲勸敎化, 在於春秋, 錯綜裁成, 必歸良直.《唐制》[333]

- 동관(東觀)[334]의 사서(史書)[양추(陽秋)[335]]의 중책을 맡고, 간서(簡書)[336]의 간행과 편집의 책임을 총괄한다.[상동]

 掌東觀陽秋之重, 総簡書刊集之司.[同][337]

- 관계(官階)는 목과 혀에 해당하고 직책은 사서(史書)에서 중요하다.

 官當喉舌, 職重陽秋.[338]

---

322. 《구당서(舊唐書)·이원굉전(李元紘傳)》
323. 기거주(起居注)는 황제의 언행록, 나아가 황제를 시종하며 황제의 언행을 기록하고 기거주의 편수를 맡았던 벼슬을 가리키는데, 기거(起居)라고도 한다.
324. 《사통(史通)·사관건치(史官建置)》
325. 마황후(馬皇后): 동한(東漢) 부풍(扶風) 출신으로 마원(馬援)의 딸이다. 명제(明帝)의 황후가 되었는데 검약하였고 덕이 높았다.
326. 여사(女史): 왕후(王后)의 의례(儀禮)를 맡았던 벼슬 이름이다.
327. 《통전(通典)·직관(職官)》
328. 《주례(周禮)·춘관(春官)·내사(內史)》와 《주례(周禮)·춘관(春官)·외사(外史)》의 기록을 조합하여 재구성한 것이다.
329. 《사통(史通)·육가(六家)》
330. 《중설(中說)·천지편(天地篇)》
331. 순열(荀悅): 동한(東漢) 영천(潁川) 출신으로 자가 중예(仲豫)이다. 비서감(秘書監), 시중(侍中) 등을 역임하였다.
332. 《전한서(前漢書)·조착전(鼂錯傳)》
333. 《당대조령집(唐大詔令集)·제항수국사제(齊抗修國史制)》
334. 동관(東觀): 동한(東漢) 시기 낙양에 있던 누각의 이름으로 명제(明帝)가 반고(班固)에게 명하여 《한기(漢記)》를 편수하게 한 곳으로 이후 국사를 편수하는 곳의 별칭으로 쓰였다.
335. 양추(陽秋): 공자가 지은 《춘추(春秋)》를 가리키는 말에서 사서(史書)를 가리키게 되었다.
336. 간서(簡書): 고계(告誡)·책명(策命)·맹서(盟誓) 등의 일에 사용하는 문서를 가리킨다.
337. 《당대조령집(唐大詔令集)·소구감수국사등제(蕭遘監修國史等制)》
338. 《당대조령집(唐大詔令集)·왕탁홍문관대학사등제(王鐸弘文館大學士等制)》

- 《춘추(春秋)》의 뜻은 진실됨으로 진실됨을 전하고 의심스러움으로 의심스러움을 전하였다.
  春秋之義, 信以傳信, 疑以傳疑.339
- 하루아침에 잘하고 잘못하여 천년토록 영광과 수치가 되니, 선한 사람은 기뻐하고 나쁜 사람은 두려워한다.《유요(類要)》340
  得失一朝, 而榮辱千載, 善人歡焉, 淫人懼焉.《類要》341
- 스스로가 학문의 바다에서 심오한 것을 끌어내고 문자의 숲에서 포괄하여, 주공(周公)의 전모(典謨)를 성대히 하고 공자의 해와 달을 높이 매달 수 있는 이가 아니라면, 어떻게 큰일을 서술해낼 수 있겠는가?《당(唐) 제조(制詔)》
  自非鉤深學海, 囊括詞林, 盛周公之典謨, 懸仲尼之日月, 則何以纂敍鴻業.《唐制》342
- 사서(史書)를 수찬하고 밝히는 것이, 오직 그대의 아름다움이로다.[상동]
  修明簡策, 惟爾之休.[同]343
- 다름과 같음을 고찰하여 모으고, 칭찬과 비판을 재단하여 완성한다.[상동]
  稽合異同, 裁成褒貶.[同]344
- 옛날의 천자들은 대대로 사관(史官)이 있어서 군주의 거동을 반드시 기록하였으니 언행을 삼가고 법도를 밝히는 것이었다. 좌사(左史)는 말을 기록하고 우사(右史)는 일을 기록하였다.《예문지(藝文志)》
  古之王者, 世有史官, 君擧必書, 所以謹言行, 昭法式也. 左史記言, 右史記事.《藝文志》345
- 군주의 거동은 반드시 기록하였으니, 선악과 성패가 거기에 보존되지 않은 것이 없습니다.《순열(荀悅)》
  君擧必書, 善惡成敗, 無不存焉.《荀悅》346
- 국사(國史)는 잘잘못의 자취를 밝힌 것이다.《시서(詩序)》
  國史, 明乎得失之迹.《詩序》347
- 사관(史官)은 국사(國史)를 편수하는 것을 담당한다. 무릇 천지와 일월의 징조, 산천과 국경의 구분, 소목(昭穆)의 계승의 차례, 예악과 군대의 일, 상벌과 성패의 정사가 모두 기거주에 근본을 두고 있다.《육전(六典)》
  史官掌修國史. 凡天地日月之祥, 山川封域之分, 昭穆繼代之序, 禮樂師旅之事, 誅賞興廢之政, 皆本於起居.《六典》348
- 좌사(左史)와 우사(右史)의 사관은 중요한 지위로 불린다. 직접 사서(史書)를 쓰니 굽고 곧음의 효과를 밝힐 수 있고, 궁전에서 가까이 모시니 나아가고 물러남의 자세함을 살필 수 있다.《난성제(欒城制)》
  左右史官, 號爲要地. 手刊策書, 足以明枉直之效, 密侍殿陛, 足以觀進退之詳.《欒城制》349

---

339. 송(宋) 여본중(呂本中), 《춘추집해(春秋集解)·환공(桓公)·5년》
340. 《유요(類要)》: 송(宋)나라 조승(趙升)이 지은 《조야유요(朝野類要)》의 약칭으로 보인다.
341. 《춘추좌전(春秋左傳)·소공(昭公)·31년》에, "春秋之稱, 微而顯, 婉而辨. 上之人能使昭明, 善人勸焉, 淫人懼焉, 是以君子貴之"라고 하였다.
342. 《당대조령집(唐大詔令集)·소숭집현원학사수국사칙(蕭嵩集賢院學士修國史勅)》
343. 《당대조령집(唐大詔令集)·제항수국사제(齊抗修國史制)》
344. 《당대조령집(唐大詔令集)·소업감수국사등제(蕭鄴監修國史等制)》
345. 《전한서(前漢書)·예문지(藝文志)》
346. 《후한서(後漢書)·순열전(荀悅傳)》
347. 주자(朱子), 《시서(詩序)·대서(大序)》
348. 《당륙전(唐六典)·사관(史官)》
349. 송(宋) 소철(蘇轍), 《난성집(欒城集)·유봉세기거랑공문중기거사인(劉奉世起居郎孔文仲起居舍人)》

• 빠진 글을 고쳐서 바로잡고 바른 일을 재단하여 완성하니, 이것은 공자가 《춘추(春秋)》를 지은 것과 같은 직분이고 일이다.《독고랑제(独孤朗制)》

竄定闕文, 裁成義類, 此仲尼春秋之職業也.《独孤朗制》350

• 마융(馬融)351이 세 번이나 동관(東觀)에 들어가니 한대(漢代)에 영광을 칭송하였고, 장화(張華)352가 두 번이나 사관(史官)을 맡으니 진(晉)의 조정에서 아름다움을 추앙하였다.《통론(通論)》

馬融三入東觀, 漢代稱榮, 張華再典史官, 晉朝推美.《通論》353

• 기록하고 제거함을 신경쓰니, 마땅히 뛰어난 인물에 맡겨야 한다.《통전(通典)》

眷言筆削, 宜屬英髦.《通典》354

주사성(柱史星) 《진서(晉書) · 천문지(天文志)》의 기록이다. 동쪽의 한 별을 '주사성(柱史星)'이라고 하는데, 옛일을 기록하는 것을 주관하니 좌사(左史)와 우사(右史)의 상이다.

晉天文志. 東一星曰柱史, 主記過古, 左右史之象也.355

붉은 섬돌 아래에서 붓을 잡고 있다.[조필적지(操筆赤墀)] 정담(鄭覃)356이 말하기를, "기주(記注)가 붉은 섬돌 아래에서 붓을 잡고 있음에 그 글은 후세의 법이 되니 붕당을 짓는 사람을 등용하면 안 됩니다"라고 하였다.《직림(職林)》

鄭覃曰, 記注操筆赤墀下, 其書爲後世法, 不可用黨人.《職林》357

선악(善惡)을 반드시 적다.[선악필서(善惡必書)] 유윤제(劉允濟)358가 저작랑(著作郎)이 되어 국사(國史)를 수찬하였다. 일찍이 말하기를, "사관(史官)은 선악을 반드시 적어 교만한 신하와 부모를 해치는 자식으로 하여금 두려워하게 해야 하니 이 권한이 어찌 가볍겠는가? 그런데 반고(班固)359는 금을 받았고 진수(陳壽)는 쌀을 요구했는데 나는 바로 뜬구름과 같이 볼 뿐이다.《신당서(新唐書) · 본전(本傳)》

劉允濟爲著作郎, 修國史. 嘗曰, 史官, 善惡必書, 使驕臣賊子懼, 此權顧輕哉. 而班生受金, 陳壽求米, 僕乃視如浮雲耳.《本傳》360

군주의 거동은 반드시 써야 합니다.[군거필서(君擧必書)] 당(唐) 두정륜(杜正倫)361이 기거주(起居注)를 맡고 있었는데, 태종(太宗)이 일찍이 시종하는 신하들에게 이르기를, "짐은 매일 조정에 앉아서 한 마디 말을 하려고 할 때에는 이 말이 백성들에게 도움이 있을까를 생각합니다. 그래서 많이 말할 수

---

350. 당(唐) 원진(元稹), 《원씨장경집(元氏長慶集) · 독고랑가상서도관원외랑위관가수우보궐동충사관수찬제(獨孤朗可尚書都官員外郎韋瓘可守右補闕同充史館修撰制)》
351. 마융(馬融): 동한(東漢) 부풍(扶風) 출신으로 자가 계장(季長)이다. 경학가로서 정현(鄭玄) 등 많은 제자를 배출하였으며, 교서랑(校書郎)을 역임하였다.
352. 장화(張華): 위진(魏晉) 시기의 문학가로 자가 무선(茂先)이다. 황문시랑(黃門侍郎), 사공(司空)의 벼슬을 역임하였다. 박학하고 문장력이 뛰어나 당시의 의례(儀禮), 헌장(憲章), 조고(詔誥) 등을 모두 작성하였고 《박물지(博物志)》를 편찬하였다.
353. 《사통(史通) · 원서(原序)》
354. 《고금사문유취신집(古今事文類聚新集) · 제원부(諸院部)》
355. 《진서(晉書) · 천문지(天文志)》
356. 정담(鄭覃): 당(唐) 정주(鄭州) 출신이다. 한림시강학사((翰林侍講學士), 태자태사(太子太師) 등을 역임하였다.
357. 《신당서(新唐書) · 이양이전(李讓夷傳)》
358. 유윤제(劉允濟): 당(唐) 공(鞏) 출신이다. 수문관학사(修文館學士)로 국사(國史)를 편수하였다.
359. 반고(班固): 동한(東漢) 부풍(扶風) 출신으로 자가 맹견(孟堅)이다. 《한서(漢書)》를 완성하였고 《백호통덕론(白虎通德論)》을 편찬하였다.
360. 《신당서(新唐書) · 문예열전(文藝列傳)》
361. 두정륜(杜正倫): 당(唐) 원수(洹水) 출신이다. 중서문하삼품(中書門下三品), 중서령(中書令) 등을 역임하였다.

가 없습니다"라고 하였다. 두정륜이 아뢰기를, "군주의 거동은 반드시 기록해야 하니 글이 좌사(左史)와 우사(右史)에게 보존됩니다. 신의 직분은 기거주(起居注)를 수찬해야 하니 우직함을 다하지 않을 수 없습니다. 만약 한 마디 말씀이 도리에 어긋나면 천년토록 성덕(聖德)에 누가 되니 다만 백성들에게 당장 손해가 되는 것뿐만이 아닙니다. 바라옵건대 폐하께서는 이 점을 삼가소서"라고 하니 태종이 크게 기뻐하였다.《구당서(舊唐書)·본전(本傳)》

唐杜正倫知起居注, 太宗嘗謂侍臣曰, 朕每日坐朝, 欲出一言, 卽思此言於百姓有益否. 所以不能多言. 正倫曰, 君擧必書, 言存於左右史. 臣職當修起居注, 不敢不盡愚直. 若一言乖於道理, 則千載累於聖德, 非直當今損於百姓. 願陛下愼之. 太宗大悅.《本傳》[362]

사초(史草)를 보았다는 말을 듣지 못하였습니다.[불문관사(不聞觀史)] 당(唐) 태종(太宗)이 간의대부(諫議大夫) 저수량(褚遂良)[363]에게 이르기를, "경은 기거(起居)를 맡고 있는데 무슨 일을 기록하는지 볼 수 있을까요?"라고 하자 대답하기를, "지금의 기거(起居)는 옛날의 좌사(左史)와 우사(右史)로 군주의 말씀과 일을 쓰고 또 선악을 기록하여 단속과 경계로 삼습니다. 바라건대 황제께서는 불법을 행하지 않으실 일이지 황제가 친히 사초(史草)를 보았다는 말을 듣지 못하였습니다"라고 하였다. 황제가 이르기를, "내가 선하지 못한 것이 있으면 경은 반드시 그것을 기록하는가?"라고 하자 저수량이 아뢰기를, "신은 항상 붓을 들고서 군주의 거동을 반드시 씁니다"라고 하였다.《구당서(舊唐書)·본전(本傳)》

唐太宗謂諫議大夫褚遂良曰, 卿知起居, 記錄何事, 得觀之否? 對曰, 今之起居, 古左右史也, 書人君言事, 且記善惡以爲檢誡. 庶幾人主不爲非法, 不聞帝王親自觀史. 上曰, 朕有不善, 卿必書之耶? 遂良曰, 臣子常載筆, 君擧必記.《本傳》[364]

당(唐) 정낭(鄭朗)[365]이 기거(起居)의 관직을 맡았다. 정낭이 이무기의 머리를 새긴 섬돌 아래에서 붓을 잡고 있었는데 황제가 정낭에게 이르기를, "막 의논한 것들을 경은 기록하였는가? 내가 한번 보겠소"라고 하였다. 정낭이 대답하기를, "신이 붓을 잡고 기록한 것은 바로 이름을 사초(史草)라고 합니다. 관례상 가져다 보실 수 없습니다"라고 하자 황제가 이르기를, "짐은 평소에 실없이 말하여 사리에 맞지 않는 것이 장래에 전해져 심히 부끄러움이 될까 염려되오. 훗날 조회할 때에 조금이라도 고치기를 바라니, 어찌 한 번 보아 추한 말을 경계하는 것이 문제가 되겠소?"라고 하자 정낭이 결국 바쳤다.《구당서(舊唐書)·본전(本傳)》

唐鄭朗官起居. 郎執筆螭頭下, 上謂朗曰, 適所議論, 卿記錄未? 吾試觀之. 朗對曰, 臣執筆所記, 便名爲史. 故事不可取觀. 帝曰, 朕恐平常閑語, 不關理體, 垂諸將來, 切以爲耻. 異日臨朝, 庶幾稍改, 何妨一見以誡醜言. 朗遂進之.《本傳》[366]

위모(魏謩)[367]는 문종(文宗)[368] 때에 사인(舍人)이 되었는데, 황제가 기거주(起居注: 황제의 언행록)를 찾자 위모가 아뢰기를, "옛날에 좌사(左史)와 우사

362. 《구당서(舊唐書)·두정륜전(杜正倫傳)》
363. 저수량(褚遂良): 당(唐) 항주(杭州) 출신으로 자가 등선(登善)이다. 간의대부(諫議大夫), 중서령(中書令), 상서우복야(尙書右僕射) 등을 역임하였다.
364. 《구당서(舊唐書)·저수량전(褚遂良傳)》
365. 정낭(鄭朗): 당(唐) 정주(鄭州) 출신으로 자가 유융(有融)이다. 동중서문하평장사(同中書門下平章事), 태자소사(太子少師) 등을 역임하였다.
366. 《구당서(舊唐書)·정낭전(鄭朗傳)》
367. 위모(魏謩): 당(唐) 위군(魏郡) 출신으로 자가 신지(申之)이다. 예부상서(禮部尙書), 수태자소보(守太子少保) 등을 역임하였다.
368. 문종(文宗): 당(唐) 제16대 황제로 재위 기간은 826-840년이다.

(右史)를 두어 잘잘못을 기록한 것은 군주가 볼 수 없었으니 이전에 가져다 본 일로 사관이 실직하였습니다. 폐하께서 한번 보시게 되면 훗날에 쓰는 것들은 반드시 기피하고 왜곡하는 것이 있고 선악이 진실되지 않아 사초(史草)가 될 수 없습니다"라고 하자 그만두었다.《신당서(新唐書)·본전(本傳)》

魏謩, 文宗時爲舍人, 帝索起居注, 謨奏, 古置左右史, 書得失, 人主不可觀, 向者取觀, 史氏爲失職. 陛下一見, 則後來所書, 必有諱屈, 善惡不實, 不可爲史. 乃止.《本傳》[369]

바른 사람에게 맡겨야 한다.[위재정인(委在正人)] 천복(天福)[370] 6년에 감수국사(監脩國史) 조형(趙瑩)[371]이 아뢰기를, "전례(前例)를 두루 살피건대, 문서의 중임은 바른 사람에게 맡겨야 하고 편수(編修)하는 사관은 뛰어난 선비 중에서 골라야 합니다"라고 하였다.

天福六年, 監脩國史趙瑩奏, 歷覽故事, 文册之重, 委在正人, 編修之官, 擇諸髦士.[372]

감히 아름다움을 꾸며내지 않다.[불감허미(不敢虛美)] 태종(太宗)이 감수국사(監修國史) 방현령(房玄齡)[373]에게 이르기를, "전대에 사관이 기록한 것을 모두 군주에게 보지 못하도록 한 것은 어째서이지요?"라고 하자 대답하기를, "사관은 아름다움을 꾸며내지 않고 악을 숨기지 않습니다. 만약 군주가 본다면 반드시 화를 낼 것입니다. 그러므로 바치지 않았습니다"라고 하였다.

太宗謂監修國史房玄齡曰, 前世史官所記, 皆不令人主見之, 何也? 對言, 史官不虛美, 不隱惡. 若人主見之, 必怒. 故不獻.[374]

삼대(三代)가 이어서 사관이 되다.[삼세종수(三世踵修)] 장예(蔣乂)[375]의 외조부인 오긍(吳兢)[376]이 사관의 지위에 올랐는데, (장예는) 어려서부터 외가에서 책을 얻어 많은 서적을 두루 살펴보게 되어 사관의 재능을 갖추었고 기거사인겸사임(起居舍人兼史任)으로 옮겼다. 또 그의 아들 신(伸)이 대중(大中)[377] 2년에 사관수찬(史館修撰)이 되었다.

蔣乂外祖吳兢位史官, 幼從外家得其書, 核綜群籍, 有史才, 遷起居舍人兼史任. 又子伸, 大中二年爲史館修撰.[378]

4인이 함께 임명되다.[사인병명(四人竝命)] 태화(太和)[379] 원년에 간의대부(諫議大夫) 왕언위(王彦威)[380], 호부낭중(戶部郎中) 양한공(楊漢公)[381], 예부원외랑(禮部員外郎) 소척(蘇滌)[382], 우보궐(右補闕) 배휴(裴休)[383]로 하여금 모두 본 관직으로 사관

369.《신당서(新唐書)·위모전(魏謩傳)》

370. 천복(天福): 후진(後晉) 고조(高祖)의 연호(936-942)이다.

371. 조형(趙瑩): 오대(五代) 시기 화음(華陰) 출신으로 자가 현휘(玄暉)이다. 후진(後晉)에서 호부시랑(戶部侍郎), 동중서문하평장사(同中書門下平章事) 등을 역임하였다.

372.《고금사문유취신집(古今事文類聚新集)·제원부(諸院部)》

373. 방현령(房玄齡): 당(唐) 초기의 정치가로 15년 동안 재상으로 있으면서 태종(太宗)을 도와 정관지치(貞觀之治)를 이루었다. 왕명으로《진서(晉書)》를 중찬(重撰)하였다.

374.《자치통감(資治通鑑)·당기(唐紀)·태종문무대성대광효황제(太宗文武大聖大廣孝皇帝)》

375. 장예(蔣乂): 당(唐) 상주(常州) 출신으로 자가 덕원(德源)이다. 사관수찬(史館修撰), 사훈원외랑겸판집현원사(司勳員外郎兼判集賢院事) 등을 역임하였다.

376. 오긍(吳兢): 당(唐) 준의(浚儀) 출신이다. 기거랑(起居郎)을 역임하였다.

377. 대중(大中): 당(唐) 선종(宣宗)의 연호(847-859)이다.

378.《고금사문유취신집(古今事文類聚新集)·제원부(諸院部)》

379. 태화(太和): 당(唐) 문종(文宗)의 연호(827-835)이다.

380. 왕언위(王彦威): 당(唐) 태원(太原) 출신으로 호부시랑(戶部侍郎), 선무절도사(宣武節度使) 등을 역임하였다.

381. 양한공(楊漢公): 당(唐) 괵주(虢州) 출신으로 자가 용예(用乂)이다. 공부상서(工部尙書), 비서감(秘書監) 등을 역임하였다.

382. 소척(蘇滌): 내력이 자세하지 않다.

수찬(史館脩撰)에 충원하도록 하였다. 전례에 사관(史官)은 3인을 넘지 않고 적을 때에는 간혹 2인에 이를 때도 있었는데, 이때에 이르러 4인이 함께 임명되자 당시 세론이 매우 잘못된 것으로 여겼다.

太和元年, 以諫議大夫王彦威, 戶部郎中楊漢公, 禮部員外郎蘇滌, 右補闕裴休, 竝以本官充史館脩撰. 故事, 史官不過三員, 少或至於兩員, 至是四人竝命, 時論深以爲非.[384]

마음이 충담하였다.[신정충담(神情沖澹)] 천성(天聖)[385] 연간에 사관(史官)[국사(國史)[386]]인 왕안간(王安簡), 사양하(謝陽夏), 황당경(黃唐卿), 이한단(李邯鄲)이 편수관(編修官)이 되었다. 왕안간은 마음이 충담하였고 황당경은 시를 짓는 데에 마음을 다하였는데, 사양하와 이한단이 장난 삼아 시구를 지어 "왕안간의 모습은 한아(閑雅)하기가 학과 같고 황당경은 시 짓느라 고심하는 것이 원숭이 같네(王貌閑如鶴, 黃吟苦似猿)"라고 하였는데 아주 적절하였다.

天聖中, 國史王安簡 · 謝陽夏 · 黃唐卿 · 李邯鄲爲編修官. 安簡神情沖澹, 唐卿刻意篇什, 謝李戲爲句曰, 王貌閑如鶴, 黃吟苦似猿. 最切當.[387]

오직 증공(曾鞏)[388]에게만 맡기다.[독이부공(獨以付鞏)] 증공은 자가 자고(子固)이다. 천자가 증공이 현명함을 알고 하루는 손수 중서문하성(中書門下省)에 조서를 써서 이르기를, "증공은 사학(史學)으로 칭송되니, 문사(文士)가 마땅히 오대(五代)의 역사 저술을 담당해야 한다"라 하고 마침내 수찬(脩撰)으로 삼았다. 근대에 역사를 수찬할 때에는 반드시 문사들을 여럿 선발하고 대신(大臣)으로 감독하게 하였는데, 오대(五代)의 큰 역사를 오직 한 사람에게 맡긴 것이 공과 같은 경우는 없었다.

曾鞏, 字子固. 天子察公賢, 一日手詔中書門下曰, 曾鞏以史學見稱, 士類宜典五朝史事. 遂以爲脩撰. 近世修史, 必衆選文士, 以大臣監摠, 未有以五朝大典獨付一人, 如公者.[389]

권세가 재상보다 무겁다.[권중재상(權重宰相)] 당(唐) 주경칙(朱敬則)[390]이 겸직으로 국사(國史)를 수찬하게 되자 사관의 선발을 중시하여 이름난 재사(才士)를 구하기를 청했다. 위안석(韋安石)[391]이 그의 초고를 열람하고 감탄하면서 말하기를, "동호(董狐)[392]가 어떻게 더할 수 있겠는가. 세상 사람들은 사관이 권세가 무거운 줄을 모른다. 재상은 살아있는 사람만 통제할 수 있지만 사관은 살아있는 사람과 죽은 사람을 아울러 통제한다"라고 하였다. 《신당서(新唐書) · 본전(本傳)》

唐朱敬則兼脩國史, 乃請高史官選, 以求名才. 韋安石閱其藳, 歎曰, 董狐何以加. 世人不知史官權重. 宰相能制生人, 史官兼制生死.《本傳》[393]

재능이 훌륭한 사관(史官)이라고 칭송되다.[재칭량사(才稱良史)] 진(晉) 진수(陳壽)[394]가 저작랑(著

---

383. 배휴(裴休): 당(唐) 맹주(孟州) 출신으로 자가 공미(公美)이다. 동중서문하평장사(同中書門下平章事), 형남절도사(荊南節度使) 등을 역임하였다.

384. 《구당서(舊唐書) · 문종본기(文宗本紀)》

385. 천성(天聖): 송(宋) 인종(仁宗)의 연호(1023-1031)이다.

386. 국사(國史): 사관을 가리킨다.

387. 《고금사문유취신집(古今事文類聚新集) · 제원부(諸院部)》

388. 증공(曾鞏): 송(宋) 건창(建昌) 출신으로 자가 자고(子固)이다. 여러 주의 지주사(知州事)와 중서사인(中書舍人) 등을 역임하였다.

389. 《고금사문유취신집(古今事文類聚新集) · 제원부(諸院部)》

390. 주경칙(朱敬則): 당대(唐代) 사람으로 자가 소련(少連)이다. 성균좨주(成均祭酒), 동관시랑(冬官侍郎) 등을 역임하였다.

391. 위안석(韋安石): 당(唐)경조(京兆) 출신이다. 난대시랑동봉각난대평장사(鸞臺侍郎同鳳閣鸞臺平章事)를 역임하였다.

392. 동호(董狐): 춘추시대 진(晉) 영공(靈公) 때의 사관(史官)으로 공자가 양사(良史)라고 칭송하였다.

393. 《신당서(新唐書) · 주경칙전(朱敬則傳)》

作郞)에 제수되어 《삼국지(三國志)》를 찬수하니 모두 65편이었다. 당시 사람들이 그가 사실(史實)을 잘 서술하여 훌륭한 사관의 재능이 있다고 칭송하였다.

晉陳壽除著作郞, 撰三國志, 凡六十五篇. 時人稱其善敍事, 有良史才.395

전(傳)을 지어 주어 덕에 감사하다.[작전사덕(作傳謝德)] 북제(北齊) 위수(魏收)396가 국사(國史)를 편수하는데 양휴(楊休)397의 도움을 받았다. 그래서 말하기를, "덕에 감사할 방법이 없으니 장차 그대를 위하여 훌륭한 전(傳)을 지어주겠소"라고 하였다.

北齊魏收修國史, 得楊休之助. 因曰, 無以謝德, 當爲卿, 作佳傳.398

쇠 입의 가위(賈緯)399[가철취(賈鐵觜)] 주(周) 가위가 사관수찬(史館修撰)을 맡았는데, 전에 진(晉) 상유한(桑維翰)400이 재상일 때 가위를 미워하여 그를 대하는 것이 매우 야박하였다. 〈상유한전(桑維翰傳)〉을 짓게 되자, "상유한이 죽은 뒤에 백금(白金) 8천 덩이가 있었다"라고 썼다. 학사(學士) 서태부(徐台符)401가 지나친 모함이라고 하자 가위는 수백 덩이라고 고쳤다. 동료들이 불평하면서 지목하기를 '쇠 입의 가위(賈緯)[가철취(賈鐵觜)]'라고 하였다.

周賈緯充史館修撰, 初晉桑維翰爲相, 惡緯, 待之甚薄. 及爲翰傳, 言翰死有白金八千鋌. 學士徐台符以爲厚誣, 緯乃更爲數百. 儕類不平, 目爲賈鐵觜.402

부자가 이어서 맡다.[부자계장(父子繼掌)] 송수(宋綬)403는 자가 공수(公垂)로, 인종(仁宗) 시기에 여러 사람과 함께 국사(國史)를 편수하였다. 뒤에 그의 아들 송민구(宋敏求)404도 사관수찬(史館修撰)이 되어 부자가 대를 이어 역사를 담당하자 세상 사람들이 영광으로 여겼다. 소송(蘇頌)405이 말하기를, "《오조국사(五朝國史)》·《이성편년(二聖編年)》이 모두 송민구 부자의 붓에서 나왔으니 역시 학자의 훌륭한 일이다"라고 하였다.

宋綬, 字公垂, 仁宗朝同修國史. 後其子敏求爲史館修撰, 父子繼世掌史, 世以爲榮. 蘇頌以爲五朝國史·二聖編年, 皆出宋敏求父子手筆, 亦儒者盛事.406

부자가 함께 맡다.[부자동전(父子同典)] 문간공(文簡公) 이도(李燾)407는 호가 손암(巽岩)이다. 임시로 여러 사람과 함께 국사(國史)를 편수하였는데

394. 진수(陳壽): 진(晉) 파서(巴西) 출신으로 자가 승조(承祚)이다. 저작랑(著作郞), 어사치서(御史治書) 등을 역임하였다.
395. 《고금사문유취신집(古今事文類聚新集)·제원부(諸院部)》
396. 위수(魏收): 북제(北齊) 거록(鉅鹿) 출신으로 자가 백기(伯起)이다. 산기상시(散騎常侍), 상서우복야(尙書右僕射) 등을 역임하였다.
397. 양휴(楊休): 내력이 자세하지 않다.
398. 《북제서(北齊書)·위수전(魏收傳)》
399. 가위(賈緯): 오대(五代) 시기 진정(眞定) 출신이다. 태상박사(太常博士), 중서사인(中書舍人) 등을 역임하였다.
400. 상유한(桑維翰): 오대(五代) 시기 하남(河南) 출신으로 자가 국교(國僑)이다. 후진(後晋)에서 중서령겸추밀사(中書令兼樞密使)를 역임하였다.
401. 서태부(徐台符): 내력이 자세하지 않다.
402. 《신오대사(新五代史)·가위전(賈緯傳)》
403. 송수(宋綬): 송(宋) 평극(平棘) 출신으로 자가 공수(公垂)이다. 경사백가(經史百家)에 정통하였고 참지정사(參知政事)를 역임하였다.
404. 송민구(宋敏求): 송(宋) 평극(平棘) 출신으로 자가 차도(次道)이다. 당서(唐書)를 편수하였고 용도각직학사(龍圖閣直學士)를 역임하였다.
405. 소송(蘇頌): 송(宋) 천주(泉州) 출신으로 자가 자용(子容)이다. 이부상서겸시독(吏部尙書兼侍讀), 우복야겸중서시랑(右僕射兼中書侍郞) 등을 역임하였다.
406. 《고금사문유취신집(古今事文類聚新集)·제원부(諸院部)》
407. 이도(李燾): 송(宋) 미주(眉州) 출신으로 자가 인보(仁甫)이다. 예부시랑(禮部侍郞), 부문각학사(敷文閣學士) 등을 역임하였다.

168년의 일이 사서(史書)에 흩어져 있어서 일람에 두루 보기 어렵자 별도로 《장편(長編)》 68권을 지었다. 황제가 이르기를, "경은 나이가 많고 덕망 있는 학자이니 좌우에 있으면서 사관(史官)의 직책을 맡아야 합니다"라고 하였다. 아들 이후(李垕)[408]도 교서(校書)와 저작(著作)으로 옮겨 부자가 함께 사사(史事)를 맡게 되자 관리들이 영광으로 여겼다.

李文簡公燾, 號巽岩. 權同修國史, 以一百六十八年事, 散在史册, 一覽難周, 別爲長編六十八卷. 上曰, 卿宿德耆儒, 宜在左右, 任史職. 子垕遷校書著作, 父子同典史事, 搢紳榮之.[409]

공정한 논의를 저버리지 않다.[불부공의(不負公議)]

원추(袁樞)[410]는 자가 기중(機仲)이다. 편수관(編修官)이 되어 열전(列傳)을 나누어 짓는데 이전 재상이었던 장자후(章子厚)[411]의 집안에서 같은 마을이라는 이유로 그의 일을 잘 풀어 주기를 은근하게 요구하였다. 공이 말하기를, "나는 사관(史官)이니 글 쓰는 법도는 숨기지 못합니다. 차라리 고을 사람을 저버릴지언정 천하와 후세의 공정한 논의를 저버릴 수 없습니다"라고 하였다. 당시 재상이었던 조웅(趙雄)[412]이 역사 저술의 일을 총괄하고 있었는데 감탄하면서 말하기를, "옛날의 훌륭했던 사관에 부끄러움이 없도다"라고 하였다.

袁樞, 字機仲. 爲編修官, 分修列傳, 故相章子厚家, 以同里宛轉求釋其事. 公曰, 吾爲史官, 書法不隱. 寧可負鄕人, 不可負天下後世公議. 時宰相趙雄, 摠史事, 歎曰, 無愧古之良史.[413]

함께 편수(編修)할 것을 청하다.[청동편수(請同編修)]

유서(劉恕)[414]는 사람됨이 기억력이 뛰어났고 책을 읽지 않은 것이 없었다. 역사에 대한 학식이 있어 사마광(司馬光)이 《자치통감(資治通鑑)》을 지을 때 황제에게 아뢰어 함께 편수(編修)할 것을 청하였다.

劉恕爲人强記, 於書無所不覽. 有史學, 司馬光修資治通鑑, 奏請同編修.[415]

이전의 역사를 잇는 일을 이루다.[취속전사(就續前史)]

반고(班固)는 부친 반표(班彪)가 이전의 역사를 이은 것이 자세하지 않다고 여겨 이에 마음을 가라앉히고 생각을 가다듬어 그 일을 이루었다.

班固以父彪所續前史未詳, 乃潛精硏思, 就其業.[416]

모두 한 사람에게서 나오다.[개출일가(皆出一家)]

유지기(劉知幾)[417]는 자가 자원(子元)이다. 역사 저술의 일을 담당하였는데 당시의 재상인 위거원(韋巨源)[418]과 소지충(蕭至忠)[419] 등이 모두 감수를 담당하였다. 유지기가 주기(奏記)[420]로 그만둘 것을

---

408. 이후(李垕): 내력이 자세하지 않다.
409. 《고금사문유취신집(古今事文類聚新集)·제원부(諸院部)》
410. 원추(袁樞): 송(宋) 건녕(建寧) 출신으로 자가 기중(機仲)이다. 태부승(太府丞), 권공부시랑겸국자좨주(權工部侍郎兼國子祭酒)를 역임하였다. 저서로 《역전해의(易傳解義)》가 있다.
411. 장자후(章子厚): 송대(宋代) 사람인 장돈(章惇)으로, 자후(子厚)는 그의 자이다. 철종(哲宗) 시기에 상서좌복야겸문하시랑(尙書左僕射兼門下侍郎)을 역임하였는데, 원한이 있는 사람들을 해친 일이 많았다.
412. 조웅(趙雄): 송(宋) 자주(資州) 출신으로 자가 온숙(溫叔)이다. 참지정사(參知政事), 우승상(右丞相) 등을 역임하였다.
413. 《고금사문유취신집(古今事文類聚新集)·제원부(諸院部)》
414. 유서(劉恕): 송(宋) 균주(筠州) 출신으로 자가 덕부(德符)이다. 비서승(秘書丞)을 역임하였고 《자치통감(資治通鑑)》 편찬에 참여하였다.
415. 《송사(宋史)·유서전(劉恕傳)》
416. 《후한서(後漢書)·반고전(班固傳)》
417. 유지기(劉知幾): 당(唐) 서주(徐州) 출신으로 자가 자현(子玄)이다. 비서소감(秘書少監), 산기상시(散騎常侍) 등을 역임하였다. 사가(史家)로서 여러 차례 역사 편찬에 참여하였다.
418. 위거원(韋巨源): 당나라 때 사람으로 측천무후(則天武后) 때 요직을 지냈으며, 서국공(舒國公)에 봉해졌다.
419. 소지충(蕭至忠): 당나라 때 사람으로 중서시랑(中書侍郎), 이부상서(吏部尙書) 등을 역임하였다. 태평공주의 역모에 참가하였다가 처형되었다.

청하였는데 소지충 때문이었다. 다섯 가지 불가함을 말하였는데 이르기를, "옛날의 국사(國史)는 모두 한 사람에게서 나왔으니 여러 사람에게 힘을 빌렸다는 말을 듣지 못했습니다. 지금 역사 저술의 담당자로 선비를 뽑은 것이 너무 많아 사람마다 자신이 순욱(荀勗)[421]이고 원굉(袁宏)[422]이라고 하며 개인마다 자신이 유향(劉向)[423]이고 유흠(劉歆)[424]이라고 하니, 매번 일을 기록하고 말을 기재할 때면 붓을 놓고 서로를 바라보거나 붓을 물고 결단하지 못하고 있습니다. 머리가 세는 것은 기다릴 수 있지만 책이 완성[한청(汗靑)[425]]될 날은 없을 것입니다"라고 하였다.

劉知幾, 字子元. 領史事, 時宰相韋巨源 · 蕭至忠等, 皆領監修. 子元奏記求罷, 因爲至忠. 言五不可曰, 古之國史, 皆出一家, 未聞藉功于衆. 今史司, 取士滋多, 人自爲荀袁, 家自爲政駿, 每記事載言, 則閣筆相視, 含毫不斷. 頭白可期, 汗靑無日.[426]

유지기가 《사통(史通)》 내외편 49편을 지었는데 서견(徐堅)[427]이 읽어 보고 감탄하면서 말하기를, "사관이 된 자는 마땅히 이 책을 자리의 우측에 두어야 할 것이다"라고 하였다.

子元著史通內外四十九篇, 徐堅讀之, 歎曰, 爲史氏者, 宜置此座右也.[428]

유지기가 말하기를, "사관의 재능은 세 가지 뛰어남이 있어야 하니 재(才), 학(學), 식(識)이다"라고 하였다. 정유충(鄭惟忠)[429]이 일찍이 묻기를, "옛날에 문사(文士)는 많았는데 사재(史才)가 적었던 것은 어째서입니까?"라고 하자 유지기가 말하기를, "재(才), 학(學), 식(識)은 세상에 겸한 자가 드물다. 그래서 사재(史才)가 적은 것이다"라고 하였다.

子元曰, 史才須有三長, 謂才也 · 學也 · 識也. 鄭惟忠嘗問, 古文士多, 史才少, 何耶? 子元曰, 才 · 學 · 識, 世罕兼之. 故史才少.[430]

안고 가서 남산에 감추다.[포장남산(抱藏南山)] 위술(韋述)[431]이 사관의 직책에 있은 것이 20년이었는데, 안녹산의 난에 위술은 국사(國史)를 안고 가서 남산에 감추어 국사를 보존할 수 있었다.

韋述居史職二十年, 祿山亂述抱國史, 藏於南山, 能存國史.[432]

더러운 사관[예사(穢史)] 이주영(爾朱榮)[433]은 위(魏)에서 적신(賊臣)이었는데, 위수(魏收)[434]는 고(高)씨가 이주(爾朱)씨에게서 나왔다는 이유로, 또

---

420. 주기(奏記): 관청의 장관에게 의견을 적어 아뢰는 글이다.
421. 순욱(荀勗): 진(晉) 영천(潁川) 출신으로 자가 공회(公會)이다. 중서감(中書監), 비서감(秘書監) 등을 역임하였다.
422. 원굉(袁宏): 동진(東晉) 진군(陳郡) 출신으로 자가 언백(彦伯)이다. 문장에 능하였으며 양주자사(揚州刺史), 동양태수(東陽太守) 등을 역임하였다.
423. 유향(劉向): 서한(西漢) 패(沛) 출신으로 자가 자정(子政)이다. 간의대부(諫議大夫)를 역임하였고 궁중의 서적을 정리하여 《별록(別錄)》을 편찬하였다.
424. 유흠(劉歆): 서한(西漢) 패(沛) 출신으로 자가 자준(子駿)이다. 시중태중대부(侍中太中大夫)를 역임하였고 군서(群書)를 분류하여 《칠략(七略)》을 저술하였다.
425. 한청(汗靑): 죽간(竹簡)을 만들 때 불에 구우면 진이 나오는 것을 가리키는 말로, 후에는 저술의 완성을 의미한다.
426. 《구당서(舊唐書) · 유자현전(劉子玄傳)》
427. 서견(徐堅): 당(唐) 장성(長城) 출신으로 자가 원고(元固)이다. 집현원학사(集賢院學士)를 역임하였다.
428. 《신당서(新唐書) · 유자현전(劉子玄傳)》
429. 정유충(鄭惟忠): 당(唐) 송주(松州) 출신이다. 예부상서(禮部尙書), 태자빈객(太子賓客) 등을 역임하였다.
430. 《구당서(舊唐書) · 유자현전(劉子玄傳)》
431. 위술(韋述): 당(唐) 경조(京兆) 출신이다. 국자사업(國子司業), 공부상서(工部尙書) 등을 역임하였다.
432. 《구당서(舊唐書) · 위술전(韋述傳)》
433. 이주영(爾朱榮): 북위(北魏) 북수(北秀) 출신으로 자가 천보(天寶)이다. 상서령(尙書令)을 역임하였고 태원왕(太原王)이 되었다.

이주영의 이잣돈을 받았기 때문에 그의 나쁜 점을 덜어 주고 그의 좋은 점을 더해 주었다. 이에 많은 사람이 떠들면서 '더러운 사관[예사(穢史)]'이라고 불렀다.

爾朱榮於魏爲賊, 魏收以高氏出自爾朱, 且納榮子金, 故減其惡而增其善. 於是衆口喧然, 號爲穢史.[435]

그들을 위하여 훌륭한 전(傳)을 짓겠다.[위작가전(爲作佳傳)] 정의(丁儀)[436]와 정이(丁廙)[437]는 위(魏)나라에서 훌륭한 명성이 있었다. 진수(陳壽)가 그들의 아들들에게 말하기를, "1천 곡(斛)의 쌀을 구하여 줄 수 있다면 장차 선친을 위하여 훌륭한 전(傳)을 지어 주겠소"라고 하였다. 정씨가 주지 않자 결국 그들을 위해 전을 짓지 않았다.

丁儀·丁廙有盛名於魏. 陳壽謂其子曰, 可覓千斛米見與, 當爲尊公作佳傳. 丁不與之, 竟不爲立傳.[438]

글쓰기에는 다섯 가지 어려움이 있다.[서유오난(書有五難)] 원숭(袁崧)[439]이 말하기를, "글쓰기의 어려움이 다섯 가지가 있다. 번잡하여 정리가 안 되는 것이 첫 번째 어려움이고 속되어 전아하지 못한 것이 두 번째 어려움이며, 글이 사실대로 기록되지 않는 것이 세 번째 어려움이고 상과 벌이 맞지 않는 것이 네 번째 어려움이며, 수식이 실제를 이기지 못하는 것이 다섯 번째 어려움이다"라고 하였다.

袁崧云, 書之爲難也, 有五. 煩而不整, 一難也, 俗而不典, 二難也, 書不實錄, 三難也, 賞罰不中, 四難也, 文不勝質, 五難也.[440]

나는 세 가지 유감이 있다.[오유삼한(吾有三恨)] 설원초(薛元超)[441]가 가까운 사람에게 말하기를, "나는 재능이 없지만 부귀는 남들보다 뛰어나다. 그러나 평생에 세 가지 유감이 있으니 진사(進士)로 급제하지 못한 것이 첫 번째 유감이고 다섯 성씨의 여인에게 장가들지 못한 것이 두 번째 유감이고 국사(國史)를 편수하지 못한 것이 세 번째 유감이다"라고 하였다.

薛元超謂所親曰, 吾不才, 富貴過人. 然平生有三恨, 不以進士擢第, 一恨也, 不娶五姓女, 二恨也, 不得修國史, 三恨也.[442]

죽간(竹簡)을 들고 가다.[집간이왕(執簡以往)] 제(齊) 태사(太史)가, "최저(崔杼)가 그의 군주를 시해하였다"라고 쓰니 최저가 그를 죽였다. 그의 동생이 이어서 쓰니 죽은 자가 두 사람이었다. 그의 동생이 또 쓰니 이제는 그를 놔두었다. 남사(南史)[443]씨가 태사(太史)가 다 죽었다는 말을 듣고 죽간(竹簡)을 들고 갔으나 이미 기록되었다는 말을 듣고 마침내 돌아왔다.

齊太史書崔杼弒其君, 崔子殺之. 其弟嗣書, 而死者二人. 其弟又書, 乃舍之. 南史氏聞太史盡死, 執簡以往, 聞旣書矣, 乃還.[444]

---

434. 위수(魏收): 북제(北齊) 거록(鉅鹿) 출신으로 자가 백기(伯起)이다. 산기상시(散騎常侍), 상서우복야(尙書右僕射) 등을 역임하였다.
435. 《북제서(北齊書)·위수전(魏收傳)》
436. 정의(丁儀): 삼국시대 위(魏) 패(沛) 출신으로 자가 정례(正禮)이다. 문제(文帝)에게 피살되었다.
437. 정이(丁廙): 삼국시대 위(魏) 패(沛) 출신으로 자가 경례(敬禮)이다. 형 정의(丁儀)와 함께 문제(文帝)에게 피살되었다.
438. 《진서(晉書)·진수전(陳壽傳)》
439. 원숭(袁崧): 동진(東晉) 진군(陳郡) 출신인 원산송(袁山松)의 별칭이다. 문장에 능했으며 오군태수(吳郡太守)를 지냈다.
440. 《사통(史通)·모의(模擬)》
441. 설원초(薛元超): 당(唐) 포주(蒲州) 출신으로 자가 이다. 중서시랑(中書侍郎), 중서령겸태자좌서자(中書令兼太子左庶子) 등을 역임하였다.
442. 《고금사문유취신집(古今事文類聚新集)·제원부(諸院部)》
443. 남사(南史): 춘추시대 제(齊)나라의 사관 이름이다.
444. 《춘추좌전(春秋左傳)·양공(襄公)·22년》

비서성 秘書省

• 한(漢)나라의 문서와 서적이 있던 곳으로, 석거각(石渠閣),[445] 석실(石室), 연각(延閣), 광내(廣內)가 있었으니 왕실 밖의 창고에 보관하는 것이고, 기린각(麒獜閣),[446] 천록각(天祿閣)[447]이 있었으니 궁중의 안에 간직하는 것이었다.

漢圖籍所在, 有石渠 · 石室 · 延閣 · 廣內, 貯之於外府, 麒獜 · 天祿, 藏之於內禁.[448]

• 후한(後漢)의 도서는 동관(東觀)에 있었다. 환제(桓帝)[449]가 처음으로 비서감(秘書監) 1인을 두었다.

後漢圖書, 在東觀. 桓帝始置秘書監一人.[450]

• 학자들은 동관(東觀)을 일컬어 '노씨장실(老氏藏室)', '도가봉산(道家蓬山)'이라고 하였다.

學者稱東觀, 爲老氏藏室 · 道家蓬山.[451]

• 운향(芸香)[452]으로 좀을 막았기 때문에 장서대(藏書臺)를 운대(芸臺)라고 칭했으며, 비각(秘閣)은 웅장하고 둥그렇게 지었기 때문에 그것을 목천(木天)이라고 하였다.

芸香辟蠹, 故藏書臺稱芸臺, 秘閣宏壯穹窿, 謂之木天.[453]

• 비서감(秘書監)[454]을 '대봉(大蓬)'이라고 한다.

秘監曰, 大蓬.[455]

• 비부(秘府)[456]의 장서는 구름같이 쌓인 책이 많은 곳이고, 영주(瀛洲)[457]의 모든 서적은 벗으로 온 뛰어난 이들이 머무는 곳이다.

秘府藏書, 雲委簡編之富, 瀛洲通籍, 朋來俊乂之游.[458]

• 붉은 난새와 흰 고니가 곤랑(崑閬)[459]의 뜰에 무리 지어 날고, 신령스런 서초(瑞草)와 붉은 운초(芸草)가 하늘 동산에 줄지어 심어져 있다.

朱鸞素鵠, 群翔於崑閬之庭, 神莛丹芸, 列植於雲霄之囿.[460]

• 뗏목을 타고 은하수를 물으니 감히 영화로운 지위를 마음에서 잊고, 동관에 들어 영주(瀛洲)에 오르니 갑자기 선적(仙籍)에 이름 올리기를 욕심낸다.

乘槎問漢, 敢忘意於英躔, 入館登瀛, 遽叨名於仙籍.[461]

• 서표(書標)의 띠가 어지러우니 사부(四部)[462]의

445. 석거각(石渠閣): 한(漢)나라 황실의 장서각이다.
446. 기린각(麒獜閣): 한(漢)나라 의 전각(殿閣) 이름으로 공신(功臣)들의 초상화를 봉안하였다.
447. 천록각(天祿閣): 한(漢) 고조(高祖) 때에 지은 전각으로 전적(典籍)을 보관하던 곳이다.
448. 《통전(通典) · 직관(職官)》
449. 환제(桓帝): 동한(東漢) 제11대 황제로 재위 기간은 147-167년이다.
450. 《통전(通典) · 직관(職官)》
451. 《후한서(後漢書) · 두장전(竇章傳)》
452. 운향(芸香): 다년생 초본 식물로 늦여름에 꽃이 피며 향이 짙다.
453. 《고금사문유취신집(古今事文類聚新集) · 제감부(諸監部)》
454. 비서감(秘書監): 비서성(秘書省)의 장관으로 국가의 경적(經籍), 도서(圖書), 저작(著作) 등의 일을 관장하였다.
455. 《고금사문유취신집(古今事文類聚新集) · 제감부(諸監部)》
456. 비부(秘府): 비서성(秘書省)의 별칭이다.
457. 영주(瀛洲): 당(唐) 태종(太宗)이 세운 문학관(文學館)을 가리킨다.
458. 《고금사문유취신집(古今事文類聚新集) · 제감부(諸監部)》
459. 곤랑(崑閬): 곤륜산 가운데의 낭원(閬苑)으로 신선이 산다는 곳이다.
460. 《고금사문유취신집(古今事文類聚新集) · 제감부(諸監部)》
461. 《고금사문유취신집(古今事文類聚新集) · 제감부(諸監部)》
462. 사부(四部): 도서분류의 네 가지를 가리킨다. 경사자집(經史子集)이나 갑을병정(甲乙丙丁) 등으로 나누었다. 사고(四庫)

학문을 모아 그 안을 채웠고, 큰 띠를 두른 이들이 찬란하니 당시의 준재들을 골라 그 사이에서 머물게 하였다.

籤帶紛紜, 聚四部之學, 以充其內, 紳緌輝煥, 擇一時之俊, 以遊其間.[463]

• 장차 취미궁(翠微宮)[464]을 두드리고 창합문(閶闔門)[465]을 밀친다고 할 것이니, 어찌 곤륜산(崑崙山)에 부끄럽고 봉래산(蓬萊山)만 못하겠는가?

謂當扣翠微, 而排閶闔, 何爲羞崑崙, 而薄蓬萊.[466]

다섯 가지 뛰어남을 칭송하다.[칭기오절(稱其五絶)] 우세남(虞世南)[467]이 비서감(秘書監)이 되었는데 태종이 그의 다섯 가지 뛰어남을 칭송하였다. 첫째는 덕행, 둘째는 충직, 셋째는 박학, 넷째는 문장, 다섯째는 서예였다.

虞世南爲秘書監, 太宗稱其五絶. 一德行, 二忠直, 三博學, 四文辭, 五書翰.[468]

비서성(秘書省) 안에 운석(隕石)이 있었는데, 설직(薛稷)[469]의 학 그림과 하지장(賀知章)[470]의 초서(草書), 낭여령(郞餘令)[471]의 봉황 그림과 함께 사절(四絶)이라고 하였다. 원화(元和)[472] 연간에 한공무(韓公武)[473]가 비서랑(秘書郞)이 되었는데 탄환을 가지고 학의 한쪽 눈을 맞추니 당시에 그것을 오절(五絶)이라고 하였다.

秘書省內有落星石, 薛少保畫鶴, 賀監草書, 郞餘令畫鳳, 號爲四絶. 元和中韓公武爲秘書郞, 挾彈中鶴一眼, 時謂之五絶.[474]

〈서석송(瑞石頌)〉 서경(西京)[475]의 비서성(秘書省) 청사 앞에 운석(隕石)이 있었는데, 수(隋)나라가 함양(咸陽)에서 이곳으로 관서를 옮기자, 왕소(王劭)[476]가 〈서석송(瑞石頌)〉을 지어 찬미하였다.

西京秘書省廳事前, 有隕星石, 隋自咸陽移署於此, 王劭作瑞石頌, 以贊美之.[477]

병방(病坊)[478] 당대(唐代)에는 비서성(秘書省)이 명망은 비록 맑고 고상하였지만 실제적으로는 요직[요극(要劇)[479]]이 아니라서 권세가의 자식들이나 이익을 좋아하고 화려함을 자랑하는 자들은 대개 이 직책을 좋아하지 않았다. 그 때문에 비서감(秘書監)

라고도 한다.

463. 《고금사문유취신집(古今事文類聚新集)·제감부(諸監部)》

464. 취미궁(翠微宮): 당대(唐代) 종남산(終南山)에 있던 궁전 이름이다.

465. 창합문(閶闔門): 신선이 산다는 창합궁(閶闔宮)의 문 이름이다.

466. 《고금사문유취신집(古今事文類聚新集)·제감부(諸監部)》

467. 우세남(虞世南): 당(唐) 월주(越州) 출신으로 자가 백시(伯施)이다. 서예에 뛰어났고 박식하였다. 홍문관학사(弘文館學士), 비서감(秘書監) 등을 역임하였다.

468. 《신당서(新唐書)·우세남전(虞世南傳)》

469. 설직(薛稷): 당(唐) 포주(蒲州) 출신으로 자가 사통(嗣通)이다. 태자소보(太子少保), 예부시랑(禮部侍郞) 등을 역임하였다.

470. 하지장(賀知章): 당대(唐代)의 시인이자 서예가로 자(字)는 계진(季眞)이다. 성격이 솔직 담백하고 자연을 좋아하였으며 시문(詩文)과 서법에 뛰어났다. 예부시랑(禮部侍郞), 태자빈객(太子賓客), 비서감(秘書監) 등을 역임하였다. 음주팔선(飮酒八仙), 오중사사(吳中四士)로 유명하다.

471. 낭여령(郞餘令): 당(唐) 정주(鄭州) 출신으로 문장과 그림에 뛰어났다. 저작좌랑(著作佐郞)을 역임하였다.

472. 원화(元和): 당(唐) 헌종(憲宗)의 연호(806-820)이다.

473. 한공무(韓公武): 당 활주(滑州) 출신으로 자가 종언(從偃)이다. 여러 주의 절도사(節度使)를 역임하였다.

474. 《고금사문유취신집(古今事文類聚新集)·제감부(諸監部)》

475. 서경(西京): 수대(隋代)에 장안(長安)을 가리킨 명칭이다.

476. 왕소(王劭): 수(隋) 태원(太原) 출신으로 자가 경륜(敬倫)이다. 저작랑(著作郞), 비서소감(秘書少監) 등을 역임하였다.

477. 《고금사문유취신집(古今事文類聚新集)·제감부(諸監部)》

478. 병방(病坊): 병들고 가난한 백성을 돌보는 기관이다.

479. 요극(要劇): 중요한 관직을 일컫는다.

을 재상으로 삼고 병방승(病坊丞) 및 저작랑(著作郎)을 상서랑병방(尙書郎病坊)으로 삼고 비서랑(秘書郎) 및 저작좌랑(著作佐郎)을 감찰어사병방(監察御史病坊)으로 삼았다.

唐以秘省望雖淸雅, 實非要劇, 權貴子弟及好利誇侈者, 率不好此職. 以監爲宰相, 病坊丞及著作郎爲尙書郎病坊, 秘書郎及著作佐郎爲監察御史病坊.[480]

문장과 학문을 두루 갖추다.[겸해사학(兼該詞學)]

태종(太宗)은 안사고(顔師古)[481]가 덕성이 깊고 온화하며 재질이 꼼꼼하고 민첩하며 학문이 넓고 넉넉하며 문장이 전아함과 화려함을 두루 갖추었다고 여겨 비서감(秘書監)으로 임명하였다.

太宗以顔師古, 體業淹和, 器用詳敏, 學該淹洽, 詞兼典麗, 命爲秘書監.[482]

논의가 바름을 유지하다.[논의지정(論議持正)]

우세남(虞世南)이 비서감이 되었는데, 겉은 옷을 이겨내지 못할 듯하였지만 안은 드높고 세찼으며 논의가 바름을 지녔다. 죽게 되자 황제가 이르기를, "비서성 안에 다시는 이런 사람이 없을 것이다"라고 하였다. 우세남의 《북당서초(北堂書抄)》[483]가 당대에 성행하였다.

虞世南爲秘書監, 外若不勝衣, 而中抗烈, 論議持正. 及薨, 帝曰, 石渠東觀之中, 無復人矣. 世南北堂書抄, 盛行於代.[484]

함께 관각(館閣)에 있다.[동재관각(同在館閣)]

송수(宋綬)가 15세일 때 중서성(中書省)에서 소시(召試)[485]를 보았는데, 진종(眞宗)[486]이 그의 글을 기특하게 여겨 비서성(秘書省)에서 책을 읽도록 허락하였다. 한참 뒤에 학사원(學士院)에서 소시를 보았고 집현원(集賢院) 교리(校理)가 되어 부친 송고(宋皐)[487]와 함께 있게 되자 세상 사람들이 영광으로 여겼다.

宋綬年十五召試中書, 眞宗奇其文, 聽於秘閣讀書. 久之, 召試學士院, 爲集賢校理, 與父皐同在, 世以爲榮.[488]

교체하여 외지로 보임하다.[경질보외(更迭補外)]

건도(乾道)[489] 원년 2월, 관직(館職)[490]에 조서를 내리기를, "불러들인 천하의 뛰어난 자들이 만약 관리의 사무를 직접 해보지 않아 민정을 알지 못한다면 장래에 어떻게 공경(公卿)의 임무에 대비하겠는가? 금후에는 교체하여 외지로 보임할 것이다"라고 하였다.

乾道元年二月詔館職, 所以招延天下之英俊. 苟不親吏事, 知民情, 則將來何以備公卿之任. 今後更迭補外.[491]

나무 인형을 깎아 놓다.[각치목우(刻置木偶)]

유변(柳䛒)[492]은 양제(煬帝)[493]가 왕위를 계승하자 비서감(秘書監)에 제수되었는데 조회에서 물러난

---

480. 《고금사문유취신집(古今事文類聚新集)·제감부(諸監部)》
481. 안사고(顔師古): 당(唐)나라 초기의 대학자인 안주(顔籀)로 사고(師古)는 그의 자이다. 《한서(漢書)》에 주석을 가함으로써 전대(前代)의 여러 주석을 집대성하였다.
482. 《고금사문유취신집(古今事文類聚新集)·제감부(諸監部)》
483. 《북당서초(北堂書抄)》: 북당(北堂)은 비서성의 후당(後堂)으로, 우세남이 이곳에서 재직할 때에 지은 유서(類書)이다.
484. 《태평광기(太平廣記)·명현(名賢)》
485. 소시(召試): 임금 앞에 불려가 시험 치는 것으로 관리 채용의 특별한 한 가지 방식이었다.
486. 진종(眞宗): 송(宋) 제3대 황제로 재위 기간은 998-1022년이다.
487. 송고(宋皐): 송(宋) 월주(越州) 출신이다. 상서탁지원외랑(尙書度支員外郎), 직집현원(直集賢院) 등을 역임하였다.
488. 《송사(宋史)·송수전(宋綬傳)》
489. 건도(乾道): 남송(南宋) 효종(孝宗)의 연호(1165-1173)이다.
490. 관직(館職): 당송(唐宋) 시기에 소문관(昭文館), 사관(史館) 등에서 수찬, 편집 등을 맡아보던 관직의 통칭이다.
491. 《고금사문유취신집(古今事文類聚新集)·제감부(諸監部)》
492. 유변(柳䛒): 수(隋) 하동(河東) 출신으로 자가 고언(顧言)이다. 비서감(秘書監)을 역임하였다.

뒤에도 바로 명하여 들어오도록 하고 연회를 베풀거나 소리 내어 글을 읽으면서 날이 끝난 뒤에 마쳤다. 황제는 매번 후궁들과 술을 대하면서 감흥이 이는 경우를 만나면 곧 그를 오도록 불러서 의자를 같이 하고 자리를 함께하여 은애(恩愛)가 벗과 같았는데도 황제는 오히려 밤마다 부를 수 없는 것을 유감스러워했다. 이에 나무 인형을 깎고 기관을 붙여서 앉고 일어서며 절하고 엎드릴 수 있게 하여 유변과 비슷하게 하고 황제는 매번 달 아래에서 술을 대할 때마다 궁인(宮人)들로 하여금 자리에 두도록 하고 서로 술을 주고받으면서 기쁨과 웃음거리로 삼았다.

柳誓[494], 煬帝嗣位, 拜秘書監, 退朝之後, 便命入閣, 設宴諷讀, 終日而罷. 帝每與嬪后對酒時, 逢興會, 輒遣命之至, 與同榻共席, 恩若友朋, 帝猶恨不能夜召. 於是命刻木偶人, 施關機, 能坐起拜伏, 以象於誓, 帝每月下對酒, 輒令宮人置之於座, 與相酬酢, 而爲歡笑.[495]

재능과 덕성이 두루 성대하다.[재덕겸무(才德兼茂)] 소덕언(蕭德言)이 나이가 들어 사직할 것을 청하자 태종이 허락하지 않고 조서를 내려 이르기를, "바야흐로 예법을 세우고 음악을 제작하여 무력을 그치고 문덕을 닦으려고 하는데 경의 나이가 이미 노쇠하였으니 가르침을 장차 누구에게 의지하겠는가? 바라는 바는 재능과 덕성이 두루 성대하여 누워서도 아름다운 교화를 진작하여 제남(濟南)의 복생(伏生)[496]이 오늘에 다시 살아나고 관서(關西)의 공자(孔子)가 지금 세상에 여전히 드러나게 하는 것이다"라 하고는 비서소감(秘書少監)에 제수하였다.

蕭德言年老, 請致仕, 太宗不許, 詔曰, 方欲建禮作樂, 偃武修文, 卿年齒已衰, 敎將何恃. 所冀, 才德兼茂, 臥振高風, 使濟南伏生復在於玆日, 關西孔子故顯於當今. 拜秘書少監.[497]

닭의 무리 속에 있는 것과 같다.[약재계군(若在雞群)] 진(晉) 혜소(嵇紹)[498]는 본디 문재(文才)가 있었는데 관직에 나가[기가(起家)[499]] 비서승(秘書丞)이 되었다. 어떤 사람이 왕융(王戎)[500]에게 이르기를, "어제 많은 사람들 가운데에서 혜소를 보았는데, 두드러져서[앙앙연(昂昂然)[501]] 마치 들의 학이 닭의 무리 속에 있는 것과 같았습니다"라고 하였다.

晉嵇紹雅有文才, 起家爲秘書丞. 或謂王戎曰, 昨於稠人中見紹, 昂昂然若野鶴之在雞群.[502]

최고의 관직[제일관(第一官)] 양(梁) 유효작(劉孝綽)[503]이 비서승(秘書丞)이 되었는데, 무제(武帝)가 이르기를, "최고의 관직에는 최고의 사람을 써야 한다"라고 하였다.

梁劉孝綽爲秘書丞, 武帝曰, 第一官當與[504]第一人.[505]

청관(淸官)으로 임명하다.[처이청관(處以淸官)]

---

493. 양제(煬帝): 수(隋) 제 2대 황제로 재위 기간은 605-617년이다.
494. 유서(柳誓): 《유원총보》의 '유서(柳誓)'는 '유변(柳䛒)'의 오류이다.[《수서(隋書)·유변전(柳䛒傳)》]
495. 《수서(隋書)·유변전(柳䛒傳)》
496. 복생(伏生): 한(漢) 제남(濟南) 출신으로 이름은 승(勝)이고 자가 자천(子賤)이다. 《상서(尙書)》 29편을 복원하였다.
497. 《구당서(舊唐書)·소덕언전(蕭德言傳)》
498. 혜소(嵇紹): 진(晉) 혜강(嵇康)의 아들로 자가 연조(延祖)이다. 비서랑(秘書郞), 시중(侍中) 등을 역임하였다.
499. 기가(起家): 집에서 조정의 부름을 받고 나아가 관직에 임명되는 것을 가리킨다.
500. 왕융(王戎): 진(晉) 낭야(琅邪) 출신으로 자가 준충(濬沖)이다. 형주자사(荊州刺史), 사도(司徒) 등을 역임하였다. 죽림칠현의 한 사람이었으나 탐욕스러워 세인들의 지탄을 받았다.
501. 앙앙연(昂昂然): 위풍당당한 모습, 또는 뽐내는 모습이다.
502. 《진서(晉書)·혜소전(嵇紹傳)》
503. 유효작(劉孝綽): 남조(南朝) 양(梁) 출신으로 이름이 염(冉)이고 효작(孝綽)은 자이다. 비서관(秘書官)을 역임하였다.
504. '與'는 《양서(梁書)·유효작전(劉孝綽傳)》에는, '用'으로 되어 있다.
505. 《양서(梁書)·유효작전(劉孝綽傳)》

제(齊) 장솔(張率)[506]이 비서승(秘書丞)으로 옮겨졌는데, 고조(高祖)[507]가 이르기를, "비서승은 천하의 청관(淸官)으로 동남의 귀족 자제들도 비서승이 된 자가 없었으니 지금 그대를 임명하여 경을 위하여 명예를 결정해 준 것입니다"라고 하였다.

齊張率遷秘書丞, 高祖曰, 秘書丞, 天下淸官, 東南胄緖未有爲之者, 今以相處, 爲卿定名譽.[508]

오직 한 사람을 얻다.[유득일인(惟得一人)] 수(隋) 요찰(姚察)[509]이 비서승(秘書丞)으로 들어가자 문제(文帝)가 그를 지목하여 조신(朝臣)들에게 이르기를, "듣자하니 요찰은 학문과 행실이 당대에 비교할 자가 없다 하니, 내가 진(陳)나라를 평정하고 오직 한 사람을 얻었소이다"라고 하였다.

隋姚察入爲秘書丞, 文帝指謂朝臣曰, 聞姚察學行當今無比, 我平陳, 惟得一人.[510]

백호관(白虎觀)에서 고찰하고 논의하다.[백호고론(白虎考論)] 후한(後漢)의 양종(楊終)[511]이 현종(顯宗)[512] 시기에 교서랑(校書郞)에 제수되었는데, 상소하여 아뢰기를, "선제(宣帝)[513]께서 석거각(石渠閣)에서 오경(五經)을 논정하셨는데, 지금 전례와 같게 해야 합니다"라고 하였다. 이에 백호관(白虎觀)에 여러 유생들을 불러들여 (오경의) 차이점을 고찰하고 논의하게 하였다.

東漢楊終, 顯宗時拜校書郞, 上言, 宣帝論定五經於石渠閣, 今宜如故事. 於是, 招諸儒於白虎觀, 考論異同.[514]

초상화를 그려 놓아 배우는 자들을 권면하다.[화상권학(畫像勸學)] 고표(高彪)[515]가 동관(東觀)에서 교서(校書)로 있다가 뒤에 내황(內黃)[516]의 현령(縣令)으로 옮기게 되었다. 황제가 동료들에게 명하여 상동문(上東門)[517]에서 전송하게 하고 조서를 내려 동관에 고표의 초상화를 그려 놓아 배우는 자들을 권면하게 하였다.

高彪校書東觀, 後遷內黃令. 帝勅同寮祖送於上東門, 詔東觀畫彪, 以勸學者.[518]

나귀를 타고 시를 읊다[기려영시(騎驢詠詩)]

개원(開元)[519] 연간에 교서(校書)와 정자(正字)는 봉록이 적었는데, 한미하지만 뛰어난 자들이 담당하였다. 간혹 정자(正字)를 알아보지 못하는 경우도 있었으니 나귀를 타고 비서성에 들어왔기 때문이었다. 당시에, "정자와 교서는 시를 읊으며 나귀를 탄다네(正字校書, 詠詩騎驢)"라고 하는 말이 있었다.

開元中校書正字, 俸祿微少, 孤寒英傑者居之. 或有不辨正字, 乘驢入省. 時有語曰, 正字校書, 詠詩

506. 장솔(張率): 남조(南朝) 제량(齊梁) 간의 오군(吳郡) 출신으로 자가 사간(士簡)이다. 신안태수(新安太守), 비서승(秘書丞) 등을 역임하였다.
507. 고조(高祖): 남조(南朝) 양(梁)의 초대 황제인 무제(武帝)로 재위 기간은 502-549년이다.
508. 《양서(梁書)·장솔전(張率傳)》
509. 요찰(姚察): 수(隋) 무강(武康) 출신으로 자가 백심(伯審)이다. 탁지이부상서(度支吏部上書), 비서승(秘書丞) 등을 역임하였다.
510. 《진서(陳書)·요찰전(姚察傳)》
511. 양종(楊終): 동한(東漢) 성도(成都) 출신으로 자가 자산(子山)이다. 《춘추(春秋)》에 정통하였고 교서랑(校書郞)을 역임하였다.
512. 현종(顯宗): 동한(東漢) 명제(明帝)의 묘호(廟號)로 재위 기간은 58-75년이다.
513. 선제(宣帝): 서한(西漢) 제8대 황제로 재위 기간은 BC 73-BC 49년이다.
514. 《후한서(後漢書)·양종전(楊終傳)》
515. 고표(高彪): 동한(東漢) 오군(吳郡) 출신으로 자가 의방(義方)이다. 낭중(郎中), 내황령(內黃令) 등을 역임하였다.
516. 내황(內黃): 현(縣)의 이름이다.
517. 상동문(上東門): 낙양의 성문 이름이다.
518. 《후한서(後漢書)·고표전(高彪傳)》
519. 개원(開元): 당(唐) 현종(玄宗)의 연호(713-741)이다.

騎驢.[520]

일을 물리치고 책을 읽다.[병사독서(屛事讀書)] 문정공(文定公) 왕회(王淮)[521]가 교서랑(校書郞)이 되어 관각(館閣)에 들어온 뒤에 인사(人事)를 물리치고 아직 보지 못했던 책을 더욱 많이 읽었으며 휴일에도 들어와서 저녁이 되어야 비로소 돌아갔다.

王文定公淮爲校書郞, 旣入館, 屛去人事, 益讀未見書, 休假亦入, 抵暮始歸.[522]

분수에 편안하여 구하는 것이 없다.[안분무구(安分無求)] 장민공(莊敏公) 왕철(汪澈)[523]이 교서랑(校書郞)으로 옮겼는데, 분수에 편안하여 구하는 것이 없었으며 동료들에 비해 자주 옮겼지만 전혀 개의하지 않았다.

汪莊敏公澈遷校書郞, 安分無求, 視同舍郞數遷, 殊不介意.[524]

동관(東觀)에서 저작랑(著作郞)으로 일하다.[저작동관(著作東觀)] 난대령사(蘭臺令史) 반고(班固)와 부의(傅毅),[525] 낙양령(洛陽令) 진숭(陳崇),[526] 장릉령(長陵令) 윤민(尹敏),[527] 사례교위(司隸校尉) 맹기(孟冀)[528] 및 양표(楊彪)[529] 등이 함께 동관에서 저작랑으로 일했다.

蘭臺令史班固·傅毅, 洛陽令陳崇, 長陵令尹敏, 司隸校尉孟冀及楊彪等, 竝著作東觀.[530]

반고가 비서(秘書)의 직책을 맡아 이전의 기록을 수집하고 들은 바를 모아 《한서(漢書)》를 지었다.

班固典秘書, 採摭前記, 綴緝所聞, 以爲漢書.[531]

양표(楊彪)는 자가 문선(文先)으로 어려서부터 가학(家學)에서 가르침을 받았다. 희평(熹平)[532] 연간에 옛 지식을 두루 익힌 것으로 부름 받아 의랑(議郞)[533]에 제수되어 마일제(馬日磾),[534] 노식(盧植),[535] 채옹(蔡邕)[536] 등과 동관(東觀)에서 저작랑(著作郞)으로 일했다.

楊彪, 字文先, 少傳家學. 熹平中以博習舊聞, 召拜議郞, 與馬日磾·盧植·蔡邕等, 著作東觀.[537]

삼대(三代)가 계승하다.[삼세계위(三世繼爲)] 최인(崔駰)[538]은 삼대가 계승하였으니 그 뒤로는 들

---

520. 《고금사문유취신집(古今事文類聚新集)·제감부(諸監部)》
521. 왕회(王淮): 송(宋) 무주(婺州) 출신으로 자가 계해(季海)이다. 감찰어사(監察御使), 우승상겸추밀사(優勝相兼樞密使), 좌승상(左丞相) 등을 역임하였다.
522. 《고금사문유취신집(古今事文類聚新集)·제감부(諸監部)》
523. 왕철(汪澈): 송(宋) 요주(饒州) 출신으로 자가 명원(明遠)이다. 참지정사(參知政事), 추밀사(樞密使) 등을 역임하였다.
524. 《고금사문유취신집(古今事文類聚新集)·제감부(諸監部)》
525. 부의(傅毅): 동한(東漢) 무릉(茂陵) 출신으로 자가 무중(武仲)이다. 문장에 뛰어나 〈칠격(七激)〉을 지어 명제(明帝)를 깨우쳤다. 사마(司馬)를 역임하였다.
526. 진숭(陳崇): 내력이 자세하지 않다.
527. 윤민(尹敏): 동한(東漢) 도양(堵陽) 출신으로 자가 초계(初季)이다. 모시(毛詩), 좌씨전(左氏傳)에 정통하였고 간의대부(諫議大夫)를 역임하였다.
528. 맹기(孟冀): 내력이 자세하지 않다.
529. 양표(楊彪): 동한(東漢) 홍농(弘農) 출신으로 자가 문선(文先)이다. 태위(太尉), 광록대부(光祿大夫) 등을 역임하였다.
530. 《고금사문유취신집(古今事文類聚新集)·제감부(諸監部)》
531. 《고금사문유취신집(古今事文類聚新集)·제감부(諸監部)》
532. 희평(熹平): 동한(東漢) 영제(靈帝)의 연호(172-177)이다.
533. 의랑(議郞): 한대(漢代)에 광록훈(光祿勳)에 속한 낭관(郞官)의 하나이다.
534. 마일제(馬日磾): 동한(東漢) 부풍(扶風) 출신으로 자가 옹숙(翁叔)이다. 태부(太傅)를 역임하였다.
535. 노식(盧植): 동한(東漢) 탁군(涿郡) 출신으로 자가 자간(子幹)이다. 정현(鄭玄)과 함께 마융(馬融)을 사사하였다. 박사(博士), 상서(尙書) 등을 역임하였다.
536. 채옹(蔡邕): 동한(東漢) 진류(陳留) 출신으로 자가 백개(伯喈)이다. 낭중(郞中), 중랑장(中郞將) 등을 역임하였다. 시부(詩賦)를 잘하였으며 저서에 《채중랑전집(蔡仲郞全集)》이 있다.
537. 《후한서(後漢書)·양표전(楊彪傳)》

어본 적이 없다. 바로 사마담(司馬談)과 사마천(司馬遷)이 발자취를 잇고 반표(班彪)와 반고(班固)가 자취를 따른 것과 같았으니 역시 각각 한 시대의 훌륭한 일이었다.

崔駰, 三世相繼, 其後無聞. 若乃談遷接武, 彪固踵跡, 亦各一世之良.[539]

흥성했고 쇠망했던 이유를 모아서 정리하다.[부차흥쇠(裒次興衰)] 소덕언(蕭德言)[540]이 저작랑(著作郞)을 역임하였는데, 태종이 위징(魏徵),[541] 우세남(虞世南), 저량(褚亮)[542] 및 소덕언에게 조서를 내려 경사백가(經史百家)에 실려 있는, 제왕들이 흥성했고 쇠망했던 이유를 모아서 정리하도록 하였다. 황제가 이르기를, "나로 하여금 옛일을 고찰하여 일을 대하여 의혹되지 않게 하는 것은 공들의 힘이다"라고 하였다.

蕭德言歷著作郞, 太宗詔魏徵·虞世南·褚亮·及德言, 裒次經史百氏帝王所以興衰者. 帝曰, 使我稽古, 臨事不惑者, 公等力也.[543]

면전에서 동료를 비판하다.[면절료우(面折僚友)] 수(隋) 유위지(劉褘之)[544]의 부친인 유자익(劉子翼)[545]은 자가 소심(小心)이다. 저작랑(著作郞)이 되었는데 준엄하고 강직하여 행실이 있었다. 일찍이 면전에서 동료의 단점을 비판하였으나 물러나서는 더 이상의 비방이 없자 이백약(李百藥)이 말하기를, "유자익이 사람을 꾸짖어도 대부분 유감스럽게 생각하지 않는다"라고 하였다.

隋劉禪[546]之父子翼, 字小心. 爲著作郞, 峭直有行. 嘗面折僚友短, 退無餘訾, 李百藥曰, 子翼詈人, 多不憾.[547]

가문을 이뤘다고 말하다.[위성문호(謂成門戶)] 당(唐) 허경종(許敬宗)[548]이 저작랑(著作郞)에 제수되자 가까운 이에게 말하기를, "벼슬아치로서 저작랑이 되지 못하면 가문을 이룰 수 없다"라고 하였다.

唐許敬宗除著作郞, 謂所親曰, 仕宦不爲著作, 無以成門戶.[549]

노유(老儒)로 선비들의 신망이 있다.[노유사망(老有士望)] 양구산(楊龜山)[550]이 저작성(著作省)에 있을 때, 오민(吳敏)[551]이 이강(李綱)[552]을 추천하면서 함께 공의 성명(姓名)을 황제의 앞에 올리고 아뢰

---

538. 최인(崔駰): 동한(東漢) 안평(安平) 출신으로 자가 정백(亭伯)이다. 박학하였고 거기장군(車騎將軍)을 역임하였다.
539. 《고금사문유취신집(古今事文類聚新集)·제감부(諸監部)》
540. 소덕언(蕭德言): 당(唐) 옹주(雍州) 출신으로 자가 문행(文行)이다. 비서소감(秘書少監), 은청광록대부(銀靑光祿大夫) 등을 역임하였다.
541. 위징(魏徵): 당초(唐初)의 정치가로 자가 현성(玄成)이다. 간의대부(諫議大夫), 비서감(秘書監), 시중(侍中) 등의 벼슬을 역임하였다. 그의 주장은 《정관정요(貞觀政要)》에 실려 있고 《군서치요(群書治要)》를 주편하였다.
542. 저량(褚亮): 당(唐) 항주(杭州) 출신으로 자가 희명(希明)이다. 진왕부문학(秦王府文學), 산기상시(散騎常侍) 등을 역임하였다.
543. 《신당서(新唐書)·유학열전(儒學列傳)》
544. 유위지(劉褘之): 수당(隋唐) 시기 진릉(晉陵) 출신으로 자가 희미(希美)이다. 홍문관직학사(弘文館直學士), 검교중서시랑(檢校中書侍郞) 등을 역임하였다.
545. 유자익(劉子翼): 수당(隋唐) 시기 진릉(晉陵) 출신으로 자가 소심(小心)이다. 홍문관직학사(弘文館直學士)를 역임하였다.
546. 《유원총보》의 '禪'은 '褘'의 오자이다.[《신당서(新唐書)·유위지전(劉褘之傳)》]
547. 《신당서(新唐書)·유위지전(劉褘之傳)》
548. 허경종(許敬宗): 당(唐) 항주(杭州) 출신으로 자가 연족(延族)이다. 고종(高宗)을 도와 무측천(武則天)을 후(后)로 책봉하였다. 시중(侍中), 중서령(中書令) 등을 역임하였다.
549. 《신당서(新唐書)·간신열전(姦臣列傳)》
550. 양구산(楊龜山): 송(宋) 남검주(南劍州) 출신의 양시(楊時)로 자가 중립(中立)이고 호가 구산(龜山)이다. 정호(程顥), 정이(程頤)를 사사하였고 정문사선생(程門四先生)의 칭호가 있었다. 국자감좨주(國子監祭酒)를 역임하였다.
551. 오민(吳敏): 송(宋) 진주(眞州) 출신으로 자가 원중(元中)이다. 급사중(給事中), 지추밀원사(知樞密院事) 등을 역임하였다.

기를, "이 사람 역시 노유(老儒)로 선비들의 신망이 있습니다"라고 하였다. 얼마 후 불러서 마주하고 당시의 중대사를 논의하였는데 황제가 좋아하였고 마침내 등용하였다.

楊龜山在著庭, 吳敏之[553]李綱, 倂以公姓名納上前曰, 時亦老儒, 有士望. 尋召對, 論當世急務, 上喜, 遂擢用之.[554]

의리를 돌아보며 스스로를 지키다.[고의자수(顧義自守)] 장뢰(張耒)[555]는 자가 문잠(文潛)인데 소식(蘇軾)에게서 배웠다. 소철(蘇轍)[556]이 그의 글을 보고 좋아하였고 소식도 역시 매우 좋아하여, 그의 글은 깊고도 담백하여 한 사람이 읊으면 세 사람이 화답하는 소리가 있다고 칭찬하였다. 원우(元祐)[557] 초엽에 저작좌랑(著作佐郞)이 되었다가 저작랑(著作郞)으로 옮겼는데 관각에 있는 8년 동안 의리를 중시하며 스스로를 지키는 것이 담백하였다.

張耒, 字文潛, 從蘇軾學. 轍見其文愛之, 蘇軾亦深愛之, 稱其文汪洋澹泊, 有一唱三歎之聲. 元祐初爲著作佐郞, 改著作郞, 在館八年, 顧義自守, 泊如也.[558]

유모 저작랑[내모저랑(嬭母著郞)] 송(宋) 하승천(何承天)[559]이 저작랑(著作郞)에 제수되었는데, 당시 이미 늙었고 여러 좌랑(佐郞)들은 모두가 명문가의 젊은이들이었다. 순백자(荀伯子)[560]가 그를 놀리면서 항상 유모라고 부르자 하승천이 말하기를, "경은 마땅히 '봉황이 아홉 새끼를 거느린다'라고 할 것이지 어찌 유모라고 하는가"라고 하였다.

宋何承天除著作郞, 時已老, 而諸佐郞, 竝名家年少. 荀伯子嘲之, 常呼爲嬭母, 承天曰. 卿當云鳳凰將九子, 何言嬭母.[561]

목소리와 모습이 맑고 밝다.[성자청량(聲姿淸亮)] 후위(後魏) 송변(宋弁)[562]은 자가 의화(義和)이다. 좌랑(佐郞)이 되었는데 고조(高祖) 효문제(孝文帝)가 일찍이 조회(朝會)를 기회로 다스림의 도리를 두루 물었다. 송변이 나이가 적고 관직이 낮아 아래에서 대답을 하는데 목소리와 모습이 맑고 밝으며 동작이 볼만하였다. 고조가 훌륭하다고 칭송한 것이 한참 동안이었고 이름을 하사하여 변(弁)이라고 하였다.

後魏宋弁, 字義和. 爲佐郞, 高祖孝文帝, 曾因朝會, 歷訪治道. 弁年少官微, 自下而對, 聲姿淸亮, 進止可觀. 高祖稱善者, 久之, 賜名爲弁.[563]

문학(文學)의 인재[문학청선(文學淸選)] 당(唐) 왕의방(王義方)[564]이 말하기를, "신은 지난해 겨울 초엽에는 운양(雲陽)이라는 아래 현의 현승(縣丞)이었을 뿐인데, 올봄에서 여름에 이르면서 폐하께서 신에게 저작(著作)을 제수하시어 문학으로 뽑힌 인재에서 가장 높게 하셨습니다"라고 하였다.

唐王義方曰, 臣去歲冬初, 雲陽下縣丞耳, 今春及

---

552. 이강(李綱): 송(宋) 소무(邵武) 출신으로 자가 백기(伯紀)이다. 이기(李夔)의 아들로 상서좌복야겸문하시랑(尙書左僕射兼門下侍郞)을 역임하였다.
553. '之'는 《고금사문유취신집(古今事文類聚新集)·제감부(諸監部)》에는, '薦'으로 되어 있다.
554. 《고금사문유취신집(古今事文類聚新集)·제감부(諸監部)》
555. 장뢰(張耒): 송(宋) 회음(淮陰) 출신으로 자가 문잠(文潛)이다.
556. 소철(蘇轍): 송(宋) 문학가로 자가 자유(子由)이다. 우사간(右司諫), 문하시랑(門下侍郞) 등을 역임하였다.
557. 원우(元祐): 송(宋) 철종(哲宗)의 연호(1086-1093)이다.
558. 《송사(宋史)·문원열전(文苑列傳)》
559. 하승천(何承天): 남조(南朝) 송(宋) 섬(剡) 출신으로 어사중승(御史中丞)을 역임하였다.
560. 순백자(荀伯子): 남조(南朝) 송(宋) 영천(潁川) 출신으로 저작좌랑(著作佐郞), 어사중승(御史中丞) 등을 역임하였다.
561. 《송서(宋書)·하승천전(何承天傳)》
562. 송변(宋弁): 후위[後魏: 북위(北緯)] 사람으로 자가 의화(義和)이다. 상서전중낭중(尙書殿中郞中)을 역임하였다.
563. 《위서(魏書)·송변전(宋弁傳)》
564. 왕의방(王義方): 당(唐) 사주(泗州) 출신으로 오경에 정통하였다. 시어사(侍御史)를 역임하였다.

夏, 陛下授臣著作, 極文學之淸選.565

국사(國史)를 겸수하다.[겸수국사(兼修國史)]

경파(敬播)566가 다시 저작좌랑(著作佐郎)으로 옮겨 국사(國史)를 겸수하였고 태종을 따라 고구려(高句麗) 정벌에 나섰다. 황제가 전투를 치룬 산에 이름을 붙여 주필산(駐蹕山)567이라고 하자 경파가 사람들에게 말하기를, "황제의 수레가 더 이상 동쪽으로 나가지 못하겠다"라고 하였는데 얼마 후 과연 그러했다.

敬播再遷著作佐郎, 兼修國史, 從太宗伐高麗. 帝名所戰山, 爲駐蹕, 播謂人曰, 鑾輿不復東矣. 已而果然.568

이름이 천하에 퍼지다.[명파천하(名播天下)] 소영사(蕭穎士)569가 천보(天寶)570 연간에 비서정자(秘書正字)가 되었다. 배요경(裴耀卿),571 석예(席豫),572 위술(韋述)573이 모두 선배였는데, 그의 재능을 인정하여 그와 예를 동등하게 하였다. 이 때문에 이름이 천하에 퍼졌다.

蕭穎士, 天寶中爲秘書正字. 裴耀卿·席豫·韋述, 皆先進, 器其才, 與鈞禮. 由是名播天下.574

천하의 대문장가[해내문종(海內文宗)] 진자앙(陳子昂)575이 난대정자(蘭臺正字)에 발탁되었다. 당(唐)의 문장이 서유체(徐庾體)576의 여풍을 계승하여 천하 사람들이 받들었는데 진자앙이 처음으로 아정(雅正)하게 변화시켰다. 처음으로 〈감우시(感遇詩)〉를 지었는데 왕적(王適)577이 말하기를, "이 사람은 반드시 천하의 대문장가가 될 것이다"라고 하였다.

陳子昂擢蘭臺正字. 唐文章承徐庾餘風, 天下祖尙, 子昂始變雅正. 初爲感遇詩, 王適曰, 是必爲海內文宗.

배요경(裵耀卿)578의 약관의 나이[요경약관(耀卿弱冠)] 배요경은 불과 몇 살의 나이에 글을 지을 줄 알았다. 동자과(童子科)에 응시하여 약관에 비서정자(秘書正字)에 제수되었다.

裵耀卿數歲解屬文. 應童子擧, 弱冠拜秘書正字.

'붕(朋)'자가 아직 바로잡아지지 않다.[붕자미정(朋字未正)] 유안(劉晏)579이 비서정자(秘書正字)가 되었는데 막 열 살이었다. 황제가 궁중에 불러들이

565.《구당서(舊唐書)·충의열전(忠義列傳)》

566. 경파(敬播): 당(唐) 하동(河東) 출신으로《수사(隋史)》편찬에 참여하였고 저작좌랑(著作佐郎), 태자사의랑(太子司議郎) 등을 역임하였다.

567. 주필산(駐蹕山): 요녕성(遼寧省) 요양시(遼陽市) 남서쪽에 있다.

568.《신당서(新唐書)·유학열전(儒學列傳)》

569. 소영사(蕭穎士): 당(唐) 영천(潁川) 출신으로 자가 무정(茂挺)이다. 사관대제(史館待制), 하남참군(河南參軍) 등을 역임하였다.

570. 천보(天寶): 당(唐) 현종(玄宗)의 연호(742-756)이다.

571. 배요경(裴耀卿): 당(唐) 강주(絳州) 출신으로 자가 환지(煥之)이다. 지방관으로 있으면서 좋은 다스림을 폈고 동중서문하평장사(同中書門下平章事)를 역임하였다.

572. 석예(席豫): 당(唐) 양양(襄陽) 출신으로 자가 건후(建侯)이다. 이부시랑(吏部侍郎), 예부상서(禮部尙書) 등을 역임하였다.

573. 위술(韋述): 당(唐) 경조(京兆) 출신으로 위경준(韋景駿)의 아들이다. 국자사업(國子司業), 공부상서(工部尙書) 등을 역임하였다.

574.《신당서(新唐書)·문예열전(文藝列傳)》

575. 진자앙(陳子昂): 당(唐) 재주(梓州) 출신으로 자가 백옥(伯玉)이다. 난대정자(蘭臺正字), 우습유(右拾遺) 등을 역임하였다.

576. 서유체(徐庾體): 남조(南朝) 양(梁) 서이(徐摛)·서릉(徐陵) 부자와 유견오(庾肩吾)·유신(庾信) 부자의 화려한 시문체를 가리킨다.

577. 왕적(王適): 당(唐) 유주(幽州) 출신으로 옹주사공참군(雍州司功參軍)을 역임하였다.

578. 배요경(裵耀卿): 당(唐) 강주(絳州) 출신으로 자가 환지(煥之)이다. 경조윤(京兆尹), 시중(侍中), 우복야(右僕射) 등을 역임하였다.

579. 유안(劉晏): 당(唐) 조주(曹州) 출신으로 자가 사안(士安)이다. 이부상서(吏部尙書), 동평장사(同平章事) 등을 역임하였다.

자 귀비(貴妃)가 무릎 위에 앉히고 그에게 분대(粉黛)를 발라 주었다. 황제가 묻기를, "[정자(正字)는] 몇 글자를 바로잡았는가?"라고 하자 대답하기를, "다른 글자는 모두 바릅니다. 다만 붕당의 '붕(朋)'자만이 아직 바로잡아지지 않았습니다"라고 하였다.[580]

劉晏爲秘書正字, 方十歲. 上召入禁中, 貴妃置於膝上, 爲施粉黛. 上問曰, 正得幾字? 對曰, 餘字皆正. 惟朋字未正.[581]

면전에서 시부(詩賦)를 시험하다.[면시시부(面試詩賦)] 안수(晏殊)[582]가 나이 열셋일 때 진종(眞宗)이 면전에서 시부(詩賦)를 시험하였는데, 그가 미리 구상했을까를 의심하여 다음날 다시 시험을 보았지만 문채가 더욱 아름다웠다. 황제가 크게 기특하게 여기고 즉시 비서정자(秘書正字)에 제수하고 용도각(龍圖閣)에서 독서하도록 하였다.

晏殊年十三, 眞宗面試詩賦, 疑其宿搆, 明日再試, 文采愈美. 上大奇之, 卽除秘書正字, 令於龍圖閣讀書.[583]

문자는 나면서부터 알다.[문자생지(文字生知)] 양억(楊億)[584]이 동자로 부름 받아 시부(詩賦)를 시험받았는데, 붓을 대는 즉시 완성하자 태종(太宗)[585]이 비서정자(秘書正字)로 삼고 이르기를, "너는 바야흐로 어린 나이에 번거롭게 스승의 가르침도 받지 않았으니, 정신은 신이 도운 것이고 문자는 나면서부터 아는 것이로다. 준마[월영(越影)[586]·절진(絶塵)[587]]가 하루에 천 리를 달리듯이, 나는 너에게 기대하는 바가 있도다"라고 하였다.

楊億以童子召試詩賦, 下筆立成, 太宗以爲秘書正字, 曰汝方髫齡, 不煩師訓, 精爽神助, 文字生知. 越景絶塵, 一日千里, 予有望於汝也.[588]

시종(侍從)[589]들이 함께 추천하다.[시종합천(侍從合薦)] 진사도(陳師道)[590]는 자가 무기(無己)이고 호가 후산거사(後山居士)이다. 젊어서 시를 좋아하였는데 한번 황정견(黃庭堅)[예장(豫章)[591]]을 만나고는 자신의 원고를 모두 태우고 그에게서 배웠다. 원우(元祐)[592] 연간에 시종들이 함께 조정에 추천하여 서주교수(徐州敎授)에 임용되었고 영주(穎州)로 옮겼다. 소성(紹聖)[593] 연간에, 등용이 과거급제가 아니라는 이유로 파직되었으나 얼마 후 부름 받아 비서정자(秘書正字)가 되었다.

陳師道, 字無己, 號後山居士. 少好詩, 一見豫章, 盡焚其藁而學焉. 元祐中侍從合薦于朝, 起爲徐州敎授, 改穎州. 紹聖中以進非科第罷, 尋召爲秘書正字.[594]

---

580. 붕당이 계속되는 것을 풍자한 말이다.
581. 《명황잡록(明皇雜錄)·권상(卷上)》
582. 안수(晏殊): 송(宋)의 사인(詞人)이다. 임천(臨川) 출신으로 자가 동숙(同叔)이다. 추밀사(樞密使)를 역임하였으며 범중엄(范仲淹), 구양수(歐陽修) 등이 그의 문하에서 나왔다.
583. 《송명신언행록(宋名臣言行錄)·전집(前集)》
584. 양억(楊億): 송(宋) 건주(建州) 출신으로 자가 대년(大年)이다. 비서정자(秘書正字), 한림학사(翰林學士), 공부시랑겸사관수찬(工部侍郎兼史館修撰) 등을 역임하였다.
585. 태종(太宗): 송(宋) 제2대 황제로 재위 기간은 976-997년이다.
586. 월영(越影): 준마(駿馬)의 이름이다.
587. 절진(絶塵): 역시 준마의 이름이다.
588. 《송사(宋史)·양억전(楊億傳)》
589. 시종(侍從): 송대(宋代) 한림학사(翰林學士), 급사중(給事中), 6상서(尙書), 시랑(侍郎) 등의 합칭이다.
590. 진사도(陳師道): 송(宋) 서주(徐州) 출신의 정치가이자 문학가로 자가 무기(無己)이다. 태학박사(太學博士), 비서성정자(秘書省正字) 등을 역임하였다.
591. 예장(豫章): 송(宋) 황정견(黃庭堅)의 별칭이다. 황정견이 예장군(豫章郡)이 있는 강서(江西) 출신이라서 붙여진 것이다.
592. 원우(元祐): 송(宋) 철종(哲宗)의 연호(1086-1093)이다.
593. 소성(紹聖): 송(宋) 철종(哲宗)의 연호(1094-1097)이다.

부름 받아 시험을 보고 특별히 임명되다.[소시특명(召試特命)] 한구(韓駒)[595]는 자가 자창(子蒼)인데 시명(詩名)이 있었다. 정화(政和)[596] 초엽에 대궐에 나아가 글을 올렸고 부름 받아 중서성(中書省)에서 시험을 보고 특별히 비서정자(秘書正字)로 제수되었다. 말하는 자들이 그의 등용이 과거를 통하지 않았다고 따져서 관고(筦庫)[597]로 좌천되었다.

韓駒, 字子蒼, 有詩名. 政和初詣闕上書, 召試中書, 特除秘書正字. 言者論其進不由科第, 謫爲筦庫.[598]

글에 기염(氣焰)이 있다.[문유기염(文有氣燄)]

석실(石悉)[599]은 자가 민약(敏若)이다. 정화(政和) 초엽에 굉사과(宏詞科)[600]에 합격하여 관직을 제수받았다. 사륙문(四六文)은 기염(氣焰)이 있었고 기괴함을 힘썼으며 시를 지은 것이 청일(淸逸)하였다. 《귤림집(橘林集)》 10권이 있다.

石悉, 字敏若. 政和初試中宏詞, 除官職. 四六之文有氣焰而務奇怪, 爲詩淸逸. 有橘林集十卷.[601]

유엄(劉弇)[602]은 자가 위명(偉明)이다. 유학(儒學)으로 과거에 응시하여 관직(館職)에 발탁되었다. 문장이 석민약(石敏若)과 비슷하였지만 자못 넉넉하여 기괴하지 않았다.

劉弇, 字偉明. 儒學決科擢館職, 文詞似石敏若而頗富贍, 不奇怪.[603]

학사 學士[604]

- 북쪽에 있는 한림원(翰林院)의 위치는 특히 (왕의 거처와) 아주 가까웠다. 좌측으로는 침전(寢殿)[605]과 접해 있고 우측으로는 붉은 칠을 한 누각을 올려다본다. 새벽에는 조정[쇄달(瑣闥)[606]]으로 달려가고 저녁에는 엄중한 호위 속에 잔다.

  北院之置, 尤爲切近. 左接寢殿, 右瞻彤樓. 晨超瑣闥, 夕宿嚴衛.[607]
- 금박을 입힌 재갈에 황실 마구간의 준마를 얻었고, 출입에 내사(內司)[608]의 안내가 있다. 풍성한 요리와 정갈한 음식은 태관(大官)[609]에게서 공급이 맞춰지고, 침구와 의복·거마는 궁중의 창고에서 제공된다.

  鏐鑣得御廏之駿, 出入有內司之導. 豐肴潔饍, 取給大官, 衾裯服御, 資於中庫.[610]
- 예우는 두텁고 하사함은 풍부하니 큰 계책을 발휘

594. 《고금사문유취유집(古今事文類聚遺集)·사감부유(寺監部遺)》
595. 한구(韓駒): 송(宋) 선정감(仙井監) 출신으로 자가 자창(子蒼)이다. 저작랑(著作郎)을 역임하였다.
596. 정화(政和): 송(宋) 휘종(徽宗)의 연호(1111-1117)이다.
597. 관고(筦庫): 창고를 관리하는 하급관리이다. 관(筦)은 관(管)과 통한다.
598. 《기찬연해(記纂淵海)·직관부(職官部)》
599. 석실(石悉): 내력이 자세하지 않다.
600. 굉사과(宏詞科): 제과(制科) 명칭의 하나로 임시로 시행하던 시험과목이다.
601. 《고금사문유취유집(古今事文類聚遺集)·사감부유(寺監部遺)》
602. 유엄(劉弇): 송(宋) 안복(安福) 출신으로 자가 위명(偉明)이다. 태학박사(太學博士)를 역임하였다.
603. 《고금사문유취유집(古今事文類聚遺集)·사감부유(寺監部遺)》
604. 학사(學士): 위진(魏晋) 이후 문학과 찬술(撰述)의 일을 맡아보던 벼슬이다. 보통 한림원학사(翰林院學士)를 가리킨다.
605. 침전(寢殿): 황제의 침실이 있는 궁전을 가리킨다.
606. 쇄달(瑣闥): 고리 모양을 아로새긴 궁궐의 문이라는 뜻에서 조정을 가리킨다.
607. 《고금사문유취신집(古今事文類聚新集)·제원부(諸院部)》
608. 내사(內司): 제왕부(諸王府)의 속관이다.
609. 태관(大官): 천자의 음식을 담당한 관리이다.
610. 《직관분기(職官分紀)·한림학사원(翰林學士院)》

하여 황제의 명령에 문채를 가한다. 한 조각의 죽간과 한 편의 글로 사람과 귀신을 감동시킬 수 있다.

禮遇優渥, 賜與繁縟, 發揮大猷, 藻繪上命. 隻簡片削, 可以動乎人神.[611]

- 한림원(翰林院)에 있는 이들은 모두 능옥(凌玉)[612]이라고 하였다. 고결하게 하늘에 오르니 어찌 영주(瀛洲)에 오르는 것에서 그치겠는가.

  居翰苑者, 皆謂凌玉. 淸遡紫霄, 豈止於發[613]瀛洲哉.[614]

- 조정에서 받들어 모시는 반열에서 으뜸이 되고, 학자로서 만나게 되는 성대함에서 최고가 된다.

  冠內朝供奉之班, 極儒者遭逢之盛.[615]

- 궁중 마구간의 말이 그의 수고를 대신하고, 궁중 주방의 요리사가 그의 음식을 제공한다.

  中廏之馬代其勞, 內廚之膳給其食.[616]

- 다만 문필의 직책일 뿐 아니라, 바로 장군과 재상의 후보로다.

  非徒翰墨之選, 乃是將相之儲.[617]

당시에 내상(內相)이라고 부르다.[시호내상(時號內相)] 육지(陸贄)[618]가 한림원(翰林院)에 들어갔을 때 나이가 아직 어렸으나 재능으로 총애를 받았다. 천자는 항상 항렬(行列)로 불렀고 이름을 쓰지 않았으니, 당시에 내상(內相)이라고 일컬어졌다.

陸贄入翰林, 年尙少, 以材幸. 天子常以輩行呼, 不以名, 時號內相.[619]

친히 골라 홀(笏)을 하사하다.[친택사홀(親擇賜笏)] 이강(李絳)[620]이 처음에 한림원에 들어가자 헌종(憲宗)[621]이 친히 홀(笏)을 골라서 하사하였다.

李絳初入院, 憲宗親擇笏以賜之.[622]

한 조각 얼음[일조빙(一條氷)[623]] 진팽년(陳彭年)[624]이 여러 직책을 겸임했는데 모두 문필 관련의 청정하고 비밀스런 것이었다. 사람들이 그의 직함을 보고 '한 조각 얼음[일조빙(一條氷)]'이라고 하였다.

陳彭年兼數職, 皆文翰淸秘. 人見其官御,[625] 謂爲一條氷.[626]

사례금을 받지 않다.[불수사금(不受謝金)] 노수(路隨)[627]가 한림학사(翰林學士)가 되었는데, 황금과 비단으로 제제(除制)[628]에 대해 감사하는 자가 있으면 반드시 꾸짖어 보내면서 말하기를, "내가 공적

611. 《직관분기(職官分紀)·한림학사원(翰林學士院)》
612. 능옥(凌玉): '옥당(玉堂)에 오른 이'의 뜻이다.
613. '發'은 《한림지(翰林志)》에는 '登'으로 되어 있다.
614. 당(唐) 이조(李肇), 《한림지(翰林志)》
615. 《고금사문유취신집(古今事文類聚新集)·제원부(諸院部)》
616. 《백향산시집(白香山詩集)·본전(本傳)》
617. 소식(蘇軾), 〈재사선소입원표(再謝宣召入院表)〉
618. 육지(陸贄): 당(唐) 소주(蘇州) 출신으로 자가 경여(敬輿)이다. 한림학사(翰林學士), 동중서문하평장사(同中書門下平章事) 등을 역임하였다. 덕종(德宗) 때의 명상(名相)으로 주의(奏議)에 뛰어났다.
619. 《신당서(新唐書)·육지전(陸贄傳)》
620. 이강(李絳): 당(唐) 적(鄐) 출신으로 자가 문기(文紀)이다. 감찰어사(監察御使), 한림학사(翰林學士) 등의 벼슬을 역임하면서 적절한 시책(時策)를 건의하고 기무(機務)를 보좌하였다.
621. 헌종(憲宗): 당(唐) 제13대 황제로 재위 기간은 806-820년이다.
622. 《고금사문유취신집(古今事文類聚新集)·제원부(諸院部)》
623. 일조빙(一條氷): 청환직(淸宦職)을 비유하는 말이다.
624. 진팽년(陳彭年): 송(宋) 건창군(建昌軍) 출신으로 자가 영년(永年)이다. 참지정사(參知政事), 의위부사(儀衛副使) 등을 역임하였다.
625. 《유원총보》의 '御'는 '銜'의 오자이다.[《고금사문유취신집(古今事文類聚新集)·제원부(諸院部)》]
626. 《고금사문유취신집(古今事文類聚新集)·제원부(諸院部)》
627. 노수(路隨): 당(唐) 양평(陽平) 출신으로 자가 남식(南式)이다. 좌보궐(左補闕), 중서시랑(中書侍郎) 등을 역임하였다.

인 일로 사사로운 재물을 받겠는가"라고 하였다.

路隨爲翰林學士, 有以金帛謝除制者, 必叱而去之, 曰吾以公事, 接私財邪.[629]

조서(詔書)[초마(草麻)[630]]에 사례하는 일[윤필(潤筆)[631]]은 당대(唐代)부터 있었다. 정역(鄭譯)[632]이 융주자사(隆州刺史)에서 작위를 회복할 때에 이덕림(李德林)[633]이 조서를 만들었는데 고경(高熲)[634]이 농담하기를, "붓의 끝이 말랐습니다"라고 하자 정역이 말하기를, "지방관으로 나가 있다가 지팡이 짚고 돌아와 한 푼도 얻지 못하였으니 어떻게 사례하겠습니까?"라고 하였다.

草麻潤筆, 自唐有之. 鄭譯自隆州刺史復爵, 李德林作詔, 高宗[635]戲之曰, 筆頭乾. 譯曰, 出爲方伯, 杖策而歸, 不得一錢, 何以潤筆.[636]

홰나무 청사[괴청(槐廳)] 학사원(學士院)의 세 번째 건물에 큰 홰나무 한 그루가 있어 평소에 '괴청(槐廳)'으로 불렸다. 예로부터 전해지는 말에 이 건물에 머무는 자는 재상으로 들어가게 되는 경우가 많았다고 한다.

學士院第三間閣子有一巨槐, 素號槐廳. 舊傳, 居此閣者, 多至入相.[637]

홀수 날에 마지(麻紙)를 내리다.[척일강마(隻日降麻)] 한림원(翰林院)에 조서(詔書) 작성이 들어와 제수(除授)가 있을 때를 만나면, 짝수 날에 한림원의 문을 잠그고[쇄원(鎖院)[638]] 홀수 날에 조서를 내린다[강마(降麻)[639]].

翰林撰述進入, 遇有除拜, 以雙日鎖院, 隻日降麻.[640]

인간 세상의 선경[인세선경(人世僊境)] 옥당(玉堂)의 동서 벽면은 가로세로로 여러 길[장(丈)]의 길이에 모두 물을 그려 펼쳐 놓았는데 풍랑이 넘실대는 것은 영주(瀛洲)의 모습을 본뜬 것이다. 긴 대나무와 흰 학을 모두 낭하에 그려 놓고 기이한 꽃과 특이한 나무를 건물의 섬돌에 줄지어 심는다. 항상 밖의 소란함이 그쳐 고요해지고 궁 안의 일이 이르지 않으며, 바람이 궁중의 물시계 소리를 전하고 달빛이 뜰에 가득하니 진실로 인간 세상의 선경이로다.

玉堂東西壁, 延袤數丈, 悉畫水以布之, 風濤浩渺, 擬瀛洲之象也. 修篁皓鶴, 悉圖廊廡, 奇花異木, 羅植軒砌. 每外喧已寂, 內務不至, 風傳禁漏, 月色滿庭, 眞人世之仙境也.[641]

---

628. 제제(除制): 관직을 제수하는 조령, 또는 조령을 짓는 일을 가리킨다.
629. 《구당서(舊唐書)·노수전(路隨傳)》
630. 초마(草麻): 조서의 초안을 가리킨다. 당송대에 황마지(黃麻紙)에 조서를 쓴 데에서 비롯된 말이다.
631. 윤필(潤筆): 시문(詩文)이나 서화(書畵)에 대한 보수를 가리킨다. 당송대에 사령장을 쓴 한림원(翰林院)의 관리에게 관례적으로 선물을 한 데에서 비롯된 말이다.
632. 정역(鄭譯): 수(隋) 형양(滎陽) 출신으로 자가 정의(正義)이다. 북주(北周)에서 급사중(給事中), 내사상대부(內史上大夫) 등을 역임하였다.
633. 이덕림(李德林): 수(隋) 안평(安平) 출신으로 자가 공보(公輔)이다. 북주(北周)에서 내사상사(內史上士), 수(隋)에서 내사령(內史令) 등을 역임하였다.
634. 고경(高熲): 수(隋) 발해(渤海) 출신으로 자가 소현(昭玄)이다. 상서좌복야(尙書左僕射), 태상경(太常卿) 등을 역임하였다.
635. 《유원총보》의 '高宗'은 '高熲'의 오류이다.[《직관분기(職官分紀)·한림학사원(翰林學士院)》]
636. 《직관분기(職官分紀)·한림학사원(翰林學士院)》에는, "鄭譯, 隋文時, 自隆州刺史, 復國公爵. 令李德林作詔, 高熲戲之曰, 筆頭乾. 譯答曰, 出爲方伯, 策杖而歸, 不得一錢, 何以潤筆"로 되어 있다.
637. 《고금사문유취신집(古今事文類聚新集)·제원부(諸院部)》
638. 쇄원(鎖院): 송대(宋代)에 한림원에서 조서를 초안할 때 기밀을 위하여 문을 잠그던 것을 가리킨다. 나아가 한림원을 이르는 말로 쓰인다.
639. 강마(降麻): 당송대에 장군이나 재상을 임면(任免)할 때 황색과 백색의 마지(麻紙)에 조서를 써서 조정에서 선고하던 것을 가리킨다.
640. 《고금사문유취신집(古今事文類聚新集)·제원부(諸院部)》

귀신이 종의 줄을 흔들다. [신감령색(神撼鈴索)]
당대(唐代) 한림원에는 달아놓은 종이 있어 숙직에 대비하였는데, 급한 문서가 나가거나 들어올 때에는 모두 그것을 당겨서 소리쳐 부르는 것을 대신하였다. 장경(長慶)[642] 연간에 이덕유(李德裕)[643]가 학사(學士)가 되었는데 당시에 하북(河北)에서 군사를 동원하게 되자 밤새도록 종에서 소리가 나는 것이 마치 사람이 그 줄을 당기는 것 같았으나 살펴보면 사람이 없었다. 뒤에도 자주 이와 같았다.
唐翰林院有懸鈴, 以備夜直, 警急文書出入, 皆引之以代傳呼. 長慶中李德裕爲學士, 時河北用兵, 一夜鈴有聲, 如人引其索, 視之則無人. 後往往如此.[644]

까치가 해당목(海棠木)에 살다. [작서해당(鵲栖海棠)]
송대(宋代) 학사원(學士院)에 두 마리의 까치가 항상 해당목(海棠木) 위에 살았는데, 간혹 시끄럽게 울어 대면 반드시 큰 조령(詔令)이나 신하들을 부르는 일이 있었다. 그 때문에 그것을 '영작(靈鵲)'이라고 하였다.
宋學士院有雙鵲常栖於海棠上, 或鳴噪, 必有大詔令, 或宣召之事. 因謂之靈鵲.[645]

홀로 밀명(密命)을 받들다. [독승밀명(独承密命)]
한림원(翰林院)에는 관례로 학사(學士)를 둔 것이 6인 이내였고 나이가 많고 덕이 중후한 사람 1인으로 승지(承旨)를 삼았으니, 홀로 밀명(密命)을 받들기 때문이었다.
翰林院例置學士六人內, 年深德重者一人爲承旨, 所以獨承密命故也.[646]

태자를 책립하는 조서를 초안하다. [초립저제(草立儲制)] 순종(順宗)[647]이 풍금(風噤)[648]을 앓아 말을 할 수 없었는데 당시에 태자가 아직 책립되지 않았다. 우미인(牛美人)이 다른 뜻을 갖게 되면서 안팎이 술렁거리며 두려워하자 정인(鄭絪)[649]을 불러 태자를 책립하는 조서를 초안하도록 하였다. 정인이 붓을 잡고 즉시 "장자를 적통으로 세운다[입적이장(立嫡以長)]"라는 네 글자를 써서 무릎 꿇고 바쳤다. 이에 헌종(憲宗)[650]으로 정해졌으니 정인의 힘이었다.
順宗風噤, 不能言, 時太子未立. 牛美人有異志, 中外洶懼, 召鄭絪, 草立儲制. 絪搦管便書立嫡以長四字, 跪而上呈. 乃定憲宗, 絪之力也.[651]

재상 임명의 조서를 초안하지 않다. [불초상마(不草相麻)] 한악(韓偓)[652]이 승지(承旨)로 진급하였다. 재상 위이범(韋貽範)[653]이 모친상을 당하였는데 조서를 내려 복직하도록 하였다. 한악이 조서를 초안하는 것을 담당하게 되자 말하기를, "손목은 끊어질

641. 《어정연감유함(御定淵鑑類函)·설관부(設官部)》
642. 장경(長慶): 당(唐) 목종(穆宗)의 연호(821-824)이다.
643. 이덕유(李德裕): 당(唐) 말기의 정치가로 자가 문요(文饒)이다. 재상 이길보(李吉甫)의 아들로 병부상서(兵部尙書), 중서문하평장사(中書門下平章事) 등을 역임하였다.
644. 《신당서(新唐書)·오행지(五行志)》
645. 《고금사문유취신집(古今事文類聚新集)·제원부(諸院部)》
646. 《사물기원(事物紀原)·경적예문부(經籍藝文部)》
647. 순종(順宗): 당(唐) 제12대 황제로 재위 기간은 805-806년이다.
648. 풍금(風噤): 입이 벌어지지 않는 증상이다. 풍금(風禁)이라고도 한다.
649. 정인(鄭絪): 당(唐) 정주(鄭州) 출신으로 자가 문명(文明)이다. 문하시랑(門下侍郞), 태자태부(太子太傅) 등을 역임하였다.
650. 헌종(憲宗): 당(唐) 제13대 황제로 재위 기간은 806-820년이다.
651. 《신당서(新唐書)·정인전(鄭絪傳)》
652. 한악(韓偓): 당(唐) 경조(京兆) 출신으로 자가 치요(致堯)이다. 중서사인(中書舍人), 병부시랑(兵部侍郞), 한림학사승지(翰林學士承旨) 등을 역임하였다.
653. 위이범(韋貽範): 당대(唐代) 사람으로 자가 수헌(垂憲)이다. 공부시랑(工部侍郞), 동중서문하평장사(同中書門下平章事) 등을 역임하였다.

수 있지만 조서는 초안할 수 없습니다"라고 하였다.

韓渥[654]進承旨. 宰相韋貽範, 母喪, 詔還位. 渥當草制, 曰腕可斷, 麻不可草.[655]

기기(欹器)[656]의 경계를 아뢰다. [진의기계(進欹器戒)]

소이간(蘇易簡)[657]이 승지(承旨)일 때 궁중의 숙직을 하면서 물로 기기(欹器)를 시험해 보았다. 태종(太宗)이 이르기를, "듣건대 경이 완상한 것이 기기(欹器)가 아니었소?"라고 하자 소이간이 아뢰기를, "그렇습니다"라 하고서 이에 아뢰기를, "해는 정오가 되면 기울고 달은 차면 이지러지며, 그릇은 가득해지면 엎어지고 만물은 성대해지면 쇠퇴합니다. 바라건대 폐하께서는 이미 이루어진 일을 유지하고 지켜 나가심에 마지막을 염려하기를 처음처럼 하십시오"라고 하였다.

蘇易簡爲承旨, 當禁直, 以水試欹器. 太宗曰, 聞卿所玩, 非欹器耶? 易簡曰然. 乃進曰, 日中則昃, 月滿則虧, 器盈則覆, 物盛則衰. 願陛下持盈守成, 念終如始.[658]

소이간이 《속한림지(續翰林志)》 2권을 바치자, 태종(太宗)이 〈어제시(御製詩)〉 2장을 하사하였고 또 비백체(飛白體)[659]로 '옥당지서(玉堂之署)'라는 네 글자를 써서 하사하였다.

易簡獻續翰林志二卷, 太宗賜御詩二章, 又以飛白書玉堂之署四字, 以賜.[660]

소이간이 한림원에서 학사들을 모아 놓고 비백서(飛白書)와 두 가지 서체를 보여 주었다. 황제가 듣고 좋은 술을 하사하고 태관에게 음식을 준비해 주도록 하였다. 각각 칠언시를 짓는데, 재상과 참정(參政)[661]도 각기 시를 지었다. 황제가 이르기를, "짐이 몇 차례 소리 내어 읽어 보니 여러 학파의 성대함과 학사들의 존귀함을 알 수 있도다"라고 하였다.

易簡於本院會學士等, 觀飛白及二等書體. 上聞之, 賜上尊酒, 太官設饌. 各賦七言詩, 宰相參政亦各賦詩. 帝曰, 朕諷讀數四, 有以見儒墨之盛, 學士之貴也.[662]

태종(太宗)이 일찍이 밤중에 옥당에 행차하였는데, 소이간이 이미 잠자리에 들었다가 갑자기 일어나 촛불이 없어 의관을 갖추지 못하였다. 궁빈(宮嬪)이 창살 사이로 촛불을 안으로 밀어넣어 비추다가 창살에 불이 붙었다. 지금까지도 바꾸려고 하지 않으니 옥당의 한 가지 훌륭한 일화로 여겼기 때문이다.

太宗嘗夜幸玉堂, 易簡已寢遽起, 無燭具衣冠. 宮嬪自窓格引燭入, 照之, 格上有火燃. 至今不欲更易, 以爲玉堂一盛事.[663]

소이간이 황제가 하사한 두 수의 시를 돌에 새길 것을 청하자 황제가 해서(楷書)[진서(眞書)[664]]와 초서, 행서의 세 가지 서체를 써서 대조(待詔)[665]에게 명하여 돌에 새겨 소이간에게 하사하도록 하였다.

易簡請以御賜二詩刻石, 帝爲眞草行三體, 命待詔刻石以賜易簡.[666]

---

654. 《유원총보》의 '渥'은 '偓'의 오자이다.[《신당서(新唐書)·한악전(韓偓傳)》]
655. 《신당서(新唐書)·한악전(韓偓傳)》
656. 기기(欹器): 물이 적으면 기울고 적당하면 바로 서며 가득 차면 엎어지는 물그릇으로 군주가 옆에 두고 경계로 삼았다.
657. 소이간(蘇易簡): 당(唐) 재주(梓州) 출신으로 자가 태간(太簡)이다. 한림학사승지(翰林學士承旨), 참지정사(參知政事) 등을 역임하였다.
658. 《송사(宋史)·소이간전(蘇易簡傳)》
659. 비백체(飛白體): 동한(東漢) 채옹(蔡邕)이 만든 서체로, 획을 나는 듯이 써서 필획에 흰색이 드러나는 것이 그 특징이다.
660. 《송사(宋史)·소이간전(蘇易簡傳)》
661. 참정(參政): 참지정사(參知政事)의 준말로 송원(宋元) 시기에 둔 재상의 다음가는 관직이다.
662. 《고금사문유취신집(古今事文類聚新集)·제원부(諸院部)》
663. 《몽계필담(夢溪筆談)·고사(故事)》
664. 진서(眞書): 정서(正書)인 해서(楷書)를 가리킨다.
665. 대조(待詔): 황제에게 오는 표(表)나 소(疏)의 비답을 쓰는 일을 담당했던 벼슬 이름이다.

다섯 봉황이 나란히 날다.[오봉제비(五鳳齊飛)]

태종(太宗)[667] 시기에 가황중(賈黃中),[668] 송백(宋白),[669] 이지(李至),[670] 여몽정(呂蒙正),[671] 소이간 다섯 사람이 동시에 한림학사(翰林學士)에 제수되자 승지 호몽(扈蒙)[672]이 시를 지어 이르기를, "다섯 봉황이 나란히 날아 한림원에 들어왔네(五鳳齊飛入翰林)"라고 하였다. 그 뒤에 여몽정은 재상이 되고 가황중·이지·소이간은 참정(參政)이 되었으며, 송백은 상서(尙書)가 되었다.

太宗時賈黃中·宋白·李至·呂蒙正·蘇易簡五人, 同時拜翰林學士, 承旨扈蒙賦詩云, 五鳳齊飛入翰林. 其後呂爲相, 賈李蘇參政, 宋爲尙書.[673]

북문학사(北門學士) 유위지(劉褘之)[674]가 우홍문관직학사(右弘文館直學士)로 옮겼는데, 고종(高宗)은 은밀히 그에게 정사(政事)를 결정하는 데에 참여하게 하여 재상의 권한을 나누니 당시에 '북문학사(北門學士)'라고 칭해졌다. 유위지의 형인 의지(懿之)가 당시에 급사중(給事中)이 되어 형제가 함께 두 성(省)에 있게 되자 논의하는 자들이 아름답게 여겼다.

劉褘之遷右弘文館直學士, 高宗密與參決政事, 以分宰相權, 時稱北門學士. 褘之兄懿之, 時爲給事中, 兄弟幷居兩省, 論者美之.[675]

청전학사(靑錢學士)[676] 장작(張鷟)[677]은 문장이 (상품의) 청동(靑銅) 엽전과 같아 (상품의 청동전을) 만 번 골라도 만 번 적중하듯 하였으니 당시에 청전학사(靑錢學士)라고 하였다.

張鷟, 文詞猶靑銅錢, 萬選萬中, 時號靑錢學士.[678]

팔전학사(八甎學士) 북청(北廳)의 앞 계단에 꽃무늬의 벽돌길이 있어 겨울에는 해 그림자가 다섯 번째 벽돌을 지나는 것으로 출근하는 때를 삼았다. 이정(李程)[679]은 성품이 게을러 항상 (해 그림자가) 여덟 번째 벽돌을 지나야 비로소 오자 여러 사람들이 '팔전학사(八甎學士)'라고 불렀다.

北廳前階有花甎道, 冬中以日影過五甎, 爲直入之候. 李程性懶, 常過八甎乃至, 衆呼爲八甎學士.[680]

삼준(三俊)으로 칭해지다.[칭위삼준(稱爲三俊)]

당(唐) 이신(李紳)[681]은 시가(詩歌)를 잘하여 목종(穆宗)[682]이 불러서 학사로 삼았다. 이덕유(李德裕), 원진(元稹)[683]과 함께 금서(禁署)[684]에 있었는데 당

666.《고금사문유취신집(古今事文類聚新集)·제원부(諸院部)》

667. 태종(太宗): 송(宋) 제2대 황제로 재위 기간은 976-997년이다.

668. 가황중(賈黃中): 송(宋) 창주(滄州) 출신으로 자가 왜민(媧民)이다. 급사중(給事中), 참지정사(參知政事), 예부시랑겸비서감(禮部侍郎兼秘書監) 등을 역임하였다.

669. 송백(宋白): 송(宋) 대명(大名) 출신으로 자가 태소(太素)이다. 이부상서(吏部尙書)를 역임하였다.

670. 이지(李至): 송(宋) 진정(眞定) 출신으로 자가 언기(言幾)이다. 참지정사(參知政事), 공부상서(工部尙書) 등을 역임하였다.

671. 여몽정(呂蒙正): 송(宋) 하남(河南) 출신으로 자가 성공(聖功)이다. 이부상서(吏部尙書), 호부상서(戶部尙書), 평장사(平章事) 등을 역임하였는데 명상(名相)의 평이 있다.

672. 호몽(扈蒙): 송(宋) 안차(安次) 출신으로 자가 일용(日用)이다. 사관수찬(史館修撰)을 역임하였다.

673. 송(宋) 구양수(歐陽修),《귀전록(歸田錄)》

674. 유위지(劉褘之): 수당(隋唐) 시기 진릉(晉陵) 출신으로 자가 희미(希美)이다. 홍문관직학사(弘文館直學士), 검교중서시랑(檢校中書侍郎) 등을 역임하였다.

675.《신당서(新唐書)·유위지전(劉褘之傳)》

676. 청전학사(靑錢學士): 문재가 뛰어난 사람을 찬미하는 말이다.

677. 장작(張鷟): 당(唐) 육택(陸澤) 출신으로 자가 문성(文成)이다. 장안위(長安尉), 홍려승(鴻臚丞) 등을 역임하였다.

678.《구당서(舊唐書)·장작전(張鷟傳)》

679. 이정(李程): 당(唐) 농서(隴西) 출신으로 자가 표신(表臣)이다. 한림학사(翰林學士), 동도유수(東都留守) 등을 역임하였다.

680.《고금사문유취신집(古今事文類聚新集)·제원부(諸院部)》

681. 이신(李紳): 당(唐) 박주(亳州) 출신으로 자가 공수(公垂)이다. 우습유(右拾遺) 한림학사(翰林學士) 등을 역임하였다.

682. 목종(穆宗): 당(唐) 제14대 황제로 재위 기간은 821-824년이다.

시에 '삼준(三俊)'으로 칭해졌다.

唐李紳能歌詩, 穆宗召爲學士. 與李德裕·元稹同在禁署, 時稱三俊.[685]

그것을 '삼매(三昧)'라고 하다.[위지삼매(謂之三昧)] 학사들이 매번 근무를 마치고 문을 나서는 것을 '소삼매(小三昧)'라 하였고, 은대문(銀臺門)[686]을 나와 말에 오르는 것을 '대삼매(大三昧)'라 하였으니, 속박을 떠나 잠시 벗어난다는 말이다.

學士每下直出門, 謂之小三昧, 出銀臺門上馬, 謂之大三昧, 言去纏縛, 而暫解脫也.[687]

글짓기가 빨라 활을 쏘는 것 같다.[사속약사(辭速若射)] 육의(陸扆)[688]는 자가 상문(祥文)이다. 글의 구상이 빨라서 마치 활을 쏘고 물을 붓는 것 같아 동료들은 자신이 미치지 못한다고 여겼다. 소종(昭宗)[689]이 일찍이 금란전(金鑾殿)에서 부(賦)를 짓고 학사들에게 화작(和作)할 것을 명하자 육의가 먼저 완성하였다. 황제가 살펴보고 감탄하면서 그를 잡고 이르기를, "정원(貞元)[690] 시기에 육지(陸贄)와 오통현(吳通玄)[691] 형제가 궁중의 문서를 잘 지었는데, 이후로 끊어져 이어지지 않았다. 이제 내가 경을 얻었으니 사문(斯文)이 실추되지 않게 되었다"라고 하였다.

陸扆, 字祥文. 文思敏速, 若射注然, 同寮自以爲不及. 昭宗嘗金鑾作賦, 命學士和, 扆先成. 帝覽而嗟, 挹之曰, 貞元時陸贄·吳通玄兄弟, 能作內廷文書, 後來絶不相繼. 今吾得卿, 斯文不墜矣.[692]

소종(昭宗)이 (육의를) 평장사(平章事)로 제수하였는데, 관례에 삼서(三署)[693]에서 제수되면 광서전(光署錢)[694]을 가지고 옛 동료들에게 잔치를 베풀었다. 내서(內署)[695]에서는 바로 이런 예가 없었는데, 육의가 재상에 제수된 달에 학사원(學士院)의 광원전(光院錢)[696] 500관(貫)을 보내 특별히 새로운 예를 거행하자 내서에서 영광으로 여겼다.

昭宗拜爲平章事, 故事三署除拜, 有光署錢以宴舊僚. 內署卽無斯例, 扆拜輔相之月, 送學士光院錢五百貫, 特擧新例, 內署榮之.[697]

글을 지우거나 고치는 일이 없다.[필무점찬(筆無點竄)] 두양능(杜讓能)[698]이 학사(學士)로 희종(僖宗)[699]을 따라 촉(蜀)에 있을 때 관동(關東)에서 군대를 동원하게 되자, 조서를 쓰는 일이 구름처럼 쌓였다. 두

683. 원진(元稹): 당대(唐代)의 시인으로 자가 미지(微之)이다. 백거이(白居易)와 함께 육조(六朝) 이래의 화려한 시풍을 버리고 평이한 시어를 써서 '원백체(元白體)'라는 시체(詩體)를 형성하였다.
684. 금서(禁署): 황제를 가까이에서 모시던 궁중의 관청을 가리킨다.
685. 《구당서(舊唐書)·이신전(李紳傳)》
686. 은대문(銀臺門): 궁문의 이름으로, 한림원(翰林院)이 부근에 있어 한림원의 별칭으로 쓰였다.
687. 당(唐) 이조(李肇), 《한림지(翰林志)》
688. 육의(陸扆): 당(唐) 소주(蘇州) 출신으로 자가 상문(祥文)이다. 한림학사(翰林學士)를 역임하였다.
689. 소종(昭宗): 당(唐) 제21대 황제로 재위 기간은 889-904년이다.
690. 정원(貞元): 당(唐) 덕종(德宗)의 연호(785-805)이다.
691. 오통현(吳通玄): 당(唐) 해주(海州) 출신으로 한림학사(翰林學士)를 역임하였다.
692. 《구당서(舊唐書)·육의전(陸扆傳)》
693. 삼서(三署): 학사원(學士院) 등의 세 관서를 이르는 듯하다.
694. 광서전(光署錢): 당대(唐代)에 삼서(三署) 출신이 재상이 되어 옛 동료들에게 잔치를 베풀던 돈이다.
695. 내서(內署): 한림원(翰林院)의 별칭이다.
696. 광원전(光院錢): 당대(唐代)에 학사원(學士院) 출신이 재상이 되어 옛 동료들에게 잔치를 베풀던 돈이다.
697. 《구당서(舊唐書)·육의전(陸扆傳)》
698. 두양능(杜讓能): 당대(唐代) 사람으로 자가 군의(羣懿)이다. 병부시랑(兵部侍郞), 동평장사(同平章事), 태위(太尉) 등을 역임하였다.
699. 희종(僖宗): 당(唐) 제20대 황제로 재위 기간은 873-888년이다.

양능은 글재주가 민첩하고 글을 지우거나 고치는 일이 없었으며 매번 일의 시기에 맞추었기 때문에 황제가 가상하게 여겼다.

杜讓能以學士從僖宗在蜀, 關東用兵, 書詔雲委. 讓能詞才敏速, 筆無點竄, 動中事機, 帝嘉之.[700]

글이 모두 매우 적절하다.[사개윤절(辭皆允切)]

당(唐) 유전(劉瑑)[701]은 자가 자전(子全)이다. 한림학사(翰林學士)에 발탁되었는데 당시에 선종(宣宗)[702]이 막 농(隴) 지역을 수복하여 처리할 일이 아주 많아 조서(詔書)가 수십 통이 되었으나 붓을 잡으면 바로 완성하였고 글이 모두 적절하였다.

唐劉瑑, 字子全. 擢翰林學士, 時宣宗始復隴, 裁處叢繁, 詔書數十, 捉筆遽成, 辭皆允切.[703]

성공과 실패를 편차한 연병(連屛)[704][성패연병(成敗連屛)] 이강(李絳)이 학사일 때 일찍이 환관들의 방자함과 지방관[방진(方鎭)[705]]들이 뇌물을 바치는 일을 극렬하게 논의한 적이 있었고, 또 군주와 신하들의 성공과 실패를 편차하여 연병(連屛)을 만들었다.

李絳爲學士, 嘗極論中官縱恣, 方鎭進獻之事, 又次君臣成敗, 爲連屛.[706]

목욕탕에서 불러 상대하다.[욕당소대(浴堂召對)]

유공권(柳公權)[707]이 학사일 때 매번 목욕탕에서 불러 면대하였는데 촛불을 이어서 밝히면서 밑동이 보여도 대화가 끝나지 않자 궁인(宮人)[708]이 촛농을 종이에 발라서 이었다.

柳公權爲學士, 每浴堂召對, 繼燭見跋, 語猶未盡, 宮人以蠟淚揉紙, 繼之.[709]

궁중에서 초안을 검토하다.[금중시초(禁中視草)]

당(唐) 지덕(至德)[710] 후기에 천자가 궁중으로 집현원(集賢院)의 학사들을 불러 조서를 초안할 때에 비록 천자가 쓴 것[신한(宸翰)[711]]이라도 역시 검토를 의뢰하였으니 그것을 일러 '시초(視草)'라고 하였다.

唐至德後天子召集賢學士於禁中, 草書詔, 雖宸翰所揮, 亦資其檢討, 謂之視草.[712]

발 안에서 글을 쓰다.[염내휘한(簾內揮翰)] 당(唐) 이길보(李吉甫)[713]가 배게(裴垍)[714]와 함께 근무하면서 배게는 이길보가 평장사(平章事)에 제수되는 조서를 초안 잡고 이길보는 무원형(武元衡)[715]의 조서를 초안 잡는데, 발을 내리고 글을 써서 두 사람은

700. 《구당서(舊唐書)·두양능전(杜讓能傳)》
701. 유전(劉瑑): 당(唐) 서주(徐州) 출신으로 자가 자전(子全)이다. 좌습유(左拾遺), 한림학사(翰林學士), 동중서문하평장사(同中書門下平章事) 등을 역임하였다.
702. 선종(宣宗): 당(唐) 제18대 황제로 재위 기간은 847-858년이다.
703. 《신당서(新唐書)·유전전(劉瑑傳)》
704. 연병(連屛): 병풍의 하나로 위병(圍屛)이라고도 한다.
705. 방진(方鎭): 한 지역을 진수(鎭守)하는 군사 장관을 가리킨다.
706. 《구당서(舊唐書)·이강전(李絳傳)》
707. 유공권(柳公權): 당(唐) 경조(京兆) 출신으로 자가 성현(誠懸)이다. 서예에 뛰어났으며 중서사인(中書舍人), 태자소사(太子少師) 등을 역임하였다.
708. 궁인(宮人): 황제의 일상생활에 관한 일을 맡은 벼슬 이름이다.
709. 《구당서(舊唐書)·유공권전(柳公權傳)》
710. 지덕(至德): 당(唐) 숙종(肅宗)의 연호(756-758)이다.
711. 신한(宸翰): 황제의 친필을 가리킨다.
712. 당(唐) 이조(李肇), 《한림지(翰林志)》
713. 이길보(李吉甫): 당대(唐代) 사람으로 자가 홍헌(弘憲)이다. 태상박사(太常博士), 동중서문하평장사(同中書門下平章事)를 역임하였다. 지리학자(地理學者)로 《원화군현도지(元和郡縣圖志)》를 편찬하였다.
714. 배게(裴垍): 당(唐) 강주(絳州) 출신으로 자가 홍중(弘中)이다. 중서시랑(中書侍郞), 동중서문하평장사(同中書門下平章事) 등을 역임하였다.
715. 무원형(武元衡): 당대(唐代) 사람으로 자가 백창(伯蒼)이다. 임회군공(臨淮郡公)에 봉해졌다.

서로 알지 못하였다. 배게가 조서의 마무리를 쓴 뒤에야 비로소 경하하니 재상[예절(禮絶)[716]]에 대한 공경이 좌중에서 생겨났다. 다음날이 되어 원중(院中)의 학사들이 은대문(銀臺門)까지 전송하였고 재상부의 관리들은 문 밖에서 기다렸으니 궁중 관청의 성대함이 이전에 없었던 것이었다.

唐李吉甫與裴垍同直, 垍草吉甫除平章制, 吉甫草武元衡制, 垂簾揮翰, 兩不相知. 垍書麻尾之後, 乃相慶賀, 禮絶之敬, 生於座中. 及明日, 院中學士送至銀臺門, 而相府官吏候於門外, 禁署之盛, 未之有也.[717]

황제를 모시는 자가 가마를 들고 가다.[시어대련(侍御擡輦)] 요숭(姚崇)[718]이 학사일 때 현종이 편전(便殿)에 있으면서 요숭과 시무(時務)를 논의하고 싶은 마음이 간절하였다. 7월 15일에 궂은비가 그치지 않아 진흙탕이 한 자에 차자 황제는 모시는 자에게 명하여 보련(步輦)[719]을 들고 가서 불러오도록 하니 안팎으로 영광으로 여겼다.

姚崇爲學士, 明皇在便殿, 甚思姚崇論時務. 七月十五日苦雨不止, 泥濘盈尺, 上令侍御者擡步輦召來, 中外榮之.[720]

고력사(高力士)[721]가 신발을 벗기다.[역사탈화(力士脫靴)] 이백(李白)이 도사 오균(吳筠)[722]과 섬현(剡縣)[723] 일대에서 은거할 때 현종이 오균을 불러 도성에 이르렀는데, 오균이 그를 추천하여 함께 한림원(翰林院)에서 대조(待詔)로 있었다. 현종이 악부체(樂府體)의 새로운 노래를 짓고자 하여 이백을 불렀는데 이미 술집에서 누워서 자고 있었다. 불러들여 물로 얼굴을 닦았으나 궁전 위에서 흠뻑 취한 채 발을 뻗어 고력사에게 명하여 신발을 벗기도록 하였다.

李白與道士吳筠隱於剡中, 玄宗詔筠赴京師, 筠薦之, 俱待詔翰林. 玄宗欲造樂府新詞, 召白, 已臥酒肆矣. 召入, 以水灑面, 沈醉殿上, 引足令力士脫靴.[724]

이백이 불려와 현종을 뵙자 칠보상(七寶床)으로 음식을 하사하고 황제가 직접 국에 간을 맞춰 그에게 먹도록 하였다. 그를 금란전(金鑾殿)에 머물면서 한림원 안에 출입하도록 하고 국정(國政)을 물었다.

李白召見明皇, 以七寶床賜食, 御手調羹, 以飯之. 置之金鑾殿, 出入翰林中, 問以國政.[725]

이백이 현종을 대좌하여 조서를 짓는데 이때 10월이라 매우 추워서 붓이 얼어 글을 쓸 수가 없자 황제가 궁녀 10인에게 명하여 이백의 옆에 서서 상아 붓을 잡고 입김을 불게 하였다.

李白對明皇, 撰詔誥, 時十月大寒, 筆凍莫能書, 帝敕宮妃十人侍白左右, 執牙筆呵之.[726]

산속 연못의 사적인 연회[곡연(曲宴)[727]][산지곡연

---

716. 예절(禮絶): 고귀함과 권세가 절대적이라는 뜻에서 재상(宰相)을 가리킨다.
717. 당(唐) 이조(李肇), 《한림지(翰林志)》
718. 요숭(姚崇): 당(唐) 협주(硤州) 출신으로 자가 원지(元之)이다. 현종 때의 재상으로, 송경(宋璟)과 함께 선정을 베풀어 '요송(姚宋)'이라고 병칭되었다.
719. 보련(步輦): 윗부분을 장식하지 않은 가마를 가리킨다.
720. 《고금사문유취신집(古今事文類聚新集)·제원부(諸院部)》
721. 고력사(高力士): 당(唐) 고주(高州) 출신으로 환관 고연복(高延福)의 양자이다. 역시 환관으로서 표기대장군(驃騎大將軍), 개부의동삼사(開府儀同三司) 등을 역임하였다.
722. 오균(吳筠): 당(唐) 화음(華陰) 출신으로 자가 정절(貞節)이다. 남양(南陽) 의제산(倚帝山)에 은거했던 은자이다.
723. 섬현(剡縣): 절강성(浙江省)에 있었던 현(縣)의 이름이다.
724. 《구당서(舊唐書)·문원전(文苑傳)》
725. 《고금사문유취신집(古今事文類聚新集)·제원부(諸院部)》
726. 《고금사문유취신집(古今事文類聚新集)·제원부(諸院部)》
727. 곡연(曲宴): 사적인 연회로, 주로 황제가 내원(內苑)에서 베푸는 작은 연회를 가리킨다.

(山池曲宴)] 선종(宣宗)이 평소에 선비들을 좋아하여 매번 산속의 연못에서 사적인 연회를 하면서 학사들과 시를 화작(和作)하였고 매번 공경(公卿)들이 지방 장관으로 나가게 되면 역시 시를 지어 전송하였다. 당시의 논의에, 대중(大中)[728]의 정치는 정관(貞觀)[729]의 풍모가 있다고 하였다.

宣宗雅好儒士, 每山池曲宴, 與學士屬和詩, 每公卿出鎭, 亦賦詩餞行. 時論以大中之政, 有貞觀風.[730]

연꽃 문양의 횃불을 하사하다.[사련화촉(賜蓮花燭)]

영호조공(令狐趙公)[731]이 대중(大中)[732] 초엽에 항상 편전에 부름 받아 대좌하였는데 밤이 깊어서야 비로소 끝나니, 금 연꽃 문양의 횃불을 하사하여 한림원으로 돌아가도록 전송하였다. 한림원의 아전 이하 사람들이 (황제의) 수레가 이르렀다고 말했다가 갑자기 학사가 귀원했다고 전하면서 놀라고 특이하게 여기지 않는 이가 없었다. 금 연꽃 문양의 횃불 자루는 황제만이 그것을 소유했기 때문이다.

令狐趙公, 大中初常便殿召對, 夜久方罷, 宣賜金蓮花燭, 送歸院. 院吏以下謂是駕來, 俄傳學士歸院, 莫不驚異. 金蓮燭柄耳, 至尊方有之.[733]

연의(燕衣)[734]로 편전에 앉아 있다.[연의편전(燕衣便殿)] 왕증(王曾)[735]이 한림학사(翰林學士)일 때에 당직하는 날 진종(眞宗)이 처음으로 그를 불렀다. 연의(燕衣)로 편전에 앉아 이르기를, "경을 보고자 하는 마음이 간절하여 그 때문에 조복(朝服)을 갖추지 못했으니 짐이 근신(近臣)에게 함부로 한다고 하지 마시오"라고 하였다.

王曾爲翰林學士, 直日眞宗首召之. 燕衣坐便殿, 謂曰, 渴欲見卿, 因不及朝服, 無謂朕嫚近臣.[736]

촉힐포(蜀襭袍)[737]로 덮어 주다.[부이힐포(覆以襭袍)]

당(唐) 위수(韋綬)[738]는 덕종(德宗)[739] 시기에 한림학사(翰林學士)가 되었는데 기밀의 정사에 참여하는 일이 많았다. 황제가 일찍이 한림원에 행차하였는데 위비(韋妃)[740]가 시종하였다. 마침 위수가 막 잠들어 있었는데 그때 매우 춥자 위비의 촉힐포로 덮어 주고 떠났으니 그 대우가 이와 같았다.

唐韋綬, 德宗時爲翰林學士, 密政多所參逮. 帝嘗幸其院, 韋妃從. 會綬方寢, 時大寒, 以妃蜀襭袍覆以去, 其待遇如此.[741]

겨울옷을 하사하다.[사이한의(賜以寒衣)] 덕종(德宗)이 금란원(金鑾院)에 행차하여 학사 정여경(鄭餘慶)[742]에게 묻기를, "근래에 옷이 있는가?"라고 하였

---

728. 대중(大中): 당(唐) 선종(宣宗)의 연호(847-859)이다.
729. 정관(貞觀): 당(唐) 태종(太宗)의 연호(627-649)이다.
730. 《구당서(舊唐書)·선종본기(宣宗本紀)》
731. 영호조공(令狐趙公): 당(唐) 경조(京兆) 출신 영호도(令狐綯)로 자가 자직(子直)이다. 한림학사(翰林學士), 동중서문하평장사(同中書門下平章事) 등을 역임하였다.
732. 대중(大中): 당(唐) 선종(宣宗)의 연호(847-859)이다.
733. 《신당서(新唐書)·영호도전(令狐綯傳)》
734. 연의(燕衣): 평상복이다.
735. 왕증(王曾): 송(宋) 인종(仁宗) 연간의 정치가로 자가 효선(孝先)이다. 참지정사(參知政事), 동중서문하평장사(同中書門下平章事) 등을 역임하였다. 봉호(封號)가 기국공(沂國公)이다.
736. 《송사(宋史)·왕증전(王曾傳)》
737. 촉힐포(蜀襭袍): 촉금(蜀錦)으로 만든 도포이다.
738. 위수(韋綬): 당(唐) 경조(京兆) 출신으로 자가 자장(子章)이다. 예부상서(禮部尙書), 검교호부상서(檢校戶部尙書) 등을 역임하였다.
739. 덕종(德宗): 당(唐) 제11대 황제로 재위 기간은 780-804년이다.
740. 위비(韋妃): 당(唐) 덕종(德宗)의 비(妃)이다.
741. 《신당서(新唐書)·위수전(韋綬傳)》
742. 정여경(鄭餘慶): 당(唐) 정주(鄭州) 출신으로 자가 거업(居業)이다. 중서시랑(中書侍郎), 동중서문하평장사(同中書門下

다. 정여경이 아뢰기를, "지난번에 옷을 내려 주셨으니 번거롭게 다시 지으실 필요가 없습니다"라고 하였다. 황제가 이르기를, "이것은 상례일 뿐이다"라 하고 마침내 특별히 비단 솜옷을 하사하여 겨울옷으로 하도록 하였다.

德宗幸金鑾院, 問學士鄭餘慶, 曰近有衣否. 餘慶云, 往時賜衣, 不煩更作. 上曰, 乃常例爾. 遂特賜繒纊, 令爲寒衣.[743]

글재주만을 전적으로 취하지 않다.[부전사예(不專辭藝)] 덕종이 단문창(段文昌)[744]과 장중소(張仲素)[745]를 학사로 삼자 위관지(韋貫之)[746]가, 학사는 자문의 역할을 갖추어야지 전적으로 글재주만을 취하면 안 된다고 여기고, 아뢰어서 그만두게 하였다.

德宗以段文昌·張仲仁[747]爲學士, 韋貫之以爲, 學士以備顧問, 不宜專取辭藝, 奏罷之.[748]

부자가 함께 임명되다.[부자병명(父子並命)] 조종유(趙宗儒)[749]의 부친은 조화(趙驊)[750]인데, 덕종이 그 가문을 높여 주고자 하여 같은 날에 함께 임명하도록 하였다.

趙宗儒父驊, 德宗欲寵其門, 使一日並命.[751]

조광봉(趙光逢)[752]이 한림학사(翰林學士)가 되었고 조광예(趙光裔)[753]가 지제고(知制誥)[754]가 되어, 형제가 마주하여 내외의 조명(詔命)을 맡으니 선비들이 부러워하였다.

趙光逢爲翰林學士, 光裔知制誥, 兄弟對掌內外命書, 士歆羨之.[755]

변방의 장수에게 내리는 조서를 초안하다.[초변장조(草邊將詔)] 봉오(封敖)[756]가 한림학사(翰林學士)가 되었는데 무종(武宗)이 매우 중시하였다. 일찍이 전장에서 부상당한 변방의 장수에게 내리는 조서를 초안했는데 경구(警句)가 되는 말에, "부상은 그대의 몸에 있지만 아픔은 내 몸에 있도다"라고 한 것이 있었다. 무종이 보고서 칭찬하면서 궁중의 비단을 하사하였다.

封敖爲翰林學士, 武宗深重之. 嘗草賜陣傷邊將詔, 警句曰, 傷居爾體, 痛在朕躬. 武宗覽而善之, 賜以

平章事), 태자소사(太子少師) 등을 역임하였다.

743. 《고금사문유취신집(古今事文類聚新集)·제원부(諸院部)》

744. 단문창(段文昌): 당(唐) 제주(齊州) 출신으로 자가 묵경(墨卿)이다. 동중서문하평장사(同中書門下平章事), 어사대부(御史大夫) 등을 역임하고 형남절도사(荊南節度使)가 되었는데 덕정으로 이름이 있었다.

745. 장중소(張仲素): 당(唐) 남양(南陽) 출신으로 자가 회지(繪之)이다. 한림학사(翰林學士), 중서사인(中書舍人) 등을 역임하였다.

746. 위관지(韋貫之): 당(唐) 경조(京兆) 출신으로 이름이 순(純)이고 관지(貫之)는 자이다. 예부시랑(禮部侍郎), 중서시랑(中書侍郎) 등을 역임하였다.

747. 《유원총보》의 '仁'은 '素'의 오자이다.[《신당서(新唐書)·위관지전(韋貫之傳)》]

748. 《신당서(新唐書)·위관지전(韋貫之傳)》

749. 조종유(趙宗儒): 당(唐) 등주(鄧州) 출신으로 자가 병문(秉文)이다. 동중서문하평장사(同中書門下平章事), 사공(司空) 등을 역임하였다.

750. 조화(趙驊): 당(唐) 등주(鄧州) 출신으로 자가 운경(雲卿)이다. 비서소감(秘書少監)을 역임하였다.

751. 《신당서(新唐書)·조종유전(趙宗儒傳)》

752. 조광봉(趙光逢): 당말오대(唐末五代) 경조(京兆) 출신으로 자가 연길(延吉)이다. 당(唐)에서 태상경(太常卿), 후량(後梁)에서 중서시랑(中書侍郎), 평장사(平章事) 등을 역임하였다.

753. 조광예(趙光裔): 당말오대(唐末五代) 경조(京兆) 출신으로 당(唐)에서 홍문관학사(弘文館學士), 지제고(知制誥), 남한(南漢)에서 문하시랑동평장사(門下侍郎同平章事) 등을 역임하였다.

754. 지제고(知制誥): 당송(唐宋) 시기에 조령을 작성하던 벼슬 이름이다.

755. 《신당서(新唐書)·조은전(趙隱傳)》

756. 봉오(封敖): 당(唐) 수(蓚) 출신으로 자가 석부(碩夫)이다. 평로흥원절도사(平盧興元節度使), 상서우복야(尙書右僕射) 등을 역임하였다.

宮錦.[757]

하수선(下水船)[758] 요계(姚洎)[759]가 학사일 때 후량(後梁) 태조가 배연유(裴延裕)[760]에 관해 물으면서, "그 사람이 문사(文思)가 민첩하다는 것을 잘 알고 있소"라고 하였다. 요계가 아뢰기를, "전에 한림원에 있을 때 하수선(下水船)이라고 불렸습니다"라고 하자 태조가 이르기를, "경은 그럼 상수선(上水船)이겠군"이라고 하니 요계가 매우 부끄러워하였다.

姚洎爲學士, 梁祖問及裴延裕曰, 頗知其人思敏. 洎曰, 向在翰林, 號下水船. 梁祖曰, 卿便是上水船也. 洎甚慚.[761]

경을 대신하여 윤색을 하겠다.[위경윤색(爲卿潤色)] 송(宋) 전약수(錢若水)[762]가 한림학사(翰林學士)일 때, 조서의 초안이 끝나 바치자 황제[763]가 웃으면서 이르기를, "짐이 경을 대신하여 윤색하고 싶은데 괜찮겠는가?"라고 하자 전약수가 머리를 조아리면서 사죄하였다. 이어서 붓을 들고 친히 몇 글자를 고치니, 허물을 자신에게 돌린 것이 매우 간절하여 더욱 정밀하고 적당하였다.

宋錢若水爲翰林學士, 草詔旣以進, 上笑曰, 朕欲爲卿潤色, 可乎? 若水頓首謝. 因命筆, 親竄數字, 引咎深切, 尤爲精當.[764]

글을 올릴 때에 연서(連署)[765]하다.[진상연서(進狀連署)] 당(唐) 최군(崔群)[766]이 한림학사(翰林學士)일 때, 항상 직언으로 시무(時務)를 바르게 논의하였다. 헌종(憲宗)이 가상하게 여겨 명을 내려 이르기를, "지금부터는 학사들이 글을 올릴 때에 최군의 연서를 나란히 취하여 함께 올리도록 하라"라고 하였다.

唐崔群爲翰林學士, 常以讜言正論於時. 憲宗嘉賞, 降宣旨云, 自今學士進狀, 竝取崔群連署, 方與進來.[767]

재상의 그릇이 있다.[유재상기(有宰相器)] 왕단(王旦)[768]이 한림학사(翰林學士)일 때에 안팎으로 모두가 재상의 그릇이 있다고 하였다. 일찍이 일을 아뢰고 궁전을 내려오는데 진종(眞宗)이 눈으로 전송하며 이르기를, "짐과 함께 태평성대를 이루는 것은 반드시 이 사람일 것이다"라고 하였다.

王旦爲翰林學士, 中外皆以爲有宰相器. 嘗奏事下殿, 眞宗目送之曰, 與朕致太平, 必斯人也.[769]

진정한 시종신(侍從臣)이로다.[진시종신(眞侍從臣)] 구양수(歐陽修)가 한림원에 있을 때 인종(仁宗)이 궁전의 춘첩자(春帖子)[770]를 보고 읽으면서 좋아하

---

757. 《신당서(新唐書) · 봉오전(封敖傳)》

758. 하수선(下水船): 물을 거슬러 올라가는 배라는 뜻의 '상수선(上水船)'과 대가 되는 말로 물의 흐름을 따라 내려가는 배라는 뜻에서 문사(文思)가 민첩함을 비유하는 말이다.

759. 요계(姚洎): 오대(五代) 시기 사람으로 당(唐)에서 한림학사(翰林學士), 후량(後梁)에서 병부상서(兵部尙書), 어사대부(御史大夫) 등을 역임하였다.

760. 배연유(裴延裕): 내력이 자세하지 않다.

761. 《고금사문유취신집(古今事文類聚新集) · 제원부(諸院部)》

762. 전약수(錢若水): 송(宋) 하남(河南) 출신으로 자가 담성(澹成)이다. 우간의대부동지추밀원사병대경략사(右諫議大夫同知樞密院使幷代經略使)를 역임하였다.

763. 송(宋) 제2대 황제인 태종(太宗)으로 재위 기간은 976-997년이다.

764. 《고금사문유취신집(古今事文類聚新集) · 제원부(諸院部)》

765. 연서(連署): 한 문서에 여러 사람이 잇따라 서명하여 공동으로 책임진다는 뜻을 밝히는 것이다.

766. 최군(崔群): 당(唐) 무성(武城) 출신으로 자가 돈시(敦詩)이다. 이부상서(吏部尙書)를 역임하였다.

767. 《구당서(舊唐書) · 최군전(崔群傳)》

768. 왕단(王旦): 송(宋) 대명(大名) 출신으로 자가 자명(子明)이다. 진종(眞宗) 때 명신(名臣)으로, 벼슬이 태보(太保)에 이르렀고 위국공(魏國公)에 봉해졌다.

769 《고금사문유취신집(古今事文類聚新集) · 제원부(諸院部)》

여 측근에게 물으니, "학사 구 아무개의 글입니다" 라고 하였다. 이에 궁중의 춘첩자를 모두 가져다가 살피면서 편마다 뜻이 있는 것을 보고 감탄하면서 이르기를, "붓을 들 때마다 바르게 간하는 것을 잊지 않으니 진정 시종신(侍從臣)이로다"라고 하였다.

歐陽修在翰林, 仁宗見御閣春帖子, 讀而愛之, 問左右, 曰學士歐某之文也. 乃悉取宮中帖子閱之, 見其篇篇有意, 歎曰, 擧筆不忘規諫, 眞侍從之臣也.[771]

'훌륭한 어른'이다.[위호장자(爲好長者)] 조형(晁迥)[772]은 자가 명원(明远)이다. 한림학사(翰林學士)로 옮겼는데 진종(眞宗)이 조형을 칭찬하여 '훌륭한 어른[호장자(好長者)]'이라고 하였다. 양억(楊億)이 일찍이 이르기를, "조형이 지은 조령(詔令)은 지나친 칭찬이 없어 대언(代言)[773]의 본질을 얻었다"라고 하였다.

晁迥, 字明远. 遷翰林學士, 眞宗稱迥爲好長者. 楊億嘗謂, 迥所作書命, 無過褒而得代言之體.[774]

옷을 하사한 시를 짓다.[작사의시(作賜衣詩)] 유공권(柳公權)[775]이 한림을 맡았는데, 황제가 미앙원(未央苑) 안에 행차하는 것을 따랐다. 황제가 이르기를, "나에게 한 가지 기쁜 일이 있소. 변방에 옷을 나눠주는 일을 오랫동안 제때에 하지 못했는데 금년에는 2월에 봄옷 나눠주는 일을 마쳤소"라고 하였다. 유공권이 나아가 경하를 드리자 황제가 이르기를, "경은 시로 나를 축하해 줄 수 있겠소?"라고 하자 궁인(宮人)들이 그가 읊어서 아뢰기를 재촉하였다. 유공권이 그 소리에 바로 호응하여 읊기를, "작년에 비록 전쟁이 없었으나 금년에도 돌아오지 못하네. 황은(皇恩)을 어떻게 보답하리오, 봄날에 봄옷을 받았으니(去歲虽无戰, 今年未得歸. 皇恩何以報, 春日得春衣)"라고 하니 황제가 기뻐하면서 한참 동안 감탄하였다.

柳公權充翰林, 從幸未央苑中. 上曰, 我有一喜事. 邊上衣賜, 久不及時, 今年二月給春衣訖. 公權前奉賀, 上曰, 卿可賀我以詩? 宮人迫其口進. 公權應聲曰, 去歲虽无戰, 今年未得歸. 皇恩何以報, 春日得春衣. 上悅, 歎賞久之.[776]

신선 가운데의 사람[신선중인(神仙中人)] 주인지(周麟之)[777]가 학사가 되었는데 풍채가 고상하고 행동이 중후하여, 서옥으로 장식한 관(冠)과 옥으로 된 죽순과 같아 멀리서 바라보는 자들이 신선 가운데의 한 사람인가 생각하였다.

周麟之爲學士, 姿儀灑落, 進止凝重, 班冠玉笋, 望之者意神仙中人.[778]

감천궁(甘泉宮)[779]의 시종신[감천종신(甘泉從臣)] 이전 조정(朝廷)에서는 한림학사(翰林學士)가 다른 부서를 겸임하지 않았기 때문에 봉록이 적었다. 양억(楊億)이 학사일 때에 지방관을 요구하는 글을 남겼는데 그 대략은, "헛되이 감천궁의 시종신에 올랐으나 한갓 약오(若敖)[780]씨의 굶주린 귀신이 되었구

---

770. 춘첩자(春帖子): 입춘에 대궐에 써 붙이던 주련(柱聯)을 가리킨다.

771. 《송명신언행록(宋名臣言行録)·후집(後集)》

772. 조형(晁迥): 송(宋) 청풍(淸豊) 출신으로 자가 명원(明遠)이다. 집현원학사(集賢院學士), 태자소보(太子少保) 등을 역임하였다.

773. 대언(代言): 제왕을 대신하여 조서를 작성하는 것을 말한다.

774. 《고금사문유취신집(古今事文類聚新集)·제원부(諸院部)》

775. 유공권(柳公權): 당(唐) 경조(京兆) 출신으로 자가 성현(誠懸)이다. 서예에 뛰어났으며 중서사인(中書舍人), 태자소사(太子少師) 등을 역임하였다.

776. 《구당서(舊唐書)·유공권전(柳公權傳)》

777. 주인지(周麟之): 송(宋) 태주(泰州) 출신으로 자가 무진(茂振)이다. 중서사인(中書舍人), 동지추밀원사(同知樞密院事) 등을 역임하였다.

778. 《고금사문유취신집(古今事文類聚新集)·제원부(諸院部)》

779. 감천궁(甘泉宮): 한(漢) 무제(武帝) 때의 궁 이름이다.

나"라는 것이었다. 그 후에야 비로소 다른 부서를 겸임할 수 있었다.

先朝翰林學士不領他局, 故俸薄. 楊億爲學士, 有乞郡表, 略曰, 虛忝甘泉之從臣, 徒作若敖之餓鬼. 自後乃得判他局.[781]

궁중의 명장[금중파목(禁中頗牧)] 필함(畢諴)[782]이 한림학사(翰林學士)일 때에 당항(党項)[783]의 강족(羌族)이 하서(河西)를 침범하였다. 선종(宣宗)이 학사들을 불러 면대하였는데, 필함이 강족을 격파할 정황을 논하자 황제가 이르기를, "명장[파목(頗牧)[784]]이 우리 궁중에 있을 줄을 기대하지 못했소"라 하고는 즉시 필함으로 하서를 지키게 하였다.

畢諴爲翰林學士, 党項羌擾河西. 宣宗召學士對, 諴論破羌之狀, 上曰, 不期頗牧在吾禁中, 卽用諴守河西.[785]

송조(宋朝)의 문정공(文定公) 이적(李迪)[786]이 학사일 때에 진종(眞宗)이 섬서(陜西)의 병사가 얼마인지를 묻자 대답하기를, "신이 전에 본도(本道)에 있을 때 작은 책자로 병사와 말, 식량과 건초의 수를 적어 놓고 징발에 대비하였습니다. 아직 휴대 주머니에 넣어 두고 있습니다"라고 하였다. 황제가 찾아 꺼내게 하고서 이르기를, "명장이 또 우리 궁중에 있을 줄을 생각하지 못했소"라고 하였다.

宋朝李文定公迪爲學士, 眞宗問陜西兵幾何, 對曰, 臣向在本道, 以小册書兵馬糧草之數, 以備調發. 猶置佩囊中. 帝令探取之, 曰不意頗牧復在吾禁中.[787]

세 번이나 금림(禁林)[788]에 들어가다.[삼입금림(三入禁林)] 유균(劉筠)[789]은 자가 자의(子儀)로 인종(仁宗)이 즉위하자 부름 받아 학사가 되었다. 유균은 경덕(景德)[790] 이래로 문필의 직책에 있으면서 양억(楊億)과 이름을 나란히 하여 당시에 '양유(楊劉)'라고 불렸는데 세 번이나 금림(禁林)에 들어갔다.

劉筠, 字子儀, 仁宗卽位, 召爲學士. 筠自景德以來居文翰之選, 與楊億齊名, 當時號爲楊劉, 三入禁林.[791]

노성한 선비로 머물게 하다.[이숙유처(以宿儒處)] 태조(太祖)[792]가 재상에게 이르기를, "심히 엄중한 곳은 마땅히 노성한 선비로 머물게 해야 하오"라고 하였다. 범질(范質)[793]이 대답하기를, "두의(竇儀)[794]가 청렴강직하고 중후합니다. 그러나 막 한림원(翰

---

780. 약오(若敖): 약오(若敖)씨의 후손인 초(楚)나라의 영윤(令尹) 자문(子文)이 조카가 반란을 일으켜 멸족될 것을 염려하여 죽어서도 제사도 받지 못할 것을 염려한 고사이다.
781. 《고금사문유취신집(古今事文類聚新集)·제원부(諸院部)》
782. 필함(畢諴): 당(唐) 운주(鄆州) 출신으로 자가 존지(存之)이다. 한림학사(翰林學士), 병부상서(兵部尙書) 등을 역임하였다.
783. 당항(党項): 부족 이름이다.
784. 파목(頗牧): 전국시대 조나라의 명장인 염파(廉頗)와 이목(李牧)으로, 명장을 일컫는다.
785. 《구당서(舊唐書)·필함전(畢諴傳)》
786. 이적(李迪): 송(宋) 복주(濮州) 출신으로 자가 복고(復古)이다. 집현전태학사(集賢殿太學士), 동평장사(同平章事) 등을 역임하였다.
787. 《고금사문유취신집(古今事文類聚新集)·제원부(諸院部)》
788. 금림(禁林): 한림원(翰林院)의 다른 이름이다.
789. 유균(劉筠): 송(宋) 대명(大明) 출신으로 자가 자의(子儀)이다. 비각교리(秘閣校理), 한림학사승지(翰林學士承旨) 등을 역임하였다.
790. 경덕(景德): 송(宋) 진종(眞宗)의 연호(1004-1007)이다.
791. 《송사(宋史)·유균전(劉筠傳)》
792. 태조(太祖): 송(宋) 초대 황제로 재위 기간은 960-975년이다.
793. 범질(范質): 송(宋) 대명(大名) 출신으로 자가 문소(文素)이다. 후주(後周) 세종(世宗) 때에 등제(登第)하여 송(宋) 태조(太祖) 때에 재상이 되었다.
794. 두의(竇儀): 송(宋) 계주(薊州) 출신으로 자가 가상(可象)이다. 예부상서(禮部尙書)를 역임하였다.

林院)에서 단명전(端明殿)[795]으로 옮겼습니다"라고 하자 황제가 이르기를, "궁중에서 이 사람이 아니면 안 되오"라고 하였다.

太祖謂宰相曰, 深嚴之地, 當以宿儒處之. 范質對曰, 竇儀淸介重厚. 然頃自翰林遷端明. 帝曰, 禁中非此人不可.[796]

조서를 살펴보고 매우 기뻐하다. [남조심열(覽詔甚悅)]

전약수(錢若水)가 학사일 때에 일찍이 조보충(趙保忠)[797]이라는 이름을 하사하는 조서를 썼는데 이르기를, "이계천(李繼遷)[798]을 베지 않아 교활한 토끼의 세 굴[교토삼혈(狡免三穴)[799]]을 남겨 놓았고, 몰래 한광사(韓光嗣)[800]를 의심하여 머뭇거리며 상황을 살폈구나[수서양단(首鼠兩端)[801]]"라고 하였다. 태종이 살펴보고 이르기를, "진정 나의 뜻을 말했구나"라고 하였다.

錢若水爲學士, 嘗草賜趙保忠詔云, 不斬繼遷, 存狡免之三穴, 潛疑光嗣, 持首鼠之兩端. 太宗覽之曰, 正道着我意.[802]

항상 여러 자식들에게 경계하다. [상계제자(常戒諸子)]

이방(李昉)[803]이 평소에 가슴이 두근거리는 병을 앓아 매번 몇 해에 한 번씩 발작하자 항상 여러 자식들에게 말하기를, "내가 30년 동안 고명(誥命)[804]을 맡아 수고롭게 일하고 근심스레 생각하다가 이 병을 초래했으니 너희는 마땅히 경계할 것이다"라고 하였다.

李昉素病心悸, 每數歲一發, 常語諸子曰, 我典誥命三十年, 勞役憂思而致是疾, 爾曹當戒之.[805]

그래서 늙은 종을 보고 탄식하다. [인탄노졸(因歎老卒)]

매순(梅詢)[806]이 한림학사(翰林學士)일 때 하루에 조서를 쓰는 것이 상당히 많아 구상하는 것이 심히 고통스러웠다. 종이[고(觚)[807]]를 밀쳐놓고 계단을 따라 걷다가 홀연 늙은 종을 만났는데 햇볕에 누워서 하품하고 기지개를 켜는 것이 매우 편안하였다. 매순이 홀연히 탄식하면서 "유쾌하겠다"라 하고는 차분하게 묻기를, "글자를 아는가?"라고 하니 "모릅니다"라고 하였다. 매순이 말하기를, "더더욱 유쾌하겠다"라고 하였다.

梅詢爲翰林學士, 一日書詔頗多, 搆思甚苦. 推觚循堦而行, 忽見老卒, 臥於日中, 欠伸甚適. 梅忽歎曰, 暢哉. 徐問之曰, 識字乎? 曰不識, 梅曰, 更快活也.[808]

걸어서 좌액문(左掖門)[809]으로 들어오다. [보입액

795. 단명전(端明殿): 오대(五代) 및 송대(宋代)에 두었던 궁전 이름이다.
796. 《송사(宋史)·두의전(竇儀傳)》
797. 조보충(趙保忠): 송(宋) 당항(黨項) 출신인 이계봉(李繼捧)이 하사받은 이름으로 창덕군절도사(彰德郡節度使)를 역임하였다.
798. 이계천(李繼遷): 송(宋) 당항(黨項) 출신으로 이계봉(李繼捧)의 조카이다. 하주자사(夏州刺史), 정난군절도사(定難軍節度使) 등을 역임하였다.
799. 교토삼혈(狡免三穴): 《전국책(戰國策)·제책(齊策)》에, "狡免有三窟, 僅得免其死耳. 今君有一窟, 未得高枕而臥也. 請爲君復鑿二窟"이라고 하였다.
800. 한광사(韓光嗣): 오대(五代) 유주(濰州) 출신으로 후당(後唐) 장종(莊宗) 시기에 비서소감(秘書少監)을 역임하였다.
801. 수서양단(首鼠兩端): 《사기(史記)·위기무안후열전(魏其武安侯列傳)》에, "與長孺共一老禿翁, 何爲首鼠兩端"이라고 하였다.
802. 《송사(宋史)·전약수전(錢若水傳)》
803. 이방(李昉): 송(宋) 초기의 대신(大臣)으로 자가 명원(明遠)이며 태종(太宗)의 칙명으로 《태평광기(太平廣記)》의 편집을 주도하였다.
804. 고명(誥命): 황제의 명령을 가리킨다.
805. 《고금사문유취신집(古今事文類聚新集)·제원부(諸院部)》
806. 매순(梅詢): 송(宋) 선주(宣州) 출신으로 자가 창언(昌言)이다. 한림시독학사(翰林侍讀學士), 급사중(給事中), 지심관원(知審官院) 등을 역임하였다.
807. 고(觚): 글자를 기록하는 데에 쓰는 나무쪽이라는 뜻에서 종이나 서찰을 가리킨다.

문(步入掖門)] 송대(宋代)에 선인(選人)[810]은 말을 타고 궁궐 문을 들어올 수 없었다. 천성(天聖)[811] 연간에 선인이 관직(館職)을 맡은 것은 구양수(歐陽修) 등으로부터 시작되었다. 당시에 '보행학사(步行學士)'라고 불렀는데 모두가 좌액문(左掖門)에서부터 말을 내려 걸어서 들어왔기 때문이다.

宋選人不得乘馬入宮門. 天聖中選人爲館職, 自歐陽修輩始. 時號步行學士, 皆自左掖門下馬步入.[812]

어대를 차는 것이 처음으로 하사되다.[패어시사(佩魚始賜)] 포종맹(蒲宗孟)[813]이 한림학사(翰林學士)일 때 신종(神宗)이 이르기를, "학사는 직책이 청렴하고 위치가 가까운데 관청에서의 예의가 높지 못하니 지금부터는 마땅히 어대(魚袋)[814]를 차도록 하시오"라고 하였다. 학사들이 어대를 차게 된 것이 포종맹으로부터 시작되었다.

蒲宗孟爲翰林, 神宗曰, 學士, 職淸地近, 而官儀未寵, 自今宜佩魚. 學士佩魚, 自宗孟始.[815]

동생이 형의 제수(除授) 조서를 초안하다.[제초형제(弟草兄制)] 희녕(熙寧)[816] 초엽에 한강(韓絳)[817]이 재상에 제수될 때 그의 동생인 한유(韓維)[818]가 한림원에 있었다. 신종(神宗)이 조명을 초안할 것을 명하자 한유가 간절하게 사양하여 간청이 받아들여졌다. 원부(元符)[819] 말엽에 증포(曾布)[820]가 재상이 될 때 그의 동생인 증조(曾肇)[821]가 북문(北門)[822]에서 임직하고 있었는데, 특별히 명하여 조서를 초안하도록 하여 총애함을 보였다.

熙寧初韓絳拜相, 其弟維在翰苑. 神宗令草制, 持國懇辭, 得情.[823] 元符末曾布爰立, 其弟肇直北門, 特命草麻, 示眷寵也.[824]

형이 동생의 제수(除授) 조서를 초안하다.[형초제마(兄草弟麻)] 전유연(錢惟演)[825]이 균형(鈞衡)[826]에 참여하게 되자 종형인 전희백(錢希白)이 직접 조명

---

808. 《몽계필담(夢溪筆談)·기학(譏謔)》
809. 좌액문(左掖門): 궁궐 정문의 왼쪽에 있는 작은 문을 가리킨다.
810. 선인(選人): 당대(唐代) 이후로 임관이나 선발을 기다리는 관원을 가리킨다.
811. 천성(天聖): 송(宋) 인종(仁宗)의 연호(1023-1031)이다.
812. 《고금사문유취신집(古今事文類聚新集)·제원부(諸院部)》
813. 포종맹(蒲宗孟): 송(宋) 낭주(閬州) 출신으로 자가 전정(傳正)이다. 한림학사(翰林學士), 상서좌승(尙書左丞) 등을 역임하였다.
814. 어대(魚袋): 관원이 부신(符信)을 넣고 다니던 물고기 모양의 주머니이다.
815. 《고금사문유취신집(古今事文類聚新集)·제원부(諸院部)》
816. 희녕(熙寧): 송(宋) 신종(神宗)의 연호(1068-1077)이다.
817. 한강(韓絳): 송(宋) 개봉(開封) 출신으로 자가 자화(子華)이다. 왕안석(王安石)을 추종하였으며 그의 실각 후 재상이 되어 신법을 유지하였다. 강국공(康國公)에 봉해졌다.
818. 한유(韓維): 송(宋) 개봉(開封) 출신으로 자가 지국(持國)이다. 한림학사승지(翰林學士承旨), 중서시랑(中書侍郞) 등을 역임하였다.
819. 원부(元符): 송(宋) 철종(哲宗)의 연호(1098-1100)이다.
820. 증포(曾布): 송(宋) 남풍(南豊) 출신으로 자가 자선(子宣)이다. 지추밀원(知樞密院), 우복야(右僕射) 등을 역임하였다.
821. 증조(曾肇): 송(宋) 남풍(南豊) 출신으로 자가 자개(子開)이다. 중서사인(中書舍人) 이부시랑(吏部侍郞), 한림학사(翰林學士) 등을 역임하였다.
822. 북문(北門): 당송(唐宋) 시대에 학사원(學士院)이 궁중의 북문 안에 있었기 때문에 학사원의 별칭으로 쓰였고 나아가 한림학사(翰林學士)를 이르는 말로 쓰였다.
823. '情'은 《고금사문유취신집(古今事文類聚新集)·제원부(諸院部)》에는, '請'으로 되어 있다.
824. 《고금사문유취신집(古今事文類聚新集)·제원부(諸院部)》
825. 전유연(錢惟演): 송(宋) 항주(杭州) 출신으로 자가 희성(希聖)이다. 공부상서(工部尙書), 숭신군절도사(崇信軍節度使) 등을 역임하였다.
826. 균형(鈞衡): 국정의 중임을 비유하는 말이다.

작성을 담당하였다. 세상 사람들이 "동생이 재상에 제수되는데, 형이 조서를 초안한다"라고 일컬었으니 자고로 없었던 일이다.

錢惟演參鈞衡, 從兄希白自當制. 世稱弟拜相, 兄草麻, 自古未有.[827]

한 번에 세 개의 조명을 작성하다.[일초삼제(一草三制)] 원우(元祐)[828] 초엽에 여공저(呂公著)[829]를 사공평장사(司空平章事)에, 여대방(呂大防)[830]을 좌복야(左僕射)에, 범순인(范純仁)[831]을 우복야(右僕射)에 제수하였다. 황제가 위전(闈殿)[832]에 행차하여 한림학사(翰林學士) 소식(蘇軾)을 보고 이르기를, "여공저는 병으로 떠나기를 청하니 일로 번거롭게 하고 싶지 않기 때문에 삼공(三公)으로 머물도록 하겠소"라고 하였다. 이날 밤에 한림원이 심히 춥자 궁중의 횃불과 법주(法酒)[833]를 하사하도록 명하였다. 소식이 하룻밤에 세 개의 조서를 작성하고서 모두 끝나자 비로소 술을 마시고 시를 지었다. 다음날 시를 바치니 한림원의 사람들이 모두 그 정밀하고 기민함에 탄복하였다.

元祐初除呂公著司空平章事, 呂大防左僕射, 范純仁右僕射. 上御闈殿, 見學士蘇軾曰, 呂公著以疾求去, 不欲煩以事, 故以三公留之. 是夕鎖院苦寒, 詔賜宮燭法酒. 軾一夕草三制, 具畢, 且飮酒賦詩. 次日以詩呈, 同院人皆服其精敏.[834]

한(漢)나라의 조서와 같게 하다.[여한제고(如漢制誥)] 사마광(司馬光)[835]이 한림이 될 때 사륙문(四六文)[836]을 잘하지 못하는 것으로 사양하자 황제가 이르기를, "양한(兩漢)의 조서와 같게 하면 되오"라고 하였다. 내시가 조서를 사마광의 품안에 넣자 사마광은 부득이하여 받았다.

司馬光爲翰林, 辭以不能四六, 上曰, 如兩漢制誥, 可也. 內侍以誥置光懷中, 光不得已受.[837]

학사로 오래 있다.[학사구차(學士久次)] 학사로 오래 있었던 이들로, 조형(晁迥)[838]은 16년, 왕규(王珪)[839]는 12년, 왕요신(王堯臣)[840]은 12년, 송백(宋白)[841]·장득상(章得象)[842]·조변(趙抃)[843]·양위(楊

---

827. 《어정연감유함(御定淵鑑類函)·설관부(設官部)》
828. 원우(元祐): 송(宋) 철종(哲宗)의 연호(1086-1093)이다.
829. 여공저(呂公著): 송(宋) 수주(壽州) 출신으로 자가 회숙(晦叔)이다. 상서우복야겸중서시랑(尙書右僕射兼中書侍郞)을 역임하였다.
830. 여대방(呂大防): 송(宋) 남전(藍田) 출신으로 자가 미중(微仲)이다. 상서좌복야겸문하시랑(尙書左僕射兼門下侍郞)을 역임하였다.
831. 범순인(范純仁): 송(宋) 시기의 정치가로 범중엄(范仲淹)의 아들이다. 자가 요부(堯夫)이다. 왕안석(王安石)의 신법(新法)에 반대하여 지방관을 전전하다가 뒤에 재상에 제수되었다.
832. 위전(闈殿): 상서성(尙書省)을 가리킨다.
833. 법주(法酒): 관부에서 규정에 맞추어 빚은 술을 가리킨다.
834. 《고금사문유취신집(古今事文類聚新集)·제원부(諸院部)》
835. 사마광(司馬光): 송(宋) 섬주(陜州) 출신으로 자가 군실(君實)이다. 한림겸시독학사(翰林兼侍讀學士), 좌복야(左僕射) 등을 역임하였고 《자치통감(資治通鑑)》을 편찬하였다.
836. 사륙문(四六文): 4자와 6자로 구를 맞춰 짓는 문체로 남조에서 형성되어 당 이후에 정형화되었다.
837. 《고금사문유취신집(古今事文類聚新集)·제원부(諸院部)》
838. 조형(晁迥): 송(宋) 청풍(淸豊) 출신으로 자가 명원(明遠)이다. 집현원학사(集賢院學士), 태자소보(太子少保) 등을 역임하였다.
839. 왕규(王珪): 송(宋) 성도(成都) 출신으로 자가 우옥(禹玉)이다. 상서좌복야겸문하시랑(尙書左僕射兼門下侍郞)을 역임하였다.
840. 왕요신(王堯臣): 송(宋) 응천부(應天府) 출신으로 자가 백용(伯庸)이다. 한림학사(翰林學士), 권삼사사(權三司使), 참지정사(參知政事) 등을 역임하였다.
841. 송백(宋白): 송(宋) 대명(大名) 출신으로 자가 태소(太素)이다. 이부상서(吏部尙書)를 역임하였다.
842. 장득상(章得象): 송(宋) 건주(建州) 출신으로 자가 희언(希言)이다. 한림학사(翰林學士), 동중서문하평장사(同中書門下

偉)[844]는 11년, 도곡(陶穀)[845]·정도(丁度)[846]는 6년, 호몽(扈蒙)[847]·소이간(蘇易簡)·가황중(賈黃中)[848]·이종악(李宗諤)[849]·손변(孫抃)[850]·호숙(胡宿)[851]은 9년, 서현(徐鉉)[852]·양억(楊億)은 8년, 구양형(歐陽迥)[853]·송수(宋綬)[854]·구양수(歐陽修)는 7년, 양주한(梁周翰)[855]·이유(李維)[856]·안수(晏殊)·풍원(馮元)[857]은 6년이었다. 희녕(熙寧)[858] 이후로 학사들은 대개 1, 2년이면 옮겼고 길게 머문 자도 3, 4년뿐이었다. 고종(高宗) 시대에 탕사퇴(湯思退)[859]와 효종(孝宗) 시대에 주필대(周必大)[860]가 비로소 6년 동안 있었다.

學士久次者, 晁迥十六年, 王珪十二年, 王堯臣十二年, 宋白·章得象, 趙抃·楊偉十一年, 陶穀·丁度六年, 扈蒙·蘇易簡·賈黃中·李宗諤·孫抃·胡宿九年, 徐鉉·楊億八年, 歐陽迥·宋綬·歐陽修七年, 梁周翰·李維·晏殊·馮元六年. 熙寧後學士率一二年卽遷, 久次者三四年而已. 高宗朝湯思退, 孝宗朝周必大, 始六年.[861]

한림원에 함께 들어오다.[한림동입(翰林同入)]

백낙천(白樂天)[862]의 시에 이르기를, "원화(元和)[863]

平章事) 등을 역임하였다.

843. 조변(趙抃): 송(宋) 인종(仁宗), 신종(神宗) 때의 관리로 자(字)는 열도(閱道)이다. 청백리로 이름을 날렸다. 벼슬은 태자소보(太子少保)에 이르렀다.

844. 양위(楊偉): 송(宋) 건주(建州) 출신으로 자가 자기(子奇)이다. 병부원외랑(兵部員外郎), 중서사인(中書舍人) 등을 역임하였다.

845. 도곡(陶穀): 송(宋) 빈주(邠州) 출신으로 자가 수실(秀實)이다. 한림학사승지(翰林學士承旨), 예부상서(禮部尙書) 등을 역임하였다.

846. 정도(丁度): 송(宋) 상부(祥符) 출신으로 자가 공아(公雅)이다. 참지정사(參知政事), 상서좌승(尙書左丞) 등을 역임하였다.

847. 호몽(扈蒙): 송(宋) 안차(安次) 출신으로 자가 일용(日用)이다. 한림학사(翰林學士), 사관수찬(史館修撰) 등을 역임하였다.

848. 가황중(賈黃中): 송(宋) 창주(滄州) 출신으로 자가 왜민(媧民)이다. 급사중(給事中), 참지정사(參知政事), 예부시랑겸비서감(禮部侍郎兼秘書監) 등을 역임하였다.

849. 이종악(李宗諤): 송(宋) 심주(深州) 출신으로 자가 창무(昌武)이다. 지제고(知制誥), 우간의대부(右諫議大夫) 등을 역임하였다.

850. 손변(孫抃): 송(宋) 미주(眉州) 출신으로 자가 몽득(夢得)이다. 참지정사(參知政事), 호부시랑(戶部侍郎) 등을 역임하였다.

851. 호숙(胡宿): 송(宋) 상주(常州) 출신으로 자가 무평(武平)이다.

852. 서현(徐鉉): 오대(五代)와 송초(宋初)에 살았던 문자학(文字學) 학자로 자가 정신(鼎臣)이다. 급사중(給事中), 산기상시(散騎常侍) 등을 역임하였다. 시문(詩文)을 잘하였고 문자학(文字學)에 뛰어나 허신(許愼)의 《설문해자(說文解字)》를 교정하고 보충하였다.

853. 구양형(歐陽迥): 송초(宋初) 익주(益州) 출신으로 한림학사(翰林學士)를 역임하였다.

854. 송수(宋綬): 송(宋) 평극(平棘) 출신으로 자가 공수(公垂)이다. 경사백가(經史百家)에 정통하였고 참지정사(參知政事)를 역임하였다.

855. 양주한(梁周翰): 송(宋) 정주(鄭州) 출신으로 자가 원포(元褒)이다. 한림학사(翰林學士), 공부시랑(工部侍郎) 등을 역임하였다.

856. 이유(李維): 송(宋) 명주(洺州) 출신으로 자가 중방(仲方)이다. 공부상서(工部尙書), 진주관찰사(陳州觀察使) 등을 역임하였다.

857. 풍원(馮元): 송(宋) 광주(光州) 출신으로 자가 도종(道宗)이다. 급사중(給事中), 호부시랑(戶部侍郎) 등을 역임하였다.

858. 희녕(熙寧): 송(宋) 신종(神宗)의 연호(1068-1077)이다.

859. 탕사퇴(湯思退): 송(宋) 처주(處州) 출신으로 자가 진지(進之)이다. 좌복야(左僕射)를 역임하였다.

860. 주필대(周必大): 송(宋) 길주(吉州) 출신으로 자가 자충(子忠)이다. 감찰어사(監察御使), 우승상(右丞相), 좌승상(左丞相) 등을 역임하였다. 성품이 강직하기로 유명하다.

861. 《고금사문유취신집(古今事文類聚新集)·제원부(諸院部)》

862. 백낙천(白樂天): 당대(唐代)의 시인이자 정치가로, 이름이 거이(居易)이고 낙천(樂天)은 자이다. 강주사마(江州司馬), 항주자사(杭州刺史), 소주자사(蘇州刺史) 등을 역임하였으나 만년에는 낙양(洛陽)의 향산(香山)에 은거하여 시와 술로 소일했다. 자호를 향산거사(香山居士)라 하였다.

시기의 6학사 가운데, 다섯은 재상이 되었고 하나는 낚시꾼이 되었네(元和六學士, 五相一漁翁)"[864]라고 하였다. 왕우칭(王禹偁)[865]은 함께 한림원에 있다가 크게 제수된 자를 축하하여 이르기를, "삼신산(三神山) 위에 일찍이 신선의 수레가 노니는 것을 따르더니 6학사 가운데 홀로 낚시꾼의 탄식이 있구나"라고 하였다.

白樂天詩云, 元和六學士, 五相一漁翁. 王禹稱賀同在翰林而大拜者云, 三神山上, 曾陪鶴駕之游, 六學士中, 独有漁翁之歎.[866]

주문(主文)[867]과 동시에 (학사가) 되다.[주문동위(主文同爲)] 참정(參政) 소이간(蘇易簡)이 급제했을 때, 상서(尙書) 송백(宋白)은 상서성[남성(南省)[868]]의 주문(主文)이었다. 7년 뒤에 송백은 한림학사승지(翰林學士承旨)가 되었고 소이간이 이어서 한림원에 들어와 함께 학사가 되었다. 송백이 일찍이 시를 지어 주었는데, "전날에 일찍이 한 자의 나무[척목(尺木)[869]] 계단이러니, 오늘은 정말로 푸른 구름[청운(靑雲)[870]]의 벗이로다(昔日曾爲尺木階, 今朝眞是靑雲友)"라고 하였다. 문충공(文忠公) 구양수(歐陽脩)도 역시 그러했으니, 왕우칭(王禹偁)이 남성(南省)의 주문(主文)이었는데, 서로 15년 차이로 함께 학사가 되었다. 그래서 구양수의 시에, "그대가 새로이 황금 띠를 하사받은 것을 기뻐하였는데, 돌아보니 나는 지금 흰 머리의 노인이 되었구나(有喜君新賜黃金帶, 顧我今爲白髮翁)"라는 구절이 있다. 두 가지 일은 진실로 한때 문물이 성대했던 예이다.

蘇參政易簡登科時, 宋尙書白爲南省主文. 後七年, 宋爲翰林學士承旨, 而蘇相繼入院, 同爲學士. 宋嘗贈詩云, 昔日曾爲尺木階, 今朝眞是靑雲友. 歐陽文忠公亦然, 王禹偁南省主文, 相距十五年, 同爲學士. 故歐陽公詩, 有喜君新賜黃金帶, 顧我今爲白髮翁之句, 二事, 誠一時文物之盛也.[871]

북에 기대어 조서를 초안하다.[빙고초조(凭鼓草詔)] 주승비(朱勝非)[872]는 자가 장일(藏一)이다. 학사원(學士院)에 임직할 때에 모두 조서를 초안할 것이 가득 쌓였는데 학사원에 책상이 없자, 공이 일찍이 부서진 북에 기대어 조서를 초안하였다. 그러나 글의 기세가 엄중하여 평소와 같았다.

朱勝非, 字藏一. 直學士院時, 皆草創詔書塡委, 而院無几案, 公嘗凴敗鼓草詔. 然文氣嚴重, 如平時.[873]

둥근 부채에 직접 글을 쓰다.[친서단선(親書團扇)] 왕조(汪藻)[874]는 자가 언장(彦章)이다. 학사원(學士院)에 임직할 때 고려(高麗)에 대한 답조(答詔)를 초안하였는데, 황제가 공을 칭찬하여 대언(代言)의

863. 원화(元和): 당(唐) 헌종(憲宗)의 연호(806-820)이다.
864. 인용된 시의 제목은 〈이류수상공견과지상범주거주화급한림구사인성사운이헌지(李留守相公見過池上汎舟擧酒話及翰林舊事因成四韻以獻之)〉이고 인용된 구절은 원래 "同時六學士, 五相一漁翁"이다.
865. 왕우칭(王禹偁): 송(宋) 초기의 문학가로 자가 원지(元之)이다. 성격이 강직하였고 시문(詩文)에서도 화려함을 추구하지 않았다.
866. 《고금사문유취신집(古今事文類聚新集)·제원부(諸院部)》
867. 주문(主文): 문서나 문장을 주관하는 직책이다.
868. 남성(南省): 당송(唐宋) 시대 상서성(尙書省)의 별칭이다.
869. 척목(尺木): 벼슬길에 나아가는 기반을 비유하는 말이다.
870. 청운(靑雲): 높은 벼슬을 비유하는 말이다.
871. 송(宋) 홍준(洪遵), 《한원군서(翰苑羣書)·한원유사(翰苑遺事)》
872. 주승비(朱勝非): 송나라 때 사람으로 중서사인(中書舍人), 상서우복야겸어영사(尙書右僕射兼御營使) 등을 역임하였다. 묘부(苗傅)와 유정언(劉正彦)의 반란을 진압한 것으로 유명하다.
873. 《한원신서전집(翰苑新書前集)·한원(翰苑)》
874. 왕조(汪藻): 송(宋) 요주(饒州) 출신으로 자가 언장(彦章)이다. 한림학사(翰林學士), 현모각학사(顯謨閣學士) 등을 역임하였다.

본질을 얻었다고 하였다. 한참 후에 고려인의 감사하는 글이 이르자 황제는 다시 공을 칭찬하면서 바로 한림학사(翰林學士)에 제수하였고, 사용하던 둥근 부채에 직접 '조서는 곧 황마(黃麻)를 묶었으니 육경(六經)과 같다(紫誥仍兼綰黃麻似六經)'라는 열 자를 써서 하사하자, 관리들이 영광으로 여겼다.

汪藻, 字彦章. 直學士院, 草高麗答詔, 上稱公得代言之體. 久之, 麗人謝表至, 上復稱公, 直拜翰林學士, 以所御白團扇, 親書, 紫誥仍兼綰黃麻似六經十字以賜, 搢紳榮之.[875]

본관(本官)에서 정식으로 제수하다.[본관진배(本官眞拜)] 이방(李昉)이 한림원에 들어와 임직하는데, 이보다 앞서 노다손(盧多遜)[876]이 이미 학사를 맡고 있었다. 태조가 이방이 노다손의 아래에 있는 것을 보고 그 까닭을 묻자 재상이 아뢰기를, "이방은 본관(本官)으로 학사원에 임직하여 아직 정식으로 제수한 것이 아니기 때문입니다"라고 하자 마침내 정식으로 학사에 제수하여 노다손의 위에 있게 하였다.

李昉入直翰林, 先是盧多遜已任學士. 太祖見昉在多遜下, 問其故, 宰相曰, 昉以本官直學士院, 未即眞拜. 遂眞拜學士, 在多遜之上.[877]

한림원(翰林院)에 들어올 때 잔치를 베풀어 주다.[입원사연(入院賜宴)] 문종(文宗) 시기에 이훈(李訓)[878]이 한림시강학사(翰林侍講學士)를 맡게 되자 한림원에 들어오는 날에 잔치를 베풀어 주고 법곡(法曲)[879]의 예인(藝人) 20명에게 명하여 한림원에 가서 법곡을 연주하도록 하여 총애하였다.

文宗朝李訓充翰林侍講學士, 入院日賜宴, 宣法典[880]弟子二十人, 就院奏法曲, 以寵之.[881]

경전과 역사를 나누어 강론하도록 하다.[분강경사(分講經史)] 위처후(韋處厚)[882]가 목종(穆宗)[883] 시기에 노수(路隨)[884]와 함께 한림학사(翰林學士)가 되어 태액정(太液亭)에 불려 들어갔다. (황제가)《시경(詩經)·관저(關雎)》편과 《서경(書經)·홍범(洪範)》편 등을 나누어 강론하도록 명하고 다스림의 요체를 묻자, 위처후 등이 경전의 뜻을 부연하여 권고와 풍간의 도리를 넓히니 차분하게 받아들이고 술과 과일을 하사하고 마쳤다.

韋處厚, 穆宗時與路隨竝爲翰林, 召入太液亭. 命分講關雎·洪範等篇, 訪以理體, 處厚等演經義, 以廣規諷之道, 從容開納, 賜酒果而罷.[885]

삼시학사(三侍學士) 당(唐) 문종(文宗)이 병부상서(兵部尙書) 왕기(王起)[886]와 예부상서(禮部尙書) 허강좌(許康佐)[887]를 불러 시강학사(侍講學士)로 삼

---

875. 《송명신언행록별집(宋名臣言行錄別集)·왕조(汪藻)》
876. 노다손(盧多遜): 송(宋) 회주(懷州) 출신으로 한림학사(翰林學士), 중서시랑(中書侍郎), 병부상서(兵部尙書) 등을 역임하였다.
877. 《한원신서전집(翰苑新書前集)·한원(翰苑)》
878. 이훈(李訓): 당(唐) 농서(隴西) 출신으로 자가 자수(子垂)이다. 예부시랑(禮部侍郎), 동평장사(同平章事) 등을 역임하였다.
879. 법곡(法曲): 악곡 이름이다.
880. 《유원총보》의 '典'은 '曲'의 오자이다.[《구당서(舊唐書)·이훈전(李訓傳)》]
881. 《구당서(舊唐書)·이훈전(李訓傳)》
882. 위처후(韋處厚): 당(唐) 경조(京兆) 출신으로 자가 덕재(德載)이다. 중서시랑(中書侍郎)과 동중서문하장평사(同中書門下章平事) 등을 역임하였다. 현상(賢相)으로 이름이 높았으며, 역사 편찬에도 능력이 있어《덕종실록(德宗實錄)》과《원화실록(元和實錄)》의 편수에 참여하였다.
883. 목종(穆宗): 당(唐) 제14대 황제로 재위 기간은 821-824년이다.
884. 노수(路隨): 당(唐) 양평(陽平) 출신으로 자가 남식(南式)이다. 좌보궐(左補闕), 중서시랑(中書侍郎) 등을 역임하였다.
885. 《고금사문유취신집(古今事文類聚新集)·제원부(諸院部)》
886. 왕기(王起): 당(唐) 태원(太原) 출신으로 자가 거지(擧之)이다. 이부상서(吏部尙書), 동중서문하평장사(同中書門下平章事) 등을 역임하였다.
887. 허강좌(許康佐): 당대(唐代) 사람으로 시어사(侍御史), 시강학사(侍講學士), 예부상서(禮部尙書) 등을 역임하였다.

고 중서사인(中書舍人) 유공권(柳公權)[888]을 시서학사(侍書學士)로 삼아 편전에 불러들여 자문하고 토론하는 것을 거의 일상으로 삼으니 그들을 일러 '세 명의 시학사[삼시학사(三侍學士)]'라고 하였다.

唐文宗召兵部尙書王起·禮部尙書許康佐, 爲侍講學士, 中書舍人柳公權爲侍書學士, 召入便殿, 顧問討論, 率以爲常, 謂之三侍學士.[889]

교대로 황제를 가까이 모시는 관서에 있다.[질처금밀(迭處禁密)] 고소일(高少逸)[890]이 고원유(高元裕)[891]를 대신하여 시독학사(侍讀學士)가 되어 형제가 교대로 황제를 가까이 모시는 관서에 있게 되자 당시 사람들이 영광으로 여겼다.

高少逸代元裕, 爲侍讀學士, 兄弟迭處禁密, 時人榮之.[892]

공이 없다고 사절하다.[손사무공(孫謝無功)] 최언(崔郾)[893]은 풍채가 빼어나 사람들이 우러르며 사모하였다. 경종(敬宗)[894]이 즉위하여 한림시독학사(翰林侍讀學士)에 제수하였다가 곧 중서사인(中書舍人)으로 진급시키자 최언이 아뢰기를, "폐하께서는 시독(侍讀)으로 하여금 반년을 지내게 하시고 한 번도 경전의 뜻을 묻지 않으셨으니 신은 공적이 없어 두터운 은혜에 부합하기에 부족합니다"라고 하였다. 황제가 부끄러워하면서 이르기를, "짐이 좀 한가해지면 장차 많이 강론해 주시오"라고 하였다.

崔郾, 姿儀秀偉, 人望而慕之. 敬宗卽位, 拜翰林侍讀學士, 旋進中書舍人, 郾曰, 陛下使侍讀歷年半歲, 不一問經義, 臣無功, 不足副厚恩. 帝慚曰, 朕少閒, 當講益.[895]

최언이 동료 고중(高重)[896]과 육경(六經)의 아름다운 말과 중요한 도리를 가려 뽑고 모아 내용별로 분류하여 모두 10권으로 하고 《제경찬요(諸經纂要)》라고 명명하였으니, 군주가 살펴보기에 쉽도록 하려는 것이었다. 황제가 가상히 여기고 채색 비단 200필을 하사하였다.

郾與同列高重, 抄撮六經嘉言要道, 區分事類, 凡十卷, 名曰諸經纂要, 冀人主易於省覽. 上嘉之, 賜綵二百疋.[897]

기억력과 박학[기문박학(記問博學)] 인종(仁宗)이 한림시독학사(翰林侍讀學士) 장석(張錫)[898]에게 명하여 궁중에서 글을 강론하고 경전의 뜻을 부연하도록 하니 의론이 해박하여 황제가 감탄하고 칭찬하였다. 장석은 귀밑머리가 하얗게 셌는데 황제가 이르기를, "경은 노쇠했는데도 기억력이 쇠퇴하지 않는군요"라 하고는 비백체(飛白體)로 '박학(博學)'이라는 글자를 써서 하사하고 이어서 다스림의 도리를 물었다. 장석이 아뢰기를, "기호와 욕구를 절제하는

888. 유공권(柳公權): 당(唐) 경조(京兆) 출신으로 자가 성현(誠懸)이다. 서예에 뛰어났으며 중서사인(中書舍人), 태자소사(太子少師) 등을 역임하였다.
889. 《고금사문유취신집(古今事文類聚新集)·제원부(諸院部)》
890. 고소일(高少逸): 당(唐) 발해(渤海) 출신으로 고원유(高元裕)의 형이다. 한림시강학사(翰林侍講學士), 간의대부(諫議大夫) 등을 역임하였다.
891. 고원유(高元裕): 당(唐) 발해(渤海) 출신으로 자가 경규(景圭)이다. 우보궐(右補闕), 간의대부(諫議大夫), 경조윤(京兆尹), 형부상서(刑部尙書) 등을 역임하였다.
892. 《구당서(舊唐書)·고원유전(高元裕傳)》
893. 최언(崔郾): 당(唐) 패주(貝州) 출신으로 자가 광략(廣略)이다. 한림시독학사(翰林侍讀學士), 검교이부상서(檢校吏部尙書) 등을 역임하였다.
894. 경종(敬宗): 당(唐) 제15대 황제로 재위 기간은 825년이다.
895. 《신당서(新唐書)·최언전(崔郾傳)》
896. 고중(高重): 당(唐) 발해(渤海) 출신으로 자가 문명(文明)이다. 한림시강학사(翰林侍講學士), 태자빈객(太子賓客) 등을 역임하였다.
897. 《구당서(舊唐書)·최언전(崔郾田)》
898. 장석(張錫): 당(唐) 무성(武城) 출신으로 봉각시랑(鳳閣侍郎), 동평장사(同平章事) 등을 역임하였다.

것이 몸을 다스리는 근본이고 상벌을 삼가는 것이 나라를 다스리는 근본입니다."라고 하였다. 당시에 귀비(貴妃)가 총애를 받았기 때문에 이것으로 풍간한 것이다. 황제가 얼굴빛을 고치고 이르기를, "경의 말씀이 매우 아름답소. 짐은 경을 등용한 것이 늦은 것을 한스럽게 생각하오"라고 하였다.

仁宗詔翰林侍讀學士張錫, 講書禁中, 敷暢經旨, 議論該洽, 上嗟賞之. 錫鬢髮皓然, 上曰, 卿老矣, 記問不衰. 乃以飛白書博學字, 賜之, 因訪以治道. 錫曰, 節嗜慾者, 治身之本, 謹刑賞者, 治國之本也. 時貴妃被幸, 故以此諷之. 上改容曰, 卿言甚嘉. 朕恨用卿晩矣.[899]

〈금화잠(金華箴)[900]〉을 바치다. [상금화잠(上金華箴)] 풍원(馮元)[901]이 명도(明道)[902] 5년에 한림학사시독(翰林學士侍讀)이 되어 〈금화오잠(金華五箴)〉을 바치니 조서를 내려 칭찬하였다.

馮元, 明道五年爲翰林學士侍讀, 上金華五箴, 詔書寵之.[903]

용봉촉(龍鳳燭) 한인량(韓寅亮)[904]은 한악(韓偓)의 아들이다. 일찍이 하는 말에, [부친이] 작고하였을 때에 온릉(溫陵)[905]의 장수가 집에 보관한 책 상자가 상당히 많은데 봉하고 잠근 것이 매우 치밀하여 사람들이 본 이가 드물다는 말을 들었다고 한다. 거기에는 반드시 진귀한 완상품이 있으리라고 생각하여 가깝고 믿을 만한 사람에게 열어 보게 하였는데 오직 타다 남은 용봉촉(龍鳳燭)과 금실의 붉은 수건 백여 조각이 있을 뿐이었는데 촛농이 여전히 새롭고 수건의 향도 진했다고 한다. 노복이 눈물을 줄줄 흘리면서 말하기를, "공께서 학사일 때에 항상 금란전(金鑾殿) 안에서 조서를 초안하느라 깊은 밤에야 비로소 돌아왔고 궁녀가 촛불을 들고 공을 전송하였는데 모두 그것들을 보관한 것입니다"라고 하였다고 한다.

韓寅亮, 偓之子也. 嘗言, 偓捐館之日, 溫陵帥聞其家藏箱笥頗多, 而緘鐍甚密, 人罕見者. 意其必有珍玩, 使親信發觀, 惟得燒殘龍鳳燭, 金縷紅巾百餘條, 蠟淚尙新, 巾香猶鬱. 有老僕泫然而言曰, 公爲學士日, 常視草金鑾內殿, 深夜方還, 宮妓秉燭炬以送公, 悉藏之.[906]

일곱 가지 성대한 일 [칠성사(七盛事)] 학사들에게 오늘날의 성대한 일이 일곱 가지가 있다. 새로운 학사가 사은(謝恩)하는 날에 습의(襲衣),[907] 금대(金帶), 보안(寶鞍), 명마(名馬)를 하사받는 것이 첫 번째이다. 10월 초하루에 새로이 새 비단 도포를 하사받는 것이 두 번째이다. 특별히 조서를 작성하여 남들을 이롭게 하는 것이 세 번째이다. 새로이 외고(外庫)[908]의 법주(法酒)를 하사받는 것이 네 번째이다. 월급을 모두 현금으로 주는 것이 다섯 번째이다. 친사관(親事官)[909]을 제공하여 수종(隨從)하게 하는 것이 여섯 번째이다. 왕명으로 연회의 설비를 화려하게 마련해 주는 것이 일곱 번째이다. 무릇 이 일곱 가지 일에는 성군(聖君)이 문신(文臣)을 대우하는

---

899. 《고금사문유취신집(古今事文類聚新集) · 제원부(諸院部)》
900. 금화잠(金華箴): 금화(金華)는 한(漢) 미앙궁(未央宮)에 있던 궁전 이름으로, 이후에 내정(內庭)을 일컫게 되었다.
901. 풍원(馮元): 송(宋) 광주(光州) 출신으로 자가 도종(道宗)이다. 급사중(給事中), 호부시랑(戶部侍郞) 등을 역임하였다.
902. 명도(明道): 송(宋) 인종(仁宗)의 연호(1032-1033)이다.
903. 《송사(宋史) · 풍원전(馮元傳)》
904. 한인량(韓寅亮): 내력이 자세하지 않다.
905. 온릉(溫陵): 지금의 복건성(福建省) 천주시(泉州市)이다.
906. 송(宋) 정문보(鄭文寶), 《남당근사(南唐近事) · 권이(卷二)》
907. 습의(襲衣): 예를 행할 때 겉에 입는 예복이다.
908. 외고(外庫): 궁궐 밖의 창고를 가리킨다.
909. 친사관(親事官): 구체적인 사무를 담당하는 관직이다.

것이 두터움을 보여 줌이 있다.《이방집(李昉集)》

學士, 今日之盛事有七. 新學士謝恩日, 賜襲衣·金帶·寶鞍·名馬, 一也. 十月朔改賜新樣錦袍, 二也. 特定草麻利物, 三也. 改賜外庫法酒, 四也. 月俸竝給見錢, 五也. 持給親事官隨從, 六也. 勅設供帳之盛, 七也. 凡此七事有以見聖君待文臣之優厚也.《李昉集》[910]

학사원(學士院)의 오래된 규정으로, 10월에는 비단으로 만든 긴 도포를 하사한다. 송(宋) 초엽 이래로 취모금(翠毛錦)[911]을 하사하였는데, 태종이 황반조금(黃盤鵰錦)[912]으로 바꾸어 하사하였다.《금파유사(金坡遺事)》

學士舊規, 十月賜錦長襖. 宋初以來賜翠毛錦, 太宗改賜黃盤鵰錦.《金坡遺事》[913]

무릇 처음 옮겨온 자는 본원(本院)에서 연회를 베풀어 주는데, 영막(營幕)[914]에서 밤사이에 차일을 치도록 하고 상식(尙食)[915]에서 진귀한 음식을 제공하도록 하며, 주방(酒坊)[916]에서 좋은 술을 제공하고 내전(內殿)에서 푸른 비단 이불과 푸른 비단 홑두건, 붉은 헝겊 신과 흰 천 수건을 공급한다. 단오에는 푸른색의 둥근 부채를 하사한다.《한림지(翰林志)》

凡初遷者, 本院賜宴, 營幕使宿設帳幄, 尙食使供珍饌, 酒坊供美酒, 內殿給靑綺綾被·靑綾單帕·紫絲履·白布手巾. 端午, 賜靑團扇.《翰林志》[917]

집현원에 사람이 있다.[집현유인(集賢有人)]

정원(貞元)[918] 연간에 집현원학사(集賢院學士)가 매우 많았는데, 조서로 신책군(神策軍)[919]이 건립된 연유에 대하여 묻자 여러 학사들이 모두 대답하지 못하였다. 이에 장예(蔣乂)[920]에게 물으니 장예가 근원에 대해 증거를 대며 인용하는 것이 매우 자세하자 재상들이 서로 돌아보며 이르기를, "집현원에 사람이 있구나"라고 하였다.

貞元中集賢學士甚衆, 詔問神策軍建立之由, 諸學士悉不能對. 乃訪於蔣乂, 乂微[921]引根源, 甚詳悉, 宰臣相顧曰, 集賢有人.[922]

술이 거나해져 시를 짓다.[주감부시(酒酣賦詩)]

개원(開元)[923] 13년에《봉선의주(封禪儀注)》를 바친 일로 인하여 명을 내려 학사들에게 집현전(集賢殿)에서 연회를 베풀어 주도록 하면서 황제가 시서(詩序)를 짓고 여러 신하들은 시를 지었다. 그때 새로이 앵두가 들어오자 황제는 두루 자리 위에 펴 놓도록 하고 아울러 채색 비단을 내오도록 하고 쌍륙(雙六)의 주사위를 던져 중복된 무늬를 얻은 자에게 나눠주도록 하였다. 연회가 끝나고 은쟁반에 다양한 무늬의 비단을 하사하였는데 차등이 있었다.

---

910. 송(宋) 이방(李昉),〈금림연회시서(禁林讌會詩序)〉
911. 취모금(翠毛錦): 비단의 한 가지이다.
912. 황반조금(黃盤鵰錦): 황반조(黃盤鵰)는 의복의 하나로 황반조(黃盤鵰)를 만드는 비단이다.
913.《고금사문유취신집(古今事文類聚新集)·제원부(諸院部)》
914. 영막(營幕): 군영의 막사를 가리킨다.
915. 상식(尙食): 천자의 음식을 담당하던 벼슬 이름이다.
916. 주방(酒坊): 관청에서 설치한 양조장을 가리킨다.
917. 당(唐) 이조(李肇),《한림지(翰林志)》
918. 정원(貞元): 당(唐) 덕종(德宗)의 연호(785-805)이다.
919. 신책군(神策軍): 당대(唐代)에 세력을 떨쳤던 금군(禁軍)의 하나이다.
920. 장예(蔣乂): 당(唐) 상주(常州) 출신으로 자가 덕원(德源)이다. 사관수찬(史館修撰), 사훈원외랑겸판집현원사(司勳員外郞兼判集賢院事) 등을 역임하였다.
921. '微'는《구당서(舊唐書)·장예전(蔣乂傳)》에 '徵'으로 되어 있다.
922.《구당서(舊唐書)·장예전(蔣乂傳)》
923. 개원(開元): 당(唐) 현종(玄宗)의 연호(713-741)이다.

開元十三年, 因奏封禪儀注, 勅學士等賜宴於集賢殿, 上制詩序, 群臣賦詩. 時新進櫻桃, 上令遍於席上散布, 竝出彩羅, 令擲雙六頭子, 得重彩者, 分之. 宴訖, 賜銀盤雜彩, 有差.[924]

칭송의 글을 내리고 아름다움을 표창하다.[사찬포미(賜贊褒美)] 연국공(燕國公) 장열(張說)[925] 등이 이어서 지은 시를 바치니 황제가 각각 찬(贊)[926]을 내려 찬미하고 직접 오색의 전지(牋紙)에 팔분체(八分體)[927]로 [아래와 같은] 글을 썼다.

張燕公等, 因獻賦詩, 上各賜贊以美之, 自於五色牋, 八分書之.

장열: 덕은 재상[화정(和鼎)[928]]으로 중후하고, 공은 어려운 일을 이룰 줄을 안다[제천(濟川)[929]]. 사림(詞林)에서 빼어났고 한림원에서 빛났다.

張說: 德重和鼎, 功諭濟川. 詞林秀逸, 翰苑光輝.

서견: 천록각(天祿閣)에서 문서를 교정하고 태학에서 경서를 토론한다. 화려한 문사는 아름답고 웅장한 변설은 변화무쌍하다.

徐堅: 校文天祿, 論經上庠. 華詞宛麗, 雄辯抑揚.

하지장: 예악의 담당자이고 문장의 동산이다. 학문은 넉넉하고 재능은 넓으며 글을 짓는 것은 높고 원대하다.

賀知章: 禮樂之司, 文章之苑. 學優藝博, 才思高遠.

조동희(趙冬曦)[930]: 탄핵의 글[백간(白簡)[931]]은 단호하고 엄격하여 역사에 남을 바르고 곧은 자로다. 청아한 문장은 우아하고 운치가 있으며 책을 많이 읽었고 잘 기억한다.

趙冬曦: 白簡端嚴, 靑史良直. 淸詞雅韻, 博覽强識.

강자원(康子元)[932]: 재주와 학식이 청아하고 원대하며 언론이 심오하다. 공문사과(孔門四科)에서의 문학(文學)이고《육경(六經)》에서의 인의(仁義)로다.

康子元: 才識淸遠, 言談幽秘. 四科文學, 六書仁義.

후행과(侯行果)[933]: 큰 종을 서서 두드리고[홍종(洪鍾)[934]] 일처리가 공정하여[명경(明鏡)[935]] 피곤해하지 않는다. 이치는 계사전(系辭傳)과 상전(象傳)을 꿰뚫었고 행동은 예법에 맞는다.

侯行果: 洪鍾佇叩, 明鏡不疲. 理窮繫象, 動中威儀.

위술: 직분은 산보(山甫)[936]와 나란하고 업적은 현성(玄成)[937]을 계승했다. 육경(六經)을 계승하고《시경(詩經)》에서 화려함을 날린다.

韋述: 職參山甫, 業纂玄成. 六藝述作, 四始飛英.

경회진(敬會眞)[938]: 이름은 회진(會眞)이고 자취는

924.《고금사문유취신집(古今事文類聚新集)·제원부(諸院部)》

925. 장열(張說): 당(唐) 낙양(洛陽) 출신으로 자가 도제(道濟), 열지(悅之)이고 봉호가 연국공(燕國公)이다. 동중서문하평장사(同中書門下平章事), 중서령(中書令)을 역임하였다. 문장에 뛰어나서 조정의 문서가 대부분 그의 손에서 나와, 허국공(許國公) 소정(蘇頲)과 함께 연허대수(燕許大手)라고 칭해졌다.

926. 찬(贊): 인물을 찬양하는 운문의 문체 이름이다.

927. 팔분체(八分體): 예서(隸書)와 비슷한 서체이다.

928. 화정(和鼎): 군주를 보좌하는 재상을 비유하는 말이다.

929. 제천(濟川):《서경(書經)·열명(說命)》에, "若金, 用汝作礪, 若濟巨川, 用汝作舟楫"이라고 하였다.

930. 조동희(趙冬曦): 당(唐) 정주(定州) 출신으로 감찰어사(監察御使), 집현원수찬(集賢院修撰), 국자좨주(國子祭酒) 등을 역임하였다.

931. 백간(白簡): 관원을 탄핵하는 상주문(上奏文)을 가리킨다.

932. 강자원(康子元): 당(唐) 회계(會稽) 출신으로 비서소감(秘書少監), 종정소경(宗正少卿) 등을 역임하였다.

933. 후행과(侯行果): 당(唐) 상곡(上谷) 출신으로 국자사업(國子司業)을 지냈다.

934. 홍종(洪鍾): 사람의 목소리가 우렁찬 것을 비유하는 말로 쓰인다.

935. 명경(明鏡): 명경고현(明鏡高懸)의 뜻으로 밝은 거울을 높이 달아 놓은 듯이 관리가 공평무사하게 일처리하는 것을 가리킨다.

936. 산보(山甫): 동진(東晉) 원괴(袁瓌)의 자로, 국학의 설립을 건의하여 국자좨주(國子祭酒)에 올랐다.

937. 현성(玄成): 당(唐) 위징(魏徵)의 자이다.

도(道)에 부합한다. 옷자락을 잡고 강론하는데 경연에 참여하여 화려함을 떨친다.

敬會眞: 名乃會眞, 迹惟契道. 摳衣講習, 臨筵振藻.

조현묵(趙玄默)[939]: 재능은 좌구명(左丘明)에 비유되고 학문은 유묵(儒墨)을 겸하였다. 서술은 완곡하고 도덕(道德)을 강론한다.

趙玄默: 才比丘明, 學兼儒墨. 敍述微婉, 講論道德.

동방호(東方顥)[940]: 지위는 천록각(天祿閣)에서 노닐고 집안은 골계(滑稽)를 계승했다.[941] 3년 만에 [문사(文史)가] 쓸 만해졌고[942] 육경(六經)도 이에 가지런해졌다.

東方顥: 地遊天祿, 門嗣滑稽. 三冬足用, 六藝斯齊.

이자검(李子劍)[943]: 단간목(段干木)은 경사(慶事)를 남겼고[944] (노자는) 오얏나무를 가리켜 향기를 남겼다. 부족한 부분을 넌지시 충고하고 문장을 깨우쳐 준다.

李子劍: 干木流慶, 指樹貽芳. 諷諫遺闕, 啓發篇章.

여향(呂向)[945]: 집안은 강태공[비웅(非熊)[946]]에게서 성대하였고 재능은 반고와 사마천에 비교된다. 전적들을 다루면서 고상함을 드날린다.

呂向: 族茂非熊, 才方班馬. 考理篇籍, 抑揚風雅.

무경(毋煚)[947]: 헌원(軒轅)[948]의 임무요, 간쟁(諫爭)의 직책이로다. 시(詩)를 알고 예(禮)를 알며 재능이 있고 학식이 있다.

毋煚: 軒轅之任, 諫諍之職. 聞詩聞禮, 有才有識.

육거태(陸去泰)[949]: 재능은 진(晉)에서보다 빛나고 가치는 장(張)보다 무겁다.[950] 주현(州縣)을 굴복시키니 문장이 더욱 뛰어나다.

陸去泰: 才光於晉, 價重於張. 州縣斯屈, 文翰尤長.

함기업(咸廙業)[951]: 성대하게 높은 문장이고 뛰어나게 넓은 학식이다. 우리의 형벌을 주관함에 진실됨과 곧음에 걸맞도다.

咸廙業: 郁郁高文, 英英博識. 持我刑憲, 是稱諒直.

여흠(余欽)[952]: 문장은 모두 넉넉하고 재능과 학식은 두루 아름답다. 생각은 경전을 전공함에 있고 학문은 옛 역사에 통달하였다.

---

938. 경회진(敬會眞): 당(唐) 평양(平陽) 출신으로 집현직학사(集賢直學士), 태학박사(太學博士) 등을 역임하였다.
939. 조현묵(趙玄默): 당대(唐代)의 명유로 꼽힌다. 사문조교(四門助教)를 역임하였다.
940. 동방호(東方顥): 당(唐) 개원(開元) 연간의 학사(學士)이다.
941. 서한(西漢)의 문인으로 '익살'에 관한 많은 일화가 전해지는 동방삭(東方朔)의 후손임을 가리킨다. 동방삭은 부국강병책(富國强兵策)을 상주하였으나 받아들여지지 않자 이를 자조(自嘲)한 문장 〈객난(客難)〉과 〈비유선생지론(非有先生之論)〉 등의 글을 남겼다.
942. 《한서(漢書)·동방삭전(東方朔傳)》에, "臣朔, 少失父母, 長養兄嫂. 年十三學書, 三冬文史足用"이라고 하였다.
943. 이자검(李子劍): 내력이 자세하지 않다.
944. 위(魏) 문후(文侯)가, 단간목은 의리에서 부유했다고 찬탄한 고사인 간목부의(干木富義)를 가리킨다.
945. 여향(呂向): 당(唐) 경주(逕州) 출신으로 자가 자회(子回)이다. 공부시랑(工部侍郞)을 역임하였고, 여연제(呂延濟) 등과 함께 《문선(文選)》의 오신주(五臣注)를 지었다.
946. 비웅(非熊): 강태공(姜太公)의 별칭이다. 《사기(史記)·제태공세가(齊太公世家)》에, "西伯將出獵, 卜之曰, 所獲, 非龍非彲, 非虎非羆, 所獲, 霸王之輔"라고 하였다.
947. 무경(毋煚): 당(唐) 하남(河南) 출신으로 우보궐(右補闕)을 역임하였다.
948. 헌원(軒轅): 황제(黃帝)의 이름으로 성은 공손(公孫)이다. 복희씨(伏羲氏), 신농씨(神農氏)와 함께 삼황(三皇)으로 불리며 한족(漢族)의 시조로 받들어진다.
949. 육거태(陸去泰): 당(唐) 오군(吳郡) 출신으로 좌우보궐(左右補闕), 기거랑(起居郞) 등을 역임하였다.
950. 진(晉)의 문학가인 장화(張華)를 일컫는다. 장화는 자가 무선(茂先)으로 황문시랑(黃門侍郞), 사공(司空)의 벼슬을 역임하였다. 박학하고 문장력이 뛰어나 당시의 의례(儀禮), 헌장(憲章), 조고(詔誥) 등을 모두 작성하였고 《박물지(博物志)》를 편찬하였다.
951. 함기업(咸廙業): 내력이 자세하지 않다.
952. 여흠(余欽): 당대(唐代) 사람으로 수서학사(修書學士), 집현원학사(集賢院學士) 등을 역임하였다.

余欽: 文章兩贍, 才術兼美. 思在專經, 學通舊史.

손계량(孫季良)[953]: 봉산(蓬山)[954]의 뛰어난 자이고 운각(芸閣)[955]의 영재로다. 씩씩한 문장은 뛰어나고 고상한 생각은 자유롭다.

孫季良: 蓬山之秀, 芸閣之英. 雄詞卓傑, 雅思縱橫.

얼마 후 명을 내려 사람을 잘 그리는 사람으로 하여금 학사들을 그려 함상정(含象亭)[956]에 초상화를 그리고 찬(贊)을 쓰게 하려고 하였지만, 마침 거가(車駕)[957]가 동쪽으로 가게 되어 결국 이루지 못했다.

尋勅善寫眞人, 貌學士等, 欲畫像書贊於含象亭, 屬車駕東行, 竟不果.[958]

격일로 《주역(周易)》을 강론하게 하다.[격일강역(隔日講易)] 개원 11년에, 학사 후행과(侯行果) 등에게 명하여 매일 《주역》을 시강하게 하였다. 그 뒤로 황태자가 《주역》을 강론해 줄 것을 청하자 황제가 사람들에게 이르기를, "내가 다시 《주역》에 밝고 이름과 행실이 있는 자를 선발하더라도 역시 후행과를 넘어설 자가 없을 것이다"라 하고 다시 후행과로 하여금 격일로 황태자에게 《주역》을 강론하도록 하였다.

開元十一年詔學士侯行果等, 每日侍讀周易. 其後皇太子奏請講周易, 上謂人曰, 吾更選一明易而有名行, 亦無出於侯行果者. 又令行果隔日爲皇太子講易.[959]

당시에 또 자주 학사들에게 술과 음식을 내려주어 즐기고 마시면서 즐거움으로 삼게 하였고 잇달아 시를 지어 올린 것이 수백 수가 되었다. 자주 두터운 은혜를 입어 참외와 푸른 오얏 및 사방의 진귀한 것들을 하사받았다. 연국공이 글을 써서, "동쪽 벽은 도서부(圖書府)[960]요, 서쪽 담은 한림원이로다. 시를 읊어 국정에 참여하고, 《주역》을 강론하면서 천심(天心)을 안다(東壁圖書府, 西垣翰墨林. 誦詩聞國政, 講易見天心)"[961]라고 하자 당시의 문인들이 칭송하였다.

時又頻賜酒饌學士等, 讌飮爲樂, 前後賦詩奏上, 凡數百首. 屢承恩渥, 賜以甘瓜綠李及四方珍異. 燕公書曰, 東壁圖書府, 西垣翰墨林. 誦詩聞國政, 講易見天心. 當時詞人稱美.[962]

부자(父子)가 서로 교대하다.[부자상차(父子相次)] 서교(徐嶠)[963]가 집현원직학사(集賢院直學士)로 제수되었는데 바로 서견(徐堅)[964]의 아들이었으니 부자가 서로 교대하여 학사가 되었다.

徐嶠授集賢院直學士, 卽堅之子, 父子相次爲學士.[965]

장예(蔣乂)의 조부인 장환(蔣環)[966]이 개원 연간에 홍문관학사(弘文館學士)였고, 부친인 장명(蔣明)[967]은

953. 손계량(孫季良): 당(唐) 언사(偃師) 출신으로 좌습유(左拾遺), 집현원학사(集賢院學士) 등을 역임하였다.
954. 봉산(蓬山): 비서성(祕書省)의 다른 이름이다.
955. 운각(芸閣): 역시 비서성(祕書省)의 다른 이름으로 운향각(芸香閣)의 준말이다.
956. 함상정(含象亭): 상양궁(上陽宮)에 있던 누각 이름이다.
957. 거가(車駕): 황제가 타는 수레라는 뜻에서 황제를 가리킨다.
958. 이상은 모두 《천중기(天中記)·한림원(翰林院)》의 기록이다.
959. 《고금사문유취신집(古今事文類聚新集)·제원부(諸院部)》
960. 도서부(圖書府): 국가에서 도서를 수집, 간직해 두던 서고이다.
961. 시제(詩題)는 〈은래려정전서원사연응제(恩勑麗正殿書院賜宴應制)〉이고 연결되는 후반부는 다음과 같다. "位竊和羹重, 恩叨醉酒深. 載歌春興曲, 情竭為知音."
962. 《고금사문유취신집(古今事文類聚新集)·제원부(諸院部)》
963. 서교(徐嶠): 당(唐) 장성(長城) 출신으로 자가 거산(巨山)이다. 집현원학사(集賢院學士), 중서사인(中書舍人) 등을 역임하였다.
964. 서견(徐堅): 당(唐) 장성(長城) 출신으로 자가 원고(元固)이다. 집현원학사(集賢院學士)를 역임하였다.
965. 《신당서(新唐書)·서교전(徐嶠傳)》

집현전학사(集賢殿學士)였으니 유학자들이 영광으로 여겼다.

蔣乂祖瓌, 開元中弘文館學士, 父蔣明集賢殿學士, 儒者榮之.[968]

옛것을 공부하는 힘[계고지력(稽古之力)] 왕회질(王迴質)[969]이 개원 10년에 집현원학사(集賢院學士)에 제수되었고 시독(侍讀)을 겸하였다. 왕회질은 산동(山東)의 노숙한 학자인데 평민으로서 부름 받아 제수되었고, 얼마 후 시독으로 들어갔지만 여전히 황태자를 모시고 책을 읽게 하도록 하였다. 수왕(壽王)[970]이 《효경(孝經)》을 다 읽자 한 묶음의 비단, 술과 음식 및 침상과 옷, 이부자리 등을 하사하고 왕회질로 하여금 침상 위에 앉고 하사한 물건들을 펼쳐 놓도록 하였다. 금오(金吾)[971]가 받들고서 그의 집에 가져다주니 마을에서 구경하는 자들이 담과 같이 둘러 쌓았고 집안사람들은 문에서 맞이하면서 기뻐서 떠들어댔다. 모두 감탄하면서 말하기를, "옛것을 공부하는 힘이 진실로 헛되지 않다"라고 하였다.

王迴質, 開元十年拜集賢院學士仍侍讀. 迴質山東宿儒, 褐衣召拜, 旣入侍讀, 仍令侍皇太子讀書. 及壽王通孝經, 賜束帛酒饌及床梅衣被等, 令迴質坐床上, 羅列所賜物. 金吾奉歸其家, 里巷觀者如堵, 家人迎門歡譟. 皆歎曰, 稽古之力, 信不虛也.[972]

기숙하는 곳[기숙지소(寄宿之所)] 남당(南唐) 서개(徐鍇)[973]가 우부원외랑(虞部員外郞)이 되어 집현원(集賢院)을 전담하면서 다시는 가사(家事)에 대해 묻지 않았다. 일찍이 말하기를, "집현원(集賢院)이 바로 나의 집이다"라 하고 사는 곳을 가리켜 말하기를, "이곳은 기숙하는 곳일 뿐이다"라고 하였다. 서개는 자가 초금(楚金)이고 (형인) 서현(徐鉉)과 함께 강동(江東)에서 큰 명망이 있었다. 형제가 모두 가까이서 모시는 데에 참여하였고 그 글이 서로 대등하여, 말하는 자들이 진(晉)의 이륙(二陸)[974]에 비교하였다.

南唐徐鍇爲虞部員外郎, 專掌集賢院, 不復問家事. 嘗言, 集賢院卽是吾家, 指所居曰, 此寄宿之所爾. 鍇字楚金, 與鉉同有大名於江左. 兄弟俱參近侍, 而其文相軋, 議者方晉之二陸.[975]

낯빛이 변하여 소리치다.[색규(色叫)] 옛 제도에 무릇 양부(兩府)[976]에 들어가면 관각의 직책을 추천하도록 허락되었다. 왕덕용(王德用)[977]이 추밀원[유밀(宥密)[978]]의 책임자가 되었는데 관각의 직책을 추천할 것을 청한 자가 있었다. 공이 말하기를, "그대의 재주로 진사(進士)에 등과(登科)하였으니 추천하는 것이 격식에 맞소. 그러나 아무개는 무인(武人)이라서 평소에 책을 읽지 않았는데, 만약 받들어 추천한다면 (사람들이) 낯빛이 변하여 소리칠 것이오"라고 하니 세상 사람들이 식견 있는 말이라고 하였다.

---

966. 장환(蔣瓌): 당(唐) 상주(常州) 출신으로 태자선마(太子洗馬), 홍문관학사(弘文館學士) 등을 역임하였다.
967. 장명(蔣明): 당(唐) 상주(常州) 출신으로 국자사업(國子司業), 집현원학사(集賢院學士) 등을 역임하였다.
968. 《구당서(舊唐書)·장예전(蔣乂傳)》
969. 왕회질(王迴質): 당(唐) 산동(山東) 출신으로 비서소감(秘書少監), 집현원학사(集賢院學士) 등을 역임하였다.
970. 수왕(壽王): 당(唐) 현종(玄宗)의 제18자로 이름이 모(瑁)이다.
971. 금오(金吾): 황제와 대신의 경호, 의장(儀仗) 및 수도의 치안을 담당하던 무관(武官)이다.
972. 《고금사문유취신집(古今事文類聚新集)·제원부(諸院部)》
973. 서개(徐鍇): 남당(南唐) 광릉(廣陵) 출신으로 자가 초금(楚金)이다. 내사사인(內史舍人)을 역임하였다.
974. 이륙(二陸): 진(晉)나라의 육기(陸機)와 육운(陸雲) 형제를 가리킨다.
975. 《고금사문유취신집(古今事文類聚新集)·제원부(諸院部)》
976. 양부(兩府): 송대(宋代)에 중서성(中書省)과 추밀원(樞密院)을 일컬은 말이다.
977. 왕덕용(王德用): 송(宋) 정주(鄭州) 출신으로 자가 원보(元輔)이다. 정주로도총관(定州路都摠管), 추밀사(樞密使) 등을 역임하였다.
978. 유밀(宥密): 추밀원(樞密院)의 별칭이다.

이것이 지금 사람들이 사리가 합당하지 않은 것을 '색규(色叫)'라고 하게 된 것이다.《주사(麈史)》

舊制, 凡入兩府, 許薦館職. 王公德用長有密, 有干薦館職. 公曰, 以君才進士登科, 所薦應格矣. 然某武人, 素不閱書, 若奉薦, 則色叫矣. 世以爲知言. 蓋今人以事理不相當, 爲色叫.《麈史》[979]

유학자를 선발하다.[선유학사(選儒學士)] 현종이 재상에게 이르기를, "짐이 매번 독서할 때에 의심나거나 막히는 부분이 있어도 좇아서 질문할 이가 없으니, 유학자를 선발하여 날마다 들어와 시독(侍讀)하도록 하는 것이 좋겠소"라고 하였다. 노회신(盧懷愼)[980]이 마회소(馬懷素)[981]를 추천하여 저무량(褚無量)과 함께 격일로 시독하게 하니 사부(師傅)의 예로 대우하였다.

玄宗謂宰相曰, 朕每讀書, 有所疑滯, 無從質問, 可選儒學之士, 日使入內侍讀. 盧懷愼薦馬懷素, 使與褚無量更日侍讀, 待以師傅之禮.[982]

학문이 있는 선비들을 모으다.[취문학사(聚文學士)] 현종이 여정서원을 세우고 학문이 있는 선비들을 모아 혹은 책을 수정하고 혹은 시독(侍讀)하게 하면서 담당자로 하여금 공급하는 것을 매우 후하게 하였다.

玄宗置麗正書院, 聚文學之士, 或修書, 或侍讀, 有司供給甚厚.[983]

세 가지 일을 아뢰다.[주론삼사(奏論三事)] 이천(伊川) 정이(程頤)[984]가 부름 받아 대좌하여 경연(經筵)에 관한 논의 세 가지를 아뢰었다. 첫째, 황제[985]께서는 춘추(春秋)가 한창이시니 보좌하여 수양하는 일을 급선무로 삼아야 합니다. 둘째, 좌우의 내시(內侍)와 궁인(宮人)들을 모두 노련하고 중후한 사람들로 뽑아야 합니다. 셋째, 강관(講官)을 배치하기를 청합니다.

伊川召對, 上奏論經筵三事. 一, 上富春秋, 輔養爲急. 二, 左右內侍宮人, 皆選老成重厚. 三, 請令講官坐.

황제가 궁중에서 일어나서 양치를 하러 갈 때에 반드시 땅강아지나 개미를 피한다는 말을 일찍이 들은 적이 있어 그로 인하여 묻기를, "그런 일이 있으셨습니까?"라고 하자 황제가 대답하기를, "그렇습니다. 진실로 그것들을 다치게 할까 염려했을 뿐입니다"라고 하였다. 선생이 아뢰기를, "바라옵건대 폐하께서 이 마음을 미루어 온 세상 사람들에게 미치게 하신다면 천하가 매우 다행스러울 것입니다"라고 하였다.

嘗聞上在宮中, 起行漱水, 必避螻蟻, 因請之曰, 有是乎? 上曰, 然. 誠恐傷之爾. 先生曰, 願陛下推此心, 以及四海, 天下幸甚.

숭정전설서(崇政殿說書)[986]를 맡았을 때에 하루는 강론이 끝나고 아직 물러나지 않았는데, 황제가 갑자기 일어나 난간에 기대어 장난 삼아 버드나무 가지를 꺾었다. 선생이 진언하기를, "막 봄이 되어 솟아나는 것들이니, 까닭없이 꺾으시면 안 됩니다"라고 하였다.

充崇政殿說書, 一日講罷, 未退, 上忽起憑檻, 戲折柳枝. 先生進曰, 方春發生, 不可無故摧折.[987]

---

979. 송(宋) 왕득신(王得臣), 《주사(麈史)·현덕(賢德)》
980. 노회신(盧懷愼): 당(唐) 활주(滑州) 출신이다. 동중서문하평장사(同中書門下平章事), 황문감(黃門監) 등을 역임하였다.
981. 마회소(馬懷素): 당(唐) 윤주(潤州) 출신으로 자가 유백(惟白)이다. 호부시랑(戶部侍郎), 비서감겸소문관학사(秘書監兼昭文館學士) 등을 역임하였다.
982. 《고금사문유취신집(古今事文類聚新集)·제원부(諸院部)》
983. 《자치통감(資治通鑑)·당기(唐紀)》
984. 정이(程頤): 송(宋) 낙양(洛陽) 출신으로 자가 정숙(正叔)이고 세칭 이천선생(伊川先生)이라고 하였다. 주돈이(周敦頤)의 제자로 이기(理氣)의 철학을 제시하였다.
985. 송(宋) 제 7대 황제인 철종(哲宗)으로 재위 기간은 1086-1100년이다.
986. 숭정전설서(崇政殿說書): 송대(宋代)에 황제에게 글을 강론하는 일을 맡았던 벼슬 이름이다.

철종(哲宗)[988]이 나이가 어렸는데 정정숙(程正叔)을 불러 숭정전설서(崇政殿說書)로 삼으니 정숙(正叔)이 스승의 도리로 자처하였다. 매번 황제를 모시고 강론할 때마다 안색이 매우 장엄하였고 이어서 넌지시 간언을 하니 황제가 그를 어려워하였다. 정숙이 말하기를, "제가 평민으로 황제의 스승이 되었으니 어찌 감히 자중하지 않을 수 있겠습니까?"라고 하였다.

哲宗幼沖, 召程正叔, 爲崇政說書, 正叔以師道自居. 每侍上講, 色甚莊, 繼以諷諫, 上畏之. 正叔曰, 吾以布衣爲上師傅, 其敢不自重.[989]

한 마디 말로 제수하다.[일언이배(一言而拜)]

공도보(孔道輔)[990]가 황후를 폐위하는 일을 논의하였는데, 천하 사람들이 공경히 그의 태도를 따랐다. 근신(近臣)들이 시를 바친 것이 천 수였는데 대신들이 그를 용도각학사(龍圖閣學士)로 삼기를 청하자 황제[991]가 이르기를, "천 수의 시가 어찌 공도보의 한 마디 말만 하겠는가"라 하고는 용도각에 제수하였다.

孔道輔論廢后事, 天下聳聞其風采. 近臣獻詩十[992]首, 執政請以爲龍圖學士, 上曰, 千首詩, 豈如孔道輔一言, 拜龍圖閣.[993]

987. 이상은 모두 《송명신언행록(宋名臣言行錄)·외집(外集)》의 기록이다.
988. 철종(哲宗): 송(宋) 제7대 황제로 재위 기간은 1086-1100년이다.
989. 《송사(宋史)·정이전(程頤傳)》
990. 공도보(孔道輔): 송(宋) 곡부(曲阜) 출신으로 자가 원로(原魯)이다. 좌정언(左正言), 운주지주사(鄆州知州事) 등을 역임하였다.
991. 송(宋) 제4대 황제인 인종(仁宗)으로 재위 기간은 1023-1063년이다.
992. 《유원총보》의 '十'은 '千'의 오자이다.[《고금사문유취유집(古今事文類聚遺集)·성관부유(省官部遺)》]
993. 《고금사문유취유집(古今事文類聚遺集)·성관부유(省官部遺)》

【유원총보 권 14】

관직문(官職門)

중서사인 中書舍人[1]

- 《환제요략(環濟要略)》의 기록이다. 사인(舍人)은 옛 관직이다. 《주례(周禮)·지관(地官)》에 사인(舍人)이 있으니 상사(上士)가 2인이었다. 사(舍)는 궁(宮)과 같으니 궁중의 정무(政務)를 담당한다.

  環濟要略云. 舍人, 古官也. 周禮地官, 有舍人, 上士二人. 舍猶宮也, 掌宮中之政.[2]

- 금고(琴高)[3]는 송(宋) 강왕(康王)의 사인(舍人)이었고 이사(李斯)[4]는 진(秦)나라 궁궐의 사인이었으며, 주발(周勃)[5]·번쾌(樊噲)[6]·역이기(酈食其)[7]는 한(漢)나라 고조(高祖)의 사인이었다.

  琴高爲宋康王舍人, 李斯爲秦宮舍人,[8] 周勃·樊噲·酈食其, 爲漢高舍人.[9]

- 위(魏)나라에서는 중서통사사인(中書通事舍人)을 두었는데 혹자는 말하기를, "사인(舍人)과 통사(通事)는 각각 하나의 직책이었다"라고 하였다.

  魏置中書通事舍人, 或曰, 舍人·通事, 各爲一職.[10]

- 동진(東晉) 시기에 그것을 통합하여 통사사인(通事舍人)이라고 하였는데 상소문을 담당하였다. 뒤에 중서시랑(中書侍郞) 1인으로 그 직책을 겸하여 조명(詔命)을 담당하게 하였다. 제량(齊梁) 시기에는 조고(詔誥)의 임무를 사인(舍人)이 전담하였다.

  晉江左乃合之, 謂之通事舍人, 掌呈奏案章. 後以中書侍郞一人兼其職, 而掌其詔命. 齊梁之時, 詔誥之任, 舍人專之.[11]

- 당(唐) 무덕(武德)[12] 연간에 중서사인(中書舍人)으로 바꾸고 6인을 두었다.

  唐武德中, 改爲中書舍人, 置六員.[13]

- 송대(宋代)에는 중서사인(中書舍人)으로 후성(後省)[14]의 일을 처리하게 하였고 안건을 나눈 것이 다섯이었으니, 상안(上案), 하안(下案), 제고안(制誥案), 간관안(諫官案), 기주안(記注案)이었다.[15]

  宋以中書舍人判後省之事, 分案五, 曰上案, 曰下案, 曰制誥案, 曰諫官案, 曰記注案.[16]

---

1. 중서사인(中書舍人): 국가의 기무(機務), 조명(詔命) 등을 담당하는 최고 관서인 중서성(中書省)의 속관이다.
2. 《주례(周禮)·지관(地官)·사도(司徒)》에서, "舍人, 上士二人, 中士四人, 府二人, 史四人, 胥四人, 徒四十人"이라 하였고 《주례(周禮)·지관(地官)·사인(舍人)》에서, "掌平宮中之政, 分其財守, 以法掌其出入"이라고 하였다.
3. 금고(琴高): 전국시대 조(趙)나라 사람으로 금(琴)을 잘 탔다고 한다.
4. 이사(李斯): 전국(戰國) 시대 초(楚) 상채(上蔡) 출신으로 순자(荀子)에게 배웠다. 진시황(秦始皇) 시절에 승상(丞相)을 역임하였다.
5. 주발(周勃): 서한(西漢) 사수(泗水) 출신으로 한(漢) 고조(高祖)를 도와 천하를 평정하였다. 태위(太尉)로 있으면서 여씨(呂氏) 일족을 몰아내 한실(漢室)을 안정시켰고 강후(絳侯)에 봉해졌다.
6. 번쾌(樊噲): 서한(西漢) 패(沛) 출신으로 한(漢) 고조(高祖)를 도와 진(秦)을 공격하여 큰 공을 세웠다. 좌승상(左丞相), 상국(相國) 등을 역임하였다.
7. 역이기(酈食其): 서한(西漢) 진류(陳留) 출신으로 한(漢) 고조(高祖)를 도와 제(齊)의 70여 개 성을 항복받았다.
8. 《사기(史記)·진시황본기(秦始皇本紀)》
9. 《고금사문유취전집(古今事文類聚前集)·선불부(仙佛部)》
10. 《어정연감유함(御定淵鑑類函)·설관부(設官部)》
11. 《진서(晉書)·직관지(職官志)》
12. 무덕(武德): 당(唐) 고조(高祖)의 연호(618-626)이다.
13. 《산당사고(山堂肆考)·신직(臣職)》
14. 후성(後省): 문하중서외성(門下中書外省)의 별칭이다.
15. 《송사(宋史)·직관지(職官志)》에, "分案五, 曰上案, 主寶禮及朝會所行事. 曰下案, 主受發文書. 曰封駁案, 主封駁及試吏校其功過. 曰諫官案, 主關報文書. 曰記注案, 主錄起居注"라고 하였다.

향기를 머금고 정무를 처리하는 신하[함향악란(含香握蘭)] 한대(漢代)에 중서사인상서랑(中書舍人尙書郎)을 두었는데 향기를 머금고[함향(含香)[17] 정무를 처리하는 신하[악란(握蘭)[18]]로서 건례문(建禮門)[19]에서 임직하였다. 태관(太官)이 음식을 바치고 명광전(明光殿)[20]에서 일을 아뢰었으니, 붓을 대면 조고(詔誥)가 되고 말을 내면 고령(誥令)이 되었다.

漢置中書舍人尙書郎, 含香握蘭, 直宿於建禮門. 太官供膳, 奏事明光殿下筆爲詔誥, 出語爲誥令.[21]

봉각사인(鳳閣舍人)[22] 서견(徐堅)[23]은 자가 원고(元固)이다. 성력(聖曆)[24] 연간에 양재사(楊再思)[25]와 왕방경(王方慶)[26]이 동도유수(東都留守)가 되어 서견을 데려다 판관(判官)으로 삼고 표문(表文)과 주문(奏文)을 그에게 전담하게 하였다. 왕방경이 일찍이 칭송하기를, "조령(詔令)을 담당하기에 잘 뽑은 사람이다"라 하였고 양재사는 말하기를, "이 사람은 봉각사인(鳳閣舍人)감이다"라고 하였다.

徐堅, 字元固. 聖曆中楊再思·王方慶爲東都留守, 引堅爲判官, 表奏專委之. 方慶嘗稱曰, 掌綸誥之選也. 再思曰, 此鳳閣舍人樣.[27]

특별히 옛 물건을 하사하다.[독사고물(獨賜古物)] 남제(南齊)의 부소(傅昭)[28]가 중서통사사인(中書通事舍人)이 되었는데 당시에 이 직책에 있던 자들은 권세가 천하를 기울게 할 정도였으나 오직 부소만은 청렴하고 고요하여 간여하는 바가 없었고 기물이나 의복도 소박하고 거칠었다. 명제(明帝)[29]가 그 말을 듣고 옻칠한 촛대를 하사하면서 이르기를, "경은 고풍(古風)이 있으니 그 때문에 옛 물건을 하사하는 것이오"라고 하였다.《남사(南史)》

南齊傅昭爲中書通事舍人, 時居此職者, 皆權傾天下, 獨昭廉靜, 無所干預, 器服率陋. 明帝聞之, 賜漆合燭盤, 勅曰, 卿有古風, 故賜以古物.《南史》[30]

문장이 마음에서 완성되다.[문성어심(文成於心)] 양(梁) 배자야(裴子野)[31]가 조고(詔誥)를 담당하였는데, 어떤 사람이 그가 문장 짓는 것이 빠른 이유를 묻자 배자야가 대답하기를, "남들은 모두 손에서 이루는데 나는 오직 마음에서 이루기 때문이오"라고 하였다.

梁裴子野掌詔誥, 或問其爲文速者, 子野答曰, 人皆成於手, 我獨成於心.[32]

---

16. 《송사(宋史)·직관지(職官志)》
17. 함향(含香): 상서랑이 황제에게 아뢸 때 계설향(雞舌香:丁香)을 물어 악취를 없앤 데에서 황제를 시봉하는 일을 일컫는다.
18. 악란(握蘭): 황제의 좌우에서 정무를 처리하는 신하를 가리킨다.
19. 건례문(建禮門): 한대(漢代)의 궁문 이름이다.
20. 명광전(明光殿): 한대(漢代)의 궁전 이름으로 미앙궁(未央宮)의 서쪽에 있었다.
21. 《통지(通志)·직관략(職官略)》
22. 봉각사인(鳳閣舍人): 중서사인(中書舍人)의 별칭이다.
23. 서견(徐堅): 당(唐) 장성(長城) 출신으로 자가 원고(元固)이다. 집현원학사(集賢院學士)를 역임하였다.
24. 성력(聖曆): 당(唐) 예종(睿宗)의 연호(698-700)이다.
25. 양재사(楊再思): 당(唐) 정주(鄭州) 출신으로 난대시랑(蘭臺侍郎), 동평장사(同平章事), 시랑(侍郎) 등을 역임하였다.
26. 왕방경(王方慶): 당대(唐代) 사람으로 태자좌서자(太子左庶子)를 역임하였다.
27. 《구당서(舊唐書)·서견전(徐堅傳)》
28. 부소(傅昭): 남조(南朝) 제량(齊梁) 시기의 북지(北地) 출신으로 자가 무원(茂遠)이다. 산기상시(散騎常侍)를 역임하였는데 청정(淸淨)함으로 이름이 높았다.
29. 명제(明帝): 남조(南朝) 제(齊) 제5대 황제로 재위 기간은 494-498년이다.
30. 《남사(南史)·부소전(傅昭傳)》
31. 배자야(裴子野): 남조(南朝) 양(梁) 하동(河東) 출신으로 자가 기원(幾原)이다. 저작랑(著作郎), 중서시랑(中書侍郎) 등을 역임하였다.
32. 《양서(梁書)·배자야전(裴子野傳)》

그를 각로(閣老)라고 일컫다.[위지각로(謂之閣老)] 당(唐) 양관(楊綰)[33]이 중서사인(中書舍人)일 때, 관례로 사인(舍人) 가운데 나이가 많은 자가 각로(閣老)가 되어 그 부서의 여러 가지 수당을 홀로 오분의 사를 취하였는데, 양관에 이르러 모두 균등하게 분배하였다.《본전(本傳)》

唐楊綰爲中書舍人, 故事, 舍人年久者爲閣老, 其公廨雜料, 獨取五之四, 至綰, 悉均給之.《本傳》[34]

조서(詔書)의 초고를 남겨 두지 않다.[불류제초(不留制草)] 고영(高郢)[35]은 중서사인(中書舍人)이 된 지 9년이 지났는데도 집안에 조서의 초고가 없었다. 어떤 사람이 묻기를, "선배들은 모두 조서집이 있는데 공만이 유독 불태워 버리는 것은 어째서입니까?"라고 하자 대답하기를, "황제의 말씀은 개인의 집에 보관하면 안 됩니다"라고 하였다.《직림(職林)》

高郢爲中書舍人九年, 家無制草. 或問之曰, 前輩皆有制集, 公獨焚之, 何也? 答曰, 王言, 不可存於私室.《職林》[36]

상곤(常袞)[37]과 양염(楊炎)[38]의 조서[상양조고(常楊詔誥)] 양염(楊炎)이 중서사인(中書舍人)이 되어 상곤(常袞)과 함께 조서를 담당하였는데 상곤은 제서(除書)[39]에 뛰어났고 양염은 덕음(德音)[40]을 잘 썼다. 개원 이래로 조서가 훌륭하여 당시에 '상양(常楊)'이라고 칭송하였다.《본전》

楊炎爲中書舍人, 與常袞竝掌綸誥, 袞長於除書, 炎善於德音. 自開元以來, 詔誥之美, 時稱常楊.《本》[41]

문장의 노성인[문장숙로(文章宿老)] 당(唐) 이교(李嶠)[42]는 자가 거산(巨山)이다. 봉각사인(鳳閣舍人)일 때에 공문서와 큰 명령을 주관한 것이 많다. 이교는 재주와 창작력이 풍부하였으나 벼슬하기 전에도 왕발(王勃)[43]·양영천(楊盈川)[44]과 교제하였고 중간에는 최융(崔融)[45]·소미도(蘇味道)[46]와 이름을 나란히 하였다. 만년에 여러 사람이 죽은 뒤에는 문장의 노성인이 되어 당시의 학자들이 본보기로 삼았다.《본전》

唐李嶠, 字巨山. 爲鳳閣舍人, 文册大號令, 多主爲

33. 양관(楊綰): 당(唐) 화주(華州) 출신으로 자가 공권(公權)이다. 중서시랑(中書侍郞), 동중서문하평장사(同中書門下平章事) 등을 역임하였다.
34. 《신당서(新唐書)·양관전(楊綰傳)》
35. 고영(高郢): 당(唐) 위주(衛州) 출신으로 자가 공초(公楚)이다. 예부시랑(禮部侍郞), 동중서문하평장사(同中書門下平章事), 상서우복야(尙書右僕射) 등을 역임하였다.
36. 《구당서(舊唐書)·고영전(高郢傳)》
37. 상곤(常袞): 당(唐) 경조(京兆) 출신이다. 중서사인(中書舍人), 동평장사(同平章事), 복건관찰사(福建觀察使) 등을 역임하였다. 매관매직의 악습을 막고 글재주가 없는 사람을 배척하여 '답백(踏伯)'이라는 별명을 얻었다.
38. 양염(楊炎): 당(唐) 봉상(鳳翔) 출신으로 자가 공남(公南)이다. 문하시랑(門下侍郞), 동중서문하평장사(同中書門下平章事) 등을 역임하였다.
39. 제서(除書): 관직을 임명하는 문서, 즉 교지(敎旨)를 가리킨다.
40. 덕음(德音): 은전을 베푸는 등의 조서를 가리킨다.
41. 《구당서(舊唐書)·양염전(楊炎傳)》
42. 이교(李嶠): 당(唐) 찬황(贊皇) 출신으로 자가 거산(巨山)이다. 급사중(給事中), 봉각난대평장사(鳳閣蘭臺平章事) 등을 역임하였다.
43. 왕발(王勃): 초당(初唐)의 시인으로 자가 자안(子安)이다. 초당(初唐) 사걸(四傑)의 일원으로 성당시(盛唐詩)의 선구자가 되었다.
44. 양영천(楊盈川): 당(唐) 화음(華陰) 출신의 양형(楊炯)으로 영천령(盈川令)을 지내 양영천(楊盈川)으로 불린다. 왕발과 함께 초당 사걸로 일컬어졌으며 교서랑(校書郞)을 역임하였다.
45. 최융(崔融): 당대(唐代) 사람으로 자가 가대(可大)이다. 화주자사(華州刺史)를 역임하였다.
46. 소미도(蘇味道): 당(唐) 난성(欒成) 출신으로 동봉각난대평장사(同鳳閣鸞臺平章事)가 되었다. 재상의 지위에 있으면서도 특별히 한 바가 없이 자신의 이익만을 추구하였다.

之. 嶠富才思, 然其仕前, 與王勃·楊盈川接, 中與崔融·蘇味道, 齊名. 晚諸人沒, 而爲文章宿老, 一時學者取法焉.《本》[47]

열 가지 어려움을 드러내다.[발십난(發十難)]

당(唐) 위처후(韋處厚)가 목종(穆宗)[48] 시기에 중서사인이 되었다. 당시에 장평숙(張平叔)[49]이 말재주로 승진하였는데 (국가에서) 소금을 팔려고 하자 위처후가 열 가지 문제점을 밝혀 그를 비판하였다. 황제가 이에 백성들에게 해가 됨을 알았고 장평숙이 비로소 배척되었다.

唐韋處厚, 穆宗時爲中書舍人. 時張平叔以便佞進, 欲糶鹽, 處厚發十難, 以詰之. 帝乃知害民, 平叔始踈斥.[50]

세상 사람들이 모두 인정하다.[해내공추(海內共推)]

우세기(虞世基)[51]가 내사사인(內史舍人)에 제수되었다. 유고언(柳顧言)[52]이 박학하여 인정하는 사람이 드물었는데, 이때에 이르러 우세기와 만나보고 감탄하면서 말하기를, "세상 사람들은 마땅히 함께 이 한 사람을 인정해야 할 것이다"라고 하였다.《본전》

虞世南[53]拜內史舍人. 柳顧[54]博學, 罕所推許, 至是與世南相見, 歎曰, 海內當共推此一人.《本》[55]

붓을 놀리는 것이 샘물이 솟아나오듯 하다.[쇄한천용(灑翰泉湧)] 정전(鄭畋)[56]이 중서사인으로 옮겼다. 함통(咸通)[57] 10년에 서(徐) 지방을 토벌하면서 조서가 이리저리 뒤얽혔는데 정민이 붓을 놀리는 것이 샘물이 솟아나오듯 하여 동작에 막히는 생각이 없자 동료들이 붓을 놓고 그를 칭송하였다.

鄭畋遷中書舍人. 咸通十年討徐方書詔旁午, 畋灑翰泉湧, 動無滯思, 同僚閣筆推之.[58]

붓을 놀리는 것이 나는 듯하였다.[휘한여비(揮翰如飛)]

육의(陸扆)[59]가 중서사인에 제수되었는데, 그는 글을 구상하는 것이 빨라 애초에 생각하는 것 없이 붓을 놀리면 나는 듯하였으며 문리가 모두 흡족하였기 때문에 동료들이 모두 그의 능력을 칭송하였다.

陸扆拜中書舍人, 扆文思敏速, 初無思慮, 揮翰如飛, 文理俱愜, 同僚共推其能.[60]

책명(冊命)과 장주(章奏)에 뛰어나다.[공어책주(工於册奏)] 안사고(顔師古)가 중서사인으로 옮겨 기밀(機密)을 담당하였다. 당시에 군대와 나라에 일이 많았는데 모든 조명(詔命)이 다 그의 손에서 이루어졌으니 책명과 장주의 뛰어남이 당시에 미칠 자가 없었다.

顔師古遷中舍, 掌機密. 時軍國多務, 凡制誥皆成其手, 册奏之工, 時無及者.[61]

나누어 불러 주어 받아 적게 하다.[분구점수(分口占授)]

47. 《신당서(新唐書)·이교전(李嶠傳)》
48. 목종(穆宗): 당(唐) 제14대 황제로 재위 기간은 821-824년이다.
49. 장평숙(張平叔): 당(唐) 오군(吳郡) 출신으로 홍려경(鴻臚卿), 호조시랑(戶曹侍郎) 등을 역임하였다.
50. 《신당서(新唐書)·위처후전(韋處厚傳)》
51. 우세기(虞世基): 수(隋) 회계(會稽) 출신으로 자가 무세(茂世)이다. 내사시랑(內史侍郎)을 역임하였다.
52. 유고언(柳顧言): 수(隋) 하동(河東) 출신으로 비서감(秘書監)을 역임하였다.
53. 《유원총보》의 '虞世南'은 '虞世基'의 오류이다.[《수서(隋書)·우세기전(虞世基傳)》]
54. 《유원총보》의 '柳顧'는 '柳顧言'의 오류이다.[《수서(隋書)·우세기전(虞世基傳)》]
55. 《수서(隋書)·우세기전(虞世基傳)》
56. 정전(鄭畋): 당(唐) 형양(滎陽) 출신으로 자가 태문(台文)이다. 사공(司空) 태자태보(太子太保) 등을 역임하였다.
57. 함통(咸通): 당(唐) 의종(懿宗)의 연호(860-873)이다.
58. 《구당서(舊唐書)·정전전(鄭畋傳)》
59. 육의(陸扆): 당(唐) 소주(蘇州) 출신으로 자가 상문(祥文)이다. 한림학사(翰林學士)를 역임하였다.
60. 《구당서(舊唐書)·육의전(陸扆傳)》
61. 《구당서(舊唐書)·안사고전(顔師古傳)》

잠문본(岑文本)[62]은 직책을 잘 수행했고 처리가 빨랐다. 간혹 조령(詔令)이 많고 급박할 때에는 속리(屬吏) 6, 7명에게 명하여 붓을 적시게 하고 각자에게 불러 주어 받아 적게 하였는데 모두 뜻을 빠뜨리는 일이 없었다.《직림(職林)》

岑文本善職而敏速. 或策令叢遽, 勅吏六七人泚筆, 分口占授, 咸無遺意.《職林》[63]

붓을 잡고 나누어 받아 적게 하다.[집필분점(執筆分占)] 수춘군왕(壽春郡王) 이성기(李成器) 형제 5인이 처음 제후로 책봉되어 같은 날에 책명을 받게 되었는데, 담당자가 책문(册文)을 가져오는 것을 잊었다. 백관(百官)들이 반열에 자리잡고 있는데 비로소 궐례(闕禮)가 되었음을 알고 모두 돌아보며 안색이 변하였다. 중서사인(中書舍人) 왕발(王勃)이 그 자리에서 속리(屬吏) 다섯 명을 불러 각자 붓을 잡고 불러 주어 나누어 받아 적게 하니 잠깐 사이에 모두 마무리되었는데, 문장의 조리가 전아하고 넉넉하여 당시 사람들이 탄복하였다.

壽春郡王盛[64]器兄弟五人, 初出閣, 同日受册, 有司忘載册文. 及百官在列, 方知闕禮, 皆相顧失色. 中書舍人王勃立召小吏五人, 各令執筆, 口授分寫, 須臾俱畢, 詞理典贍, 時人歎服.[65]

팔을 장차 못 쓰게 되다.[수완장폐(手腕將廢)] 중서사인(中書舍人) 소정(蘇頲)[66]이 태극전(太極殿)[67]에 있을 때 조서가 가득 쌓여 걸핏하면 만으로 헤아려졌지만 손으로 잡고 말로 대응하면 조금도 착오가 없었다. 주서(主書)[68]인 한례(韓禮)와 담자양(談子陽)이 돌아가며 조서의 초안을 받아 적으면서 자주 소정에게 아뢰기를, "바라건대 공께서는 좀 천천히 부르십시오. 저희들이 따라 써 낼 수 없으니 팔을 장차 못 쓰게 될 것 같습니다"라고 하였다.

中書舍人蘇頲在太極殿, 文詔塡委, 動以萬計, 手操口對, 無毫氂差誤. 主書韓禮·談子陽, 轉書詔草, 屢謂頲曰, 乞公稍遲. 禮等書不及, 恐手腕將廢.[69]

한 사람이 일을 처리하다.[일인판사(一人辦事)] 손처약(孫處約)[70]이 중서사인(中書舍人)이 된 지 여러 해가 되자 중서령[중령(中令)[71]] 두정륜(杜正倫)[72]이 사인 한 사람을 더 제수하여 손처약과 함께 조서 작성을 맡도록 할 것을 아뢰자, 고종(高宗)[73]이 이르기를, "손처약 한 사람이 충분히 나의 일을 처리하는데, 어찌 많을 필요가 있겠는가"라고 하였다.

孫處約爲中書舍人累年, 中令杜正倫奏請, 更授一舍人, 與處約同知制誥, 高宗曰, 處約一人, 足辦我事, 何須多也.[74]

홀로 두 성(省)에서 임직하다.[독직양성(獨直兩省)] 권덕여(權德輿)[75]는 자가 재지(載之)이다. 기거사

62. 잠문본(岑文本): 당(唐) 극양(棘陽) 출신으로 자가 경인(景仁)이다. 중서령(中書令)을 역임하였다.
63. 《신당서(新唐書)·잠문본전(岑文本傳)》
64. 《유원총보》의 '盛'은 '成'의 오자이다.[《구당서(舊唐書)·왕발전(王勃傳)》]
65. 《구당서(舊唐書)·왕발전(王勃傳)》
66. 소정(蘇頲): 당(唐) 경조(京兆) 출신으로 자가 정석(廷碩)이다. 동자미황문평장사(同紫微黃門平章事), 예부상서(禮部尙書) 등을 역임하였다.
67. 태극전(太極殿): 역대로 천자가 거처하는 정전(正殿)을 일컫는다.
68. 주서(主書): 문서를 담당하는 벼슬 이름이다.
69. 《책부원구(册府元龜)·사신부(詞臣部)》
70. 손처약(孫處約): 당(唐) 겹성(郟城) 출신으로 중서사인(中書舍人), 소사성(少司成) 등을 역임하였다.
71. 중령(中令): 중서령(中書令)의 준말이다.
72. 두정륜(杜正倫): 당(唐) 원수(洹水) 출신이다. 중서문하삼품(中書門下三品), 중서령(中書令) 등을 역임하였다.
73. 고종(高宗): 당(唐) 제3대 황제로 재위 기간은 650-683년이다.
74. 《구당서(舊唐書)·손처약전(孫處約傳)》
75. 권덕여(權德輿): 당(唐) 천수(天水) 출신으로 자가 재지(載之)이다. 예부상서(禮部尙書), 동중서문하평장사(同中書門下

인(起居舍人)이 되었는데 한 해 안에 지제고(知制誥)를 겸하였고 중서사인(中書舍人)으로 승진하였다. 홀로 두 성에서 숙직하면서 며칠 만에 한 번씩 집에 돌아가자 황제가 이르기를, "경의 노고를 모르는 바가 아니지만, 단지 경과 같은 이를 고르는 데 그런 사람을 얻지 못했을 뿐이오"라고 하였다.

權德輿, 字載之. 爲起居舍人, 歲中兼知制誥, 進中書舍人. 獨宿兩省, 數日一還舍, 帝曰, 非不知卿之勞, 但擇如卿者, 未得其人耳.[76]

일을 잘 아는 중서사인(中書舍人)[해사사인(解事舍人)] 당(唐)의 관례에 중서성(中書省)에 군대와 나라의 정사(政事)가 있으면 중서사인(中書舍人)들이 각각 소견을 견지하여 그 이름을 함께 서명하였는데, 그것을 '오화판사(五花判事)'라고 하였다. 그중에서 일을 잘 아는 자 한 사람을 뽑았는데 기밀을 맡기 때문에 그를 '해사사인(解事舍人)'이라고 하였다.

唐故事, 中省有軍國政事, 則中書舍人, 各執所見, 雜署其名, 謂之五花判事. 中選一人明練事者, 知機密, 謂之解事舍人.[77]

《삼족기(三足記)》를 짓다.[저삼족기(著三足記)] 당(唐) 노경량(盧景亮)[78]이 일찍이 이르기를, "군주는 먹을 것을 풍족하게 하고 군비를 충분하게 하며 또 선비를 얻으면 천하를 다스릴 수 있다"라고 하였다. 이에 헌원(軒轅)[79] 이래로 당(唐)에 이르기까지 다스리는 도의 요체를 모아 책을 짓고 《삼족기(三足記)》라고 하였다.

唐盧景世[80]嘗謂, 人君足食足兵, 而又得士, 天下可爲也. 乃自軒轅以來至唐, 劉治道之要, 著書, 號三足記.[81]

문사(文士) 중의 최고의 직책이다.[문사극임(文士極任)] 당(唐)에서는 영순(永淳)[82] 이래로 천하에 문장의 도가 성대해져 대각(臺閣)의 인재들이 문장에 통달하지 않은 이가 없었다. 그래서 중서사인들은 문사 중에 최고의 직책이고 조정의 성대한 선발이었으니, 모든 관직이 거기에 비할 것이 없었다.

唐自永淳以來, 天下文章道盛, 臺閣髦彦, 無不以文章達. 故中書舍人, 爲文士之極任·朝廷之盛選, 諸官莫比焉.[83]

양궁(兩宮)[84]의 고명(誥命)을 담당하다.[장양궁고(掌兩宮誥)] 당(唐) 서호(徐浩)[85]가 숙종(肅宗) 시기에 중서사인에 제수되었다. 당시 천하에 일이 많았는데 조령이 대부분 서호에게서 나왔다. 서호는 글을 짓는 것이 (내용이) 풍부하였고 또 해서(楷書)와 예서(隸書)에 뛰어났다. 숙종이 그의 재능을 좋아하여 상서우승(尙書右丞)을 더하여 겸하게 하였다. 현종이 왕위를 전할 때 고명은 모두 서호가 만들었고 양궁(兩宮)의 문장을 담당하였으니 총애가 비할 바가 없었다.

唐徐浩, 肅宗時拜中書舍人. 時天下事殷, 詔令多出於浩. 浩屬詞贍給, 又工楷隸. 肅宗悅其能, 加兼尙

平章事) 등을 역임하였다.

76. 《신당서(新唐書)·권덕여전(權德輿傳)》
77. 《자치통감(資治通鑑)·당기(唐紀)·태종(太宗)》
78. 노경량(盧景亮): 당(唐) 유주(幽州) 출신으로 자가 장회(長晦)이다.
79. 헌원(軒轅): 황제(黃帝)의 이름으로 성은 공손(公孫)이다. 복희씨(伏羲氏), 신농씨(神農氏)와 함께 삼황(三皇)으로 불리며 한족(漢族)의 시조로 받들어진다.
80. 《유원총보》의 '世'는 '亮'의 오자이다.[《신당서(新唐書)·노경량전(盧景亮傳)》]
81. 《신당서(新唐書)·노경량전(盧景亮傳)》
82. 영순(永淳): 당(唐) 고종(高宗)의 연호(682-683)이다.
83. 《통전(通典)·직관(職官)》
84. 양궁(兩宮): 현종(玄宗)과 숙종(肅宗)을 가리킨다.
85. 서호(徐浩): 당(唐) 월주(越州) 출신으로 자가 계해(季海)이다. 사의랑(司議郞), 중서사인(中書舍人) 등을 역임하였다.

書右丞. 玄宗傳位, 誥册皆浩爲之, 參掌兩宮文翰, 寵遇莫比.[86]

고명(誥命)을 짓기에 가장 적절하다.[최의위고(最宜爲誥)] 목종(穆宗)[87]이 매번 이르기를, "왕중서(王仲舒)[88]의 글은 정말 좋아 고명을 짓기에 가장 적절하며 고풍(古風)이 있다"라 하고 불러서 중서사인(中書舍人)으로 삼았다. 이른 뒤에 동료들이 대부분 새로 들어온 젊은이들인 것을 보고는, 머무는 데에 기뻐하지 않으면서 말하기를, "어찌 다시 그 사이에서 글을 쓸 수 있겠는가"라고 하였다.

穆宗每言, 王仲舒之文可喜, 最宜爲誥, 有古風. 召爲舍人. 旣至, 視同列率新進少年, 居不樂曰, 豈可復治筆硯於其間哉.[89]

자주 바른 말을 올리다.[누헌당언(屢獻讜言)]

소진(蘇晉)[90]이 선천(先天)[91] 연간에 중서사인(中書舍人)으로 자주 바른 말을 올리자 천자가 가상하고 합당하게 여겼다.

蘇晉, 先天中舍人, 屢獻讜言, 天子嘉允.[92]

간쟁하는 신하의 풍채가 있다.[유쟁신풍(有諍臣風)]

당(唐) 유공권(柳公權)[93]이 중서사인일 때에 한림서조학사(翰林書詔學士)를 맡았다. 문종(文宗)이 편전에서 한(漢) 문제(文帝)의 공손함과 검소함을 언급하다가 황제는 소매를 들면서 이르기를, "이것은 세탁한 것이 세 번이나 되었소"라고 하였다. 유공권이 아뢰기를, "군주께서는 마땅히 현자를 등용하고 그러지 못한 자를 물리치며 간쟁을 받아들이고 상벌을 분명히 해야 합니다. 이런 세탁한 옷은 그저 작은 절개일 뿐입니다"라고 하였다. 문종이 그에게 이르기를, "아예 중서사인(中書舍人)은 간의대부(諫議大夫)로 삼기에 맞지 않다고 알고 있었는데, 경의 입장에서 일을 말하는 것이 간쟁하는 신하의 풍채가 있소이다"라 하고는 이튿날 조서를 내려 간의대부지제고(諫議大夫知制誥)로 삼고 학사(學士)는 옛 직책대로 하게 하였다.

唐柳公權爲中書舍人, 充翰林書詔學士. 文宗, 便殿語及漢文恭儉, 帝擧袂曰, 此澣濯者, 三矣. 公權曰, 人主當進賢, 退不肖, 納諫諍, 明賞罰. 此澣濯之衣, 乃小節爾. 文宗謂之曰, 極知舍人不合作諫議, 以卿言事, 有諍臣風采也. 翼日降制, 以爲諫議大夫知制誥, 學士如故.[94]

아뢰는 것이 기민하고 분별력이 있다.[부주기변(敷奏機辨)] 마주(馬周)[95]는 자가 빈왕(賓王)이다. 중서사인이 되어 아뢰기를 잘하였는데 기민하고 분별력이 있으며 명민하고 날카로워 매번 일의 기회에 맞아 당시의 칭송이 그에게 돌아갔다. 잠문본(岑文本)이 말하기를, "내가 보건대, 마주는 일을 논의하는 것이 많지만 한 글자도 더할 수 없고 한 마디도 뺄 수 없다"라고 하였다.

馬周, 字賓王. 爲中書舍人, 善敷奏, 機辨明銳, 動中事會, 時譽歸之. 岑文本曰, 吾見, 周論事多矣, 一字

---

86. 《구당서(舊唐書)·서호전(徐浩傳)》
87. 목종(穆宗): 당(唐) 제14대 황제로 재위 기간은 821-824년이다.
88. 왕중서(王仲舒): 당(唐) 병주(并州) 출신으로 자가 홍중(弘中)이다. 중서사인(中書舍人), 강서관찰사(江西觀察使) 등을 역임하였다.
89. 《신당서(新唐書)·왕중서전(王仲舒傳)》
90. 소진(蘇晉): 당(唐) 옹주(雍州) 출신으로 중서사인(中書舍人), 이부시랑(吏部侍郞), 태자좌서자(太子左庶子) 등을 역임하였다.
91. 선천(先天): 당(唐) 예종(睿宗)의 연호(712-713)이다.
92. 《신당서(新唐書)·소진전(蘇晉傳)》
93. 유공권(柳公權): 당(唐) 경조(京兆) 출신으로 자가 성현(誠懸)이다. 서예에 뛰어났으며 중서사인(中書舍人), 태자소사(太子少師) 등을 역임하였다.
94. 《구당서(舊唐書)·유공권전(柳公權傳)》
95. 마주(馬周): 당(唐) 박주(博州) 출신으로 자가 빈왕(賓王)이다. 중서시랑(中書侍郞), 중서령(中書令) 등을 역임하였다.

不可加, 一言不可減.[96]

말을 받아들이고 비단을 하사하다.[납언사금(納言賜錦)] 고익(高釴)[97]이 중서사인(中書舍人)이 되어 들어가서 황제를 뵙고 이어서 권하기를, 직접 살핌으로써 염려함과 힘쓰는 것을 보이도록 하자 황제가 그의 말을 받아들이고 채색 비단을 하사하였다.

高鉞[98]爲中書舍人, 入見帝, 因勸躬覽以示憂勤, 帝納其言, 賜錦綵.[99]

약석(藥石) 같은 말을 올리다.[보약석언(報藥石言)] 당(唐) 태종(太宗) 시기에 중서사인(中書舍人) 고계보(高季輔)[100]가 봉사(封事)[101]를 올리자 특별히 석종유(石鍾乳) 한 제(劑)를 주면서 이르기를, "경이 약석 같은 말을 올렸기 때문에 약석으로 보답하는 것이오"라고 하였다.

唐太宗時中舍高季輔上封事, 特報鍾乳一劑曰, 卿進藥石之言, 故以藥石報之.[102]

정사(政事)를 자문하다.[자방정사(咨訪政事)] 전례에 정사당(政事堂)[정사중서당(政事中書堂)[103]]에 문이 있었는데, 재상이 때때로 중서사인원(中書舍人院)에 가서 정사를 자문하여 스스로를 넓히곤 하였다. 상곤(常袞)이 재상이 되자 그 문을 막아서 존귀함과 위대함을 보이니 서로 왕래하지 않게 되었다.

故事, 政事中書堂有門, 蓋宰相時適中書舍人院, 咨訪政事, 以自廣也. 及常袞相, 塞絶其門, 以示尊大, 不相往來.[104]

식견 있는 언론을 이루다.[성일가언(成一家言)] '양사복(楊嗣復)[105]이 중서사인(中書舍人)에 제수되는 조명(詔命)'이다. "정원(貞元)[106] 연간에 너의 부친이 중서사인이 되어 그 직책에 매우 걸맞았다. 지금 너로 하여금 이어서 나의 고명을 쓰도록 하니 식견 있는 언론을 이룰 것이다. 나라의 영광을 계승하는 것이 이 등용에 있도다."

楊嗣復除中書制. 貞元中汝父爲中書舍人, 甚稱厥職. 今使汝繼書吾命, 成一家言. 堂搆國華, 在於此擧.[107]

3대에 걸쳐 제고(制誥)를 담당하다.[삼세제고(三世制誥)] 당(唐)의 이덕림(李德林)[108]·이백약(李百藥)[109]·이안기(李安期)[110]와 장가정(張嘉正)[111]·장연상(張延賞)[112]·장홍정(張弘靖)[113]이 3대에 걸쳐

96. 《구당서(舊唐書)·마주전(馬周傳)》
97. 고익(高釴): 당대(唐代) 사람으로 자가 교지(翹之)이다. 기거랑(起居郞), 한림학사(翰林學士), 이부시랑(吏部侍郞) 등을 역임하였다.
98. 《유원총보》의 '鉞'은 '釴'의 오자이다.[《신당서(新唐書)·고익전(高釴傳)》]
99. 《신당서(新唐書)·고익전(高釴傳)》
100. 고계보(高季輔): 당(唐) 덕주(德州) 출신으로 이름이 빙(馮)이고 계보(季輔)는 자이다. 감찰어사(監察御使), 이부시랑(吏部侍郞), 시중(侍中) 등을 역임하였다.
101. 봉사(封事): 밀봉한 상소문을 가리킨다.
102. 《구당서(舊唐書)·고계보전(高季輔傳)》
103. 정사중서당(政事中書堂): 정사당(政事堂)은 당송(唐宋) 시대에 재상이 정무를 보던 곳인데 당초(唐初)에 문하성에 두었다가 중서성으로 옮겨서 정사중서당(政事中書堂)이라고 하였다.
104. 《구당서(舊唐書)·상곤전(常袞傳)》
105. 양사복(楊嗣復): 당(唐) 괵주(虢州) 출신으로 자가 계지(繼之)이다. 중서사인(中書舍人), 동중서문하평장사(同中書門下平章事), 이부상서(吏部尙書) 등을 역임하였다.
106. 정원(貞元): 당(唐) 덕종(德宗)의 연호(785-805)이다.
107. 《백씨장경집(白氏長慶集)·중서제고(中書制誥)·양사복가고부랑중지제고제(楊嗣復可庫部郎中知制誥制)》
108. 이덕림(李德林): 수(隋) 안평(安平) 출신으로 자가 공보(公輔)이다. 북주(北周)에서 내사상사(內史上士), 수(隋)에서 내사령(內史令) 등을 역임하였다.
109. 이백약(李百藥): 당(唐) 안평(安平) 출신으로 자가 중규(重規)이다. 중서사인(中書舍人), 종정경(宗正卿) 등을 역임하였고 《북제서(北齊書)》를 저술하였다.

제고(制誥)를 담당하였다.

唐李德林·李百藥·李安期, 張嘉正·延賞·弘靖, 三世掌制誥.[114]

서견(徐堅)은 조부 서효덕(徐孝德), 부친 서제담(徐齊聃) 그리고 서견에 이르기까지 3대에 걸쳐 중서사인이 되었다.

徐堅, 祖孝德, 父齊聃及堅, 三世爲中書舍人.[115]

서교(徐嶠)[116] 부자는 조부로부터 손자에 이르기까지 3대에 걸쳐 사인(舍人)이 되었다.

徐嶠父子, 自祖及孫, 三世爲舍人.[117]

왕휘(王徽)[118]의 증조 왕택(王擇)은 사촌 형제 4명 중에 봉각사인(鳳閣舍人)에 이른 자가 3명이었다. 그래서 '삼세사인(三世舍人)'이라고 불렀다.

王徽曾祖擇, 從昆弟四人, 至鳳閣舍人者, 三人. 故號三世舍人.[119]

부자가 미덕을 잇다.[부자계미(父子繼美)] 가증(賈曾)[120]이 개원 초엽에 중서사인이 되어 소진(蘇晉)과 함께 제고(制誥)를 담당하여 당시에 '소가(蘇賈)'라고 일컬어졌다. 가지(賈至)[121]는 천보(天寶)[122] 말엽에 중서사인이 되었는데 숙종이 영무(靈武)에서 즉위할 때 상황(上皇)인 현종(玄宗)이 가지로 하여금 제위를 물려주는 책문(冊文)을 짓도록 하였다. 상황이 살펴보고 감탄하면서 이르기를, "전에 선제(先帝)[123]께서 짐에게 손위할 때 책문을 경의 돌아가신 부친이 지었다. 지금 짐이 천하를 태자에게 전하는데 경이 다시 고명을 짓게 되어 여러 대에 걸쳐 훌륭한 문서가 그대 부자의 손에서 나오니 미덕을 계승했다고 할 만하도다"라고 하였다.

賈曾, 開元初爲中書舍人, 與蘇晉同掌制誥, 時稱蘇賈. 賈至, 天寶末爲中書舍人, 肅宗卽位於靈武, 上皇遣至爲傳位册文. 上皇覽之, 歎曰, 昔先帝遜位於朕, 册文則卿之先父所爲. 今朕以神器大寶付儲君, 卿又當演誥, 累朝盛典出卿父子之手, 可謂繼美矣.[124]

숙질이 짝이 되어 담당하다.[숙질대장(叔姪對掌)] 《구당서(舊唐書)·봉오전(封敖傳)》의 기록이다. 봉씨(封氏)는 태화(太和)[125] 이래 대대로 양제(兩制)[126]에 있었다. 봉순경(封舜卿)[127]의 조카인 봉덕소(封

110. 이안기(李安期): 당(唐) 안평(安平) 출신으로 중서사인(中書舍人), 형주대도독(荊州大都督) 등을 역임하였다.
111. 장가정(張嘉正): 당(唐) 의지(猗氏) 출신으로 중서령을 역임하였다.
112. 장연상(張延賞): 당(唐) 의지(猗氏) 출신으로 동중서문하평장사(同中書門下平章事)를 역임하였다.
113. 장홍정(張弘靖): 당(唐) 의지(猗氏) 출신으로 자가 원리(元理)이다. 태자소사(太子少師)를 역임하였다.
114. 《고금사문유취유집(古今事文類聚遺集)·성속부유(省屬部遺)》
115. 《고금사문유취유집(古今事文類聚遺集)·성속부유(省屬部遺)》
116. 서교(徐嶠): 당(唐) 장성(長城) 출신으로 자가 거산(巨山)이다. 집현원학사(集賢院學士), 중서사인(中書舍人) 등을 역임하였다.
117. 《고금사문유취유집(古今事文類聚遺集)·성속부유(省屬部遺)》
118. 왕휘(王徽): 당(唐) 경조(京兆) 출신으로 자가 소문(昭文)이다. 호부시랑(戶部侍郞), 동중서문하평장사(同中書門下平章事)를 역임하였다.
119. 《고금사문유취유집(古今事文類聚遺集)·성속부유(省屬部遺)》
120. 가증(賈曾): 당(唐) 하남(河南) 출신으로 간의대부(諫議大夫), 중서사인(中書舍人), 예부시랑(禮部侍郞) 등을 역임하였다.
121. 가지(賈至): 당(唐) 하남(河南) 출신으로 자가 유린(幼鄰)이다. 가증(賈曾)의 아들로 지제고(知制誥), 중서사인(中書舍人), 우산기상시(右散騎常侍) 등을 역임하였다.
122. 천보(天寶): 당(唐) 현종(玄宗)의 연호(742-756)이다.
123. 당(唐) 제7대 황제인 예종(睿宗)을 가리킨다. 재위 기간은 756-761년이다.
124. 《신당서(新唐書)·가증전(賈曾傳)》
125. 태화(太和): 당(唐) 문종(文宗)의 연호(827-835)이다.
126. 양제(兩制): 내제(內制)와 외제(外制)로 한림학사(翰林學士)와 중서사인(中書舍人)을 가리킨다.
127. 봉순경(封舜卿): 당말오대(唐末五代) 포주(蒲州) 출신으로 자가 빈성(賓聖)이다. 당(唐)에서 태상박사(太常博士), 중서

德昭)가 당시에 한림(翰林)이고 봉순경이 당시에 중서사인으로 숙질이 짝이 되어 고명(誥命)을 담당하니 당시에 영광으로 여겼다.

唐封敖傳. 封氏自太和以來, 世居兩制. 封舜卿從子德昭, 時爲翰林, 舜卿, 時爲中書舍人, 叔姪對掌誥命, 當時以爲榮.[128]

형제가 서로 대신하다.[형제상대(兄弟相代)] 위사겸(韋思謙)[129]의 두 아들은 위승경(韋承慶)[130]과 위사립(韋嗣立)[131]이다. 위승경이 봉각사인(鳳閣舍人)에서 해임되자 무후(武后)[132]가 위사립에게 이르기를, "그대의 부친이 일찍이 두 아들의 충효(忠孝)를 칭찬하였는데, 지금 그대의 형제로 직접 서로 대신하게 하겠소"라 하고 즉시로 봉각사인에 제수하였다.

韋思謙二子, 承慶嗣立. 承慶解鳳閣舍人, 武后謂嗣立曰, 爾父嘗稱二子忠孝, 今使卿兄弟自相代. 卽拜鳳閣舍人.[133]

남한(南漢) 조광예(趙光裔)[134]가 선부낭중(膳部郎中)으로 제고(制誥)를 맡았는데, 당시에 형인 조광봉(趙光逢)[135]이 한림학사(翰林學士)로 형제가 짝이 되어 내제(內制)와 외제(外制)를 담당하니 당시의 의론이 영광으로 여겼다.

南漢趙光裔以膳部郎中知制誥, 時兄光逢爲翰林學士, 兄弟對掌內外制, 時論榮之.[136]

창문을 뚫은 중서사인(中書舍人) [착창사인(斲窓舍人)] 양도(楊滔)[137]가 중서사인(中書舍人)일 때에 조령을 제작할 것을 재촉받았는데 영사(令史)[138]가 열쇠를 가지고 나가 검토할 만한 책이 없자[책이 없어 검토할 수 없자] 창문을 뚫고 책을 꺼내오니 당시 사람들이 '창문을 뚫은 중서사인(斲窓舍人)'이라고 하였다.《직림(職林)》

楊滔爲中舍時, 催作制勅, 令史將鑰匙出, 無本可檢, 乃斲窓取得本, 時號斲窓舍人.《職林》[139]

글을 지은 것이 중화(中和)의 기상이 있다.[위문중화(爲文中和)] 허경선(許景先)[140]이 중서사인이 되었는데 문장으로 칭송받았다. 중서령(中書令) 장

사인(中書舍人) 등을 역임하였고 후량(後梁)에서 예부시랑(禮部侍郎), 한림학사(翰林學士) 등을 역임하였다.

128. 《구당서(舊唐書)》에 〈봉오전(封敖傳)〉이 있지만 위의 기록은 《구오대사(舊五代史)·봉순경전(封舜卿傳)》의 기록이다.
129. 위사겸(韋思謙): 당대(唐代) 사람으로 본명은 인약(仁約)이고 사겸은 자이다. 봉각난대삼품(鳳閣鸞臺三品)과 태중대부(太中大夫) 등을 역임하였다.
130. 위승경(韋承慶): 당(唐) 정주(鄭州) 출신으로 자가 연휴(延休)이다. 옹왕부참군(雍王府參軍), 비서원외소감(秘書員外少監) 등을 역임하였다.
131. 위사립(韋嗣立): 당(唐) 정주(鄭州) 출신으로 자가 연구(延構)이다. 중종(中宗) 신룡(神龍) 연간에 황문시랑(黃門侍郎)이 되고 병부상서(兵部尚書)로 옮겨졌으며 후에 소요공(逍遙公)에 봉해졌다. 현종(玄宗) 개원(開元) 초에 국자좨주(國子祭酒)가 되었다.
132. 무후(武后): 측천무후(則天武后)로 성이 무(武)이고 이름이 조(曌)이다. 고종(高宗)의 후(后)로 중종(中宗)과 예종(睿宗)을 몰아내고 즉위하여 국호를 주(周)라고 하였다.
133. 《신당서(新唐書)·위사립전(韋嗣立傳)》
134. 조광예(趙光裔): 당말오대(唐末五代) 경조(京兆) 출신으로 당(唐)에서 사훈낭중(司勳郎中), 홍문관학사(弘文館學士) 등을 역임하였고 남한(南漢)에서 문하시랑동평장사(門下侍郎同平章事)를 역임하였다.
135. 조광봉(趙光逢): 당말오대(唐末五代) 경조(京兆) 출신으로 자가 연길(延吉)이다. 당(唐)에서 태상경(太常卿), 후량(後梁)에서 중서시랑(中書侍郎), 평장사(平章事) 등을 역임하였다.
136. 《고금사문유취신집(古今事文類聚新集)·제원부(諸院部)》
137. 양도(楊滔): 당(唐) 홍농(弘農) 출신으로 병부시랑(兵部侍郎), 호부시랑(戶部侍郎), 이부시랑(吏部侍郎) 등을 역임하였다.
138. 영사(令史): 난대상서(蘭臺尙書)의 속관으로 문서에 관한 사무를 담당하였던 벼슬 이름이다.
139. 《고금사문유취유집(古今事文類聚遺集)·성속부유(省屬部遺)》
140. 허경선(許景先): 당(唐) 상주(常州) 출신으로 좌습유(左拾遺), 전중시어사(殿中侍御史), 이부시랑(吏部侍郎) 등을 역임하였다.

열(張說)이 일찍이 칭찬하기를, "허(許) 사인의 글은 비록 높은 봉우리나 격한 물줄기 같은 빼어난 기세는 없지만, 글을 지은 것이 풍성하고 아름다우며 중화의 기상을 얻었다"라고 하였다.

許景先爲中書舍人, 以文翰見稱. 中書令張說嘗稱曰, 許舍人之文, 雖無峻峯激流嶄絶之勢, 然屬辭豐美, 得中和之氣.[141]

재상의 그릇이 있다.[유재상기(有宰相器)] 후주(後周) 범질(范質)[142]이 후한(後漢) 초엽에 중서사인에 호부시랑(戶部侍郎)이 더해졌다. 후주(後周) 태조[주조(周祖)[143]]가 세 반역자를 정벌하면서 매번 조정에서 사자를 보내 조서를 가지고 가서 군대의 일을 처리하게 하였는데 모두가 시의(時宜)에 맞았다. 후주 태조가 누가 이 글을 지었는지를 묻자 사자가 범질이라고 대답하였다. 후주 태조가 감탄하며 말하기를, "재상의 그릇이다"라고 하였다.

後周范質, 漢初加中書舍人戶部侍郎. 周祖征三叛, 每朝廷遣使齎詔, 處分軍事, 皆合機宜. 周祖問誰爲此辭, 使者以質對. 周祖歎曰, 宰相器也.[144]

조령(詔令)을 지은 것이 전아(典雅)하다.[제고전아(制誥典雅)] 남당(南唐) 한희재(韓熙載)[145]가 화주사마(和州司馬)가 되었는데 한참 후에 부름을 받아 중서사인이 되었다. 조령(詔令)을 지은 것이 전아하여 원화(元和)의 문풍(文風)[원화풍(元和風)[146]]이 있었다.

南唐韓熙載爲和州司馬, 久之召爲中書舍人. 制誥典雅, 有元和風.[147]

장계(張洎)[148]가 회시(會試) 응시를 위하여 상경[계해(計偕)[149]]한 해에 먼저 한희재를 찾아뵈었는데 한 번 보자 대하기를 친구같이 하면서 말하기를, "그대는 훌륭한 중서사인이 될 것이오"라고 하였다. 얼마 후에 한희재는 문병(文柄)을 주관하였고 장계도 과거에 급제하였다. 십 년이 되지 않아 과연 조령(詔令)[사륜(絲綸)[150]]의 책임을 맡게 되었다.

張洎, 計偕之歲首謁韓熙載, 一見待之如故舊, 曰子好一中書舍人. 頃之韓主文柄, 洎亦擢第. 不十年間, 果正絲綸之任.[151]

조령의 글이 격렬하였다.[조사격렬(詔詞激烈)] 유공(劉珙)[152]이 중서사인일 때에 마침 금(金)나라가 맹약을 어겼다. 천자가 군대를 총동원하여 북쪽으로 향했는데 당시의 조령과 격문이 대부분 공의 손에서 나왔다. 글의 기세가 격렬하여 듣는 자들이 감동하였고 어떤 사람들은 눈물을 흘리기까지 하였다.

劉珙爲中書舍人, 會金虜渝盟. 天子悉師北向, 一時詔檄, 多出公手. 詞氣激烈, 聞者感動, 或至泣下.[153]

---

141. 《구당서(舊唐書)·허경선전(許景先傳)》
142. 범질(范質): 송(宋) 대명(大名) 출신으로 자가 문소(文素)이다. 후주(後周) 세종(世宗) 때에 급제하여 송(宋)나라 태조(太祖) 때에 재상이 되었다.
143. 주조(周祖): 후주(後周)의 태조 곽위(郭威)를 가리키는 말로, 재위 기간은 951-954년이다.
144. 《송사(宋史)·범질전(范質傳)》
145. 한희재(韓熙載): 오대(五代) 시대 유주(濰州) 출신으로 자가 숙언(叔言)이다. 남당(南唐)에서 호부시랑(戶部侍郎), 병부상서(兵部尙書) 등을 역임하였다.
146. 원화풍(元和風): 당(唐) 원화(元和) 연간에 백거이(白居易)와 원진(元稹)이 연 문풍을 가리킨다.
147. 《고금사문유취유집(古今事文類聚遺集)·성속부유(省屬部遺)》
148. 장계(張洎): 송(宋) 전초(全椒) 출신으로 자가 사암(師黯)이다. 남당(南唐)에서 지제고(知制誥), 송(宋)에서 급사중(給事中), 참지정사(參知政事) 등을 역임하였다.
149. 계해(計偕): 주군(州郡)에서 연말에 계리(計吏)를 조정에 보내면서 그 지방의 인재를 선발하여 함께 보내던 일에서, 거인(擧人)이 회시(會試)에 응시하려고 상경하는 것을 가리킨다.
150. 사륜(絲綸): 황제의 조서(詔書)를 가리킨다.[《禮記·緇衣》, "子曰, 王言如絲, 其出如綸. 王言如綸, 其出如綍."]
151. 《고금사문유취유집(古今事文類聚遺集)·성속부유(省屬部遺)》
152. 유공(劉珙): 송대(宋代) 사람으로 자가 공부(共父)이다. 관문전학사(觀文殿學士)를 역임하였다.

종이에 불러 주어 바로 쓰게 하다.[점지사서(占紙肆書)]

증공(曾鞏)[154]이 중서사인에 발탁되었는데 새로운 관제(官制)를 짓다가 마침내 조명을 쓰는 것을 맡았다. 이에 백관(百官)을 재배치하게 되어 제수의 항목이 가득 쌓이자 종이에 불러 주어 바로 쓰게 하는데 애당초 신경을 쓰지 않는 듯하였다. 정오에 제수의 초안이 완성되자 원(院)의 관리들은 말을 타고 가 버렸다. 모든 낭관(郎官)과 어사(御史)를 제수한 것이 수십 명이었는데 법령의 취지에 근본을 두고 직책의 근원을 따져 훈계와 경계를 한 것이 사람마다 달라 모두 새로운 뜻이 있으면서 드넓고 풍부하며 우아하고 중후하여 홀로 일가(一家)를 이루었다.

曾鞏擢中書舍人, 屬新官制, 遂掌書命. 於是更置百官, 除目塡委, 占紙肆書, 初若不經意. 午漏盡授草, 院吏上馬去. 凡除郎御史, 數十人, 所以本法意·原職守而爲之訓勅者, 人人不同, 咸有新趣, 而衍裕雅重, 自成一家.[155]

말을 세우고 한 번에 쓰다.[입마일휘(立馬一揮)]

유창(劉敞)[156]은 자가 원부(原夫)이다. 중서성[서액(西掖)[157]]에 있을 때 하루는 황자(皇子)와 공주(公主) 9인을 추서하여 봉하게 되자, 유창은 관청에서 퇴근하다가 그 일 때문에 말을 세우고 다시 앉아 한 번에 아홉 개의 조서 수천 자를 쓰니 바로 완성되었다.

劉敞, 字原夫. 在西掖時, 一日追封皇子公主九人, 敞自府下直, 爲之立馬却坐, 一揮九制數千言, 已就.[158]

두루 여러 전적들을 검토하다.[편토군적(徧討群籍)]

지도(至道)[159] 연간에 화몽(和幪)[160]이 지제고(知制誥)를 맡았는데 화몽이 중서성에서 임직하면서 매번 조서를 초안할 때면 반드시 문을 닫고 생각을 정밀하게 하여 두루 여러 전적들을 검토한 뒤에 완성하였다. 사주(沙州)[161]에서 표문(表文)을 올려 경장비(經藏碑)[162]의 조서를 요구하였다. 화몽이 지어서 내릴 때 그가 하인을 시켜서 불서(佛書) 수천 권을 빌려오게 하니 사람들이 전하며 웃음거리로 삼았다.

至道中和幪知制誥, 幪之直中書, 每草詔, 必閉戶精思, 徧討群籍而後成. 沙州表求經藏碑詔. 幪撰以賜之, 幪遣廝借佛書數千卷, 人傳以爲笑.[163]

하룻밤이 지나서 비문을 바치다.[경숙진비(經宿進碑)]

송초(宋初)에 왕우(王祐)[164]가 중서사인(中書舍人)에 제수되었다. 사관(史館)에서 조서를 받아 보조왕비(普照王碑)를 짓게 되었는데 하룻밤이 지나서 바치자 안팎에서 그의 귀신처럼 빠름에 놀랐다.

宋初, 王祐拜中舍. 史館受詔, 撰普照王碑, 經宿上進, 中外驚其神速.[165]

---

153. 송(宋) 주자(朱子), 《회암집(晦庵集)》, 〈관문전학사류공신도비(觀文殿學士劉公神道碑)〉
154. 증공(曾鞏): 송(宋) 건창(建昌) 출신으로 자가 자고(子固)이고 남풍선생(南豊先生)으로 불렸다. 여러 주의 지주사(知州事)와 중서사인(中書舍人) 등을 역임하였다.
155. 《고금사문유취유집(古今事文類聚遺集)·성속부유(省屬部遺)》
156. 유창(劉敞): 송(宋) 신유(新喩) 출신으로 자가 원부(原夫)이다. 집현원학사(集賢院學士), 판남경어사대(判南京御史臺) 등을 역임하였다.
157. 서액(西掖): 중서성(中書省)의 별칭이다.
158. 《고금사문유취유집(古今事文類聚遺集)·성속부유(省屬部遺)》
159. 지도(至道): 송(宋) 태종(太宗)의 연호(995-997)이다.
160. 화몽(和幪): 송(宋) 개봉(開封) 출신으로 자가 현인(顯仁)이다. 지제고(知制誥), 형부전판(刑部銓判) 등을 역임하였다.
161. 사주(沙州): 지금의 감숙성(甘肅省) 돈황시(敦煌市)의 서쪽에 있었던 주 이름이다.
162. 경장비(經藏碑): 불경(佛經)을 보관하는 곳의 비이다.
163. 《고금사문유취유집(古今事文類聚遺集)·성속부유(省屬部遺)》
164. 왕우(王祐): 송대(宋代) 사람으로 중서사인(中書舍人), 예부시랑(禮部侍郎) 등을 역임하였다.
165. 《고금사문유취유집(古今事文類聚遺集)·성속부유(省屬部遺)》

칠자사인(七字舍人) 《송사(宋史)·여진전(呂溱傳)》의 기록이다. 여진(呂溱)[166]은 사리에 밝고 총명하였으며 논의를 잘하여 당시의 명사들이 인정하였다. 그러나 자중하기를 좋아하여 빈객을 만나도 몇 마디 말에 이르지 않자 당시에 '칠자사인(七字舍人)'이라고 일컬었다.

呂溱傳. 溱開敏, 善議論, 一時名輩推許. 然喜自貴重, 見賓客, 不及數言, 時號曰七字舍人云.[167]

문장이 독보적이다.[문장독보(文章獨步)] 왕우칭(王禹偁)[168]은 글을 잘 지었는데 태종(太宗)이 바야흐로 문사(文士)들을 장려하고 발탁하면서 불러서 우습유(右拾遺)에 제수하였다. 왕우칭이 〈단공잠(端拱箴)〉을 바쳐 경계로 삼도록 하였고 얼마 후 제고(制誥)를 맡았다. 황제가 일찍이 그를 칭찬하기를, "왕우칭은 문장이 지금 천하에서 독보적이다"라고 하였다.

王禹偁能屬文, 太宗方獎拔文士, 召拜右拾遺. 禹偁上端拱箴以爲誡, 尋知制誥. 上嘗稱之曰, 王禹偁, 文章當今天下獨步.[169]

시험을 보지 않고 임명하다.[불시이명(不試而命)] 송조(宋朝)의 제도는 반드시 먼저 시험을 보고 이후에 임명하였는데, 개국한 이래 시험을 보지 않고 임명된 자는 단지 3인이었으니 양억(楊億), 진요좌(陳堯佐),[170] 구양수(歐陽脩)뿐이었다. 소식(蘇軾)과 유반(劉攽)[171]은 중서사인이 되어 모두 시험을 면제받았다.

宋朝之制, 必先試而後命, 有國以來, 不試而命者, 纔三人, 楊億·陳堯佐·歐陽脩爾. 蘇軾·劉攽爲中書舍人, 竝免試.[172]

한 부처님이 세상에 나왔다.[일불출세(一佛出世)] 태종(太宗)이 일찍이 이르기를, "조정에서 매번 중서사인 한 사람을 제수할 때마다 육친(六親)[173]이 서로 축하하였고 전해지는 말에 이르기를, '한 부처님이 세상에 나왔다'라고 한답니다"라고 하였다.《국사(國史)》

太宗嘗云, 朝廷每除一舍人, 六親相賀, 諺曰, 一佛出世.《國史》[174]

조서를 초안하는 꿈을 꾸다.[몽초제고(夢草制誥)] 손변(孫抃)[175]이 밤중에 꿈을 꾸었는데, 밝은 창 아래에서 조서를 초안하고 있었다. 그 뒤에 3등으로 급제하였고 제고(制誥)를 맡으니 꿈꾼 것과 같았다고 한다.

孫抃夜中夢, 明窓下草制誥. 其後第三人及第, 知制誥, 如夢云.[176]

부자가 임무를 계승하다.[부자계임(父子繼任)] 왕단(王旦)[177]이 우정언지제고(右正言知制誥)에 제

---

166. 여진(呂溱): 송(宋) 양주(揚州) 출신으로 자가 제숙(濟叔)이다. 추밀직학사(樞密直學士)를 역임하였다.
167. 《송사(宋史)·여진전(呂溱傳)》
168. 왕우칭(王禹稱): 송(宋) 초기의 문학가로 자가 원지(元之)이다. 성격이 강직하였고 시문(詩文)에서도 화려함을 추구하지 않았다.
169. 《송명신언행록(宋名臣言行錄)·전집(前集)》
170. 진요좌(陳堯佐): 송(宋) 시기의 정치가로 자가 희원(希元)이다. 동평장사(同平章事)를 역임하였고 시서(詩書)에 능하였다.
171. 유반(劉攽): 송(宋) 임강군(臨江軍) 출신으로 자가 공부(貢父)이다. 중서사인(中書舍人)을 역임하였고 《자치통감(資治通鑑)》 편찬에 참여하였다.
172. 《고금사문유취유집(古今事文類聚遺集)·성속부유(省屬部遺)》
173. 육친(六親): 부모(父母), 형제(兄弟), 처자(妻子)를 가리킨다. 이 외에도 여러 가지 견해가 있다.
174. 《산당사고(山堂肆考)·신직(臣職)·중서사인(中書舍人)》
175. 손변(孫抃): 송(宋) 미주(眉州) 출신으로 자가 몽득(夢得)이다. 참지정사(參知政事), 호부시랑(戶部侍郞) 등을 역임하였다.
176. 《고금사문유취유집(古今事文類聚遺集)·성속부유(省屬部遺)》
177. 왕단(王旦): 송(宋) 대명(大名) 출신으로 자가 자명(子明)이다. 진종(眞宗) 때 명신(名臣)으로, 벼슬이 태보(太保)에 이르렀고 위국공(魏國公)에 봉해졌다.

수되었다. 부친인 왕우(王祐)가 청렴한 명성으로 오랫동안 조명(詔命)을 쓰는 것을 담당하였는데, 10년이 되지 않아 왕단이 그 임무를 계승하자 당시 여론이 아름답게 여겼다. 전약수(錢若水)가 사람의 얼굴을 보고 운명을 판단하는 안목[인륜감(人倫鑑)]이 있었는데, 그와 동료로 있으면서 항상 이르기를, "왕군(王君)은 하늘을 찌르고 골짜기에 높이 솟은 동량의 재목이니 내가 미칠 바가 아니다"라고 하였다.

王旦拜右正言知制誥. 父祐以淸名久掌書命, 不十年, 旦繼其任, 時論美之. 錢若水有人倫鑑, 與之同列, 每曰, 王君, 淩霄聳壑, 梁棟之材, 非吾所及也.[178]

광채를 발하고 향기가 퍼지다.[발채부향(發彩浮香)] 당(唐) 장작(張鷟)[179]이 아뢰기를, "자금(紫禁)[180]에서 소매를 끌고 청규(靑規)[181]에서 엎드려 아뢰니 조정의 빛을 더하고 밝은 세상의 입노릇을 합니다. 봉니[지니(芝泥)[182]]는 광채를 발하니 아름다운 문장을 펴서 문채를 드러내고, 조명[난검(蘭檢)]은 향기가 퍼지니 황색 비단[용겸(龍縑)]을 부드럽게 하여 색깔이 날립니다"라고 하였다. 주의 기록이다. 궁궐에서는 푸른 부들을 펴기 때문에 '청규(靑規)'라고 한다. 《한의(漢儀)》[183]의 기록이다. 천자의 조명(詔命)은 난초의 꽃으로 묶고 자주색 지초로 봉니를 하며 황색 비단으로 조령을 쓴다.

唐張鷟奏曰, 曳裾紫禁, 伏奏靑規, 助朝廷之光輝, 贊明時之喉舌. 芝泥發彩, 宣鳳藻而騰文, 蘭檢浮香, 潤龍縑而動色. 注云. 禁地, 以靑規畫之, 故曰靑規. 漢儀. 天子制詔, 以蘭英爲撿, 紫芝爲泥, 黃縑爲制勅也.[184]

제수(除授)의 조서를 기초하지 않다.[불초제제(不草除制)] 송(宋) 유창(劉敞)[185]이 제고(制誥)를 맡았는데, 환관인 석금(石金)이 관찰사(觀察使)에 제수되자 공이 사두(詞頭)[186]를 봉해서 반환하고 조서를 기초하지 않으니 그 명령이 마침내 그쳤다. 호전(胡銓)[187]이 중서사인을 겸하고 있었는데, 교지(敎旨)를 내려 중인(中人) 이작(李綽) 등이 일찍이 군대 문서를 발표하는 데에 착오가 없었던 것으로 각각 한 등급씩 진급시키도록 하자 공이 조서를 받들지 않았다. 이작 등이 울면서 호소하자 황제가 이르기를, "호전이 하려 하지 않는다"라고 하였다.

宋劉敞知制誥, 宦者石金除觀察使, 公封還詞頭, 不草制, 其命遂止. 胡銓兼中書舍人, 有旨以中人李綽等, 嘗輿發軍書無誤, 各進官一列, 公不奉詔. 綽等泣訴, 上曰胡銓不肯.[188]

진부량(陳傅良)[189]은 자가 군거(君擧)이다. 중서사인에 제수되었는데 사두(詞頭)를 봉해서 반환하는 것이 일을 만났을 때마다 일어났다. 환관인 진원(陳源)[190]이 내시성압반(內侍省押班)[191]에 제수되자 공이 고집하여 재삼 아뢰어 끝내 조서를 받들지

178. 《송사(宋史)·왕단전(王旦傳)》
179. 장작(張鷟): 당(唐) 육택(陸澤) 출신으로 자가 문성(文成)이다. 장안위(長安尉), 홍려승(鴻臚丞) 등을 역임하였다.
180. 자금(紫禁): 황제가 사는 곳, 즉 궁궐을 가리킨다.
181. 청규(靑規): 궁정이나 어전에 펴놓은 부들자리로 상주하거나 간언하는 곳이다.
182. 지니(芝泥): 편지나 물건을 봉하는 봉니(封泥)이다.
183. 《한의(漢儀)》: 한(漢) 숙손통(叔孫通)이 한나라의 예의와 제도를 기록한 책이다.
184. 《고금사문유취유집(古今事文類聚遺集)·성속부유(省屬部遺)》
185. 유창(劉敞): 송(宋) 신유(新喩) 출신으로 자가 원부(原夫)이다. 집현원학사(集賢院學士), 판남경어사대(判南京御史臺) 등을 역임하였다.
186. 사두(詞頭): 조정에서 사신(詞臣)에게 조서를 기초하도록 할 때 보내는 요지나 개요를 가리킨다.
187. 호전(胡銓): 송(宋) 길주(吉州) 출신으로 자가 방형(邦衡)이다. 병부시랑(兵部侍郞) 등을 역임하였다.
188. 《산당사고(山堂肆考)·신직(臣職)·중서사인(中書舍人)》
189. 진부량(陳傅良): 송(宋)나라 사람으로 자가 군거(君擧)이다. 이부원외랑(吏部員外郞), 중서사인겸시독(中書舍人兼侍讀), 보모각대제(寶謨閣待制) 등을 역임하였다. 문장과 학문으로 이름이 높았고 여조겸(呂祖謙)과 친분이 두터웠다.

않은 것이 그 한 가지 일이다. 조정에 있는 모든 신하들이 감히 그 칼끝을 범하는 자가 없을 때 공만이 홀로 표정이 변하지 않은 채 [조명이] 오면 되돌려 보내니[교주(繳奏)[192]], 옆에서 보는 자들이 그 때문에 두려워하였다.

陳傅良, 字君擧. 除中書舍人, 封還詞頭, 遇事輒發. 宦者陳源除內侍省押班, 公執奏再三, 終不奉詔, 此一事. 凡在廷之臣, 無敢嬰其鋒者, 公獨神色不動, 來則繳奏, 旁觀者, 爲之寒心.[193]

세상에서 '삼재(三才)'라고 일컫다.[세칭삼재(世稱三才)] 《북사(北史)》의 기록이다. 위수(魏收)[194]는 자가 백기(伯起)로 한(漢) 위무지(魏無知)[195]의 후손이다. 중서사인을 겸하여 온자승(溫子升)[196] 및 형자재(邢子才)[197]와 더불어 명성이 나란하여 세상에서 '삼재(三才)'라고 일컬었다.

北史. 魏收, 字伯起, 漢魏無知之後. 兼中書舍人, 與溫子升·邢子才齊譽, 世稱三才.[198]

촛불을 하사하여 정해(鄭獬)[199]를 전송하다.[사촉송해(賜燭送獬)] 송(宋) 신종(神宗)이 저녁때에 지제고(知制誥) 정해를 불러 내동문(內東門)의 소전(小殿)에서 마주하고 오규(吳奎)[200]를 청주지사(靑州知事)에 제수하고 장방평(張方平)[201]을 참지정사에 제수하는 조명을 초안하도록 하였다. 조명의 초고가 마무리되자 쌍촉(雙燭)을 하사하여 그를 중서성에 돌아가도록 전송하였는데 두 부서에서 아는 자가 없었다. 다음날 아침 초고를 올리자 마침내 중서성에 보내 조명을 내도록 하였다.

宋神宗夕時召知制誥鄭獬, 對內東門小殿, 命草吳奎知靑州, 及張方平參知政事. 制草畢, 賜雙燭, 送獬歸舍人院, 二府無知者. 明旦進草, 遂付中書出誥.[202]

급사중 給事中[203]

• 궁전 안에서 일을 하기 때문에 급사중(給事中)이라고 하였다.
以有事殿中, 故曰給事中.[204]

---

190. 진원(陳源): 송대(宋代)의 환관으로 내시성압반(內侍省押班), 덕수궁제거(德壽宮提擧) 등을 역임하였다.
191. 내시성압반(內侍省押班): 내궁(內宮) 여관(女官)의 우두머리를 가리킨다.
192. 교주(繳奏): 조명의 과실을 바로잡아 주장(奏章)을 되돌려 보내는 일을 가리킨다.
193. 《산당사고(山堂肆考)·신직(臣職)·중서사인(中書舍人)》
194. 위수(魏收): 북제(北齊) 거록(鉅鹿) 출신으로 자가 백기(伯起)이다. 산기상시(散騎常侍), 상서우복야(尙書右僕射) 등을 역임하였다.
195. 위무지(魏無知): 한대(漢代) 사람으로 진평(陳平)을 유방(劉邦)에게 천거하여 큰 공을 세우도록 하였다.
196. 온자승(溫子升): 북위(北魏) 제음(濟陰) 출신으로 자가 붕거(鵬擧)이다. 어사(御史), 시독(侍讀) 등을 역임하였다.
197. 형자재(邢子才): 북제(北齊) 하간(河間) 출신이다.
198. 《산당사고(山堂肆考)·신직(臣職)·중서사인(中書舍人)》
199. 정해(鄭獬): 송(宋)의 정치가이자 사인(詞人)으로 자가 의부(毅夫)이다. 한림학사(翰林學士), 권지개봉부(權知開封府) 등을 역임하였으나, 왕안석(王安石)의 미움을 사서 항주(杭州), 청주(靑州) 등의 지방관으로 나갔다.
200. 오규(吳奎): 송(宋) 북해(北海) 출신으로 자가 장문(長文)이다. 지정사(知政事), 청주지사(靑州知事) 등을 역임하였다.
201. 장방평(張方平): 송(宋) 남경(南京) 출신으로 자가 안도(安道)이다. 참지정사(參知政事), 진주지주사(陳州知州事) 등을 역임하였다.
202. 《송사(宋史)·정해전(鄭獬傳)》
203. 급사중(給事中): 문하성(門下省)의 요직으로 황제의 자문에 응하고 잘못된 정령(政令)의 논박과 시정을 맡은 벼슬 이름이다.
204. 《직관분기(職官分紀)·문하성(門下省)》

• 당대(唐代)에는 문하성을 고쳐 동대(東臺), 혹은 난대(鸞臺), 혹은 황문성(黃門省)이라고 하였다. 모든 부서의 상소문 사본을 시중(侍中)이 살핀 뒤에 잘못을 논박하고 바로잡았기 때문에 그것을 도귀(塗歸)[205]라고 하였다.

唐改門下省, 曰東臺, 或曰鸞臺, 或曰黃門省. 凡百事[206]奏抄, 侍中旣審, 則駁正違失, 謂之塗歸.[207]

• 자원(紫垣). 선액(仙掖). 황문(黃門). 청쇄(靑瑣).

紫垣. 仙掖. 黃門. 靑瑣.[208]

• 동대(東臺)는 논박(論駁)을 맡은 곳이니, 바로 만가지 일이 들어가고 나가는 곳이다.

惟東臺論駁之司, 乃萬事出納之地.[209]

• 논박하고 바로잡는 임무를 지키니 도리에서 망설이지 않는다. 호광(胡廣)[210]이 말하기를, "급사중은 항상 측근에서 시종하며 정원이 없고 지위는 시중(侍中)의 아래에 위치한다. 간혹 명망 있는 학자나 황제의 친척을 급사중으로 삼았다. 그러므로 동방삭(東方朔)이 중랑(中郎)으로 급사중이 되었고, 유향(劉向)[211]이 간의대부로 급사중이 되었다.

守駁正之任, 道不依違. 胡廣曰, 給事中常侍從左右, 無員, 位次侍中之下. 或以名儒, 或國親爲之. 故東方朔以中郎, 爲給事中, 劉向以諫議大夫, 爲給事中.[212]

• 소망지(蕭望之)[213]는 본인이 유학(儒學)의 종장으로 보좌의 능력이 있어 역시 급사중이 되었다.

蕭望之, 身爲儒宗, 有輔佐之能, 亦爲給事中.[214]

• 백거이(白居易) 《백씨장경집(白氏長慶集)》의 기록이다. 급사중의 직분은 모든 조령이 당시에 적절하지 않은 것은 상소하여 아뢸 수 있고 형벌과 옥사가 이치에 맞지 않은 것은 논박하여 바로잡을 수 있으며, 천하에 억울한 옥사로 호소할 곳이 없는 자는 어사(御史)와 따져서 다스릴 수 있고 담당자의 선임과 충원이 합당하지 않은 것은 시중(侍中)과 조정하여 물리칠 수 있다. 이를 따라 실행하면 직책에 맞는다고 이르니 진실로 시봉(侍奉)을 담당하고 조령을 짓는 데에 전념하는 것뿐이 아니다.

白居易集. 給事中之職, 凡制勅不便于時者, 得封奏之, 刑獄不合于理者, 得駁正之, 天下冤獄無告者, 得與御史糾理之, 有司選補不當者, 得與侍中裁退之. 率是而行, 號爲稱職, 固不專于掌侍奉·讚詔令而已.[215]

• 《후한서(後漢書)·백관지(百官志)》의 기록이다. 급사중(給事中)과 황문시랑(黃門侍郎)은 측근에서 시종하고 안팎을 연결하는 것을 담당한다. 제후왕들이 궁전 안에서 조회를 할 때에 제후왕들을 인도

---

205. 도귀(塗歸): 황제의 조서에서 사리에 합당하지 않은 부분을 급사중이 고쳐서 아뢰는 일을 가리킨다.

206. 《유원총보》의 '百事'는 '百司'의 오류이다.[《신당서(新唐書)·백관지(百官志)》]

207. 《신당서(新唐書)·백관지(百官志)》에, "給事中四人, 正五品上. 掌侍左右, 分判省事, 察弘文舘繕寫讎校之課. 凡百司奏抄, 侍中旣審, 則駁正違失, 詔勅不便者, 塗竄而奏還, 謂之塗歸"라고 하였다.

208. 당대(唐代) 문하성(門下省)의 별칭들이다.[《고금사문유취유집(古今事文類聚遺集)·성속부유(省屬部遺)》]

209. 《고금사문유취유집(古今事文類聚遺集)·성속부유(省屬部遺)》

210. 호광(胡廣): 동한(東漢) 남군(南郡) 출신으로 자가 백시(伯始)이다. 상서랑(尙書郞), 사공(司空), 태부(太傅) 등을 역임하며 여섯 황제를 섬겼다. 겸손하면서도 일에 능하여 "萬事不理問伯始, 天下中庸有胡公"이라는 칭송이 있었다.

211. 유향(劉向): 서한(西漢) 패(沛) 출신으로 자가 자정(子政)이다. 간의대부(諫議大夫)를 역임하였고 궁중의 서적을 정리하여 《별록(別錄)》을 편찬하였다.

212. 《예문유취(藝文類聚)·직관부(職官部)》

213. 소망지(蕭望之): 서한(西漢) 난릉(蘭陵) 출신으로 자가 장천(長倩)이다. 태자태부(太子太傅)를 역임하였고 유조(遺詔)를 받아 어린 임금 원제(元帝)를 보필(輔弼)하였다.

214. 《산당사고(山堂肆考)·신직(臣職)·급사중(給事中)》

215. 《백씨장경집(白氏長慶集)》, 〈정담가급사중제(鄭覃可給事中制)〉

하여 자리에 이르도록 한다. 《한구의(漢舊儀)》[216]에 이르기를, "해가 저물 때 들어가 응대하며 청쇄문(靑瑣門)[217]에서 절하기 때문에, '석랑(夕郞)'이라고 불렀다"라고 하였다.

後百官志. 給事黃門侍郎掌侍從左右, 關通中外. 及諸王朝見於殿中, 引王就坐. 漢舊儀曰, 日暮入對, 靑瑣門拜, 名曰夕郞.[218]

조서를 봉해서 반환하다.[봉환칙서(封還勅書)]

최우보(崔祐甫)[219]의 아들인 최식(崔植)[220]이 급사중이 되었는데, 당시에 황보박(皇甫鎛)[221]이 판탁지사(判度支事)로 백관(百官)의 녹봉을 줄일 것을 말하자 최식이 조서를 봉해서 반환하였다. 황보박이 또 천하에서 받아들이는 소금과 술의 세금을 모두 액수를 올리고 새로운 규정으로 옛것에 준용하여 모두 추징할 것을 청하자 최식이 상소하여 아뢰기를, "군대를 동원한 것이 오래되어 백성들이 피폐해졌으니 다시 더해서는 안 됩니다"라고 하였다. 이에 의논하는 자들이 모두 황보박을 비난하자 그가 두려워하며 그만두었다.

崔祐甫子植爲給事中, 時皇甫鎛判度支事, 言減百官俸廩, 植封還勅書. 鎛又請天下所納鹽酒之稅, 俱宜增估, 以新準舊, 一切追償, 植奏言, 用兵日久, 百姓凋弊, 不可復加. 于是議者, 咸以罪鎛, 鎛懼而止.[222]

적겸모(狄兼謨)[223]는 자가 여해(汝諧)로 급사중이 되었다. 당시에 창고의 관리가 탁지부(度支部)의 비단을 훔쳤는데 문종(文宗)[224]이 사면령을 내렸으니 치죄하지 말라고 하였지만 적겸모는 조서를 봉해서 반환하였다. 황제가 이르기를, "짐이 이미 그 장관을 사면하였으니 속관도 용서해야 할 것이오"라고 하였다가 얼마 후에 이르기를, "이후에 혹시 일이 불가함이 있으면 조서를 반환하는 것을 꺼리지 마시오"라고 하였다.

狄兼謨, 字汝諧, 爲給事中. 時藏吏[225]盜度支縑帛, 文宗以經赦詔勿治, 兼謨封還勅書. 帝曰, 朕己赦其長官, 吏亦宜宥. 旣而曰, 後或事有不可, 勿以還詔爲憚.[226]

이번(李藩)[227]은 자가 숙한(叔翰)이다. 급사중으로 옮겼는데 조서에 불가함이 있자 마침내 조서의 뒤에 의견을 썼다. 속관이 말하기를, "다시 흰 종이를 붙여야 합니다"라고 하자 이번이 아뢰기를, "흰 종이로 구별하는 것은 일반 문서이니 어떻게 '비칙(批勅)'[228]이라고 하겠소"라고 하였다. 재상 배게(裴垍)[229]가 기뻐하면서 황제에게 아뢰어, 재상의 그릇

216. 《한구의(漢舊儀)》: 한(漢) 위굉(衛宏)이 전한(前漢)의 전례(典禮)를 기록한 책이다.
217. 청쇄문(靑瑣門): 한대(漢代)의 궁문 이름이다.
218. 《후한서(後漢書)·백관지(百官志)》
219. 최우보(崔祐甫): 당(唐) 장안(長安) 출신으로 자가 이손(貽孫)이다. 문하시랑동평장사(門下侍郎同平章事), 중서시랑(中書侍郎) 등을 역임하였다.
220. 최식(崔植): 당(唐) 장안(長安) 출신으로 자가 공수(公修)이다. 중서시랑(中書侍郎), 동중서문하평장사(同中書門下平章事), 중서령(中書令) 등을 역임하였다.
221. 황보박(皇甫鎛): 당(唐) 경주(涇州) 출신으로 동문하평장사(同門下平章事)를 역임하였다. 가렴주구(苛斂誅求)를 일삼다가 애주사호참군(崖州司戶參軍)으로 좌천되었다.
222. 《신당서(新唐書)·최식전(崔植傳)》
223. 적겸모(狄兼謨): 당(唐) 병주(幷州) 출신으로 자가 여해(汝諧)이다. 좌습유(左拾遺), 어사중승(御史中丞) 등을 역임하였다.
224. 문종(文宗): 당(唐) 제 16대 황제로 재위 기간은 826-840년이다.
225. '吏'는 《신당서(新唐書)·적겸모전(狄兼謨傳)》에는, '史'로 되어 있다.
226. 《신당서(新唐書)·적겸모전(狄兼謨傳)》
227. 이번(李藩): 당(唐) 조군(趙郡) 출신으로 자가 숙한(叔翰)이다. 헌종(憲宗) 때에 문하시랑(門下侍郎), 동평장사(同平章事) 등을 역임하였다.

이 있다고 하자 마침내 재상에 제수하였다. 그러므로 사신(史臣)이 말하기를, "비칙(批勅)에 석랑(夕郎)의 풍도가 있다"라고 하였다.

李藩, 字叔翰. 遷給事中, 制勅有不可, 遂于黃勅後批之. 吏白, 宜更連素紙, 藩曰, 別以素紙, 是文狀也, 何名批勅. 宰相裴垍喜言于帝, 以爲有宰相器, 遂拜相. 故史臣謂, 批勅有夕郎之風.230

곽승하(郭承嘏)231가 직책을 받들다.[승하봉직(承蝦奉職)] 당(唐) 곽승하가 급사중으로 옮겼다가 얼마 후 화주자사(華州刺史)로 나가게 되었다. 급사중 노재(盧載)232가 조서를 봉해서 반환하고 또 말하기를, "곽승하가 이 직책에 있으면서 계속해서 봉박(封駁)233이 있었으니 그 직책을 잘 받든 것으로 마땅히 궁중[쇄달(瑣闥)234]에 있어야 합니다"라고 하였다. 문종(文宗)이 재상들에게 이르기를, "곽승하가 오랫동안 문하성[황비(黃扉)235]에 있었기 때문에 그의 녹봉을 올려 주려고 잠시 지방을 다스리게 한 것[염문(廉問)236]인데 간쟁하는 동료가 상소를 올려 그가 직책에 걸맞는 것을 아까워합니다"라 하고는 다시 급사중으로 유임시켰다.

唐郭承蝦237轉給事中, 俄出爲華州刺史. 給事中盧載封還詔書, 且言, 承蝦自居此職, 繼有封駁, 能奉其職, 宜在瑣闥. 文宗謂宰臣曰, 承蝦久在黃扉, 故優其俸祿, 暫令廉問, 而諫列拜章, 惜其稱職. 乃復留爲給事.238

노기(盧杞)239를 등용하는 것을 간쟁하다.[간용노기(諫用盧杞)] 당(唐) 정원(貞元)240 연간에 원고(袁高)241가 급사중이 되었는데, 덕종(德宗)이 노기를 다시 등용하여 요주자사(饒州刺史)로 삼고 원고에게 명하여 조서를 초안하도록 하였다. 원고가 사두(詞頭)242를 잡고 재상 노한(盧翰)243과 유종일(劉從一)244을 찾아가서 말하기를, "노기가 재상이 된 지 3년 동안 거짓으로 속이고 몰래 해치면서 충성스럽고 어진 사람들을 물리쳐 온 세상 사람들이 눈을 흘기는데 만약 다시 그에게 큰 군(郡)을 맡기면 천하의 신망을 잃을까 염려됩니다"라고 하였다. 재상들이 좋아하지 않고 다시 다른 사인(舍人)에게 명하여 조서를 초안하도록 하였다. 조서가 나가는데 원고가

228. 비칙(批勅): 조서에 의견을 첨부하는 것을 가리킨다.
229. 배계(裴垍): 당(唐) 강주(絳州) 출신으로 자가 홍중(弘中)이다. 중서시랑(中書侍郎), 동중서문하평장사(同中書門下平章事) 등을 역임하였다.
230. 《구당서(舊唐書)·이번전(李藩傳)》
231. 곽승하(郭承嘏): 당(唐) 화주(華州) 출신으로 자가 복경(復卿)이다. 간의대부(諫議大夫), 형부시랑(刑部侍郎) 등을 역임하였다.
232. 노재(盧載): 당(唐) 하남(河南) 출신으로 급사중(給事中), 상서좌승(尙書左丞), 병부시랑(兵部侍郎) 등을 역임하였다.
233. 봉박(封駁): 부당한 조령이 내려왔을 때 이를 봉하여 반환하고 반박하던 일을 가리킨다.
234. 쇄달(瑣闥): 고리나 사슬 모양을 아로새긴 궁중의 문으로, 궁중을 가리킨다.
235. 황비(黃扉): 고관들이 정무를 처리하던 곳으로 문을 누렇게 칠하여 붙여진 별칭이다.
236. 염문(廉問): 조사하여 심문한다는 뜻에서 다스림을 가리키는 뜻이 나왔다.
237. 《유원총보》의 '蝦'는 '嘏'의 오자이다.[《구당서(舊唐書)·곽승하전(郭承嘏傳)》]
238. 《구당서(舊唐書)·곽승하전(郭承嘏傳)》
239. 노기(盧杞): 당대(唐代) 사람으로 자가 자량(子良)이다. 문하시랑(門下侍郎), 동평장사(同平章事) 등을 역임하였다. 재상이 되어 양염(楊炎), 안진경(顔眞卿), 이규(李揆) 등을 질투하여 해쳤다.
240. 정원(貞元): 당(唐) 덕종(德宗)의 연호(785-805)이다.
241. 원고(袁高): 당(唐) 창주(滄州) 출신으로 자가 공이(公頤)이다. 급사중(給事中), 소주장사(韶州長史) 등을 역임하였다.
242. 사두(詞頭): 조정에서 사신(詞臣)에게 조서를 기초하도록 할 때 보내는 요지나 개요를 가리킨다.
243. 노한(盧翰): 당(唐) 유주(幽州) 출신으로 급사중(給事中), 병부시랑(兵部侍郎), 동중서문하평장사(同中書門下平章事), 태자빈객(太子賓客) 등을 역임하였다.
244. 유종일(劉從一): 당대(唐代) 사람으로 호부상서(戶部尙書)를 역임하였다.

그것을 잡고 내려보내지 않고 상소하여 논쟁하자 황제가 사람을 보내 원고를 위로하면서 이르기를, "짐은 경의 말이 매우 지당하다고 여겨 이미 상소한 대로 하였소"라고 하였다.

唐貞元中袁高爲給事中, 德宗復用盧杞, 爲饒州刺史, 命高草詔. 高執詞頭, 謁宰相盧翰·劉從一, 曰杞作相三年, 矯詐陰賊, 退斥忠良, 四海側目, 若更授之大郡, 恐失天下望. 宰相不悅, 改命舍人草詔. 詔出, 高執之不下, 乃奏論之, 上遣使慰高, 曰朕惟卿言切至, 已如奏.[245]

이소화를 폄적시킬 것을 논하다. [논폄소화(論貶少和)]

당(唐) 공규(孔戣)[246]는 자가 군엄(君嚴)이다. 급사중일 때 강서관찰사(江西觀察使) 이소화(李少和)[247]가 뇌물을 받은 죄와 최이간(崔易簡)[248]이 사촌형을 살해한 일이 옥사가 오래되었는데도 결정되지 않자, 공규가 화를 내면서 상주하여 이소화를 폄적시키고 최이간을 사형에 처했다.

唐孔戣, 字君嚴. 爲給事中, 江西觀察使李少和坐贓, 及崔易簡殺從父兄, 獄久不下, 戣慷慨論奏, 貶少和, 殺易簡.[249]

궁중에 초상화를 그려 놓도록 하다. [도형금중(圖形禁中)] 당(唐) 육견(陸堅)[250]이 급사중(給事中)으로 학사(學士)를 겸하였는데, 황제가 그를 대하는 것이 매우 돈독하여 궁중에 그의 초상화를 그려 놓도록 하고 다시 친히 그의 찬문(贊文)을 지었다.

唐陸堅以給事兼學士, 帝待之甚厚, 詔圖其形于禁中, 又親爲之贊.[251]

이적(夷狄)에게 절하지 않다. [불배이적(不拜夷狄)]

남제(南齊) 구관선(丘冠先)[252]이 급사중일 때 연연국(蠕蠕國)[253]에 사신 갔는데 절을 하도록 핍박받았다. 구관선이 부절을 잡고 따르지 않으면서 말하기를, "나를 죽일 수 있는 것은 연연이겠지만 천자의 사자로 하여금 오랑캐에게 절하지 못하게 하는 것은 나이다"라고 하였다. 결국 죽음을 당하였다.

南齊丘冠先爲給事中, 使蠕蠕國, 逼令拜. 冠先執節不從, 曰能殺我者, 蠕蠕也, 不能以天子使拜夷狄者, 我也. 遂見殺.[254]

당시 사람들이 곧음을 칭송하다. [시이직칭(時以直稱)]

당(唐) 설존경(薛存慶)[255]이 다섯 차례 급사중으로 옮겼는데 위홍경(韋弘景)[256]과 함께 조서(詔書)를 봉하여 보내면서 논박을 하니 당시 사람들이 그의 곧음을 칭송하였다.

唐薛存慶五遷給事中, 與韋弘景封駁詔書, 時稱其直.[257]

홀수 날에 일을 보다. [척일시사(隻日視事)] 당(唐) 이손(李遜)[258]이 급사중이 되었는데, 옛 제도에 홀수 날에 일을 보고 여러 신하들을 대하였다. 이에 상주하기를, "정성을 펴서 황제를 보좌하는데 꼭 날짜를

---

245. 《구당서(舊唐書)·원고전(袁高傳)》
246. 공규(孔戣): 당대(唐代) 사람으로 자가 군엄(君嚴)이다. 예부상서(禮部尙書)를 역임하였다.
247. 이소화(李少和): 당대(唐代) 사람으로 홍주자사(洪州刺史), 강서관찰사(江西觀察使) 등을 역임하였다.
248. 최이간(崔易簡): 내력이 자세하지 않다.
249. 《신당서(新唐書)·공규전(孔戣傳)》
250. 육견(陸堅): 당(唐) 하남(河南) 출신으로 통사사인(通事舍人), 비서감(秘書監) 등을 역임하였다.
251. 《신당서(新唐書)·유학열전(儒學列傳)》
252. 구관선(丘冠先): 남조(南朝) 제(齊) 오정(烏程) 출신으로 자가 도원(道元)이다. 급사중(給事中)을 역임하였다.
253. 연연국(蠕蠕國): 중국 고대의 북방 민족 이름으로 유연(柔然)이라고도 한다.
254. 《남사(南史)·효의전(孝義傳)》
255. 설존경(薛存慶): 당(唐) 하중(河中) 출신으로 자가 사덕(嗣德)이다. 어사(御史), 상서랑(尙書郞) 등을 역임하였다.
256. 위홍경(韋弘景): 당(唐) 정주(鄭州) 출신으로 한림학사(翰林學士), 급사중(給事中), 예부상서(禮部尙書) 등을 역임하였다.
257. 《신당서(新唐書)·설존경전(薛存慶傳)》
258. 이손(李遜): 당(唐) 조주(趙州) 출신으로 자가 우도(友道)이다. 급사중(給事中), 형부상서(刑部尙書) 등을 역임하였다.

가릴 것이 없습니다. 지금 여러 신하들이 상주하는 것이 홀수 날을 기다린다면 신하가 용안을 뵙고 간언을 드릴 수 있는 것[헌가체부(獻可替否)[259]]이 1년 중에 몇 번이나 될 수 있겠습니까?"라고 하자 헌종(憲宗)이 가상하게 여기고 이에 때를 가리지 않고 면대하고 상주할 것을 허락하였다.

唐李遜爲給事中, 以舊制, 隻日視事, 對群臣. 乃奏曰, 陳誠啓沃, 不必擇辰. 今群臣章奏, 乃候隻日, 則臣下得覩天顔, 獻可替否, 一歲之中, 能有幾何. 憲宗嘉之, 乃許不擇時對奏.[260]

고집이 줄어들지 않다.[행직불쇠(悻直不衰)] 이발(李渤)[261]이 급사중에 제수되었는데, 홀로 특별하게 자신을 지키며 시속에 구차히 영합하지 않자 사람들이 그를 '고격(沽激)'[262]이라고 하였다. 자주 말 때문에 배척을 당했지만 고집이 조금도 줄어들지 않자 절개를 지키는 이들이 그를 숭상하였다.

李渤拜給事中, 孤特自持, 不苟合于時, 人謂之沽激. 屢以言斥, 而悻直不少衰, 守節者尙之.[263]

지팡이와 신발이 옛날과 같다.[장구여구(杖屨如舊)] 당(唐) 설존성(薛存誠)[264]이 재차 급사중에 제수되었는데, 오히려 본청인 문하성[난저(鸞渚)[265]]의 안석과 침상, 지팡이와 신발이 옛날과 같았다. 그의 다음과 같은 시가 있다.

再入靑瑣闈, 다시 황궁에 들어오니
忝官誠自非. 부끄럽게 임명된 것이 진실로 잘못이라 여겨진다.
拂塵驚物在, 먼지를 터니 물건들이 그대로인 것이 놀랍고
開戶似僧歸. 문을 여니 스님이 돌아온 듯하여라.
積草漸無徑, 풀이 덮여 점차 길이 없어졌으나
殘花猶洒衣. 남은 꽃은 아직도 옷을 적시네.
禁庭偏近日, 궁궐 안은 특별히 해와 가까우니
行坐是恩暉. 걷고 앉는 것조차 성상의 은혜로다.

唐薛存誠再除給事中, 仍是本廳鸞渚几榻杖屨, 如舊時. 其詩曰, 再入靑瑣闈, 忝官誠自非. 拂塵驚物在, 開戶似僧歸. 積草漸無徑, 殘花猶洒衣. 禁庭偏近日, 行坐是恩暉.[266]

조정의 법도를 온전히 하기를 바랍니다.[망전조전(望全朝典)] 송(宋) 원우(元祐)[267] 연간에 안도(安燾)[268]를 지추밀원(知樞密院)에 제수하자 그 일로 인하여 급사중이 두 번이나 조서를 봉하고 논박하였다. 결국 특지(特旨)가 그대로 내려가 이부(吏部)에서 시행하자 급사(給事) 유지(劉贄)가 아뢰기를, "엎드려 바라옵건대 다시 고명을 되돌리어 조정의 법도를 온전히 하소서"라고 하였다.

宋元祐中除安燾知樞密院, 因給事兩次封駁. 遂特旨直下, 吏部施行, 給事劉贄上言, 伏望追還誥命, 以全朝廷典法.[269]

---

259. 헌가체부(獻可替否): 신하가 군주에게 옳은 일을 권하고 옳지 않은 일을 못하게 한다는 뜻에서 임금에게 간언하거나 국사를 논의하는 의미가 되었다.
260. 《구당서(舊唐書·이손전(李遜傳)》
261. 이발(李渤): 당나라 때 사람으로 간의대부(諫議大夫)와 태자빈객(太子賓客) 등을 역임하였다. 성품이 강직하여 직언을 잘 하였다.
262. 고격(沽激): 모난 행동으로 명예를 구하는 것을 가리킨다.
263. 《신당서(新唐書)·이발전(李渤傳)》
264. 설존성(薛存誠): 당(唐) 하중(河中) 출신으로 자가 자명(資明)이다. 감찰어사(監察御史), 어사중승(御史中丞) 등을 역임하였다.
265. 난저(鸞渚): 문하성의 별칭이다.
266. 《산당사고(山堂肆考)·신직(臣職)》
267. 원우(元祐): 송(宋) 철종(哲宗)의 연호(1086-1093)이다.
268. 안도(安燾): 송(宋) 개봉(開封) 출신으로 자가 후경(厚卿)이다. 문하시랑(門下侍郞), 지추밀원(知樞密院) 등을 역임하였다.

가우(嘉祐)[270] 연간에 당개(唐介)[271]가 간원(諫院)을 맡았다가 나가서 형남부(荊南府)를 다스리게 되자 당시에 문하성을 담당하던 자가 조서를 봉하고 논박하였다. 하담(何郯)[272]이 아뢰기를, "당개는 간관(諫官)으로 조정을 보좌하니 밖으로 출임(出任)시키면 안 됩니다"라 하고는 조서를 봉하여 반환하였다. 그 때문에 당개가 다시 간원(諫院)을 맡게 되었다.

嘉祐中唐介知諫院, 出知荊南府, 時知門下封駁. 何郯上言, 介爲諫官, 補朝廷, 不當出外. 以勅封還之. 故介復得知諫院.[273]

논의에 피하는 것이 없다.[논무소피(論無所避)]

송(宋) 정우(程瑀)[274]가 급사중에 제수되었는데, 자신의 의견을 내세우면서 아부하거나 피하는 것이 없었다. 마침 권방언(權邦彦)[275]을 첨서(簽書)로 제수하자, 공이 권방언의 다섯 가지 죄를 논하면서 모두 세 번 상소를 올렸지만 황제는 다음 관원에게 맡겨 훑어보게 하였다. 공이 이에 물러나기를 요구하여 마침내 신주(信州)를 맡게 되자 시어(侍御) 강제(江躋)[276] 등이 공을 머물게 하도록 상소하여 다시 급사(給事)에 제수하였다. 황제가 이르기를, "급사를 세운 것은 바로 다른 점을 논박하게 하려는 것이니 어찌 부화뇌동하는 데에 있겠는가? 짐은 경이 떠나는 것을 심히 원치 않소"라고 하였다. 정우가 나가자 특별히 상아 홀을 하사하여 각별한 총애를 보였다.

宋程瑀拜給事中, 抗論無所阿避. 會除權邦彦簽書, 公論邦彦五罪, 凡三疏, 上委以次官, 閱讀. 公乃乞罷, 遂除知信州, 侍御江躋等上疏留公, 復除給事. 上曰, 給事之設, 正要駁異, 豈在雷同. 朕深不欲卿去. 瑀旣出, 特賜象笏, 以示隆眷.[277]

아는 것을 말하지 않는 것이 없다.[지무불언(知無不言)] 송(宋) 진전(陳戩)[278]은 자가 충휴(沖休)이다. 고종(高宗) 시기에 급사중이 되었는데, 격정적으로 일을 논의하였고 아는 것을 말하지 않는 것이 없었다. 제수(除授)함이 마땅함을 잃으면 논박하는 것이 많아 선비들의 의론이 한결같이 칭송하고 중시하였다.

宋陳戩, 字沖休. 高宗朝給事中, 感激論事, 知無不言. 除授失當, 多所論駁, 士論翕然推重.[279]

내시가 병직(兵職)을 겸임하다.[내시겸병(內侍兼兵)]

송(宋) 덕수궁제거(德壽宮提擧) 진원(陳源)[280]이 절서부총관(浙西副總管)을 겸하게 되자, 당시에 급사중이었던 조여우(趙汝愚)[281]가 논박하여 이르기를, "내시는 병직(兵職)을 겸임하는 것이 부당합니

---

269. 《산당사고(山堂肆考)·신직(臣職)》
270. 가우(嘉祐): 송(宋) 인종(仁宗)의 연호(1056-1063)이다.
271. 당개(唐介): 송(宋) 강릉(江陵) 출신으로 자가 자방(子方)이다. 어사중승(御史中丞), 참지정사(參知政事) 등을 역임하였다.
272. 하담(何郯): 송(宋) 성도(成都) 출신으로 자가 성종(聖從)이다. 감찰어사(監察御使), 전중시어사(殿中侍御史) 등을 역임하였다.
273. 《산당사고(山堂肆考)·신직(臣職)》
274. 정우(程瑀): 송(宋) 요주(饒州) 출신으로 자가 백우(伯寓)이다. 급사중(給事中), 병부상서(兵部尙書) 등을 역임하였다.
275. 권방언(權邦彦): 송(宋) 하간(河間) 출신으로 자가 조미(朝美)이다. 태학박사(太學博士), 첨서추밀원사(簽書樞密院事) 등을 역임하였다.
276. 강제(江躋): 송(宋) 구주(衢州) 출신으로 자가 원수(元壽)이다. 전중시어사(殿中侍御史)를 역임하였다.
277. 《산당사고(山堂肆考)·신직(臣職)》
278. 진전(陳戩): 송(宋) 송계(松溪) 출신으로 자가 충휴(沖休)이다. 감찰어사(監察御使), 급사중(給事中) 등을 역임하였다.
279. 《산당사고(山堂肆考)·신직(臣職)》
280. 진원(陳源): 송대(宋代)의 환관으로 내시성압반(內侍省押班), 덕수궁제거(德壽宮提擧) 등을 역임하였다.
281. 조여우(趙汝愚): 송(宋) 종실(宗室)로 자가 자직(子直)이다. 이부상서(吏部尙書), 지추밀원사(知樞密院事)를 역임하였다.

다"라고 하자 조서가 그의 건의를 따랐고 추밀원(樞密院)에 명하여 영구히 준수하도록 하였다.

宋德壽宮提擧陳源兼浙西副總管, 時給事中趙汝愚論駁謂, 內侍不當兼兵職. 詔從之, 令樞密院, 永爲遵守.[282]

간관 諫官[283]

- 옛날에는 간관(諫官)이라는 명칭이 없었고 공경대부로부터 기술자와 상인에 이르기까지 충간할 수 없는 자가 없었다. 진한(秦漢) 이래로 비로소 관직을 두게 되었다.

  古者無諫官之名, 自公卿大夫, 至于工商, 無不得諫者. 秦漢以來, 始置官.[284]

- 후한(後漢)에서 간대부(諫大夫)를 증원하여 간의대부(諫議大夫)로 하고 30인을 두었다. 수(隋)나라에서는 7인을 두었고 당(唐)나라에서는 4인을 두었다.

  後漢增諫大夫, 爲諫議大夫, 置三十人. 隋置七人, 唐置四人.[285]

- 《주례(周禮)·지관(地官)》의 기록이다. 보씨(保氏)가 천자의 잘못을 간언하는 일을 맡았다.

  周禮·地官. 保氏, 掌諫王惡.[286]

- 《여씨춘추(呂氏春秋)》의 기록이다. 잠윤(箴尹)은 초(楚)나라의 관직으로 역시 간신(諫臣)이었다.

  呂氏春秋. 箴尹楚官, 亦諫臣也.[287]

- 제(齊) 환공(桓公)에게는 좌우(坐友) 3인, 간신(諫臣) 5인, 허물을 지적하는 자 35인이 있었다.

  齊桓公有坐友三人, 諫臣五人, 擧過者, 三十五人.[288]

- 무릇 상소문은 모두 봉함을 열지만, 그 말이 비밀스러운 일은 검은 주머니를 사용한다.

  凡章表皆啓封, 其言密事, 則用皀囊也.[289]

- 제(齊) 위왕(威王)이 명을 내리기를, "면전에서 과인을 비판할 수 있는 자가 있으면 최고의 상을 받을 것이고 글을 바쳐 간언하는 자는 중간의 상을 받을 것이며 시장이나 조정에서 비판하여 들리게 하면 최하의 상을 받을 것이다.

  齊威王下令曰, 有能面折寡人者, 受上賞, 獻書諫者, 受中賞, 謗議於市朝而聞, 受下賞.[290]

육권(鬻拳)[291]이 무기로 간언하다.[육권병간(鬻拳兵諫)] 《좌전(左傳)》의 기록이다. 육권(鬻拳)이 강력하게 간해도 초나라 군주가 따르지 않자 무기를 가지고 다가가니 두려워서 그의 말을 따랐다. 육권이 말하기를, "내가 무기로 군주를 위협했으니 죄가 그보다 큰 것이 없다"라 하고는 드디어 스스로 발을 끊었다. 초나라 사람은 그를 성문지기의 총책임자로

282. 《산당사고(山堂肆考)·신직(臣職)》
283. 간관(諫官): 진(秦)에서 처음으로 간대부(諫大夫)를 둔 것이 기원이고 후한(後漢)에서 간의대부(諫議大夫)라고 칭하였다. 의론(議論)을 맡았고 수당(隋唐) 시대에는 문하성(門下省)에 소속되었다.
284. 《산당사고(山堂肆考)·신직(臣職)》
285. 《통전(通典)·직관(職官)》
286. 《주례(周禮)·지관(地官)·보씨(保氏)》
287. 《산당사고(山堂肆考)·신직(臣職)》
288. 《고금사문유취신집(古今事文類聚新集)·제원부(諸院部)》
289. 《고금사문유취신집(古今事文類聚新集)·제원부(諸院部)》
290. 《전국책(戰國策)·제책(齊策)》에는, "羣臣吏民能面刺寡人之過者, 受上賞, 上書諫寡人者, 受中賞, 能謗議於市朝, 聞寡人之耳者, 受下賞"으로 되어 있다.
291. 육권(鬻拳): 춘추시대 초(楚)나라 사람으로 문왕(文王) 시기의 대부였다.

삼았다.

左傳. 鬻拳强諫, 楚子弗從, 臨之以兵, 懼而從之. 鬻拳曰, 吾懼君以兵, 罪莫大焉. 遂自刖也. 楚人以爲大閽.[292]

사어(史魚)[293]가 시신(尸身)으로 간언하다.[사어시간(史魚尸諫)] 위(衛) 영공(靈公)이 미자하(彌子瑕)[294]를 총애하고 거백옥(蘧伯玉)[295]을 등용하지 않았다. 사어가 병이 깊어 장차 죽게 되자 그의 아들에게 유언하기를, "내가 조정에 있으면서 거백옥을 등용하도록 하지 못하고 미자하를 물리치도록 하지 못했다. 이는 내가 살아서 군주를 바로잡지 못한 것이니 죽어서도 예를 갖출 수 없다. 내가 죽은 뒤에 네가 창문 아래에 시신을 둔다면 나에게는 완전할 것이다"라고 하였다. 그의 아들이 그 말을 따랐는데 영공이 가서 조문하면서 이상하게 여겨 묻자 그 아들이 사실대로 아뢰었다. 영공이 아연실색하면서 이르기를, "이것은 과인의 잘못이다"라 하고는 이에 손님을 받는 방에 빈소를 차리게 하였다. 이윽고 미자하를 물리치고 거백옥을 등용하였다.

衛靈公嬖彌子瑕, 而不用蘧伯玉. 史魚病將卒, 命其子曰, 吾在朝不能進蘧伯玉, 而退彌子瑕. 是吾生不能正君, 則死無以成禮. 我死, 汝置尸牖下, 於我畢矣. 其子從之, 公往弔, 怪而問焉, 其子以告. 公愕然失容曰, 是寡人之過也. 於是, 命殯之客坐. 乃退彌子瑕, 進伯玉.[296]

기둥에 붉은 칠을 한 것을 간언하다.[간단영(諫丹楹)] 《좌전(左傳)》의 기록이다. 환공(桓公)의 사당 기둥에 붉은 칠을 하였고 환공의 사당 서까래를 조각하자 어손(御孫)이 간하기를, "검소는 덕의 큰 것이고 사치는 악의 큰 것입니다. 선대 군주께서는 큰 덕을 지니셨는데 군주께서 큰 악으로 들어가시는 것은 옳지 않은 것이 아니겠습니까?"라고 하였다.

左傳. 丹桓公楹, 刻桓公桷, 御孫諫曰, 儉, 德之共也, 侈, 惡之大也. 先君有共德, 而君納諸大惡, 無乃不可乎.[297]

물고기 구경을 간언하다.[간관어(諫觀魚)] 은공(隱公)이 당(棠)에 가서 물고기 잡는 것을 구경하려 하자 장희백(臧僖伯)[298]이 간언하기를, "무릇 사물이 큰일을 논하기에 족하지 못하고 그 재료가 기물과 용도를 갖추는 데에 족하지 못하면 군주는 행하지 않습니다. 군주는 장차 백성을 법도와 문물에 알맞도록 하는 자입니다. 법도에 맞지 않고 문물에 맞지 못하면 그것을 일러 정사를 어지럽힌다고 합니다"라고 하였다. 은공이 이르기를, "나는 장차 영토를 순행하려는 것이다"라 하고 마침내 가자 장희백은 병을 핑계대고 따라가지 않았다.

隱公將如棠觀魚, 臧僖伯諫曰, 凡物不足以講大事, 其材不足以備器用, 則君不擧焉. 君將納民於軌物者也. 不軌不物, 謂之亂政. 公曰, 吾將略地焉, 遂往, 僖伯稱疾不從.[299]

---

292. 《춘추좌전(春秋左傳)·장공(莊公)·19년》
293. 사어(史魚): 춘추시대 위(衛)나라의 대부로 이름은 추(鰌)이다. 죽은 뒤에 위(衛) 영공(靈公)의 잘못을 깨닫게 한 '시간(屍諫)'의 고사로 유명하다.
294. 미자하(彌子瑕): 춘추시대 위(衛) 영공(靈公)의 폐신(嬖臣)이었다.
295. 거백옥(蘧伯玉): 춘추시대 위(衛)나라 사람으로 이름이 원(瑗)이고 백옥(伯玉)은 자이다. 영공(靈公) 때의 대부였다.
296. 《공자가어(孔子家語)·곤서(困誓)》
297. 《춘추좌전(春秋左傳)·장공(莊公)·23년》에, "秋, 丹桓宮之楹"이라고 되어 있는 기록과 《춘추경문(春秋經文)·장공(莊公)·24년》에, "刻桓公桷"이라고 되어 있는 기록과 《춘추좌전(春秋左傳)·장공(莊公)·24년》에, "二十四年春, 刻其桷, 皆非禮也. 御孫諫曰, 臣聞之, 儉, 德之共也. 侈, 惡之大也. 先君有共德, 而君納諸大惡, 無乃不可乎"라고 되어 있는 기록을 조합한 것이다.
298. 장희백(臧僖伯): 공자 강(彊)으로 자가 자장(子臧)이다.
299. 《춘추좌전(春秋左傳)·은공(隱公)·5년》

창을 제쳐놓다.[벽극(辟戟)] 한(漢) 무제(武帝)의 고모인 관도공주(館陶公主)[300]가 동언(董偃)[301]을 가까이하고 총애하였는데 들어가 황제를 뵙게 하니 선실(宣室)[302]에 술자리를 마련해 주었다. 이때 동방삭(東方朔)이 중랑(中郞)으로 편전 아래 섬돌 옆에서 창을 잡고 호위하다가 창을 제쳐놓고 나아가 아뢰기를, "동언은 참수의 죄가 셋이 있는데 어찌 (궁중에) 들어올 수 있겠습니까?"라고 하자 황제가 이르기를, "무슨 말인가?" 하고 물었다. 동방삭이 아뢰기를, "동언은 신하로서 사사로이 공주를 모시니 죄의 첫 번째입니다. 남녀의 풍기를 그르치고 혼인의 예를 어지럽혀 왕조의 법도를 해치니 죄의 두 번째입니다. 폐하께서는 춘추가 한창이시라 바야흐로 육경(六經)에 생각을 모으고 천하를 다스리는 일에 유념하시는데 동언은 경서의 뜻을 따라 학문을 권장하지 않고 도리어 아름다움을 우선시하고 사치를 일삼으니 바로 국가를 크게 해치는 자입니다"라고 하였다. 황제가, "훌륭하다"라고 하면서 금 30근을 하사하였다.

漢武帝姑館陶公主近幸董偃, 入見帝, 置酒宣室. 是時東方朔爲中郞, 陛戟殿下, 辟戟而前曰, 偃有斬罪三, 焉得入乎. 上曰, 何謂也? 朔曰, 偃以人臣私侍公主, 罪一也. 敗男女之化, 而亂婚姻之禮, 傷王制, 罪二也. 陛下富于春秋, 方積思于六經, 留神于王事, 偃不遵經勸學, 反以靡麗爲右, 奢侈爲務, 乃國家之大賊. 帝曰, 善. 賜金三十斤.[303]

말의 뱃대끈을 자르다.[단앙(斷鞅)] 광무제(光武帝)가 서쪽으로 정벌을 나서려고 하자 곽헌(郭憲)[304]이 간언하였지만 따르지 않았다. 이에 패도(佩刀)를 뽑아 수레를 끄는 말의 뱃대끈을 잘랐으나 황제는 끝내 따르지 않았다. 뒤에 영천(潁川)에서 군대가 일어나자 비로소 말을 돌리면서 황제가 이르기를, "곽자횡(郭子橫)의 말을 듣지 않은 것이 한스럽구나"라고 하였다.

光武欲西征, 郭憲諫, 不聽. 乃拔佩刀, 斷車鞅, 上竟不從. 後潁川兵起, 乃迴駕, 帝曰, 恨不用郭子橫之言.[305]

누대를 쌓는 것을 간언하다.[간축층대(諫築層臺)] 초(楚) 장왕(莊王)이 누대를 쌓는데 이어진 길이가 백 리였다. 간언하는 자가 72명이었는데 어떤 제어(諸御)[306]가 들어가 간언하기를, "옛날에 우(虞)나라는 궁지기(宮之奇)[307]의 말을 따르지 않아 진(晉)나라가 병탄하였고 조(曹)나라는 부기(負羈)[308]의 말을 따르지 않아 송(宋)나라가 병탄하였으며, 오(吳)나라는 오자서(伍子胥)의 말을 따르지 않아 월(越)나라가 병탄하였습니다"라 하고는 마침내 빠른 걸음으로 나가자 장왕이 서둘러 그를 쫓아가게 하며 이르기를, "내가 그대의 간언을 따르겠소. 먼저 간언했던 이들은 족히 과인의 마음을 움직이지 못했소"라고 하였다.《설원(說苑)》

楚莊王築層臺, 延袤百里. 諫者七十二人, 有諸御入諫曰, 昔虞不用宮之奇而晉幷之, 曹不用負羈而宋幷之, 吳不用子胥而越幷之. 遂趨出, 王遽追之曰, 吾用子之諫. 先諫者, 不足動寡人之心.《說苑》[309]

300. 관도공주(館陶公主): 한(漢) 문제(文帝)의 딸인 두태주(竇太主)이다.
301. 동언(董偃): 관도공주(館陶公主)의 총애를 받다가 요절하였다.
302. 선실(宣室): 한대(漢代) 미앙궁(未央宮) 안에 있던 선실전(宣室殿)이다.
303. 《전한서(前漢書)·동방삭전(東方朔傳)》
304. 곽헌(郭憲): 동한(東漢) 여남(汝南) 출신으로 자가 자횡(子橫)이다. 광무제(光武帝) 시절에 광록훈(光祿勳)을 역임하였다.
305. 《후한서(後漢書)·곽헌전(郭憲傳)》
306. 제어(諸御): 잡무를 보는 벼슬아치를 가리킨다. 사람 이름이라는 주장도 있다.
307. 궁지기(宮之奇): 춘추시대 우(虞)의 대부로 진(晉) 헌공(獻公)의 제안을 거절할 것을 간언하였지만 받아들여지지 않자 조(曹)나라로 망명하였다.
308. 부기(負羈): 춘추시대 조(曹)나라의 대부인 희부기(僖負羈)이다.

사냥하는 것을 간언하다.[간교렵(諫校獵)] 환제(桓帝)[310]가 광성원(廣成苑)에서 사냥을 하다가 마침내 상림원(上林苑)에까지 이르자 진번(陳蕃)[311]이 간언하기를, "지금 세 가지가 비는 재난이 있으니, 전답이 비고 조정이 비고 창고가 빕니다. 게다가 전란이 아직 그치지 않고 사방의 사람들이 이산되어 있으니 이는 폐하께서 노심초사하고 근심스런 모습으로 앉아서 새벽을 기다려야 할 때입니다. 어찌 깃발을 휘날리고 무력을 과시하면서 수레와 말이 달리는 것을 구경하는 데에 마음을 쏟아서야 되겠습니까?"라고 하였다.

桓帝校獵廣成, 遂至上林苑, 陳蕃諫曰, 今有三空之厄, 田野空, 朝廷空, 倉庫空. 加之兵戎未戢, 四方離散, 是陛下焦心毁顔, 坐以待旦之時也. 豈宜揚旗耀武, 騁心輿馬之觀乎.[312]

방생[속생(贖生)[313]]하는 것을 간언하다.[간속생(諫贖生)] 당(唐) 중종(中宗)[314]이 사신을 파견하여 강회(江淮) 지역에 가서 방생하도록 하였다. 중서사인 이예(李乂)[315]가 간언하기를, "살아 있는 것을 파는 자들은 오직 이익만을 추구하여 돈이 날마다 들어오고 그물이 해마다 늘어나는데 그들에게 하루아침에 베풀어 이익이 백 배가 되게 하는 것보다 방생하는 돈과 재물을 회수하여 가난하고 없는 이들의 요역을 덜어 주는 것이 좋습니다. 사람을 살리고 나라를 사랑하는 것이니 그 복이 저것보다 낫습니다"라고 하였다.

唐中宗遣使詣江淮贖生. 中書舍人李義[316]諫曰, 鬻生之徒, 唯利斯視, 錢刀日至, 網罟年滋, 施之一朝, 營之百倍. 未若回救贖之錢物, 減貧無之徭賦. 活人愛國, 其福勝彼.[317]

새들을 잡는 것을 간언하다.[간포금(諫捕禽)]

예약수(倪若水)[318]가 변주자사(汴州刺史)일 때, 현종(玄宗)이 중관(中官)[319]을 파견하여 회남(淮南)에 가서 해오라기와 뜸부기 및 여러 물새들을 잡아오게 하자 상소하여 간언하기를, "바야흐로 지금은 농부들은 쟁기를 들고 누에 치는 아녀자들은 뽕잎을 따는데 이런 때에 기이한 새들을 잡아 동산과 연못의 감상에 제공하게 하시니 멀리 장강(長江)과 영남(嶺南)에서부터 경사(京師)에 이르기까지 길에서 보는 자들이, 폐하께서는 사람을 천하게 여기고 새를 귀하게 여긴다고 말하지 않는 사람이 없습니다"라고 하였다.

倪若水爲汴州刺史, 玄宗遣中官往淮南採捕鵁鶄鸂鶒及諸水禽, 上疏諫曰, 方今田夫擁耒, 蠶婦持桑, 而以此時採捕奇禽異鳥, 供園池之玩, 遠自江嶺達于京師, 道路觀者, 莫不言陛下賤人而貴鳥.[320]

---

309. 《설원(說苑)·정간(正諫)》
310. 환제(桓帝): 동한(東漢) 제11대 황제로 재위 기간은 147-167년이다.
311. 진번(陳蕃): 동한(東漢) 여남(汝南) 출신으로 자가 중거(仲擧)이다. 낙안태수(樂安太守), 태부(太傅) 등을 역임하였다. 영제(靈帝) 시절에는 태부(太傅)가 되어 두무(竇武)와 함께 선정에 힘썼다.
312. 《후한서(後漢書)·진번전(陳蕃傳)》
313. 속생(贖生): 물고기나 자라 등을 사서 방생하는 것을 가리킨다.
314. 중종(中宗): 당(唐) 제5대 황제로 재위 기간은 684년과 705-709년이다.
315. 이예(李乂): 당(唐) 방자(房子) 출신으로 자가 상진(尙眞)이다. 이부시랑(吏部侍郎), 지제고(知制誥), 형부상서(刑部尙書) 등을 역임하였는데, 일체의 청탁을 받지 않아 '李下無蹊徑'이라는 말이 유행하였다.
316. 《유원총보》의 '義'는 '乂'의 오자이다.[《구당서(舊唐書)·이예전(李乂傳)》]
317. 《구당서(舊唐書)·이예전(李乂傳)》
318. 예약수(倪若水): 당(唐) 고성(藁城) 출신으로 자가 자천(子泉)이다. 변주자사(汴州刺史), 호부시랑(戶部侍郎), 우승(右丞) 등을 역임하였다.
319. 중관(中官): 중앙 조정의 벼슬아치를 가리킨다.
320. 《구당서(舊唐書)·예약수전(倪若水傳)》

토끼를 쫓는 것을 간언하다.[간축토(諫逐兔)]

당(唐) 태종(太宗)이 원림(苑林) 안에서 토끼를 쫓자 집실사력(執失思力)[321]이 간언하기를, "폐하는 온 세상 백성들의 부모이신데 어찌하여 스스로를 가볍게 여기십니까? 신은 적이 염려되옵니다"라고 하였다. 황제가 그의 말을 특별하게 여겼지만 뒤에 다시 사슴을 쫓으니 두건과 띠를 풀고 단호하게 간언하자 황제가 그 때문에 그쳤다.

唐太宗逐兔苑中, 執失思力諫曰, 陛下爲四海父母, 奈何自輕. 臣竊殆之. 帝異其言, 後復逐鹿, 脫巾帶, 固諫, 帝爲止.[322]

농번기를 뺏는 것을 간언하다.[간탈민시(諫奪民時)]

진(晉) 평공(平公)이 봄에 누대를 축조하자 숙향(叔向)[323]이 아뢰기를, "옛날에 성왕(聖王)들은 덕을 귀하게 여기고 베풂을 힘썼으며 형벌을 너그럽게 하고 농번기를 따랐습니다. 지금 봄에 누대를 축조하는 것은 농번기를 뺏는 것입니다. 덕이 베풀어지지 않는데 더구나 그 농사철까지 뺏는다면 이는 이중으로 고갈시키는 것입니다. 백성을 다스리면서 이중으로 고갈시키는 것이 어찌 천명을 안정시키고 삶을 편안하게 해주는 것이겠으며 후세에 군주였다고 일컬어지겠습니까?"라고 하였다.

晉平公春築臺, 叔向曰, 古者聖王貴德而務施, 緩刑辟而趨民時. 今春築臺, 是奪民時也. 德不施而又奪其時, 是重竭也. 牧百姓而重竭之, 豈所以定命安存, 而稱爲人君于後世哉.[324]

명을 기다리다가 머리가 희어지다.[대명발백(待命髮白)] 인종(仁宗)[325]이 후사를 정해 놓지 않아 안팎으로 걱정하였다. 지간원(知諫院) 범진(范鎭)[326]이 상소하여 태자를 세울 것을 청하는데, 주장(奏章)이 열아홉 차례나 올라가고 명을 기다린 지 100여 일이 되자 수염과 머리가 모두 희어졌다.

仁宗未有繼嗣, 中外危恐. 知諫院范鎭上疏請建太子, 章十九上, 待命百餘日, 鬚髮盡白.[327]

사단(史丹)[328]의 푸른 부들[사단청포(史丹青蒲)]

원제(元帝)[329]가 태자를 폐위하려고 하자 사단(史丹)이 바로 내실까지 들어와 푸른 부들에 엎드려 눈물을 흘리면서 간언하였다.

元帝欲廢太子, 史丹直入臥內, 伏青蒲, 流涕言.[330]

장담(張湛)[331]의 백마[장담백마(張湛白馬)] 한(漢) 광무제(光武帝)가 조회에 참여하여 간혹 해이한 모습이 있으면 장담(張湛)이 그때마다 그 잘못을 간언하였다. 항상 백마를 탔는데 황제가 매번 장담을 볼 때마다 "백마생(白馬生)이 또 간언하겠다"라고 하였다.

漢光武臨朝, 或有惰容, 張湛輒諫其失. 常乘白馬, 帝每見湛, 輒言白馬生復諫矣.[332]

머리로 수레바퀴를 괴다.[두인승륜(頭靭乘輪)]

---

321. 집실사력(執失思力): 당나라 때 돌궐의 추장으로 정관(貞觀) 연간에 입조하여 고조(高祖)의 딸 구강공주(九江公主)에게 장가들었다.
322. 《신당서(新唐書)·제이번장열전(諸夷蕃將列傳)》
323. 숙향(叔向): 춘추시대 진(晉) 양설힐(羊舌肸)의 자이다. 평공(平公) 때에 태부(太傅)가 되었다.
324. 《산당사고(山堂肆考)·신직(臣職)》
325. 인종(仁宗): 송(宋) 제4대 황제로 재위 기간은 1023-1063년이다.
326. 범진(范鎭): 송(宋) 사람으로 자가 경인(景仁)이다. 지제고(知制誥), 한림학사(翰林學士) 등을 역임하였고, 《신당서(新唐書)》 편찬에 참여하였다.
327. 《송사(宋史)·범진전(范鎭傳)》
328. 사단(史丹): 한대(漢代) 사람으로 자가 군중(君仲)이다. 부마도위시중(駙馬都尉侍中)을 역임하였다.
329. 원제(元帝): 서한(西漢) 제9대 황제로 재위 기간은 BC 48-BC 33년이다.
330. 《전한서(前漢書)·사단전(史丹傳)》
331. 장담(張湛): 동한(東漢) 평릉(平陵) 출신으로 자가 자효(子孝)이다. 태자태부(太子太傅)를 역임하였다.
332. 《후한서(後漢書)·장담전(張湛傳)》

신도강(申屠剛)[333]은 항상 급암(汲黯)[334]과 사추(史鰌)의 사람 됨됨이를 사모하였다. 광무제가 일찍이 출유(出遊)하려고 할 때 간언이 받아들여지지 않자 마침내 머리로 수레바퀴를 괴니 황제가 결국 그 때문에 그쳤다.

申屠剛嘗慕汲黯·史鰌之爲人. 光武嘗欲出遊, 諫不聽, 遂以頭軔乘輿輪, 帝遂爲止.[335]

이마를 용지(龍墀)[336]에 찧다.[액고용지(額叩龍墀)]

당(唐) 경종(敬宗)[337]이 나가서 사냥하는 것을 좋아하자 유서초(劉栖楚)[338]가 아뢰기를, "신은 간언을 관직으로 삼고 있는데 폐하로 하여금 천하의 비난을 받게 하였으니 머리를 부수어 사죄하겠습니다"라 하고서 마침내 이마를 용지(龍墀)에 찧자 피가 얼굴을 덮었다.

唐敬宗好遊畋, 劉栖楚曰, 臣以諫爲官, 使陛下負天下之譏, 請碎首以謝. 遂以額叩龍墀, 血被面.[339]

소매를 당기면서 간언하다.[인거이간(引裾而諫)]

위(魏) 문제(文帝)가 기주(冀州)의 10만 호를 이주시키려고 하였다. 신비(辛毗)[340]가 간언을 하였지만 대답하지 않고 일어나자 따라가며 황제의 소매를 당겼다.

魏文帝欲徙冀州十萬戶. 辛毗諫, 不答而起, 隨而引其裾.[341]

하늘의 뜻을 되돌린 힘[회천지력(回天之力)]

장현소(張玄素)[342]가 태종(太宗)에게 낙양궁(洛陽宮)을 짓는 것을 간언하자, 위징(魏徵)이 감탄하면서 말하기를, "장공이 일을 논한 것은 하늘의 뜻을 되돌린 힘이 있다. 인자(仁者)의 말이라고 할 만하니 그 이로움이 넓도다"라고 하였다.

張玄素諫太宗修洛陽宮, 魏徵歎曰, 張公論事, 有回天之力. 可謂仁人之言, 其利博哉.[343]

열 가지 일을 진술하려 하다.[욕진십사(欲陳十事)]

당(唐) 헌종(憲宗)이 이강(李絳)[344]에게 이르기를, "근래에 간관(諫官)들은 붕당(朋黨)을 짓는 자들이 많아 상주(上奏)하는 것이 부실하고 모두 비방하는 데에 빠져 있어 그중에서 심한 자를 내치고자 하는데 어떻소?"라고 하였다. 이강이 아뢰기를, "신하가 말씀을 아뢰는 것이 어찌 쉽겠습니까? 만약 열 가지 일을 진술하려 하다가도 얼마 후에는 5, 6개는 제거하고 때에 미쳐 아뢰게 되어서는 그 반을 없앱니다. 그러므로 위로 전달되는 것은 겨우 한두 가지뿐입니다. 지금 성내어 꾸짖고자 하신다면 직언하는 자들로 하여금 입을 닫게 할 것이니 사직의 이로움이 아닙니다"라고 하였다.

唐憲宗謂李絳曰, 比諫官多朋黨, 論奏不實, 皆陷謗訕, 欲黜其尤者, 若何? 絳曰, 人臣進言, 豈易哉. 如

333. 신도강(申屠剛): 동한(東漢) 부풍(扶風) 출신으로 자가 거경(巨卿)이다. 상서령(尙書令), 태중대부(太中大夫) 등을 역임하였다. 강직함으로 이름이 있었다.
334. 급암(汲黯): 서한(西漢) 동군(東郡) 출신으로 자가 장유(長孺)이다. 태자선마(太子洗馬), 회양태수(淮陽太守) 등을 역임하였다. 직간을 잘 하여 무제가 '사직지신(社稷之臣)'이라고 하였다.
335. 《후한서(後漢書)·신도강전(申屠剛傳)》
336. 용지(龍墀): 궁전의 붉은 섬돌을 가리킨다.
337. 경종(敬宗): 당(唐) 제15대 황제로 재위 기간은 825년이다.
338. 유서초(劉栖楚): 당(唐) 경종(敬宗) 시기 사람으로 형부시랑(刑部侍郎), 경조윤(京兆尹) 등을 역임하였다.
339. 《구당서(舊唐書)·유서초전(劉栖楚傳)》
340. 신비(辛毗): 삼국시대 위(魏) 영천(潁川) 출신으로 자가 좌치(佐治)이다. 승상장사(丞相長史), 위위(衛尉) 등을 역임하였다.
341. 《삼국지(三國志)·위지(魏志)·신비전(辛毗傳)》
342. 장현소(張玄素): 당(唐) 우향(虞鄕) 출신으로 태종(太宗) 시기에 시어사(侍御史), 급사중(給事中) 등을 역임하였다.
343. 《구당서(舊唐書)·장현소전(張玄素傳)》
344. 이강(李絳): 당(唐) 적(徿) 출신으로 자가 문기(文紀)이다. 감찰어사(監察御使), 한림학사(翰林學士) 등의 벼슬을 역임하면서 적절한 시책(時策)을 건의하고 기무(機務)를 보좌하였다.

欲陳十事, 俄而去五六, 及時以聞而削其半. 故上達者, 纔一二. 今乃欲譴訶之, 使直言箝口, 非社稷利也.345

궁전의 호랑이[전상호(殿上虎)] 유기지(劉器之)346는 정색을 하고 조정에 서서 아는 것을 말하지 않는 것이 없었다. 우레 같은 노여움이 심하면 간책(簡冊)을 잡고 물러나 서서 천자의 노여움이 조금 가라앉기를 기다렸다가 다시 나아가 끝까지 논쟁을 하니 함께 면전에서 아뢰면서 바라보던 자들이 모두 땀을 흘리면서 위축되었고 두려워하면서 들었으며, 그를 지목하여 '궁전의 호랑이[전상호(殿上虎)]'라고 하였다.

劉器之正色立朝, 知無不言. 雷霆之怒, 赫然, 則執簡却立, 伺天威少霽, 復前極論, 一時奏對觀者, 皆汗縮竦聽, 目之曰殿上虎.347

당시를 비방하여 충직의 명성을 추구하다.[방시매직(謗時賣直)] 전석(田錫)348은 자가 표성(表聖)이다. 일찍이 말하기를, "내가 조정에 선 이래 봉장(封章)349을 52차례 올렸는데 모두가 간신(諫臣)의 직분으로 일상적인 일이었다. 어찌 부본을 보관하여 후인에게 보이고 당시를 비방하여 충직의 명성을 추구하겠는가?"라 하고는 모두 가져다 태워버렸다.

田錫, 字表聖. 嘗曰, 吾立朝以來, 封章五十二奏, 皆諫臣任職之常事也. 豈可藏副示後, 謗時賣直. 悉取焚之.350

의론(議論)이 공평함을 유지하다.[의론지평(議論持平)] 진관(陳瓘)351은 언관(言官)으로 있으면서 아는 것을 말하지 않은 것이 없었는데 의론이 공평함을 유지하였고 큰 도리를 보존하고자 힘썼으며 탄핵하여 공격할 때에도 자잘한 이유를 들지 않았으니 그래서 일찍이 남의 사사로운 실수를 언급한 적이 없었다.

陳瓘在言路, 知無不言, 議論持平, 務存大體, 彈擊不以細, 故未嘗及人私過.352

개관요(蓋寬饒)353는 충직하였다.[관요충직(寬饒忠直)] 개관요가 간대부(諫大夫)로 옮겨 봉사(封事)354를 올리자, 황제는 개관요가 원망하고 비방한다고 여겨 그의 글을 내려보냈다. 간의대부 정창(鄭昌)355이 개관요가 충직하고 나라를 걱정하는 것을 안타까워하여 글을 올려 죄에 대하여 해명하였다.

蓋寬饒遷諫大夫, 奏封事, 上以寬饒怨謗, 下其書. 諫議大夫鄭昌愍傷寬饒忠直憂國, 上書訟罪.356

무유형(武儒衡)357은 굳세고 반듯하였다.[유형경정(儒衡勁正)] 당(唐) 무유형은 자가 정석(廷碩)이

345. 《신당서(新唐書)·이강전(李絳傳)》
346. 유기지(劉器之): 송(宋) 위(魏) 사람인 유안세(劉安世)로 기지(器之)는 자이다. 간의대부(諫議大夫)를 역임하였는데, 강직하여 '전상호(殿上虎)'라고 일컬어졌다.
347. 《송사(宋史)·유안세전(劉安世傳)》
348. 전석(田錫): 송(宋) 가주(嘉州) 출신으로 자가 표성(表聖)이다. 간의대부(諫議大夫), 사관수찬(史館修撰) 등을 역임하였다.
349. 봉장(封章): 봉함한 상소문을 가리킨다.
350. 《송사(宋史)·전석전(田錫傳)》
351. 진관(陳瓘): 송(宋) 남검주(南劍州) 출신으로 자가 형중(瑩中)이다. 태학박사(太學博士), 교서랑(校書郎)을 역임하였다.
352. 《송사(宋史)·진관전(陳瓘傳)》
353. 개관요(蓋寬饒): 서한(西漢) 위군(魏郡) 출신으로 자가 차공(次公)이다. 사례교위(司隷校尉)를 역임하였는데 강직하고 직간을 잘하였다.
354. 봉사(封事): 상소문을 밀봉한 것을 가리킨다.
355. 정창(鄭昌): 한(漢) 태산(泰山) 출신으로 자가 차경(次卿)이다. 탁군태수(涿郡太守), 간대부(諫大夫) 등을 역임하였다.
356. 《전한서(前漢書)·개관요전(蓋寬饒傳)》
357. 무유형(武儒衡): 당(唐)나라 사람으로 자가 정석(廷碩)이다. 지제고(知制誥), 병부시랑(兵部侍郎) 등을 역임하였다.

다. 호부시랑(戶部侍郞)으로 간의대부를 맡았는데 굳세고 바름을 일삼았으며 풍골(風骨)과 절조(節操)가 있었다.

唐武儒衡, 字廷碩. 以戶部侍郞知諫議大夫, 事勁正, 有風節.358

쟁신(諍臣)의 풍도가 있다.[유쟁신풍(有諍臣風)]

당(唐) 문종(文宗)이 일찍이 편전(便殿)에서 유공권(柳公權)359을 불러 일을 논의하는데 간절하고 솔직하여 황제의 뜻을 거슬렀다. 주지(周墀)360가 그 때문에 두려워하였지만 유공권은 말투가 더욱 굳세어졌다. 황제가 천천히 그에게 이르기를, "짐은 중서사인(中書舍人)은 오히려 간의(諫議)가 되기에는 적합하지 않다고 알고 있었는데 경이 일을 논의하는 것으로 보니 쟁신(諍臣)의 풍도가 있도다. 이제 경을 간의대부(諫議大夫)로 발탁하노라"라고 하였다.

唐文宗嘗於便殿召柳公權論事, 切直忤旨. 周墀爲之惴慄, 公權詞氣益堅. 上徐謂之曰, 朕知舍人不合却作諫議, 以卿論事, 有諍臣之風. 今擢卿諫議大夫.361

바른 말과 곧은 기개[당언직기(讜言直氣)] 당(唐) 여원응(呂元膺)362은 자가 경대(景大)이다. 간의대부로 옮겼는데 논박하고 간쟁하면서 그 직책을 매우 잘 수행하였다. 자사(刺史)로 출임(出任)하게 되어 궁중에서 사은[중사(中謝)363]할 때에 황제가 당시 정치의 잘잘못을 물으니 여원응이 논의하여 아뢰는 것이 말투가 격렬하고 절실하자 황제가 가상하게 여겼다. 다음날 재상에게 이르기를, "여경대는 바른 말과 곧은 기개가 있으니 좌우에 머물게 하여 잘잘못을 말하도록 해야겠소"라고 하였다.

唐呂元膺, 字景大. 遷諫議大夫, 規駁諫議, 大擧其職. 出爲刺史, 中謝, 上問時政得失, 元膺論奏, 詞氣激切, 上嘉之. 翌日謂宰相曰, 呂景大有讜言直氣, 宜留在左右, 使言得失.364

의기(意氣)를 믿고 말을 과감하게 하다.[부기감언(負氣敢言)] 현종이 촉(蜀)에 있을 때 고적(高適)365이 간의대부가 되었는데, 의기(意氣)를 믿고 말을 과감하게 하자 권신(權臣)들이 눈을 흘겼다.

明皇在蜀, 高適爲諫議大夫, 負氣敢言, 權臣側目.366

경계의 말로 풍간하다.[잠규이풍(箴規以諷)]

이경백(李景伯)367이 경룡(景龍)368 연간에 간의대부가 되었다. 중종(中宗)이 시신(侍臣)들에게 연회를 베푸는데 술기운이 오르자 각자 회파사(回波詞)369를 짓도록 명하였다. 어떤 자는 아첨의 말로 황제에게 아부하였고 어떤 자는 지나친 총애를 바랐

---

358. 《신당서(新唐書)·무유형전(武儒衡傳)》
359. 유공권(柳公權): 당(唐) 경조(京兆) 출신으로 자가 성현(誠懸)이다. 서예에 뛰어났으며 중서사인(中書舍人), 태자소사(太子少師) 등을 역임하였다.
360. 주지(周墀): 당(唐) 여남(汝南) 출신으로 자가 덕승(德升)이다. 동중서문하평장사(同中書門下平章事), 검교상서우복야(檢校尙書右僕射) 등을 역임하였다.
361. 《구당서(舊唐書)·유공권전(柳公權傳)》
362. 여원응(呂元膺): 당(唐) 동평(東平) 출신으로 자가 경부(景夫)이다. 이부시랑(吏部侍郞), 간의대부(諫議大夫), 태자빈객(太子賓客) 등을 역임하였다.
363. 중사(中謝): 관직에 임명되거나 상을 받은 뒤에 궁중에서 사은하는 것을 가리킨다.
364. 《구당서(舊唐書)·여원응전(呂元膺傳)》
365. 고적(高適): 당(唐) 발해(渤海) 출신으로 자가 달부(達夫)이다. 서천절도사(西川節度使), 산기상시(散騎常侍) 등을 역임하였다. 잠삼(岑參)과 함께 변새시(邊塞詩)로 유명하다.
366. 《신당서(新唐書)·고적전(高適傳)》
367. 이경백(李景伯): 당(唐) 형주(邢州) 출신으로 직간을 잘 하였다. 급사중(給事中), 간의대부(諫議大夫), 우산기상시(右散騎常侍) 등을 역임하였다.
368. 경룡(景龍): 당(唐) 중종(中宗)의 연호(707-710)이다.
369. 회파사(回波詞): 당대(唐代)에 유행하던 사패(詞牌)의 이름이다.

는데, 이경백에 이르자 홀로 경계의 말을 지어 풍간하니 황제가 기뻐하지 않았다. 중서령(中書令) 소지충(蕭至忠)[370]이 말하기를, "진정한 간관(諫官)이다"라고 하였다.

李景伯, 景龍中爲諫議大夫. 中宗宴侍臣, 酒酣, 各命爲回波詞. 或以諂言媚上, 或要丐繆寵, 至李景伯, 獨爲箴規語以諷, 帝不悅. 中書令蕭至忠曰, 眞諫官也.[371]

죽일 죄를 사면해 줄 것을 간언하다.[간면사죄(諫免死罪)] 소균(蕭鈞)[372]이 영휘(永徽)[373] 연간에 간의대부가 되었다. 창고의 재물을 도적질한 것이 죽일 죄인지를 논쟁하면서 말하기를, "범인의 죄는 진실로 죽여야 하지만 천하 사람들이 듣고 '폐하께서는 재물을 중시하고 법을 경시하며 기쁨과 노여움에 따라 사람을 죽인다'라고 할 것이 두렵습니다"라고 하였다. 황제가 이르기를, "진정한 간의(諫議)로다"라고 하였다.

蕭鈞, 永徽中爲諫議大夫. 爭盜庫財死罪, 曰囚罪誠死, 恐天下聞, 謂陛下重貨輕法, 任喜怒殺人. 帝曰, 眞諫議也.[374]

낭관(郎官)에게 매질하는 것을 간언하여 그치게 하다.[간지태랑(諫止笞郎)] 수(隋) 유행본(劉行本)[375]이 간의대부(諫議大夫)일 때, 문제(文帝)가 한 낭관(郎官)에게 화가 나서 어전에서 매질을 하였다. 유행본이 나서서 아뢰기를, "이 사람은 본디 청렴하였고 그의 잘못 또한 작습니다"라고 하였지만 황제가 돌아보지 않았다. 유행본이 황제의 앞에 나서서 아뢰기를, "폐하께서 신을 보잘것없게 여기지 않으시고 신으로 하여금 측근에 있도록 하였습니다. 신의 말씀이 만약 옳다면 폐하께서는 어찌 듣지 않으실 수 있겠으며 신의 말씀이 만약 잘못되었다면 마땅히 이치대로 처리하셔야지 어찌 신을 가벼이 여기시고 돌아보지 않을 수 있겠습니까?"라고 하고 이어서 홀을 땅에 두고 물러나자 황제가 사과하였고 마침내 매 맞은 자를 용서하였다.

隋劉行本爲諫議大夫, 文帝怒一郞, 於殿前笞之. 行本進曰, 此人素淸, 其過又小. 上不顧. 行本當上前曰, 陛下不以臣不肖, 令臣在左右. 臣言若是, 陛下安得不聽, 臣言若非, 當致之於理, 安得輕臣而不顧. 因置笏於地而退, 帝謝之, 遂原所笞者.[376]

직설적인 언사가 바뀐 것이 없다.[직사무개(直辭無改)] 동한(東漢) 이법(李法)[377]은 본성이 강직하고 절조가 있었다. 상소하여 초방(椒房)[378]의 환관을 논박하다가 면직된 지 8년 만에 부름 받아 간의대부(諫議大夫)가 되었는데, 바른 말과 직설적인 언사는 옛날과 바뀐 것이 없었다.

後漢李法, 性剛有節. 上疏論椒房宦官, 免官八年, 徵爲諫議大夫, 正言直辭, 無改於舊.[379]

이민족의 음악을 쓰는 것을 간언하다.[간용이악(諫用夷樂)] 진선(陳禪)[380]이 입조하여 간의대부(諫

---

370. 소지충(蕭至忠): 당나라 때 사람으로 중서시랑(中書侍郞), 이부상서(吏部尙書) 등을 역임하였다. 태평공주의 역모에 참가하였다가 처형되었다.
371. 《신당서(新唐書)·이경백전(李景伯傳)》
372. 소균(蕭鈞): 당(唐) 남난릉(南蘭陵) 출신으로 자가 선례(宣禮)이다. 중서사인(中書舍人), 간의대부(諫議大夫), 홍문관학사(弘文館學士) 등을 역임하였다.
373. 영휘(永徽): 당(唐) 고종(高宗)의 연호(650-656)이다.
374. 《신당서(新唐書)·소균전(蕭鈞傳)》
375. 유행본(劉行本): 수(隋) 패(沛) 출신이다. 황문시랑(黃門侍郎), 태자좌서자(太子左庶子) 등을 역임하였다.
376. 《수서(隋書)·유행본전(劉行本傳)》
377. 이법(李法): 동한(東漢) 남정(南鄭) 출신으로 자가 백도(伯度)이다. 간의대부(諫議大夫), 여남태수(汝南太守) 등을 역임하였다.
378. 초방(椒房): 한대(漢代)에 황후가 거처하던 궁전 이름이다.
379. 《후한서(後漢書)·이법전(李法傳)》

議大夫)에 제수되었다. 당시에 서남(西南)의 이민족이 음악과 마술사를 바치자 다음해 설날의 조회에 조정에서 공연하는데 안제(安帝)[381]가 군신들과 함께 보면서 크게 기이하게 여겼다. 진선이 홀로 손을 들고 크게 아뢰기를, "협곡(夾谷)의 모임에서 제(齊)나라가 난쟁이의 음악을 공연하자 공자가 그들을 죽였습니다. 제왕의 조정에서 이적(夷狄)의 기예를 펼치면 안 됩니다"라고 하였다.

陳禪入拜諫議大夫. 時西南夷獻樂及幻人, 明年元會作之於庭, 安帝與群臣共觀, 大奇之. 禪獨擧手, 大言曰, 夾谷之會, 齊作侏儒之樂, 仲尼誅之. 帝王之庭, 不宜陳夷狄之技.[382]

투서 상자를 마련하다.[치투서궤(置投書匭)]

당(唐) 무후(武后) 수공(垂拱)[383] 2년에 상자 네 개를 마련하여 조정에 구역별로 배치하게 하였다. 동쪽은 푸른 상자로 '연은(延恩)'이라 하였고 남쪽은 붉은 상자로 '초간(招諫)'이라 하였으며, 서쪽은 흰 상자로 '신원(申冤)'이라 하였고 북쪽은 검은 상자로 '통현(通玄)이라 하였고 간의대부(諫議大夫)·보궐(補闕)·습유(拾遺) 등을 한 사람씩 충원하여 상자의 일을 맡아 매일 들어온 투서(投書)를 저녁이 되면 바치도록 하였다.

唐武后垂拱二年置匭四, 區列朝堂. 東方靑匭, 名曰延恩, 南方丹匭, 名曰招諫, 西方素匭, 名曰申冤, 北方玄匭, 名曰通玄, 以諫議大夫·補闕·拾遺等一人充, 使知匭事, 每日所有投書, 至暮則進.[384]

전각 안에서 강직하게 아뢰다.[각중항론(閣中抗論)]

당(唐) 정담(鄭覃)[385]이 간의대부(諫議大夫)일 때, 목종(穆宗)[386]이 정사를 돌보지 않은 채 유람하고 연회하는 것을 즐겼다. 정담이 동료와 함께 조정에서 아뢰고 간언하자 황제가 처음에 기뻐하지 않으면서 재상 소면(蕭俛)[387]을 돌아보고, "이 사람들은 누구인가?"라고 물었다. 소면이 "간관(諫官)입니다"라고 하자 황제의 마음이 약간 풀려서 정담에게 이르기를, "전각 안에서 일을 아뢰는 것은 매우 차분하지 못하다. 이후에 일이 있으면 면대해서 아뢸 것이니 짐은 그대와 연영전(延英殿)[388]에서 만나도록 하겠다"라고 하였다. 당시 오랫동안 전각 안에서 일을 아뢰는 일이 없었는데 정담 등이 강직하게 아뢰는 것을 사람들이 모두 경하하였다.

唐鄭覃爲諫議大夫, 穆宗不恤政事, 喜遊宴. 覃與同職廷奏諫之, 帝初不悅, 顧宰相蕭俛曰, 此輩何人? 俛對曰, 諫官. 帝意稍解, 謂覃曰, 閣中奏事, 殊不從容. 今後有事, 面陳, 朕與卿延英相見. 時久無閣中奏事, 覃等抗論, 人皆相賀.[389]

전각에서 머리를 조아리며 굳세게 간쟁하다.[고각고쟁(叩閣苦諍)] 최원량(崔元亮)[390]은 청렴하고 신중하였으며 고고하였다. 대화(大和)[391] 4년에 간의

---

380. 진선(陳禪): 동한(東漢) 파군(巴郡) 출신으로 자가 기산(紀山)이다. 요동태수(遼東太守), 사례교위(司隸校尉) 등을 역임하였다.
381. 안제(安帝): 동한(東漢) 제6대 황제로 재위 기간은 107-125년이다.
382. 《후한서(後漢書)·진선전(陳禪傳)》
383. 수공(垂拱): 당(唐) 무후(武后)의 연호(685-688)이다.
384. 《신당서(新唐書)·백관지(百官志)》에, "武后垂拱二年, 有魚保宗者, 上書請置匭, 以受四方之書. 乃鑄銅匭四, 塗以方色, 列于朝堂. 靑匭曰延恩, 在東, 告養人勸農之事者投之. 丹匭曰招諫, 在南, 論時政得失者投之. 白匭曰伸寃, 在西, 陳抑屈者投之. 黑匭曰通玄, 在北, 告天文祕謀者投之. 以諫議大夫·補闕·拾遺一人充, 使知匭事."라고 하였다.
385. 정담(鄭覃): 당(唐) 정주(鄭州) 출신이다. 한림시강학사((翰林侍講學士), 태자태사(太子太師) 등을 역임하였다.
386. 목종(穆宗): 당(唐) 제14대 황제로 재위 기간은 821-824년이다.
387. 소면(蕭俛): 당(唐) 남난릉(南蘭陵) 출신으로 자가 사겸(思謙)이다. 우습유(右拾遺), 지제고(知制誥), 동중서문하평장사(同中書門下平章事) 등을 역임하였다.
388. 연영전(延英殿): 당대(唐代)의 궁전 이름이다.
389. 《구당서(舊唐書)·정담전(鄭覃傳)》

대부(諫議大夫)로 옮겼는데 조정에서 그를 추앙하여 노성한 명망가로 여겼다. 정주(鄭注)[392]가 송신석(宋申錫)[393]을 모함하자 최원량이 간관(諫官)들을 이끌고 연영각(延英閣)에서 머리를 조아리며 굳세게 간쟁하였다. 되풀이한 것이 수백 마디였지만 문종(文宗)이 명을 내리지 않자 최원량이 섬돌에 홀을 내려놓고 다시 아뢰니 황제가 깨달았다. 많은 사람들이 그가 굽히지 않는 것에 탄복하였다.

崔元亮淸愼介特. 大和四年改諫議大夫, 朝廷推爲宿望. 鄭注構宋申錫, 元亮率諫官, 叩延英閣苦諍. 反復數百言, 文宗未諭, 元亮置笏於陛, 復言, 帝悟. 衆服其不撓.[394]

반드시 조서를 찢을 것이다.[당괴백마(當壞白麻)] 양성(陽城)[395]이 간의대부(諫議大夫)에 제수되었는데 황제가 배연령(裴延齡)[396]을 재상으로 삼으려고 하자 공개적으로 말하기를, "배연령을 재상으로 삼으면 나는 반드시 조서를 가져다 찢어 버리고 조정에서 곡을 할 것이다"라고 하였다. 배연령을 재상으로 삼지 않은 것은 양성의 힘이다.

陽城拜諫議大夫, 上欲相裴延齡, 顯語曰, 延齡爲相, 吾當取白麻壞之, 哭於庭. 不相延齡, 城之力也.[397]

84통[팔십사통(八十四通)] 은유(殷侑)[398]가 간의대부(諫議大夫)가 되어 조정의 잘잘못을 논의한 것이 전후로 모두 84통이었는데 말이 솔직한 것 때문에 계관관찰사(桂管觀察使)로 출임하였다.

殷侑爲諫議大夫, 論朝廷得失, 前後凡八十四通, 以語切, 出爲桂管觀察使.[399]

피향전(披香殿)[400]에서 간언을 올리다.[피향진간(披香進諫)] 소세장(蘇世長)[401]은 고조(高祖) 시기에 간의대부(諫議大夫)에 제수되었다. 피향전(披香殿)에서 황제를 모시고 연회를 하는데 소세장이 아뢰기를, "이 궁전은 조각하고 화려하니 양제(煬帝)가 지은 것이 아닙니까?"라고 하였다. 황제가 이르기를, "경은 간쟁하기를 좋아하여 정직할 듯한데, 어찌 이것이 짐이 지은 것인 줄을 모르는가?"라고 하자 대답하기를, "옥돌로 쌓은 누대와 경옥으로 지은 집은 천하를 이룬 이가 만들 것이 아닙니다"라고 하였다. 황제가 감탄하면서 그의 말을 중시하였다. 경양(涇陽)에 사냥을 따라갔는데 금수(禽獸)를 많이 잡자 황제가 조신(朝臣)들에게 이르기를, "오늘 즐거우셨는가?"라고 하니, 소세장이 나서서 아뢰기를, "폐하께서 사냥하시는 것이 100일에 차지 않아 큰 즐거움이 되지 못합니다"라고 하였다. 황제가 이르기를, "광태(狂態)가 다시 발작하였는가?"라고 하자 대답하기를, "신의 개인적인 계책으로는 광태입니다만 나라를 위한 계책으로는 충성스러움입니다"라고 하였다.

---

390. 최원량(崔元亮): 당대(唐代) 소의(昭義) 출신인 최현량(崔玄亮)을 가리킨다. 가부원외랑(駕部員外郞), 간의대부(諫議大夫) 등을 역임하였는데 직간으로 명망이 높았다.
391. 대화(大和): 당(唐) 문종(文宗)의 연호(827-835)이다.
392. 정주(鄭注): 당(唐) 강주(絳州) 출신으로 공부상서(工部尙書), 한림시강학사(翰林侍講學士) 등을 역임하였다.
393. 송신석(宋申錫): 당대(唐代) 사람으로 자가 경신(慶臣)이다. 동중서문하평장사(同中書門下平章事)를 역임하였다.
394. 《신당서(新唐書)·최현량전(崔玄亮傳)》
395. 양성(陽城): 당(唐) 정주(定州) 출신으로 자가 항종(亢宗)이다. 학문(學問)이 깊고 덕이 높아 저작랑(著作郞), 간의대부(諫議大夫), 도주자사(道州刺史) 등을 역임하였다.
396. 배연령(裴延齡): 당(唐) 하중(河中) 출신이다. 호부시랑(戶部侍郞)을 지내면서 백성들의 재물을 많이 수탈하였다.
397. 《구당서(舊唐書)·양성전(陽城傳)》
398. 은유(殷侑): 당(唐) 곡아(曲阿) 출신으로 간의대부(諫議大夫), 형부상서(刑部尙書) 등을 역임하였다.
399. 《신당서(新唐書)·은유전(殷侑傳)》
400. 피향전(披香殿): 원래 한대(漢代)의 궁전 이름이었는데 이후로 궁전을 가리키게 되었다.
401. 소세장(蘇世長): 당(唐) 경조(京兆) 출신으로 간의대부(諫議大夫)를 역임하였다.

蘇世長, 高祖時拜諫議大夫. 侍宴披香殿, 世長曰, 是殿雕麗, 非煬帝作耶? 帝曰, 卿好諫似直, 豈不知是朕作. 對曰, 瑤臺瓊室, 非創業所爲. 帝咨重其言. 從獵涇陽, 大獲禽獸, 帝謂朝臣曰, 今日樂乎? 世長進曰, 陛下游獵不滿十旬, 未爲大樂. 帝曰, 狂態復發邪? 對曰, 臣私計則狂, 爲國計則忠矣.[402]

창 걸이[극가(戟架)[403]]에 까마귀가 모이다[극가집오(戟架集烏)] 유중영(柳仲郢)[404]이 간의대부(諫議大夫)가 되었다. 이후로 매번 자리를 옮길 때마다 반드시 까마귀들이 승평리(升平里)의 집에 모이는데 정원의 나무와 창 걸이에 모두 가득하였다.

柳仲郢爲諫議大夫. 後每遷, 必烏集升平第, 庭木戟架皆滿.[405]

무종(武宗)[406]이 방사(方士)를 맞이하여 망선대(望仙臺)를 짓자 유중영이 자주 정성스럽고 간절하게 간언하니 황제가 중인(中人)을 보내 부끄럽게 여기고 고마움을 표시하도록 하였다.

武宗延方士, 築望仙臺, 仲郢累諫諄切, 帝遣中人愧謝.[407]

간사(奸邪)한 자들을 바로잡다.[규정간사(糾正奸邪)] 소수(蕭燧)[408]는 자가 조린(照隣)이다. 우간의대부(右諫議大夫)로 옮겨져 들어가 사은하는데 효종(孝宗)[409]이 이르기를, "경은 의론이 강직하고 진솔하며 명예를 추구하지 않으니 간사한 자들을 바로잡으면서 원한을 돌아보지 마시오"라고 하였다.

蕭燧, 字照隣. 遷右諫議, 入謝, 孝宗曰, 卿論議鯁切, 不求名譽, 糾正奸邪, 不恤仇怨.[410]

짐의 급암(汲黯)[411]이다.[짐지급암(朕之汲黯)] 전석(田錫)[412]은 타고난 자질이 강직하여, 송백(宋白)[413]이 직언극간(直言極諫)[414]으로 천거하였다. 공이 봉사(封事)를 올려 경사(經史) 가운데 정치하는 법도의 요점 20편을 아뢰자 진종(眞宗)[415]이 몸소 조서를 써서 칭찬하고 어사지잡사(御史知雜事)에 제수하였다가 간의대부(諫議大夫)로 옮겼다. 진종이 그를 보면 안색이 반드시 장엄하였으므로 항상 혼잣말로 이르기를, "이 사람은 짐의 급암이다"라고 하였다.

田錫, 天資骨鯁, 宋白擧直言極諫. 公封事, 奏經史中治體之要二十篇, 眞宗手詔褒獎, 拜御史知雜事, 遷諫議大夫. 眞宗見之, 色必莊嚴, 常自謂曰, 此朕之汲黯也.

맡은 바를 저버리지 않다.[불부소직(不負所職)]

---

402. 《신당서(新唐書) · 소세장전(蘇世長傳)》
403. 극가(戟架): 창을 거는 도구이다.
404. 유중영(柳仲郢): 당(唐) 경조(京兆) 출신으로 자가 유몽(諭蒙)이다. 간의대부(諫議大夫), 형부상서(刑部尙書) 등을 역임하였다.
405. 《신당서(新唐書) · 유중영전(柳仲郢傳)》
406. 무종(武宗): 당(唐) 제17대 황제로 재위 기간은 841-846년이다.
407. 《신당서(新唐書) · 유중영전(柳仲郢傳)》
408. 소수(蕭燧): 송(宋) 임강군(臨江軍) 출신으로 자가 조린(照鄰)이다. 참지정사(參知政事), 권지추밀원(權知樞密院) 등을 역임하였다.
409. 효종(孝宗): 남송(南宋) 제2대 황제로 재위 기간은 1163-1189년이다.
410. 《송사(宋史) · 소수전(蕭燧傳)》
411. 급암(汲黯): 서한(西漢) 동군(東郡) 출신으로 자가 장유(長孺)이다. 태자선마(太子洗馬), 회양태수(淮陽太守) 등을 역임하였다. 직간을 잘하여 무제가 '사직지신(社稷之臣)'이라고 하였다.
412. 전석(田錫): 송(宋) 가주(嘉州) 출신으로 자가 표성(表聖)이다. 간의대부(諫議大夫), 사관수찬(史館修撰) 등을 역임하였다.
413. 송백(宋白): 송(宋) 대명(大名) 출신으로 자가 태소(太素)이다. 이부상서(吏部尙書)를 역임하였다.
414. 직언극간(直言極諫): 당송(唐宋) 시대에 정기 과거 이외의 방법으로 인재를 선발하던 방법이다.
415. 진종(眞宗): 송(宋) 제3대 황제로 재위 기간은 998-1022년이다.

한위공(韓魏公)[416]이 좌사간(左司諫)이 되었는데, 왕기공(王沂公)[417]이 공이 일을 논하는 것이 솔직하고 본말이 있는 것을 보고 기뻐하며 공에게 말하기를, "근년에 대간(臺諫)의 관원들은 두려워하고 피하는 것으로 스스로의 안전 계책을 삼거나 아니면 격렬하게 발언하여 명성을 이루려는 경우가 많은데, 그대 같은 경우는 진실로 맡은 바를 저버리지 않으니 간관(諫官)은 마땅히 이와 같아야 하오"라고 하였다.

韓魏公爲左司諫, 王沂公見公論事切直, 有本末, 喜謂公曰, 比年臺諫官多畏避, 爲自安計, 否則激發近名, 如君固不負所職, 諫官宜如此.[418]

황제의 선택에서 나오다.[출자신선(出自宸選)]

명도(明道)[419] 연간에 대신(大臣)이 그의 친구 두 사람을 제수하여 정언(正言)으로 삼자 사간(司諫)이 위로 아뢰기를, "조종(祖宗)의 법제(法制)에, 대간(臺諫)의 관원은 모름지기 황제의 선택에서 나와야 합니다. 만약 대신이 직접 제수한다면 대신의 과실은 감히 말할 자가 없습니다"라고 하자 대신이 두려워하였다.

明道中執政除其親舊二人爲正言, 司諫上謂曰, 祖宗法制, 臺諫官須出自宸選. 若大臣自除, 則大臣過失, 無敢言者. 執政惶恐.[420]

황제의 뜻을 받들지 않다.[불수상지(不受上旨)]

부요유(傅堯兪)[421]가 사간(司諫)이 되어 일찍이 간언에 대해 논했는데 황제가 따르지 않았다. 이어 (황제가) 이르기를, "경은 어찌 채양(蔡襄)[422]에 대해 말하지 않는가?"라고 하였다. 공이 대답하기를, "만약 채양이 죄가 있다면 폐하께서는 어찌 몸소 조정에서 원칙적인 형벌을 바르게 적용하지 않으시고 어찌 신 등의 말씀을 쓰려 하십니까?"라고 하자 황제가 이르기를, "대간들로 하여금 그의 죄를 말하게 하여 공적인 의견으로 그를 내치고자 함이오"라고 하였다. 공이 아뢰기를, "만약 공적인 의견에 부치자면 신은 그의 죄를 알 수 없습니다. 신은 몸이 간관(諫官)이 되어 있는데 신으로 하여금 폐하의 뜻을 받들어 일을 아뢰게 하신다면 신은 감당하지 못하겠습니다"라고 하였다.

傅堯兪爲司諫, 嘗論諫, 上不從. 因曰, 卿何不言蔡襄? 公對曰, 若襄有罪, 陛下何不自朝廷正典刑, 安用臣等言? 上曰, 欲使臺諫言其罪, 以公議出之. 公曰, 若付公議, 臣不見其罪. 臣身爲諫官, 使臣受上旨言事, 臣不敢.[423]

간쟁에 규범이 있다.[간쟁유체(諫諍有體)] 강공망(江公望)[424]이 좌사간(左司諫)으로 옮겼는데 간쟁에 규범이 있자 조야(朝野)에서 사람을 얻었다고 칭송하였다. 일찍이 이르기를, "군주와 신하는 한 몸이니, 군주는 머리이고 좌우의 대신은 팔다리이며 간관(諫官)과 어사(御史)는 귀와 눈입니다. 팔다리가 힘을 쓰지 못하면 모든 일이 무너지고 귀와 눈이 밝

416. 한위공(韓魏公): 송(宋) 한기(韓琦)로 자가 치규(稚圭)이다. 사마광(司馬光)과 함께 왕안석(王安石)의 신법(新法)을 반대하였고, 추밀사(樞密使)와 재상을 역임하였다.
417. 왕기공(王沂公): 송(宋) 왕증(王曾)으로 '기공(沂公)'은 그의 봉호(封號)이고 자가 효선(孝先)이다. 참지정사(參知政事), 동중서문하평장사(同中書門下平章事) 등을 역임하였다.
418. 《고금사문유취신집(古今事文類聚新集)·제원부(諸院部)》
419. 명도(明道): 송(宋) 인종(仁宗)의 연호(1032-1033)이다.
420. 《고금사문유취신집(古今事文類聚新集)·제원부(諸院部)》
421. 부요유(傅堯兪): 송(宋) 수성(須城) 출신으로 자가 흠지(欽之)이다. 감찰어사이행(監察御史裏行), 중서시랑(中書侍郎)을 역임하였다.
422. 채양(蔡襄): 송(宋) 홍화군(興化軍) 출신으로 자가 군모(君謨)이다. 지제고(知制誥), 개봉지부사(開封知府事), 한림학사(翰林學士) 등을 역임하였다.
423. 《송사(宋史)·부요유전(傅堯兪傳)》
424. 강공망(江公望): 송(宋) 목주(睦州) 출신으로 자가 민표(民表)이다. 좌사간(左司諫)을 역임하였다.

지 못하면 사방이 막히며 한 몸이 병들면 머리가 그 때문에 건강하지 못합니다. 이 직책을 어찌 가볍게 줄 수 있겠습니까?"라고 하였다.

江公望遷左司諫, 諫諍有體, 朝野稱爲得人. 嘗言君臣一體, 人君, 首也, 左右大臣, 股肱也, 諫官御史, 耳目也. 股肱不力則百事隳, 耳目不明則四方塞, 一體病則元首爲之不康. 是職也, 曷可輕付哉.[425]

한 은자(隱者)에게 상을 내리다. [상일은일(賞一隱逸)] 송(宋) 함평(咸平)[426] 연간에 종남산(終南山)의 처사 충방(种放)[427]이 편전(便殿)에서 (황제를) 면대하였고 얼마 후에 좌사간(左司諫)에 제수되었다. 진종(眞宗)이 이르기를, "한 은자에게 상을 내리니 천하를 권면시킬 수 있구나"라고 하였다.

宋咸平中終南山處士种放對便殿, 尋授左司諫. 眞宗曰, 賞一逸人, 可勸天下.[428]

《간원존고(諫垣存藁)》 한기(韓琦)가 3년 동안 간관(諫官)으로 있다가 남아 있던 간언(諫言)의 원고를 모아서 불태움으로써 옛사람들이 조심하고 은밀하게 했던 뜻을 본받고자 하였다. 그러나 군주가 간언을 따랐던 아름다움을 볼 수 없을 것을 염려하여, 이에 70여 편을 모아 《간원존고(諫垣存藁)》라 하고 그 머리에 직접 서문을 썼다. 그 대략적인 내용은 "간언은 도리가 우세한 것을 위주로 하고, 지성(至誠)으로 받들어야 한다"는 것이었다.

韓琦爲諫官三年, 所在諫藁, 欲斂而焚之, 以效古人謹密之義. 然恐無以見人主從諫之美, 乃集七十餘章, 曰諫垣存藁, 自序於其首. 大略曰, 諫主於理勝, 而以至誠將之.[429]

비단옷을 만드는 것을 탄핵하다. [핵조금의(劾造錦衣)] 풍직(豐稷)[430]이 좌사간(左司諫)이 되었는데, 양왕(揚王) 조호(趙灝)와 형왕(荊王) 조군(趙頵)이 성도(成都)의 승수(承受)[431] 환관들로 하여금 비단옷을 만들게 하자 풍직이 즉시 아뢰어 탄핵하였다. 감찰어사(監察御史) 조기(趙機)가 동시에 나아가 대답하였는데 물러나 풍직에게 말하기를, "사군(使君)의 말을 듣다가 저도 모르게 땀이 나서 등이 젖었습니다"라 하였고 급사중(給事中) 조군석(趙君錫)[432]이 말하기를, "간관(諫官)이 이와 같으니 천하는 반드시 태평해질 것이다"라고 하였다.

豐稷爲左司諫, 揚王灝·荊王頵, 令成都承受宦者造錦衣, 稷卽奏劾. 監察御史趙機同時進對, 退謂稷曰, 聞使君言, 使機汗流浹背, 給事中趙君錫曰, 諫官如此, 天下必太平.[433]

짐의 곧은 신하이다. [짐지직신(朕之直臣)] 정여경(鄭餘慶)[434]의 아들 정한(鄭澣)[435]이 우보궐(右補闕)이 되어 상소를 올린 것이 간절하고 솔직하였다. 정

---

425. 《고금사문유취신집(古今事文類聚新集)·제원부(諸院部)》
426. 함평(咸平): 송(宋) 진종(眞宗)의 연호(998-1003)이다.
427. 충방(种放): 송(宋) 낙양(洛陽) 출신으로 자가 명일(明逸)이다. 사간(司諫), 공부시랑(工部侍郎) 등을 역임하였다.
428. 《고금사문유취신집(古今事文類聚新集)·제원부(諸院部)》
429. 《고금사문유취신집(古今事文類聚新集)·제원부(諸院部)》
430. 풍직(豐稷): 송(宋) 명주(明州) 출신으로 자가 상지(相之)이다. 어사중승(御史中丞), 공부상서겸시독(工部尙書兼侍讀) 등을 역임하였다.
431. 승수(承受): 내시관(內侍官)을 일컫는 벼슬 이름이다.
432. 조군석(趙君錫): 송(宋) 낙양(洛陽) 출신으로 자가 무괴(無愧)이다. 급사중(給事中), 형부시랑(刑部侍郎), 어사중승(御史中丞) 등을 역임하였다.
433. 《산당사고(山堂肆考)·신직(臣職)·간의대부(諫議大夫)》
434. 정여경(鄭餘慶): 당(唐) 정주(鄭州) 출신으로 자가 거업(居業)이다. 중서시랑(中書侍郎), 동중서문하평장사(同中書門下平章事), 태자소사(太子少師) 등을 역임하였다.
435. 정한(鄭澣): 당(唐) 정주(鄭州) 출신으로 시강학사(侍講學士), 상서좌승(尙書左丞) 등을 역임하였다. 직간을 잘하여 헌종(憲宗)에게 직신(直臣)이라는 칭찬을 받았다.

여경이 입조하자 헌종(憲宗)이 이르기를, "경의 아드님은 짐의 곧은 신하이니 더욱이 경하할 만합니다"라 하고는 마침내 사인(舍人)으로 옮겨 주었다.

鄭餘慶子澣爲右補闕, 獻疏切直. 餘慶入朝, 憲宗謂曰, 卿之令子, 朕之直臣, 可更相賀. 遂遷舍人.[436]

어찌 우레를 피하겠는가.[기피뢰정(豈避雷霆)]

위온(韋溫)[437]이 보궐(補闕)이 되었는데, 당시에 송신석(宋申錫)[438]이 무고를 당하자 위온이 나서서 말하기를, "우리 간관(諫官)들은 어찌 일시의 우레를 피하려고 성군(聖君)과 현상(賢相)으로 하여금 악에 가리웠다는 이름을 덮어쓰게 하겠는가?"라 하고는 이어 동료들을 인솔하여 대궐에 엎드려 간절하게 간쟁하였다.

韋溫爲補闕, 時宋申錫被誣, 溫倡言曰, 吾等諫官, 豈避一時之雷霆, 而致聖君賢相蒙蔽惡之名邪. 因率同列, 伏闕切爭之.[439]

붓을 잡고 상소문을 초안하다.[악필초상(握筆草狀)]

유관부(劉寬夫)[440]가 우보궐(右補闕)일 때에 진호(陳岵)[441]가 《유마경(維摩經)》에 주를 달아 진상하여 호주자사(豪州刺史)를 얻었다. 유관부가 이 일로 황제를 면대하고 논쟁하자 경종(敬宗)[442]이 화가 나서 이르기를, "진호는 승려인 이유로 군을 얻은 것이 아닌데 간관은 어디에서 이런 말을 들었는지 모름지기 본말을 정리하여 가져오도록 하라"라고 하였다. 유관부가 아뢰기를, "어제 진호의 일을 논할 때 발언의 본말을 기록하지 않았습니다. 다만 붓을 잡고 상소문을 초안한 것이 바로 신이옵니다. 만약 정리하여 가져오기를 추구하신다면 큰 도리를 해칠까 두렵습니다"라고 하자 황제는 그가 허물을 자신에게 돌리는 것을 가상하게 여기고 흔쾌히 풀어주었다.

劉寬夫爲右補闕, 陳岵進注維摩經, 得豪州刺史. 寬夫因對論之, 敬宗怒曰, 陳岵不因僧得郡, 諫官安得此言. 須推排首末來. 寬夫曰, 昨論陳岵之時, 不記發言首末. 唯握筆草狀, 卽是微臣. 若尋究推排, 恐傷大體. 帝嘉其引過, 欣然釋之.[443]

교대로 상소하여 논쟁하고 고집하다.[경소론집(更疏論執)] 당(唐) 최식(崔植)[444]과 정담(鄭覃)이 동시에 보궐(補闕)이 되었는데 모두가 훌륭한 재상의 후예였다. 매번 조정에서 잘못이 있을 때 두 사람은 교대로 상소하여 논쟁하고 고집하였으니 명성이 성대하였다.

唐崔植與鄭覃, 同時爲補闕, 皆賢宰相後. 每朝廷有闕失, 兩人者更疏論執, 譽望蔚然.[445]

금단(金丹)을 만드는 것을 간언하다.[간치금단(諫治金丹)] 배린(裵潾)[446]이 헌종(憲宗) 시절에 좌보궐(左補闕)로 옮겼는데 황제가 방사(方士)로 하여금 금단(金丹)을 만들도록 하여 그것을 복용하고 상당히 조급증이 생겼다. 배린이 상소를 올려 간언하자 황제가 화를 내며 강릉령(江陵令)으로 좌천시켰다.

裵隣,[447] 憲宗朝遷左補闕, 帝令方士治金丹, 服之

---

436. 《구당서(舊唐書)·정한전(鄭澣傳)》
437. 위온(韋溫): 당(唐) 경조(京兆) 출신으로 자가 홍육(弘育)이다. 우보궐(右補闕)을 역임하였다.
438. 송신석(宋申錫): 당대(唐代) 사람으로 자가 경신(慶臣)이다. 동중서문하평장사(同中書門下平章事)를 역임하였다.
439. 《고금사문유취신집(古今事文類聚新集)·제원부(諸院部)》
440. 유관부(劉寬夫): 당대(唐代) 사람으로 우보궐(右補闕), 감찰어사(監察御使) 등을 역임하였다.
441. 진호(陳岵): 당대(唐代) 사람으로 자가 효산(孝山)이다. 태주자사(台州刺史), 태상소경(太常少卿) 등을 역임하였다.
442. 경종(敬宗): 당(唐) 제15대 황제로 재위 기간은 825년이다.
443. 《신당서(新唐書)·유관부전(劉寬夫傳)》
444. 최식(崔植): 당(唐) 장안(長安) 출신으로 자가 공수(公修)이다. 중서시랑(中書侍郎), 동중서문하평장사(同中書門下平章事), 중서령(中書令) 등을 역임하였다.
445. 《신당서(新唐書)·최식전(崔植傳)》
446. 배린(裵潾): 당(唐) 강주(絳州) 출신으로 좌보궐(左補闕), 기거사인(起居舍人), 병부시랑(兵部侍郎) 등을 역임하였다.
447. 《유원총보》의 '隣'은 '潾'의 오자이다.[《신당서(新唐書)·배린전(裵潾傳)》]

頗躁. 隣上疏諫, 帝怒, 貶江陵令.[448]

의장대에 서있는 말을 내치다.[척립장마(斥立仗馬)] 보궐(補闕) 두진(杜璡)[449]이 두 번이나 글을 올리자 이임보(李林甫)[450]가 내쳐서 하규령(下邽令)으로 삼았다. 이어서 그것을 나머지[간관(諫官)]들에게 말하여 동요시키면서 이르기를, "그대들은 의장대에 서는 말을 보지 못했는가. 종일토록 소리가 없으면 삼품(三品)의 꼴과 콩을 먹게 되고, 한 번 울어 버리면 쫓겨나지"라고 하였다.

補闕杜琎[451]再上書, 李林甫斥爲下邽令. 因以語動其餘曰, 君不見立仗馬乎. 終日無聲, 而食三品芻豆, 一鳴則出矣.[452]

철보궐(鐵補闕) 당(唐) 건녕(乾寧)[453] 연간에 양이덕(楊貽德)[454]이 '철보궐(鐵補闕)'이라고 일컬어졌다.

唐乾寧中楊貽德, 號鐵補闕.[455]

기개가 우뚝하다.[정신앙연(精神昂然)] 당(唐) 우습유(右拾遺) 장방회(張方回)[456]는 매번 조정에 잘못이 있을 때마다 바로 상소를 올려 논쟁하였는데, 기개가 우뚝하여 나서면서 죽음을 두려워하지 않았다. 현종(玄宗)이 일찍이 이르기를, "장방회는 충성스럽고 훌륭한 사람이다"라고 하였다.

唐右拾遺張方回, 每朝廷有失, 便抗疏論, 精神昂然, 進不懼死. 明皇嘗曰, 張方回, 忠賢人也.[457]

'육절(六絶)'이라고 일컬어지다.[호칭육절(號稱六絶)] 이옹(李邕)[458]은 젊어서부터 이름이 알려졌다. 이교(李嶠)[459] 등이 이옹이 글이 고상하고 행실이 곧아서 간쟁의 관직을 감당할 수 있다고 추천하니 부름 받아 우습유(右拾遺)에 제수되었다. 충의와 절개, 재주의 뛰어남, 정직, 언변, 문장, 편지에서 '육절(六絶)'이라고 일컬어졌다.

李邕少知名. 李嶠等薦邕詞高行直, 堪爲諫諍之官, 召拜右拾遺. 義烈·英邁·正直·詞辯·文章·書翰, 號六絶.[460]

연영각(延英閣)을 지키면서 힘을 다해 논쟁하다.[수각극론(守閣極論)] 덕종(德宗)[461]이 육지(陸贄)[462]를 내치자 양성(陽城)[463]이 말하기를, "천자로 하여

---

448. 《신당서(新唐書)·배린전(裴潾傳)》
449. 두진(杜璡): 내력이 자세하지 않다.
450. 이임보(李林甫): 당(唐)나라 현종(玄宗) 시기에 종실(宗室)로서 어사중승(御史中丞), 예부상서(禮部尙書), 동중서문하삼품(同中書門下三品)을 역임하였다. 자기와 의견을 달리하는 사람을 모두 배척했고, 도당을 만들어 마음대로 일을 처리했다. 안녹산(安祿山)이 평로절도사(平盧節度使)에 임명되도록 하는 데 기여하여 결국 '안사(安史)의 난'이 일어날 빌미를 제공하였다. 겉으로는 온화하나 속으로 음험하여 세칭 '구밀복검(口蜜腹劍)'이라 하였다.
451. 《유원총보》의 '琎'은 '璡'의 오자이다.[《신당서(新唐書)·간신전(姦臣傳)》]
452. 《신당서(新唐書)·간신전(姦臣傳)》
453. 건녕(乾寧): 당(唐) 소종(昭宗)의 연호(894-897)이다.
454. 양이덕(楊貽德): 내력이 자세하지 않다.
455. 《고금사문유취신집(古今事文類聚新集)·제원부(諸院部)》
456. 장방회(張方回): 내력이 자세하지 않다.
457. 《고금사문유취신집(古今事文類聚新集)·제원부(諸院部)》
458. 이옹(李邕): 당(唐) 강도(江都) 출신으로 자가 태화(泰和)이다. 우습유(右拾遺), 북해태수(北海太守) 등을 역임하였다.
459. 이교(李嶠): 당(唐) 찬황(贊皇) 출신으로 자가 거산(巨山)이다. 급사중(給事中), 봉각난대평장사(鳳閣鸞臺平章事) 등을 역임하였다.
460. 《구당서(舊唐書)·문원전(文苑傳)》
461. 덕종(德宗): 당(唐) 제11대 황제로 재위 기간은 780-804년이다.
462. 육지(陸贄): 당(唐) 소주(蘇州) 출신으로 자가 경여(敬輿)이다. 한림학사(翰林學士), 동중서문하평장사(同中書門下平章事) 등을 역임하였다. 덕종(德宗) 때의 명상(名相)으로, 주의(奏議)에 뛰어났다.
463. 양성(陽城): 당(唐) 정주(定州) 출신으로 자가 항종(亢宗)이다. 학문이 깊고 덕이 높아 저작랑(著作郞), 간의대부(諫議大夫), 도주자사(道州刺史) 등을 역임하였다.

금 죄 없는 대신을 죽이게 하면 안 된다”라 하고는 습유(拾遺) 왕중서(王仲舒)[464] 등과 약속하여 연영각(延英閣)을 지키면서 상소를 올려 끝까지 논쟁하였다. 여러 날을 그치지 않자 금오장군(金吾將軍) 장만복(張萬福)[465]이 경하하며 말하기를, “간의(諫議)가 이와 같을 수 있다면 천하가 어떻게 태평해지지 않을 수 있겠는가”라고 하였다.

德宗逐陸贄, 陽城曰, 不可令天子殺無罪大臣. 乃約拾遺王仲舒等, 守延英閣, 上疏極論. 累日不止, 金吾將軍張萬福, 賀曰, 諫議能如此, 天下安得不太平.[466]

섬돌 아래에 서서 크게 말하다.[입폐대언(立陛大言)]

송경(宋璟)[467]이 장창종(張昌宗)[468] 등의 모반 상황을 탄핵하였으나 무후(武后)가 따르려 하지 않자, 이옹(李邕)이 습유(拾遺)로서 궁전 아래에 서서 크게 말하기를, “송경이 아뢴 것은 사직(社稷)의 대계(大計)이니 폐하께서는 마땅히 따르셔야 합니다”라고 하니 무후가 마침내 송경의 주청(奏請)을 재가하였다.

宋璟劾張昌宗等反狀, 武后不能從, 李邕爲拾遺, 立殿下, 大言曰, 璟所陳, 社稷大計, 陛下當聽. 后乃可璟奏.[469]

백기(栢耆)[470]가 혀를 놀리다.[백기도설(栢耆掉舌)]

당(唐) 백기(栢耆)는 뜻이 굳세고 야망이 높아 이름을 이루는 데에 급급했다. 배도(裴度)[471]를 찾아가 한 차례 혀를 놀리는 것으로 왕승종(王承宗)[472]을 항복시키고자 한다고 하여 좌습유(左拾遺)로서 갔다. 왕승종이 덕주(德州)와 체주(棣州) 두 주를 바치고 두 아들을 인질로 들여보내니 습유(拾遺)로 발탁되었고 이로 말미암아 명성이 당시에 진동하였다.

唐栢耆, 志健而望高, 急於立名. 謁裴度, 願以一節掉舌, 下王承宗, 乃以左拾遺往. 承宗獻德棣二州, 以二子入質, 擢拾遺, 由是聲振一時.[473]

주장과 고집이 강하고 굳세다.[논집강경(論執强梗)]

백거이(白居易)가 좌습유(左拾遺)가 되어 헌종(憲宗)에게 대우를 받아, 말하는 것을 따르지 않는 것이 없었다. 후에 궁전에서 대면하였는데 주장과 고집이 강하고 굳세게 아뢰기를, “폐하께서 틀렸습니다”라고 하자 황제가 얼굴빛이 바뀌었다. 끝난 뒤에 이강(李絳)에게 이르기를, “이 사람은 내가 직접 발탁하였는데 감히 이럴 수가 있다니”라고 하였다.

白居易爲左拾遺, 被遇憲宗, 言無不聽. 後對殿中, 論執强梗曰, 陛下誤矣. 帝變色. 罷謂李絳曰, 是子, 我自拔擢, 乃敢爾.[474]

일을 만나면 바람이 일게 처리하다.[견사풍생(見事風生)] 원진(元稹)[475]이 좌습유(左拾遺)가 되었다.

---

464. 왕중서(王仲舒): 당(唐) 병주(幷州) 출신으로 자가 홍중(弘中)이다. 중서사인(中書舍人), 강서관찰사(江西觀察使) 등을 역임하였다.
465. 장만복(張萬福): 당(唐) 원성(元城) 출신으로 군공(軍功)을 많이 세웠다. 공부상서(工部尙書)를 역임하였다.
466. 《신당서(新唐書)·탁행전(卓行傳)》
467. 송경(宋璟): 당(唐) 남화(南和) 출신으로 현종(玄宗) 때의 현상(賢相)이었다. 직언을 잘하고 법 집행에 공평무사하여 요숭(姚崇)과 함께 개원(開元) 연간의 훌륭한 치적을 이루었다.
468. 장창종(張昌宗): 당(唐) 정주(定州) 출신으로 외모가 준수하여 측천무후(則天武后)에게 총애를 받았다. 무후의 말년에 형인 장역지(張易之)와 함께 정권을 농락하다가 중종(中宗)이 복위되자 살해당하였다.
469. 《신당서(新唐書)·문예전(文藝傳)》
470. 백기(栢耆): 당(唐) 위주(魏州) 출신으로 좌습유(左拾遺)에 제수되었다.
471. 배도(裴度): 당(唐) 하동(河東) 출신으로 자가 중립(中立)이다. 어사중승(御史中丞), 동중서문하평장사(同中書門下平章事) 등을 역임하였다.
472. 왕승종(王承宗): 당대(唐代) 거란족(契丹族) 출신이다.
473. 《구당서(舊唐書)·백기전(栢耆傳)》
474. 《신당서(新唐書)·백거이전(白居易傳)》
475. 원진(元稹): 당대(唐代)의 시인으로 자가 미지(微之)이다. 백거이(白居易)와 함께 육조(六朝) 이래의 화려한 시풍을 버리

원진은 성격이 칼끝처럼 날카로워 일을 만나면 바람이 일게 처리해 버리고 일마다 말하지 않는 것이 없었다.

元稹爲左拾遺. 稹性鋒鋭, 見事風生, 事無不言.[476]

말을 돌리거나 꺼리는 것이 없다.[언무회기(言無回忌)] 왕휘(王徽)[477]는 자가 소문(昭文)이다. 우습유일 때 글을 20여 차례 올렸는데, 말을 돌리거나 꺼리는 것이 없어 공론이 크게 중시하게 되었다.

王徽, 字昭文. 爲右拾遺, 書二十餘上, 言無回忌, 公議治然歸重.[478]

들은 것이 있으면 아뢰다.[유문즉주(有聞卽奏)] 설연로(薛延老)[479]는 보력(寶曆)[480] 연간에 우습유(右拾遺)가 되었다. 서원포(舒元褒)[481] 등이 궁전에 들어가 일을 논하는데 목종(穆宗)[482]이 엄한 소리로 꾸짖자 서원포는 대답하지 못하였다. 설연로가 아뢰기를, "신 등은 간언을 직책으로 하니 들은 것이 있으면 논하고 아뢰어야 합니다"라고 하자 당시 사람들이 그의 굽히지 않는 태도에 탄복하였다.

薛延老, 寶曆中爲右拾遺. 舒元褒等入閣論事, 穆宗厲聲詰之, 元褒不能對. 延老曰, 臣等以諫爲職, 有聞卽應論奏. 時人服其不撓.[483]

귀등(歸登)[484]이 이름을 올리다.[귀등기명(歸登寄名)] 당(唐) 귀등(歸登)이 우습유(右拾遺)에 제수되었는데, 당시에 배연령(裴延齡)을 재상으로 삼으려 하자 양성(陽城)[485]과 웅집이(熊執易)[486] 등이 바른 말로 황제의 뜻을 거슬렀다. 전에 웅집이가 상소문을 초안하여 완성한 뒤에 귀등에게 보이자 귀등이 감동받은 표정으로 이름을 올리기를 원하면서 황제의 격노 아래에 어찌 차마 홀로 감당하게 하겠는가라고 하였다. 이때부터 동료들이 간절하게 간언하는 경우에 귀등은 매번 연서할 때마다 회피하는 적이 없었으니 당시 사람들이 칭송하고 중시하였다.

唐歸登拜右拾遺, 時欲相裴延齡, 陽城·熊執易等, 以危言忤旨. 初執易, 草疏成, 示登, 登動色, 願寄名, 雷霆之下, 安忍獨當. 自是同列切諫, 登每聯署, 無所回避, 時人稱重.[487]

지목하여 '유상자[유협(柳篋)]'라고 하다.[목위류협(目爲柳篋)] 당(唐) 유찬(柳璨)[488]이 좌습유(左拾遺)로 옮겼는데, 공경들과 조야(朝野)의 선비들이 표문(表文)을 지어줄 것을 부탁하였다. 당시에 그의 해박함과 심오함을 칭송하여 '유상자[유협(柳篋)]'라고 지칭하였다.

고 평이한 시어를 써서 '원백체(元白體)'라는 시체(詩體)를 형성하였다.

476. 《구당서(舊唐書)·원진전(元稹傳)》

477. 왕휘(王徽): 당(唐) 경조(京兆) 출신으로 자가 소문(昭文)이다. 호부시랑(戶部侍郎), 동중서문하평장사(同中書門下平章事)를 역임하였다.

478. 《신당서(新唐書)·왕휘전(王徽傳)》

479. 설연로(薛延老): 당(唐) 하중(河中) 출신으로 자가 상수(商叟)이다. 우습유(右拾遺), 전중시어사(殿中侍御史), 급사중(給事中) 등을 역임하였다.

480. 보력(寶曆): 당(唐) 경종(敬宗)의 연호(825-826)이다.

481. 서원포(舒元褒): 당(唐) 무주(務州) 출신으로 좌습유(左拾遺), 사봉원외랑(司封員外郎) 등을 역임하였다.

482. 목종(穆宗): 당(唐) 제14대 황제로 재위 기간은 821-824년이다.

483. 《신당서(新唐書)·설연로전(薛延老傳)》

484. 귀등(歸登): 당(唐) 오(吳) 출신으로 자가 충지(沖之)이다. 우습유(右拾遺), 공부상서(工部尙書) 등을 역임하였다.

485. 양성(陽城): 당(唐) 정주(定州) 출신으로 자가 항종(亢宗)이다. 학문(學問)이 깊고 덕이 높아 저작랑(著作郎), 간의대부(諫議大夫), 도주자사(道州刺史) 등을 역임하였다.

486. 웅집이(熊執易): 당(唐) 홍주(洪州) 출신으로 좌보궐(左補闕), 호부낭중(戶部郎中) 등을 역임하였다.

487. 《구당서(舊唐書)·귀등전(歸登傳)》

488. 유찬(柳璨): 당(唐) 경조(京兆) 출신으로 자가 소지(炤之)이다. 간의대부동중서문하평장사(諫議大夫同中書門下平章事)를 역임하였다.

唐柳粲[489]遷左拾遺, 公卿朝野, 託爲牋奏. 時譽以其博奧, 目爲柳篋.[490]

어필(御筆)로 '노종도의 충직[노직(魯直)]'이라고 쓰다.[어제노직(御題魯直)] 송(宋) 노종도(魯宗道)[491]가 우정언(右正言)이 되었는데 일에 잘못이 있으면 전해 들은 말로도 탄핵하고 상소하자 진종(眞宗)[492]이 좀 싫어했다. 하루는 황제의 앞에서 자책하면서 그만두고 떠나기를 원하자 황제가 그의 충성을 기꺼워하면서 위로하여 보냈다. 훗날 그의 말을 추념하면서 어필로 '노종도의 충직[노직(魯直)]'이라고 썼다.

宋魯宗道爲右正言, 事有違誤, 風聞彈疏, 眞宗稍厭之. 一日自訟於上前, 願得罷去, 上悅其忠, 慰勉以遣. 他日追念其言, 御筆題曰魯直.[493]

소실산(少室山)에서 우습유(右拾遺)로 부름 받다.[소실습유(少室拾遺)] 이발(李渤)[494]이 학문에 마음을 다하면서 여산(廬山)에 은거하다가 다시 소실산(少室山)으로 옮겼다. 원화(元和)[495] 초엽에 이손(李巽)[496]과 위황(韋況)[497]이 교대로 상소하여 그를 추천하자 조서를 내려 우습유(右拾遺)로 불렀다. 우보궐(右補闕)로 옮겼다가 간쟁으로 황제의 뜻을 거슬러 자의참군(諮議參軍)으로 좌천되었다.

李渤刻意于學, 隱廬山, 更徙少室. 元和初李選[498]·韋況, 交章薦之, 詔以右拾遺召. 遷右補闕, 以諫忤旨, 下遷諮議參軍.[499]

큰 소리로 낭독하다.[대성선독(大聲宣讀)] 당경(唐坰)[500]이 간원(諫院)에 부직(副職)으로 있으면서 20개의 상소문을 아뢰었는데 모두 궁중에 유보시킨 채 처리하지 않았다. 이에 백관(百官)이 기거(起居)[501]했을 때를 기회로 섬돌에서 조아리며 응대할 것을 청하고 마침내 큰 소리로 모두 60조항을 낭독하였으니 다음과 같다. 왕안석은 독단적으로 위엄과 은혜를 베풀고 증포(曾布)[502]는 안팎으로 권세를 휘두르며, 문언박(文彦博)[503]과 풍경(馮京)[504]은 알면서도 말하지 않고 왕규(王珪)[505]는 왕안석을 부정하게 섬겨 하인과 다를 것이 없으며 설향(薛向)[506]과

489. 《유원총보》의 '粲'은 '璨'의 오자이다.[《구당서(舊唐書)·유찬전(柳璨傳)》]
490. 《구당서(舊唐書)·유찬전(柳璨傳)》
491. 노종도(魯宗道): 송(宋) 인종(仁宗) 연간의 정치인으로 자가 관지(貫之)이며 참지정사(參知政事)를 역임하였다.
492. 진종(眞宗): 송(宋) 제3대 황제로 재위 기간은 998-1022년이다.
493. 《송사(宋史)·노종도전(魯宗道傳)》
494. 이발(李渤): 당나라 때 사람으로 간의대부(諫議大夫)와 태자빈객 등을 역임하였다. 성품이 강직하여 직언을 잘하였다.
495. 원화(元和): 당(唐) 헌종(憲宗)의 연호(806-820)이다.
496. 이손(李巽): 당(唐) 찬황(贊皇) 출신으로 자가 영숙(令叔)이다. 염철전운사(鹽鐵轉運使), 이부상서(吏部尙書) 등을 역임하였다.
497. 위황(韋況): 당(唐) 경조(京兆) 출신으로 간의대부(諫議大夫), 태자좌서자(太子左庶子) 등을 역임하였다.
498. 《유원총보》의 '選'은 '巽'의 오자이다.[《신당서(新唐書)·이발전(李渤傳)》]
499. 《신당서(新唐書)·이발전(李渤傳)》
500. 당경(唐坰): 송(宋) 전당(錢塘) 출신으로 숭문교서(崇文校書)를 역임하였다.
501. 기거(起居): 군신(群臣)이 재상을 따라 5일마다 황제를 알현하는 것으로 후당(後唐) 때 시작되어 송대(宋代)까지 이어졌다.
502. 증포(曾布): 송(宋) 남풍(南豊) 출신으로 자가 자선(子宣)이다. 지추밀원(知樞密院), 우복야(右僕射) 등을 역임하였다.
503. 문언박(文彦博): 송(宋) 분주(汾州) 출신으로 자가 관부(寬夫)이다. 인종(仁宗)·영종(英宗)·신종(神宗)·철종(哲宗) 등 네 조정에 걸쳐 50년 동안 출장입상(出將入相)하였다.
504. 풍경(馮京): 송(宋) 악주(鄂州) 출신으로 자가 당세(當世)이다. 한림학사(翰林學士), 개봉지부사(開封知府事), 어사중승(御史中丞) 등을 역임하였다.
505. 왕규(王珪): 송(宋) 성도(成都) 출신으로 자가 우옥(禹玉)이다. 상서좌복야겸문하시랑(尙書左僕射兼門下侍郎)을 역임하였다.
506. 설향(薛向): 송(宋) 하중(河中) 출신으로 자가 사정(師正)이다. 동지추밀원사(同知樞密院事)를 역임하였다.

진역(陳繹)[507]은 집안의 노예와 다를 것이 없고 장조(張璪)[508]와 이정(李定)[509]은 하수인이며 장상영(張商英)[510]은 사냥매입니다"라고 하였다. 큰 소리로 읽기를 마치고 재배하고 물러나니 호위하는 병사들이 서로를 돌아보며 안색이 변하였다. (결국) 조주별가(潮州別駕)로 좌천되었다.

唐坰同知諫院, 奏二十疏, 皆留中不出. 乃因百官起居, 扣陛請對, 遂大聲宣讀凡六十條. 言安石專作威福, 曾布表裏擅權, 文彦博·馮京, 知而不言, 王珪曲事安石, 無異廝僕, 薛向·陳繹, 無異家奴, 張璪·李定, 爲瓜牙, 張商英爲鷹. 大讀已, 再拜而退, 衛士相顧失色. 貶爲潮州別駕.[511]

종친의 딸을 불러들인 것을 간언하다.[간소종녀(諫召宗女)] 당(唐) 이효본(李孝本)[512]의 둘째 딸은 배우자가 우군(右軍)으로 있다가 죽자 문종(文宗)이 데려와 입궁시켰다. 습유(拾遺) 위모(魏謨)[513]가 상소하여 아뢰기를, "개인적으로 듣자오니 몇 개월 이래로 교방(敎坊)에서 시험으로 뽑은 수가 백으로 헤아려진다고 하는데 다시 이효본의 둘째 딸을 불러오면 종친을 피하지 않아 크게 물의를 일으킬 것입니다. 신은 개인적으로 그 점이 염려되옵니다"라고 하였다. 황제가 즉시 그녀를 내보내고 위모를 발탁하여 보궐(補闕)로 삼고 이르기를, "이효본의 딸이 외롭게 된 것이 안타까워서 궁중에 거두어 주었는데, 위모가 혐의가 있는 부분에 대해 모두 제대로 말을 해주었으니 나를 사랑하고 그 선조를 욕되게 하지 않는다고 할 만하다"라고 하였다.

唐李孝本二女, 配沒右軍, 文宗取之入宮. 拾遺魏謨上疏曰, 竊聞, 數月以來, 敎坊選試, 以百數, 又召李孝本二女, 不避宗姓, 大興物議. 臣竊惜之. 上卽出之, 擢謨爲補闕, 謂曰, 憐孝本女孤露, 故收養宮中, 謨於疑似之間, 皆能盡言, 可謂愛我, 不忝厥祖矣.[514]

채색과 그림을 가한 것을 논의하다.[논시채회(論施綵繪)] 송(宋) 태종(太宗) 순화(淳化)[515] 연간에 황제가 정전(正殿)을 짓는데 채색과 그림을 많이 가하였다. 당시에 사필(謝泌)[516]이 우정언(右正言)이었는데, 인하여 그 일을 논의하니 그 날로 붉은 석회로 대신하도록 명하였고, 사필에게 금어대(金魚袋)와 자의(紫衣)를 하사하여 좌사간(左司諫)을 제수하였다. 사필이 들어가 사은하며 말하기를, "폐하께서 간언을 따르시는 것이 물의 흐름과 같으니 그래서 신이 성의를 다할 수 있습니다. 당말(唐末)의 맹소도(孟昭圖)[517] 같은 경우는 아침에 간언의 상소를 올렸다가 저녁에 소재를 알지 못했으니 이와 같으면 어떻게 어지러워지지 않겠습니까?"라고 하자 황제가

---

507. 진역(陳繹): 송(宋) 낙양(洛陽) 출신으로 자가 화숙(和叔)이다. 실록검토관(實錄檢討官), 태중대부(太中大夫) 등을 역임하였다.
508. 장조(張璪): 송(宋) 전초(全椒) 출신으로 자가 수명(邃明)이다. 자정전태학사(資政殿太學士), 정주지주사(鄭州知州事) 등을 역임하였다.
509. 이정(李定): 송(宋) 양주(揚州) 출신으로 자가 자심(資深)이다. 어사중승(御史中丞), 호부시랑(戶部侍郞) 등을 역임하였다.
510. 장상영(張商英): 송(宋) 촉주(蜀州) 출신으로 자가 천각(天覺)이다. 중서사인(中書舍人), 상서우복야(尙書右僕射) 등을 역임하였다.
511. 《송사(宋史)·당경전(唐坰傳)》
512. 이효본(李孝本): 당(唐) 종실로 권지중승사(權知中丞事)를 역임하였다.
513. 위모(魏謨): 당(唐) 위군(魏郡) 출신으로 위징(魏徵)의 5세손(世孫)이다. 자가 신지(申之)이고 예부상서(禮部尙書), 수태자소보(守太子少保) 등을 역임하였다.
514. 《산당사고(山堂肆考)·신직(臣職)》
515. 순화(淳化): 송(宋) 태종(太宗)의 연호(990-994)이다.
516. 사필(謝泌): 송(宋) 섭주(歙州) 출신으로 자가 종원(宗源)이다. 좌정언(左正言), 우간의대부(右諫議大夫) 등을 역임하였다.
517. 맹소도(孟昭圖): 당말(唐末) 희종(僖宗) 때의 좌습유(左拾遺)로 전영자(田令孜)의 전횡을 직간하다가 살해당하였다.

한참 동안 감동한 모습이었다.

宋太宗淳化中上修正殿, 頗施綵繪. 時謝泌爲右正言, 因陳其事, 卽日命代以赭堊, 賜泌金紫, 拜左司諫. 泌入謝曰, 陛下從諫如流, 故臣得以竭誠. 如唐末孟昭圖者, 朝上諫疏, 暮不知所在, 如此安得不亂. 帝動容久之.[518]

법연용상(法筵龍象)[519] 여희철(呂希哲)[520]이 우사간(右司諫)에 제수되자 소식(蘇軾)이 이영각(邇英閣)[이영(邇英)[521]]에서 여희철에게 농담하기를, "황제께서 장차 최고의 도리를 보겠습니다"라고 하니 여희철이 웃기만 하고 말을 하지 않았다.

呂希哲除右司諫, 蘇軾在邇英戲希哲曰, 法筵龍象, 當觀第一義. 希哲笑而不言.[522]

좌석 오른쪽의 귀감[좌우귀감(座右龜鑑)] 송(宋) 포증(包拯)[523]이 사간(司諫)이 되어 대신으로 권세를 부리고 총애받는 자들을 자주 논박하였고 안으로 잘못된 은혜를 내리는 것을 물리칠 것을 청했다. 또 위징(魏徵)[524]의 세 개의 상소문을 나열하여 올리면서 좌석의 오른쪽에 두어 귀감으로 삼을 것을 청했다. 뒤에 중승(中丞)이 되어 아뢰기를, "동궁(東宮)이 자리가 빈 지가 오래되어 천하 사람들이 염려합니다"라고 하니 인종(仁宗)[525]이 이르기를, "경은 누구를 세우기를 바라시오?"라고 물었다. 포증이 아뢰기를, "신이 미리 태자를 세울 것을 건의드리는 것은 종묘(宗廟)를 위한 만세의 계획입니다. 폐하께서 신에게 누구를 세우기를 바라는지 물으시는 것은 신을 의심하는 것입니다. 신은 나이가 70이고 또 자식이 없으니 뒷날의 복을 구하는 것이 아닙니다"라고 하자 황제가 기뻐하면서 이르기를, "천천히 장차 의논해 봅시다"라고 하였다.

宋包拯爲司諫, 數論斥大臣權幸, 請罷去內降曲恩. 又列上魏徵三疏, 請置座右, 以爲龜鑑. 後爲中丞, 言東宮虛位日久, 天下以爲憂. 仁宗曰, 卿欲立誰? 拯曰, 臣乞豫建太子者, 爲宗廟萬世計. 陛下問臣欲立誰, 是疑臣也. 臣年七十, 且無子, 非邀後福者. 帝喜曰, 徐當議之.[526]

인원을 늘릴 필요가 없다.[불용광원(不用廣員)] 당(唐) 우총(牛叢)[527]은 자가 표령(表齡)이다. 사간(司諫)으로 옮겨 자주 일을 간언하였다. 마침 재상이 간원(諫員)을 늘리자고 청하니 선종(宣宗)[528]이 이르기를, "간신(諫臣)은 오직 직무에 걸맞을 수 있는 것이 훌륭한 것이니 어찌 많을 필요가 있겠는가. 지금 장부(張符), 조린(趙璘), 우총이 짐으로 하여금 듣지 못한 것을 듣게 하니 세 사람이면 충분하오"라고 하였다.

唐牛叢, 字表齡. 遷司諫, 數言事. 會宰相請廣諫員,

---

518. 《송사(宋史)·사필전(謝泌傳)》
519. 법연용상(法筵龍象): 설법하는 자리의 용과 코끼리라는 말에서 황제를 비유한다.
520. 여희철(呂希哲): 송(宋) 수주(壽州) 출신으로 자가 원명(原明)이다. 병부원외랑(兵部員外郞), 광록소경(光祿少卿) 등을 역임하였다.
521. 이영(邇英): 군주가 영재를 가까이한다는 뜻으로, 송대 금원궁(禁苑宮)에 두었던 전각인 이영각(邇英閣)의 준말이다.
522. 《송명신언행록(宋名臣言行錄)·외집(外集)》
523. 포증(包拯): 송(宋) 여주(廬州) 출신으로 자가 희인(希仁)이다. 감찰어사(監察御使), 추밀부사(樞密副使) 등을 역임하였다. 중국 역사상 청백리의 대명사로 불린다.
524. 위징(魏徵): 당초(唐初)의 정치가로 자가 현성(玄成)이다. 간의대부(諫議大夫), 비서감(秘書監), 시중(侍中) 등의 벼슬을 역임하였다. 그의 주장은 《정관정요(貞觀政要)》에 실려 있고 《군서치요(群書治要)》를 주편하였다.
525. 인종(仁宗): 송(宋) 제4대 황제로 재위 기간은 1023-1063년이다.
526. 《송명신언행록(宋名臣言行錄)·전집(前集)》
527. 우총(牛叢): 당(唐) 안정(安定) 출신으로 자가 표령(表齡)이다. 검남서천절도사(劍南西川節度使), 이부상서(吏部尙書) 등을 역임하였다.
528. 선종(宣宗): 당(唐) 제18대 황제로 재위 기간은 847-858년이다.

宣宗曰, 諫臣惟能擧職爲賢, 奚用多耶. 今張符·趙璘·牛叢, 使朕聞所未聞, 三人足矣.[529]

옷을 당기다가 옷소매를 찢다.[인의락거(引衣落裾)]

휘종(徽宗)[530] 시기에 우정언(右正言) 진화(陳禾)[531]가 동관(童貫)[532]을 유배시킬 것을 청하였다. 아뢰는 것이 아직 끝나지 않았는데 황제가 옷을 떨치고 일어나자 진화는 즉시 황제의 옷을 당기며 그의 말을 다하기를 청하다가 옷소매가 찢어졌다. 황제가 이르기를, "정언이 짐의 옷을 찢었구려"라고 하자 진화가 아뢰기를, "폐하께서 옷이 찢어지는 것을 아끼지 않으신다면 신은 어찌 머리가 부서지는 것을 아끼겠습니까?"라고 하였다.

徽宗時右正言陳禾請竄童貫. 論奏未終, 帝拂衣起, 禾卽引帝衣, 請畢其說, 衣裾落. 帝曰, 正言碎朕衣矣. 禾言, 陛下不惜碎衣, 臣豈惜碎首.[533]

고기 한 점을 가지고 나와 상소를 올리다.[회담상표(懷餤上表)] 당(唐) 사성(嗣聖)[534] 연간에 천하에 도살을 금했는데 습유(拾遺) 장덕(張德)[535]이 아들을 낳아 남몰래 양을 잡았다. 마침 동료 보궐인 두숙(杜肅)[536]이 한 점을 가지고 나와 상소를 올려 보고하였다. 다음날 태후(太后)가 장덕에게 이르기를, "듣자하니 경이 아들을 낳았다는데 매우 기쁘겠소"라고 하였다. 장덕이 절하면서 감사를 올리자 태후가, "어디에서 고기를 얻었소?"라고 물었다. 장덕이 머리를 조아리며 죄를 자인하자 태후가 이르기를, "짐이 도살을 금한 것은 길흉을 예측할 수 없었기 때문이오. 경도 이제부터 손님을 부를 때 역시 사람을 가려야 하겠소"라 하고는 두숙의 상소를 꺼내 보여주었다.

唐嗣聖中禁天下屠殺, 拾遺張德生男, 私殺羊. 會同僚補闕杜肅懷一餤, 上表告之. 明日太后謂德曰, 聞卿生男, 甚喜. 德拜謝, 太后曰, 何從得肉? 德叩頭服罪, 太后曰, 朕禁屠宰, 吉凶不預. 卿自今召客, 亦須擇人. 出肅表示之.[537]

어사대 御史臺[538]

- 어사(御史)라는 명칭은 《주관(周官)》[539]에도 있으니 모두가 일을 기록하는 직책이었다.[540] 진한(秦漢)에 이르러 규찰(糾察)의 임무를 행하였다. 근무했던 부서를 일러 어사대(御史臺)라고 하였는데, 또한 난대시(蘭臺寺), 혹은 헌대(憲臺)라고도 하였다. 송(宋)에서 삼원(三院)이 있었으니, 첫째는 대원(臺院)이고 둘째는 전원(殿院)이고 셋째는 찰원(察院)이었다.

  御史之名, 周官有之, 皆記事之職. 至秦漢, 爲糾察之任. 所居之署, 謂之御史臺, 亦謂之蘭臺寺,

---

529. 《신당서(新唐書)·우총전(牛叢傳)》
530. 휘종(徽宗): 송(宋) 제8대 황제로 재위 기간은 1101-1125년이다.
531. 진화(陳禾): 송(宋) 명주(明州) 출신으로 자가 수실(秀實)이다. 감찰어사(監察御使), 감신주주(監信州酒) 등을 역임하였다.
532. 동관(童貫): 송(宋) 개봉(開封) 출신의 환관으로 자가 도보(道輔)이다. 개부의동삼사(開府儀同三司), 영추밀원사(領樞密院事) 등을 역임하였다.
533. 《송사(宋史)·진화전(陳禾傳)》
534. 사성(嗣聖): 당(唐) 중종(中宗)의 연호(684)이다.
535. 장덕(張德): 내력이 자세하지 않다.
536. 두숙(杜肅): 내력이 자세하지 않다.
537. 《산당사고(山堂肆考)·신직(臣職)》
538. 어사대(御史臺): 관리의 규찰과 탄핵을 관장하는 어사(御史)들이 근무하던 관서 이름이다.
539. 《주관(周官)》: 《주례(周禮)》의 본 이름으로 주공(周公)이 지었다고 한다.
540. 《주례(周禮)·춘관(春官)·어사(御史)》

或謂憲臺. 宋有三院, 一曰臺院, 二曰殿院, 三曰察院.[541]

- 어사(御史)는 나라의 도성과 교외 및 만민을 다스리는 명령을 담당하여 총재(冢宰)를 돕는다.《춘관(春官)》

御史掌邦國都鄙, 及萬民之治令, 以贊冢宰.《春官》[542]

- 백시(栢寺)[543]는 도서(圖書) 담당의 부서이고 난대(蘭臺)는 장주(章奏) 담당의 관청이다. 포선(鮑宣)[544]의 재임(再任)을 뛰어넘고 호광(胡廣)[545]이 세 번 오른 것과 비슷하다. 설선(薛宣)[546]은 법규를 밝게 익혔고 주처(周處)[547]는 권세가들을 두렵게 하였네.《유요(類要)》

栢寺圖書之府, 蘭臺章奏之庭. 踰鮑宣之再入, 類胡廣之三登. 薛宣之明習文法, 周處之震肅權豪.《類要》[548]

- 오대(烏臺)[549]는 엄한 관직이라 명망이 철관(鐵冠)[550]을 쓰고, 푸른 옥을 찬 것은 높은 반열이라 위엄이 석실(石室)에서 드높다. 붉은 휘장이 안개처럼 걷히니 비로소 주현(州縣)의 노고를 그치고, 백간(白簡)[551]이 서리처럼 올라가니 마땅히 권세가의 기세를 물리칠 것이다.《당제(唐制)》

烏臺峻秩, 望總鐵冠, 蒼佩崇班, 威高石室. 朱帷霧撤, 初停州縣之勞, 白簡霜飛, 宜屛權豪之氣.《唐制》[552]

- 조정에서 법을 집행하는 부서이고 천하에서 부정을 바로잡는 곳이다. 무릇 안과 밖에서 모두 다스림을 기다린다.

中朝執憲之司, 四海繩違之地. 凡居中外, 皆俟整齊.[553]

- 일은 조정의 기강을 총괄하고 직분은 천하의 법을 맡는다.

事摠朝綱, 職司天憲.[554]

- 서릿발 같은 위엄은 땅을 쓸고 풍기와 법도[풍헌(風憲)[555]]는 소리를 거둔다.

霜威掃地, 風憲收聲.[556]

- 법을 집행하는 기준이 되는 부서이니 기강을 진작시키고 안팎을 단속하는 곳이다.《백씨장경집(白氏長慶集)》

執憲準繩之司, 所以提振紀綱, 端肅內外.《白集》[557]

---

541. 《고금사문유취신집(古今事文類聚新集)·어사대부(御史臺部)》
542. 《주례(周禮)·춘관(春官)·어사(御史)》
543. 백시(栢寺): 어사대(御史臺)의 별칭이다.
544. 포선(鮑宣): 한(漢) 발해(渤海) 출신으로 자가 자도(子都)이다. 간대부(諫大夫), 사례(司隷) 등을 역임하였다. 외척의 발호를 간언하였고 시정을 비판하였다.
545. 호광(胡廣): 동한(東漢) 남군(南郡) 출신으로 자가 백시(伯始)이다. 상서랑(尙書郎), 사공(司空), 태부(太傅) 등을 역임하며 여섯 황제를 섬겼다. 겸손하면서도 일에 능하여 "萬事不理問伯始, 天下中庸有胡公"이라는 칭송이 있었다.
546. 설선(薛宣): 한(漢) 동해(東海) 출신으로 자가 공군(贛君)이다. 어사중승(御史中丞), 승상(丞相) 등을 역임하였다. 법의 집행이 공정하여 명성이 있었다.
547. 주처(周處): 동진(東晉) 양선(陽羨) 출신으로 자가 자은(子隱)이다. 어사중승(御史中丞), 동관좌승(東觀左丞) 등을 역임하였다.
548. 《고금사문유취신집(古今事文類聚新集)·어사대부(御史臺部)》
549. 오대(烏臺): 어사대(御史臺)의 별칭이다.
550. 철관(鐵冠): 어사가 쓰던 법관(法冠)이다.
551. 백간(白簡): 관원을 탄핵하는 상주문(上奏文)을 가리킨다.
552. 〈수소향우대대부제(授蘇珦右臺大夫制)〉
553. 《구오대사(舊五代史)·직관지(職官志)》
554. 《고금사문유취신집(古今事文類聚新集)·어사대부(御史臺部)》
555. 풍헌(風憲): 풍기와 법도라는 뜻에서 어사(御史)를 가리킨다.
556. 《고금사문유취신집(古今事文類聚新集)·어사대부(御史臺部)》

• 조정에서 법도를 총괄하고 천하에서 교화를 수립한다.〈유종원(柳宗元) 문장〉

摠憲度於朝端, 樹風聲於天下.〈柳文〉[558]

• 진한(秦漢) 이후로 어사부(御史府)에서는 강하고 과단성 있으며 굳세고 바른 선비를 써서 기강을 유지하지 않은 경우가 없었는데, 말세 이후로는 매륜파주(埋輪破柱)[559]의 무리가 전혀 다시 나오지 않았다.《원씨장경집(元氏長慶集)》

秦漢以降, 御史府莫不用剛果勁正之士, 維持紀綱, 季代而還, 埋輪破柱之徒, 絶不復出.《元集》[560]

• 곧은 이를 등용하고 굽은 자를 내침에 친척과 원수를 피하지 않는다. 사특함을 규정하고 부정을 바로잡음에 공정함을 따르기를 힘쓴다. 매와 수리에게 맡겨 승냥이와 이리를 물리치게 한다.《당대조령집(唐大詔令集)》

擧直錯枉, 不避親讎. 糾慝繩違, 務從公正. 寄之鷹隼, 用屛豺狼.《唐詔》[561]

• 형혹성(熒惑星)[562]은 태양의 뛰어난 어자(御者)이니 어사의 상징이다. 금법과 형벌을 주관하여 잡아들이고 바로잡는다.

熒惑, 火之精御, 史之象. 主禁令刑罰, 收捕糾正.[563]

• 안으로 교화를 받들고 밖으로 다스림을 맡는다. 재능은 성대하고 행실은 깨끗하며 사특함을 벗어나 바름을 따른다.〈곡영(谷永)[564] 상소〉

內承風化, 外任統理. 才茂行潔, 違邪從正.〈谷永疏〉[565]

• 벽거(辟車)[566]하는 중요한 관직이니 덕이 있는 사람이 아니면 오르지 못하고, 높은 자리를 오로지 차지하였으니 오직 현인에게 귀속될 뿐이다.

辟臺[567]要秩, 非德靡升, 專席雄班, 惟賢是屬.[568]

• 백간(白簡) 위에 서리가 엉기고 붓끝에 바람이 인다.

簡上霜凝, 筆端風起.[569]

• 지킴이 있는 자는 법을 집행할 수 있고 사사로움이 없는 자는 사악함을 막을 수 있다.《백씨장경집(白氏長慶集)》

有守者, 可以執憲, 無私者, 可以閑邪.《白集》[570]

• 빛나는 천문(天文)이여 별들이 돈다. 이에 어사[집법(執法)[571]]를 세우니 그 빛이 찬란하다. 법의 벼리를 지키고 나라의 법도를 잡는다. 매처럼 날고 범처럼 노려보아 부정과 태만을 소탕한다.[부함(傅咸)[572] 〈어사중승잠(御史中丞箴)〉]

煌煌天文, 宿星是環. 爰立執法, 其輝有煥. 執憲之綱, 秉國之憲. 鷹揚虎視, 肅淸違慢.〈傅咸箴〉[573]

---

557. 《백씨장경집(白氏長慶集)·설존성제어사중승제(薛存誠除御史中丞制)》
558. 《유하동집(柳河東集)·제사겸어사중승벽기(諸使兼御史中丞壁記)》
559. 매륜파주(埋輪破柱): 후한의 장강(張綱)이 수레바퀴를 묻고 양기(梁冀)를 탄핵한 일과 이응(李膺)이 기둥을 부수고 장삭(張朔)을 체포한 일로, 권력자를 두려워하지 않고 일을 처리하는 것을 가리킨다.
560. 《원씨장경집(元氏長慶集)·배주등가시어사제(裵注等可侍御史制)》
561. 《당대조령집(唐大詔令集)·칙려어사제(勅勵御史制)》
562. 형혹성(熒惑星): 화성(火星)의 별칭이다.
563. 《고금사문유취신집(古今事文類聚新集)·어사대부(御史臺部)》
564. 곡영(谷永): 한(漢) 장안(長安) 출신으로 자가 자운(子雲)이다. 북지태수(北地太守), 대사농(大司農) 등을 역임하였다.
565. 《고금사문유취신집(古今事文類聚新集)·어사대부(御史臺部)》
566. 벽거(辟車): 행인을 물리쳐 왕이나 귀인이 탄 수레를 피하게 하는 것을 가리킨다.
567. 《유원총보》의 '臺'는 '車'의 오자이다.[〈수양재사좌대대부제(授楊再思左臺大夫制)〉]
568. 〈수양재사좌대대부제(授楊再思左臺大夫制)〉
569. 동한(東漢) 최전(崔篆), 〈어사잠(御史箴)〉
570. 《백씨장경집(白氏長慶集)·제류공작어사중승제(除柳公綽御史中丞制)》
571. 집법(執法): 어사(御史)의 별칭이다.
572. 부함(傅咸): 진(晉)나라 사람으로 자가 장우(長虞)이다. 의랑장(議郎長), 사례교위(司隸校尉) 등을 역임하였다.

- 주(周)나라에서는 철주(鐵柱)[574]를 세웠고 한(漢)나라에서는 수놓은 옷을 만들었다. 흰 붓을 꽂고 부정을 바로잡으며 총마(驄馬)[575]를 타고 눈을 밝게 뜬다. 그러므로 나가면 만 리를 감독하고 살피며, 들어오면 백관을 규찰하고 탄핵할 수 있다. 따져서 말하니 오직 현자에게 맡기고 반드시 이름이 높으니 황하 북쪽에서 가치가 중요하며 한수(漢水)의 남쪽에서 바른 말로 논쟁하니 맑은 바람이 불어온다. 오묘한 기술 마음에 두었으니 돌이 아닌데도 곧기가 활시위 같도다.《제서(齊書)》

  周興鐵柱, 漢制繡衣. 簪白筆而繩違, 馭驄馬而明目. 故能出則督察萬里, 入則糾劾百僚. 揚搉而言, 惟賢是寄, 必須名高, 河朔價重, 漢南諤諤, 淸風翩翩. 妙技心焉, 靡石直也如紘.《齊書》[576]

- 영예로움으로는 수놓은 옷을 입었고 총애받음은 흰 붓을 꽂았도다.

  榮服繡衣, 寵簪白筆.[577]

- 어사(御史)는 나의 귀와 눈이 되는 관직이다. 청렴하고 깨끗하며 굳세고 바르며 더럽혀지지 않고 굽히지 않는 자가 아니라면 어떻게 선악을 구별하고 기강을 진작시켜 나의 총명을 넓힐 수 있겠는가.《당제(唐制)》

  御史, 吾耳目之官也. 非淸白勁正, 不泥不撓者, 安可使辨淑慝, 振紀綱, 廣吾之聰明焉.《唐制》[578]

- 높고 높은 철관(鐵冠)이요 희고 흰 은(銀) 인장이로다.

  峨峨鐵冠, 皛皛銀印.[579]

- 시대의 병폐를 바로잡고 지위 높은 근신(近臣)을 신칙하네.[위와 같다.]

  匡拂時病, 磨切貴近.[竝同][580]

- 어사(御史)는 바람과 서리 같은 임무를 행하여 불법(不法)을 탄핵하고 바로잡아 백관이 두려워하니 관직 가운데 강하고 엄함이 이에 비길 수 있는 것이 없다.

  御史爲風霜之任, 彈糾不法, 百寮震恐, 官之雄峻, 莫之比焉.[581]

- 전한(前漢)의 어사부(御史府)에는 안에 측백나무를 열 지어 심어 놓았는데 항상 까마귀 수천 마리가 머물면서 아침에 나갔다가 저녁에 돌아왔기 때문에 그것을 오대(烏臺)라고 하였다. 또 백대(栢臺), 남대(南臺), 숙정대(肅政臺)라고도 하였다.

  前漢御史府, 中列栢樹, 常有野烏, 數千棲止, 朝去夕來, 故謂之烏臺. 又曰栢臺, 曰南臺, 曰肅政臺.[582]

- 어사대(御史臺)는 그 문이 북쪽으로 열려 있는데 엄숙함과 살벌함의 뜻을 취한 것이다.

  御史臺, 其門北開, 取肅殺之義.[583]

- 한(漢)나라 조정에서 어사(御史)를 임명하는 것

---

573. 명(明) 매정조(梅鼎祚), 《서진문기(西晉文紀) · 어사중승잠(御史中丞箴)》
574. 철주(鐵柱): 법관(法冠)의 뒤에 두 가닥으로 늘어뜨린 쇠막대를 가리킨다.
575. 총마(驄馬): 흰색과 푸른색이 뒤섞인 말로 어사(御史)가 타는 말이다.
576. 《고금사문유취신집(古今事文類聚新集) · 어사대부(御史臺部)》
577. 《고금사문유취신집(古今事文類聚新集) · 어사대부(御史臺部)》
578. 《백씨장경집(白氏長慶集) · 태상박사왕신백가시어사염철추관감찰어사리행고해하동절도참모겸감찰어사최식병가감찰어사삼인동제(太常博士王申伯可侍御史鹽鐵推官監察御史裏行高譜河東節度叅謀兼監察御史崔植並可監察御史三人同制)》
579. 《고금사문유취신집(古今事文類聚新集) · 어사대부(御史臺部) · 최기등가검교도관원외랑겸시어사제(崔甝等可檢校都官員外郎兼侍御史制)》
580. 《고금사문유취신집(古今事文類聚新集) · 어사대부(御史臺部) · 수고원유제리부상서제(授高元裕除吏部尙書制)》
581. 《통전(通典) · 직관(職官) · 어사대(御史臺)》
582. 《고금사문유취신집(古今事文類聚新集) · 어사대부(御史臺部)》
583. 송(宋) 섭몽득(葉夢得), 《석림연어(石林燕語)》

은 대개 입추(立秋)에 하였다. 이것은 바람과 서리가 막 매서워지고 새매가 처음으로 사냥하기 때문이다.

漢家授署御史, 多以立秋. 蓋以風霜始嚴, 鷹隼初擊.[584]

어사대에는 장관(長官)이 없다.[대무장관(臺無長官)] 어사대부(御史大夫) 이승가(李承嘉)[585]가 일찍이 여러 어사들을 불러 놓고 책망하기를, "근래에 어사들이 일을 아뢸 때 대부에게 자문하지 않으니 예인가?"라고 하자 소지충(蕭至忠)[586]이 말하기를, "전례에 어사대에는 장관이 없습니다. 어사는 군주의 귀와 눈에 비견되어, 일을 주관하는 자가 직접 일을 탄핵할 수 있습니다. 만약 먼저 대부에게 아뢰어 허락을 받는다면, 대부를 탄핵할 때에는 누구에게 아뢸지를 알 수 없습니다"라고 하였다.

御史大夫李承嘉嘗召諸御史, 責曰, 近日御史言事, 不諮大夫, 禮乎. 蕭至忠曰, 故事臺中無長官. 御史, 人君耳目比肩, 主事得自彈事. 若先白大夫而許, 則彈大夫, 不知白誰也.[587]

홀로 덤비는 송골매[독격골(獨擊鶻)] 왕소(王素)[588]는 자가 중의(仲儀)로 대헌(臺憲)[589]에 오른 뒤에 기개가 더욱 강해졌다. 일찍이 동료들과 황제 앞에서 일을 아뢰는데 일이 합당하지 않은 것이 있었다. 모두들 물러갔는데 공은 한창 시비를 따져 황제의 허락을 받은 뒤에 물러나자 황제가 이르기를, "진정한 어사로다"라고 하였다. 말하는 자들이 지목하여 '홀로 덤비는 송골매[독격골(獨擊鶻)]'라고 하였다.

王素, 字仲儀, 既升臺憲, 風力愈勁. 嘗與同列奏事上前, 事有不合. 衆皆引去, 公方論列是非, 俟得旨乃退, 帝曰, 眞御史也. 議者, 目爲獨擊鶻.[590]

백간(白簡)을 들고 새벽을 기다리다.[백간대단(白簡待旦)] 진(晉) 부현(傅玄)[591]은 천성이 엄격하고 급했다. 매번 아뢰어 탄핵할 일이 있는데 혹시 날이 저물어 버리면 백간을 들고 옷깃을 바로한 채 앉아서 새벽을 기다렸다. 이에 귀유(貴遊)[592]들이 두려워 숨었으며 대각(臺閣)에 바람이 일었다.

晉傅玄, 天性峻急. 每有奏劾, 或値日暮, 捧白簡整襟, 坐以待旦. 於是貴遊懾伏, 臺閣生風.[593]

조정에 서서 안색을 바로 하다.[입조정색(立朝正色)] 당(唐) 이경양(李景讓)[594]이 어사대부가 되어 안색을 바로 하고 조정에 섰다. 당시에 선종(宣宗)[595]의 외삼촌인 정광(鄭光)[596]이 죽자 조서를 내려 3일 동안 조회를 쉬도록 하니 이경양이 글을 올려 아뢰기를, "외척으로 하여금 강성하게 하면 안 됩니다"라

584. 당(唐) 두목(杜牧), 《번천집(樊川集)·노영제감찰어사등제(盧潁除監察御史等制)》
585. 이승가(李承嘉): 당(唐) 농서(隴西) 출신으로 어사대부(御史大夫), 호부상서(戶部尙書) 등을 역임하였다.
586. 소지충(蕭至忠): 당나라 때 사람으로 중서시랑(中書侍郞), 이부상서(吏部尙書) 등을 역임하였다. 태평공주의 역모에 참가하였다가 처형되었다.
587. 《신당서(新唐書)·소지충전(蕭至忠傳)》
588. 왕소(王素): 송(宋) 대명(大名) 출신으로 자가 중의(仲儀)이다. 지간원(知諫院), 공부상서(工部尙書) 등을 역임하였다.
589. 대헌(臺憲): 어사대(御史臺), 또는 그 관원을 가리킨다.
590. 《송명신언행록(宋名臣言行錄)·후집(後集)》
591. 부현(傅玄): 서진(西晉) 북지(北地) 출신으로 자가 휴혁(休奕)이다. 산기상시(散騎常侍), 사례교위(司隸校尉) 등을 역임하였다.
592. 귀유(貴遊): 왕공(王公)이나 귀족(貴族)들을 가리킨다.
593. 《진서(晉書)·부현전(傅玄傳)》
594. 이경양(李景讓): 당(唐) 태원(太原) 출신으로 자가 후기(後己)이다. 예부시랑(禮部侍郞), 어사대부(御史大夫), 태자소보(太子少保) 등을 역임하였다.
595. 선종(宣宗): 당(唐) 제18대 황제로 재위 기간은 847-858년이다.
596. 정광(鄭光): 당(唐) 윤주(潤州) 출신으로 헌종(憲宗) 정후(鄭后)의 동생이자 선종(宣宗)의 외삼촌이다. 금오대장군(金吾大將軍)을 역임하였다.

고 하였다. 이에 2일 동안 조회를 쉬도록 하였다.

唐李景讓爲御史大夫, 正色立朝. 時玄宗[597]舅鄭光卒, 詔罷朝三日, 景讓上書言, 不可使外戚强盛. 乃罷朝兩日.[598]

이경양이 어사가 되자 내신(內臣)과 귀척(貴戚)들이 간가누각(看街樓閣)[599]을 모두 진흙 칠을 한 경우도 있었으니 그의 탄핵(彈劾)을 두려워한 것이다.

景讓爲御史, 內臣貴戚有看街樓閣, 皆泥之, 畏其彈劾.[600]

박사(博士)가 물러나 승복하다.[박사퇴복(博士退服)]

한(漢) 예관(兒寬)[601]이 어사대부(御史大夫)가 되었다. 전에 양(梁)나라 재상 저대(褚大)[602]가 오경(五經)에 통달하여 박사(博士)가 되었는데, 당시에 예관이 제자였다. 어사대부가 결원이 생겼는데 저대를 부르자 저대는 자신이 어사대부를 얻었다고 여겼다. 낙양(洛陽)에 이르렀는데 예관이 그것을 맡았다는 것을 듣고 저대가 웃었다. 도착하여 예관과 황제의 앞에서 봉선(封禪)에 대하여 논의하였는데 저대가 미칠 수 없자 물러나 승복하며 말하기를, "황제께서 정말로 사람을 아시는구나"라고 하였다.

漢倪寬[603]爲御史大夫. 初梁相褚大通五經爲博士, 時寬爲弟子. 及御史大夫缺, 徵褚大, 大自以爲得御史大夫. 至洛陽, 聞寬爲之, 褚大笑. 及至, 與寬議封禪於上前, 大不能及, 退而服曰, 上誠知人.[604]

여러 관료들이 눈을 흘기다.[군료측목(群僚側目)]

당(唐) 개원(開元)[605] 연간에 최은보(崔隱甫)[606]가 어사대부가 되었는데, 황제가 이르기를, "경이 어사가 되자 세상 사람들이 모두 직책에 맞다고 하니 짐이 맡긴 바에 매우 부합하오"라고 하였다. 전례에 감찰어사는 경쟁적으로 국정을 다뤘는데 대개 상관에게 보고하지 않았다. 최은보가 일체를 감독하고 책망하면서 일이 크고 작고를 막론하고 모두 자문을 받아 결정하도록 하고 조금이라도 뜻을 거스르는 자가 있으면 바로 그 죄를 나열하여 아뢰었다. 앞뒤로 쫓겨난 자가 태반이나 되자 여러 관료들이 눈을 흘겼다.

唐開元中崔隱甫爲御史大夫, 帝曰, 卿爲御史, 海內咸云稱職, 甚副朕之所委. 故事監察御史競爲官政, 略無承稟. 隱甫一切督責, 事無大小, 悉令諮決, 稍有忤意者, 便列上其罪. 前後貶黜, 殆半, 群僚側目.[607]

배를 타고 가는 것을 직간하다.[직간어강(直諫御舡)]

설광덕(薛廣德)[608]이 어사대부가 되었는데, 황제가 배를 타고 가려 하자 설광덕이 관을 벗고 간언하였다. 황제가 이에 다리를 통해 갔다.

薛廣德爲御史大夫, 上欲御樓舡, 廣德免冠諫. 上乃從橋.[609]

권세가들을 피하지 않다.[불피권세(不避權勢)]

---

597. 《유원총보》의 '玄宗'은 '宣宗'의 오류이다.[《구당서(舊唐書)·이경양전(李景讓傳)》]
598. 《구당서(舊唐書)·이경양전(李景讓傳)》
599. 간가누각(看街樓閣): 거리의 경관을 보려고 길쪽으로 세운 누대를 가리킨다.
600. 송(宋) 섭정규(葉庭珪), 《해록쇄사(海錄碎事)》
601. 예관(兒寬): 한(漢) 천승(千乘) 출신으로 오경(五經)에 정통했다. 어사대부(御史大夫)를 역임하였다.
602. 저대(褚大): 한(漢) 동해(東海) 출신으로 오경(五經)에 통달하여 박사(博士)가 되었다.
603. 《유원총보》의 '倪寬'은 '兒寬'의 오류이다.[《전한서(前漢書)·예관전(兒寬傳)》]
604. 《전한서(前漢書)·예관전(兒寬傳)》
605. 개원(開元): 당(唐) 현종(玄宗)의 연호(713-741)이다.
606. 최은보(崔隱甫): 당(唐) 무성(武城) 출신으로 어사대부(御史大夫), 형부상서(刑部尙書) 등을 역임하였다.
607. 《구당서(舊唐書)·양리열전(良吏列傳)》
608. 설광덕(薛廣德): 서한(西漢) 패군(沛郡) 출신으로 자가 장경(長卿)이다. 간대부(諫大夫)·어사대부(御史大夫) 등을 거쳤으며 직언으로 유명하였다.
609. 《전한서(前漢書)·설광덕전(薛廣德傳)》

설겸광(薛謙光)[610]이 어사대부에 제수되었는데, 당시에 승려인 혜범(惠範)이 태평공주(太平公主)의 권세를 믿고 백성들을 핍박하였다. 설겸광이 장차 탄핵하여 상소하려고 하니 어떤 사람이 그만두라고 말렸다. 설겸광이 말하기를, "어사대는 원체(冤滯)[611]를 다스리니 무엇을 회피하겠는가. 아침에 탄핵하다가 저녁에 쫓겨나도 역시 괜찮다"라고 하였다.

薛謙光拜御史大夫, 時僧惠範恃太平公主權勢, 逼奪百姓. 謙光將加彈奏, 或請寢之. 謙光曰, 憲臺理冤滯, 何所迴避. 朝彈暮黜, 亦可矣.[612]

왕공(王公)에게 굽히지 않다.[불굴왕공(不屈王公)]

위사겸(韋思謙)[613]이 어사대부로 진급하였는데, 성품이 직언을 잘하고 안색이 장중하여 범접할 수 없었으며 왕공(王公)을 보아도 예를 굽힌 적이 없었다. 어떤 사람이 비판하자 대답하기를, "이목관(耳目官)[614]은 원래 홀로 우뚝해야 하니, 독수리와 매가 어찌 뭇새들의 짝이 되리오. 어떻게 자신을 굽혀 함부로 하겠소"라고 하였다.

韋思謙進御史大夫, 性謇諤, 顏色莊重, 不可犯, 見王公, 未嘗屈禮. 或以爲譏, 答曰, 耳目官固當特立, 鵰鶚鷹鸇, 豈衆禽之偶. 奈何屈以狎之.[615]

인장을 가지고 바라보다.[지인이시(持印以視)]

주창(周昌)[616]이 어사대부가 되었다가 조왕(趙王)의 승상으로 옮기게 되었다. 고조(高祖)가 인장을 가지고 만지작거리다가 이르기를, "누가 어사대부가 될 수 있겠는가"라고 하면서 조요(趙堯)[617]를 한참 바라보더니, "(누구도) 조요와 바꿀 수가 없다"라 하고 마침내 그를 제수하였다.

周昌爲御史大夫, 徙趙相. 高祖持印, 弄之曰, 誰可以爲御史大夫? 熟視趙堯, 曰無以易堯. 遂拜之.[618]

푸른 상자를 간직한 어사(御史)[청상어사(靑箱御史)]

왕회지(王淮之)[619]는 증조 왕표지(王彪之)[620] 때부터 박학하였고 조정의 의식에 익숙하였으며 아울러 강좌(江左)의 옛일도 잘 알아 그것을 푸른 상자에 봉함해 두어 세상 사람들이 그것을 '왕씨청상(王氏靑箱)'이라고 하였다. 4대에 걸쳐 어사중승(御史中丞)이 되었다.

王淮之, 自曾祖彪之博聞多識, 練悉朝儀, 竝諳江左舊事, 緘之青箱, 世謂之王氏青箱. 四世爲御史中丞.[621]

세 곳이 제대로 된 사람을 얻었다고 일컫다.[칭삼득인(稱三得人)] 인종(仁宗)[622]이 대신들에게 교유하기를, 장변(張昪)[623]은 청렴하고 곧으니 어사[풍헌

610. 설겸광(薛謙光): 당(唐) 당주(黨州) 출신으로 상서좌승(尙書左丞), 어사대부(御史大夫), 태자빈객(太子賓客) 등을 역임하였다.

611. 원체(冤滯): 억울한 일이 정체되어 해결되지 않고 있는 옥안(獄案)을 가리킨다.

612. 《구당서(舊唐書)·설겸광전(薛謙光傳)》

613. 위사겸(韋思謙): 당대(唐代) 사람으로 본명은 인약(仁約)이고 사겸은 자이다. 봉각난대삼품(鳳閣鸞臺三品)과 태중대부(太中大夫) 등을 역임하였다.

614. 이목관(耳目官): 황제의 귀와 눈이 되는 관리라는 뜻에서 어사(御史)를 가리킨다.

615. 《구당서(舊唐書)·위사겸전(韋思謙傳)》

616. 주창(周昌): 한(漢) 패(沛) 출신으로 한고조(漢高祖)를 도와 진(秦)과 항우(項羽)를 격파하는 데에 공을 세웠다. 어사대부(御史大夫), 조왕(趙王)의 승상 등을 역임하였다.

617. 조요(趙堯): 한(漢) 조(趙) 출신으로 어사대부(御史大夫)를 역임하였다.

618. 《사기(史記)·장창전(張蒼傳)》

619. 왕회지(王淮之): 남조(南朝) 송(宋) 낭야(琅邪) 출신으로 자가 원증(元曾)이다. 황문시랑(黃門侍郎), 역양태수(歷陽太守) 등을 역임하였다.

620. 왕표지(王彪之): 동진(東晉) 낭야(琅邪) 출신으로 자가 숙무(叔武)이다. 복야(僕射), 상서령(尙書令) 등을 역임하였다.

621. 《송서(宋書)·왕회지전(王淮之傳)》

622. 인종(仁宗): 송(宋) 제4대 황제로 재위 기간은 1023-1063년이다.

(風憲)[624]를 맡길 만하다"라 하고는 이에 어사중승(御史中丞)으로 삼았다. 당시에 부필(富弼)[625]이 재상이었고 구양수가 한림학사(翰林學士)였는데, 논의하는 자들은 세 곳이 제대로 된 사람을 얻었다고 하였다.

仁宗諭執政曰, 張昪淸直, 可任風憲. 乃以爲御史中丞. 時富弼爲相, 歐陽脩爲翰林學士, 論者以爲三得人.[626]

근세에 독보적이다.[근세독보(近世獨步)] 강엄(江淹)[627]이 중승(中丞)이 되자 명제(明帝)[628]가 이르기를, "이제 그대가 남사(南司)[629]가 되었으니 족히 백관들을 두려워 긴장하게 할 수 있겠도다"라고 하였다. 강엄이 이에 중서령(中書令) 사조(謝朓)[630] 등을 탄핵하자 안팎이 숙연해졌다. 황제가 이르기를, "송(宋) 이래로 엄격하고 명철한 중승(中丞)이 없었으니 그대는 근세에 독보적이라고 할 만하오"라고 하였다.

江淹爲中丞, 明帝曰, 今君爲南司, 足以震肅百僚也. 淹乃彈中書令謝朓等, 內外肅然. 帝曰, 自宋以來, 無嚴明中丞, 君可謂近世獨步.[631]

진정한 재상이다.[진재상(眞宰相)] 무원형(武元衡)[632]이 중승(中丞)으로 옮겼는데 연영전(延英殿)에서 대좌하기를 마치고 덕종(德宗)[633]이 눈으로 그를 전송하면서 이르기를, "진정한 재상이로다. 공평함을 지니고 사사로움이 없어 벼리와 조목이 모두 거행될 것이다"라고 하였다.

武元衡遷中丞, 延英對罷, 德宗目送之曰, 眞宰相. 持平無私, 綱條悉擧.[634]

'왕실을 바로잡는 신하'라고 할 만하다.[가위왕신(可謂王臣)] 웅원(熊遠)[635]이 어사중승(御史中丞)으로 옮겼는데 황제가 매번 그의 공정함과 충성스러움을 감탄하면서 웅원에게 이르기를, "경이 조정에서 안색을 바르게 하고 여유토강(茹柔吐剛)[636]하지 않으며 충성스럽고 명철하며 지극히 강하니 '왕실을 바로잡는 신하'라고 할 만하오"라고 하였다.

熊遠遷御史中丞, 上每歎其公忠, 謂遠曰, 卿在朝正色, 不茹柔吐剛, 忠亮至勁, 可謂王臣.[637]

'노호(老虎)'라고 불리다.[호위노호(號爲老虎)] 진(晉) 최홍(崔鴻)[638]이 중승(中丞)이 되었는데, 법을 분명히 하고 기준을 바르게 하여 아부하거나 회

---

623. 장변(張昪): 송(宋) 한성(韓城) 출신으로 자가 고경(杲卿)이다. 어사중승(御史中丞), 참지정사(參知政事), 태자태사(太子太師) 등을 역임하였다.
624. 풍헌(風憲): 풍기와 법도라는 뜻에서 어사(御史)를 가리킨다.
625. 부필(富弼): 송(宋) 하남(河南) 출신으로 자가 언국(彦國)이다. 범중엄(范仲淹) 등과 '경력신정(慶曆新政)'을 추진하였다. 중서문하평장사(中書門下平章事), 추밀사(樞密使) 등을 역임하였다.
626. 《고금사문유취신집(古今事文類聚新集)·어사대부(御史臺部)》
627. 강엄(江淹): 남조(南朝) 양(梁) 제양(濟陽) 사람으로 자가 문통(文通)이다. 비서감(秘書監)·시중(侍中) 등을 거쳐 광록대부(光祿大夫)에 올랐다.
628. 명제(明帝): 남조(南朝) 제(齊) 제5대 황제로 재위 기간은 494-498년이다.
629. 남사(南司): 남북조(南北朝) 시대에 어사중승(御史中丞)을 이르던 말이다.
630. 사조(謝朓): 남조(南朝) 제(齊) 시절의 시인으로 자가 현휘(玄暉)이다. 사영운(謝靈運)과 함께 산수시인(山水詩人)으로 유명하여 '소사(小謝)'라고도 불리는데, 청신한 풍격의 시를 많이 썼다.
631. 《양서(梁書)·강엄전(江淹傳)》
632. 무원형(武元衡): 당대(唐代) 사람으로 자가 백창(伯蒼)이다. 임회군공(臨淮郡公)에 봉해졌다.
633. 덕종(德宗): 당(唐) 제11대 황제로 재위 기간은 780-804년이다.
634. 《구당서(舊唐書)·무원형전(武元衡傳)》
635. 웅원(熊遠): 진(晉) 예장(豫章) 출신으로 자가 효문(孝文)이다. 어사중승(御史中丞), 태상경(太常卿) 등을 역임하였다.
636. 여유토강(茹柔吐剛): 부드러운 것은 먹고 억센 것은 뱉는다는 뜻에서 약자를 괴롭히고 강자를 피하는 것을 가리킨다.
637. 《진서(晋書)·웅원전(熊遠傳)》
638. 최홍(崔鴻): 내력이 자세하지 않다.

피하는 바가 없어 '노호(老虎)'라고 불렸다.

晉崔鴻爲中丞, 明法直繩, 無所阿避, 號爲老虎.[639]

소혜개(蕭惠開)[640]가 중승(中丞)이 되었는데, 조서를 내려 이르기를, "법을 받들고 기준을 바르게 하며 권신과 외척에게 아부하지 않는다"라고 하였다.

蕭惠開爲中丞, 詔曰, 奉法直繩, 不阿權戚.[641]

부선(傅宣)[642]이 중승(中丞)이 되었는데, 법을 분명히 하고 기준을 바르게 하여 안팎이 두려워하고 숙연해졌다.

傅宜[643]爲中丞, 明法直繩, 內外震肅.[644]

'용문(龍門)의 어울림'[용문지유(龍門之遊)]

임방(任昉)[645]이 중승(中丞)이 되었는데 고관[잠거(簪裾)[646]]들이 모여들었다. 그 연회에 참여한 자는 은운(殷芸),[647] 도개(到溉),[648] 유유(劉孺),[649] 유현(劉顯),[650] 유효작(劉孝綽),[651] 육수(陸倕)[652]뿐이었는데 이르기를, '용문(龍門)의 어울림[용문지유(龍門之遊)]'이라고 하여 비록 귀족 집안의 자손들이라도 참여할 수 없었다.

任昉爲中丞, 簪裾輻湊. 預其讌者, 殷芸·劉漑[653]·劉孺顯[654]·劉孝綽·陸倕而已, 號曰, 龍門之遊, 雖貴公子孫, 不得預也.[655]

형제가 나란히 가다.[형제병추(兄弟竝騶)] 양(梁) 장관(張綰)[656]은 자가 효경(孝卿)으로 중승(中丞)이 되었고 형 장적(張績)[657]은 복야(僕射)가 되었다. 원일(元日)의 조회에서 백관들이 반열에 나아갈 때 형제가 나란히 기사(騎士)에게 인도되어 양쪽 길로 가니, 당시 사람들이 영광으로 여겼다.

梁張綰, 字孝卿, 爲中丞, 兄績爲僕射. 元日朝會, 及百司就列, 兄弟竝道騶兩塗, 時人榮之.[658]

3대가 같은 관직에 있다.[삼세거관(三世居官)]

노혁(盧奕)[659]이 어사중승에 제수되었다. 노회근(盧懷謹),[660] 노환(盧奐)[661]으로부터 노혁에 이르기까

---

639. 《고금사문유취신집(古今事文類聚新集)·어사대부(御史臺部)》
640. 소혜개(蕭惠開): 남조(南朝) 송(宋) 남난릉(南蘭陵) 출신으로 비서랑(秘書郞), 익주자사(益州刺史) 등을 역임하였다.
641. 《송서(宋書)·소혜개전(蕭惠開傳)》
642. 부선(傅宣): 진(晉)나라 사람으로 자가 세홍(世弘)이다. 어사중승(御史中丞)을 역임하였다.
643. 《유원총보》의 '傅宜'는 '傅宣'의 오류이다.[《고금사문유취신집(古今事文類聚新集)·어사대부(御史臺部)》]
644. 《고금사문유취신집(古今事文類聚新集)·어사대부(御史臺部)》
645. 임방(任昉): 남조(南朝) 양(梁) 박창(博昌) 출신으로 자가 언승(彦昇)이다. 제(齊)에서 태학박사(太學博士), 양(梁)에서 신안태수(新安太守) 등을 역임하였다.
646. 잠거(簪裾): 높은 관직에 있는 관리의 복식이다.
647. 은운(殷芸): 남조(南朝) 양(梁) 진군(陳郡) 출신으로 자가 관소(灌蔬)이다. 비서감(秘書監), 사도장사(司徒長史) 등을 역임하였다.
648. 도개(到漑): 남조(南朝) 양(梁)나라 사람으로 자가 무관(茂灌)이다. 이부상서(吏部尙書)를 역임하였다.
649. 유유(劉孺): 남조(南朝) 양(梁)나라 사람으로 자가 효치(孝稚)이다. 이부상서(吏部尙書)를 역임하였다.
650. 유현(劉顯): 남조(南朝) 양(梁) 패국(沛國) 출신으로 자가 사방(嗣芳)이다. 상서좌승(尙書左丞)을 역임하였다.
651. 유효작(劉孝綽): 남조(南朝) 양(梁) 출신으로 이름이 염(冉)이고 효작(孝綽)은 자이다. 비서관(秘書官)을 역임하였다.
652. 육수(陸倕): 남조(南朝) 양(梁) 오군(吳郡) 출신으로 자가 좌공(佐公)이다. 태상경(太常卿)을 역임하였다.
653. 《유원총보》의 '劉漑'는 '到漑'의 오류이다.[《남사(南史)·육수전(陸倕傳)》]
654. 《유원총보》의 '劉孺顯'은 '劉孺劉顯'의 오류이다.[《남사(南史)·육수전(陸倕傳)》]
655. 《남사(南史)·육수전(陸倕傳)》
656. 장관(張綰): 남조(南朝) 양(梁)나라 사람으로 자가 효경(孝卿)이다. 산기상시(散騎常侍), 상서우복야(尙書右僕射) 등을 역임하였다.
657. 장적(張績): 내력이 자세하지 않다.
658. 《고금사문유취신집(古今事文類聚新集)·어사대부(御史臺部)》
659. 노혁(盧奕): 당(唐) 활주(滑州) 출신으로 급사중(給事中), 어사중승(御史中丞) 등을 역임하였다.
660. 노회근(盧懷謹): 노회신(盧懷愼)으로 당(唐) 활주(滑州) 출신이다. 우어사대중승(右御史臺中丞), 동자미황문하평장사

지 3대가 이 관직에 있었는데 청렴한 절개가 비슷하였다.

盧奕拜御史中丞. 自懷謹·煥[662]及奕, 三世居此官, 淸節似之.[663]

노성(老成)한 사람을 뽑다.[선로성자(選老成者)]

인종(仁宗)[664]이 일찍이 이르기를, "중승(中丞)은 기강(紀綱)의 우두머리이니 모름지기 노성(老成)한 사람을 뽑아서 임명해야 한다. 짐이 농인(弄印)[665] 한 지가 오래되었는데, 우리 동성(同姓)만 한 이가 없다"라 하고는 조개(趙槪)[666]를 명하여 중승으로 삼았다.

仁宗嘗言, 中丞, 紀綱之首, 須選老成者, 爲之. 朕弄印久矣, 無如吾同姓. 命趙槪爲之.[667]

알지 못하는 사람을 추천하다.[천미상식(薦未相識)]

참정(參政) 손변(孫抃)[668]이 어사중승일 때에 당개(唐介)[669]와 오중복(吳中復)[670]을 추천하여 어사로 삼았다. 사람 중에 어떤 이가 묻기를, "그대는 일찍이 두 사람과 서로 알았던 적이 없는데 대번에 그들을 추천한 것은 어째서인가?"라고 하였다. 대답하기를, "옛사람들은 자신을 드러내어 어사를 구하는 것을 부끄럽게 여겼으니 지금 어찌 얼굴을 아는 대관(臺官)을 뽑겠소"라고 하였다. 뒤에 두 사람은 모두 기개로 천하에서 칭송되었다.

孫參政抃爲御史中丞, 薦唐介·吳中復爲御史. 人或問曰, 君未嘗與二人相識, 而遽薦之, 何也? 答曰, 昔人耻呈身御史, 今豈求識面臺官也. 後二人, 皆以風力, 稱於天下.[671]

일을 반드시 먼저 보고하다.[사필선백(事必先白)]

어사대(御史臺)는 전례로 삼원(三院)[672]의 어사가 일을 아뢸 때에는 반드시 먼저 중승(中丞)에게 보고해야 했다. 유균(劉筠)[673]이 중승이 되면서부터 처음으로 어사대에 공고하기를, "금후로 어사가 아뢸 말이 있어도 먼저 중승에게 보고할 필요가 없다"라고 하니 지금까지 이와 같다.

御史臺, 故事三院御史言事, 必先白中丞. 自劉子儀爲中丞, 始榜臺中, 今後御史有言, 不須先白中丞. 至今如此.[674]

우리의 붓을 욕되게 하지 않겠다.[불욕오필(不辱吾筆)]

문간공(文簡公) 정림(程琳)[675]이 어사중승(御史中丞)을 대리하게 되자, 재상 장지백(張知白)[676]이 말

(同紫微黃門下平章事), 황문감(黃門監) 등을 역임하였다.

661. 노환(盧奐): 당(唐) 활주(滑州) 출신으로 중서사인(中書舍人), 병부시랑(兵部侍郞) 등을 역임하였다.
662. 《유원총보》의 '煥'은 '奐'의 오류이다.[《신당서(新唐書)·충의열전(忠義列傳)》]
663. 《신당서(新唐書)·충의열전(忠義列傳)》
664. 인종(仁宗): 송(宋) 제4대 황제로 재위 기간은 1023-1063년이다.
665. 농인(弄印): 한(漢) 고조(高祖)가 어사대부 도장을 만지다가 조요(趙堯)를 어사대부(御史大夫)에 임명한 고사에서 나온 말로 어사대부를 임명하는 것을 가리킨다.
666. 조개(趙槪): 송(宋) 응천부(應天府) 출신으로 자가 숙평(叔平)이다. 한림학사(翰林學士), 태자소사(太子少師) 등을 역임하였다.
667. 《산당사고(山堂肆考)·신직(臣職)》
668. 손변(孫抃): 송(宋) 미주(眉州) 출신으로 자가 몽득(夢得)이다. 참지정사(參知政事), 호부시랑(戶部侍郞) 등을 역임하였다.
669. 당개(唐介): 송(宋) 강릉(江陵) 출신으로 자가 자방(子方)이다. 어사중승(御史中丞), 참지정사(參知政事) 등을 역임하였다.
670. 오중복(吳中復): 송(宋) 영흥(永興) 사람이다. 인종(仁宗) 때 진사가 되어 감찰어사(監察御使)·전중시어사(殿中侍御史) 등을 역임하였다.
671. 송(宋) 위태(魏泰), 《동헌필록(東軒筆錄)》
672. 삼원(三院): 어사대에 딸린 대원(臺院)·전원(殿院)·찰원(察院)으로 어사대를 가리킨다.
673. 유균(劉筠): 송(宋) 대명(大明) 출신으로 자가 자의(子儀)이다. 비각교리(秘閣校理), 한림학사승지(翰林學士承旨) 등을 역임하였다.
674. 《송사(宋史)·유균전(劉筠傳)》

하기를, "이 사람은 우리의 붓을 욕되게 하지 않을 것이다"라고 하였다.

程文簡公琳權御史中丞, 宰相張知白曰, 是不辱吾筆矣.677

뇌물을 받은 관리를 상소하여 탄핵하다.[주핵적리(奏劾贓吏)] 양(梁) 육고(陸杲)678가 어사중승이 되었는데, 당시에 산음령(山陰令) 우미(虞眉)가 임지에서 뇌물을 받자 육고가 그를 상소하여 탄핵하였다. 중서사인 황목지(黃睦之)가 우미의 일을 육고에게 청탁하였으나 육고가 응답하지 않았다. 황제가 이 일을 듣고 육고에게 묻자 육고가 아뢰기를, "그런 일이 있었습니다"라고 하였다. 황제가, "황목지를 아는가"라고 묻자 대답하기를, "그 사람을 모릅니다"라고 하였다. 황목지가 황제의 곁에 있었는데 황제가 가리키면서 "이 사람이 그 사람이오"라고 하자 육고가 말하기를, "그대는 소인이로다. 어찌 감히 죄인을 어사대에 청탁하시오"라고 하니 황목지가 안색이 변하였다.

梁陸杲爲御史中丞, 時山陰令虞眉在任贓汙, 杲奏劾之. 中書舍人黃睦之以眉事託杲, 杲不答. 武帝聞之, 以問杲, 杲曰, 有之. 帝曰, 識睦之否? 答曰, 不識其人. 睦之在御側, 上指示曰, 此人是也. 杲謂曰, 君小人. 何敢以罪人屬南司. 睦之失色.679

당시의 일을 지적하여 비평하다.[지절시사(指切時事)] 장변(張昪)680이 중승(中丞)이 되었는데 인종(仁宗)은 장변이 당시의 일을 지적하여 비평하는 데에 피하는 것이 없는 것 때문에 이르기를, "경은 우뚝함이 홀로 이와 같을 수 있다니"라고 하자 장변이 아뢰기를, "신의 소박한 학문과 우직한 충성으로 명철하신 성상께 우러러 의탁하였으니 홀로이지 않습니다. 지금 폐하의 신하들 중에 녹봉을 받아 사사로운 교분을 기르는 자는 많고 충심으로 나라에 보답하는 자는 적으니 아마도 폐하께서 홀로이신 듯합니다"라고 하니 인종도 역시 그 일 때문에 감동하였다.

張昪爲中丞, 仁宗以昪指切時事, 無所避, 曰卿孤特, 乃能如是. 昪曰, 臣朴學愚忠, 仰託睿聖, 是爲不孤. 今陛下之臣, 持祿養交者多, 而赤心報國者少, 似陛下孤立也. 仁宗亦爲之感動.681

원근에서 두려워하다.[원근외지(遠近畏之)] 후위(後魏) 이표(李彪)682는 원근에서 두려워하여 세력가들이 자취를 감추었다. 고조(高祖)가 여러 신하들에게 이르기를, "나에게 이표가 있는 것은 한(漢)나라에 급암(汲黯)이 있었던 것과 같다"라고 하였다.

後魏李彪遠近畏之, 豪右屛迹. 高祖謂群臣曰, 吾之有李生, 猶漢之有汲黯也.683

풍채가 고고하고 엄하다.[기모고준(氣貌孤峻)] 최종(崔從)684은 풍채가 고고하고 엄격하여 안색을 바로 하고 조정에 서서 탄핵하여 상주하면서 기피하

675. 정림(程琳): 송(宋) 영녕군(永寧軍) 출신으로 자가 천구(天球)이다. 참지정사(參知政事), 동평장사(同平章事) 등을 역임하였다.
676. 장지백(張知白): 송(宋) 청지(淸池) 출신으로 자가 용회(用晦)이다. 공부상서(工部尙書), 동중서문하평장사(同中書門下平章事) 등을 역임하였다.
677. 《송사(宋史) · 정림전(程琳傳)》
678. 육고(陸杲): 남조(南朝) 양(梁) 오군(吳郡) 출신으로 자가 명하(明霞)이다. 어사중승(御史中丞), 의흥태수(義興太守) 등을 역임하였다.
679. 《양서(梁書) · 육고전(陸杲傳)》
680. 장변(張昪): 송(宋) 한성(韓城) 출신으로 자가 고경(杲卿)이다. 어사중승(御史中丞), 참지정사(參知政事), 태자태사(太子太師) 등을 역임하였다.
681. 《송사(宋史) · 장변전(張昪傳)》
682. 이표(李彪): 후위(後魏) 돈구(頓丘) 출신으로 자가 도고(道固)이다. 비서승(秘書丞), 어사중위(御史中尉) 등을 역임하였다.
683. 《위서(魏書) · 이표전(李彪傳)》

지 않았다. 배도(裴度)[685]가 중승(中丞)이었는데, (재상이 되면서) 최종으로 자신을 대신하게 하였다.

崔從, 氣貌孤峻, 正色立朝, 彈奏不避. 裴度爲中丞, 用從自代.[686]

풍채가 엄격하고 장중하다.[풍망준정(風望峻整)]

고원유(高元裕)[687]가 개성(開成)[688] 연간에 중승(中丞)으로 옮겼는데 풍채가 엄격하고 장중하였다. 황제가 이르기를, "어사부(御史府)는 기강을 담당한 곳이니 관료 선발은 마땅히 실력 있는 인재를 얻어야 하오. 혹시 맞지 않는 자라면 그대가 내치기를 청하시오"라고 하였다.

高元裕開成中遷中丞, 風望峻整. 上言曰, 御史府, 紀綱之地, 官屬選用, 宜得實才. 其不稱者, 臣請出之.[689]

천거가 헌부(憲府)[690]의 장관을 거치다.[벽유헌장(辟由憲長)] 헌부의 전례로 삼원(三院)[691]의 어사는 대부(大夫)와 중승(中丞)으로부터 직접 천거하였다. 독고랑(獨孤朗)[692]이 어사중승이 되었는데 당시에 최면(崔沔)[693]과 정거중(鄭居中)[694]이 헌부의 장관을 거치지 않고 제수되자 독고랑이 거절하여 받아주지 않았다.

憲府故事, 三院御史, 由大夫中丞自辟. 獨孤朗爲中丞, 時崔沔·鄭居中, 不由憲長而除授, 朗拒不納.[695]

그 때문에 종이 값이 비싸지다.[위지지귀(爲之紙貴)]

강문위(江文蔚)[696]가 일찍이 어사중승이 되었는데, 조정에서는 왕의준(王義俊)[697]으로부터 수백 년에 걸치는 동안 바른 말과 격한 논쟁이 이와 같이 드러났던 적이 없었다. 그래서 권세가들이 놀라고 두려워했으며 조정과 민간에서 요란하게 탄핵의 글을 베끼느라 그 때문에 종이 값이 비싸졌다.

江文蔚常爲御史中丞, 國朝自王義俊, 曠數百年, 未有危言·激論, 如此之彰灼者. 故權右振竦, 朝野喧騰寫彈文, 爲之紙貴.[698]

먼저 여섯 가지 일을 아뢰다.[수진육사(首進六事)]

호종유(胡宗愈)[699]가 원우(元祐)[700] 연간에 중승(中丞)이 되어 먼저 여섯 가지 일을 아뢰었으니, 근본을

---

684. 최종(崔從): 당(唐) 전절(全節) 출신으로 자가 자예(子乂)이다. 호부상서(戶部尙書), 상서좌복야(尙書左僕射) 등을 역임하였다.
685. 배도(裴度): 당(唐) 하동(河東) 출신으로 자가 중립(中立)이다. 어사중승(御史中丞), 동중서문하평장사(同中書門下平章事) 등을 역임하였다.
686. 《구당서(舊唐書)·최신유전(崔愼由傳)》
687. 고원유(高元裕): 당(唐) 발해(渤海) 출신으로 자가 경규(景圭)이다. 우보궐(右補闕), 간의대부(諫議大夫), 경조윤(京兆尹), 형부상서(刑部尙書) 등을 역임하였다.
688. 개성(開成): 당(唐) 문종(文宗)의 연호(836-840)이다.
689. 《구당서(舊唐書)·고원유전(高元裕傳)》
690. 헌부(憲府): 어사대(御史臺)의 별칭이다.
691. 삼원(三院): 어사대에 딸린 대원(臺院)·전원(殿院)·찰원(察院)으로, 어사대를 가리킨다.
692. 독고랑(獨孤朗): 당(唐) 하남(河南) 출신으로 자가 용회(用晦)이다. 우습유(右拾遺), 감찰어사(監察御使), 공부시랑(工部侍郞) 등을 역임하였다.
693. 최면(崔沔): 당(唐) 장안(長安) 출신으로 자가 선충(善沖)이다. 비서감(秘書監), 태자빈객(太子賓客) 등을 역임하였다.
694. 정거중(鄭居中): 당(唐)나라 사람으로 감찰어사(監察御使), 좌사낭중(左司郞中) 등을 역임하였다.
695. 《구당서(舊唐書)·독고랑전(獨孤朗傳)》
696. 강문위(江文蔚): 남당(南唐) 건안(建安) 출신으로 자가 군장(君章)이다. 어사중승(御史中丞), 한림학사(翰林學士) 등을 역임하였다.
697. 왕의준(王義俊): 내력이 자세하지 않다.
698. 송(宋) 서현(徐鉉), 《기성집(騎省集)·당고좌간의대부한림학사강공묘지명(唐故左諫議大夫翰林學士江公墓誌銘)》
699. 호종유(胡宗愈): 송(宋) 상주(常州) 출신으로 자가 완부(完夫)이다. 어사중승(御史中丞), 예부상서(禮部尙書), 이부상서(吏部尙書) 등을 역임하였다.
700. 원우(元祐): 송(宋) 철종(哲宗)의 연호(1086-1093)이다.

곧게 할 것, 뜻을 바르게 할 것, 어려움을 알 것, 생각을 더할 것, 법을 지킬 것, 하늘을 두려워할 것이었다. 또 아뢰기를, "폐하께서 종길(從吉)[701]의 초기에 만약 이 여섯 가지에 마음을 두신다면 다스리는 도리가 이루어질 것입니다"라고 하였다.

胡宗愈, 元祐中爲中丞, 首進六事, 曰端本, 正志, 知難, 加意, 守法, 畏天. 且言, 陛下從吉之初, 若留神於此六者, 則治道成矣.[702]

〈구사량(仇士良)[703]전〉[704]을 읽다.[독사량전(讀士良傳)] 풍직(豐稷)[705]이 어사중승이 되었는데, 환관들이 점차 성해지자 풍직은 《당서(唐書)》를 품에 넣고 궁전에 올라가 황제에게 〈구사량전(仇士良傳)〉 몇 줄을 읽어 드렸다. 황제가 이르기를, "이미 알았도다"라고 하였지만 풍직은 못 들은 체하고 읽기를 마쳤다.

豐稷爲御史中丞, 宦官浸盛, 稷懷唐書上殿, 爲上讀仇士良傳數行. 上曰, 己諭. 稷僞不聞, 讀畢.[706]

길을 막고 소리치다[농가갈도(籠街喝道)[707]] 서원포(舒元褒)[708]가 상소하기를, "원화(元和),[709] 장경(長慶)[710] 연간에는 중승(中丞)이 행인의 통제를 제지하는 것은 반 방(坊)[711]에 지나지 않았는데 지금은 두 방(坊)에 이릅니다. 이를 일러 '농가갈도(籠街喝道)'라고 하는데 다만 지위가 높은 것으로 자신을 내세우는 것일 뿐입니다"라고 하였다.

舒元褒上䟽曰, 元和·長慶中, 中丞呵止, 不過半坊, 今乃至兩坊. 謂之籠街喝道, 但以崇高自大.[712]

곤봉을 가로로 하여 훌륭함에 대응하다.[횡정대현(橫梃待賢)] 어사대(御史臺)에 문지기가 있었는데, 어사대에서 40년이 되었다. 성낙(聲喏)[713]의 때에 잡고 있는 곤봉으로 중승(中丞)의 현부(賢否)에 대응하였다. 훌륭하면 그 곤봉을 가로로 하였고 훌륭하지 못하면 그 곤봉을 세웠기 때문에 중승(中丞)이 된 자들은 모두 그것이 서는 것을 두려워하였다. 당시에 범풍(范諷)[714]이 중승이 되었는데 하루는 그 곤봉이 서 있는 것을 보았다. 범풍이 묻기를, "당신의 곤봉이 갑자기 서 있는데 혹시 나의 잘못인가?"라고 하자 문지기가 말하기를, "어제 중승께서 손님을 부르고 요리사에게 음식을 마련하게 하였는데, 지시한 것이 서너 번이었고 가서 또 신칙한 것이 서너 번이었습니다. 대저 사람을 부리는 자는 규범대로 명을 내리고 그 완성을 기다려야지 어찌 잔소리가 많을 필요가 있겠습니까? 만약 천하를 다스리는 데에도 이와 같다면 또한 수고롭지 않겠습니까? 저는 마음으로 내쳐서 곤봉이 서는 것도 알지 못했습니다"

---

701. 종길(從吉): 거상(居喪)을 마치고 길복(吉服)으로 갈아입는 것을 가리킨다.
702. 《고금사문유취신집(古今事文類聚新集)·어사대부(御史臺部)》
703. 구사량(仇士良): 당(唐) 홍녕(興寧) 출신으로 자가 광미(匡美)이다. 관군용사(觀軍容使)를 지내면서 20여 년 동안 정치를 독단하였다.
704. 《신당서(新唐書)·환자열전(宦者列傳)》에 있다.
705. 풍직(豐稷): 송(宋) 명주(明州) 출신으로 자가 상지(相之)이다. 어사중승(御史中丞), 공부상서겸시독(工部尙書兼侍讀) 등을 역임하였다.
706. 《송사(宋史)·풍직전(豐稷傳)》
707. 농가갈도(籠街喝道): 고관의 행차에 소리를 질러 행인의 통제를 제지하던 것을 가리킨다.
708. 서원포(舒元褒): 당(唐) 무주(務州) 출신으로 좌습유(左拾遺), 사봉원외랑(司封員外郞) 등을 역임하였다.
709. 원화(元和): 당(唐) 헌종(憲宗)의 연호(806-820)이다.
710. 장경(長慶): 당(唐) 목종(穆宗)의 연호(821-824)이다.
711. 방(坊): 거리의 단위나 동네를 가리킨다.
712. 《구당서(舊唐書)·온조전(溫造傳)》
713. 성낙(聲喏): 관장(官長)이나 손님을 뵐 때 공수(拱手)하고 큰 소리로 경의를 표하는 예이다.
714. 범풍(范諷): 송(宋) 제주(齊州) 출신으로 자가 보지(補之)이다. 연주지주사(兗州知州事)를 역임하였다.

라고 하였다. 범풍이 크게 웃으면서 부끄러워하였다. 다음날 보니 곤봉이 다시 가로로 되어 있었다.

御史臺有閽吏隷, 臺中四十年. 聲喏之時, 以所執之挺, 待中丞賢否. 賢則橫其挺, 不賢則直其挺, 凡爲中丞, 惟恐其直. 時范諷爲中丞, 一日視其挺直. 范問曰, 爾挺忽直, 豈我之失耶. 吏曰, 昨日中丞召客, 諭庖人造食, 指揮者數四, 去又敎戒之數四. 大凡役人者, 授以法, 觀其成, 何俟喋喋之繁. 若使宰天下如此, 不亦勞乎. 某心却之, 不知杖之直也. 范大笑慚. 明日視之, 挺復橫矣.[715]

부채를 하사하여 글을 바친 것을 칭찬하다.[사선미헌(賜扇美獻)] 장영(張詠)[716]이 어사중승이 되었는데, 당시에 진종(眞宗)이 저술한 것을 바치도록 하였다. 또 글이 좋다고 칭찬하면서 늘 지니던 비단 금룡선(金龍扇)을 집어 그에게 주면서 이르기를, "오늘 글을 올린 일을 칭찬하는 것이다"라고 하였다.

張詠爲御史中丞, 時眞宗令進所著述. 且稱文善, 取常執綃金龍扇, 以賜之曰, 美今日獻文事.[717]

은정(恩情)을 남에게 베풀려 하지 않다.[은불가인(恩不假人)] 두연(杜衍)[718]이 중승이 되자 재상으로부터 그 이하로 그를 두려워하면서 말하기를, "이 사람은 은정을 남에게 베풀려고 하는 자가 아니다"라고 하였다.

杜衍爲中丞, 自宰相而下, 畏之曰, 是不肯以恩意假人者也.[719]

봉황은 매와 다르다.[봉여응이(鳳與鷹異)] 황제가 이르기를, "우승유(牛僧孺)[720]는 대부(大夫)로 삼을 만하다"라고 하자 정담(鄭覃)[721]이 아뢰기를, "막 중승이 되어 아직 논박하지 않았으니 아마도 위엄과 명망이 없을까 염려되옵니다"라고 하였다. 황제가 이르기를, "난새와 봉황은 매의 무리와는 상황이 다르다"라고 하였다.

上曰, 牛僧孺可爲大夫. 鄭覃曰, 頃爲中丞, 未嘗搏擊, 恐無風望. 上曰, 鸞鳳與鷹集, 事異.[722]

소매를 당기며 간사함을 논하다.[인거론간(引裾論奸)] 인종(仁宗)이 하송(夏竦)[723]을 추밀사(樞密使)로 삼자 대간(臺諫)들이 서로 논의하였다. 그의 간사함을 논의하는데도 황제가 돌아보지 않고 갑자기 중승(中丞)으로 기용하였다. 왕공신(王拱辰)[724]이 황제의 소매를 당기며 전후로 18번을 상소하니 그제야 그만두었다.

仁宗以夏竦爲樞密使, 臺諫交論. 論其奸邪, 上未省, 遽起中丞. 王拱辰引上裾, 前後十八疏, 乃罷.[725]

백토어사(白兎御史) 왕홍의(王弘義)[726]가 시어사(侍御史)로 옮겼는데, 전에 미천할 때에 옆집의 오이를 달라고 하였으나 주지 않자 글을 보내 이르기를,

---

715. 송(宋) 위태(魏泰), 《동헌필록(東軒筆録)》
716. 장영(張詠): 송(宋) 견성(鄄城) 출신으로 자가 복지(復之)이다. 추밀직학사(樞密直學士), 이부상서(吏部尙書) 등을 역임하였다.
717. 《고금사문유취신집(古今事文類聚新集)·어사대부(御史臺部)》
718. 두연(杜衍): 송대(宋代) 월주(越州) 사람으로 자가 세창(世昌)이다. 옥사를 잘 다루었고 일처리가 분명하였다. 동평장사(同平章事)를 역임하였고 태자소사(太子少師)로 치사하였으며 기국공(祁國公)에 봉해졌다.
719. 송(宋) 손봉길(孫逢吉), 《직관분기(職官分紀)·어사대(御史臺)》
720. 우승유(牛僧孺): 당(唐) 안정(安定) 출신으로 자가 사암(思黯)이다. 우파(牛派)의 영수로 이덕유(李德裕)를 영수로 하는 이파(李波)와 당쟁을 일삼아 유명한 우이당쟁(牛李黨爭)을 일으켰다.
721. 정담(鄭覃): 당(唐) 정주(鄭州) 출신이다. 한림시강학사((翰林侍講學士), 태자태사(太子太師) 등을 역임하였다.
722. 《고금사문유취신집(古今事文類聚新集)·어사대부(御史臺部)》
723. 하송(夏竦): 송(宋) 강주(江州) 사람으로 자가 자교(子喬)이다. 인종(仁宗) 때에 추밀부사(樞密副使)에 올랐고, 후에 참지정사(參知政事)를 맡았다. 재지(才智)가 있었으나 권술(權術)을 숭상하였다.
724. 왕공신(王拱辰): 송(宋) 개봉(開封) 출신으로 자가 군황(君貺)이다. 어사중승(御史中丞)을 역임하였다.
725. 《어정연감유함(御定淵鑑類函)·설관부(設官部)》
726. 왕홍의(王弘義): 당(唐) 기주(冀州) 출신으로 시어사(侍御史)를 역임하였다. 내준신(來俊臣)과 함께 폭정을 자행하였다.

"밭에 흰 토끼가 있다"라고 하였다. 현에서 사람을 모아 쫓게 하니 밭의 오이가 남은 것이 없었다. 내사(內史) 이소득(李昭得)[727]이 말하기를, "옛날에 창응옥리(蒼鷹獄吏)[728]라고 들어 봤는데, 지금 '백토어사(白兎御史)'를 보았구나"라고 하였다.

王弘義遷侍御史, 始賤時求傍舍瓜, 不與, 乃騰文言, 園有白兎. 縣集衆捕逐, 畦瓜無遺. 內史李昭得曰, 昔聞蒼鷹獄吏, 今見白兎御史.[729]

나라의 거북 같은 보배[국지귀보(國之龜寶)]

수(隋) 유욱(柳彧)[730]이 시어사(侍御史)가 되었는데, 조회에 참석하여 안색을 바로 하니 백관들이 조심하고 꺼리자 황제가 가상히 여기며 이르기를, "유욱은 안색을 바로 하는 선비로 나라의 거북 같은 보배로다"라고 하였다.

隋柳彧爲侍御史, 當朝正色, 百僚敬憚, 上嘉之曰, 柳彧, 正色之士, 國之龜寶.[731]

조정의 중요한 직책[조지웅직(朝之雄職)] 왕의방(王義方)[732]이 아뢰기를, "폐하께서 신을 시어사(侍御史)에 제수하시어 외람되게 조정의 중요한 직책을 맡게 되었습니다"라고 하였다. 왕의방이 이의부(李義府)[733]를 탄핵하면서 아뢰기를, "옥계(玉階)[734]에 머리를 부수어 신의 절개를 밝히고자 합니다"라고 하였다.

王義方曰, 陛下拜臣侍御史, 濫朝廷之雄職. 義方劾李義甫[735]曰, 碎首玉階, 庶明臣節.[736]

총마(驄馬)[737]를 탄 어사[총마어사(驄馬御史)]

환전(桓典)[738]이 시어사가 되었는데 대신들에게 피하는 것이 없었다. 항상 총마를 탔는데 도성 사람들이 두려워하면서 그에 대해 말하기를, "길을 가다가도 우선 멈추어 총마 탄 어사를 피한다네"라고 하였다.

桓典爲侍御史, 執政無所避. 常乘驄馬, 京師畏之, 爲之語曰, 行行且止, 避乘驄馬御史.[739]

예법이 없는 것을 아뢰다.[주무위의(奏無威儀)]

진상(陳翔)[740]이 시어사에 제수되었다. 원일(元日)에 조정에서 하례를 하는데 대장군(大將軍) 양기(梁冀)[741]가 예법이 단정하지 않자 진상이 아뢰기를, 양기를 잡아다가 죄를 다스릴 것을 청하니 사람들이 그를 특별하게 여겼다.

陳翔拜侍御史. 元日朝賀, 大將軍梁冀, 威儀不整, 翔奏請收冀理罪, 人奇之.[742]

홀로 수레바퀴를 묻다.[독매거륜(獨埋車輪)]

장강(張綱)[743]이 시어사(侍御史)가 되었는데, 순제(順帝)[744] 시기에 팔사(八使)[745]를 파견하여 순찰하

---

727. 이소득(李昭得): 내력이 자세하지 않다.
728. 《사기(史記)·혹리전(酷吏傳)》에 나오는 말로, '가혹한 관리'를 가리킨다.
729. 《고금사문유취신집(古今事文類聚新集)·어사대부(御史臺部)》
730. 유욱(柳彧): 수(隋) 하동(河東) 출신으로 자가 유문(幼文)이다. 치서시어사(治書侍御史)를 역임하였다.
731. 《북사(北史)·유욱전(柳彧傳)》
732. 왕의방(王義方): 당(唐) 사주(泗州) 출신으로 오경에 정통하였다. 시어사(侍御史)를 역임하였다.
733. 이의부(李義府): 당(唐) 영주(瀛州) 출신으로 태자사인(太子舍人), 이부상서(吏部尙書) 등을 역임하였다. 겉으로는 부드러운 모습이었으나 뜻에 맞지 않는 이들을 몰래 해쳐 사람들이 소중도(笑中刀)라고 불렀다.
734. 옥계(玉階): 조정(朝廷)의 별칭이다.
735. 《유원총보》의 '李義甫'는 '李義府'의 오류이다.[《구당서(舊唐書)·왕의방전(王義方傳)》]
736. 《구당서(舊唐書)·왕의방전(王義方傳)》
737. 총마(驄馬): 흰색과 푸른색이 뒤섞인 말로 어사(御史)가 타는 말이다.
738. 환전(桓典): 동한(東漢) 패군(沛郡) 출신으로 자가 공아(公雅)이다. 시어사(侍御史), 광록훈(光祿勳) 등을 역임하였다.
739. 《후한서(後漢書)·환전전(桓典傳)》
740. 진상(陳翔): 동한(東漢) 여남(汝南) 출신으로 자가 자린(子麟)이다. 시어사(侍御史), 어사중승(御史中丞) 등을 역임하였다.
741. 양기(梁冀): 동한(東漢) 안정(安定) 출신으로 자가 백탁(伯卓)이다. 황문시랑(黃門侍郞), 대장군(大將軍) 등을 역임하였다.
742. 《후한서(後漢書)·진상전(陳翔傳)》

게 하였다. 장강이 낙양의 도정(都亭)[746]에 수레바퀴를 묻고 말하기를, "승냥이와 이리가 길을 차지하고 있는데 어찌 여우와 살쾡이를 물을 것이 있겠는가"라 하고 마침내 양기(梁冀) 형제를 상소하였다.

張綱爲侍御史, 安帝[747]時遣八使按行. 綱埋輪於洛陽都亭曰, 豺狼當道, 安問狐狸. 遂奏梁冀兄弟.[748]

칼을 비스듬히 잡고 수레를 막다.[횡검당거(橫劍當車)] 충호(种暠)[749]가 순제(順帝) 시기에 시어사(侍御史)가 되었는데, 중상시(中常侍) 고요(高堯)가 칙명을 받고 태자를 맞으러 오면서 조서를 가지고 오지 않았다. 충호가 칼을 비스듬히 잡고 수레를 막으면서 말하기를, "어사(御史)는 조명을 받고 태자를 감호합니다. 태자는 나라의 계승자인데, 중상시가 한 편의 조서도 없으니 어찌 간특함을 가진 것이 아니라고 알겠습니까? 오늘의 일은 죽음이 있을 뿐입니다"라고 하자 고요가 감히 따지지 못했다.

种暠, 順帝時爲侍御史, 中常侍高堯受勅延太子, 不賫詔書. 暠橫劍當車曰, 御史受詔, 監護太子. 太子, 國之儲副, 常侍無一尺詔書, 安知非挾奸邪. 今日之事, 有死而已. 堯不敢爭.

열 가지 죄를 탄핵하다.[탄핵십죄(彈劾十罪)] 유지(劉摯)[750]가 시어사가 되어 채확(蔡確)[751]을 탄핵하였는데, 그 죄가 열 가지가 있었다. 또 장돈(章惇)[752]이 흉포하고 경박하여 대신(大臣)의 체통이 없음을 따져 모두 파면시켰다.

劉摯爲侍御史, 彈劾蔡確, 其罪有十. 又論章惇凶悍輕銳, 無大臣體, 皆罷.[753]

곽창이 뿔을 자른다고 한 것을 상소하다.[주창절각(奏彰截角)] 진(晉) 유돈(劉暾)[754]은 자가 장승(長昇)으로 시어사(侍御史)로 옮겼다. 무기고에 불이 났는데 상서(尙書) 곽창(郭彰)[755]이 백 명을 이끌고 자신을 보호하면서 불을 끄지 않자 유돈이 정색하고 따졌다. 곽창이 화를 내며 말하기를, "나는 그대의 뿔을 자를 수 있다"라고 하자 유돈이 불끈 성을 내면서 말하기를, "천자의 법관(法冠)인데 뿔을 자르려고 하십니까? 그대는 어찌 감히 총애를 믿고 위엄을 부리는 것입니까?"라 하고 종이와 붓을 찾아 상소하니 곽창이 승복하고 감히 말을 하지 못했다.

晉劉暾, 字長昇, 遷侍御史. 武庫失火, 尙書郭彰率百人, 自衛而不救火, 暾正色詰之. 彰怒曰, 我能截君角也. 暾勃然曰, 天子法冠, 而欲截角乎? 君何敢恃寵, 作威福. 求紙筆奏之, 彰伏不敢言.[756]

이우(李祐)[757]를 놀라게 하여 담이 떨어지다.[경우담락(驚祐膽落)] 당(唐) 경종(敬宗)[758] 시기에 하

---

743. 장강(張綱): 동한(東漢) 무양(武陽) 출신으로 자가 문기(文紀)이다. 간관(諫官), 광릉태수(廣陵太守) 등을 역임하였다.
744. 순제(順帝): 동한(東漢) 제7대 황제로 재위 기간은 126-144년이다.
745. 팔사(八使): 같은 날에 뽑아 주군(州郡)을 순행하게 한 여덟 사신을 가리킨다.
746. 도정(都亭): 도읍에 둔 역참을 가리킨다.
747. 《유원총보》의 '安帝'는 '順帝'의 오류이다.[《후한서(後漢書)·장강전(張綱傳)》]
748. 《후한서(後漢書)·장강전(張綱傳)》
749. 충호(种暠): 동한(東漢) 하남(河南) 출신으로 자가 경백(景伯)이다. 시어사(侍御史), 사도(司徒) 등을 역임하였다.
750. 유지(劉摯): 송(宋) 동광(東光) 출신으로 자가 신로(莘老)이다. 어사이행(御史裏行), 상서우승(尙書右丞), 우복야(右僕射) 등을 역임하였다.
751. 채확(蔡確): 송(宋) 천주(泉州) 출신으로 자가 지정(持正)이다. 참지정사(參知政事), 상서우복야(尙書右僕射), 좌복야(左僕射) 등을 역임하였다.
752. 장돈(章惇): 송(宋) 건주(建州) 출신으로 자가 자후(子厚)이다. 지추밀원사(知樞密院事), 상서좌복사겸문하시랑(尙書左僕射兼門下侍郞) 등을 역임하였는데, 원한이 있는 사람들을 해친 일이 많았다.
753. 《송사(宋史)·유지전(劉摯傳)》
754. 유돈(劉暾): 진(晉)나라 사람으로 자가 장승(長昇)이다. 좌승(左丞)을 역임하였다.
755. 곽창(郭彰): 진(晉) 태원(太原) 출신으로 자가 숙무(叔武)이다. 산기상시(散騎常侍), 상서(尙書) 등을 역임하였다.
756. 《진서(晉書)·유돈전(劉暾傳)》

주절도사(夏州節度使) 이우(李祐)가 입조하였는데 조서를 어기고 (공물을) 바쳤다. 시어사(侍御史) 온조(溫造)[759]가 그를 탄핵하니 이우가 잰걸음으로 나가 죄를 기다리는데 다리가 떨리고 땀이 흘러내렸다. 사람들에게 말하기를, "내가 밤에 채주성(蔡州城)을 넘어 오원제(吳元濟)[760]를 사로잡을 때에도 마음이 동요된 적이 없었는데 오늘 담이 떨어진 것은 온(溫)어사 때문이다"라고 하였다.

唐敬宗朝, 夏州節度使李祐入朝, 違詔進奉. 侍御溫造彈之, 祐趨出待罪, 股戰汗流. 謂人曰, 吾夜踰蔡州城, 擒吳元濟, 未嘗心動, 今日膽落, 溫御史矣.[761]

간성(諫省)[762]의 기개를 펴다. [신간성기(伸諫省氣)]

임대중(林大中)[763]이 시어사에 제수되었다. 사간(司諫) 등역(鄧驛)[764]이 황제의 뜻을 거슬러 장작감(將作監)으로 옮겨지자 공이 곡진하게 너그러움을 베풀어 옛 직책을 회복시켜 줄 것을 청하였다. 승상이 공에게 청하러 가는 것을 만류하자 공은 동료들을 인솔하여 상소를 올려 청하였다. 황제가 명령을 선포하여 재상의 지위를 안정시켜 주니 결국은 가지 못했다. 몸이 간언(諫言)의 직책에 있으면서 간성(諫省)의 기개를 펴 승상(丞相)의 훌륭함을 따진 것은 다른 사람은 감히 할 수 없는 것이다.

林大中除侍御史. 鄧司諫驛, 以忤旨移將作監, 公請曲加優容, 許復舊職. 丞相留公丐去, 公率同僚奏乞. 宣諭使安相位, 遂不果去. 身居言職, 而伸諫省之氣, 訟丞相之賢, 他人不敢爲也.[765]

편전에 초상을 그려 놓다. [화상편전(畫像便殿)]

당개(唐介)[766]가 어사(御史)가 되어 장요좌(張堯佐)[767]와 문언박(文彦博)[768]을 탄핵하자 인종(仁宗)[769]이 화를 내면서 영주별가(英州別駕)로 좌천시켰다. 중사(中使)[770]를 보내어 당개에게 금을 하사하고 또 그의 초상을 그려 편전에 두게 하였다.

唐介爲御史, 劾張堯佐·文彦博, 仁宗怒, 貶英州別駕. 遣中使賜介金, 又畫其像, 置之便殿.[771]

유주(幽州)의 지도를 그리다. [사유주도(寫幽州圖)]

동한(東漢) 이순(李恂)[772]이 시어사에 제수되어 부절을 가지고 유주(幽州)에 사신으로 가서 은택을 펴고 북적(北狄)을 달래도록 하였다. 지나는 곳마

757. 이우(李祐): 당(唐)나라 사람으로 자가 경지(慶之)이다. 우용무통군(右龍武統軍), 하주절도사(夏州節度使) 등을 역임하였다.
758. 경종(敬宗): 당(唐) 제15대 황제로 재위 기간은 825년이다.
759. 온조(溫造): 당(唐) 태원(太原) 출신으로 자가 간여(簡輿)이다. 시어사(侍御史), 어사중승(御史中丞), 예부상서(禮部尙書) 등을 역임하였다.
760. 오원제(吳元濟): 당(唐)나라 사람으로 협륭랑(協隆郞)을 역임하였다. 반란을 일으켰다가 장안에서 처형되었다.
761. 《구당서(舊唐書)·온조전(溫造傳)》
762. 간성(諫省): 어사대(御史臺)의 별칭이다.
763. 임대중(林大中): 송(宋) 무주(婺州) 출신으로 자가 화숙(和叔)이다. 전중시어사(殿中侍御史), 급사중(給事中), 첨서추밀원사(簽書樞密院事) 등을 역임하였다.
764. 등역(鄧驛): 송(宋) 남검주(南劍州) 출신으로 자가 천리(千里)이다. 중서사인(中書舍人), 문화각대제(文華閣待制) 등을 역임하였다.
765. 《고금사문유취신집(古今事文類聚新集)·어사대부(御史臺部)》
766. 당개(唐介): 송(宋) 강릉(江陵) 출신으로 자가 자방(子方)이다. 어사중승(御史中丞), 참지정사(參知政事) 등을 역임하였다.
767. 장요좌(張堯佐): 송(宋) 영안(永安) 출신으로 자가 희원(希元)이다. 진천평군(鎭天平軍)을 역임하였다.
768. 문언박(文彦博): 송(宋) 분주(汾州) 출신으로 자가 관부(寬夫)이다. 인종(仁宗)·영종(英宗)·신종(神宗)·철종(哲宗) 등 네 조정에 걸쳐 50년 동안 출장입상(出將入相)하였다.
769. 인종(仁宗): 송(宋) 제4대 황제로 재위 기간은 1023-1063년이다.
770. 중사(中使): 궁중에서 파견하는 사자(使者)를 가리키는데, 대개 환관(宦官)들이 맡는다.
771. 《송사(宋史)·당개전(唐介傳)》
772. 이순(李恂): 동한(東漢) 임경(臨涇) 출신으로 자가 숙영(叔英)이다. 시어사(侍御史), 무위태수(武威太守) 등을 역임하였다.

다 산천, 둔전, 취락을 그린 것이 백여 권이 되었는데 모두 봉하여 아뢰니 숙종(肅宗)[773]이 가상하게 여겼다.

後漢李恂拜侍御史, 持節使幽州, 宣布恩澤, 慰撫北狄. 所過處, 圖寫山川·屯田·聚落, 百餘卷, 悉封奏上, 肅宗嘉之.[774]

한가하고도 중요한 좋은 관직[청요호관(淸要好官)] 당(唐) 이소립(李素立)[775]은 고조(高祖)가 칠품(七品)의 청요관(淸要官)[776]을 제수하도록 하였는데 담당자가 옹주사호(雍州司戶)를 계획하자 황제가 이르기를, "이 관직은 중요하기는 하지만 한가하지 않다"라고 하였다. 비서랑(秘書郞)을 계획하자 황제가 이르기를, "이 관직은 한가하기는 하지만 중요하지 않다"라 하고 마침내 시어사(侍御史)를 제수하였다.

唐李素立, 高祖令授七品淸要官, 所司, 擬雍州司戶, 上曰, 此官, 要而不淸. 擬秘書郞, 上曰, 此官, 淸而不要. 遂授侍御史.[777]

선종(宣宗)[778]은 위주(韋宙)[779]에게 좋은 관직을 주고 싶어서 시어사(侍御史)를 제수하였다.

宣宗欲與韋宙好官, 拜侍御史.[780]

이국(異國)과 우호를 맺는 판관(判官)[화번판관(和番判官)] 당(唐) 두군(竇群)[781]이 비릉(毗陵)에서 은거하는데 절개로 소문이 나 있어 부름 받아 좌습유(左拾遺)가 되었다. 시어사(侍御史)로 옮겼다가 이국으로 나가는 사신의 판관(判官)을 시키자 두군이 그 일로 들어가서 면대하여 아뢰기를, "폐하께서 즉위하신 지 20년 만에 비로소 초야에서 신을 발탁하여 습유(拾遺)로 삼으셨으니 이는 그 등용을 어렵게 하신 것입니다. 지금 폐하께서 20년간 등용을 어렵게 하신 신으로 하여금 이국과 우호를 맺는 판관(判官)으로 삼으시니 어쩌면 이리도 쉽게 하십니까?"라고 하자 덕종(德宗)[782]이 그의 말을 특별하게 여기고 시어사(侍御史)에 유임하도록 하였다.

唐竇群隱居毗陵, 以節槪聞, 召爲左拾遺. 遷侍御史, 入番使判官, 群因入對, 奏曰, 陛下卽位二十年, 始自草澤擢臣爲拾遺, 是難其進也. 今陛下以二十年難進之臣, 用爲和番判官, 一何易也? 德宗異其言, 留爲侍御史.[783]

사봉(斜封)[784]을 끝까지 논하다.[극론사봉(極論斜封)] 팽사영(彭思永)[785]은 자가 계장(季長)이다. 부름 받아 시어사가 되었는데, (중서성을 거치지 않고) 궁중에서 직접 내리는 관작(官爵)의 폐단을 끝까지 논하면서 사봉(斜封)은 공조(公朝)의 일이 아니라고 하자 인종(仁宗)이 깊이 인정하였다. 당시에 장요좌(張堯佐)[786]가 왕비의 친척으로 등용되었고 왕수충(王守忠)[787]이 측근에서 가까이 모신 총애를 가지고

773. 숙종(肅宗): 후한 장제(章帝)의 묘호(廟號)이다.
774. 《후한서(後漢書)·이순전(李恂傳)》
775. 이소립(李素立): 당(唐) 고읍(高邑) 출신으로 면주자사(綿州刺史), 포주자사(蒲州刺史) 등을 역임하였다.
776. 청요관(淸要官): 지위가 높고 직책은 중요하지만 일이 한가한 관직을 가리킨다.
777. 《구당서(舊唐書)·이소립전(李素立傳)》
778. 선종(宣宗): 당(唐) 제18대 황제로 재위 기간은 847-858년이다.
779. 위주(韋宙): 당(唐) 경조(京兆) 출신으로 강서관찰사(江西觀察使), 영남절도사(嶺南節度使) 등을 역임하였다.
780. 《고금사문유취신집(古今事文類聚新集)·어사대부(御史臺部)》
781. 두군(竇群): 당(唐) 평릉(平陵) 출신으로 자가 단열(丹列)이다. 좌습유(左拾遺), 이부낭중(吏部郞中) 등을 역임하였다.
782. 덕종(德宗): 당(唐) 제11대 황제로 재위 기간은 780-804년이다.
783. 《구당서(舊唐書)·두군전(竇群傳)》
784. 사봉(斜封): 정식 절차를 거치지 않고 관작을 내리는 일, 또는 그런 관직을 가리킨다.
785. 팽사영(彭思永): 송(宋) 여릉(廬陵) 출신으로 자가 계장(季長)이다. 시어사(侍御史), 호부시랑(戶部侍郞) 등을 역임하였다.
786. 장요좌(張堯佐): 송(宋) 영안(永安) 출신으로 자가 희원(希元)이다. 진천평군(鎭天平軍)을 역임하였다.

절도사(節度使)가 되기를 구하자 공이 홀로 상소문을 올려 끝까지 말하니 인종(仁宗)이 진노하였다. 중승(中丞) 곽권(郭勸)[788]과 간관(諫官) 오규(吳奎)[789]가 모두 그를 위해 상소하여 아뢰기를, "그의 충성은 죄를 가하면 안 됩니다"라고 하였다. 인종이 화가 풀려 장요좌와 왕수충의 인선이 마침내 바로잡혔다.

彭思永, 字季長. 召爲侍御史, 極論內降官資之弊, 以爲斜封非公朝之事, 仁宗深然之. 時張堯佐以妃族進, 王守忠以親侍帷幄寵, 求爲節度使, 公獨抗疏極言, 仁宗震怒. 中丞郭勸·諫官吳奎, 皆爲上言, 其忠不宜加罪. 仁宗怒解, 而堯佐·守忠之望, 遂格.[790]

근후하여 직책을 맡게 되다.[근후취직(謹厚就職)]

가암(賈黯)[791]이 중승(中丞)에 제수되었고 새로이 시어사(侍御史) 여회(呂誨)[792]를 제수하자 (여회는) 일찍이 가암의 잘못을 탄핵한 적이 있었기 때문에 머뭇거리면서 피하였다. 가암이 말하기를, "일찍이 여회를 추천하여 어사(御史)로 삼은 적이 있는데, 그가 반듯하고 근후한 것을 알고 있다. 한때 공적으로 말한 것이지 싫어하거나 꺼리는 것이 있었던 것은 아니었으니 마침내 그와 일을 함께 하고 싶다"라고 하자 여회가 이에 직책을 맡게 되었다.

賈黯除中丞, 新除侍御史呂誨, 常彈黯過失, 遷延引避. 黯言, 嘗薦誨爲御史, 知其方正謹厚. 一時公言, 非有嫌忌, 願得終與共事, 誨乃就職.[793]

충의(忠義)로 다시 등용되다.[충의부임(忠義復任)]

유지(劉摯)[794]가 시어사가 되었다가 말 때문에 직위에서 떠난 지 16년이 지나 다시 언책(言責)을 맡게 되었는데 안색을 바로 하고 탄핵하니 안팎으로 숙연(肅然)해졌다. 황제가 그의 충의와 성실함이 중임을 맡길 만함을 살피고 얼마 지나지 않아 크게 등용하였다.

劉摯擢侍御史, 以言去位, 踰十六年, 復任言責, 正色彈劾, 中外肅然. 上察其忠義誠信, 可屬重任, 未幾大用焉.[795]

곧은 측백나무의 굳센 마디[정백경절(貞栢勁節)]

시어사(侍御史)의 청사 앞에 두 그루의 측백나무가 있는데 총장(総章)[796] 연간에 이원동(李元同)[797]과 장인의(張仁禕)[798]가 시어사일 때 심은 것이다. 두이간(杜易簡)[799]이 그 찬문(贊文)을 지었으니 다음과 같다.

爰有貞栢, 여기에 곧은 측백나무가 있는데,
徙植淸臺. 청대(淸臺)[800]에서 옮겨 심은 것이라네.

---

787. 왕수충(王守忠): 내력이 자세하지 않다.
788. 곽권(郭勸): 송(宋) 운주(鄆州) 출신으로 자가 중포(仲褒)이다. 전중시어사(殿中侍御史), 시독학사(侍讀學士) 등을 역임하였다.
789. 오규(吳奎): 송(宋) 북해(北海) 출신으로 자가 장문(長文)이다. 지정사(知政事), 청주지사(靑州知事) 등을 역임하였다.
790. 《송사(宋史)·팽사영전(彭思永傳)》
791. 가암(賈黯): 송(宋) 등주(鄧州) 출신으로 자가 직유(直孺)이다. 중서사인(中書舍人), 급사중(給事中), 권어사중승(權御史中丞) 등을 역임하였다.
792. 여회(呂誨): 송(宋)나라 사람으로 자가 헌가(獻可)이다. 시어사중승(侍御史中丞)을 역임하였다.
793. 《송사(宋史)·가암전(賈黯傳)》
794. 유지(劉摯): 송(宋) 동광(東光) 출신으로 자가 신로(莘老)이다. 어사이행(御史裏行), 상서우승(尙書右丞), 우복야(右僕射) 등을 역임하였다.
795. 《고금사문유취신집(古今事文類聚新集)·어사대부(御史臺部)》
796. 총장(總章): 당(唐) 고종(高宗)의 연호(668-670)이다.
797. 이원동(李元同): 내력이 자세하지 않다.
798. 장인의(張仁禕): 내력이 자세하지 않다.
799. 두이간(杜易簡): 당(唐) 양주(襄州) 출신으로 자가 이다. 전중시어사(殿中侍御史)를 역임하였다.
800. 청대(淸臺): 천문대(天文臺)의 이름이다.

馥條霜勁,	향기로운 가지는 서리에도 굳세고
蠶葉風開.	눈송이[잠엽(蠶葉)[801]]가 날림에 바람이 인다.
始逢鵲喜,	비로소 까치가 지저귀는 소리를 만났으니
終見烏來.	끝내 까마귀가 오는 것을 보리라.

侍御史廳前有兩株栢, 総章中, 李元同·張仁禕爲侍御史, 所植也. 杜易簡爲之贊云. 爰有貞栢, 徙植淸臺. 馥條霜勁, 蠶葉風開. 始逢鵲喜, 終見烏來.[802]

산악을 진동시키다.[동요산악(動搖山岳)] 건봉(乾封)[803] 2년에 위인약(韋仁約)[804]이 어사(御史)에 제수되었는데 공경(公卿)들과 마주칠 때 배례(拜禮)를 행한 적이 없었다. 어떤 사람이 충고하자 위인약이 말하기를, "독수리와 매가 어찌 뭇새들의 짝이 되리오. 어떻게 배례를 하여 함부로 하겠소. 또 이목관(耳目官)[805]은 원래 홀로 우뚝 서야 합니다"라고 하였고 이어 말하기를, "어사가 어명을 받들고 사신으로 나가서 산악을 진동시키고 주현(州縣)을 두렵게 하지 못한다면 진실로 직책을 헛되이 하는 것일 뿐이오"라고 하였다.

乾封二年, 韋仁約除御史, 與公卿相見, 未嘗行拜禮. 或勉之, 仁約曰, 鵰鶚鷹鸇, 豈衆禽之偶. 奈何設拜以狎之. 且耳目官, 故當特立. 乃曰, 御史銜命出使, 不能動搖山岳, 震慴州縣, 誠曠職耳.[806]

'검은 독수리[조조(皁鵰)]'라고 불리다.[호위조조(呼爲皁鵰)] 당(唐) 왕지음(王志愔)[807]이 좌대시어사(左臺侍御史)가 되었는데 법을 집행하는 것이 강직하고 반듯하여 백관들이 두려워하고 꺼렸다. 당시 사람들이 '검은 독수리[조조(皁鵰)]'라고 불렀는데 그가 관리들을 바라볼 때 독수리가 제비나 참새를 보는 것과 같았음을 말한 것이다.

唐王志音, 爲左臺侍御史, 執法剛正, 百僚畏憚. 時人呼爲皁鵰, 言其顧瞻人吏, 如鵰鶚之視燕雀也.[808]

홀을 단정히 하고 용모를 바로 하다.[단홀정용(端笏正容)] 유욱(柳彧)[809]이 지서시어사(持書侍御史)가 되어 조회에 참석하여 안색을 바로 하니 백관들이 조심하고 꺼렸다. 황제가 그의 곧음을 가상히 여겨 유욱에게 이르기를, "대장부는 마땅히 세상에 이름을 세워야 하고 구차한 모습이 없어야 할 뿐이다"라 하고 돈 10만 전(錢)과 쌀 100석(石)을 하사하였다. 당시에 좌복야(左僕射) 양소(楊素)[810]가 작은 허물 때문에 왕명으로 어사대에 송치되었는데 양소는 높은 지위를 믿고 자리에 앉아 있었다. 유욱이 밖에서 와서 계단 아래에서 홀을 단정히 하고 용모를 가다듬은 뒤 양소에게 말하기를, "왕명을 받들어 공의 죄를 다스릴 것이오"라고 하자 양소가 즉시 내려왔다. 유욱은 책상에 걸터앉은 채 양소를 세워 놓고 단죄하며 따졌다.

柳彧爲持書侍御史, 當朝正色, 百僚敬憚. 上嘉其直, 謂彧曰, 大丈夫當立名於世, 無苟容而已. 賜錢

801. 잠엽(蠶葉): 눈송이를 비유하는 말이다.
802. 《고금사문유취신집(古今事文類聚新集)·어사대부(御史臺部)》
803. 건봉(乾封): 당(唐) 고종(高宗)의 연호(666-668)이다.
804. 위인약(韋仁約): 당대(唐代) 사람으로 자가 사겸(思謙)이다. 봉각난대삼품(鳳閣鸞臺三品), 태중대부(太中大夫) 등을 역임하였다.
805. 이목관(耳目官): 황제의 귀와 눈이 되는 관리라는 뜻에서 어사(御史)를 가리킨다.
806. 《구당서(舊唐書)·위사겸전(韋思謙傳)》
807. 왕지음(王志愔): 당(唐) 박주(博州) 출신으로 좌대시어사(左臺侍御史) 양주장사(揚州長史) 등을 역임하였다.
808. 《구당서(舊唐書)·왕지음전(王志愔傳)》
809. 유욱(柳彧): 수(隋) 하동(河東) 출신으로 자가 유문(幼文)이다. 치서시어사(治書侍御史)를 역임하였다.
810. 양소(楊素): 수(隋)나라의 정치가이자 군사가로 자가 처도(處道)이다. 수(隋) 문제(文帝) 양견(楊堅)을 도와 천하를 평정하였다. 양제(煬帝) 때에 사도(司徒)에 오르고 초국공(楚國公)에 봉해졌다.

十萬·米百石. 時左僕射楊素以小譴勅送南臺, 素恃貴重坐. 柳彧自外來, 於階下端笏整容, 謂素曰, 奉勅, 理公之罪. 素遽下, 彧據案而坐, 立素辨詰.[811]

그의 공정함에 조복(朝服)으로 하사하다.[복사기공(服賜其公)] 유원(游元)[812]이 시어사(侍御史)를 겸할 때 우문술(宇文述)[813]이 전쟁에 패하자 황제가 유원에게 그의 옥사를 다스리도록 하였다. 우문술은 존귀하고 총애를 받아 집안의 종을 유원에게 보내 청탁하는 바가 있자 유원은 그를 만나지 않았다. 훗날 우문술을 치죄하면서 말하기를, "공은 마땅히 자신의 잘못을 허물해야만 하거늘 오히려 사람을 보내 말을 전하게 하니 무엇을 말하려는 것이오?"라 하고는 이어 소장으로 그를 탄핵하자 황제가 그의 공정함을 가상히 여겨 조복(朝服) 한 벌을 하사하였다.

游元兼侍御史, 宇文述軍敗, 帝令元理其獄. 述貴倖, 遣家僮造元, 有所請屬, 元不之見. 他日數述曰, 公當咎身責己, 乃遣人相告, 欲何所道? 仍以狀劾之, 帝嘉其公正, 賜朝服一襲.[814]

조서가 나와도 기뻐함이 없었다.[제출무희(制出無喜)] 당(唐) 손복가(孫伏伽)[815]가 지서시어사(持書侍御史)가 되었다. 먼저 내지(內旨)[816]를 받고 조서가 아직 나오지 않았을 때 집에 돌아와 누워서 기뻐하는 안색이 없었다. 얼마 후에 관리가 문에 이르자 자제들이 놀라 아뢰니 손복가는 천천히 일어나서 그것을 보았다. 당시 사람들이 그가 국량이 있다고 칭송하였다.

唐孫伏伽爲持書侍御史. 先被內旨, 而制未出, 歸臥其家, 無喜色. 頃之吏及門, 子弟驚白, 伏伽徐起視之. 時人稱其有量.[817]

그것을 일러 '남분(南奔)'이라고 하다.[위지남분(謂之南奔)] 사기경(謝幾卿)[818]이 양(梁) 천감(天監)[819] 연간에 상서삼공랑(尙書三公郞)에서 치서시어사(治書侍御史)가 되었다. 옛 낭관(郎官)이 이 직책으로 전보된 자를 '남분(南奔)'이라고 하였는데 사기경은 상당히 실망하여 병을 핑계 대는 적이 많았다.

謝幾卿, 梁天監中自尙書三公郞, 爲治書侍御史. 舊郞官轉爲此職者, 謂之南奔, 幾卿頗失志, 多陳疾.[820]

조정의 재목감[낭묘지재(廊廟之材)] 당(唐) 장행성(張行成)[821]이 젊어서 유현(劉炫)[822]을 스승으로 모셨는데 유현이 말하기를, "장(張)군은 인품이 반듯하여 조정의 재목감이다"라고 하였다. 전중시어사(殿中侍御史)에 보임되었는데, 규찰하고 탄핵함에 권세가들을 피하지 않았다. 태종(太宗)이 방현령

---

811. 《수서(隋書)·유욱전(柳彧傳)》
812. 유원(游元): 수(隋) 광평(廣平) 출신으로 자가 초객(楚客)이다. 조청대부겸치서시어사(朝請大夫兼治書侍御史)를 역임하였다.
813. 우문술(宇文述): 수(隋) 무천(武川) 출신으로 자가 백통(伯通)이다. 안주총관(安州總管)일 때에 고구려 정벌에 나섰다가 대패하였다.
814. 《수서(隋書)·유원전(游元傳)》
815. 손복가(孫伏伽): 당(唐) 무성(武城) 출신으로 치서시어사(治書侍御史), 대리시경(大理寺卿) 등을 역임하였다.
816. 내지(內旨): 황제의 숨은 뜻을 가리킨다.
817. 《고금사문유취신집(古今事文類聚新集)·어사대부(御史臺部)》
818. 사기경(謝幾卿): 남조(南朝) 양(梁) 진군(陳郡) 출신으로 사영운(謝靈運)의 손자이다. 상서좌승(尙書左丞), 태자율경령(太子率更令) 등을 역임하였다.
819. 천감(天監): 남조(南朝) 양(梁) 무제(武帝)의 연호(502-519)이다.
820. 《남사(南史)·사기경전(謝幾卿傳)》
821. 장행성(張行成): 당(唐) 의풍(義豐) 출신으로 자가 덕립(德立)이다. 우복야(右僕射), 태자소부(太子少傅) 등을 역임하였다.
822. 유현(劉炫): 수(隋) 하간(河間) 출신으로 자가 광백(光伯)이다. 박람강기(博覽强記)하였으며 전내장군(殿內將軍)을 역임하였다.

(房玄齡)에게 이르기를, "고금에 사람을 등용하는 것을 보면 반드시 소개자를 인연하였는데, 장행성 같은 경우는 짐이 직접 등용하였고 추천재[선용(先容)[823]]가 없었다"라고 하였다.

唐張行成少師事劉炫, 炫曰, 張子, 體局方正, 廊廟材也. 補殿中侍御史, 糾劾不避威權. 太宗謂房玄齡曰, 觀古今用人, 必因媒介, 若行成者, 朕自擧之, 無先容也.[824]

국가[청묘(淸廟)[825]]를 담당할 그릇[청묘지기(淸廟之器)] 당(唐) 이각(李珏)[826]은 자가 대가(待價)이다. 전중시어사(殿中侍御史)가 되었는데 재상 위처후(韋處厚)[827]가 말하기를, "국가를 담당할 그릇이 어찌 치고받는 재능[박격재(搏擊才)[828]]에 비교되겠는가"라 하고 예부원외랑(禮部員外郞)에 제수하였다.

唐李珏, 字待價. 爲殿中侍御史, 宰相韋處厚曰, 淸廟之器, 豈搏擊才比. 除禮部員外郞.[829]

조정의 반열[원로(鵷鷺)[830]]에서 도열[추우(箠羽)[831]]하다.[추우원로(箠羽鵷鷺)] 상관의(上官儀)[832]가 재상으로 있을 때 옹주사사(雍州司士) 위현(韋絢)[833]을 전중시어사(殿中侍御史)로 삼았다. 어떤 사람이 좌천이 아닌가 하고 의심하자 상관의가 말하기를, "이것은 촌사람의 말일 뿐이다. 어사(御史)는 붉은 섬돌 아래에서 모시면서 대신[기룡(夔龍)[834]]을 뒤따르고 조정의 반열에 도열하니, 어찌 옹주판좌(雍州判佐)가 비교되겠는가?"라고 하였다.

上官儀位宰相時, 以雍州司士韋絢, 爲殿中侍御史. 或疑非遷, 儀曰, 此野人語耳. 御史供奉赤墀下, 接武夔龍, 箠羽鵷鷺, 豈雍州判佐比乎.[835]

철면어사(鐵面御史) 청헌공(淸獻公) 조변(趙抃)[836]이 부름 받아 전중시어사(殿中侍御史)가 되었는데, 탄핵하는 데에 권세가와 총신들을 피하지 않자 도성 사람들이 '철면어사(鐵面御史)'라고 불렀다.

趙淸獻公抃召爲殿中侍御史, 彈劾不避權倖, 京師號爲鐵面御史.[837]

강직한 전중시어사(殿中侍御史)[골경전원(骨鯁殿院[838])] 두신로(杜莘老)[839]가 어사(御史)가 되었는데, 말을 끝까지 하면서 숨기는 것이 없었으며 많은

823. 선용(先容): 갑옷을 만들 때 먼저 인형을 만드는 데에서 유래하여 사전에 추천하거나 소개하는 것을 가리킨다.
824. 《구당서(舊唐書)·장행성전(張行成傳)》
825. 청묘(淸廟): 태묘(太廟), 즉 종묘(宗廟)를 가리키는 말로 국가를 의미한다.
826. 이각(李珏): 당(唐) 조군(趙郡) 출신으로 자가 대가(待價)이다. 우복야(右僕射), 동중서문하평장사(同中書門下平章事), 검교상서우복야(檢校尙書右僕射) 등을 역임하였다.
827. 위처후(韋處厚): 당(唐) 경조(京兆) 출신으로 자가 덕재(德載)이다. 중서시랑(中書侍郞)과 동중서문하평장사(同中書門下平章事) 등을 역임하였다. 현상(賢相)으로 이름이 높았으며, 역사 편찬에도 능력이 있어 《덕종실록(德宗實錄)》과 《원화실록(元和實錄)》의 편수에 참여하였다.
828. 박격재(搏擊才): 남을 비판하고 공격하는 직책인 어사(御史)의 재질을 가리킨다.
829. 《신당서(新唐書)·이각전(李珏傳)》
830. 원로(鵷鷺): 원추(鵷鶵)와 해오라기라는 뜻에서 조정에 늘어선 관리, 또는 그 모습을 가리킨다.
831. 추우(箠羽): 새의 가지런한 깃이라는 뜻에서 조회할 때에 의장(儀仗)이 정연하게 늘어선 모양을 나타낸다.
832. 상관의(上官儀): 당(唐) 초기의 정치가이자 시인으로 자가 유소(游韶)이다. 측천무후(則天武后)의 폐위를 주장하다가 옥사하였다. 육조(六朝) 시가의 형식미를 계승하여 상관체(上官體)를 이루었고 대장(對仗) 방법을 정리하여 율시 형성에 영향을 끼쳤다.
833. 위현(韋絢): 당(唐) 경조(京兆) 출신으로 자가 문명(文明)이다. 조산대부(朝散大夫), 강릉소윤(江陵少尹) 등을 역임하였다.
834. 기룡(夔龍): 순임금의 대신이었던 기(夔)와 용(龍)이다.
835. 《신당서(新唐書)·상관의전(上官儀傳)》
836. 조변(趙抃): 송(宋) 인종(仁宗), 신종(神宗) 때의 관리로 자(字)는 열도(閱道)이다. 청백리로 이름을 날렸다. 벼슬은 태자소보(太子少保)에 이르렀다.
837. 《송사(宋史)·조변전(趙抃傳)》

사람들에게 지적받는 자들인, 왕계선(王繼先),[840] 장거위(張去爲)[841] 같은 이들을 취하여 모두 공격하여 제거하였다. 그만두고 떠나게 되자 조정의 인사들이 도성의 문에서 전송하고 시문(詩文)으로 칭송한 자가 100여 명이었으니 도성 사람들이 지금까지 미담(美談)으로 여긴다. 비록 숙위(宿衛)하는 무인이나 관서의 천한 노예라도 전대의 강직하고 말을 과감히 하던 신하를 거론할 때 반드시 두전원(杜殿院)을 말하였다.

杜莘老爲御史, 極言無隱, 取衆所指, 如王繼先·張去僞[842]輩, 悉擊去之. 及罷去, 朝士祖道都門, 以詩文稱述者, 百餘人, 都人至今以爲美談. 雖宿衛武夫·府寺賤隷, 誦說前朝骨鯁敢言之臣, 必曰杜殿院云.[843]

천자의 어사(御史)[천자어사(天子御史)] 방적(龐籍)[844]이 전중시어사(殿中侍御史)가 되자 중승(中丞) 공도보(孔道輔)[845]가 사람들에게 말하기를, "요즈음의 어사들은 요직에 있는 사람들의 뜻을 받들면서 음으로 그의 쓰임이 되는 이들이 많은데, 유독 방공(龐公)만은 천자의 어사로다"라고 하였다.

龐籍爲殿中侍御史, 中丞孔道輔謂人曰, 今之御史, 多承望要人風旨, 陰爲之用, 獨龐公, 天子御史.[846]

옥사(獄事)를 다스림에 억울함이 없다.[치옥무왕(治獄無枉)] 최인사(崔仁師)[847]가 정관(貞觀)[848] 초엽에 전중시어사(殿中侍御史)로 옮겼는데, 청주(青州)에서 반역을 모의한 남자가 있었다. 담당자가 일당을 체포하여 옥에 가두었는데 최인사에게 조서를 내려 심문하게 하자 단지 괴수 10여 명만 죄에 적용시키고 다른 사람들은 모두 용서하여 풀어주었다. 대리소경(大理少卿) 손복가(孫伏伽)가 이르기를, "용서받고 누명을 벗은 이들이 많으면 누가 사형을 인정하려 하겠습니까? 판결이 이루어지고 상황이 변하면 어떻게 하겠습니까?"라고 하자, 최인사가 말하기를, "옥사를 다루는 것은 인애와 용서를 위주로 해야 하니 어찌 억울함을 알고도 펴 주지 않으면서 나 자신을 위해 도모함이 있겠는가"라고 하였다. 여러 죄인들을 다시 심문하도록 하니 모두들 고개를 끄덕이며 말하기를, "최공(崔公)은 인애하고 배려해 주시니 반드시 억울한 자가 없을 것이다"라고 하면서 거의가 다른 말이 없었다. 이로 말미암아 이름이 알려졌다.

崔仁師, 貞觀初改殿中侍御史, 青州有男子謀逆. 有司捕支黨係獄, 詔仁師按覆, 止坐魁惡十餘人, 他悉原縱. 大理少卿孫伏伽謂曰, 原雪者衆, 誰肯讓死. 就決而事變, 柰何? 仁師曰, 治獄主仁恕, 豈有知枉

838. 전원(殿院): 당송(唐宋) 시대 어사대(御史臺)에 소속된 삼원(三院)의 하나이다. 전중시어사(殿中侍御史)가 주관하였기 때문에 전중시어사를 가리키는 말로도 쓰인다.
839. 두신로(杜莘老): 송(宋) 청신(青神) 출신으로 자가 기신(起莘)이다. 전중시어사(殿中侍御史), 수녕부지부사(遂寧府知府事) 등을 역임하였다.
840. 왕계선(王繼先): 송(宋) 개봉(開封) 출신으로 영주방어사(榮州防禦使), 소경군승선사(昭慶軍承宣使) 등을 역임하였다. 세도를 부리다가 두신로에게 탄핵당하였다.
841. 장거위(張去爲): 송(宋)나라 사람으로 진회(秦檜), 왕계선(王繼先) 등과 함께 세도를 부리다가 두신로에게 탄핵당하였다. 내시성도지(內侍省都知)를 역임하였다.
842. 《유원총보》의 '張去僞'는 '張去爲'의 오류이다.[《송사(宋史)·두신로전(杜莘老傳)》]
843. 《송사(宋史)·두신로전(杜莘老傳)》
844. 방적(龐籍): 송(宋) 선주(單州) 출신으로 자가 순지(醇之)이다. 참지정사(參知政事), 추밀사(樞密使), 동중서문하평장사(同中書門下平章事) 등을 역임하였다.
845. 공도보(孔道輔): 송(宋) 곡부(曲阜) 출신으로 자가 원로(原魯)이다. 좌정언(左正言), 운주지주사(鄆州知州事) 등을 역임하였다.
846. 《송사(宋史)·방적전(龐籍傳)》
847. 최인사(崔仁師): 당(唐) 안희(安喜) 출신으로 탁지낭중(度支郎中), 여주자사(閭州刺史) 등을 역임하였다.
848. 정관(貞觀): 당(唐) 태종(太宗)의 연호(627-649)이다.

不申, 爲身謀哉. 及勅使覆訊諸囚, 皆叩頭曰, 崔公仁恕, 必無枉者. 擧無異辭. 由是知名.[849]

궁중에서 성명을 발표하다.[내출성명(內出姓名)] 치평(治平)[850] 2년에 범순인(范純仁)[851]을 전중시어사(殿中侍御史)로 삼고 여대방(呂大防)[852]을 감찰어사이행(監察御史裏行)으로 삼았다. 근래의 제도에 어사(御史)에 결원이 생기면 한림학사(翰林學士)와 어사중승에게 명하여 교대로 두 사람을 추천하게 하고 황제가 직접 한 사람을 취하여 결정하였다. 이때에 이르러 두 사람의 결원이 생겼고 추천자가 아직 올라오지 않았는데 궁중에서 범순인과 여대방의 성명을 발표하여 임명한 것이다.

治平二年, 以范純仁爲殿中侍御史, 呂大防爲監察御史裏行. 近制御史有闕, 則命翰林學士·御史中丞, 迭擧二人, 而上自擇取一人, 爲之. 至是闕兩員, 擧者未上, 內出純仁·大防姓名而命之.[853]

인자(仁者)의 용기[인자지용(仁者之勇)] 소흥(紹興)[854] 말엽에 금나라가 침략할 것을 계획하자 환관(宦官) 장거위가 은밀하게 전투에 대한 논의를 저지시키면서 우선 외적을 피할 것을 건의하였다. 진준경(陳俊卿)[855]이 전중시어사(殿中侍御史)로서 그를 참수할 것을 청하자 황제가 놀라면서 이르기를, "공은 인자(仁者)의 용기로다"라고 하였다.

紹興末金虜謀入寇, 宦官張去僞陰沮戰議, 且請避狄. 陳俊卿爲殿中侍御史, 請斬之, 上愕然曰, 公仁者之勇.[856]

네 가지 '기(其)'를 말한 한 어사(御史)[사기어사(四其御史)] 곽홍패(郭弘霸)[857]가 시어사가 되었는데, 측천무후가 불러서 만났다. 곽홍패가 스스로 충성과 굳셈을 진술하면서 아뢰기를, "왕년에 서경업(徐敬業)[858]을 정벌할 때에 신은 그의 근육을 뽑고 그의 살을 먹으며 그의 피를 마시고 그의 골수를 끊고 싶었습니다"라고 하였다. 측천무후가 기뻐하면서 특별히 제수하여 좌대시어사(左臺侍御史)로 삼았다.

郭弘霸爲侍御史, 則天召見. 弘霸自陳忠鯁云, 往年征徐敬業, 臣願抽其筋, 食其肉, 飮其血, 絶其髓. 則天悅, 故拜爲左臺侍御史.

초왕(楚王) 옥사의 억울함을 밝히다.[송초옥원(訟楚獄冤)] 영평(永平)[859] 연간에 초왕(楚王) 영(英)이 역모를 일으켰는데 연루된 자가 수천 명이었다. 시어사 한랑(寒朗)[860]이 그들의 억울함을 가슴아파하여 상소를 올려 그것을 밝히자 황제의 뜻이 풀려서 천여 명을 풀어주었다. 당시에 날씨가 가물었는데 즉시 비가 왔다.

永平中, 楚王英有逆謀, 連繫者, 數千人. 侍御史寒朗心傷其冤, 上言訟之, 帝意解理, 出千餘人. 時天

---

849. 《신당서(新唐書)·최인사전(崔仁師傳)》
850. 치평(治平): 송(宋) 영종(英宗)의 연호(1064-1067)이다.
851. 범순인(范純仁): 송(宋) 시기의 정치가로 범중엄(范仲淹)의 아들이다. 자가 요부(堯夫)이다. 왕안석(王安石)의 신법(新法)에 반대하여 지방관을 전전하다가 뒤에 재상에 제수되었다.
852. 여대방(呂大防): 송(宋) 남전(藍田) 출신으로 자가 미중(微仲)이다. 상서좌복야겸문하시랑(尙書左僕射兼門下侍郎)을 역임하였다.
853. 《고금사문유취신집(古今事文類聚新集)·어사대부(御史臺部)》
854. 소흥(紹興): 남송(南宋) 고종(高宗)의 연호(1131-1162)이다.
855. 진준경(陳俊卿): 송(宋) 흥화군(興化郡) 출신으로 자가 응구(應求)이다. 중서사인(中書舍人), 상서우복야(尙書右僕射) 등을 역임하였다.
856. 《산당사고(山堂肆考)·신직(臣職)》
857. 곽홍패(郭弘霸): 당(唐) 서주(舒州) 출신으로 좌대감찰어사(左臺監察御使), 방주자사(芳州刺史) 등을 역임하였다.
858. 서경업(徐敬業): 당(唐) 이적(李勣)의 손자로 조부가 하사받은 작위와 이씨(李氏) 성을 몰수당하였다. 무씨(武氏)를 토벌하다가 패하여 죽었다.
859. 영평(永平): 동한(東漢) 명제(明帝)의 연호(58-75)이다.
860. 한랑(寒朗): 동한(東漢) 설(薛) 출신으로 자가 백기(伯奇)이다. 박사(博士), 청하태수(淸河太守) 등을 역임하였다.

旱卽雨.861

당의 큰 왕업을 회복하다.[복당홍업(復唐鴻業)]

측천무후가 이미 상양궁(上陽宮)으로 옮겨졌는데 중종이 아직도 황태자로 나라를 관리하면서 무씨(武氏)의 신위에 고유(告由)하자 시어사 최혼(崔渾)862이 아뢰기를, "바야흐로 이제 나라의 운명이 막 회복되었으니 직접 당(唐)이라고 칭해야 하는데 어찌하여 무씨(武氏)의 신위에 고유하겠습니까? 마땅히 이 신위를 허물고 당의 큰 왕업을 회복해야 합니다"라고 하자 중종이 깊이 받아들였다.

則天旣遷上陽宮, 中宗猶以皇太子監國, 告武氏之廟, 侍御史崔渾曰, 方今國命初復, 自當稱唐, 奈何告武氏廟哉. 宜毁此廟, 復唐鴻業. 中宗深納之.863

자신을 드러내는 것을 부끄러워하다.[치정신(恥呈身)]

당(唐) 위욱(韋澳)864이 시어사가 되었다. (이전에) 10년 동안 선임되지 않자 중승(中丞) 고원유(高元裕)865가 위욱의 형 위온(韋溫)866과 사이가 좋아 그를 옮겨 주고자 하여 위욱이 자기를 찾아올 것을 넌지시 알렸다. 위온이 귀가하여 말해 주었으나 위욱은 대답하지 않았다. 위온이 말하기를, "고원유는 단정한 선비인데 너는 그를 경시하느냐?"라고 하자 위욱이 말하기를, "그렇지만 아마도 자신을 드러내어 벼슬을 구하는 어사는 없을 것입니다"라고 하였다.

唐韋澳爲侍御史. 十年不調, 中丞高元裕與澳兄溫善, 欲遷用之, 諷澳謁已. 溫歸以告, 澳不答. 溫曰, 元裕端士, 若輕之耶. 澳曰, 然恐無呈身御史.867

잔을 들고 배도(裵度)868를 책하다.[거상벌도(擧觴罰度)] 당(唐) 최함(崔咸)869은 자가 중이(重易)이다. 시어사가 되었는데 바르게 처신하고 우뚝하게 서서 풍채가 당시 진동하였다. 경종(敬宗)870 보력(寶曆)871 2년에 다시 배도를 사공동평장사(司空同平章事)로 삼아 배도가 도성에 이르자 조정의 인사들이 문에 가득하였다. 배도가 그들을 머무르게 하고 술자리를 마련해 주었는데 경조윤(京兆尹) 유서초(劉栖楚)872가 배도의 귀에 대고 말을 하자 최함이 잔을 들고 배도를 책하며 말하기를, "승상께서는 소유관(所由官)873이 귀에 대고 소곤거리는 소리를 받아들이면 안 됩니다"라고 하였다. 배도가 웃으면서 술을 마시게 하자 유서초가 스스로 편안하지 못하여 빠른 걸음으로 나가니, 옆에 있던 사람들이 그를 대단하게 여기지 않는 이가 없었다.

唐崔咸, 字重易. 爲侍御史, 處正特立, 風采動一時. 敬宗寶曆二年復以裵度爲司空同平章事, 度至京師, 朝士塡門. 度留之飮, 京兆尹劉栖楚附度耳語,

---

861. 《산당사고(山堂肆考)·신직(臣職)》
862. 최혼(崔渾): 내력이 자세하지 않다.
863. 《신당서(新唐書)·장간지전(張柬之傳)》
864. 위욱(韋澳): 당(唐) 경조(京兆) 출신으로 자가 자비(子斐)이다. 한림학사승지(翰林學士承旨), 이부시랑(吏部侍郞) 등을 역임하였다.
865. 고원유(高元裕): 당(唐) 발해(渤海) 출신으로 자가 경규(景圭)이다. 우보궐(右補闕), 간의대부(諫議大夫), 경조윤(京兆尹), 형부상서(刑部尙書) 등을 역임하였다.
866. 위온(韋溫): 당(唐) 경조(京兆) 출신으로 자가 홍육(弘育)이다. 우보궐(右補闕)을 역임하였다.
867. 《신당서(新唐書)·위욱전(韋澳傳)》
868. 배도(裵度): 당(唐) 하동(河東) 출신으로 자가 중립(中立)이다. 어사중승(御史中丞), 동중서문하평장사(同中書門下平章事) 등을 역임하였다.
869. 최함(崔咸): 당(唐) 박평(博平) 출신으로 자가 중이(重易)이다. 시어사(侍御史), 비서감(秘書監) 등을 역임하였다.
870. 경종(敬宗): 당(唐) 제15대 황제로 재위 기간은 825년이다.
871. 보력(寶曆): 당(唐) 경종(敬宗)의 연호(825-826)이다.
872. 유서초(劉栖楚): 당(唐) 경종(敬宗) 시기 사람으로 형부시랑(刑部侍郞), 경조윤(京兆尹) 등을 역임하였다.
873. 소유관(所由官): 어떤 일에 반드시 손이 거쳐야 할, 아래 직급의 관원을 가리킨다.

崔咸擧觴罰度曰, 丞相不應許所由官呫囁耳語. 度笑而飮之, 栖楚不自安趨出, 左右莫不壯之.[874]

좌사랑(左司郞)을 탄핵하다.[핵좌사랑(劾左司郞)]

적인걸(狄仁傑)[875]이 시어사일 때에 좌사낭중(左司郎中) 왕본립(王本立)[876]이 총애를 믿고 제멋대로 행동하였다. 적인걸이 그의 죄악을 탄핵하여 아뢰었으나 측천무후가 조서를 내려 그를 용서하였다. 적인걸이 아뢰기를, "폐하께서 죄 있는 자들을 감싸고 정해진 법을 어긴다면 신이 먼저 내쳐져서 군신(群臣)들의 경계가 되고자 합니다"라고 하였다. 이로 말미암아 왕본립이 죄를 받게 되었고 조정이 숙연해졌다.

狄仁傑爲侍御史, 左司郞中王本立, 怙寵自肆. 仁傑劾奏其惡, 武后有詔原之. 仁傑曰, 陛下惜有罪, 虧成法, 臣願先斥, 爲群臣戒. 由是本立抵罪, 朝廷肅然.[877]

경조윤(京兆尹)을 탄핵하다.[핵경조윤(劾京兆尹)]

당(唐) 개원(開元)[878] 초엽에 양창(楊瑒)[879]이 시어사가 되어 어사대부 이걸(李傑)[880]과 함께 경조윤 최일지(崔日知)[881]를 탄핵하려다가 도리어 (모함에) 걸렸다. 양창이 조정에서 아뢰기를, "규찰과 탄핵을 맡은 관리가 만약 공갈과 위협을 만나 간신(奸臣)의 계책을 이루어준다면 어사대(御史臺)는 진실로 없애는 것이 좋습니다"라고 하였다.

唐開元初楊瑒爲侍御史, 與御史大夫李傑, 將劾京兆尹崔日知, 反爲所搆. 瑒廷奏曰, 糾彈之司, 若遭恐脅, 以成奸臣之謀, 則御史臺, 固可廢矣.[882]

정색을 하면서 양소(楊素)[883]를 책하다.[정색책소(正色責素)] 수(隋) 유조(柳調)[884]가 시어사가 되었는데 복야(僕射) 양소가 일찍이 조정에서 유조를 보고 이어 그에게 농담하기를, "버들가지[유조(柳條)[885]]는 전체가 유약하여 홀로 흔들리니 바람도 필요 없네"라고 하였다. 유조가 정색을 하면서 책하기를, "제가 진실로 취할 만한 것이 없었으면 공께서는 시어사로 삼지 말았어야 하고 제가 진실로 취할 만한 것이 있다면 공께서는 이런 말씀을 하시면 안 됩니다"라고 하자 양소가 그를 매우 기특하게 여겼다.

隋柳調爲侍御史, 僕射楊素嘗於朝堂見調, 因戲之曰, 柳條通體弱, 獨搖不須風. 調正色責之曰, 調信無可取, 公不當以爲侍御史, 調信有可取, 公不應發此言. 素甚奇之.[886]

후원(後苑)에 들어가 일을 아뢰다.[입원주사(入苑奏事)] 송(宋) 장애(張靄)[887]가 시어사일 때에 태조(太祖)가 한창 후원(後苑)에서 참새를 잡고 있었

---

874. 《구당서(舊唐書)·최함전(崔咸傳)》
875. 적인걸(狄仁傑): 당(唐) 병주(幷州) 출신으로 자가 회영(懷英)이다. 대리승(大理丞), 지관시랑(地官侍郞), 위주자사(魏州刺史) 등을 역임하였다.
876. 왕본립(王本立): 내력이 자세하지 않다.
877. 《신당서(新唐書)·적인걸전(狄仁傑傳)》
878. 개원(開元): 당(唐) 현종(玄宗)의 연호(713-741)이다.
879. 양창(楊瑒): 당(唐) 괵주(虢州) 출신으로 자가 요광(瑤光)이다. 호부시랑(戶部侍郞), 좌산기상시(左散騎常侍) 등을 역임하였다.
880. 이걸(李傑): 당(唐) 부양(滏陽) 출신으로 위위소경(衛尉少卿), 어사대부(御史大夫) 등을 역임하였다.
881. 최일지(崔日知): 당(唐) 활주(滑州) 출신으로 자가 자준(子駿)이다. 여러 곳의 지방관과 경조윤(京兆尹)을 역임하였다.
882. 《구당서(舊唐書)·양창전(楊瑒傳)》
883. 양소(楊素): 수(隋)의 정치가이자 군사가로 자가 처도(處道)이다. 수(隋) 문제(文帝) 양견(楊堅)을 도와 천하를 평정하였다. 양제(煬帝) 때에 사도(司徒)에 오르고 초국공(楚國公)에 봉해졌다.
884. 유조(柳調): 수(隋) 하동(河東) 출신으로 시어사(侍御史), 상서좌시랑(尙書左侍郞) 등을 역임하였다.
885. 유조(柳條): 유조(柳調)의 이름과 음이 같은 것을 빗대어 농담한 것이다.
886. 《수서(隋書)·유조전(柳調傳)》
887. 장애(張靄): 송(宋) 포성(浦城) 출신으로 자가 백운(伯雲)이다. 시어사(侍御史)를 역임하였다.

다. 장애가 들어가 일을 아뢸 것을 급히 청하였는데, 황제는 아뢴 것이 일상적인 일임을 알고 마침내 크게 화를 내었다. 장애가 아뢰기를, "신은 참새를 잡는 것보다는 오히려 급하다고 생각합니다"라고 하니 황제의 안색이 더욱 험해지더니 도끼자루를 내리쳐 장애의 이빨 두 개를 부러뜨렸다. 장애가 천천히 그것을 주우니 황제가 이르기를, "짐을 고소할 것인가?"라고 하자 장애가 아뢰기를, "신은 폐하를 고소할 수는 없습니다. 다만 사관이 있으니 그것을 기록할 뿐입니다"라고 하였다.

宋張靄爲侍御史, 太祖方彈雀於後苑. 靄亟請入奏事, 及帝見所奏, 乃常事, 遂大怒. 靄曰, 臣以爲尚急於彈雀. 帝色愈厲, 以斧柄撞墮靄二齒. 靄徐拾之, 帝曰, 欲訟朕耶? 靄曰, 臣不能訟陛下. 自有史官, 書之耳.[888]

담력을 펴서 나라의 은혜에 보답해야 한다.[장담보국(張膽報國)] 위사겸(韋思謙)[889]이 감찰(監察)일 때에 저수량(褚遂良)[890]을 탄핵하였는데, (저수량이) 다시 재상이 되자 외임으로 나가게 되었다. 어떤 사람이 그를 위로하자 대답하기를, "대장부가 정색을 할 처지를 당하면 반드시 눈을 밝게 뜨고 담력을 펴서 나라의 은혜에 보답해야 하니, 끝내 처자나 챙기는 무능한 신하가 될 수 없을 뿐이다"라고 하였다.

韋思謙爲監察, 劾褚遂良, 及再相, 出之. 或弔之, 答曰, 大丈夫當正色之地, 必明目張膽, 以報國恩, 終不能爲碌碌之臣保妻子耳.[891]

'어사우(御史雨)' 안진경(顔眞卿)[892]은 자가 청신(淸臣)이다. 감찰어사일 때에 오원(五原) 지방에 억울한 옥사가 있어 오랫동안 결판이 나지 않았다. 안진경이 가서 판결하니 하늘이 한창 가물다가 옥사가 해결되자 비가 내렸다. 군민(君民)들이 '어사우(御史雨)'라고 불렀다.

顔眞卿, 字淸臣. 爲監察御史, 五原有冤獄, 久不決. 眞卿至辨之, 天方旱, 獄決乃雨. 郡人呼爲御史雨.[893]

왕명을 받들어 바람을 그치게 하다.[수명식풍(受命息風)] 당(唐) 육원방(陸元方)[894]이 감찰어사일 때에 측천무후(則天武后)가 영남(嶺南)을 안정시키도록 파견하였다. 강을 건너려고 하는데 바람과 파도가 매우 거칠어 사공이 감히 돛을 올리지 못하였다. 육원방이 말하기를, "내가 왕명을 받들어 사사로움이 없는데 신이 어찌 나를 해칠 수 있겠는가"라 하고 즉시 건널 것을 명하니 바람이 그쳤다.

唐陸方元[895]爲監察御史, 則天使安輯嶺外. 將涉, 風濤甚狂, 舟人不敢擧帆. 方元曰, 我受命無私, 神豈害我. 遽命濟而風息.[896]

밤에 2계급을 더해 주다.[야가이계(夜加二階)] 한사언(韓思彦)[897]이 감찰어사일 때에 당시의 잘잘

888. 《산당사고(山堂肆考)·신직(臣職)》
889. 위사겸(韋思謙): 당대(唐代) 사람으로 본명은 인약(仁約)이고 사겸은 자이다. 봉각난대삼품(鳳閣鸞臺三品), 태중대부(太中大夫) 등을 역임하였다.
890. 저수량(褚遂良): 당(唐) 항주(杭州) 출신으로 자가 등선(登善)이다. 간의대부(諫議大夫), 중서령(中書令), 상서우복야(尙書右僕射) 등을 역임하였다.
891. 《구당서(舊唐書)·위사겸전(韋思謙傳)》
892. 안진경(顔眞卿): 당대(唐代)의 정치가이자 서예가로 자가 청신(淸臣)이다. 태자태사(太子太師)를 역임하였다. 해서(楷書)에 능통하여 안진경체(顔眞卿體)를 이루었다.
893. 《구당서(舊唐書)·안진경전(顔眞卿傳)》
894. 육원방(陸元方): 당(唐) 소주(蘇州) 출신으로 자가 희중(希仲)이다. 감찰어사(監察御使), 동봉각난대평장사(同鳳閣鸞臺平章事) 등을 역임하였다.
895. 《유원총보》의 '陸方元'은 '陸元方'의 오류이다.[《구당서(舊唐書)·육원방전(陸元方傳)》]
896. 《구당서(舊唐書)·육원방전(陸元方傳)》
897. 한사언(韓思彦): 당(唐) 등주(鄧州) 출신으로 자가 영원(英遠)이다. 감찰어사(監察御使)를 역임하였다.

못을 이치에 맞게 말하자 고종(高宗)[898]이 밤에 불러 2계급을 더해 주었다.

韓思彦爲監察御史, 昌言當世得失, 高宗夜召, 加二階.[899]

주의(朱衣)[900]와 치관(豸冠)[901] [주의치관(朱衣豸冠)] 덕종(德宗)[902] 초엽에 시어사 주오(朱敖)[903]가 옛 제도를 회복하여 내랑(內廊)에 주의(朱衣)와 치관(豸冠)을 마련해 두고 범법자가 있으면 어사(御史)가 바로 그 복장으로 탄핵하고 검거하기를 청하자 황제가 허락하였다. 감찰어사 장저(張著)[904]가 치관(豸冠)을 쓰고 경조윤(京兆尹) 엄영(嚴郢)[905]을 탄핵하면서 사비(賜緋)[906]와 어대(魚袋)[907]를 착용하였다. 이로부터 매일 선정전(宣政殿)의 좌랑(左廊)에 의관을 매달아 놓았다.

德宗初侍御史朱敖請復舊制, 置朱衣豸冠於內廊, 有犯者, 御史則以彈擧, 上許之. 監察御史張著冠豸冠, 劾京兆尹嚴郢, 而著賜緋魚袋. 自是日懸衣冠于宣政之左廊.[908]

황제를 등지고 앉은 것을 탄핵하다.[핵배궐좌(劾背闕坐)] 이면(李勉)[909]이 감찰어사에 제수되었는데 조정에서 무(武)를 숭상하던 때라서 공신들이 총애를 믿고 예의를 모르는 이들이 많았다. 대장(大將) 관숭사(管崇嗣)[910]가 행재소의 조정에서 황제를 등지고 앉아 있자 이면이 그를 탄핵하였다. 숙종(肅宗)[911]이 감탄하며 말하기를, "나에게 이면이 있어 비로소 조정이 존귀함을 알게 하였다"라고 하였다.

李勉拜監察御史, 屬朝廷右武, 勳臣恃寵, 多不知禮. 大將管崇嗣於行在朝堂, 背闕而坐, 勉劾之. 肅宗歎曰, 吾有李勉, 始知朝廷尊矣.[912]

법을 범한 자를 사형에 처하는 것을 간언하다.[간범법사(諫犯法死)] 당(唐) 이소립(李素立)[913]이 무덕(武德)[914] 초엽에 감찰어사가 되었다. 당시에 법을 범한 자가 있었는데 사형에 해당되지는 않는데 고조(高祖)가 특별히 명하여 그를 사형하도록 하였다. 이소립이 간언하기를, "법[삼척지법(三尺之法)[915]]은 천하 사람들과 함께하는 것입니다. 법이 한번 동요되면 (백성들이) 손발을 둘 곳이 없습니다. 신은 외람되이 법관을 맡고 있어 감히 성지를 받들 수 없습니다"라고 하자 황제가 이에 그의 말을 따랐다.

唐李素立, 武德初爲監察御史. 時有犯法, 不至死,

---

898. 고종(高宗): 당(唐) 제3대 황제로 재위 기간은 650-683년이다.
899. 《신당서(新唐書)·한사언전(韓思彦傳)》
900. 주의(朱衣): 진홍색의 공복(公服)을 가리킨다.
901. 치관(豸冠): 법관이 쓰던 해치관(獬豸冠)을 가리킨다.
902. 덕종(德宗): 당(唐) 제11대 황제로 재위 기간은 780-804년이다.
903. 주오(朱敖): 내력이 자세하지 않다.
904. 장저(張著): 내력이 자세하지 않다.
905. 엄영(嚴郢): 당(唐) 화음(華陰) 출신으로 자가 숙오(叔敖)이다. 강릉판관(江陵判官), 경조윤(京兆尹) 등을 역임하였다.
906. 사비(賜緋): 당대(唐代)에 5품과 4품의 관원에게 하사한 붉은색 관복이다.
907. 어대(魚袋): 관원이 물고기 모양의 부신(符信)을 넣고 다니던 주머니이다.
908. 《고금사문유취신집(古今事文類聚新集)·어사대부(御史臺部)》
909. 이면(李勉): 당(唐) 종실로 자가 현경(玄卿)이다. 감찰어사(監察御使), 검교사공동평장사(檢校司空同平章事) 등을 역임하였다.
910. 관숭사(管崇嗣): 당(唐) 조주(趙州) 출신으로 제도병마부도통(諸道兵馬副都統)을 역임하였다.
911. 숙종(肅宗): 당(唐) 제9대 황제로 재위 기간은 756-761년이다.
912. 《구당서(舊唐書)·이면전(李勉傳)》
913. 이소립(李素立): 당(唐) 고읍(高邑) 출신으로 면주자사(綿州刺史), 포주자사(蒲州刺史) 등을 역임하였다.
914. 무덕(武德): 당(唐) 고조(高祖)의 연호(618-626)이다.
915. 삼척지법(三尺之法): 3자 길이의 죽간에 법률을 쓴 데에서 법을 가리키는 말이 되었다.

高祖特令殺之. 素立諫曰, 三尺之法與天下共之. 法一動搖, 則無所措手足. 臣忝法司, 不敢奉旨, 帝乃從之.916

무역[시박(市舶)917]의 이익에 대해 간언하다.[간시박리(諫市舶利)] 현종(玄宗) 시기에 호인(胡人)이 무역의 이익에 대해 말하자, 황제가 감찰어사 양범신(楊範臣)918에게 명하여 가서 구해 보도록 하였다. 양범신이 아뢰기를, "어사는 천자의 귀와 눈이 되는 관원입니다. 반드시 군국(軍國)의 큰일이 있다면 신은 비록 화염과 장기(瘴氣)라도 무릅쓰면서 죽음도 사양하지 않겠습니다만 이것은 단지 호인(胡人)이 현혹하여 잘 보이기를 구하는 것으로 성덕(聖德)에 도움이 되는 것이 없습니다"라고 하자 황제가 위로하고 그만두었다.

元宗時有胡人言市舶利, 上命監察御史楊範臣往求之. 範臣奏曰, 御史, 天子耳目之官. 必有軍國大事, 臣雖冒觸炎瘴, 死不敢辭, 此特胡人眩惑求媚, 無益聖德. 上慰諭而罷.919

맛을 즐기지 못하겠다.[불락자미(不樂滋味)] 위표미(韋表微)920가 진사(進士)로 뽑혀 감찰어사를 제수받았는데도 기뻐하지 않으면서 말하기를, "작록(爵祿)은 음식 맛에 비유되니 사람들이 모두 바라는 것이다. 내 나이 50에 거울을 닦고 흰 머리를 자르고서 무모하게 젊은이들 사이에 머물며 낮은 벼슬을 얻었으니 그 맛을 알지 못하겠다. 장차 소나무와 국화의 주인이 되어 도연명(陶淵明)에게 부끄럽지 않으리라"라고 하였다.

韋表微擢進士, 授監察御史, 不樂曰, 爵祿, 譬滋味也, 人皆欲之. 吾年五十, 拭鏡擲白, 冒遊少年間, 取一班一級, 不見其味也. 將爲松菊主人, 不愧陶淵明云.921

여울 가운데의 자원앙(紫鴛鴦)[중탄계칙(中灘鸂鶒)] 하남(河南) 이궐현(伊闕縣)에서 이전에 매번 하급관리 중에서 대간(臺諫)에 들어가는 자가 있으면 물속에서 여울이 드러나는데 돌이 사금(砂金)처럼 빛나며 맑고 투명한 것이 보기 좋았다. 우승유(牛僧孺)922가 현위(縣尉)일 때 하루는 여울이 드러났다고 보고하여 현의 관료들이 함께 보았다. 늙은 아전이 말하기를, "이것은 반드시 분사어사(分司御史)923일 것이다. 만약 서대(西臺)924라면 마땅히 한 쌍의 자원앙이 있을 것이다"라고 하였다. 우승유가 이어서 잔을 들고 축원하기를, "이미 여울이 생겼으니 어찌 자원앙을 애석해하리"라고 하였다. 말이 끝나자 한 쌍의 자원앙이 여울 가운데로 날아 내려왔고 열흘이 안 되어 우승유가 찰원(察院)925에 제수되었다.

河南伊闕縣, 前每僚佐有入臺者, 卽水中灘出, 石爍金砂, 淸澈可愛. 牛僧孺爲尉, 一日報灘出, 縣僚共觀之. 有老吏曰, 此必分司御史. 若是西臺, 當有一雙鸂鶒. 僧儒因擧杯祝曰, 旣成有灘, 何惜鸂鶒. 言

916. 《구당서(舊唐書)·이소립전(李素立傳)》
917. 시박(市舶): 외국과 통상하는 상선을 가리키는 말에서 해외 무역의 뜻이 나왔다.
918. 양범신(楊範臣): 내력이 자세하지 않다.
919. 《고금사문유취신집(古今事文類聚新集)·어사대부(御史臺部)》
920. 위표미(韋表微): 당(唐) 경조(京兆) 출신으로 자가 자명(子明)이다. 감찰어사(監察御使), 한림학사(翰林學士), 이부시랑(吏部侍郞) 등을 역임하였다.
921. 《신당서(新唐書)·위표미전(韋表微傳)》
922. 우승유(牛僧孺): 당(唐) 안정(安定) 출신으로 자가 사암(思黯)이다. 우파(牛派)의 영수로 이덕유(李德裕)를 영수로 하는 이파(李波)와 당쟁을 일삼아 유명한 우이당쟁(牛李黨爭)을 일으켰다.
923. 분사어사(分司御史): 당대(唐代)에 시어사(侍御史)를 가리키는 말로 낙양의 분사(分司)까지 담당하였다.
924. 서대(西臺): 어사대(御史臺)의 별칭이다.
925. 찰원(察院): 어사대(御史臺)의 별칭이다.

訖, 一雙鸂鶒飛下灘中, 不旬日, 僧儒拜察院.[926]

형제가 나란히 자리 잡다.[형제병거(兄弟竝居)]

양가(楊假)[927]와 양수(楊收)[928]는 모두 양유직(楊遺直)[929]의 아들이다. 양가가 절서관찰판관(浙西觀察判官)에서 감찰어사로 들어왔고 양수 역시 서천(西川)에서부터 감찰어사로 들어와 형제가 나란히 헌부에 자리 잡게 되었으니 특별하게 새로운 예가 되었다.

楊假·楊收竝遺直之子. 假自浙西觀察判官, 入爲監察御史, 收亦自西川入爲監察御史, 兄弟竝居憲府, 特爲新例.[930]

형제가 대신하여 맡다.[형제대위(兄弟代爲)]

위관지(韋貫之)[931]가 전에 감찰어사가 되자 자신의 동생인 위훈(韋纁)[932]을 추천하여 자신을 대신하게 하였고 우보궐(右補闕)이 되자 위훈이 대신하여 어사(御史)가 되었으나 말하는 자들이 그를 사사롭다고 이르지 않았다.

韋貫之始爲監察御史, 擧其弟纁自代, 及爲右補闕, 纁代爲御史, 議者不謂之私.[933]

참정(參政)에게 비웃음 받다.[참정소소(參政所笑)]

장전(張戩)[934]은 자가 천기(天祺)이다. 감찰어사에 제수되었는데 신법(新法)을 따진 상소를 수십 차례 올리고 또 중서성(中書省)에 나아가 논쟁하였다. 왕안석(王安石)이 부채로 얼굴을 가리고 웃자 장전이 말하기를, "저의 거칠고 직설적인 것은 참정에게 비웃음 받아 마땅하겠지만, 천하 사람들이 참정을 비웃는 경우가 또한 적지 않습니다"라고 하였다.

張戩, 字天祺. 除監察御史, 爭新法章數十上, 又詣中書爭之. 王安石以扇掩面而笑, 戩曰, 戩之狂直, 宜爲參政所笑, 天下之人笑參政, 亦不少矣.[935]

국영(鞠詠)[936]이 조명(詔命)을 찢다.[영렬마제(詠裂麻制)] 국영(鞠詠)이 감찰어사일 때에 말하기를, "전유연(錢惟演)[937]이 정위(丁謂)[938]와 결탁하여 호주(毫州)에 부임하지 않고 들어와 재상이 될 것을 도모한다"라 하였고, 사람들에게 말하기를, "만약 전유연을 재상으로 삼는다면 장차 조명(詔命)을 가져다 찢어버릴 것이다"라고 하였다.

鞠詠爲監察御史, 言錢惟演與丁謂交結, 不赴毫州, 圖入相. 謂人曰, 若相惟演, 當取麻制, 裂之.[939]

행장을 서둘러 관직에 부임하다.[취장취직(趣裝就職)]

---

926. 《고금사문유취신집(古今事文類聚新集)·어사대부(御史臺部)》
927. 양가(楊假): 내력이 자세하지 않다.
928. 양수(楊收): 당(唐) 동주(同州) 출신으로 자가 장지(藏之)이다. 병부시랑(兵部侍郞), 형부상서(刑部尙書) 등을 역임하였다.
929. 양유직(楊遺直): 내력이 자세하지 않다.
930. 《구당서(舊唐書)·양수전(楊收傳)》
931. 위관지(韋貫之): 당(唐) 경조(京兆) 출신으로 이름이 순(純)이고 관지(貫之)는 자이다. 예부시랑(禮部侍郞), 중서시랑(中書侍郞) 등을 역임하였다.
932. 위훈(韋纁): 내력이 자세하지 않다.
933. 《신당서(新唐書)·위관지전(韋貫之傳)》
934. 장전(張戩): 송(宋) 미현(郿縣) 출신으로 자가 천기(天祺)이다. 감찰어사이행(監察御使裏行), 봉상부사죽감(鳳翔府司竹監) 등을 역임하였다.
935. 《송사(宋史)·장전전(張戩傳)》
936. 국영(鞠詠): 송(宋) 개봉(開封) 출신으로 자가 영지(詠之)이다. 감찰어사(監察御使), 전중시어사(殿中侍御史) 등을 역임하였다.
937. 전유연(錢惟演): 송(宋) 항주(杭州) 출신으로 자가 희성(希聖)이다. 공부상서(工部尙書), 숭신군절도사(崇信軍節度使) 등을 역임하였다.
938. 정위(丁謂): 송(宋) 소주(蘇州) 출신으로 자가 위지(謂之)이다. 진종(眞宗) 시기에 공(工), 형(刑), 병(兵), 리(吏)의 사부(四部) 상서(尙書)를 역임하였고 진국공(晉國公)에 봉해졌다.
939. 《송사(宋史)·국영전(鞠詠傳)》

유지(劉摯)[940]가 감찰어사에 제수되자 기쁘게 관직에 부임하면서 집안사람들에게 말하기를, "행장을 서두르고 편안히 살 계책을 도모하지 마라"라고 하였고, 궁전에서 황제를 대하기도 전에 먼저 상소하여 일을 논하였다.

劉摯除監察御史, 欣然就職, 語家人曰, 趣裝, 無爲安居計. 未及陛對, 首上疏論事.[941]

명령을 어긴 자를 탄핵하여 아뢰다.[핵주범령(劾奏犯令)] 유상(劉庠)[942]은 자가 희도(希道)이다. 감찰어사이행(監察御史裏行)에 제수되었는데 봉신고(奉宸庫)[943]가 도둑을 맞자 유상이 황제를 가까이서 모시는 황성사(皇城司)[944] 담당자를 탄핵해야 한다고 아뢰었다. 전에 쇠붙이를 녹이는 것을 금했는데 이순(李珣)[945]이 명령을 어기자, 유상이 법의 집행은 귀하고 가까운 사람들로부터 시작해야 한다고 아뢰었다. 영종(英宗)[946]이 이르기를, "짐이 어찌 이순 한 사람을 사사로이 여겨 그러겠는가. 이순은 인종(仁宗)의 외가인데 만약 집행한다면 천하 사람들이 뭐라고 하겠는가"라고 하였다.

劉庠, 字希道. 除監察御史裏行, 奉宸庫失盜, 庠劾奏近侍領皇城司者.[947] 初禁銷金, 李珣犯令, 庠言, 法行當自貴近始. 英宗曰, 朕豈私一李珣邪. 珣乃仁宗外家, 若行之, 天下謂何.[948]

내강(內降)[949]을 요구한 것을 다스리기를 청하다.[걸치내강(乞治內降)] 부요유(傅堯俞)[950]가 감찰어사이행(監察御史裏行)일 때에, 주회(朱晦)[951]의 아들 주영사(朱穎士)[952]가 내강(內降)으로 변구진(汳口鎭)을 담당할 것을 요구하자 도수감(都水監)[953]에서도 다시 그를 추천하였다. 공이 말하기를, "밀원(密院)[954]에서 주영사가 내강을 요구한 죄를 다스리지 않고서 도수감(都水監)에서 어떻게 그가 임명할 만한지를 알아 추천하는가. 위아래가 서로 결탁하여 교대로 아부하고 따르면서 그렇게 명기(名器)를 도둑질한다면 장차 하나의 변구진(汳口鎭)일 뿐이 아니다"라 하고 마침내 주영사를 파면시키니 권세가와 총신들이 두려워하였다.

傅堯俞爲監察御史裏行, 朱晦子穎士求內降監汳口鎭, 而都水監復薦之. 公言, 密院旣不治穎士求內降罪, 而都水又安知其可任而擧之. 上下相結, 迭相阿徇, 其盜名器, 將不但一汳口鎭而已. 乃罷穎士, 權倖憚焉.[955]

궁전을 짓는 것을 간언하다.[간조궁전(諫造宮殿)]

940. 유지(劉摯): 송(宋) 동광(東光) 출신으로 자가 신로(莘老)이다. 어사이행(御史裏行), 상서우승(尙書右丞), 우복야(右僕射) 등을 역임하였다.
941. 《송사(宋史)·유지전(劉摯傳)》
942. 유상(劉庠): 송(宋) 팽성(彭城) 출신으로 자가 희도(希道)이다. 추밀직학사(樞密直學士)를 역임하였다.
943. 봉신고(奉宸庫): 송(宋) 인종(仁宗) 시기에 만들어진 창고 이름이다.
944. 황성사(皇城司): 송대(宋代)에 궁성 출입의 금령을 맡은 황성사간당관(皇城司幹當官)을 가리킨다.
945. 이순(李珣): 송(宋) 항주(杭州) 출신으로 자가 공수(公粹)이다. 선주관찰사(宣州觀察使)를 역임하였다.
946. 영종(英宗): 송(宋) 제5대 황제로 재위 기간은 1064-1067년이다.
947. 《송사(宋史)·유상전(劉庠傳)》에, "皇城幾察厲禁, 實近侍主之, 當并按"이라고 하였다.
948. 《송사(宋史)·유상전(劉庠傳)》
949. 내강(內降): 중서성(中書省)의 심의를 거치지 않고 궁중에서 직접 내린 칙서를 가리킨다.
950. 부요유(傅堯俞): 송(宋) 수성(須城) 출신으로 자가 흠지(欽之)이다. 감찰어사이행(監察御史裏行), 중서시랑(中書侍郎)을 역임하였다.
951. 주회(朱晦): 내력이 자세하지 않다.
952. 주영사(朱穎士): 내력이 자세하지 않다.
953. 도수감(都水監): 수로(水路), 제방(堤防) 등을 담당하던 관서 이름이다.
954. 밀원(密院): 송대(宋代) 추밀원(樞密院)을 가리킨다.
955. 《산당사고(山堂肆考)·신직(臣職)》

당(唐) 이선감(李善感)[956]이 감찰어사이행(監察御史裏行)일 때에, 영순(永淳)[957] 초엽에 숭양현(嵩陽縣)에 봉천궁(奉天宮)을 짓고 또 남전(藍田)에 만전궁(萬全宮)을 짓자 이선감이 끝까지 간언하였다. 당시 사람들이 이 일로 칭송하였다.

唐李善感爲監察御史裏行, 永淳初造奉天宮於嵩陽縣, 又於藍田造萬全宮, 善感極諫. 時人以此稱之.[958]

크게 등용할 것을 약속하다.[기이대용(期以大用)] 명도선생(明道先生)이 감찰어사(監察御史)를 대행할 때에 신종(神宗)[959]이 조용히 자문하였다. 자주 몇 차례 만나 보고 마침내 크게 등용할 것을 약속하였고 매번 물러나려고 할 때에는 반드시 이르기를, "자주 면대하러 오시게 요구하는 것은 항상 만나고 싶어서일 뿐입니다"라고 하였다. 신종이 어사(御史)로 삼는 것에 대해 물으니 대답하기를, "신으로 하여금 잘못을 바로잡고 부족을 보충하여 조정에 도움이 되도록 하신다면 괜찮겠지만, 신으로 하여금 신하들의 장단점을 제시하여 곧다는 이름을 추구하도록 하신다면 할 수 없습니다"라고 하자 신종이 감탄하면서 어사(御史)의 체통을 얻었다고 하였다.

明道先生權監察御史, 神宗從容咨訪. 比二三見, 遂期以大用, 每將退, 必曰, 頻求對來, 欲常相見爾. 神宗問所以爲御史, 對曰, 使臣拾遺補缺, 裨贊朝廷, 則可, 使臣掇拾臣下短長, 以沽直名, 則不能. 神宗歎賞, 以爲得御史體.[960]

궁시(宮市)[961]에 대해 끝까지 논쟁하다.[극론궁시(極論宮市)] 한유(韓愈)[962]는 지조가 굳세고 반듯하여 굳세게 말하면서 꺼리는 것이 없었다. 감찰어사로 옮겼는데 상소하여 궁시(宮市)에 대해 끝까지 논쟁하자 덕종(德宗)이 화를 내면서 양산령(陽山令)으로 좌천시켰다.

韓愈, 操守堅正, 鯁言無所忌. 遷監察御史, 上䟽極論宮市, 德宗怒, 貶陽山令.[963]

원유(苑囿)를 돌아보고 상황을 조사하다.[역유안상(歷囿按狀)] 조연(趙涓)[964]이 영태(永泰)[965] 초엽에 감찰어사가 되었다. 당시에 궁중이 불이 났는데 동궁(東宮)과 아주 가깝자 대종(代宗)[966]이 매우 의심하였다. 조연이 주변과 원유를 두루 돌아보고 근거에 따라 상황을 추적하니 바로 환관이 실수로 불을 낸 것이었다. 덕종(德宗)[967]이 조연을 항상 고맙게 생각하고 있었는데, 구주(衢州)를 다스리면서 한황(韓滉)[968]과 서로 맞지 않아 (한황이) 조연을 면직시킬 것을 상소하였다. 덕종이 그의 이름을 보고 이르기를, "혹시 영태(永泰) 시기의 어사가 아닌가?"라 하고 즉시 상서좌승(尙書左丞)에 제수하였다.

---

956. 이선감(李善感): 내력이 자세하지 않다.
957. 영순(永淳): 당(唐) 고종(高宗)의 연호(682-683)이다.
958. 《고금사문유취신집(古今事文類聚新集)·어사대부(御史臺部)》
959. 신종(神宗): 송(宋) 제6대 황제로 재위 기간은 1068-1085년이다.
960. 송(宋) 이유무(李幼武), 《송명신언행록(宋名臣言行錄)·외집(外集)》
961. 궁시(宮市): 당(唐) 덕종(德宗) 시기에 궁중에서 민간 시장에 환관을 보내 물건을 사들이게 한 일을 가리킨다.
962. 한유(韓愈): 당(唐) 하남(河南) 출신으로 자가 퇴지(退之)이다. 국자박사(國子博士), 중서사인(中書舍人), 형부시랑(刑部侍郎), 이부시랑(吏部侍郎) 등을 역임하였다.
963. 《신당서(新唐書)·한유전(韓愈傳)》
964. 조연(趙涓): 당(唐) 기주(冀州) 출신으로 감찰어사(監察御使), 우사원외랑(右司員外郎) 등을 역임하였다.
965. 영태(永泰): 당(唐) 대종(代宗)의 연호(765-766)이다.
966. 대종(代宗): 당(唐) 제10대 황제로 재위 기간은 762-779년이다.
967. 덕종(德宗): 당(唐) 제11대 황제로 재위 기간은 780-804년이다.
968. 한황(韓滉): 당(唐) 경조(京兆) 출신으로 자가 태충(太冲)이다. 동중서문하평장사(同中書門下平章事) 등을 역임하였다. 서예와 그림에 뛰어났다.

趙涓, 永泰初爲監察御史. 時禁中失火, 與東宮稍近, 代宗深疑之. 涓周歷壖垣, 按據迹狀, 乃中官遺火也. 德宗常感涓, 及刺衢州, 與韓滉, 不相得, 奏免涓官. 德宗見其名曰, 豈非永泰御史乎. 卽拜尙書左丞.969

발을 걷고 함께 말을 나누다.[권렴여어(卷簾與語)]

시어사 장순헌(張循憲)970이 장가정(張嘉貞)971을 추천하여 재능이 헌관(憲官)972을 감당할 수 있다고 자신의 관직을 그에게 주기를 청하였다. 측천무후가 불러서 만나는데 발을 내리고 그와 말을 나누자 장가정이 아뢰기를, "신이 초야의 백성으로서 구중궁궐에 들어와 알현하게 된 것은 천 년에 한 번 만날 수 있는 기회입니다. 지척의 사이가 구름과 안개에 막혀 있는 듯하여 끝내 해와 달을 보지 못하니 군주와 신하의 도리가 미진한 바가 있습니다"라고 하자, 측천무후가 즉시 발을 걷도록 하고 함께 말을 나누면서 크게 기뻐하였고 발탁하여 감찰어사로 제수하였다.

侍御史張循憲薦張嘉貞, 材堪憲官, 請以己之官秩授之. 則天召見, 垂簾與之言, 嘉貞奏曰, 以臣草茅而得入謁九重, 是千載一遇. 咫尺之間, 如隔雲霧, 竟不覩日月, 君臣之道有所未盡. 則天遽令卷簾, 與語大悅, 擢拜監察御史.973

야차(夜叉) 귀신[야차귀(夜叉鬼)] 당(唐) 감찰어사 이전교(李全交)974가 오로지 지나치게 포악함으로 일을 삼자 어사대(御史臺) 안에서 '귀면야차(鬼面夜叉)'라고 불렀다.

唐監察御史李全交專以酷虐爲業, 臺中號爲鬼面夜叉.975

무더기로 난 참대나무를 읊다.[영총죽(詠叢竹)]

당(唐) 여태일(呂太一)976이 감찰어사이행(監察御史裏行)에 제수되어 재능을 자부하였지만, 정규직으로 전보되지 못하였다. 이에 원중(院中)에 무더기로 난 참대나무를 읊어 다음과 같이 뜻을 기탁하였다.

擢擢當軒竹, 뾰족뾰족한 난간 앞의 대나무,
青青耐歲寒. 푸르고 푸르게 한겨울을 견디네.
心貞徒見賞, 심이 곧아도 그저 칭송되기만 할 뿐,
籜小未成竿. 껍질이 작아서 장대를 이루지 못하네.[극담(劇談)]

唐呂太一拜監察御史裏行, 自負才華, 而不卽眞. 乃詠院中叢竹, 以寄意曰. 擢擢當軒竹, 青青耐歲寒. 心貞徒見賞, 籜小未成竿.[劇談]977

깃든 까마귀를 읊다.[영서오(詠栖烏)] 이의부(李義府)978가 부름 받아 시험을 보았는데 깃든 까마귀를 읊도록 하자 즉시 시를 다음과 같이 완성하였다.

日裏颺朝彩, 해 속에서 아침의 광채를 일으키고
琴中伴夜啼. 거문고 안에서 밤을 짝하여 운다.
上林多少樹, 상림(上林)에는 나무가 많은데
不借一枝栖. 한 가지도 빌려주어 깃들게 하지 않네.

969. 《구당서(舊唐書)·조연전(趙涓傳)》
970. 장순헌(張循憲): 내력이 자세하지 않다.
971. 장가정(張嘉貞): 당(唐) 포주(蒲州) 출신으로 자가 가정(嘉貞)이다. 감찰어사(監察御使), 동중서문하평장사(同中書門下平章事), 중서령(中書令) 등을 역임하였다.
972. 헌관(憲官): 어사대(御史臺), 도찰원(都察院)에 소속된 관원을 가리킨다.
973. 《구당서(舊唐書)·장가정전(張嘉貞傳)》
974. 이전교(李全交): 내력이 자세하지 않다.
975. 《고금사문유취신집(古今事文類聚新集)·어사대부(御史臺部)》
976. 여태일(呂太一): 내력이 자세하지 않다.
977. 《고금사문유취신집(古今事文類聚新集)·어사대부(御史臺部)》
978. 이의부(李義府): 당(唐) 영주(瀛州) 출신이다. 태자사인(太子舍人), 이부상서(吏部尙書) 등을 역임하였는데, 겉으로는 부드러운 모습이었으나 뜻에 맞지 않는 이들을 몰래 해쳐 사람들이 소중도(笑中刀)라고 불렀다.

태종(太宗)이 심히 칭찬하면서 "내가 장차 한 그루 전체를 너에게 빌려 줄 것이니 어찌 단지 한 가지뿐이겠느냐"라 하고 감찰어사에 제수하였다.

李義府召見試, 令詠栖烏, 立成詩曰, 日裏颺朝彩, 琴中伴夜啼. 上林多少樹, 不借一枝栖. 太宗深賞之, 我將全樹借汝, 豈惟一枝, 拜監察御史.979

이상은(李商隱)980이 억울함을 풀어 주다.[상은설원(商隱雪冤)] 당(唐) 이상은이 감찰어사에 발탁되었는데, 목주자사(睦州刺史)인 마소태(馬昭泰)981가 동려령(桐廬令) 이사단(李師旦)의 200여 가구를 무고하여 구속하고 요고(妖蠱)982라고 하였다. 어사들에게 조서를 내려 다시 심리하게 하였으나 모두 병을 핑계대고 가려 하지 않자 이상은이 말하기를, "선량한 백성들이 한창 억울함을 당하고 있는데 누명을 벗겨 주지 않는다면 되겠는가?"라 하고는 갈 것을 청하였고 결국 그들의 억울함을 풀어 주었다.

唐李商隱擢監察御史, 睦州刺史馬昭泰誣繫桐廬令李師旦二百餘家, 爲妖蠱. 有詔御史覆驗, 皆稱病不肯往, 商隱曰, 善良方蒙枉, 不爲申理, 可乎. 因請行, 果雪其冤.983

가서 잡아오게 할 만하다.[가사추포(可使推捕)] 당(唐) 이의침(李義琛)984이 감찰어사에 올랐다. 정관(貞觀)985 연간에 문성공주(文成公主)986가 금을 바쳤는데 기주(岐州)에서 도둑을 만났다. 주범의 이름이 드러나지 않자 태종(太宗)이 여러 어사(御史)들을 불러 집합시키고 이의침을 지목하여 이르기를, "이 사람이 기상이 밝고 빼어나니 가서 잡아오게 할 만하다"라고 하였다. 이의침이 가서 며칠 만에 도둑을 잡으니 황제가 기뻐하며 그에게 7등급을 더해 주었다.

唐李義琛歷監察御史. 貞觀中文成公主貢金, 遇盜于岐州. 主名不立, 太宗召群御史至, 目義琛曰, 此人, 神情爽拔, 可使推捕. 義琛往, 數日獲盜, 帝喜, 爲加七階.987

상소가 왕안석(王安石)의 뜻을 거스르다.[소오안석(疏忤安石)] 유의(劉顗)988가 감찰어사로 있으면서 상소한 것이 왕안석(王安石)의 뜻을 거슬러 구주감세(衢州監稅)로 좌천되었다. 막 어사대를 나가려다가 같은 시기의 어사인 손창령(孫昌齡)989을 크게 꾸짖으며 말하기를, "이 종놈아, 왕안석을 섬겨 높은 관직에 오르기를 구하거라" 하고 마침내 옷을 털고 말에 올라 좌천된 곳으로 향하였다. 소식(蘇軾)이 시를 지어 전송하였으니, "오부(烏府)의 선생은 쇠로 간을 만들어, 풍상(風霜)이 땅을 쓸어도 추위를 모른다네(有烏府先生鐵作肝, 風霜捲地不知寒)"라고 한 구절이 있다. 세상에서 그로 인해 '철간어사(鐵肝御史)'라고 불렀다.

劉顗爲監察御史, 上疏忤王安石, 貶衢州監稅. 將出臺, 大罵同時御史孫昌齡謂, 其奴, 事安石, 求爲美官. 遂拂衣上馬, 赴貶所. 蘇軾送以詩, 有烏府先生

---

979. 《고금사문유취신집(古今事文類聚新集)·어사대부(御史臺部)》
980. 이상은(李商隱): 만당(晚唐)의 시인으로 자가 의산(義山)이다. 전고(典故)를 많이 인용하고 화려한 자구(字句)를 구사하여 당대(唐代) 수사주의(修辭主義)의 극치를 보여 주었다.
981. 마소태(馬昭泰): 내력이 자세하지 않다.
982. 요고(妖蠱): 사술(邪術)로 사람들을 호려서 해치는 존재를 가리킨다.
983. 《산당사고(山堂肆考)·신직(臣職)》
984. 이의침(李義琛): 당(唐) 위주(魏州) 출신으로 감찰어사(監察御使), 형부시랑(刑部侍郎) 등을 역임하였다.
985. 정관(貞觀): 당(唐) 태종(太宗)의 연호(627-649)이다.
986. 문성공주(文成公主): 당(唐) 종실의 딸로 토번왕(吐蕃王)에게 출가하였다.
987. 《신당서(新唐書)·이의침전(李義琛傳)》
988. 유의(劉顗): 송(宋) 상주(常州) 출신으로 자가 안도(安道)이다. 감찰어사(監察御使)를 역임하였다.
989. 손창령(孫昌齡): 내력이 자세하지 않다.

鐵作肝, 風霜捲地不知寒之句. 世因號鐵肝御史.[990]

기준이 되는 관리[준승지사(準繩之司)] 당(唐) 고종(高宗)이 여러 신하들에게 물어 어사를 천거하도록 하니 모두가 만년위(萬年尉)인 양자(楊子)를 천거하였다. 황제가 이르기를, "이 사람은 항상 평상복을 입으니 공관에서 일을 볼 때 어떻게 표준이 되는 관리가 될 수 있겠는가"라고 하였다.

唐高宗問群臣, 擧御史, 僉擧萬年尉楊子. 帝曰, 斯人常褻服, 居公視事, 其可以爲準繩司乎.[991]

백로 깃의 수레를 타고 잘못을 살피다.[노거찰죄(鷺車察罪)] 옛 제도에 어사는 백로의 깃으로 수레를 장식하였으니, 백로가 물속의 고기를 보는 것으로 어사가 작고 숨겨진 잘못을 살피는 것을 상징한 것이다.

舊制, 御史以鷺羽飾車, 以白鷺見泉中魚象御史察微隱之罪.[992]

재계할 때에 일을 결재하다.[재거결사(齋居決事)] 한(漢) 선제(宣帝)[993]가 선실(宣室)에 가서 재계할 때에, 일을 결재하는 것은 시어사(侍御史) 두 사람에게 명하여 문서를 다루도록 하니 치서어사(治書御史)가 여기에서 비롯되었다. 당(唐)에서는 '치(治)'자를 피하여 '지서(持書)'라고 하였다.

漢宣帝幸宣室齋居, 決事令侍御史二人治書, 治書御史始此. 唐諱治爲持書.[994]

철관(鐵冠) 《한관의(漢官儀)》[995]의 기록이다. 시어사(侍御史)는 법관(法冠)을 쓰는데 다른 이름으로 '주후(柱後)'라고 하며 쇠로 기둥을 만든다. 또 해치관(獬豸冠)을 쓰는데 해치(獬豸)는 신령스런 양으로 뿔이 곧지 않다. 초왕(楚王)이 그것을 잡아 관(冠)을 만들었는데 진(秦)나라가 초나라를 멸망시키고 그 관을 법을 집행하는 근신에게 주어 착용하도록 하였다.

漢官儀. 侍御史冠法冠, 一名柱後, 以鐵爲柱. 又冠獬豸冠, 獬豸神羊, 觸不直. 楚王獲之, 以爲冠, 秦滅楚, 以其冠賜執法近臣, 服之.[996]

《어사본초(御史本草)》 당(唐) 가언충(賈言忠)[997]이 《어사본초(御史本草)》를 지어서, 이행(裏行)과 시원외(試員外)를 '입씨름을 하는 산초[합구초(合口椒)]'라고 하였는데 최고로 독이 있고 감찰(監察)을 '입을 벌리고 웃는 산초[개구초(開口椒)]'라고 하였는데 독이 약간 덜하며, 전중(殿中)을 '무[나복(蘿蔔)]', 또는 '생강(生薑)'이라고 하였는데 비록 맵지만 고통이 되지 않고, 시어사(侍御史)를 '부드러운 배[취리(脆梨)]'라고 하였으니, 점차 좋은 맛으로 들어간다.

唐賈言忠撰御史本草, 以裏行及試員外, 爲合口椒, 最有毒, 監察爲開口椒, 毒微歇, 殿中爲蘿蔔, 亦曰生薑, 雖辛辣而不爲患, 侍御史爲脆梨, 漸入佳味.[998]

또 후미허(侯味虛)[999]는 《백관본초(百官本草)》를 지었는데, 어사(御史)라고 한 제목에서, 매우 뜨겁고 독이 있어 주로 사악(邪惡)이라는 병을 제거하고

---

990. 《송사(宋史)·유의전(劉顗傳)》
991. 《고금사문유취신집(古今事文類聚新集)·어사대부(御史臺部)》
992. 《금수만화곡후집(錦繡萬花谷後集)·어사(御史)》
993. 선제(宣帝): 서한(西漢) 제8대 황제로 재위 기간은 BC 73-BC 49년이다.
994. 《고금사문유취신집(古今事文類聚新集)·어사대부(御史臺部)》
995. 《한관의(漢官儀)》: 후한(後漢)의 응소(應劭)가 전한(前漢)의 관제(官制)를 기록한 책이라 하나 지금은 전하지 않고 일부가 다른 책에서 산견(散見)된다.
996. 《산당사고(山堂肆考)·신직(臣職)》
997. 가언충(賈言忠): 당(唐) 하남(河南) 출신으로 감찰어사(監察御使), 이부원외랑(吏部員外郎) 등을 역임하였다.
998. 《산당사고(山堂肆考)·신직(臣職)》
999. 후미허(侯味虛): 당(唐) 강주(絳州) 출신으로 원외랑(員外郞), 좌사낭중(左司郎中) 등을 역임하였다.

간특(姦慝)함을 막으며, 억울함과 막힌 것을 털어내고 탐욕과 혼탁을 공격하니, 그것을 복용하면 정신(精神)을 증장시킨다고 하였다.

又侯味虛著百官本草, 題御史, 大熱有毒, 主除邪疾, 杜奸回, 振冤滯, 攻貪濁, 服之長精神.[1000]

걸상을 마련하다.[설탑(設榻)] 《통전(通典)》의 기록이다. 시어사(侍御史)를 '대단(臺端)'이라고 하였는데 다른 사람들이 부를 때에는 '단공(端公)'이라고 하였다. 그중에 잡사(雜事)를 담당한 자를 '잡단(雜端)'이라고 하는데 가장 중요하고 대단하였다. 식사 자리의 남쪽에 횡으로 하나의 걸상을 마련해 놓는데 그것을 '남상(南牀)'이라고 하였다. 관례상 여러 달을 나오지 않다가 남성(南省)[1001]으로 옮겨 가기 때문에 '남상백일(南牀百日)'이라고 불렀다. 혹은 남상(南牀)을 '치상(癡牀)'이라고 하는데 그 거만함이 바보 같음을 말한 것이다. 전중감찰(殿中監察)은 모두 앉을 수 없었다.

通典. 侍御史號臺端, 他人稱曰端公. 其知雜事者, 謂之雜端, 最爲雄劇. 食座之南, 橫設一榻, 謂之南牀. 例不出累月, 遷登南省, 故號爲南牀百日. 或以南牀爲癡牀, 言其倨傲如癡也. 殿中監察, 皆不得坐.[1002]

홍당(哄堂) 시어사(侍御史)는 대개 당에 오르면 말하고 웃는 것을 금했다. 참을 수 없는 경우가 있어 잡단(雜端)이 크게 웃으면 좌중이 모두 웃는데 그것을 '홍당(哄堂)'이라고 하였고 홍당은 벌을 받지 않았다.

侍御史, 凡上堂, 絶言笑. 有不忍者, 雜端大笑, 則闔坐皆笑, 謂之哄堂, 哄堂不罰.[1003]

특별 당직[배직(陪直)] 어사가 처음에 어사대에 들어가서 25일을 특별히 당직하는 것을 복표(伏豹)[1004]라고 하였는데, 단지 나가지 못한다는 뜻을 취한 것이다. 어사가 서는 자리가 반심(班心)[1005]이다. 그래서 동파(東坡)가 어사 장순민(張舜民)[1006]의 시를 차운하여, "반심(班心)에 우뚝하게 장신(長身)이 보이네(班心突兀見長身)"[1007]라고 하였다.

御史初入臺, 陪直二十五日, 爲伏豹, 直取不出之義. 御史立處, 爲班心. 故東坡次御史張舜民詩, 班心突兀見長身.[1008]

어사대를 욕보이다.[욕대(辱臺)] 어사가 처음에 어사대에 들어가 속관들이 참배를 하면 말없이 물러나는데 이를 일러 '귀참(鬼參)'이라고 하였다. 송(宋)나라 제도에 어사가 어사대에 들어가 100일이 차도록 상소가 없는 자는 어사대를 욕보인 벌이 있었다.

御史初入臺, 吏人參拜, 默默而退, 謂之鬼參. 宋制, 御史入臺, 滿十旬無章疏者, 有辱臺之罰.[1009]

채찍을 들고 공손하게 읍하다.[거편용읍(擧鞭聳揖)] 이전에는 어사가 길에서 장관(長官)을 만나면 모두 모자를 벗고 수레에서 내렸고 장관이 고삐를 거두어 사양하면 그만두었다. 건봉(乾封)[1010] 연간에 왕본립(王本立)[1011]이 시어사가 되었는데, 의기가 자못 높아 길에서 장관을 만나면 몸을 바르게 하고 읍하

1000. 《산당사고(山堂肆考)·신직(臣職)》
1001. 남성(南省): 당송(唐宋) 시대 상서성(尙書省)의 별칭이다.
1002. 《통전(通典)·직관(職官)》
1003. 《산당사고(山堂肆考)·신직(臣職)》
1004. 복표(伏豹): 쪼그리고 앉아 숙직하는 모습이 엎드려 있는 표범과 같다는 뜻이다.
1005. 반심(班心): 조정 반열에서 어사가 서는 자리를 가리킨다.
1006. 장순민(張舜民): 송(宋) 빈주(邠州) 출신으로 자가 운수(芸叟)이다. 이부시랑(吏部侍郞)을 역임하였다.
1007. 시의 제목은 〈차운장순민자어사출쉬괵주유별(次韻張舜民自御史出倅虢州留別)〉이다.
1008. 《산당사고(山堂肆考)·신직(臣職)》
1009. 《산당사고(山堂肆考)·신직(臣職)》
1010. 건봉(乾封): 당(唐) 고종(高宗)의 연호(666-668)이다.

기만 하였다. 이로부터 여러 사람들이 어떤 사람은 내려서고 어떤 사람은 한쪽 다리만 땅에 딛고 어떤 사람은 안장을 기울이고 발받침을 늘어뜨렸으니, 정도가 한결같지 않았다. 개원(開元) 이래로 단지 채찍을 들고 높이 올려 읍하기만 하였다.

舊御史遭長官於塗, 皆免帽降乘, 長官戢轡, 辭而止焉. 乾封中王本立爲侍御史, 意氣頗高, 塗逢長官, 端揖而已. 自是諸人或降而立, 或一足至地, 或側鞍弛鐙, 輕重無常. 開元以來, 但擧鞭聳揖而已.[1012]

어사대에는 여섯 가지 감찰이 있었다.[원유육찰(院有六察)] 당(唐)의 감찰어사는 여섯 가지 일이 있었다. 첫째는 관료들의 선악을 살피는 것이다. 둘째는 인구가 흩어지고 호적이 누락되어 부역이 고르지 못함을 살피는 것이다. 셋째는 농사와 누에치기에 노력하지 않는 것과 창고가 비는 것을 살피는 것이다. 넷째는 사악하고 교활한 도적이 생업을 일삼지 않고 사적인 이익을 위하여 해를 끼치는 일을 살피는 것이다. 다섯째는 덕행(德行)과 효제(孝悌)를 지닌 이들과 훌륭한 재능과 특별한 무리들이 능력과 자취를 감추고 때의 쓰임에 대비하는 것을 살피는 것이다. 여섯째는 교활한 관리나 호족들이 뺏고 포악을 부리는데 가난하고 약한 자들이 억울하고 고통스러워도 스스로 풀 수 없는 것을 살피는 것이다.

唐監察御史有六, 其一, 察官人善惡. 其二, 察戶口流散, 帳籍隱沒, 賦役不均. 其三, 察農桑不勤, 倉廩耗減. 其四, 察妖猾賊盜, 不事生業, 爲私蠹害. 其五, 察德行孝悌, 茂材異等, 藏器晦迹, 應時用者. 其六, 察黠吏豪宗, 兼幷縱暴, 貧弱冤苦, 不能自申者.[1013]

안진경(顔眞卿)[1014]이 법을 집행하다.[진경집법(眞卿執法)] 안진경(顔眞卿)이 어사대부일 때에 한창 조정이 혼란한데도 안진경은 법을 집행하는 것이 평소와 같았다. 광평왕(廣平王)[1015]이 군사 20만을 이끌고 장안으로 향하는데 떠나는 날 궐문에서 감히 말에 오르지 못하고 잔걸음으로 울짱을 나간 뒤에야 올랐다. 왕부도우후(王府都虞候)인 관숭사(管崇嗣)[1016]가 왕보다 앞서 말에 오르자 안진경이 그를 탄핵하니 황제가 상소문을 돌려보내고 위로하면서 대답하기를, "짐의 아들은 매번 나갈 때마다 간곡하게 타일렀기 때문에 감히 실수하지 않은 것이고, 관숭사는 늙었고 다리를 저니 경은 그를 좀 용서하시오"라고 하자 백관이 숙연하였다.

顔眞卿爲御史大夫, 方朝廷草昧, 而眞卿執法如平日. 廣平王総兵二十萬, 往長安, 辭日當闕, 不敢乘馬, 趨出梐枑乃乘. 王府都虞候管崇嗣, 先王而騎, 眞卿劾之, 帝還奏, 慰答曰, 朕子每出, 諄諄教戒, 故不敢失, 崇嗣老而躄, 卿姑容之. 百官肅然.[1017]

이경양(李景讓)[1018]이 어사대를 욕보이다.[경양욕대(景讓辱臺)] 이경양이 어사대부로 진급하여 시어사 손옥여(孫玉汝)[1019] 등을 탄핵하여 파면시켜 당시 조정을 숙연하게 하였다. 마침 선종(宣宗)[1020]이 재상을 정하면서 선발해야 할 사람들의 이름을

1011. 왕본립(王本立): 내력이 자세하지 않다.
1012. 《고금사문유취신집(古今事文類聚新集)·어사대부(御史臺部)》
1013. 《신당서(新唐書)·백관지(百官志)》
1014. 안진경(顔眞卿): 당대(唐代)의 정치가이자 서예가로 자가 청신(淸臣)이다. 태자태사(太子太師)를 역임하였다. 해서(楷書)에 능통하여 안진경체(顔眞卿體)를 이루었다.
1015. 광평왕(廣平王): 당(唐) 대종(代宗)의 첫 봉호(封號)이다.
1016. 관숭사(管崇嗣): 당(唐) 조주(趙州) 출신으로 제도병마부도통(諸道兵馬副都統)을 역임하였다.
1017. 《신당서(新唐書)·안진경전(顔眞卿傳)》
1018. 이경양(李景讓): 당(唐) 태원(太原) 출신으로 자가 후기(後己)이다. 예부시랑(禮部侍郎), 어사대부(御史大夫), 태자소보(太子少保) 등을 역임하였다.
1019. 손옥여(孫玉汝): 내력이 자세하지 않다.

모두 써서 그릇 안에 넣고 헌종(憲宗)[1021]의 신위 앞에서 말없이 기도한 뒤에 (투호 속에) 던져서 취했는데 이경양은 이름이 끼어 있지 않았다. 세상 사람들이 이르기를, "어사대부에 제수된 것이 100일인데 재상이 되지 못하고 다른 관직에서 재상이 된 자가 있으니 그것을 일러 '어사대를 욕보이는 것[욕대(辱臺)]'이라고 한다"라고 하였다. 이경양이 불만을 품고 있다가 재상을 만나 당대에 업적이 많았던 것을 스스로 진술하자 바로 서천절도사(西川節度使)에 제수하였으나 물러날 것을 청하였다.

李景讓進御史大夫, 劾免侍御史孫玉汝等, 威肅當朝. 會宣宗擇相, 盡書當選者之名, 置器中, 默禱憲宗前, 射取之, 而景讓名不與. 世謂, 除大夫百日, 不得爲相, 而有他官相者, 謂之辱臺. 景讓不平, 見宰相, 自陳考深當代, 卽拜西川節度使, 丐致仕.[1022]

경술은 높일 만하다.[경술가상(經術可尙)] 이종민(李宗閔)[1023]이 정담(鄭覃)[1024]을 미워하여 상소로 그의 시독(侍讀) 자리를 파면시켰다. 문종(文宗)[1025]이 조용히 재상에게 이르기를, "은유(殷侑)[1026]의 경술(經術)이 자못 정담(鄭覃)과 비슷합니다"라고 하자 이종민이 대답하기를, "정담과 은유의 경술은 진실로 높일 만하지만 의논이 족히 들을 만하지 못합니다"라고 하였다. 이덕유(李德裕)[1027]가 말하기를, "정담과 은유의 의논이 다른 사람들은 듣고 싶어하지 않지만 오직 폐하께서 그것을 듣고 싶어하시니 심히 다행입니다"라고 하였다. 10일 뒤에 조명이 내려져 정담을 어사대부에 제수하였다.

李宗閔惡鄭覃, 奏罷其侍讀. 文宗從容謂宰相曰, 殷侑經術, 頗似鄭覃. 宗閔對曰, 覃侑經術, 誠可尙, 然議論不足聽. 李德裕曰, 覃侑議論, 他人不欲聞, 唯陛下欲聞之, 幸甚. 後旬日, 宣制出, 除覃御史大夫.[1028]

옛 전례(典禮)를 거듭 밝히다.[신명구전(申明舊典)] 동한(東漢) 마위(馬威)[1029]는 자가 위경(威卿)으로 마원(馬援)[1030]의 조카이다. 어사중승에 제수되었는데 옛 전례를 거듭 밝히고 법을 받들어 감찰하고 적발함에 피하는 바가 없자 백관들이 두려워하였다.

東漢馬威, 字威卿, 援兄子也. 拜御史中丞, 申明舊典, 奉法察擧, 無所迴避, 百僚憚之.[1031]

당(唐) 개원(開元) 초엽에, 강회(姜晦)[1032]가 중승(中丞)이 되었다. 이전에 중승은 재상에게 절하지 않았고 (중승의) 직함으로 사방에 나가는 자는 조정에서 읍하고 만났다. 뒤에 조금씩 굽히게 되었는데 강회만이 유독 옛 체제를 따르면서 어사들에게 말하

1020. 선종(宣宗): 당(唐) 제18대 황제로 재위 기간은 847-858년이다.
1021. 헌종(憲宗): 당(唐) 제13대 황제로 재위 기간은 806-820년이다.
1022. 《신당서(新唐書)·이경양전(李景讓傳)》
1023. 이종민(李宗閔): 당(唐)나라 사람으로 자가 손지(損之)이다. 예부원외랑(禮部員外郞), 중서사인(中書舍人) 등을 역임하였다.
1024. 정담(鄭覃): 당(唐) 정주(鄭州) 출신이다. 한림시강학사((翰林侍講學士), 태자태사(太子太師) 등을 역임하였다.
1025. 문종(文宗): 당(唐) 제16대 황제로 재위 기간은 826-840년이다.
1026. 은유(殷侑): 당(唐) 곡아(曲阿) 출신으로 간의대부(諫議大夫), 형부상서(刑部尙書) 등을 역임하였다.
1027. 이덕유(李德裕): 당(唐) 말기의 정치가로 자가 문요(文饒)이다. 재상 이길보(李吉甫)의 아들로 병부상서(兵部尙書), 중서문하평장사(中書門下平章事) 등을 역임하였다.
1028. 《구당서(舊唐書)·정담전(鄭覃傳)》
1029. 마위(馬威): 동한(東漢) 부풍(扶風) 출신으로 자가 위경(威卿)이다. 어사중승(御史中丞)을 역임하였다.
1030. 마원(馬援): 동한(東漢) 부풍(扶風) 출신으로 자가 문연(文淵)이다. 농서태수(隴西太守)를 역임하였고 변방을 안정시킨 공이 있다.
1031. 《산당사고(山堂肆考)·신직(臣職)》
1032. 강회(姜晦): 당(唐)나라 때 사람으로 벼슬은 어사중승(御史中丞)과 이부시랑(吏部侍郞) 등을 역임하였다.

기를, "전례대로 하지 않는 자는 우선 상소하겠다"라고 하였다. 이로 말미암아 대간의 위용이 다시 떨쳐졌다.

唐開元初姜晦爲中丞. 先是中丞不拜宰相, 銜命四方者, 廷中揖見. 後稍屈下, 晦獨遵舊體, 謂御史曰, 不如故事者, 且奏. 由是臺儀復振.[1033]

낭야왕(琅琊王)이 안장을 부수다.[낭야쇄안(琅琊碎鞍)] 북제(北齊) 종실(宗室)인 낭야왕(琅琊王) 고엄(高儼)[1034]이 어사중승을 맡았다. 옛 제도에 왕공(王公)은 모두 멀리에서 수레와 말을 멈추고 중승이 지나가기를 기다렸는데 간혹 조금이라도 늦으면 붉은 몽둥이로 그를 쳤다. 무성제(武成帝)[1035]가 고엄을 총애하고자 하여 옛 제도를 따르게 하니, 고엄이 북궁(北宮)을 나서자 중승(中丞)의 위엄스런 모습과 사도(司徒)의 의장대[노부(鹵簿)[1036]]가 모두 갖추어지지 않은 것이 없었다. 황제가 화림원(華林園)의 동문에서 장막을 치고 푸른 실의 보장(步障)[1037]을 통해 보면서 중귀(中貴)[1038]로 하여금 말을 달려 가게 하니 제지되어 들어가지 못하였다. 왕명을 받들어 왔다고 스스로 말하는데도 붉은 몽둥이로 그의 안장을 부수자 황제가 크게 웃었다.

北齊宗室琅琊王儼, 領御史中丞. 舊制, 王公皆遙駐車馬, 以待中丞過, 其或少遲, 則赤棒擊之. 武成欲寵儼, 使依舊制, 儼出北宮, 中丞之威儀. 司徒之鹵簿, 莫不畢備. 帝在華林園東門張幕, 隔靑絲步障觀之, 遣中貴驟馬, 止不得入. 自言奉勅, 以赤棒碎其鞍, 帝大笑.[1039]

왕념(王恬)[1040]은 정말로 두렵다.[왕념가외(王恬可畏)] 《진중흥서(晉中興書)》의 기록이다. 왕념(王恬)은 자가 원유(元愉)로 어사중승(御史中丞)이 되었다. 해서공(海西公)[1041]이 폐위되고 태종(太宗)[1042]이 즉위하는 때를 만나 아직 계엄이 해제되지 않아 대사마(大司馬) 환온(桓溫)[1043]이 중당(中堂)[1044]에 진을 치고 있었는데, 밤에 경각(警角)[1045]을 불자 왕념이 크게 불경(不敬)함을 탄핵하면서 죄를 다스릴 것을 청하였다. 다음날 환온이 상소한 일을 알고 탄식하며 말하기를, "이 아이가 감히 나를 탄핵하다니 정말로 두렵구나"라고 하였다.

晉中興書. 王恬, 字元愉, 爲御史中丞. 値海西公廢, 太宗卽位, 未解嚴, 大司馬桓溫屯中堂, 夜吹警角, 恬劾奏大不敬, 請治罪. 明日溫見奏事, 嘆曰, 此兒乃敢彈我, 眞可畏也.[1046]

봉한 표지가 선명하다.[봉지완연(封識宛然)] 송(宋) 태조(太祖)는 중승(中丞) 유온수(劉溫叟)[1047]가

1033. 《신당서(新唐書)·강회전(姜晦傳)》
1034. 고엄(高儼): 북제(北齊)의 종실로 자가 인위(仁威)이다. 무성제(武成帝)의 셋째 아들로 봉호가 낭야왕(琅琊王)이다.
1035. 무성제(武成帝): 북제(北齊) 제4대 황제로 재위 기간은 561-564년이다.
1036. 노부(鹵簿): 제왕(帝王)이 행차할 때에 따르는 의장대(儀仗隊)를 가리킨다.
1037. 보장(步障): 장막의 한 가지이다.
1038. 중귀(中貴): 고위직의 환관을 가리킨다.
1039. 《북제서(北齊書)·낭야왕전(琅琊王傳)》
1040. 왕념(王恬): 진(晉) 낭야(琅邪)출신으로 자가 중예(仲豫)이다. 어사중승(御史中丞), 중서랑(中書郎), 산기상시(散騎常侍) 등을 역임하였다.
1041. 해서공(海西公): 동진(東晉) 제7대 황제인 폐제(廢帝) 사마혁(司馬奕)의 봉호이다.
1042. 태종(太宗): 동진(東晉) 제8대 황제인 간문제(簡文帝)의 묘호(廟號)이다.
1043. 환온(桓溫): 동진(東晉)의 고관(高官)으로 정서대장군(征西大將軍)을 역임하였으며 후일 왕위를 찬탈하려다 옛 부하이자 당시의 재상(宰相)이었던 사안(謝安)에게 패하였다.
1044. 중당(中堂): 황제가 전례(典禮)를 베풀고 정교를 베풀던 곳이다.
1045. 경각(警角): 군중에서 불던 호각이다.
1046. 《진서(晉書)·사마염전(司馬恬傳)》
1047. 유온수(劉溫叟): 송(宋) 낙양(洛陽) 출신으로 자가 영령(永齡)이다. 후주(後周)에서 좌간의대부(左諫議大夫), 송에서

청렴하고 지조가 있다고 듣고 관리를 보내 돈 500꿰미[천(千)[1048]]를 그에게 주도록 하였는데, 온수가 그것을 받아 서쪽 건물에 봉해 놓았다. 다음해 단오에 각서(角黍)[1049]와 비단 부채를 보냈는데 파견된 관리는 바로 예전에 돈을 전달한 자였다. 서쪽 건물을 보니 봉한 표지가 선명하였다.

宋太祖聞中丞劉溫叟淸介, 遣吏以錢五百千賜之, 溫叟受之, 封於西舍. 次年重午送角黍紈扇, 所遣吏, 卽前送錢者. 見西舍, 封識宛然.[1050]

온수는 옛 예절을 좋아하였다. 하루는 저녁에 명덕문(明德門)의 서루(西樓) 앞을 지나가는데 송(宋) 태조(太祖)가 마침 황문(黃門)[1051] 몇 사람과 누대에 올라 있었다. 온수가 그것을 알고도 소리쳐 길을 비키게 하고 평소대로 지나갔다. 다음날 면대하기를 청하고 아뢰기를, "군주께서 때가 아닌데 누대에 오르시면 아랫사람들은 반드시 은전과 상을 바랍니다. 신이 가도(呵道)[1052]하면서 지나간 것은 사람들에게 폐하께서 때가 아니면 누대에 오르시지 않으심을 보이고자 한 것입니다"라고 하자 송(宋) 태조(太祖)가 훌륭하게 여겼다.

溫叟好古執禮. 一日晩過明德門西闕[1053]前, 宋太祖方與黃門數人登樓. 溫叟知之, 令傳呼, 依常而過. 翌日請對, 且言, 人主非時登樓, 則下必希望恩賞. 臣所以呵道而過, 欲示衆以陛下非時不登樓也. 宋主善之.[1054]

온수가 죽자 중승(中丞)을 제수하기를 청하는 자가 있었다. 태조(太祖)가 이르기를, "반드시 온수처럼 순후(純厚)한 사람을 얻어야 되겠다"라 하고 태자빈객(太子賓客) 변광범(邊光範)[1055]을 명하여 판어사대사(判御史臺事)를 겸하도록 하였고 반년 동안 머물게 한 뒤에 비로소 중승(中丞)을 제수하였다.

溫叟卒, 有請除中丞者. 太祖曰, 必得純厚如溫叟者, 乃可. 命太子賓客邊光範兼判御史臺事, 居半歲, 始授中丞.[1056]

복의 보답을 구하지 않다.[불구복보(不求福報)]

송(宋) 효종(孝宗)[1057]이 황흡(黃洽)[1058]을 어사중승으로 삼았는데, 황흡은 사람됨이 질박하고 곧으며 단정하고 중후하여 대신(大臣)의 풍모가 있었다. 일찍이 말하기를, "집에서는 어버이를 속이지 않고 벼슬하면 하늘을 속이지 않으며 아래로는 사람을 속이지 않고 음으로는 귀신을 속이지 않으니 어찌 복의 보답을 구할 필요가 있겠는가"라고 하였다.

宋孝宗以黃洽爲御史中丞, 洽爲人, 質直端重, 有大臣體. 嘗言, 居家不欺親, 仕不欺天, 俯不欺人, 幽不欺鬼神, 何用求福報哉.[1059]

몰아대어 개울에 떨어지다.[구박추구(驅迫墜溝)]

양(梁) 왕승유(王僧孺)[1060]는 어려서 가난하여 모친이 비단과 베를 팔았다. 왕승유를 데리고 시장에 갔

어사중승(御史中丞)을 역임하였다.

1048. 천(千): 엽전 1천 전(錢)을 가리키는 단위이다.

1049. 각서(角黍): 단오에 먹는 음식인 종자(粽子)이다.

1050. 《송사(宋史)·유온수전(劉溫叟傳)》

1051. 황문(黃門): 황문시랑(黃門侍郞)의 준말이다.

1052. 가도(呵道): 고관이 행차할 때에 사령이 소리쳐 행인들로 하여금 길을 비켜서게 하는 일을 가리킨다.

1053. 《유원총보》의 '西闕'은 '西闕'의 오류이다.[《송사(宋史)·유온수전(劉溫叟傳)》]

1054. 《송사(宋史)·유온수전(劉溫叟傳)》

1055. 변광범(邊光範): 송(宋) 병주(幷州) 출신으로 자가 자의(子儀)이다. 양주지주사겸교도사(襄州知州事兼橋道使), 어사중승(御史中丞) 등을 역임하였다.

1056. 《산당사고(山堂肆考)·신직(臣職)》

1057. 효종(孝宗): 남송(南宋) 제2대 황제로 재위 기간은 1163-1189년이다.

1058. 황흡(黃洽): 송(宋) 복주(福州) 출신으로 자가 덕윤(德潤)이다. 어사중승(御史中丞), 자정전태학사(資政殿太學士) 등을 역임하였다.

다가 중승(中丞)의 의장대를 만났는데 몰아대는 통에 개울에 떨어진 적이 있었다. 승유가 중승에 제수되자 슬픈 마음을 스스로 이길 수가 없었다.

梁王僧孺幼貧, 母鬻紗布. 攜僧孺至市, 遇中丞鹵簿, 驅迫墜溝中. 及僧孺拜中丞, 悲感不自勝.1061

대성(臺省)에 모습을 그리도록 하다.[도형대성(圖形臺省)] 양(梁) 장면(張緬)1062이 중승일 때에 '굳고 곧은 이[경직(勁直)]'로 불렸다. 무제(武帝)가 대성(臺省)에 그의 모습을 그려 놓게 하여 해당 관리들을 분발시켰다.

梁張緬爲中丞, 號爲勁直. 武帝遣圖其形於臺省, 以厲當官.1063

그의 붓끝을 두려워하다.[외기필단(畏其筆端)]

《남사(南史)》의 기록이다. 송(宋) 유우(劉瑀)1064가 어사중승이 되었는데, 제멋대로 행동하고 성질을 부려 조정에 있는 인사들이 그의 붓끝을 두려워하지 않는 이가 없었다.

南史. 宋劉瑀爲御史中丞, 恃性使氣, 在朝之士, 莫不畏其筆端.1065

앉거나 누울 때 자리를 바꾸다.[좌와역처(坐臥易處)]

한(漢) 두연년(杜延年)1066은 자가 유공(幼公)으로 두주(杜周)1067의 작은아들이다. 관대하고 후덕하며 법률에 밝아 어사대부에 제수되어 부친의 관직에 있게 되자 옛 자리를 감당하지 못하여 앉거나 누울 때 항상 그 자리를 바꿨다.

漢杜延年, 字幼公, 周少子也. 寬厚明法律, 拜御史大夫, 居父官, 不敢當舊位, 坐臥皆易其處.1068

〈공중승께 올리는 글[상공중승서(上孔中丞書)]〉[석개(石介)1069] 공자(孔子)의 도가 당대에 행해지지 않았지만 그 집안에 전해진 것이 곧바로 40여 세대가 되었으니 자손을 기다린 것이 이처럼 그렇게 멀리 내려왔습니다.

공자가 돌아가신 후에 세상에 자사(子思)1070가 계셨고 공안국(孔安國)1071이 계셨으며 공영달(孔穎達)1072이 계셨지만, 그 말씀을 드러내어 밝힌 데에서 그쳤을 뿐입니다. 한(漢)나라에서는 공광(孔光)을 재상으로 삼았고 당(唐)나라에서는 공위(孔緯)를 재상으로 삼아서 비록 지위를 얻었지만 역시 그 도를 다 행할 수는 없었습니다.

공자의 도가 어찌 그 집안에만 성대하게 서려 있었

1059. 《송사(宋史)·황흡전(黃洽傳)》에는, "洽常言, 居家不欺親, 仕不欺君, 仰不欺天, 俯不欺人, 幽不欺鬼神, 何用求福報哉"로 되어있다.
1060. 왕승유(王僧孺): 남조(南朝) 양(梁) 동해(東海) 출신으로 남해태수(南海太守), 어사중승(御史中丞) 등을 역임하였다.
1061. 《남사(南史)·왕승유전(王僧孺傳)》
1062. 장면(張緬): 남조(南朝) 양(梁) 방성(方城) 출신으로 자가 원장(元長)이다. 예장내사(豫章內史)를 역임하였다.
1063. 《남사(南史)·장면전(張緬傳)》
1064. 유우(劉瑀): 남조(南朝) 송(宋) 거(莒) 출신으로 동양태수(東陽太守), 이부상서(吏部尙書) 등을 역임하였다.
1065. 《남사(南史)·유우전(劉瑀傳)》
1066. 두연년(杜延年): 한(漢) 두연(杜衍) 출신으로 자가 유공(幼公)이다. 북지태수(北地太守), 어사대부(御史大夫) 등을 역임하였다.
1067. 두주(杜周): 한(漢) 두연(杜衍) 출신으로 어사대부(御史大夫)를 역임하였다.
1068. 《전한서(前漢書)·두연년전(杜延年傳)》
1069. 석개(石介): 송(宋) 연주(兗州) 출신으로 자가 수도(守道)이다. 국자감직강(國子監直講), 태자중윤(太子中允) 등을 역임하였다.
1070. 자사(子思): 공자(孔子)의 손자인 공급(孔伋)으로 자가 자사(子思)이다. 《중용(中庸)》을 지었다고 전해지며 술성공(述聖公)으로 칭해진다.
1071. 공안국(孔安國): 공자(孔子)의 12세손으로 자가 자국(子國)이다. 《시경(詩經)》, 《상서(尙書)》에 뛰어났던 한대(漢代)의 경학가로 간의대부(諫議大夫), 임회태수(臨淮太守) 등을 역임하였다.
1072. 공영달(孔穎達): 공자(孔子)의 32세손으로 자가 중달(仲達)이다. 당(唐) 형수(衡水) 출신으로 국자사업(國子司業), 좨주(祭酒) 등을 역임하였으며 《오경정의(五經正義)》를 편찬하였다.

겠습니까? 바로 약동하고 솟아나와 천하에 흩어져 천하 사람들이 모두 그것을 얻을 수 있었습니다. 한(漢) 고조(高祖)와 당(唐) 태종(太宗)이 위에서 그것을 얻을 수 있어서 그것으로 천하를 소유한 것이 300년이었고, 맹가(孟軻), 양웅(揚雄), 문중자(文中子), 한유(韓愈)가 아래에서 그것을 얻을 수 있어서 그것으로 억만 세대에 명성을 소유하고 있습니다.

오직 공자의 자손만이 그것을 얻은 자가 없었는데, 40여 세대를 기다려 거의 2,000년 만에 합하(閤下)께서 비로소 그것을 얻으셨습니다. 지금 공자의 도가 오로지 합하에게만 있는 것은 아니지만, 합하 또한 밝게 천하에 명성과 공적이 있어 조정에서 다시 지위를 얻고 천하에 쓰이게 되셨습니다. 합하는 단지 공자의 도를 터득하실 수 있었을 뿐 아니라 장차 공자의 도를 가지고 성군(聖君)을 섬기고 천하에 베풀어 국가로 하여금 요순시대가 되고 하은주가 되며 양한(兩漢)이 되고 위대한 당(唐)나라가 되게 하실 것입니다.

공자의 뜻은, "나의 뜻은 《춘추(春秋)》에 있다"라고 한 것입니다. 《춘추》는 천자의 일입니다. 세상은 쇠퇴하고 도는 희미해져 부정한 학설과 포악한 행동이 다시 일어나 신하가 임금을 살해하는 자도 있게 되고 자식이 부모를 살해하는 자도 있게 되었습니다. 공자가 이것을 염려하시고 또 당시에 임금이 없고 자신은 지위가 없어 벌 줄 수가 없고 바로잡을 수가 없어 결국 《춘추》를 지으셨으니, 왕의 기강을 바르게 하시고 왕의 법도를 들어올린 것입니다. 그러므로 《춘추》가 이루어지자 나라를 어지럽히는 신하들과 부모를 해치는 자식들이 두려워하게 되었습니다. 사구(司寇)가 되어서는 7일 만에 양관(兩觀)[1073]의 아래에서 소정묘(少正卯)를 죽였고, 재상의 일을 대행하면서는 제(齊)나라가 결국 하남(河南)에서 감히 무력을 과시하지 못했습니다.

당시의 군주는 어두웠고 당시의 지위는 대행이었으니 오히려 합하께서 명군(明君)을 만나고 큰 지위를 얻으신 것에 미치지 못하였는데, 중승(中丞)이 되시고 달을 넘기면서도 거행하신 것이 있다고 듣지 못했습니다. 합하께서 조정에 계신데 조정에는 여전히 간신들이 감히 자리를 잡고 있습니다. 천하에 좀 같은 도적들이 아직 모두 제거되지 않은 것은 공자의 도가 아직 다 행해지지 않았음이니 아마도 공자께서 곧바로 40여 세대, 근 2,000년 동안 합하를 기다린 것일 것입니다. 합하는 그것을 염두에 두셔야 합니다.

또 천자께서 어사부(御史府)를 세우시어 그 지위를 존중하고 그 임무를 높이시어 다른 부서와 나란하게 하지 않으셨습니다. 옛날에 대부(大夫)가 있을 때에 중승(中丞)은 아대부(亞大夫)로서 그 관속들을 통솔하였는데, 지금은 대부가 없으니 중승이 그 수장입니다. 그러므로 중승의 임무가 특히 중요하고 중승의 책임이 더욱 무겁습니다. 군주에게 편안히 놀거나 덕을 잃는 일, 이치를 어지럽히거나 도리를 잃는 일, 정치를 그르치거나 간언을 어기는 일, 충성스러운 사람을 폐기하고 현자를 소홀히 대하는 일이 있으면 어사부에서 간언으로 책망할 수 있고, 재상이 머뭇거리며 임금의 뜻이나 따르고 윗사람의 총명을 가리고 아랫사람을 속이며 총애를 탐하고 간쟁을 꺼리며 은혜를 제멋대로 행사하고 위력을 부리면[1074] 어사부에서 규탄하여 바로잡을 수 있고, 장수가 교만하고 사나워 순종하지 않고 무력을 믿고 함부로 해악을 끼치며 무력을 함부로 사용하거나 전투를 포기하며 형벌을 가혹하게 하거나 백성들에게 해독을 끼치면 어사부에서 따지고 탄핵할 수 있습니다.

1073. 양관(兩觀): 공자가 소정묘(少正卯)를 처형한 곳으로, 이후에는 형벌을 집행하는 곳의 뜻이 되었다.

1074. 《상서(尙書)·홍범(洪範)》, "惟辟作福, 惟辟作威."

군주는 지극히 높고 재상과 장수는 지극히 귀한데도 또한 간언하고 책망하며 바로잡고 탄핵할 수 있으니 나머지는 알 만합니다. 어사부의 존엄이 이와 같아 궁전의 섬돌 아래, 조정의 위에서 백관들을 나아가게 하고 물리치며 정교(政教)를 행하고 호령을 내며 제도를 밝히고 상벌을 규범대로 함에 있어, 법대로 하지 않는 것이 있으면 어사(御史)는 말을 할 수 있습니다. 어사부는 중서성(中書省)이나 추밀원(樞密院)에 비하여 비록 약간 낮은 듯하나 중서성과 추밀원도 감히 어사부와 위엄을 다투고 예의를 따지지 못하고 도리어 두려워하면서 높이고 섬기니 어사부의 중요성은 아마 더불어 비할 곳이 없을 것입니다. 그러나 모름지기 합하와 같은 이를 얻어 그곳에 재직해야만이 비로소 귀해질 것입니다.

《주역(周易)》에 이르기를, "만약 올바른 사람이 아니면 도는 헛되이 행해지지 않는다"[1075]라 하였고 《예기(禮記)》에 이르기를, "올바른 사람이 있으면 정사는 거행된다"[1076]라고 하였습니다. 합하는 성인의 후예이고 또 성인의 도를 얻을 수 있었으니 반듯하고 중후함, 곧고 바름, 공정하고 충직함, 청렴하고 정직함, 세차고 찬란함으로 조정에 계시면서 천자를 위하여 옳은 일을 권하고 그른 일을 금하며 계획을 돕고 기강을 유지해야 합니다.

천하가 그 풍채를 보기를 바란 것이 15년이었습니다. 그 사이에 맑은 충심을 가려서 장차 크게 쓰이기를 기대하였고 또 두루 외지를 다스리시어 다시 그 능력을 살폈으며 벗어나 주요 주군(州郡)을 겪으면서 모두 탁월하게 치적이 있어 소문이 조정에까지 들리고 도성[일하(日下)[1077]]에 퍼졌습니다. 어사부의 중승이 자리가 비었을 때에, 궁궐[자신(紫宸)[1078]]의 전각 아래에 도열한 이들이 금을 찬 것이 찬란하였고 걷는 소리가 아름다워 백으로 헤아릴 정도였으나 천자께서는 그들을 임용하지 않으시고 마침내 남쪽으로 300리를 달리게 하여 역마(驛馬)로 합하를 부르시어 곧바로 그 관서에 들어가 그 지위에 오르게 하셨습니다. 폐하께서 홀로 정무를 돌보신 이래 뛰어난 인재를 등용하여 올리시고 소인배들을 내쳐 물리치셨으며 옛것을 고쳐 새롭게 바꾸시니 백 가지 법도가 닦이고 거행되었으며 태평(太平)의 기대가 해와 달처럼 높았는데, 천심과 인심이 오히려 답답한 채 크게 펼쳐지지 않은 것은 합하께서 아직 큰 임무를 관리하고 계셨기 때문입니다. 이에 이르러 천심과 인심이 비로소 크게 펴졌습니다.

합하는 처음부터 끝까지 모두 곧은 도로써 나가셨으니, 《시경(詩經)》에 이르기를, "(훌륭한) 처음이 있지 않은 이가 없으나 (훌륭한) 마무리가 있을 수 있는 이가 드물다"[1079]라고 하였습니다. 제가 일찍이 조정의 대부들이 하는 말을 들었는데, "모 관리가 모 관직을 맡았을 때, 충성스럽고 굳세며 바른 말을 하고 곧아서 강직하게 과감히 간언하면서 황제의 뜻을 거스르면서 죽음을 피하지 않았다. 이 때문에 군주가 알아주어 명성이 성대하여 조정과 민간에 진동하였고 4, 5년이 되지 않아 높은 벼슬자리를 얻게 되었다. 지금 모 관직을 맡아 지위가 더욱 높고 몸이 더욱 귀하며 녹은 많고 은혜가 두터우며 개인 집에서 푸른 인끈[청수(青綬)[1080]]을 끄는 자가 5,6명이 되며 문 앞이 불처럼 요란하여 손을 델 정도이다. 다만 이 세력과 영예에 아쉬운 바가 있는 것은 물건이 그의 귀를 막은 듯하고 나뭇잎이 그의 눈을 가린 듯하며 재갈이 그의 입을 채운 듯하여, 조정에 잘못된 정

1075. 《주역(周易)·계사하전(繫辭下傳)》
1076. 《예기(禮記)·중용(中庸)》, "子曰, 文武之政, 布在方策, 其人存則其政擧, 其人亡則其政息."
1077. 일하(日下): 황제를 태양에 비기어 황제가 머물러 있는 곳을 가리킨다.
1078. 자신(紫宸): 당송(唐宋) 시대의 궁궐 이름에서 일반적으로 궁궐을 가리키는 말로 쓰인다.
1079. 《시경(詩經)·대아(大雅)·탕(蕩)》
1080. 청수(青綬): 관인(官印)의 끈, 나아가 관인(官印)을 가리킨다.

사가 있고 국가에 빠진 일이 있는데도 듣지 않은 듯이 하고 보지 않은 듯이 하면서 다시 말하지 않으니 이전의 충성스럽고 굳세며 바른 말을 하고 곧아서 강직하게 과감히 간언하였던 것은 명예를 탐했던 것일 뿐이거나 빨리 출세하려는 수단으로 삼은 것이다"라고 하였습니다.

생각건대 선비가 그 자신에게 도덕을 쌓아 나가고 인의를 넉넉하게 하는 것은 권세와 지위를 빌려 일을 행하는 데에 펼쳐 천하를 이롭게 하려는 것이니, 어찌 자잘하게 의식(衣食)을 도모하는 것이 있겠습니까? 안색을 바로 하고 자신을 곧게 한 채 조정에 서서 올바른 도를 행하는데도 가령 천하에 이런 논란이 있다면 어찌 해로움이 없겠습니까? 고금으로 군자는 적고 소인은 많았으며 군자는 항상 소인을 이길 수 없었습니다. 소인은 항상 군자를 이길 뿐만 아니라 또한 용납하지 못하여, 곧은 사람을 미워하고 바른 사람을 싫어하여 간악함이 실로 많습니다. 요행히 조정에 한 명의 군자가 있더라도 백 명의 소인이 그를 배척하니, 철 심장과 돌 창자를 가지고 굳세고 바른 채 꺾이지 않는 경우가 아니라면 따라서 휩쓸리지 않는 자가 없습니다. 소인이 군자를 용납하지 못하는 것이 이와 같은데도 절의를 위해 죽어 명예를 영원히 마무리하지 못하고, 중도에 또는 만년에 그저 변절이 있다면 바로 소인에게 배척되는 것도 마땅합니다.

지금 어떤 사람이 지위가 높지 않아 몸이 아래에 있으나 단단하고 바르게 자신을 돌아보지 않고 감히 직언하고 끝까지 간쟁하면서 천자의 면전에서 따지고 상소문으로 따져 천하의 이해를 논한다면 여러 소인들이 반드시 무리지어 서서 손가락질하면서 말하기를, "이 사람은 빨리 출세하고자 빈 명예를 탐하는 것이다"라고 할 것이니 도를 행하기가 어렵습니다. 아! 우리가 소인들에게 용납받지 못하고 천하에 뜻을 펼 수 없는 것이 진실로 이와 같습니다. 주공(周公)과 공자의 도를 배우고, 써 주지 않으면 거두어 간직하고 써 주면 기꺼이 참되게 장차 국가에 베풀고 천하에 펴서 우리 군주를 보좌하고 우리 백성을 편안하게 해야 할 뿐입니다. 여러 소인들이 배척하고 헐뜯음이 그치지 않는 것은 족히 괴이하게 여길 것이 없습니다.

합하께서도 마땅히 크게 경계하시어 천하 사람들로 하여금 의논하는 바가 없도록 하신다면 군자들도 매우 다행이겠고 천하 사람들도 매우 다행일 것입니다.

夫子之道, 不行於當年, 傳於其家, 直四十餘世, 以俟子孫, 如此其遠也. 夫子沒後, 世有子思焉, 安國焉, 穎達焉, 止於發揚其言而已. 有漢相光, 唐相緯, 雖得位, 亦不能盡行其道. 夫子之道, 其肯鬱然蟠伏於其家. 乃躍起奮出, 散漫於天下, 天下人皆可以得之. 漢高祖·唐太宗, 能得之於上, 以之有天下三百年, 孟軻·揚雄·文中子·韓愈, 能得之於下, 以之有其名於億萬世. 唯孔氏子孫, 無有得之者, 俟四十餘世, 僅二千年, 閤下乃得之. 今夫子之道, 不專在於閤下也, 閤下又且赫然有聲烈於天下, 復得位於朝, 見用於天下. 閤下徒能得夫子之道, 其將以夫子之道, 事於聖君, 施於天下, 俾國家爲二帝, 爲三王, 爲兩漢, 爲鉅唐矣. 夫子之志曰, 吾志在春秋. 春秋, 天子之事也. 世衰道微, 邪說暴行有作, 臣弑其君, 者有之, 子弑其父者有之. 夫子懼之, 而又時無君, 己無位, 不能誅, 不能正, 乃作春秋焉, 所以正王綱, 擧王法. 故春秋成, 亂臣賊子懼. 爲司寇, 則七日而誅少正卯於兩觀之下, 攝相事, 則齊終不敢窺兵河南. 當時之君, 則昏也, 當時之位, 則攝也, 尙不及閤下得明君, 有大位, 爲中丞, 逾月而未聞有擧焉. 閤下在朝, 朝廷尙有奸臣敢在位. 天下蠹賊未悉除, 是夫子道猶未克盡擧, 豈夫子直四十餘世, 僅二千年, 以俟閤下. 閤下宜念之. 且天子之設御史府, 尊其位, 崇其任, 不與他府竝. 舊有大夫, 則中丞亞大夫, 而領其屬, 今大夫闕, 則中丞其長也. 故中丞之任, 特重焉, 中丞之責, 尤重焉. 君有佚豫失德, 悖亂亡道,荒政咈諫, 廢忠慢賢, 御史府得以諫責之, 相有依違順旨, 蔽上罔下, 貪寵忌諫, 專福作威, 御史府得以糾繩之, 將有驕悍不順, 恃武肆害, 玩兵棄戰, 暴刑毒民, 御史府得以擧劾之. 君至尊也, 相與將至貴也, 且得諫責糾劾之, 餘可知也. 御史府之尊嚴也, 如此, 軒陛之下, 廟堂之上, 進退百官, 行政敎, 出號令, 明制度, 紀賞罰, 有不如法者, 御史得言之. 御史府視中書樞密, 雖若卑, 中書樞密, 亦不敢與御史府抗威爭禮, 而反畏悚而尊事之, 御史府之重, 其無與比. 然須得如閤下者居之, 始貴矣. 易曰, 苟非其人, 道不虛行. 禮曰, 人存則政擧. 閤下聖人之後, 又能得聖人之道, 以方重·剛正·公忠·淸直·烈烈在於朝, 爲天子獻可替否, 贊謀猷, 持綱紀. 天下想望其風采者, 十五年. 間簡於淸衷, 期將大用, 且歷觀於外, 更觀其能, 違更三大藩, 皆卓然有治, 聲聞於天府, 浹於日下. 御史府中丞虛位日, 班於紫宸殿下, 佩金煌煌, 行聲鏘鏘, 且有百數, 天子弗錄之, 乃南走三百里, 以驛召閤下, 直入其府, 登其位. 自陛下獨決萬機來, 登崇俊良, 黜逐纖人, 革故鼎新, 百度修擧, 太平之望, 日月以降然, 而天人之心, 猶鬱然不大舒釋者, 以閤下尙稽大任也. 至是天人之心, 始大舒釋矣. 閤下自初及終, 皆以直道進, 詩曰, 靡不有初, 鮮克有終. 介嘗聞朝大夫語曰, 有某官爲某官時, 忠鯁讜直, 蹇蹇敢言, 觸龍逆鱗, 不避誅死. 由是人主知之, 聲名藹然, 聳動朝野, 不四五年, 取顯仕. 今爲某官, 位彌高, 身彌貴, 祿厚惠渥, 私庭曳靑綬者, 五六人, 門前炎炎, 可炙手. 顧此勢力榮寵有所惜也, 如有物塞其耳, 如有葉蔽其目, 如有鉗鍼其口, 朝廷有闕政, 國家有遺事, 若不聞, 若不覩, 而不復言, 則嚮之忠鯁讜直蹇蹇敢言, 乃沽名耳, 其以爲速進之媒乎. 意士之積道德, 富仁義於厥身, 蓋假於權位, 以布諸行事, 利於天下也, 豈有屑屑然謀夫衣食者歟. 正色直已, 立於朝廷, 行其道, 乃使天下有此論, 庸無傷乎. 古今君子少, 小人多, 君子常不勝小人. 小人不惟常勝君子, 而又不能容之, 惡直醜正, 嚚嚚實繁. 幸而有一君子在於朝, 則百小人排之, 非鐵心石腸, 剛正不折, 未有不隨而靡者. 小人不容君子也, 如是, 而不能死節, 以永終譽, 中塗晩節, 須有渝變, 宜以爲小人之所排也. 今有人位未顯, 身在下, 能堅正不顧其身, 敢直言極諫, 犯天子顔色, 封章抗疏, 論天下利害, 群小人必叢立指點曰, 此人速進也, 沽虛名也. 難以行道也. 吁吾徒不見容於小人也, 不敢信於天下也. 固若是乎. 學周公孔子之道, 不用則卷而懷之, 用則肯已乎實將施及國家, 布於天下, 以左右吾君, 綏吾民耳. 群小人排毁不已, 無足怪也. 閤下亦當大警戒之, 勿使天下有所論, 則君子幸甚, 天下幸甚.

【유원총보 권 15】

관직문(官職門)

국자감 國子監

• 《주례(周禮)》의 기록이다. 사씨(師氏)[1]는 삼덕(三德)과 삼행(三行)으로 귀족의 자제를 교육하였다.[2] 보씨(保氏)[3]는 도(道)로 귀족의 자제를 기르고 육예(六藝)와 육의(六儀)로 그들을 가르쳤다.[4] 대사악(大司樂)[5]은 태학(太學)의 법도를 담당하여 제후국의 학사(學事)를 다스려 귀족의 자제들을 모았다.[6] 국자(國子)라는 명칭이 여기에서 비롯되었다. 한(漢)에서 박사(博士)를 두었는데 동한(東漢)에 이르러서는 모두 14명이었다. 총명하고 중후한 자 한 사람으로 좨주(祭酒)를 삼았다.

周禮. 師氏以三德三行, 教國子. 保氏養國子以道, 教之以六藝六儀. 大司樂掌成均之法, 以治建國之學政, 而合國之子弟焉. 國子之名, 自此始. 漢置博士, 至東京, 凡十四人. 以聰明威重者一人, 爲祭酒.[7]

• 《석명(釋名)》의 기록이다. 좨주(祭酒)라는 것은 육신(六神)[8]에게 제사를 지내는 이를 이르는데 먼저 술을 부어 강신한다. 무릇 회동과 연회에서 지위가 높고 나이가 많은 사람이 먼저 봉행(奉行)하는데 먼저 봉행할 때에 반드시 술로 제사 지내는 것이 먼저이기 때문에 '좨주(祭酒)'라고 하였다.

釋名曰. 祭酒者, 謂祭六神, 先以酒沃酹之也. 凡會同饗讌, 必尊長先用, 先用, 必以酒祭先, 故曰祭酒.[9]

• 호광(胡廣)[10]이 말하였다. 무릇 관직명이 좨주(祭酒)인 자는 모두 한 직위에 있어서의 원로이다. 옛날에 손님이 주인의 음식을 받으면 노인 한 사람이 술을 들어 땅에 제사를 지냈기 때문에 좨주(祭酒)라고 이름을 붙였다.

胡廣曰. 凡官名祭酒, 皆一位之元長. 古者賓得主人饌, 則老者一人擧酒以祭地, 故以祭酒爲名.[11]

• 수(隋)나라에서 국자학(國子學)을 바꾸어 국자감(國子監)이라 하였다. 당(唐) 용삭(龍朔)[12] 연간에 사성관(司成館)으로 바꾸었고 광택(光宅)[13] 연간에는 성균감(成均監)으로 바꾸었다.

隋改國子學爲國子監. 唐龍朔中改爲司成館, 光宅中改成均監.[14]

---

1. 사씨(師氏): 주대(周代)의 벼슬 이름으로 귀족 자제의 교육을 담당하였다.
2. 《주례(周禮)·지관(地官)·사씨(師氏)》에, "師氏掌以媺詔王. 以三德教國子, 一曰至德, 以爲道本. 二曰敏德, 以爲行本. 三曰孝德, 以知逆惡. 教三行, 一曰孝行, 以親父母, 二曰友行, 以尊賢良, 三曰順行, 以事師長"이라고 하였다.
3. 보씨(保氏): 주대(周代)의 벼슬 이름으로 군주의 잘못을 간언하고 귀족 자제의 교육을 담당하였다.
4. 《주례(周禮)·지관(地官)·보씨(保氏)》에, "保氏掌諫王惡, 而養國子以道, 乃教之六藝, 一曰五禮, 二曰六樂, 三曰五射, 四曰五馭, 五曰六書, 六曰九數. 乃教之六儀, 一曰祭祀之容, 二曰賓客之容, 三曰朝廷之容, 四曰喪紀之容, 五曰軍旅之容, 六曰車馬之容"이라고 하였다.
5. 대사악(大司樂): 주대(周代)의 벼슬 이름으로 귀족 자제에게 음악과 춤을 가르쳤다.
6. 《주례(周禮)·춘관(春官)·대사악(大司樂)》
7. 《산당사고(山堂肆考)·신직(臣職)》
8. 육신(六神): 옛날에 제사를 올리던 여섯 신으로 여러 설이 있다. (1) 한(漢) 복승(伏勝)·마융(馬融): 天, 地, 春, 夏, 秋, 冬. (2) 한(漢) 가규(賈逵): 日, 月, 星(天宗), 河, 海, 岱(地宗). (3) 진(晋) 왕숙(王肅): 四时, 寒暑, 日, 月, 星, 水旱. '육종(六宗)'이라고도 한다.
9. 《태평어람(太平御覽)·직관부(職官部)》
10. 호광(胡廣): 동한(東漢) 남군(南郡) 출신으로 자가 백시(伯始)이다. 상서랑(尙書郞), 사공(司空), 태부(太傅) 등을 역임하며 여섯 황제를 섬겼다. 겸손하면서도 일에 능하여 "萬事不理問伯始, 天下中庸有胡公"이라는 칭송이 있었다.
11. 《산당사고(山堂肆考)·신직(臣職)》
12. 용삭(龍朔): 당(唐) 고종(高宗)의 연호(661-663)이다.
13. 광택(光宅): 당(唐) 예종(睿宗)의 연호(684)이다.
14. 《산당사고(山堂肆考)·신직(臣職)》

삼로(三老)[15]와 오경(五更)[16][삼로오경(三老五更)]

삼로와 오경이라는 이들은 삼대(三代)에서 높이던 이들이다. 천자는 삼로를 부친처럼 섬겼고 오경을 형처럼 섬겼으니, 친히 어깨를 드러내고 희생을 자르며 육장(肉醬)을 집어서 드리고 술잔을 집어서 입을 헹군다.['酳'은 음이 '윤(胤)'이니 헹구는 것이다.] 삼공(三公)이 안석을 마련해 드리고 구경(九卿)이 신발을 반듯하게 해드리며 축경(祝饐)[17]이 앞에 있고 축의(祝饐)[18]가 뒤에 있다. 사자(使者)가 편안한 수레[안거(安車)[19]]와 부드러운 수레로 전송하고 영접함에 집에까지 이르는데 천자는 홀로 문가리개에서 절을 한다. 그다음 날 삼로가 대궐에 나가 사례하는데 그 예우가 매우 높았던 것 때문이다.

三老五更者, 三代所尊也. 天子父事三老, 兄事五更, 親袒割牲, 執醬而饋, 執爵而酳.[音胤酉, 漱也.] 三公設几, 九卿正履, 祝饐在前, 祝饐在後. 使者, 安車輭輪, 送迎至家, 天子獨拜於屛. 其明日, 三老詣闕謝, 以其禮遇太尊故也.[20]

삼(三)이라는 것은 도(道)가 삼(三)에서 이루어지니 천(天)·지(地)·인(人)을 일컫는다. 노(老)라는 것은 오래됨이고 장수함이다. 오(五)라는 것은 오륜(五倫)을 가르치는 것이고, 경(更)이라는 것은 바꿔서 대신하는 것이니 그들이 선도(善道)로 자신을 고쳐 바꿀 수 있음을 말한다. 그러므로 삼로와 오경은 모두 도를 지니고 있고 배우자와 자녀가 온전히 갖추어진 자를 취하여 삼는다. 정현(鄭玄)[21]이 말하기를, "노(老)와 경(更)은 호문(互文)으로 말한 것일 뿐이니, 모두가 노인으로 삼덕(三德)[22]과 오사(五事)[23]를 잘 아는 자이다"라고 하였다. 채옹(蔡邕)[24]이 말하기를, "경(更)은 아마 수(叟)자의 잘못일 것이다"라고 하였다.

三者, 道成於三, 謂天地人也. 老者[25], 舊也, 壽也. 五者, 訓於五品, 更者, 更相代, 言其能以善道改更已也. 故三老五更, 皆取有道夫妻男女完具者, 爲之. 鄭玄曰, 老更, 互言之耳, 皆老人更知三從[26]五事者也. 蔡邕曰, 更, 當爲叟字之誤也.[27]

한(漢) 명제(明帝)[28]는 이궁(李躬)[29]을 삼로로 삼고 환영(桓榮)[30]을 오경으로 삼았으며 안제(安帝)[31]

---

15. 삼로(三老): 세 국로(國老)이다. 주로 재상으로 벼슬을 그만둔 이들이 맡는다.
16. 오경(五更): 벼슬을 그만둔 노인들에게 내리던 관직명이다.
17. 축경(祝饐): 제왕이 삼로와 오경에게 음식을 대접하면서 목이 메지 않도록 축원하게 하는 일, 또는 그 사람을 가리킨다.
18. 축의(祝饐): 축경(祝饐)과 같은 직책이다.
19. 안거(安車): 노인과 부녀자용으로 만든 수레이다.
20. 《통전(通典)·직관(職官)》
21. 정현(鄭玄): 동한(東漢) 고밀(高密) 출신으로 자가 강성(康成)이다. 한대(漢代) 경학(經學)의 집대성자로 그의 학문을 정학(鄭學)이라 한다.
22. 삼덕(三德): 주 2) 참조
23. 오사(五事): 《서경(書經)·홍범(洪範)》에, "五事, 一曰貌, 二曰言, 三曰視, 四曰聽, 五曰思, 貌曰恭, 言曰從, 視曰明, 聽曰聰, 思曰睿, 恭作肅, 從作乂, 明作哲, 聰作謀, 睿作聖"이라고 하였다.
24. 채옹(蔡邕): 동한(東漢) 진류(陳留) 출신으로 자가 백개(伯喈)이다. 낭중(郎中), 중랑장(中郎將) 등을 역임하였다. 시부(詩賦)를 잘하였으며, 저서에 《채중랑전집(蔡仲郎全集)》이 있다.
25. 《유원총보》의 '者'는 '耆'의 오류이다.[《군서고색(羣書考索)·사문(士門)》]
26. '三從'은 《군서고색(羣書考索)·사문(士門)》에는, '三德'으로 되어 있다.
27. 《군서고색(羣書考索)·사문(士門)》
28. 명제(明帝): 동한(東漢) 제2대 황제로 재위 기간은 58-75년이다.
29. 이궁(李躬): 동한(東漢) 사람으로 명제(明帝) 영평(永平) 연간에 삼로(三老)가 되어 2천 석(二千石)의 대우를 받았다.
30. 환영(桓榮): 동한(東漢) 패군(沛郡) 출신으로 자가 춘경(春卿)이다. 광무제(光武帝) 시기에 의랑(議郎)으로 태자[명제(明帝)]의 교육을 담당하였다.
31. 안제(安帝): 동한(東漢) 제6대 황제로 재위 기간은 107-125년이다.

는 노비(魯丕)[32]와 이충(李充)[33]을 삼로로 삼았다. 영제(靈帝)[34]는 원봉(袁逢)[35]을 삼로로 삼고 옥 지팡이를 하사하였다. 옥 지팡이는 길이가 9척이고 끝부분을 비둘기로 장식하였는데, 비둘기라는 것은 목이 메지 않는 새라서 노인이 목이 메지 않기를 바란 것이다.

漢明帝以李躬爲三老, 桓榮爲五更, 安帝以魯丕·李元[36]爲三老. 靈帝以袁逢爲三老, 賜以玉杖. 玉杖長九尺, 端以鳩爲飾, 鳩者, 不咽之鳥, 欲老人之不咽也.[37]

위(魏) 고귀향공(高貴鄕公)[38]이 태학(太學)에 행차하여 왕상(王祥)[39]을 임명하여 삼로로 삼고 정소동(鄭小同)[40]을 오경으로 삼았다. 왕상이 남쪽으로 향하여 지팡이를 짚고 스승의 도리로 자처함에 천자가 북쪽으로 향하여 말씀을 청하니, 명철하고 훌륭했던 제왕들의 군신 간의 정치교화의 요체를 진술하였다.

魏高貴鄕公幸太學, 命王祥爲三老, 鄭小同爲五更. 祥南面几杖, 師道自居, 天子北面乞言, 陳明王聖帝君臣政化之要.[41]

후위(後魏)[북위(北魏)] 효문제(孝文帝)[42]가 울원(尉元)[43]을 삼로로 삼고 유명근(游明根)[44]을 오경으로 삼았다. 황제가 삼로에게 재배하고 숙배(肅拜)[지금의 읍(揖)이다.]하였으며 삼로에게 상공(上公)[45]의 녹봉을 주고 오경에게 으뜸이 되는 경(卿)의 녹봉을 주었다.

後魏孝文以尉元爲三老, 游明根爲五更. 帝再拜三老, 肅拜,[今之揖也.] 給三老上公之祿, 五更元卿之祿.[46]

후주(後周)[북주(北周)] 무제(武帝)[47]가 우근(于謹)[48]을 삼로로 삼고 연년장(延年杖)[49]을 하사하였다. 황제가 태학에 행차하여 그 나머지 사람들에게 음식을 내리니 역대로 모두 없었던 일이다.

後周武帝以于謹爲三老, 賜延年杖. 帝幸太學, 以食

32. 노비(魯丕): 동한(東漢) 부풍(扶風) 출신으로 자가 숙릉(叔陵)이다. 청주자사(靑州刺史), 시중(侍中) 등을 역임하였다. 오경(五經)에 정통하여 당대의 명유로 이름났다.
33. 이충(李充): 동한(東漢) 진류(陳留) 출신으로 자가 대손(大遜)이다. 박사(博士), 시중(侍中), 좌중랑장(左中郎將) 등을 역임하였다.
34. 영제(靈帝): 동한(東漢) 제11대 황제로 재위 기간은 168-189년이다.
35. 원봉(袁逢): 동한(東漢) 여남(汝南) 출신으로 자가 주양(周陽)이다. 사공(司空), 집금오(執金吾) 등을 역임하였다.
36. 《유원총보》의 '李元'은 '李充'의 오류이다.[《통전(通典)·직관(職官)》]
37. 《통전(通典)·직관(職官)》: "玉杖長九尺, 端以鳩爲飾. 鳩者, 不咽之鳥, 欲老人之不咽也"의 부분은 '玉杖'에 대한 주석이다.
38. 고귀향공(高貴鄕公): 위(魏) 제4대 황제로 재위 기간은 254-259년이다.
39. 왕상(王祥): 삼국(三國) 위(魏) 임기(臨沂) 출신으로 자가 휴징(休徵)이다. 계모를 효성으로 섬겨 중국 24효(孝) 중의 한 사람으로 일컬어진다. 사공(司空), 태위(太尉), 태보(太保) 등을 역임하였다.
40. 정소동(鄭小同): 삼국(三國) 위(魏) 북해(北海) 출신으로 정현(鄭玄)의 손자이다. 낭중(郎中), 오경(五更), 시중(侍中) 등을 역임하였다.
41. 《진서(晉書)·왕상전(王祥傳)》
42. 효문제(孝文帝): 북위(北魏) 제7대 황제로 재위 기간은 471-499년이다.
43. 울원(尉元): 북위(北魏) 대(代) 출신으로 자가 구인(苟仁)이다. 지절도독동도제군사(持節都督東都諸軍事), 사도(司徒) 등을 역임하였다.
44. 유명근(游明根): 북위(北魏) 광평(廣平) 출신으로 자가 지원(志遠)이다. 지절도독동도제군사(持節都督東都諸軍事), 사도(司徒) 등을 역임하였다.
45. 상공(上公): 태재(太宰), 태부(太傅), 태보(太保)를 가리킨다.
46. 《통전(通典)·직관(職官)》
47. 무제(武帝): 북주(北周) 제3대 황제로 재위 기간은 561-578년이다.
48. 우근(于謹): 북주(北周) 낙양(洛陽) 출신으로 자가 사경(思敬)이다. 태부(太傅)를 역임하였으며 연국공(燕國公)에 봉해졌다.
49. 연년장(延年杖): 군주가 연로한 신하에게 하사하던 지팡이이다.

之其餘, 歷代皆無.[50]

좨주(祭酒) 당(唐) 사성관좨주(司成館祭酒)는 육학(六學)[51]을 통솔하였는데 모두 유학(儒學)이 뛰어난 자로 삼았다. 용삭(龍朔)[52] 연간에 좨주(祭酒)를 바꾸어 대사성(大司成)이라고 하였다. 육학(六學)은 국자학(國子學), 태학(太學), 사문학(四門學), 율학(律學), 서학(書學), 산학(算學)을 이른다.

唐司成館祭酒領六學, 皆以儒學優重者爲之. 龍朔中改祭酒爲大司成. 六學, 曰國子學, 曰太學, 曰四門學, 曰律學, 曰書學, 曰算學.[53]

삼대의 국사(國師)[삼세국사(三世國師)] 양(梁) 왕승(王承)[54]은 유학(儒學)을 좋아하여 국자좨주(國子祭酒)로 전보되었다. 왕승의 조부인 왕검(王儉),[55] 부친인 왕간(王暕[56])이 모두 이 직책을 수행하여 삼대가 국사(國師)가 되었으니 전대에 없는 일이다.

梁王承好儒學, 轉國子祭酒. 丞祖儉 · 父暕, 皆爲此職, 三世爲國師, 前代未有也.[57]

옛 전장제도(典章制度)에 익숙하다.[명습고사(明習故事)] 한(漢) 장안세(張安世)[58]가 소무(蘇武)[59]를 추천하여, 옛 전장제도에 익숙하고 왕명을 받들어 사신 갔을 때 명을 욕되게 하지 않았다고 하였다. 선제(宣帝)[60]는 소무가 절개가 명신 중에 뛰어나다는 이유로 초하루와 보름에 조회하도록 하고 좨주(祭酒)로 호칭하여 깊이 우대하고 총애하였다.

漢張安世薦蘇武, 明習故事, 奉使不辱命. 宣帝以武節著名臣, 令朝朔望, 號稱祭酒, 甚優寵之.[61]

재상으로서 겸임하다.[이재상겸(以宰相兼)] 당(唐) 문종(文宗)[62] 시기에 정담(鄭覃)[63]이 재상으로 좨주(祭酒)를 겸임하였다.

唐文宗時, 鄭覃以宰相領祭酒.[64]

종친을 등용하다.[용동성(用同姓)] 원제(元帝)[65] 시기에 주감(周堪)[66]이 유향(劉向)[67]을 추천하여, 종실(宗室)로서 충직하고 경에 밝으며 행실이 있다고 하여 좨주(祭酒)로 삼도록 하였다. 유덕(劉德)[68]은 자가 노숙(路叔)이다. 황로술(黃老術)을 공부하였고 젊어서 자주 정사(政事)를 말하여 감천궁(甘泉宮)에

50. 《주서(周書) · 우근전(于謹傳)》
51. 육학(六學): 육관(六館)이라고도 하며 국자감의 별칭이다. 구체적인 항목은 다음에 있다.
52. 용삭(龍朔): 당(唐) 고종(高宗)의 연호(661-663)이다.
53. 《산당사고(山堂肆考) · 신직(臣職)》
54. 왕승(王承): 남조(南朝) 양(梁) 낭야(琅邪) 출신으로 자가 안기(安期)이다. 국자박사(國子博士), 동양태수(東陽太守) 등을 역임하였다.
55. 왕검(王儉): 왕승(王承)의 조부로 자가 중보(仲寶)이다. 삼례(三禮)에 정통하였고 상서우복야(尙書右僕射)를 역임하였다.
56. 왕간(王暕): 왕승(王承)의 부친으로 자가 사회(思晦)이다. 상서좌복야(尙書左僕射)를 역임하였다.
57. 《산당사고(山堂肆考) · 신직(臣職)》
58. 장안세(張安世): 서한(西漢) 경조(京兆) 출신으로 자가 자유(子孺)이다. 장탕(張湯)의 아들로 상서령(尙書令), 대사마거기장군(大司馬車騎將軍)을 역임하였다.
59. 소무(蘇武): 한(漢) 경조(京兆) 출신으로 자가 자경(子卿)이다. 흉노에 사신 갔다가 억류되어 19년을 지내면서 절개를 지켰다. 귀국하여 전속국(典屬國)을 역임하였다.
60. 선제(宣帝): 서한(西漢) 제8대 황제로 재위 기간은 BC 73-BC 49년이다.
61. 《전한서(前漢書) · 소무전(蘇武傳)》
62. 문종(文宗): 당(唐) 제16대 황제로 재위 기간은 826-840년이다.
63. 정담(鄭覃): 당(唐) 정주(鄭州) 출신이다. 한림시강학사((翰林侍講學士), 태자태사(太子太師) 등을 역임하였다.
64. 《신당서(新唐書) · 정담전(鄭覃傳)》
65. 원제(元帝): 서한(西漢) 제9대 황제로 재위 기간은 BC 48-BC 33년이다.
66. 주감(周堪): 서한(西漢) 제군(齊郡) 출신으로 자가 소경(少卿)이다. 태자소부(太子少傅)를 역임하였다.
67. 유향(劉向): 서한(西漢) 사학자이자 문학가이다. 패(沛) 출신으로 자가 자정(子政)이다. 간의대부(諫議大夫)를 역임하였고 궁중의 서적을 정리하여 《별록(別錄)》을 편찬하였다.
68. 유덕(劉德): 한대(漢代) 사람으로 자가 노숙(路叔)이다. 태중대부(太中大夫)를 역임하였다.

부름 받아 알현하였는데, 무제(武帝)가 그를 '천리구(千里駒)'라고 불렀고 소제(昭帝)[69] 초엽에 좨주(祭酒)가 되었다.

元帝時周堪薦劉向, 爲宗室, 忠直明經有行, 爲祭酒. 劉德, 字路叔. 修黃老術, 少時數言事, 召見甘泉, 武帝謂之千里駒, 昭帝初爲祭酒.[70]

사람들의 사표가 될 스승은 얻기 어렵다.[인사난득(人師難得)] 노탄(盧誕)[71]은 본래 이름이 공조(恭祖)이다. 급사황문시랑(給事黃門侍郎)에 제수되었는데 북위(北魏)의 황제가 조서를 내려 이르기를, "경전을 가르칠 스승은 얻기 쉽지만 사람들의 사표가 될 스승은 얻기 어렵지요. 짐의 여러 아이들이 점차 장성해 가니 경을 스승으로 삼고 싶소이다"라고 하였다. 이에 노탄을 학부(學府)[비서성(祕書省)]에서 유학의 종사(宗師)로 삼고 진왕(晉王)[72] 이하 모두에게 명하여 황제 앞에서 절하게 하였다. 이어 '탄(誕)'이라는 이름을 하사하고 국자좨주(國子祭酒)에 제수하였다.

盧誕, 本名恭祖. 拜給事黃門侍郎, 魏帝詔曰, 經師易得, 人師難得. 朕諸兒轉長, 欲卿爲師. 於是以誕爲儒宗學府, 勅晉王以下, 皆拜之於帝前. 因賜名誕, 拜國子祭酒.[73]

소통(蘇通)[74]과 유상(劉祥)[75]은 노성한 학자이다.[소류기유(蘇劉耆儒)] 건원(建元)[76] 7년에 고평(高平)의 소통과 장락(長樂)의 유상이 다 같이 석학이면서 특히 이례(二禮)에 정통하였기 때문에, 소통은 예기좨주(禮記祭酒)가 되어 동상(東庠)에 머물고 유상은 의례좨주(儀禮祭酒)가 되어 남상(南庠)에 머물렀다. 매월 초하루 아침에 부견(苻堅)[77]은 백관을 인솔하고 직접 강론(講論)에 참여하였다.《전진록(前秦錄)》

建元七年高平蘇通·長樂劉祥, 竝以碩學尤精二禮, 通爲禮記祭酒, 居于東庠, 祥爲儀禮祭酒, 處于南庠. 每月朔旦, 堅率百僚, 親臨講論.《前秦錄》[78]

경전을 들고 뜻을 묻다.[집경문의(執經問義)]

두이(杜夷)[79]는 자가 행제(行齊)이다. 세상에서 유학(儒學)으로 칭송되었는데 원제(元帝)[80] 시기에 좨주(祭酒)가 되어 곡식 200섬[곡(穀)]을 하사받았다. 황태자가 세 번이나 그의 집에 가서 경전을 들고 뜻을 물었으니 두이는 재주와 학식이 정밀하고 해박하였으며 품행이 넉넉히 갖추어져 있었다. 비록 조정의 명에 다그침을 받아도 조정에 나가 알현하는 적이 없자 나라에 큰 정사가 있으면 항상 찾아가서 자문하였다.《진서(晉書)》

杜夷, 字行齊. 世以儒學稱, 元帝時爲祭酒, 賜穀二百斛. 皇太子三至夷舍, 執經問義, 夷才學精博, 道行優備. 雖逼時命, 亦未嘗朝謁, 國有大政, 恒就諮訪.《晉書》[81]

---

69. 소제(昭帝): 서한(西漢) 제7대 황제로 재위 기간은 BC 86-BC 74년이다.
70. 《전한서(前漢書)·초원왕전(楚元王傳)》
71. 노탄(盧誕): 북위(北魏) 범양(范陽) 출신으로 본래 이름이 공조(恭祖)이다. 국자좨주(國子祭酒), 비서감(秘書監) 등을 역임하였다.
72. 진왕(晉王): 후주(後周) 세종(世宗)이 즉위하기 전에 받은 봉호(封號)이다.
73. 《주서(周書)·노탄전(盧誕傳)》
74. 소통(蘇通): 내력이 자세하지 않다.
75. 유상(劉祥): 내력이 자세하지 않다.
76. 건원(建元): 전진(前秦) 세조[世祖;부견(苻堅)]의 연호(365-385)이다.
77. 부견(苻堅): 16국 시대 전진(前秦)의 왕으로 부생(苻生)을 죽이고 스스로 왕위에 올랐다.
78. 《전진록(前秦録)·부견상(苻堅上)》
79. 두이(杜夷): 진(晉)나라 사람으로 자가 행제(行齊)이다.
80. 원제(元帝): 동진(東晉) 초대 황제로 재위 기간은 317-322년이다.
81. 《진서(晉書)·두이전(杜夷傳)》

의리(義理)를 펼쳐 진술하다. [부진의리(敷陳義理)] 수(隋) 원선(元善)[82]은 강양군공(江陽郡公)의 작위를 하사받았다. 뒤에 국자좨주(國子祭酒)로 옮겼는데 당시에 황제가 석전(釋奠)에 친히 참석하여 원선에게 《효경(孝經)》을 강론하도록 하였다. 이에 의리를 펼쳐 진술하고 겸하여 풍간(諷諫)을 하자 황제가 크게 기뻐하면서 이르기를, "강양공의 설명을 들으니 더욱 짐의 마음이 일깨워지는구나"라고 하였다.

隋元善賜爵江陽郡公. 後遷國子祭酒, 時帝親臨釋奠, 命善講孝經. 於是敷陳義理, 兼之諷諫, 上大說曰, 聞江陽之說, 更起朕心.[83]

매일 강론에 참여하게 하다. [일사회강(日使會講)] 한유(韓愈)[84]가 좨주(祭酒)로 옮기고서 유생(儒生)들을 교육 담당관으로 삼아 매일 강론에 참여하게 할 것을 아뢰었다. 생도들이 듣고 기뻐하며 말하기를, "한공(韓公)이 좨주(祭酒)가 되시니 국자감(國子監)이 적막하지 않구나"라고 하였다.

韓愈遷祭酒, 奏儒生以爲學官, 日使會講. 生徒聽聞, 喜曰, 韓公爲祭酒, 國子監不寂寞.[85]

혀에 남아 있는 말이 없다. [설무류어(舌無留語)] 조홍지(趙弘智)[86]가 영휘(永徽)[87] 초엽에 진왕(陳王)의 스승이 되어 백복전(百福殿)에서 《효경(孝經)》을 강론하는데 여러 학자들의 논란에 묻는 대로 상세히 응대하면서 혀에 남아 있는 말이 없었다. 고종(高宗)[88]이 기뻐하며 이르기를, "시험 삼아 나에게 경전의 요점을 말해 주시오"라고 하자 대답하기를, "천자에게 쟁신(爭臣) 7인이 있으면 비록 무도하더라도 천하를 잃지 않습니다. 이 말씀을 바치고자 합니다"라고 하였다. 황제가 기뻐하면서 비단 300필(疋)과 명마(名馬) 한 마리를 하사하고 국자좨주(國子祭酒)로 진급시켰다. 형인 조홍안(趙弘安)도 역시 국자좨주(國子祭酒)로 마쳤다.

趙弘智, 永徽初爲陳王師, 講孝經百福殿, 諸儒詰辨, 隨問酬悉, 舌無留語. 高宗喜曰, 試爲我陳經之要. 對曰, 天子有爭臣七人, 雖無道, 不失其天下. 願以此獻. 帝悅, 賜絹三百疋·名馬一, 進國子祭酒. 兄弘安, 亦終國子祭酒.[89]

국자학(國子學)이 비로소 흥성하다. [국자시흥(國子始興)] 원괴(袁瓌)[90]는 자가 산보(山甫)이다. 국자좨주(國子祭酒)가 되었는데 당시는 혼란의 뒤끝이라 예교(禮敎)가 가라앉아 있었다. 원괴가 상소하여 아뢰기를, "국학(國學)이 쇠퇴하였고 옛 전적을 펼쳐보지 않으니 만약 택지를 내려주시고 생도들을 준비시켜 주시며 박사 등의 관료들이 대략이나마 관직을 갖게 하는 것이 신의 바람입니다"라고 하자 성제(成帝)[91]가 그의 말을 따랐다. 국학(國學)의 흥성이 원괴로부터 시작되었다.《진서(晉書)》

袁瓌, 字山甫. 爲國子祭酒, 于時喪亂之後, 禮敎陵遲. 瓌上疏曰, 國學索然, 墳籍莫啓, 若給其宅地, 備其學徒, 博士僚屬, 粗有其官, 則臣之願也. 成帝從

---

82. 원선(元善): 수(隋)나라 사람으로 오경(五經)에 정통하였다.
83. 《수서(隋書)·원선전(元善傳)》
84. 한유(韓愈): 당(唐) 하남(河南) 출신으로 자가 퇴지(退之)이다. 국자박사(國子博士), 중서사인(中書舍人), 형부시랑(刑部侍郎), 이부시랑(吏部侍郎) 등을 역임하였다.
85. 당(唐) 이고(李翶), 〈한문공행장(韓文公行狀)〉
86. 조홍지(趙弘智): 당(當) 낙주(洛州) 출신으로 《예문유취(藝文類聚)》의 편수에 참여하였다. 황문시랑(黃門侍郎), 국자좨주(國子祭酒) 등을 역임하였다.
87. 영휘(永徽): 당(唐) 고종(高宗)의 연호(650-656)이다.
88. 고종(高宗): 당(唐) 제3대 황제로 재위 기간은 650-683년이다.
89. 《신당서(新唐書)·조홍지전(趙弘智傳)》
90. 원괴(袁瓌): 동진(東晉) 진군(陳郡) 출신으로 자가 산보(山甫)이다. 양주자사(揚州刺史), 동양태수(東陽太守) 등을 역임하였고 국학의 설립을 건의하여 국자좨주(國子祭酒)에 올랐다.
91. 성제(成帝): 동진(東晉) 제3대 황제로 재위 기간은 325-342년이다.

之. 國學之興, 自瓌始也.《晉書》[92]

충성스럽고 정직하다.[충건정직(忠謇正直)] 유의(劉毅)[93]는 자가 중웅(仲雄)이다. 젊어서 고결한 절개를 닦았으나 인물을 품평하기를 좋아하자 왕공(王公)과 귀족들이 모습만 보고도 꺼려 피했다. 무제(武帝)[94]가 왕위를 선양받자 국자좨주(國子祭酒)가 되었다. 황제는 유의가 충성스럽고 정직하다는 이유로 간관(諫官)을 맡도록 하였다. 함녕(咸寧)[95] 초엽에 다시 박사좨주(博士祭酒)가 되었다.《진서(晉書)》

劉毅, 字仲雄. 少厲淸節, 然好臧否人物, 王公貴人, 望風憚之. 武帝受禪, 爲國子祭酒. 帝以毅忠謇正直, 使掌諫官. 咸寧初, 復爲博士祭酒.《晉書》[96]

태학(太學)을 숭상할 것을 청하다.[청숭문학(請崇文[97]學)] 소흔(蕭昕)[98]이 대종(代宗)[99] 시기에 국자좨주(國子祭酒)에 발탁되자 태학(太學)을 숭상하여 교화의 근본을 세울 것을 청하였다. 황제가 그의 말에 깨닫고 조서를 내려, 조정에 관적이 있는 군신(群臣)들과 신책육군(神策六軍)[100]의 자제로 학업을 닦는 자들에게 생도(生徒)로 충원되는 것을 허락한다고 하였다.

蕭昕, 代宗時擢國子祭酒, 請崇文學, 以立敎本. 帝悟其言, 詔群臣有籍于朝, 及神策六軍子弟肄業者, 聽補生徒.[101]

진귀한 과일을 모친에게 드리다.[진과유모(珍果遺母)] 서효극(徐孝克)[102]은 서릉(徐陵)[103]의 아우이다. 본성이 지극히 효성스러워 선제(宣帝)[104]가 그의 행실을 가상히 여겼고 뒤에 국자좨주(國子祭酒)가 되었다. 효극이 매번 황제를 모시고 연회를 할 때마다 먹는 것이 없었는데 자리가 파하게 되면 그의 앞에 있던 음식이 줄어 있었다. 황제가 몰래 기억하고 있다가 중서사인(中書舍人) 관빈(管斌)에게 물으니 관빈이 엿보다가 효극이 진귀한 과일을 허리띠 안에 넣어 가져가 모친에게 드리는 것을 보았다. 관빈이 이 사실을 아뢰니 선제는 한참 동안 감탄하고서 이어서 명하기를 지금부터의 연회에서 효극의 앞에 있던 음식은 모두 가지고 돌아가서 모친에게 드리도록 하였다.《남사(南史)》

徐孝克, 陵弟也. 性至孝, 宣帝嘉其操行, 後爲國子祭酒. 孝克每侍宴, 無所食噉, 至席散, 當其前膳羞損減, 帝密記以問中書舍人管斌, 斌伺之, 見孝克取珍果, 納紳帶中, 以遺母. 斌以啓, 宣帝嗟歎良久, 乃勅自今宴享, 孝克前饌, 竝遣將還, 以餉其母.《南

---

92. 《진서(晉書)·원괴전(袁瓌傳)》
93. 유의(劉毅): 서진(西晉) 사람으로 무제(武帝) 시절에 간관(諫官)을 맡았고 상서좌복야(上書左僕射)를 역임하였으며, 위(魏)의 구품중정제(九品中正制)를 비판한 〈구품팔손소(九品八損疏)를 올렸다.
94. 무제(武帝): 진(晉) 초대 황제로 재위 기간은 265-289년이다.
95. 함녕(咸寧): 진(晉) 무제(武帝)의 연호(275-279)이다.
96. 《진서(晉書)·유의전(劉毅傳)》
97. 《유원총보》의 '文'은 '太'의 오류이다.[《신당서(新唐書)·소흔전(蕭昕傳)》]
98. 소흔(蕭昕): 당(唐) 하남(河南) 출신으로 자가 중명(中明)이다. 국자좨주(國子祭酒), 태자소부겸예부상서(太子少傅兼禮部尙書) 등을 역임하였다.
99. 대종(代宗): 당(唐) 제10대 황제로 재위 기간은 762-779년이다.
100. 신책육군(神策六軍): 당대(唐代)의 금군(禁軍)이다. 관병(官兵)의 미칭으로 사용된다.
101. 《신당서(新唐書)·소흔전(蕭昕傳)》
102. 서효극(徐孝克): 남조(南朝) 양(梁), 진(陳)과 수(隋) 시기의 사람으로 서릉(徐陵)의 아우이다. 양(梁)에서 태학박사(太學博士), 진(陳)에서 국자좨주(國子祭酒)를 역임하였다.
103. 서릉(徐陵): 남조(南朝) 양(梁), 진(陳)의 문학가로 자가 효목(孝穆)이다. 어사중승(御史中丞)을 역임했고, 문장을 잘 지어 '석기린(石麒麟)'이라는 찬사를 받았으며 유신(庾信)과 함께 '서유체(徐庾體)'라 불렸다. 궁체시(宮體詩)의 대표작가이다.
104. 선제(宣帝): 진(陳) 제4대 황제로 재위 기간은 569-582년이다.

史》105

학행(學行)과 문질(文質)[학행문질(學行文質)]

당(唐) 하덕인(賀德仁)106이 젊어서 종형인 하덕기(賀德基)107와 함께 국자좨주(國子祭酒)가 되었다. 당시 사람들이 말하기를, "학행(學行)을 본받을 만한 것은 하덕기이고, 문채와 바탕이 조화로운 것은 하덕인이다"라고 하였다.

唐賀德仁少與從兄德基, 俱爲國子祭酒. 時人語曰, 學行可師賀德基, 文質彬彬賀德仁.108

광학전(光學錢)109을 내다.[수광학전(輸光學錢)]

유윤장(劉允章)110이 국자좨주(國子祭酒)가 되어 건의하기를, 군신(群臣)들이 광학전을 내어 학교를 정비하는데 재상은 5만, 절도사는 4만, 자사는 1만을 내도록 하니, 조서를 내려 좋다고 하였다.

劉允章爲國子祭酒, 建言群臣輸光學錢, 治庠序, 宰相五萬, 節度四萬, 刺史一萬, 詔可.111

모두 전례를 따르다.[개용고사(皆用故事)] 묵칙(墨勅)112으로 방사(方士) 섭정능(葉靜能)을 국자좨주(國子祭酒)로 삼자 환언범(桓彦範)113이 아뢰기를, "폐하께서 처음 복위하셨을 때 조서를 내리시기를, '군사와 국정은 모두 전례를 따른다'라고 하셨습니다. 정관(貞觀)114 시기에는 위징(魏徵)115과 우세남(虞世南)116을 비서감(秘書監)으로 삼았고 공영달(孔穎達)117을 좨주(祭酒)로 삼았습니다. 정능 같은 자의 방술은 비루하니 어찌 족히 선열을 계승할 수 있겠습니까?"라고 하였다.

墨勅以方士葉靜能爲國子祭酒, 桓彦範曰, 陛下始復位, 制詔, 軍國皆用故事. 貞觀時以魏徵·虞世南爲監, 以孔穎達爲祭酒. 如靜能方伎猥下, 安足繼蹤前列.118

꼬막을 올린 일을 상소하여 논박하다.[소론감채(疏論蚶菜)] 공규(孔戣)119가 원화(元和)120 연간에 국자좨주(國子祭酒)로 옮겼다. 영남절도사(嶺南節度使) 최영(崔詠)이 죽자 삼군(三軍)121에서 장수를 요청하였는데, 재상이 아뢰어 입안하는 것이 모두 황제의 뜻에 맞지 않았다. 그 일로 재신(宰臣)들이 입대(入對)하였는데 황제가 배도(裴度)122에게 이르기를, "일찍이 남해에서 꼬막을 올린 일을 상소하여

105. 《남사(南史)·서효극전(徐孝克傳)》
106. 하덕인(賀德仁): 수당(隋唐) 시기 회계(會稽) 출신으로, 태자선마(太子洗馬)를 역임하였다.
107. 하덕기(賀德基): 남조(南朝) 진(陳) 회계(會稽) 출신으로, 상서사부랑(尙書祠部郎)을 역임하였다.
108. 《구당서(舊唐書)·문원전(文苑傳)》
109. 광학전(光學錢): 당대(唐代)에 대신들이 교육을 위해 낸 일종의 성금이다.
110. 유윤장(劉允章): 당(唐)나라 사람으로 자가 온중(蘊中)이다. 국자좨주(國子祭酒), 동도유수(東道留守) 등을 역임하였다.
111. 《신당서(新唐書)·유윤장전(劉允章傳)》
112. 묵칙(墨勅): 천자가 친필로 써서 조정을 통하지 않고 직접 내리는 조서이다.
113. 환언범(桓彦範): 당(唐) 윤주(潤州) 출신으로 자가 사칙(士則)이다. 사형소경(司刑少卿), 시중(侍中) 등을 역임하였다.
114. 정관(貞觀): 당(唐) 태종(太宗)의 연호(627-649)이다.
115. 위징(魏徵): 당초(唐初)의 정치가로 자가 현성(玄成)이다. 당(唐) 태종(太宗) 시기에 간의대부(諫議大夫), 비서감(秘書監), 시중(侍中) 등의 벼슬을 역임하였다. 그의 주장은 《정관정요(貞觀政要)》에 실려 있고 《군서치요(群書治要)》를 주편하였다.
116. 우세남(虞世南): 당(唐) 월주(越州) 출신으로 자가 백시(伯施)이다. 서예에 뛰어났고 박식하였다. 홍문관학사(弘文館學士), 비서감(秘書監) 등을 역임하였다.
117. 공영달(孔穎達): 공자(孔子)의 32세손으로 자가 중달(仲達)이다. 당(唐) 형수(衡水) 출신으로 국자사업(國子司業), 좨주(祭酒) 등을 역임하였으며 《오경정의(五經正義)》를 편찬하였다.
118. 《신당서(新唐書)·우세남전(虞世南傳)》
119. 공규(孔戣): 당대(唐代) 사람으로 자가 군엄(君嚴)이다. 예부상서(禮部尙書)를 역임하였다.
120. 원화(元和): 당(唐) 헌종(憲宗)의 연호(806-820)이다.
121. 삼군(三軍): 제후의 군대를 이르는 말로, 여기서는 지방의 군대를 가리킨다.

논박한 자가 있었는데, 글이 매우 치우침 없이 반듯하였소. 그 사람이 어디 있는지 혹시 찾아보시오"라고 하였다. 배도가 물러나 알아보니 어떤 사람이 말하기를, "좨주(祭酒) 공규가 일찍이 이 일을 논박한 적이 있습니다"라고 하였다. 배도가 상소하여 그를 추천하니 그날로 영남절도사에 제수하였다.

孔戣, 元和中改國子祭酒. 嶺南節度使崔詠卒, 三軍請帥, 宰相奏擬, 皆不稱旨. 因入對, 上謂裴度曰, 嘗有疏論南海進蚶菜者, 詞甚中正. 此人何在, 抑求之. 度退訪, 或曰, 祭酒孔戣嘗論此事. 度徵疏進之, 卽日授嶺南節度使.[123]

평생 유감스럽지 않겠다.[종신불한(終身不恨)]

구영국(丘靈鞠)[124]이 동관좨주(東觀祭酒)를 맡고서 이르기를, "사람들은 관직에 있으면서 자주 옮기기를 바라는데 가령 내가 평생 좨주(祭酒)를 한다 해도 유감스럽지 않겠다"라고 하였다.

丘靈鞠領東觀祭酒曰, 人居官, 願數遷, 使我終身爲祭酒, 不恨也.[125]

사실은 한산한 지위로 배치하다.[실처산지(實處散地)]

원재(元載)[126]가 정권을 잡았는데 양관(楊綰)[127]이 명망이 높은 것을 시기하여 건의하기를, "태학(太學)은 마땅히 천하의 명유(名儒)를 얻어야 하니 그 선임을 고결하게 해야 합니다"라 하여 즉시 양관을 국자좨주(國子祭酒)에 제수하였다. 밖으로는 존중함을 보였지만 사실은 한산한 지위로 배치한 것이다.

元載秉政, 忌楊綰望高, 建言, 太學當得天下名儒, 以淸其選. 卽拜綰國子祭酒. 外示尊重, 而實以散地處之.[128]

팔풍무(八風舞)[129] 축흠명(祝欽明)[130]이 국자좨주(國子祭酒)가 되었다. 황제가 군신(群臣)들과 연회를 하는데 흠명이 스스로 말하기를, "팔풍무를 출 수 있습니다"라고 하자 노장용(盧藏用)[131]이 탄식하며 말하기를, "이런 짓은 오경(五經)으로 땅바닥을 쓰는 짓이다"라고 하였다.

祝欽明爲國子祭酒. 帝與群臣宴, 欽明自言, 能八風舞. 盧藏用歎曰, 是擧, 五經掃地也.[132]

중종(中宗)[133]이 장차 남교(南郊)에 직접 제사 지내려고 하는데 축흠명과 곽산운(郭山惲)[134]이 황후도 함께 제사를 도울 것을 아뢰었다. 시어사(侍御史) 예약수(倪若水)[135]가 탄핵하여 아뢰기를, "흠명

122. 배도(裴度): 당(唐) 하동(河東) 출신으로 자가 중립(中立)이다. 어사중승(御史中丞), 동중서문하평장사(同中書門下平章事) 등을 역임하였다.
123. 《구당서(舊唐書)·공규전(孔戣傳)》
124. 구영국(丘靈鞠): 남조(南朝) 제(齊) 오정(烏程) 출신으로 문명(文名)이 높았다.
125. 《남제서(南齊書)·구영국전(丘靈鞠傳)》
126. 원재(元載): 당(唐) 대종(代宗) 때 사람으로, 자가 공보(公輔)이다. 이보국(李輔國)에 아부하여 중서시랑(中書侍郞)이 된 뒤에 권세를 휘두르며 뇌물을 받아들이다가 이보국이 살해되자 사사(賜死)되었다.
127. 양관(楊綰): 당(唐) 화주(華州) 출신으로 자가 공권(公權)이다. 중서시랑(中書侍郞), 동중서문하평장사(同中書門下平章事) 등을 역임하였다.
128. 《신당서(新唐書)·양관전(楊綰傳)》
129. 팔풍무(八風舞): 춤의 이름이다.
130. 축흠명(祝欽明): 당나라 때 사람으로 명경(明經)에 천거되어 국자좨주(國子祭酒), 숭문관학사(崇文館學士) 등을 역임하였다.
131. 노장용(盧藏用): 당(唐) 유주(幽州) 출신으로 자가 자잠(子潛)이다. 중서사인(中書舍人), 황문시랑(黃門侍郞), 상서우승(尙書右丞) 등을 역임하였다.
132. 《신당서(新唐書)·축흠명전(祝欽明傳)》
133. 중종(中宗): 당(唐) 제5대 황제로 재위 기간은 684년과 705-709년이다.
134. 곽산운(郭山惲): 당(唐) 포주(蒲州) 출신으로 삼례(三禮)에 통달하였다. 국자사업(國子司業)을 역임하였다.
135. 예약수(倪若水): 당(唐) 고성(藁城) 출신으로 자가 자천(子泉)이다. 변주자사(汴州刺史), 호부시랑(戶部侍郞), 우승(右丞) 등을 역임하였다.

등은 본래 썩은 선비로 평소에 행실이 없으니 높은 지위와 반열의 작위가 실로 과분한 것이며 상도(常道)를 어지럽히고 변경시키며 뜻에 영합하여 군주에게 병폐를 끼칩니다. 청컨대 모두 내쳐서 큰 도(道)를 바로잡아야 합니다"라고 하였다. 이에 축흠명이 요주(饒州)로 좌천되었다.

中宗將親祀南郊, 欽明與郭山惲奏言, 皇后亦合助祭. 侍御史倪若水劾奏曰, 欽明等本自腐儒, 素無操行, 崇班列爵, 實爲叨忝, 而亂常改作, 希旨病君. 請竝黜放, 以肅周行. 於是欽明左授饒州.[136]

추천한 이들이 모두 큰 학자들이다.[천개대유(薦皆大儒)] 여공저(呂公著)[137]가 좨주(祭酒)일 때에 추천한 교육 담당관으로 왕회(王回), 오정(吳政), 강잠(姜潛), 장재(張載) 같은 이들이 모두 한 시대의 큰 학자들이었고 왕존(王存), 고림(顧臨)은 원우(元祐)[138]의 명신(名臣)들이었다. 상질(常秩), 오신(吳申), 황리(黃履), 주림(朱臨), 성교(盛橋)가 모두 세상에 나왔는데, 처사인 정이(程頤)[139]는 은거하면서 벼슬하지 않자 공이 박사에게 명하여 그의 집에 가서 태학(太學)의 책임자가 되어 줄 것을 정중하게 청하도록 하였다. 정이가 고사(固辭)하자 공이 즉시 수레를 준비시켜 그를 찾아갔다.

呂公著爲祭酒, 所薦學官, 如王回·吳政·姜潛·張載, 皆一世大儒, 王存·顧臨爲元祐名臣. 常秩·吳申·黃履·朱臨·盛橋, 皆顯於世, 處士程頤隱居不仕, 公命博士卽其家, 敦請以爲大學正. 頤固辭, 公卽命駕過之.[140]

마땅히 노성한 사람을 두어야 합니다.[의처노성(宜處老成)] 정목(鄭穆)[141]이 원우(元祐) 연간에 보문각대제(寶文閣待制)로 좨주(祭酒)를 겸임하였는데, 매번 여러 유생들이 더 가르쳐 주기를 청하면 추위와 더위를 가리지 않았으며 비록 동자(童子)인 경우에도 반드시 조복(朝服)을 갖추고 예로 맞이하니 모두가 그의 경술(經術)을 존경하고 그의 가르침을 따랐다. 원우(元祐) 6년에 물러날 것을 청하자 범조우(范祖禹)[142]가 아뢰기를, "정목은 비록 연령이 70이나 정력이 아직 강합니다. 좨주(祭酒)는 스승의 지위에 해당되니 마땅히 노성한 사람을 두어야 합니다. 바라건대 그의 떠남을 가볍게 허락하지 마옵소서"라고 하였으나 받아들여지지 않았다. 이에 공경대부들이 각각 시를 지어 그의 떠남에 증별하였다. [태학생(太學生)들은 태학을 비우고 변경(汴京)의 동문 밖까지 나와서 전송하니 구경하는 자들이 담을 쌓은 듯하였다.

鄭穆, 元祐中以寶文閣待制, 兼祭酒, 每諸生請益, 無間寒暑, 雖童子, 必朝服, 延接以禮, 皆尊其經術, 而服其教. 六年請老, 范祖禹言, 穆雖年七十, 精力尙强, 祭酒居師資之地, 正宜處老成. 願無輕聽其去. 不報. 於是公卿大夫各爲詩, 贈其行. 空學出祖汴東門之外, 觀者如堵.[143]

---

136. 《구당서(舊唐書)·축흠명전(祝欽明傳)》
137. 여공저(呂公著): 송(宋) 수주(壽州) 출신으로 자가 회숙(晦叔)이다. 상서우복야겸중서시랑(尙書右僕射兼中書侍郎)을 역임하였다.
138. 원우(元祐): 송(宋) 철종(哲宗)의 연호(1086-1093)이다.
139. 정이(程頤): 송(宋) 낙양(洛陽) 출신으로 자가 정숙(正叔)이고 세칭 이천선생(伊川先生)이라고 하였다. 주돈이(周敦頤)의 제자로 이기(理氣)의 철학을 제시하였다.
140. 《고금사문유취신집(古今事文類聚新集)·제감부(諸監部)》
141. 정목(鄭穆): 송(宋) 복주(濮州) 출신으로 자가 굉중(閎中)이다. 국자좨주(國子祭酒), 보문각대제(寶文閣待制) 등을 역임하였다.
142. 범조우(范祖禹): 송(宋) 성도(成都) 출신으로 자가 순보(淳甫)이다. 저작좌랑(著作佐郎), 한림학사(翰林學士) 등을 역임하였다.
143. 《송사(宋史)·정목전(鄭穆傳)》

양시(楊時)[144]를 넘어설 자가 없다.[무유양시(無逾楊時)] 양시(楊時)가 국자좨주(國子祭酒)를 겸하였다. 이에 앞서 오민(吳敏)[145]이 양시를 등용하여 태학(太學)을 정비할 것을 요청하였다. 양시가 부름받아 황제를 면대하게 되자 즉시 위로 아뢰기를, "여러 생도들이 대궐에 엎드려 소란을 피우는 것은 조정에 충성하고자 하는 것일 뿐이지 본래 다른 뜻은 없습니다. 다만 노성하여 품행과 도의가 있는 이를 택하여 책임자와 부관으로 삼는다면 안정될 것입니다"라고 하였다. 황제가 기뻐하면서 이르기를, "이 자리는 경을 넘어설 자가 없소이다"라 하고 바로 양시를 임명하였다. 양시가 태학에 들어가서 여러 생도들을 불러 위로하였다.

楊時兼國子祭酒. 先時吳敏乞用時以靖太學. 時得召對, 卽爲上言, 諸生伏闕紛紛, 欲忠於朝廷耳, 本無他意. 但擇老成有行誼者, 爲之長貳, 卽定矣. 上喜曰, 此無逾卿者. 乃亟命時. 時入太學, 召諸生, 慰勞焉.[146]

태학(太學)을 세울 것을 아뢰다.[주립태학(奏立太學)] 배위(裵頠)[147]가 국자좨주(國子祭酒)가 되어, 국자태학(國子太學)을 세워 강당(講堂)을 열고 문궐(門闕)을 쌓으며 돌을 새겨 오경(五經)을 써놓을 것을 주청하였다.

裵頠爲國子祭酒, 奏立國子太學, 開講堂, 筑門闕, 刻石寫五經.[148]

청관(淸官)은 쉽지 않다.[청관미이(淸官未易)] 장서(張緖)[149]는 자가 사만(思曼)이다. 청렴하고 소탈하여 욕심이 적었는데, 건원(建元)[150] 원년에 국학(國學)을 세우고 장서를 태상경(太常卿)으로 삼아 국자좨주(國子祭酒)를 맡도록 하고 왕연지(王延之)[151]로 장서를 대신하여 중서령(中書令)으로 삼았다. 하점(何點)[152]이 감탄하면서 말하기를, "진(晉)나라에서는 자경(子敬)과 계염(季琰)에게 이 직책을 맡겼는데, 지금 왕연지와 장서에게 그것을 맡기니 청관(淸官)이라고 이를 만하다. 뒤에 계승하는 자가 진실로 쉽지 않을 것이다"라고 하였다.

張緖, 字思曼. 淸簡寡欲, 建元元年立國學, 以緖爲太常卿, 領國子祭酒, 以王延之代緖爲中書令. 何點歎曰, 晉以子敬·季琰爲此職, 今以王延之·張緖爲之, 可謂淸官. 後接之者, 實爲未易.[153]

군사를 주지 않다.[불급병력(不給兵力)] 한자희(韓子熙)[154]가 여러 번 옮겨 국자좨주(國子祭酒)가 되었다. 한자희는 검소하고 청빈에 편안하였으며 항상 겸양과 조용함을 좋아하였다. 업성(鄴城)으로 천도

---

144. 양시(楊時): 송(宋) 남검주(南劍州) 출신으로 자가 중립(中立)이고 호가 구산(龜山)이다. 정호(程顥), 정이(程頤)를 사사하였고 정문사선생(程門四先生)의 칭호가 있었다. 국자감좨주(國子監祭酒)를 역임하였다.
145. 오민(吳敏): 송(宋) 진주(眞州) 출신으로 자가 원중(元中)이다. 숭신절도사(崇信節度使), 광서호남선무사(廣西湖南宣撫使) 등을 역임하였다.
146. 《고금사문유취신집(古今事文類聚新集)·제감부(諸監部)》
147. 배위(裵頠): 서진(西晉) 하동(河東) 출신으로 자가 일민(逸民)이다. 태자중서자(太子中庶子), 국자좨주(國子祭酒), 시중(侍中) 등을 역임하였다.
148. 《천중기(天中記)·국자좨주(國子祭酒)》
149. 장서(張緖): 남조(南朝) 제(齊) 오군(吳郡) 출신으로 자가 사만(思曼)이다. 국자좨주(國子祭酒)를 역임하였다.
150. 건원(建元): 남제(南齊) 고제(高帝)의 연호(479-482)이다.
151. 왕연지(王延之): 남조(南朝) 제(齊) 낭야(琅邪) 출신으로 자가 희계(希季)이다. 이부상서(吏部尙書), 상서좌복야(尙書左僕射) 등을 역임하였다.
152. 하점(何點): 남조(南朝) 양(梁) 여강(廬江) 출신으로 자가 자석(子晳)이다. 평생 독신으로 은거하였는데, 공치규(孔稚珪) 등과 막역(莫逆)한 사이였다.
153. 《남사(南史)·장서전(張緖傳)》
154. 한자희(韓子熙): 북위(北魏) 창려(昌黎) 출신으로 자가 원옹(元雍)이다. 낭중령(郎中令), 국자좨주(國子祭酒) 등을 역임하였다.

한 초기에 백관에게 모두 군사를 주었는데 당시에 좨주(祭酒)는 한가하다는 이유로 단지 2명만을 주었다. 어떤 이가 그에게 진정하도록 하는 자가 있자 한자희가 말하기를, "조정에서 스스로 좨주(祭酒)에게 군사를 주지 않는 것이 나의 일과 무슨 관련이 있겠는가"라고 하니 논의하는 이들이 고상하게 여겼다.

韓子熙累遷國子祭酒. 子熙儉素安貧, 常好退靜. 遷鄴之始, 百司並給兵力, 時以祭酒閑豫, 止給二人. 或有令其陳請者, 子熙曰, 朝廷自不給祭酒兵, 何關韓子熙事也. 論者高之.[155]

논란에 꺾이지 않다.[논란불굴(論難不屈)] 양왕(楊汪)[156]은 자가 원도(元度)이다. 국자좨주(國子祭酒)가 되었는데 황제가 백관들에게 명하여 가서 공부하며 양왕과 강론하도록 하였다. 천하의 통달한 학자와 석학들이 많이 모여 논란이 세차게 일어났지만 모두가 꺾을 수 없었다. 황제가 어사(御史)에게 명하여 그들이 문답한 것을 기록하여 아뢰도록 하였는데, 살펴보고 크게 기뻐하면서 좋은 말 한 필을 하사하였다.

楊汪, 字元度. 爲國子祭酒, 帝令百僚就學, 與汪講論. 天下通儒碩學多萃焉, 論難鋒起, 皆不能屈. 帝令御史書其問答奏之, 省而大悅, 賜良馬一疋.[157]

짐에게서 관직을 제수받다.[종짐수관(從朕授官)] 장후윤(張後胤)[158]이 항상 태종(太宗)을 모시고 강론을 하였는데, 뒤에 목주자사(睦州刺史)가 되었다. 입조(入朝)한 기회에 물러나기를 청하자 태종이 이르기를, "경은 기력이 아직 강한데 무슨 관직을 원하는가?"라고 하였다. 후윤이 감사하며 감히 말하지 못하자 태종이 이르기를, "짐은 전에 경에게서 글을 배웠고 경은 오늘 짐에게서 관직을 구하니 그저 바라는 바를 말해도 어긋날 것이 없소"라고 하였다. 당시에 국자좨주(國子祭酒)가 결원이었는데 후윤이 그것을 아뢰니 이에 국자좨주(國子祭酒)에 제수되었다.

許[159]後胤常侍太宗講, 後爲睦州刺史. 因入朝乞骸骨, 太宗曰, 卿氣力猶强, 欲何官也? 後胤陳謝不敢, 太宗曰, 朕昔從卿讀書, 卿今日從朕求官, 但言所欲, 不相違也. 時國子祭酒缺, 後胤奏言之, 因授國子祭酒.[160]

《오경정의(五經正義)》를 짓다.[찬경정의(撰經正義)] 태종(太宗)은 공영달(孔穎達)이 동궁(東宮)에 있을 때 자주 바로잡고 간언한 것 때문에 국자좨주(國子祭酒)에 제수하였다. 〈석전송(釋奠頌)〉을 올리고 《오경정의(五經正義)》를 찬정하자 직접 조서를 써서 칭송하고 능연각(凌煙閣)에 초상을 그려 놓았다. 그 찬문(讚文)은 다음과 같다. "도(道)는 줄지어진 저택에 빛나고 풍모는 궐리(闕里)[161]에 전한다. 정밀한 뜻은 노을처럼 펼쳐지고 화려한 문사는 회오리바람처럼 일어난다."

太宗以孔穎達在東宮, 數有匡諫, 拜國子祭酒. 上釋奠頌, 撰定五經正義, 手詔褒美, 圖形於凌煙閣. 讚曰, 道光列第, 風傳闕里. 精義霞開, 掞辭飇起.[162]

명예와 절개를 중시하다.[중명절(重名節)] 송(宋) 손몽관(孫夢觀)[163]은 자계(慈谿) 사람이다. 보경(寶

155.《위서(魏書)·한자희전(韓子熙傳)》

156. 양왕(楊汪): 수(隋) 홍농(弘農) 출신으로 자가 원도(元度)이다. 국자좨주(國子祭酒), 이부상서(吏部尙書) 등을 역임하였다.

157.《수서(隋書)·양왕전(楊汪傳)》

158. 장후윤(張後胤): 당(唐) 곤산(崑山) 출신으로 자가 사종(嗣宗)이다. 국자좨주(國子祭酒)를 역임하였다.

159.《유원총보》의 '許'는 '張'의 오류이다.[《신당서(新唐書)·장후윤전(張後胤傳)》]

160.《신당서(新唐書)·장후윤전(張後胤傳)》

161. 궐리(闕里): 공자의 고향이다.

162.《구당서(舊唐書)·공영달전(孔穎達傳)》

163. 손몽관(孫夢觀): 송(宋) 자계(慈谿) 출신으로 자가 수숙(守叔)이다. 사농소경(司農少卿), 건녕부지부사(建寧府知府事) 등을 역임하였다.

慶)[164] 초엽에 진사가 되어 관직을 두루 거치면서 국자좨주(國子祭酒)에 이르렀는데 명예와 절개를 중시하였고 우뚝하게 서서 아부하지 않는 것이 한결같았다. 그가 사는 곳에 이르니 부서진 집 몇 칸에 베옷과 나물음식뿐이었다.

宋孫夢觀, 慈谿人. 寶慶初進士, 歷官至國子祭酒, 重名節, 特立不阿, 始終. 致其所居, 敗屋數間, 布衣蔬食而已.[165]

풍원(馮元)[166]과 손석(孫奭)[167]은 숙유(宿儒)이다. [풍손숙유(馮孫宿儒)] 송(宋) 풍원(馮元)은 자가 도종(道宗)으로 인종(仁宗)[168] 시기에 국자감(國子監)을 맡았다. 전례에 국자감은 반드시 숙유(宿儒)가 맡게 되어 있는데, 풍원과 손석(孫奭)이 함께 임명되자 여론이 크게 복종하였다.

宋馮元, 字道宗, 仁宗朝, 判國子監. 故事國子監必宿儒典領, 元與孫奭竝命, 輿論大服.[169]

여러 유생들을 불러 이르다.[인고제생(引告諸生)]

양성(陽城)[170]이 국자좨주(國子祭酒)가 되어 여러 유생들을 불러 이르기를, "학자들이 배울 것은 충(忠)과 효(孝)이다. 여러 유생들 중에 오랫동안 부모를 찾아뵙지 않는 자가 있는가?"라고 하니 다음날 부모를 봉양하러 돌아간 자가 20명이었다. 3년 동안 돌아가 모시지 않는 자는 내치고 효성이 뛰어나고 덕행이 있는 자는 선발하여 당상(堂上)에 오르게 하였으며 술에 빠져 가르침을 따르지 않는 자는 쫓아내니 생도들이 성실해져 모두 법도가 있었다. 양성이 곧은 말로 죄를 얻자 태학의 여러 유생들인 하번(何蕃) 등 200명이 대궐 아래에서 머리를 조아리며 양성을 유임시킬 것을 청하였다.

陽城爲國子祭酒, 引諸生告之曰, 學者所以學, 爲忠孝也. 諸生有久不省親者乎? 明日還養者二十輩. 有三年不歸侍者, 斥之, 簡孝秀德行升堂上, 沈酗不率教者, 罷之, 生徒斷斷,[171] 皆有法度. 城直言得罪, 太學諸生何蕃等二百人頓首闕下, 請留城.[172]

공씨(孔氏)의 3대[공씨삼세(孔氏三世)] 공영달(孔穎達)의 아들은 공지종(孔志終)이고 지종의 아들은 공혜언(孔惠言)인데 3대가 국자사업(國子司業)을 지내니 당시 사람들이 아름답게 여겼다.

孔穎達子志終, 志終子惠言, 三世司業, 時人美之.[173]

지초(芝草)를 아뢰지 않다.[부주지초(不奏芝草)]

황중(黃中)[174]이 국자사업(國子司業)이 되었는데 당시에 지초(芝草)가 무성묘(武成廟)[175]에서 자라났다. 관리가 아뢸 것을 청하자 공이 대답하지 않았다. 관리가 몰래 그림을 그려 아뢰자 재상이 책임자[주관(周綰)]와 부관[황중(黃中)]을 불러 꾸짖기를, "치세(治世)의 상서로움인데 억누르고 아뢰지 않은 것은 어째서인가?"라고 하였다. 좨주(祭酒) 주관(周

---

164. 보경(寶慶): 남송(南宋) 이종(理宗)의 연호(1225-1227)이다.
165. 《산당사고(山堂肆考)·신직(臣職)》
166. 풍원(馮元): 송(宋) 광주(光州) 출신으로 자가 도종(道宗)이다. 급사중(給事中) 호부시랑(戶部侍郎) 등을 역임하였다.
167. 손석(孫奭): 송(宋) 박평(博平) 출신으로 자가 종고(宗古)이다. 병부시랑(兵部侍郎), 태자소부(太子少傅) 등을 역임하였다.
168. 인종(仁宗): 송(宋) 제4대 황제로 재위 기간은 1023-1063년이다.
169. 《송사(宋史)·풍원전(馮元傳)》
170. 양성(陽城): 당(唐) 정주(定州) 출신으로 자가 항종(亢宗)이다. 학문(學問)이 깊고 덕이 높아 저작랑(著作郎), 간의대부(諫議大夫), 도주자사(道州刺史) 등을 역임하였다.
171. '斷斷'은 《신당서(新唐書)·양성전(陽城傳)》에는, '斤斤'으로 되어 있다.
172. 《신당서(新唐書)·양성전(陽城傳)》
173. 《신당서(新唐書)·공영달전(孔穎達傳)》
174. 황중(黃中): 송(宋) 복건로(福建路) 출신으로 자가 통로(通老)이다. 권예부시랑(權禮部侍郎), 병부상서겸시독(兵部尙書兼侍讀) 등을 역임하였다.
175. 무성묘(武成廟): 태공망(太公望)의 사당이다.

縮)[176]이 대답하지 못하자 공이 그 그림을 가리키며 말하기를, "치세에 어찌 이런 것을 쓰겠습니까?"라고 하였다. 주관이 물러나 사람들에게 말하기를, "황공의 말은 정밀하고 절실하며 간략하고 합당하다. 간관(諫官)을 시키지 않은 것이 애석하다"라고 하였다.

黃中爲司業, 時芝草生武成廟. 官吏請以聞, 公不答. 官吏陰畫以聞, 宰相召長貳, 詰之曰, 治世之瑞, 抑而不奏, 何耶? 祭酒周公管[177]未對, 公指其畫曰, 治世何用此爲. 周退謂人曰, 黃公之言, 精切簡當. 惜不使爲諫諍官也.[178]

여러 유생들이 서로 축하하다.[제생상경(諸生相慶)] 송(宋) 진훈(陳塤)[179]은 사미원(史彌遠)[180]의 생질이다. 소정(紹定)[181] 연간에 태상박사(太常博士)가 되었는데 상소를 올려 황제 곁의 미혹시키는 이들을 제거할 것을 요청하였는데 바로 가귀비(賈貴妃)와 사미원을 가리키는 것이었다. 이종(理宗)[182] 가희(嘉熙)[183] 4년에 국자사업(國子司業)이 되자 여러 유생들이 서로 축하하면서 스승을 얻었다고 하였다. 논의하는 자들이 남송[중흥(中興)[184]]의 국학(國學)에서 없었던 일이라고 하였다.

宋陳塤, 史彌遠之甥. 紹定中爲太常博士, 上䟽乞去君側之蠱媚, 蓋指賈貴妃及彌遠也. 至理宗嘉熙四年, 爲國子司業, 諸生相慶以爲得師. 論者以中興國學未有也.[185]

장참(張參)[186]이 경서(經書)를 베끼다.[장참사경(張參寫經)] 당(唐) 장참이 국자사업(國子司業)이 되었는데 나이가 많은데도 항상 손으로 구경(九經)을 베끼면서 이르기를, "책을 읽는 것보다 책을 베끼는 것이 낫다"라고 하였다.

唐張參爲國子司業, 年老嘗手寫九經, 以爲讀書不如寫書.[187]

왕대보(王大寶)[188]가 책을 진상하다.[태보진서(太[189]寶進書)] 송(宋) 왕대보(王大寶)는 자가 원귀(元龜)이다. 원주(袁州)를 다스리면서 한가한 날에 이전에 저술했던 것들을 정리하여 《주역증의(周易證義)》 10권과 《모시국풍증의(毛詩國風證義)》 6권을 이루었다. 표문을 올리고 진상하니 황제가 재상에게 이르기를, "왕대보가 올린 책은 심오하게 경전의 뜻을 얻었도다"라 하고 그를 국자사업겸숭정전설서(國子司業兼崇政殿說書)로 삼고 오품(五品)의 복식(服飾)을 하사하였다.

宋王太寶, 字元龜. 知袁州, 暇日尋理舊所著述, 得周易證義十卷·毛詩國風證義六卷. 表進之, 上謂宰相曰, 王太寶所進書, 深得經旨. 其以爲國子司業兼崇政殿說書, 賜五品服.[190]

학문이 깊다.[학문연심(學問淵深)] 송(宋) 고항(高

176. 주관(周綰): 송(宋) 수창(遂昌) 출신으로 자가 언인(彦紉)이다. 국자좨주(國子祭酒), 이부시랑(吏部侍郎) 등을 역임하였다.
177. 《유원총보》의 '管'은 '綰'의 오류이다.[《송사(宋史)·황중전(黃中傳)》]
178. 《송사(宋史)·황중전(黃中傳)》
179. 진훈(陳塤): 송(宋) 경원(慶元) 출신으로 자가 화중(和仲)이다. 태상박사(太常博士), 이부시랑(吏部侍郎) 등을 역임하였다.
180. 사미원(史彌遠): 송(宋) 은(鄞) 출신으로 자가 동숙(同叔)이다. 태사좌승상(太師左丞相)을 역임하였으며 전횡을 일삼았다.
181. 소정(紹定): 남송(南宋) 이종(理宗)의 연호(1228-1233)이다.
182. 이종(理宗): 남송(南宋) 제5대 황제로 재위 기간은 1225-1264년이다.
183. 가희(嘉熙): 남송(南宋) 이종(理宗)의 연호(1237-1240)이다.
184. 중흥(中興): 중원(中原)을 잃은 것을 기휘(忌諱)하는 말로 남송(南宋)을 가리킨다.
185. 《송사(宋史)·황중전(黃中傳)》
186. 장참(張參): 당(唐) 하간(河間) 출신으로 사봉원외랑(司封員外郎), 국자사업(國子司業) 등을 역임하였다.
187. 《고금사문유취신집(古今事文類聚新集)·제감부(諸監部)》
188. 왕대보(王大寶): 송(宋) 온릉(溫陵) 출신으로 자가 원귀(元龜)이다. 간의대부(諫議大夫), 예부상서(禮部尙書) 등을 역임하였다.
189. 《유원총보》의 '太'는 '大'의 오류이다.[《고금사문유취신집(古今事文類聚新集)·제감부(諸監部)》]

閱)[191]은 자가 억숭(抑崇)으로 근현(靳縣) 사람이다. 소흥(紹興)[192] 원년에 진사가 되었고 뒤에 예부시랑(禮部侍郞)에 제수되었다. 진회(秦檜)[193]가 그를 의심하여 나가서 균주(筠州)를 맡았는데 고종(高宗)[194]이 불러서 국자사업(國子司業)으로 삼고 이르기를, "태학(太學)이 부흥하니 학문이 깊고 덕행이 순수한 자를 얻어 사표로 삼고 싶소. 그래서 경을 임명한 것이오"라고 하였다.

宋高閌, 字抑崇, 靳縣人. 紹興元年進士, 後除禮部侍郞. 秦檜疑之, 出知筠州, 高宗召爲國子監司業, 諭之曰, 太學復興, 欲得學問淵深·德行純正者, 爲師表. 故以命卿.[195]

박사가 책을 간직하다.[박사장서(博士藏書)] 박사(博士)는 진(秦)나라 관직이다. 박(博)이라는 것은 고금에 널리 통함이요 사(士)라는 것은 가부(可否)를 구분함이다.《한관의(漢官儀)》[196]

博士, 秦官也. 博者, 博通古今, 士者, 辨於然否.《漢官儀》[197]

복생(伏生)[198]은 제남(濟南) 사람으로 진(秦)의 박사가 되었는데 진(秦)나라 시기에 책을 금하자 복생이 벽속에 감췄다.

伏生, 濟南人, 爲秦博士, 秦時禁書, 伏生壁藏之.[199]

숙손통이 거짓으로 대답하다.[숙손궤대(叔孫詭對)] 숙손통(叔孫通)[200]은 진(秦)나라 때 박사가 되었다. 진승(陳勝)[201]이 봉기하자 이세(二世) 황제가 박사와 여러 유생들을 불러 모반의 상황을 물으니 숙손통만이 홀로 모반이 아니라고 거짓으로 대답하였다. 나온 뒤에 관사로 돌아오니 여러 유생들이 말하기를, "어찌 아침의 말을 하시는지요?"라고 하자 숙손통이 말하기를, "공들은 우리가 거의 호랑이 입에서 벗어나지 못할 뻔하였다는 것을 모릅니다"라고 하였다.

叔孫通, 秦時爲博士. 陳勝起, 二世召博士諸儒生, 問反狀, 通獨詭對不反. 已出反舍, 諸生曰, 何言之諛也? 通曰, 公不知我幾不免虎口.[202]

제가(諸家)의 서적에 정통하다.[통제가서(通諸家書)] 가의(賈誼)[203]는 젊어서부터 제가의 서적에 매우 정통하였다. 문제(文帝)[204]가 불러 박사를 삼았는데 당시 나이가 20여 세였다. 매번 조령을 내려 의논하도록 하면 여러 노선생들이 말하지 못할 때 가의는

190.《고금사문유취신집(古今事文類聚新集)·제감부(諸監部)》

191. 고항(高閌): 송(宋) 명주(明州) 출신으로 자가 억숭(抑崇)이다. 국자사업(國子司業), 예부시랑(禮部侍郞) 등을 역임하였다.

192. 소흥(紹興): 남송(南宋) 고종(高宗)의 연호(1131-1162)이다.

193. 진회(秦檜): 송(宋)과 남송(南宋) 교체기의 간신으로 자가 회지(會之)이다. 북송에서 어사중승(御史中丞), 남송에서 재상을 역임하였다. 고종(高宗) 때 악비(岳飛)를 죽이고 금(金)나라와 굴욕적인 화친을 맺었다. 뒤에 간신으로 몰려 작위를 삭탈당하고 시호도 유추(謬醜)로 바뀌었다.

194. 고종(高宗): 남송(南宋) 초대 황제로 재위 기간은 1127-1162년이다.

195.《송사(宋史)·고항전(高閌傳)》

196.《한관의(漢官儀)》: 동한(東漢)의 응소(應劭)가 서한(西漢)의 관제(官制)를 기록한 책이라 하나 지금은 전하지 않고 일부가 다른 책에서 산견(散見)된다.

197.《직관분기(職官分紀)·국자감(國子監)》

198. 복생(伏生): 한(漢) 제남(濟南) 출신으로 이름은 승(勝)이고 자가 자천(子賤)이다. 상서(尙書) 29편을 복원하였다.

199.《사기(史記)·유림열전(儒林列傳)》

200. 숙손통(叔孫通): 한(漢) 설(薛) 출신으로 나라의 전례(典禮)를 만들었다. 태상(太常), 태자태부(太子太傅) 등을 역임하였다.

201. 진승(陳勝): 진말(秦末) 양성(陽城) 출신으로 농민 봉기를 일으켰다.

202.《사기(史記)·숙손통전(叔孫通傳)》

203. 가의(賈誼): 서한(西漢) 낙양(洛陽) 사람이다. 어려서부터 재주가 뛰어나 20여세에 문제(文帝)가 박사(博士)로 임명하였다. 〈과진론(過秦論)〉·〈복조부(鵩鳥賦)〉·〈조굴원부(弔屈原賦)〉 등이 전한다.

204. 문제(文帝): 서한(西漢) 제4대 황제로 재위 기간은 BC 179-BC 157년이다.

모두 그에 대해 대답하였는데, 사람마다 자기 생각으로 말하고자 하던 것과 부합하였다. 문제가 그를 좋아하여 건너뛰어서 1년 만에 태중대부(太中大夫)에 이르렀다.

賈誼, 年少頗通諸家之書. 文帝召以爲博士, 時年二十餘. 每詔令議下, 諸老先生未能言, 誼盡爲之對, 人人各如其意所出. 文帝悅之, 超遷一歲至太中大夫.[205]

금마문(金馬門)[206]에서 조명(詔命)을 기다리다.[대조금마(待詔金馬)] 무제(武帝)[207]가 처음 박사(博士)를 둘 때에 학문이 통했고 행실이 단정하며 널리 알고 재능이 많으며 고금에 밝고 문장을 잘 짓는 자를 취하여 삼았다. 사관들이 선생(先生)이라 일컬었고 군(君)이라고 말할 수 없었으며 그 제자들은 문인(門人)이라고 일컬었다. 이때에 공손홍(公孫弘)[208]이 나이 60으로 부름 받아 박사가 되었다. 황제가 유생들에게 책문을 내리자 대책을 올린 자가 100여 명이었다. 태상(太常)[209]이 아뢸 때 공손홍의 등급이 아래에 있었는데 천자가 발탁하여 제1로 하였다. 불려 들어가서 알현하였는데 용모가 매우 아름다웠다. 제수하여 박사로 삼고 금마문에서 조명을 기다리도록 하였다.

武帝初置博士, 取學通行修·博識多藝·曉古今·能屬文章者, 爲之. 史稱先生, 不得言君, 其子弟稱門人.[210] 是時公孫弘年六十, 徵爲博士. 上策詔諸儒, 對者百餘人. 太常奏, 弘第居下, 天子擢爲第一. 召入見, 容貌甚麗. 拜爲博士, 待詔金馬門.[211]

학업을 전승하는 자들이 점차 많아지다.[전업침성(傳業寖盛)] 무제가 오경박사(五經博士)를 세우면서부터 제자원(弟子員)[212]을 두어 과정을 마련하고 책문을 시험한 것이 100여 년이 되자 학업을 전승하는 자들이 점차 많아졌다.

自武帝立五經博士, 置弟子員, 設科射策, 百有餘年, 傳業者寖盛.[213]

소제(昭帝)[214]가 박사와 제자원을 증원하여 100명에 찼다. 선제(宣帝)[215] 말엽에는 배로 증원하였고 원제(元帝)[216] 시기에는 하나의 경전에 통달한 자는 모두 몇 해 동안 요역을 면제해 주었다. 성제(成帝)[217] 말엽에는 제자원을 3,000으로 증원하였고 평제(平帝)[218] 시기에는 왕망(王莽)[219]이 원사(元士)의 자제를 증가시켰으며 해마다 시험하여, 갑과(甲科) 40명을 낭중(郎中)으로 삼고 을과(乙科) 20명을

205. 《사기(史記)·가의전(賈誼傳)》
206. 금마문(金馬門): 한대(漢代)의 궁문 이름이다.
207. 무제(武帝): 서한(西漢) 제6대 황제로 재위 기간은 BC 140-BC 87년이다.
208. 공손홍(公孫弘): 한(漢) 무제(武帝) 때의 승상(丞相)이다. 동각(東閣)을 열어 인재(人才)를 맞이하였고, 그 봉록을 모두 빈객 접대에 썼다고 한다.
209. 태상(太常): 구경(九卿)의 하나로 종묘의 의례와 관리의 선발을 관장하던 벼슬 이름이다.
210. 《예문유취(藝文類聚)·직관부(職官部)》
211. 《전한서(前漢書)·공손홍전(公孫弘傳)》
212. 제자원(弟子員): 한대(漢代)에 태학생을 이르던 말이다.
213. 《전한서(前漢書)·유림전(儒林傳)》
214. 소제(昭帝): 서한(西漢) 제7대 황제로 재위 기간은 BC 86-BC 74년이다.
215. 선제(宣帝): 서한(西漢) 제8대 황제로 재위 기간은 BC 73-BC 49년이다.
216. 원제(元帝): 서한(西漢) 제9대 황제로 재위 기간은 BC 48-BC 33년이다.
217. 성제(成帝): 서한(西漢) 제10대 황제로 재위 기간은 BC 32-BC 7년이다.
218. 평제(平帝): 서한(西漢) 제12대 황제로 재위 기간은 1-5년이다.
219. 왕망(王莽): 한(漢) 제남(濟南) 출신으로 자가 거군(巨君)이다. 원제(元帝) 황후의 조카로 황문랑(黃門郎)에 올랐고 평제(平帝) 시기에 대사마(大司馬)가 되어 국정을 전횡하였다. 평제를 살해하고 유영(劉嬰)을 세웠다가 몰아내고 신(新)을 세웠다. 지황(地皇) 4년(23)에 녹림군(綠林軍)의 반란으로 피살되었다.

태자사인(太子舍人)으로 삼았으며 병과(丙科) 40명을 문학장고(文學掌故)로 보임하였다. 후한(後漢)의 안제(安帝)[220]는 육예(六藝)의 글을 경시하여 박사들이 강석(講席)을 밀쳐놓고 강론하지 않았고 학관(學館)이 피폐해져 모두 채소밭이 되니 목동과 꼴 베는 아이들이 그 안에서 나무하고 꼴을 베기까지 하였다.

昭帝增博士弟子員, 滿百人. 宣帝末增倍之. 元帝時能通一經者, 皆復數年. 成帝末增弟子員三千人, 平帝時王莽增元士之子, 歲課, 甲科四十人爲郎中, 乙科二十人爲太子舍人, 丙科四十人補文學掌故.[221] 後漢安帝薄於藝文, 博士倚席不講, 學舍頹弊, 鞠爲園蔬, 牧兒芻豎, 至於薪刈其下.[222]

대대로 박사가 되다.[세위박사(世爲博士)] 공자(孔子)의 후손인 공순(孔順)[223]이 공부(孔鮒)[224]를 낳았는데 진섭(陳涉)[225] 때의 박사가 되었다. 공부의 동생인 공자양(孔子襄)[226]이 효혜제(孝惠帝) 때의 박사가 되었고 공자양이 공충(孔忠)[227]을 낳았고 공충이 공무(孔武)[228]와 공안국(孔安國)[229]을 낳았으며 공안국이 공연년(孔延年)[230]을 낳았는데 모두 《상서(尙書)》를 공부하여 무제(武帝) 때의 박사가 되었다. 공연년이 공패(孔覇)[231]를 낳았는데 역시 《상서》를 공부하였고 태부(太傅)인 하후승(夏侯勝)[232]을 사사하여 소제(昭帝) 말엽에 박사가 되었다. 공패는 공광(孔光)[233]을 낳았는데 경학(經學)이 특히 밝아 성제(成帝)가 막 즉위하자 등용하여 박사로 삼았고 관직이 승상(丞相)에 이르렀다.

孔子之後孔順生鮒, 爲陳涉博士. 鮒弟子襄爲孝惠博士, 襄生忠, 忠生武及安國, 安國生延年, 皆以治尙書, 爲武帝博士. 延年生覇, 亦治尙書, 事太傅夏侯勝, 昭帝末年爲博士. 覇生光, 經學尤明, 成帝初卽位, 擧爲博士, 官至丞相.[234]

한영(韓嬰)[235]의 《시경(詩經)》과 《주역(周易)》[한영시역(韓嬰詩易)] 한영은 연(燕) 지역 출신이다. 문제(文帝) [236] 시기에 박사가 되었고 경제(景帝)[237] 시기에 상산왕(常山王)의 태부(太傅)가 되었다. 한영은 시인(詩人)의 뜻을 추론하여 《한시외전(韓詩外傳)》 수만 자를 지었다. 연(燕)과 조(趙) 지역에서 《시경》을 말하는 자들은 한영을 따랐다. 한영은 역시 사람들에게 《주역》을 가르쳤으나 연(燕)과 조

220. 안제(安帝): 동한(東漢) 제6대 황제로 재위 기간은 107-125년이다.
221. 《전한서(前漢書)·유림전(儒林傳)》
222. 《후한서(後漢書)·유림전(儒林傳)》
223. 공순(孔順): 전국시대 사람으로 자가 자신(子愼)이다. 위(魏)나라에서 재상을 지냈다.
224. 공부(孔鮒): 진(秦)나라 사람으로 자가 자어(子魚)이다. 노국문통군(魯國文通君), 소부(少傅) 등을 역임하였다.
225. 진섭(陳涉): 진(秦) 진승(陳勝)의 자이다.
226. 공자양(孔子襄): 서한(西漢) 사람으로 박사(博士), 장사태수(長沙太守) 등을 역임하였다.
227. 공충(孔忠): 서한(西漢) 사람으로 자가 자정(子貞)이다. 박사(博士)를 역임하였다.
228. 공무(孔武): 서한(西漢) 사람으로 자가 자성(子成)이다. 박사(博士), 임회태수(臨淮太守) 등을 역임하였다.
229. 공안국(孔安國): 전한(前漢)의 경학자로 자가 자국(子國)이다. 간의대부(諫議大夫), 임회태수(臨淮太守) 등을 역임하였다.
230. 공연년(孔延年): 서한(西漢) 사람으로 무제(武帝) 시기에 《상서(尙書)》에 조예가 깊어 박사(博士)가 되었다.
231. 공패(孔覇): 서한(西漢) 사람으로 자가 차유(次儒)이다. 박사(博士), 태사(太師) 등을 역임하였다.
232. 하후승(夏侯勝): 서한(西漢) 사람으로 자가 장공(長公)이다. 광록대부(光祿大夫), 태자태부(太子太傅)등을 역임하였다.
233. 공광(孔光): 서한(西漢) 사람으로 자가 자하(子夏)이다. 어사대부(御史大夫), 승상(丞相), 대사도(大司徒), 태부(太傅), 태사(太師) 등을 역임하였다.
234. 《전한서(前漢書)·공광전(孔光傳)》
235. 한영(韓嬰): 한(漢) 연(燕) 출신으로 《시경(詩經)》과 《주역(周易)》을 연구하여 문제(文帝) 시기에 박사가 되었다.
236. 문제(文帝): 서한(西漢) 제4대 황제로 재위 기간은 BC 179-BC 157년이다.
237. 경제(景帝): 서한(西漢) 제5대 황제로 재위 기간은 BC 156-BC 141년이다.

(趙) 지역에서는 《시경》을 좋아하였기 때문에 그의 《주역》은 미약해졌다.

韓嬰, 燕人也. 文帝時爲博士, 景帝時爲常山王太傅. 嬰推詩人之意, 而作外傳數萬言. 燕趙間言詩者, 由韓生. 韓生亦以易授人, 燕趙好詩, 故其易微.[238]

강형(康衡)[239]은 턱이 빠지게 한다[웃게 한다].[강형해이(康衡解頤)] 강형은 배움을 좋아하였는데, 집이 가난하여 품팔이를 하여 비용을 충당하였다. 특히 힘이 남들보다 뛰어났는데 여러 유생들이 그에 대해 말하기를, "《시경(詩經)》을 해설할 사람이 없을 때 광형이 마침 오고, 광형이 《시경》을 해설하면 사람들의 턱이 빠지게 한다[웃게 한다]"라고 하였다. 원제(元帝)[240] 시기에 박사가 되었다.

康衡好學, 家貧傭作以供資用. 尤精力過絶人, 諸儒爲之語曰, 無說詩, 康鼎來, 康說詩, 解人頤. 元帝時爲博士.[241]

경전으로 글을 쓰다.[이경저서(以經著書)] 경방(京房)[242]은 양(梁) 지역 출신인 초연수(焦延壽)[243]에게서 《역(易)》을 배웠다. 경방은 동해(東海)의 은희(殷喜), 하동(河東)의 요평(姚平), 하남(河南)의 홍승(弘乘)을 가르쳐 모두가 낭(郎)이 되었다. 이로 말미암아 경씨학파(京氏學派)가 있게 되었다. 전에 정관(丁寬)[244]이 전하(田何)[245]로부터 《역(易)》을 배웠고 정관은 전왕손(田王孫)을 가르쳤으며 전왕손은 시수(施讎), 맹희(孟喜), 양구하(梁丘賀)를 가르쳤다. 이로 말미암아 역학(易學)에는 시수, 맹희, 양구하의 학파가 있게 되었고 시수는 박사가 되었다. 엄팽조(嚴彭祖)와 안안락(顔安樂)은 함께 수맹(眭孟)[246]을 사사하였는데, 수맹이 이르기를, "《춘추(春秋)》의 뜻은 두 사람에게게 있다"라고 하였다. 이로 말미암아 공양학(公羊學)에는 엄팽조와 안안락의 학파가 있게 되었고 엄팽조는 선제(宣帝)[247] 때의 박사가 되었다.《한서(漢書)》

京房受易梁人焦延壽. 房授東海殷喜·河東姚平·河南弘乘, 皆爲郎. 由是亦有京氏之學. 初丁寬從田何受易, 寬授田王孫, 王孫授施讎·孟喜·梁丘賀. 由是易有施孟梁丘之學, 施讎爲博士. 嚴彭祖與顔安樂, 俱事眭孟, 孟曰, 春秋之意, 在二子矣. 由是公羊有嚴顔之學, 彭祖爲宣帝博士.《漢書》[248]

경전에 통달하여 자리를 뺏다.[통경탈석(通經奪席)] 대빙(戴憑)[249]이 나이 16세에 부름 받아 박사를 시험받는데 당시에 조서를 내려 공경들을 다 모이게 하였다. 여러 신하들이 모두 자리로 갔는데 대빙만이 홀로 서 있었다. 광무제(光武帝)[250]가 그 의도를 묻자 대답하기를, "박사들이 경전을 해설하는 것이

---

238. 《사기(史記)·유림전(儒林傳)》
239. 강형(康衡): 한(漢) 동해(東海) 출신인 광형(匡衡)으로 자가 치규(稚圭)이다. 경의(經義)에 두루 통하여 태자소부(太子少傅), 승상(丞相) 등을 역임하였다.
240. 원제(元帝): 서한(西漢) 제9대 황제로 재위 기간은 BC 48-BC 33년이다.
241. 《전한서(前漢書)·광형전(匡衡傳)》
242. 경방(京房): 서한(西漢)의 유학자로 자가 군명(君明)이다. 초연수(焦延壽)에게서 《역(易)》을 배웠고 제자들이 많아 경씨학파(京氏學派)를 이루었다. 정치를 비방하였다는 죄목으로 갇혀 옥사하였다. 저술로 《경씨역전(京氏易傳)》 3권이 전한다.
243. 초연수(焦延壽): 한(漢) 양(襄) 출신으로 자가 공(贛)이다. 소황령(小黃令)을 역임하였고 《역림(易林)》을 저술하였다.
244. 정관(丁寬): 한(漢) 양(梁) 출신으로 자가 자양(子襄)이다. 경제(景帝) 시기에 장군(將軍)이 되었고 《역설삼만언(易說三萬言)》을 저술하였다.
245. 전하(田何): 한(漢) 제(齊) 출신으로 자가 자장(子莊)이다. 정관(丁寬), 복생(伏生)에게 《역(易)》을 전수하였다.
246. 수맹(眭孟): 한(漢) 노(魯) 출신인 수홍(眭弘)으로 자가 맹(孟)이다. 《공양춘추(公羊春秋)》를 연구하였고 의랑(議郎), 부절령(符節令) 등을 역임하였다.
247. 선제(宣帝): 서한(西漢) 제8대 황제로 재위 기간은 BC 73-BC 49년이다.
248. 《전한서(前漢書)·유림전(儒林傳)》
249. 대빙(戴憑): 동한(東漢) 평여(平輿) 출신으로 자가 차중(次仲)이다. 박사(博士), 낭중(郎中), 시중(侍中) 등을 역임하였다.

모두 신보다 못한데 자리는 신의 위에 있으니 이 때문에 자리에 나아가지 않은 것입니다"라고 하였다. 황제가 불러서 정전에 오르도록 하고 여러 유생들과 논란하며 해설하도록 하였는데, 해결하는 것이 많았다. 황제가 칭찬하고 시중(侍中)에 제수하였다. 후에 정월 초하루에 황제가 여러 신하들 가운데 경전을 해설할 수 있는 자들로 하여금 서로 따지고 논란하면서 뜻에 통하지 못하는 자가 있으면 바로 그의 방석을 빼어 통한 자에게 더해 주도록 하였다. 대빙이 마침내 50여 겹을 깔고 앉게 되자 도성 사람들이 말하기를, "경전 해설에 막히지 않은 것은 대시중(戴侍中)이다"라고 하였다.

戴憑年十六徵試博士, 時詔公卿大會. 群臣皆就席, 憑獨立. 光武問其意, 對曰, 博士說經, 皆不如臣, 而坐居臣上, 是以不就席. 帝召上殿, 令與諸儒難說, 多所解釋. 帝善之, 拜爲侍中. 後正旦帝令群臣能說經者, 更相詰難, 義有不通, 輒奪其席, 以益通者. 憑遂坐五十餘重, 京師語曰, 解經不窮, 戴侍中.[251]

글에 대한 뜻이 성하게 일어나다. [사의봉기(詞義鋒起)]

왕규(王頍)[252]가 저작랑(著作郞)에 제수되었는데 얼마 뒤에 조령을 내려 국자감(國子監)에서 가르침을 펴도록 하였다. 마침 고조(高祖)[253]가 친히 석전(釋奠)을 행하는데 국자좨주(國子祭酒) 원선(元善)[254]이 《효경(孝經)》을 강론하였고 왕규와 논란을 하면서 글에 대한 뜻이 성하게 일어났다. 고조가 크게 기특하게 여기고 건너뛰어 국자박사(國子博士)를 제수하였다. 왕규는 자가 경문(景文)으로 20살에도 아직 글을 알지 못하였는데, 그의 형인 왕옹(王顒)에게 책망을 당하고서야 비로소 마음이 격동되어 책을 읽어 마침내 오경(五經)에 통달하였다. 주(周) 무제(武帝)가 불러 노문학사(露門學士)를 삼았고 개황(開皇)[255] 연간에 저작랑(著作郞)이 되었다.

王頗[256]授著作郞, 尋令於國子宣授. 會高祖親行釋奠, 國子祭酒元善講孝經, 與王頗論難, 詞義鋒起. 高祖大奇之, 超授國子博士. 頗字景文, 二十尙未知書, 爲其兄顒所責, 乃感激讀書, 遂通五經. 周武帝引爲露門學士, 開皇年爲著作.[257]

오경(五經)을 함께 가르치다. [오경병수(五經並授)]

악상(樂詳)[258]은 자가 문재(文載)이다. 황초(黃初)[259] 연간에 부름 받아 박사에 제수되었는데 당시에 태학(太學)이 처음 세워져 박사 10여 명이 학문이 대부분 부족하여 인원수를 채울 뿐이었다. 오직 악상만이 오경(五經)의 학업을 함께 가르쳤다. 간혹 가르치기 어려운 것은 질정하여 변별해 주었는데 이해하지 못해도 악상은 화내는 기색이 없이 지팡이로 땅에 그리고 비유를 끌어 인용하면서 침식조차 잊을 정도였다.

樂詳, 字文載. 黃初中徵拜博士, 時太學初立, 博士十餘人, 學多褊狹, 備員而已. 惟詳五業竝授. 其或

---

250. 광무제(光武帝): 동한(東漢) 초대 황제로 재위 기간은 25-57년이다.
251. 《후한서(後漢書)·대빙전(戴憑傳)》
252. 왕규(王頍): 수(隋) 태원(太原) 출신으로 자가 경문(景文)이다. 오경(五經)과 병서(兵書)에 밝았다. 자의참군(諮議參軍)을 역임하였다.
253. 고조(高祖): 수(隋) 초대 황제인 문제(文帝)로 재위 기간은 581-604년이다.
254. 원선(元善): 수(隋)나라 사람으로 오경(五經)에 정통하였다. 후에 북주(北周)로 귀화하였다.
255. 개황(開皇): 수(隋) 문제(文帝)의 연호(581-600)이다.
256. 《유원총보》의 '王頗'는 '王頍'의 오류이다.[《수서(隋書)·문학전(文學傳)》]
257. 《수서(隋書)·문학전(文學傳)》
258. 악상(樂詳): 삼국시대 위(魏) 하동(河東) 출신으로 자가 문재(文載)이다. 문학좨주(文學祭酒), 기도위(騎都尉) 등을 역임하였다.
259. 황초(黃初): 위(魏) 문제(文帝)의 연호(220-226)이다.

難敎, 質而不解, 詳無慍色, 以杖畫地, 牽譬引類, 至忘寢食.[260]

8대 동안 박사가 되다.[팔세박사(八世博士)] 구양흡(歐陽歙)[261]은 그 선조가 복생(伏生)에게서 《상서(尙書)》를 배운 화백(和伯)[262]이다. 구양흡에 이르도록 8대 동안 모두 박사가 되었는데 뒤에 뇌물죄로 하옥되었다. 평원(平原)의 예진(禮震)[263]이 나이가 17세였는데 상소하여 아뢰기를, "신은 구양흡을 사사하였습니다. 학문으로 유학의 종사이신데 중죄를 자복하게 되었으니 위로는 폐하로 하여금 현자를 죽인다는 비난을 받게 하고 아래로는 배우는 자들로 하여금 스승의 도움을 잃게 합니다. 저를 죽여 스승의 목숨을 대신하기를 청합니다"라고 하였다.

歐陽歙, 其先伯和[264], 從伏生受尙書. 至于歙, 八世皆爲博士, 後以贓罪下獄. 平原禮震, 年十七, 上書曰, 臣師歐陽歙. 學爲儒宗, 而當伏重辜, 上令陛下獲殺賢之譏, 下使學者喪師資之益. 乞殺身以代歙命.[265]

《시경(詩經)》을 공부한 것이 가장 정밀하다.[위시최정(爲詩最精)] 한(漢) 문제(文帝)[266] 시기에 신공(申公)[267]이 《시경(詩經)》을 공부한 것이 가장 정밀하여 박사로 삼았다. 신공이 《시전(詩傳)》을 지어 노시(魯詩)라고 하였다.

漢文帝時申公爲詩最精, 以爲博士. 申公爲詩傳, 號曰魯詩.[268]

설광덕(薛廣德)[269]이 초(楚)나라에서 노시(魯詩)를 가르쳤는데, 엄승(龔勝)이 그를 사사하였다. 소망지(蕭望之)[270]가 어사대부(御史大夫)일 때 설광덕을 속관으로 삼아 자주 그와 의논을 나누었고 그를 중시하여, 설광덕은 경술(經術)과 행실이 조정에 임직할 만하다고 추천하여 박사로 삼았다.

薛廣德以魯詩敎楚國, 龔勝師事焉. 蕭望之爲御史大夫, 除廣德爲屬, 數與論議, 器之, 薦廣德經行宜充本朝, 以爲博士.[271]

수양박사(瘦羊博士) 《유원총보(類苑叢寶)》 4권 〈납(臘)〉조에 보인다.

見臘.

구경(九經)에 널리 통달하다.[박통구경(博通九經)] 왕소소(王昭素)[272]는 구경(九經)에 널리 통달하였다. 《역론(易論)》 30편을 짓자 태조(太祖)[273]가 불러서 《역(易)》을 강론하도록 하고 그 기회에 백성의 일을 물었다. 소소가 말하는 것이 참되고 숨기는 것이 없자 태조가 가상하게 여겼다. 다시 세상을 다스리고 몸을 수양하는 방법에 대해 묻자 소소가 아뢰기를,

---

260. 《책부원귀(册府元龜)·총록부(總錄部)》
261. 구양흡(歐陽歙): 동한(東漢) 천승(千乘) 출신으로 자가 정사(正思)이다. 여남태수(汝南太守), 대사도(大司徒) 등을 역임하였다.
262. 화백(和伯): 서한(西漢) 구양생(歐陽生)의 자이다.
263. 예진(禮震): 동한(東漢) 평원(平原) 출신으로 자가 중위(重威)이다. 낭중(郎中)을 역임하였다.
264. 《유원총보》의 '伯和'는 '和伯'의 오류이다.
265. 《후한서(後漢書)·유림전(儒林傳)》
266. 문제(文帝): 서한(西漢) 제4대 황제로 재위 기간은 BC 179-BC 157년이다.
267. 신공(申公): 한(漢) 노(魯) 출신으로 이름이 배(培)이다. 박사(博士), 태중대부(太中大夫) 등을 역임하였다.
268. 《전한서(前漢書)·초원왕전(楚元王傳)》
269. 설광덕(薛廣德): 서한(西漢) 패군(沛郡) 출신으로 자가 장경(長卿)이며 《노시(魯詩)》를 공부했다. 간대부(諫大夫), 어사대부(御史大夫) 등을 거쳤으며 삼공(三公)이 되어서는 직언으로 간쟁하였다.
270. 소망지(蕭望之): 서한(西漢) 난릉(蘭陵) 출신으로 자가 장천(長倩)이다. 태자태부(太子太傅)를 역임하였고 유조(遺詔)를 받아 어린 원제(元帝)를 보필(輔弼)하였다.
271. 《전한서(前漢書)·설광덕전(薛廣德傳)》
272. 왕소소(王昭素): 송(宋) 개봉(開封) 출신으로 구경(九經)과 노장(老莊)에 통달하였다. 국자박사(國子博士)를 역임하였다.
273. 태조(太祖): 송(宋) 초대 황제로 재위 기간은 960-975년이다.

"세상을 다스리는 것은 백성을 사랑하는 것만 한 것이 없고 몸을 수양하는 것은 욕심을 적게 하는 것만 한 것이 없습니다"라고 하였다. 태조가 그 말을 중시하여 병풍에 써 놓았으며 국자박사(國子博士)에 제수하였다.

王昭素博通九經. 及著易論三十三篇, 太祖召命講易, 因訪以民事. 昭素所言, 誠實無隱, 太祖嘉之. 又問治世養身之術, 昭素曰, 治世莫若愛民, 養身莫若寡慾. 太祖重其言, 書于屛風, 拜國子博士.[274]

그대를 만난 것이 어찌 그리 늦었는가.[득생기만(得生幾晚)] 환영(桓榮)[275]은 자가 춘경(春卿)이다. 젊어서 장안(長安)에서 공부할 때 15년 동안을 집안 일을 돌아보지 않았다. 나이 60여 세가 되어 광무제가 불러 《상서(尙書)》를 해설하도록 하고 매우 칭찬하였다. 매번 조회 때마다 번번이 환영에게 명을 내려 공경들 앞에서 경서를 설명하도록 하였다. 황제가 칭찬하면서 이르기를, "그대를 만난 것이 어찌 그리 늦었는가"라 하였고 박사에 결원이 생기자 박사로 제수하였다.

桓榮, 字春卿. 少學長安, 十五年不窺家園. 年六十餘, 光武召令說尙書, 甚善之. 每朝會輒令榮於公卿前敷奏經書. 帝稱善曰, 得生幾晩. 博士缺, 拜爲博士.[276]

당시에 통유(通儒)라고 일컬어지다.[당세통유(當世通儒)] 동균(董鈞)[277]은 자가 문백(文伯)이다. 고금에 널리 통하였고 자주 정사(政事)를 말하였다. 영평(永平)[278] 연간에 박사가 되었는데 당시에 오교(五郊)의 제사와 종묘의 예악을 새로 만들면서 의식과 복식 등을 번번이 동균에게 명하여 의논하도록 하였고 대부분 채용되니 당시에 통유(通儒)라고 일컬어졌다.

董鈞, 字文伯. 博通古今, 數言政事. 永平中爲博士, 時草創五郊祭祀及宗廟禮樂, 威儀章服, 輒令鈞參議, 多見從用, 當世稱爲通儒.[279]

엄식지(嚴植之)[280]는 자가 효원(孝源)이다. 양(梁) 천감(天監)[281] 2년에 조서를 내려 통유(通儒)를 구하여 오례(五禮)를 연구하도록 하였다. 담당관이 엄식지가 흉례(凶禮)를 전문으로 하였음을 아뢰니 4년 초에 오경박사(五經博士)를 두고 각각 학관(學館)을 열어 교육하는데 엄식지로 하여금 오경박사를 겸하게 하였다. 엄식지의 학관이 조구(潮溝)에 있었는데 생도가 항상 백으로 헤아려졌으며 강의하는 것이 단계와 차례가 있고 이치를 분석하는 것이 분명하여 매번 올라가 강의할 때마다 다섯 학관의 생도가 모두 이르러 듣는 자가 1,000여 명이 되었다. 《남사(南史)》

嚴植之, 字孝源. 梁天監二年, 詔求通儒脩五禮. 有司奏植之主凶禮, 四年初置五經博士, 各開館敎授, 以植之兼五經博士. 植之館在潮溝, 生徒常百數, 講說有區段次第, 析理分明, 每當登講, 五館生畢至, 聽者千餘人.《南史》[282]

중첩된 방석이 8,9개이다.[중석팔구(重席八九)]

---

274. 《동도사략(東都事略) · 유학전(儒學傳)》
275. 환영(桓榮): 동한(東漢) 패군(沛郡) 출신으로 자가 춘경(春卿)이다. 광무제(光武帝)의 태자(太子)를 가르쳤고 명제(明帝)로부터는 스승의 예를 받았다.
276. 《후한서(後漢書) · 환영전(桓榮傳)》
277. 동균(董鈞): 동한(東漢) 건위(犍爲) 출신으로 자가 문백(文伯)이다. 박사(博士), 오관중랑장(五官中郞將) 등을 역임하였다.
278. 영평(永平): 동한(東漢) 명제(明帝)의 연호(58-75)이다.
279. 《후한서(後漢書) · 유림열전(儒林列傳)》
280. 엄식지(嚴植之): 남조(南朝) 양(梁) 자귀(秭歸) 출신으로 자가 효원(孝源)이다. 강락령(康樂令), 오경박사(五經博士) 등을 역임하였다.
281. 천감(天監): 남조(南朝) 양(梁) 무제(武帝)의 연호(502-519)이다.
282. 《남사(南史) · 유림전(儒林傳)》

은량(殷亮)[283]은 자가 자화(子華)이다. 건무(建武)[284] 연간에 부름 받아 박사에 제수되었고 강학대부(講學大夫)로 옮겼다. 여러 유생들이 강론할 때 이긴 자에게 방석을 하사하였는데 은량은 중첩된 방석이 8, 9개에 이르렀다. 황제가 칭찬하면서 이르기를, "학문은 마땅히 이와 같아야 하지 않겠는가"라고 하였다.

殷亮, 字子華. 建武中徵拜博士, 遷講學大夫. 諸儒講論, 勝者賜席, 亮重席至八九, 帝嘉之曰, 學不當如是耶.[285]

비본(秘本)이 애석하게도 전해지지 않다.[비석부전(秘惜不傳)] 척곤(戚袞)[286]은 자가 공문(公文)이다. 양주좨주종사사(楊州祭酒從事史)에 제수되었는데 국자박사(國子博士) 송회방(宋懷方)을 찾아가 《의례(儀禮)》의 뜻을 질정하였다. 송회방은 북방 사람이라 위(魏)에서 《의례》와 《예기(禮記)》의 의소(義疏)를 가지고 왔는데 비본(秘本)이 애석하게도 전해지지 않는다. 장차 죽게 되자 집안 사람들에게 이르기를, "내가 죽은 뒤에 척곤이 만약 오면 바로 《의례》와 《예기》 의소본(義疏本)을 주고, 만약 오지 않으면 시신과 함께 묻어라"라고 하였다.

戚袞, 字公文. 除楊州祭酒從事史, 就國子博士宋懷方, 質儀禮義. 懷方北人, 自魏攜儀禮禮記疏, 秘惜不傳. 及將亡, 謂家人曰, 吾死後, 戚生若赴, 便以儀禮·禮記義本, 付之. 若其不來, 卽隨死而殯.[287]

척곤이 태학박사(太學博士)가 되었는데 간문제(簡文帝)[288]가 동궁(東宮)에 있을 때 일찍이 잔치를 베풀어 현학(玄學)과 유학(儒學)의 선비들을 모은 적이 있었다. 먼저 현학자들로 하여금 서로 질의하고 논란하게 하고 다음으로 중서자(中庶子) 서리(徐摛)[289]로 하여금 글 뜻을 드러내게 하였으며 간간이 재미 있는 말을 섞도록 하였다. 서리의 변론이 뛰어나서 대항하기 어렵자 여러 유생들은 숨을 죽이고 있었다. 이때에 척곤이 조회와 빙례(聘禮)의 뜻을 설명하니 서리가 더불어 말을 주고받았다. 척곤은 정채롭고 태연하였으며 응답하는 것이 물 흐르듯 하였다.《남사(南史)》

袞爲太學博士, 簡文在東宮, 嘗置宴, 集玄儒之士. 先命道學, 互相質難, 次令中庶子徐摛馳騁文義, 間以劇談. 摛辭辯縱橫, 難以答抗, 諸儒懾氣. 時袞說朝聘義, 摛與往復, 袞精采自若, 領答如流.《南史》[290]

말단에 따라 뜻을 세우다.[수단립의(隨端立義)]

육덕명(陸德明)[291]이 태학박사(太學博士)가 되었는데 뒤에 고조(高祖)가 친히 석전(釋奠)에 참여하였다. 당시에 서문원(徐文遠)[292]이 《효경(孝經)》을 강론하였고 승려 혜승(惠乘)이 《파야경(波若經)[293]》을 강론하였으며 도사 유진희(劉進喜)가 《노자(老子)》를 강의하였는데 육덕명이 이 세 사람들을 힐난하여, 각자 종파의 요지에 근거하여 말단에 따라 뜻을 세운다고 하였다. 대중들이 모두 그에게 굴복하

---

283. 은량(殷亮): 동한(東漢) 사람으로 경전(經典)에 해박하여 박사를 역임하였다.
284. 건무(建武): 동한(東漢) 광무제(光武帝)의 연호(25-55)이다.
285. 《예문유취(藝文類聚)·직관부(職官部)》
286. 척곤(戚袞): 남조(南朝) 양(梁) 염관(鹽官) 출신으로 자가 공문(公文)이다. 강주자사(江州刺史)를 역임하였다.
287. 《남사(南史)·유림전(儒林傳)》
288. 간문제(簡文帝): 동진(東晉) 제8대 황제로 재위 기간은 371-372년이다.
289. 서리(徐摛): 남조(南朝) 양(梁) 동해(東海) 출신으로 자가 사수(士秀)이다. 시독(侍讀), 태자좌위율(太子左衛率) 등을 역임하였다.
290. 《남사(南史)·유림전(儒林傳)》
291. 육덕명(陸德明): 당(唐) 소주(蘇州) 출신으로 이름이 원랑(元郎)이고 자가 덕명(德明)이다. 수(隋)에서 국자조교(國子助敎), 당에서 국자박사(國子博士) 등을 역임하였다.
292. 서문원(徐文遠): 당(唐) 낙주(洛州) 출신으로 국자박사(國子博士)를 역임하였다.
293. 파야경(波若經): 반야경(般若經)의 다른 이름이다.

니 고조가 그를 칭찬하였다.

陸德明爲太學博士, 後高祖親臨釋奠. 時徐文遠講孝經, 沙門惠乘講波若經, 道士劉進喜講老子, 德明難此三人, 各因宗指, 隨端立義. 衆皆爲之屈, 高祖善之.[294]

서문원은 반듯하고 순후하여 유학자의 풍모가 있었다. 개황(開皇)[295] 연간에 태학박사(太學博士)로 옮겨 포개(包愷), 저휘(褚徽), 육덕명(陸德明), 노달(魯達)과 함께 교육 담당관이 되었다. 이윽고 발탁되어 국자박사(國子博士)에 제수되었고 포개 등은 모두 태학박사가 되었다. 당시 사람들이 일컫기를, 서문원의 《좌전(左傳)》, 저휘의 《예(禮)》, 노달의 《시경(詩經)》, 육덕명의 《역(易)》은 모두 한 시대의 최고라고 하였다.

徐文遠方正純厚, 有儒者風. 開皇中遷太學博士, 與包愷·褚徽·陸德明·魯達, 爲學官. 遂擢授文遠國子博士, 愷等竝爲太學博士. 時人稱, 文遠之左氏·褚徽之禮·魯達之詩·陸德明之易, 皆爲一時之最.[296]

효렴(孝廉)으로 박사(博士)가 되다.[효렴박사(孝廉博士)] 장빙(張憑)[297]이 효렴(孝廉)에 천거되어 유진장(劉眞長)[298]을 찾아갔다. 배로 돌아왔는데 잠시 후에 유진장이 이르러 장효렴의 배를 찾게 하자 함께 여행하던 사람들이 깜짝 놀랐다. 같이 수레에 탄 뒤에 함께 무군장군(撫軍將軍)에게 가서 아뢰기를, "공을 위하여 한 선비를 얻었으니 태상박사(太常博士)의 훌륭한 선발감입니다"라고 하였다. 무군장군이 그와 말을 나누고 감탄하면서 칭찬하기를, "장빙은 재기가 넘치니 의리(義理)의 보고이다"라 하고 즉시 등용하여 박사로 삼았다.

張憑擧孝廉, 詣劉眞長. 還船, 須臾眞長至, 遣覓張孝廉船, 同旅愕然. 旣同載, 俱詣撫軍, 謂撫軍曰, 爲公得一士, 太常博士之妙選. 撫軍與之言, 咨嗟稱善曰, 張憑勃窣, 爲理窟. 卽用爲博士.[299]

연회를 열지 않아야 한다.[불의위회(不宜爲會)]

위(魏) 고당륭(高堂隆)[300]은 자가 숙평(叔平)이다. 박사일 때 문제(文帝)[301]가 막 등극하자 군신(群臣) 가운데 어떤 자가 연회를 열어야 한다고 하였다. 고당륭이 말하기를, "요순시대에 음악을 멈추었던 슬픔이 있었고 [은(殷)나라의] 고종은 말하지 않는 근심이 있었습니다. 이 때문에 지극한 덕이 빛나 온 세상을 비췄습니다. 연회를 열지 않아야 한다고 생각합니다"라고 하자 황제가 공경히 받아들였다.

魏高堂隆, 字叔平. 爲博士, 文帝初踐祚, 群臣或以爲宜饗會. 隆曰, 唐虞有遏密之哀, 高宗有不言之思. 是以至德雍熙, 光于四海. 以爲不宜爲會. 帝敬納之.[302]

박사 가운데 첫 번째이다.[박사제일(博士第一)]

한(漢) 진원(陳元)[303]은 자가 양손(襄孫)이다. 당시 의론이 《좌씨전(左氏傳)》을 세우고자 하였는데, 박사 범승(范升)[304]이 《좌전(左傳)》은 천박하여 세우

294. 《구당서(舊唐書)·유학전(儒學傳)》
295. 개황(開皇): 수(隋) 문제(文帝)의 연호(581-600)이다.
296. 《구당서(舊唐書)·유학전(儒學傳)》
297. 장빙(張憑): 진(晉)오군(吳郡) 출신으로 자가 장종(長宗)이다. 이부랑(吏部郞), 어사중승(御史中丞) 등을 역임하였다.
298. 유진장(劉眞長): 동진(東晉) 패군(沛郡) 출신인 유담(劉惔)으로 자가 진장(眞長)이다. 사도좌장사(司徒左長史), 시중(侍中) 등을 역임하였다.
299. 《진서(晉書)·장빙전(張憑傳)》
300. 고당륭(高堂隆): 삼국(三國) 시대 위(魏)의 평양(平陽) 출신으로 자가 숙평(叔平)이다. 위(魏) 명제(明帝)가 즉위하기 전의 평원왕(平原王) 시절에 사부(師傅)를 담당하였고, 즉위한 뒤에 태사령(太史令), 시중(侍中) 등을 역임하였다. 명제가 부역을 일으키고 궁궐을 짓는 것에 대해 자주 풍간(諷諫)을 하였다.
301. 문제(文帝): 진(陳)의 제2대 황제로 재위 기간은 560-566년이다.
302. 《삼국지(三國志)·위지(魏志)·고당륭전(高堂隆傳)》
303. 진원(陳元): 동한(東漢) 창오(蒼梧) 출신으로 자가 양손(襄孫), 장손(長孫)이다.

면 안 된다고 하였다. 진원이 상소하여 따지자 황제가 마침내 좌씨학(左氏學)을 세웠고 태상(太常)이 박사 4명을 선발하였는데 진원이 첫 번째였다.

漢陳元, 字襄孫. 時議欲立左氏傳, 博士范升以爲左氏淺末, 不宜立. 元上疏爭之, 帝卒立左氏學, 太常選博士四人, 元爲第一.305

장유(長孺)의 《상서(尚書)》[장유상서(長孺尚書)]

위현(韋賢)306은 자가 장유(長孺)이다. 학문에 뜻을 돈독히 하여 《예(禮)》와 《상서》에 아울러 통하였고 《시경(詩經)》을 가르쳐 '추로대유(鄒魯大儒)'라고 칭해졌다. 부름 받아 박사가 되었다.

韋賢, 字長孺. 篤志于學, 兼通禮尚書, 以詩教授, 號稱鄒魯大儒. 徵爲博士.307

동중서(董仲舒)308의 《춘추(春秋)》[중서춘추(仲舒春秋)] 동중서가 《춘추》를 공부하여 효경제(孝景帝)309 시기에 박사가 되었다. 휘장을 내리고 강독을 하였는데 제자들은 오래된 차례로 가르쳐 주니 어떤 자는 그의 얼굴을 보지도 못하였다.

董仲舒治春秋, 孝景時爲博士. 下帷講誦, 弟子以久次相授, 或不見其面.310

맞이하여 잘잘못을 묻다.[연문득실(延問得失)]

익봉(翼奉)311은 자가 소군(少君)이다. 《제시(齊詩)》를 공부하였는데 소망지(蕭望之),312 광형(匡衡)313과 한 스승에게서 배웠다. 원제(元帝)314가 막 즉위하자 자주 정사를 아뢰었고 황제가 한가할 때 알현하였다. 뒤에 박사로 옮겼는데 황제가 맞이하여 잘잘못을 물었다.

翼奉, 字少君. 治齊詩, 與蕭望之·匡衡同師. 元帝初卽位, 數言事, 宴見. 後遷博士, 上延問得失.315

조포(曹褒)316의 예의(禮義)[조포예의(曹褒禮義)]

조포가 박사에 제수되었는데 마침 숙종(肅宗)317이 예악(禮樂)을 제정하였다. 이에 상소를 올려 아뢰기를, "공이 이루어지면 음악을 제작하고 교화가 정해지면 예를 제작합니다. 지금 하늘이 복을 내리고 아름다운 징조가 함께 이르렀으니 예악을 제정할 조짐이 말보다도 분명합니다. 마땅히 문치제도를 정하시어 한(漢)나라의 예를 드러내어 이루십시오"라고 하였다.

曹褒拜博士, 會肅宗制定禮樂. 乃上疏曰, 功成作樂, 化定制禮. 今皇天降祉, 嘉瑞竝臻, 制作之符, 甚

---

304. 범승(范升): 동한(東漢) 대군(代郡) 출신으로 자가 변경(辯卿)이다. 의랑(議郎), 박사(博士) 등을 역임하였다.
305. 《후한서(後漢書)·진원전(陳元傳)》
306. 위현(韋賢): 서한(西漢) 노국(魯國) 출신으로 자가 장유(長孺)이다. 급사중(給事中), 광록대부첨사(光祿大夫詹事), 승상(丞相) 등을 역임하였다.
307. 《전한서(前漢書)·위현전(韋賢傳)》
308. 동중서(董仲舒): 서한(西漢)의 금문경학가(今文經學家)이다. 한무제(漢武帝)에게 건의하여 유학(儒學)을 통치이념으로 채택하도록 하였다. 《춘추(春秋)》에 뛰어났고 경제(景帝) 시기에 박사가 되었다. 많은 저술 중에 가장 유명한 것이 《춘추번로(春秋繁露)》이다.
309. 경제(景帝): 서한(西漢) 제5대 황제로 재위 기간은 BC 156-BC 141년이다.
310. 《전한서(前漢書)·동중서전(董仲舒傳)》
311. 익봉(翼奉): 한(漢) 동해(東海) 출신으로 자가 소군(少君)이다. 박사(博士), 간의대부(諫議大夫) 등을 역임하였다.
312. 소망지(蕭望之): 서한(西漢) 난릉(蘭陵) 출신으로 자가 장천(長倩)이다. 태자태부(太子太傅)를 역임하였고 유조(遺詔)를 받아 어린 임금 원제(元帝)를 보필(輔弼)하였다.
313. 광형(匡衡): 한(漢) 동해(東海) 출신으로 자가 치규(稚圭)이다. 경의(經義)에 두루 통하여 태자소부(太子少傅), 승상(丞相) 등을 역임하였다.
314. 원제(元帝): 서한(西漢) 제9대 황제로 재위 기간은 BC 48-BC 33년이다.
315. 《전한서(前漢書)·동중서전(董仲舒傳)》
316. 조포(曹褒): 동한(東漢) 설(薛) 출신으로 자가 숙통(叔通)이다. 박사(博士), 시중(侍中) 등을 역임하였다.
317. 숙종(肅宗): 후한 장제(章帝)의 묘호(廟號)이다.

於言語. 宜定文制, 著成漢禮.318

재앙에 따른 잘잘못[재이득실(灾異得失)] 한(漢) 평당(平當)319은 자가 자사(子思)이다. 박사가 되었는데 재앙이 있을 때마다 번번이 경전을 이끌어서 잘잘못을 말하였다.

漢平當, 字子思. 爲博士, 每有災異, 輒傳經術, 言得失.320

큰 의논에 질문을 받다.[대의방문(大議訪問)] 범승(范升)321이 박사로 옮겼는데 매번 큰 논의가 있을 때마다 번번이 (황제의) 질문을 받았다.《동관한기(東觀漢記)》

范叔322遷博士, 每有大議, 輒見訪問.《東觀漢記》323

명을 받들어 사신 간 것이 뜻에 맞다.[봉사칭지(奉使稱旨)] 공광(孔光)324이 박사가 되었는데 자주 사신으로 나가 억울한 옥사를 심사하고 풍속을 순시하며 유랑하는 백성들을 구휼하였다. 명을 받들어 사신 간 것이 황제의 뜻에 맞자 이 때문에 이름이 알려져 높은 등급으로 상서(尙書)가 되었다.

孔光爲博士, 數使錄冤獄, 行風俗, 振贍流民. 奉使稱旨, 由是知名, 以高第爲尙書.325

서언(徐偃)326이 박사가 되어 사신으로 나가 풍속을 순시하였는데 서언은 왕명을 가탁하여 교동(膠東)과 노국(魯國)에 소금과 철을 제조하게 하였다. 돌아와서 일을 아뢰니 장탕(張湯)327이 서언이 왕명을 가탁한 것을 탄핵하여 법률상 사형에 해당한다고 하였다. 서언은 《춘추(春秋)》의 대의에, 대부가 국경을 나가 사직을 편안하게 하고 만민을 이롭게 하는 데에는 독단할 수 있는 이치가 있다고 말하자 장탕이 굴복시킬 수 없었다.

徐偃爲博士, 使行風俗, 偃矯制, 使膠東魯國鼓鑄鹽鐵. 還奏事, 張湯劾偃矯制, 法死. 偃以爲春秋之義, 大夫出疆, 有以安社稷, 利萬民, 可專也, 湯不能屈.328

자숙(子叔)과 창아(蒼雅)329[자숙창아(子叔蒼雅)] 위(魏) 한단순(邯鄲淳)330은 자가 자숙(子叔)이다. 박학하였고 문장력이 있었으며 또한 창아(蒼雅)와 충전(蟲篆),331 허신(許愼)332의 《설문해자(說文解字)》의 글자 뜻을 잘 알았다. 초평(初平)333 시기에 형주(荊州)에 객거할 때 태조(太祖)가 불러서 만나보고 박사로 삼았다.

---

318. 《후한서(後漢書)·조포전(曹褒傳)》
319. 평당(平當): 서한(西漢) 양국(梁國) 출신으로 자가 자사(子思)이다. 어사대부(御史大夫), 승상(丞相) 등을 역임하였다.
320. 《전한서(前漢書)·평당전(平當傳)》
321. 범승(范升): 동한(東漢) 대군(代郡) 출신으로 자가 변경(辯卿)이다. 의랑(議郎), 박사(博士) 등을 역임하였다.
322. 《유원총보》의 '范叔'은 '范升'의 오류이다.
323. 《후한서(後漢書)·범승전(范升傳)》
324. 공광(孔光): 서한(西漢) 사람으로 자가 자하(子夏)이다. 경학에 정통하였으며, 어사대부(御史大夫), 대사도(大司徒), 태사(太師) 등을 역임하였다.
325. 《전한서(前漢書)·공광전(孔光傳)》
326. 서언(徐偃): 서한(西漢) 사람으로 신공(申公)에게 《시경(詩經)》을 배워 박사가 되었다. 교서중위(膠西中尉)를 역임하였다.
327. 장탕(張湯): 한(漢) 두릉(杜陵) 출신으로, 어사대부(御史大夫)를 역임하였다.
328. 《전한서(前漢書)·종군전(終軍傳)》
329. 창아(蒼雅): 고대(古代)의 자서(字書)인 《삼창(三蒼)》과 《이아(爾雅)》를 가리킨다. 《삼창(三蒼)》은 이사(李斯)의 《창힐편(蒼頡篇)》, 조고(趙高)의 《원력편(爰歷篇)》, 호모경(胡母敬)의 《박학편(博學篇)》을 합편한 책이다.
330. 한단순(邯鄲淳): 삼국시대 위(魏) 영천(潁川) 출신으로 자가 자숙(子叔)이다. 박사(博士), 급사중(給事中) 등을 역임하였다.
331. 충전(蟲篆): 진대(秦代) 팔서체(八書體)의 하나인 충서(蟲書)와 전서(篆書)를 가리킨다.
332. 허신(許愼): 동한(東漢) 여남(汝南) 출신으로 자가 숙중(叔重)이다. 효장(洨長), 태위남각좨주((太尉南閣祭酒) 등을 역임하였다. 최초의 자서인 《설문해자(說文解字)》를 저술하였다.
333. 초평(初平): 동한(東漢) 헌제(獻帝)의 연호(190-193)이다.

魏邯鄲淳, 字子叔. 博學有文章, 又善蒼雅·蟲篆·許氏字指. 初平時客荊州, 太祖召與相見, 以爲博士.[334]

소림(蘇林)[335]은 박학하였고 고금의 글자 뜻에 대부분 정통하였다. 여러 서적의 전문(傳文) 가운데 의심스러운 것은 소림이 모두 풀었다. 황초(黃初)[336] 연간에 박사가 되었다.

蘇林博學, 多通古今字指. 凡諸書傳文間危疑, 林皆釋之. 黃初中爲博士.[337]

《주역(周易)》의 괘(卦)를 강론하다.[강주역괘(講周易卦)] 송(宋) 이각(李覺)[338]은 자가 중명(仲明)이다. 국자박사(國子博士)로 옮겼는데 태종(太宗)[339]이 국자감(國子監)에 행차하여 이각에게 《주역》 태괘(泰卦)를 강론하도록 하였다. 이각이 그로 인해 천지가 감응하여 소통하고 군주와 신하가 서로 호응하는 뜻을 설명하자 태종이 매우 기뻐하면서 판국자감(判國子監)으로 전임(轉任)시켰다. 또 풍원(馮元)[340]은 자가 도종(道宗)이다. 국자직강(國子直講)이 되었는데 진종(眞宗)[341]이 풍원을 불러 《주역》 태괘(泰卦)를 강론하도록 하자 그로 인해 군도(君道)는 높고 신도(臣道)는 낮아 상하가 서로 감응함으로써 천지의 마땅함을 돕고 만물을 재단하여 이루는 원리를 부연하였다. 진종이 기뻐하면서 직용도각(直龍圖閣)에 제수하였다.

宋李覺, 字仲明. 遷國子博士, 太宗幸國子監, 詔覺講易泰卦. 覺因述天地感通·君臣相應之旨, 太宗甚悅, 改判國子監.[342] 又馮元, 字道宗. 爲國子直講, 眞宗召元講易泰卦, 因推君道尊·臣道卑·上下交感, 所以能輔相天地·裁成萬物. 眞宗悅, 除直龍圖閣.[343]

경력(慶曆)[344] 5년에 황제가 국자감에 행차하여 직강(直講) 손명복(孫明復)[345]에게 《주역》 건괘(乾卦)를 강론하도록 하자 아뢰기를, "천자는 마땅히 건원(乾元)을 본받아 위엄과 은혜[위복(威福)[346]]를 관장해야 합니다. 한(漢) 원제(元帝)[347]는 우유부단하였으니 건괘의 강건(剛健)의 도리를 잃은 것입니다"라고 하였다. 황제가 칭찬하고서 5품의 복식(服飾)을 하사하였다.

慶曆五年上幸國子監, 命直講孫明復講易乾卦, 言王者當法乾元, 以攬威福. 漢元帝優游不斷, 失乾剛之道也. 上善之, 賜五品服.[348]

통달과 박식을 미루어 넓히다.[추기통박(推其通博)] 방휘원(房暉远)[349]은 자가 숭유(崇儒)이다. 대대로

---

334. 《위서(魏書)·술예전(術藝傳)》
335. 소림(蘇林): 삼국시대 위(魏) 진류(陳留) 출신으로 자가 효우(孝友)이다. 오관장문학(五官將文學), 박사(博士), 급사중(給事中) 등을 역임하였다.
336. 황초(黃初): 위(魏) 문제(文帝)의 연호(220-226)이다.
337. 《책부원귀(册府元龜)·학교부(學校部)》
338. 이각(李覺): 송(宋) 익도(益都) 출신으로 자가 중명(仲明)이다. 국자박사(國子博士), 사문원외랑(司門員外郎) 등을 역임하였다.
339. 태종(太宗): 송(宋) 제2대 황제로 재위 기간은 976-997년이다.
340. 풍원(馮元): 송(宋) 광주(光州) 출신으로 자가 도종(道宗)이다. 급사중(給事中) 호부시랑(戶部侍郎) 등을 역임하였다.
341. 진종(眞宗): 송(宋) 제3대 황제로 재위 기간은 998-1022년이다.
342. 《송사(宋史)·이각전(李覺傳)》
343. 《송사(宋史)·풍원전(馮元傳)》
344. 경력(慶曆): 송(宋) 인종(仁宗)의 연호(1041-1048)이다.
345. 손명복(孫明復): 송(宋) 평양(平陽) 출신인 손복(孫復)으로 자가 명복(明復)이다. 국자감직강(國子監直講), 전중승(殿中丞) 등을 역임하였다.
346. 《상서(尙書)·홍범(洪範)》, "惟辟作福, 惟辟作威."
347. 원제(元帝): 서한(西漢) 제9대 황제로 재위 기간은 BC 48-BC 33년이다.
348. 《산당사고(山堂肆考)·신직(臣職)》

유학(儒學)을 전하였고 항상 가르침을 일로 삼았다. 수(隋) 우홍(牛弘)[350]이 매번 오경고(五經庫)라고 칭찬하였는데 문제(文帝)[351]가 일찍이 여러 신하들에게 이르기를, "자고로 천자에게 여악(女樂)이 있었는가?"라고 하자 양소(楊素)[352] 이하 누구도 출전을 아는 이가 없어 결국 여악이 없었다고 말하였다. 휘원이 아뢰기를, "'아리따운 숙녀를 종과 북으로 즐겁게 하네'라고 하였는데 이것이 바로 천자의 방중지악(房中之樂)으로 《시경(詩經)》에 실려 있습니다"라고 하자 황제가 크게 기뻐하였다.

房暉远, 字崇儒. 世傳儒學, 恒以教授爲務. 隋牛弘每稱爲五經庫, 文帝嘗謂群臣曰, 自古天子有女樂乎. 楊素以下莫知所出, 遂言無女樂. 暉遠曰, 窈窕淑女, 鍾鼓樂之, 此卽王者房中之樂, 著於雅頌. 帝大悅.[353]

다섯 황후를 세우다.[입오후(立五后)] 하타(何妥)[354]는 자가 서봉(栖鳳)이다. 강릉(江陵)이 평정되자 북주(北周)에 들어와 벼슬하여 태학박사(太學博士)가 되었다. 선제(宣帝)[355]가 처음에 다섯 황후를 세우고 유학자인 신언지(辛彦之)에게 물으니 대답하기를, "황후와 천자는 서로 짝이 되어 함께 존중해야 하니 다섯을 두시면 안 됩니다"라고 하자 하타가 반박하며 아뢰기를, "제곡(帝嚳)은 왕비가 넷이었고 순임금도 왕비가 둘이었으니[356] 어찌 수를 한결같게 하겠습니까?"라고 하였다.

何妥, 字栖鳳. 江陵平, 入周仕爲太學博士. 宣帝初立五后, 問儒者辛彦之, 對曰, 后與天子, 疋體齊尊, 不宜有五. 妥駁曰, 帝嚳四妃, 舜又二妃, 亦何常數.[357]

광문관(廣文館) 정건(鄭虔)[358]은 정주(鄭州) 사람이다. 현종(玄宗)이 그의 재능을 아껴 그를 위해 광문관(廣文館)을 짓고 정건을 박사로 삼았다. 정건이 광문관의 관서가 어디에 있는지를 몰라서 재상에게 물으니 재상이 말하기를, "황제께서 광문관을 두어 현자를 머물게 하시어 후세로 하여금 광문박사(廣文博士)가 그대로부터 시작되었음을 말하게 하셨으니 또한 좋지 않은가"라고 하였다. 정건이 이에 직책에 나아갔다.

鄭虔, 鄭州人. 玄宗愛其才, 爲筑廣文館, 以虔爲博士. 虔以不知廣文曹司何在, 訴于宰相, 宰相曰, 上置廣文館, 以居賢者, 令後世言廣文博士自君始, 不亦可乎. 虔乃就職.[359]

장식(張栻)[360]을 유임시킬 것을 상소하다.[소류장식(疏留張栻)] 양만리(楊萬里)[361]가 박사일 때에 상

349. 방휘원(房暉遠): 수(隋) 진정(眞定) 출신으로 자가 숭유(崇儒)이다. 국자박사(國子博士)를 역임하였다.
350. 우홍(牛弘): 수(隋) 안정(安定) 출신으로 자가 이인(里仁)이다. 비서감(秘書監) 이부상서(吏部尙書) 등을 역임하였다.
351. 문제(文帝): 수(隋) 초대 황제로 재위 기간은 581-604년이다.
352. 양소(楊素): 수(隋)나라의 정치가이자 군사가로 자가 처도(處道)이다. 수(隋) 문제(文帝) 양견(楊堅)을 도와 천하를 평정하였다. 양제(煬帝) 때에 사도(司徒)에 오르고 초국공(楚國公)에 봉해졌다.
353. 《수서(隋書)·방휘원전(房暉远傳)》
354. 하타(何妥): 수(隋) 시대 서역(西域) 출신으로 자가 서봉(棲鳳)이다. 용주자사(龍州刺史)를 역임하였다.
355. 선제(宣帝): 북주(北周) 제4대 황제로 재위 기간은 579년이다.
356. 《자치통감(資治通鑑)·진기(陳紀)》 주에, "帝嚳四妃, 元妃有邰氏女曰姜嫄, 次妃有娀氏女曰簡狄, 次妃陳豐氏女曰慶都, 次妃娵訾氏曰常義, … 舜二妃, 堯之二女. 長曰娥皇, 次曰女英"이라고 하였다.
357. 《북사(北史)·유림전(儒林傳)》
358. 정건(鄭虔): 당(唐) 정주(鄭州) 출신으로 자가 약제(弱齊)이다. 협률랑(協律郎), 광문관박사(廣文館博士) 등을 역임하였다.
359. 《신당서(新唐書)·정건전(鄭虔傳)》
360. 장식(張栻): 송(宋) 면죽(綿竹) 출신으로 자가 경부(敬夫)이다. 이부시랑(吏部侍郎), 우문전수찬(右文殿修撰) 등을 역임하였다.
361. 양만리(楊萬里): 송(宋) 길주(吉州) 출신으로 자가 정수(廷秀)이다. 국자박사(國子博士), 보문각대제(寶文閣待制) 등을 역임하였다.

소하여 좌사원외랑(左司員外郞) 장식을 유임시키고 군감(軍監) 한옥(韓玉)[362]을 물리칠 것을 청하니 이로 말미암아 명성이 조정에서 높아졌다.

楊萬里爲博士, 上䟽乞留左司員外郎張栻, 黜軍監韓玉, 由是名重朝廷.[363]

한탁주(韓侂胄)[364]가 우승상(右丞相) 조여우(趙汝愚)[365]를 파면시킬 것을 계획하자 지임안부(知臨安府) 서의(徐誼)[366]와 국자박사(國子博士) 양간(楊簡)[367]이 항의하여 유임시켰다.

韓侂胄謀罷右丞相趙汝愚, 知臨安府徐誼與國子博士楊簡, 抗論留之.[368]

생도를 가르치다.[교양학도(敎養學徒)] 호원(胡瑗)[369]이 국자직강(國子直講)이 되었는데 태학(太學)에 있은 뒤로 그 생도가 수용할 수 없을 정도에 이르자 이웃 관사를 얻어 머물게 하였다. 예부(禮部)에서 선비를 뽑을 때 호원의 제자가 열 가운데 항상 네다섯을 차지하였다. 당시에 손명복(孫明復)과 함께 직강(直講)이었는데 손명복은 생도를 가르치는 것은 호원에 미치지 못하였지만 경서를 연구하는 것은 그보다 뛰어났다. 그러나 두 사람은 논점과 견해가 맞지 않는 것이 많아 항상 서로 피하면서 만나지 않았다.

胡瑗爲國子直講, 旣居太學, 其徒至不能容, 取旁官舍處之. 禮部得士, 瑗弟子十常居四五. 時與孫明復同爲直講, 復敎養生徒, 不及瑗, 而治經過之. 然二人論見多不合, 常相避不見.[370]

장계(張戒)[371]에게 상을 내리고 싶다.[욕상장계(欲賞張戒)] 국자감승(國子監丞) 장계가 글을 올렸는데 거의 8,000자가 되었다. 황제가 재상에게 이르기를, "짐이 자세히 읽어 보니 그가 나라를 걱정하고 군주를 사랑하는 마음이 진실로 칭찬할 만하오. 짐이 그에게 상을 내리고 싶소"라고 하였다. 심여구(沈與求)[372]가 아뢰기를, "폐하께서 이와 같으시니 어찌 직언을 듣지 못하실 것을 염려하겠습니까?"라고 하였다.

國子監丞張戒上書幾八千言. 上謂宰執曰, 朕熟覽之, 其憂國愛君之心, 誠可嘉. 朕欲賞之. 沈與求曰, 陛下如此, 何患不聞盡言.[373]

듣는 자가 수백 명이다.[청자수백(聽者數百)]

심준(沈峻)[374]은 자가 사숭(士嵩)이다. 배움을 좋아하여 밤낮으로 스스로 공부하면서 졸리면 막대기로 자신을 때렸다. 마침내 오경(五經)에 널리 통달하였는데 특히 삼례(三禮)에 뛰어났다. 복야(僕射) 서면

---

362. 한옥(韓玉): 북방의 호족(豪族) 출신으로 송(宋)에 투항하여 참군(參軍)을 역임하였다. 자는 온보(溫甫)이고 사(詞)에 뛰어났다.
363. 《고금사문유취신집(古今事文類聚新集)·제감부(諸監部)》
364. 한탁주(韓侂胄): 송(宋) 상주(相州) 출신으로 자가 절부(節夫)이다. 영종(寧宗)의 옹립에 공을 세우고 정권을 장악하였다.
365. 조여우(趙汝愚): 송(宋) 종실(宗室)로 자가 자직(子直)이다. 이부상서(吏部尙書), 지추밀원사(知樞密院事)를 역임하였다.
366. 서의(徐誼): 송(宋) 온주(溫州) 출신으로 자가 자의(子宜)이다. 공부시랑(工部侍郞), 지임안부(知臨安府) 등을 역임하였다.
367. 양간(楊簡): 송(宋) 명주(明州) 출신으로 자가 경중(敬仲)이다. 국자박사(國子博士), 보모각학사(寶謨閣學士) 등을 역임하였다.
368. 《산당사고(山堂肆考)·신직(臣職)》
369. 호원(胡瑗): 송(宋) 태주(泰州) 출신으로 자가 익지(翼之)이다. 천장각대제(天章閣待制), 태상박사(太常博士) 등을 역임하였다.
370. 《산당사고(山堂肆考)·신직(臣職)》
371. 장계(張戒): 송(宋) 정평(正平) 출신으로 국자감승(國子監丞), 사농소경(司農少卿) 등을 역임하였다.
372. 심여구(沈與求): 송(宋) 호주(湖州) 출신으로 자가 필선(必先)이다. 어사중승(御史中丞), 이부상서(吏部尙書), 한림학사(翰林學士) 등을 역임하였다.
373. 《고금사문유취신집(古今事文類聚新集)·제감부(諸監部)》
374. 심준(沈峻): 남조(南朝) 양(梁) 오흥(吳興) 출신으로 자가 사숭(士崇)이다. 서성학사겸중서통사사인(西省學士兼中書通事舍人)을 역임하였다.

(徐勉)[375]이 아뢰어 심준이 오경박사(五經博士)를 겸하였고 학관에서 강의할 때에 듣는 자가 항상 수백 명이었다.《남사(南史)》

沈峻, 字士嵩. 好學晝夜自課, 睡則以杖自擊. 遂博通五經, 尤長三禮. 僕射徐勉奏, 峻兼五經博士, 於館講授, 聽者常數百人.《南史》[376]

좌석에 있으면 두렵다.[재석늠연(在席懍然)]

장기(張譏)[377]는 자가 직언(直言)이다. 여남(汝南)의 주홍정(周弘正)[378]에게 수학하였는데 진(陳) 천가(天嘉)[379] 연간에 국자조교(國子助敎)가 되었다. 당시에 주홍정이 국학(國學)에 있으면서《주역(周易)》을 발제(發題)하는데 주홍정의 넷째 동생인 주홍직(周弘直)도 강석에 있었다. 장기가 주홍정과 논의하다가 홍정이 꺾이자 홍직이 정좌를 하고 소리를 높여 그가 논리를 펴는 것을 도왔다. 장기가 정색을 하고 말하기를, "오늘 의리로 모여 명리(名理)를 따지는데 비록 형이 다급한 것을 알더라도 넷째 분은 도와줄 수 없습니다"라고 하였다. 주홍직이 말하기를, "내가 그대의 스승을 도와주는데 무엇 때문에 불가하오?"라고 하자 좌석에 있던 모든 사람들이 웃으며 즐거워했다. 주홍정이 일찍이 사람들에게 말하기를, "내가 매번 자리에 오를 때마다 장기가 좌석에 있는 것을 보면 사람을 두렵게 한다"라고 하였다.《남사(南史)》

張譏, 字直言. 受學于汝南周弘正, 陳天嘉中, 爲國子助敎. 時周弘正在國學, 發周易題, 弘正第四弟弘直, 亦在講席. 譏與弘正論議, 弘正屈, 弘直危坐厲聲, 助其申理. 譏正色曰, 今日義集, 辯正名理, 雖知兄急難, 四公不得有助. 弘直曰, 僕助君師, 何爲不可. 擧坐以爲笑樂. 弘正嘗謂人曰, 吾每登坐, 見張譏在席, 使人懍然.《南史》[380]

선유(先儒)를 배척하다.[배훼선유(排毁先儒)]

유란(劉蘭)[381]은《춘추좌전(春秋左傳)》을 읽는 데 5일이면 한 번을 끝냈다. 오경(五經)에 두루 통하였고 박학다식하여 생도가 수천 명이었는데,《춘추공양전(春秋公羊傳)》을 배척하였고 또 동중서(董仲舒)를 비난하여 이 때문에 세상 사람들에게 비판을 받았다. 이후에 국자조교(國子助敎)가 되었는데, 일찍이 정좌하여 책을 읽고 있을 때 문을 두드리는 자가 있었다. 유란이 맞아들이게 하니 갈건(葛巾)에 홑옷 차림이었는데, 유란에게 말하기를, "그대는 무엇 때문에 매번 모욕을 보이시는가? 의리(義理)의 우열이 결국 누구에게 있기에 지나치게 무례하게 능멸을 보이시는가? 지금 마땅히 그대와 그것을 바로잡아야겠소"라고 하였다. 말이 끝나자 나갔는데 얼마 있지 않아 유란이 죽었다.《북사(北史)》

劉蘭讀左氏, 五日一遍. 兼通五經, 博物多識, 學徒數千, 而排毁公羊, 又非董仲舒, 由是見譏於世. 從爲國子助敎, 嘗靜坐讀書, 有叩門者. 蘭命引入, 葛巾單衣, 謂蘭曰. 君何爲每見毁辱? 義理長短, 竟在誰, 而過無禮見陵也. 今當與君正之. 言終而出, 少時蘭死.《北史》[382]

---

375. 서면(徐勉): 남조(南朝) 양(梁) 동해(東海) 출신으로 자가 수인(修仁)이다. 이부상서(吏部尙書), 시중(侍中)을 역임하였다. 범운과 함께 어진 재상으로 칭송받았다.

376.《남사(南史)·심준전(沈峻傳)》

377. 장기(張譏): 남조(南朝) 진(陳) 무성(武城) 출신으로 자가 직언(直言)이다. 태상승(太常丞), 국자박사(國子博士) 등을 역임하였다.

378. 주홍정(周弘正): 남조(南朝) 진(陳) 여남(汝南) 출신으로 자가 사행(思行)이다. 상서우복야(尙書右僕射)를 역임하였다.

379. 천가(天嘉): 진(陳) 문제(文帝)의 연호(560-565)이다.

380.《남사(南史)·장기전(張譏傳)》

381. 유란(劉蘭): 북위(北魏) 무읍(武邑) 출신으로 국자조교(國子助敎)를 역임하였다.《춘추좌전(春秋左傳)》, 음양학(陰陽學), 유학(儒學)에 정통하였다.

382.《북사(北史)·유란전(劉蘭傳)》

얼음이 물보다 차다. [빙한어수(氷寒於水)] 갑문달(蓋文達)[383]은 기주(冀州) 출신이다. 경사(經史)를 두루 섭렵하였는데 자사(刺史) 두항(竇抗)[384]이 일찍이 유생(儒生)들을 널리 모아 서로 질문하고 논란하도록 하였다. 유작(劉焯),[385] 유궤사(劉軌思),[386] 공영달이 모두 자리에 있었고 갑문달도 역시 참여하였다. 그가 논란하였는데 모든 것이 여러 유생들의 의표(意表)를 넘어섰다. 두항이 그를 대단히 특별하게 여기며 묻기를, "갑선생은 누구에게서 수학하였는가?"라고 하자 유작이 대답하기를, "이 사람은 총명함이 타고났는데도 많이 알면서 적게 아는 사람에게 묻습니다. 제가 원래 스승입니다"라고 하였다. 두항이 말하기를, "얼음이 물에서 나오지만 물보다 차다고 할 만합니다"라고 하였다. 무덕(武德)[387] 연간에 국자조교(國子助教)에 제수되었고 그 친척인 갑문의(蓋文懿)도 유학(儒學)으로 이름이 알려져 당시 사람들이 '이갑(二蓋)'이라고 일컬었다. 일찍이 《모시(毛詩)》 강의를 열어 발제하는데 공경(公卿)들이 모두 모여 서로 질문하고 논란하였다. 갑문의가 국풍(國風)과 대소아(大小雅)를 밝혀내니 깊이 시인(詩人)의 뜻을 터득한 것이었다. 정관(貞觀)[388] 연간에 국자박사(國子博士)로 죽었다.

蓋文達, 冀州人. 博涉經史, 刺史竇抗嘗廣集儒生, 令相問難. 劉焯·劉軌思·孔穎達, 咸在坐, 文達亦參焉. 旣論難, 皆出諸儒意表. 抗大奇之, 問曰, 蓋生就誰受學? 劉焯對曰, 此生岐嶷, 出自天然, 以多問寡, 焯爲師首. 抗曰, 可謂氷生於水, 而寒於水也. 武德中受國子助教, 其宗人文懿, 亦以儒業知名, 當時稱爲二蓋. 嘗開講毛詩發題, 公卿咸萃, 更相問難. 文懿發揚風雅, 甚得詩人之致. 貞觀中卒於國子博士.[389]

왕부(王府)[390]의 관리 王府官

• 당(唐) 왕부에는 부(傅) 1인을 두어 왕의 잘못을 바로잡는 일을 담당하게 하였고 우(友) 1인을 두어 외유하는 곳에서 모시면서 도의(道義)를 권고하는 일을 담당하게 하였으며, 기실참군(記室參軍) 2인을 두어 표문(表文)과 상소(上疏)를 담당하게 하였다.

唐王府置傅一人, 掌輔正王過失, 友一人, 掌侍遊處, 規諷道義, 記室參軍二人, 掌表啓書疏.[391]

왕식(王式)[392]이 《시경(詩經)》을 가르치다. [왕식수시(王式授詩)] 한(漢) 왕식이 창읍왕(昌邑王)[393]의 스승이 되었는데 창읍왕이 무도(無道)함으로 폐위

383. 갑문달(蓋文達): 당(唐) 기주(冀州) 출신으로 자가 예성(藝成)이다. 숭문관학사(崇文館學士)를 역임하였다.
384. 두항(竇抗): 당(唐) 부풍(扶風) 출신으로 자가 도생(道生)이다. 좌무후대장군(左武侯大將軍)을 역임하였다.
385. 유작(劉焯): 수당(隋唐) 시기 신도(信都) 출신으로 자가 사원(士元)이다. 원외장군(員外將軍), 태학박사(太學博士) 등을 역임하였다.
386. 유궤사(劉軌思): 북제(北齊) 발해(渤海) 출신으로 국자박사(國子博士)를 역임하였다.
387. 무덕(武德): 당(唐) 고조(高祖)의 연호(618-626)이다.
388. 정관(貞觀): 당(唐) 태종(太宗)의 연호(627-649)이다.
389. 《구당서(舊唐書)·갑문달전(蓋文達殿)》
390. 왕부(王府): 왕의 저택을 가리킨다.
391. 《산당사고(山堂肆考)·신직(臣職)》
392. 왕식(王式): 한(漢) 동평(東平) 출신으로 자가 옹사(雍思)이다. 박사를 역임하였다.
393. 창읍왕(昌邑王): 한(漢) 무제(武帝)의 손자인 유하(劉賀)이다.

되자 왕식이 보좌하여 이끌지 못한 것 때문에 옥에 갇혔다. 사자(使者)가 책망하여, "어찌 간언의 글이 없는가?"라고 하자 대답하기를, "신은 《시경(詩經)》 300편을 조석으로 왕께 가르쳤습니다. 충신과 효자의 시에 이르면 일찍이 왕께 반복하여 송독해 주지 않은 적이 없었고 나라를 위태롭게 하고 망하게 하여 도를 잃은 군주에 관한 시에 이르면 일찍이 눈물을 흘리면서 왕께 깊이 설명해 드리지 않은 적이 없었습니다. 신은 300편으로 간언하였기 때문에 그래서 간언의 글이 없습니다"라고 하자 사형을 감면받게 되었다.

漢王式爲昌邑王師, 王以無道廢, 式坐不輔道繫獄. 使者責曰, 何以無諫書? 對曰, 臣以詩三百篇, 朝夕授王. 至於忠臣孝子之篇, 未嘗不爲王反復誦之, 危亡失道之君, 未嘗不流涕, 爲王深陳之也. 臣以三百篇諫, 是以無諫書, 得減死.[394]

중위(中尉) 왕길(王吉)[395]은 일찍이 창읍왕에게 간언한 것으로 사형을 감면받게 되어 머리를 깎고 성을 쌓는 노역[성단(城旦)[396]]을 하였다. 왕길이 자손들에게 훈계하기를, "왕부(王府)의 관리가 되지 마라"라고 하였다.

中尉王吉以嘗諫昌邑, 得減死, 髡爲城旦. 吉戒其子孫曰, 毋爲王國吏.[397]

왕준(王駿)[398]은 왕길의 아들이다. 조왕(趙王)의 내사(內史)로 옮겨지자 왕부(王府)의 관속이 되는 것을 원치 않아 바로 관직을 버리고 떠났다.

王駿, 吉子也. 遷趙王內史, 不願爲王府屬, 卽棄官去.[399]

몸을 바르게 하고 아랫사람들을 거느리다.[정신솔하(正身率下)] 동중서(董仲舒)가 강도왕(江都王)의 승상이 되어 예(禮)로 바로잡았다. 또 교서왕(膠西王)을 도우면서 두 번이나 교만한 왕을 모셨는데 모두 몸을 바르게 하고 아랫사람들을 거느리니 머무는 곳마다 잘 다스려졌다.

董仲舒爲江都王相, 以禮匡正. 又相膠西, 兩事驕王, 皆正身率下, 所居而治.[400]

생활이 검소하고 가난에 편안하다.[궁검안빈(躬儉安貧)] 동평왕(東平王) 유창(劉蒼)이 오량(吳良)[401]을 불러 서조(西曹)[402]로 삼았다. 또 그를, "공정하고 반듯하며 청렴하고 삼가며 생활이 검소하고 가난에 편안하여 백수가 되도록 절개를 한결같이 할 것입니다"라고 천거하자 명제(明帝)[403]가 의랑(議郞)으로 제수하였다.

東平王蒼辟吳良爲西曹. 又薦其公方廉恪, 躬儉安貧, 白首一節. 明帝拜爲議郞.[404]

소홍(邵弘)[405]은 평소 성격이 반듯하고 엄하다.[소홍방엄(邵弘方嚴)] 한(漢) 소홍은 자가 덕유(德裕)이다. 전에 경제(景帝)[406]가 낭야왕(瑯琊王)일 때 초

394. 《전한서(前漢書)·왕식전(王式傳)》
395. 왕길(王吉): 한(漢) 낭야(琅邪) 출신으로 자가 자양(子陽)이다. 중위(中尉), 박사(博士), 간대부(諫大夫) 등을 역임하였다.
396. 성단(城旦): 죄인에게 4년 동안 성을 쌓는 노역을 시키던 형벌이다.
397. 《전한서(前漢書)·왕길전(王吉傳)》
398. 왕준(王駿): 한(漢) 낭야(琅邪) 출신으로 경조윤(京兆尹), 어사대부(御史大夫) 등을 역임하였다.
399. 《산당사고(山堂肆考)·신직(臣職)》
400. 《산당사고(山堂肆考)·신직(臣職)》
401. 오량(吳良): 한(漢) 임치(臨淄) 출신으로 자가 대의(大儀)이다. 사도장사(司徒長史), 의랑(議郞) 등을 역임하였다.
402. 서조(西曹): 태위(太尉)의 속관이다.
403. 명제(明帝): 동한(東漢) 제2대 황제로 재위 기간은 58-75년이다.
404. 《후한서(後漢書)·오량전(吳良傳)》
405. 소홍(邵弘): 내력이 자세하지 않다.
406. 경제(景帝): 서한(西漢) 제5대 황제로 재위 기간은 BC 156-BC 141년이다.

청하여 중위(中尉)로 삼았다. 소홍은 평소 성격이 반듯하고 엄했으며 태도가 매우 근엄하여 개인 집에서 대하더라도 감히 공경하지 않는 적이 없었다. 왕이 일찍이 몸소 사자(使者)를 따라 몰래 소홍의 집에 이르러 사자로 하여금 들어가서 왕이 명령한 것이 있다고 말하도록 하였다. 소홍은 천천히 머리와 관과 신발을 손질하고 엎드려 예를 극진히 한 뒤에 그것을 읽었다. 왕과 사자가 함께 서서 바라보고 들으면서 감탄하기를, "옛사람이 이르기를, '방의 모퉁이에도 부끄럽지 않다'[407]라고 하였는데, 아마도 소중위(邵中尉)이리라"라고 하였다.

漢邵弘, 字德裕. 初景帝爲瑯琊王, 請爲中尉. 弘素性方嚴, 儀甚宏偉, 雖私門接對, 罔敢不欽. 王嘗身隨使者, 潛至邵舍, 令使者進曰, 王有令. 邵徐理髮與冠履, 俯伏盡禮, 然後讀之. 王與使者, 群立瞻聽, 嘆曰, 古人稱, 不愧屋漏. 其邵中尉乎.[408]

오직 책을 보는 것만을 일삼다. [유무피열(惟務披閱)]

양(梁) 도홍경(陶弘景)[409]이 제후왕의 시독(侍讀)이 되어 붉은 대문 집에 있게 되었으나 그림자를 가두고 외부의 일과 접촉하지 않은 채 오직 책을 보는 것으로 일을 삼았다.

梁陶弘景爲諸王侍讀, 雖在朱門, 閉影不交外務, 惟以披閱爲務.[410]

나의 사마상여(司馬相如)[411]이다. [오지상여(吾之相如)]

당(唐) 노조린(盧照隣)[412]은 자가 과지(果之)이다. 등왕부(鄧王府)의 전첨(典籤)[413]으로 선임(選任)되었는데 등왕이 이르기를, "이 사람은 나의 사마상여이다"라고 하였다.

唐盧照隣, 字果之. 調鄧王府典籤, 王曰, 此, 吾之相如也.[414]

가산(假山)을 보지 않다. [불관가산(不觀假山)]

송(宋) 요탄(姚坦)[415]이 익왕부(益王府)의 익선(翊善)[416]이 되었는데 왕이 일찍이 가산을 만들고 속관들을 불러 술자리를 마련하고 관상하게 하였다. 사람들이 모두 아름다움을 칭송하였지만 요탄만이 홀로 머리를 숙이고 보지 않으면서 간언하기를, "단지 피로 만든 산만 보이는데 어디에 가산이 있습니까?"라고 하였다. 왕이 놀라 물으니 대답하기를, "신이 농촌에 있을 때, 주현(州縣)에서 세금을 독촉하는 것을 위아래가 모두 다급하게 하여 부모자식과 형제들이 매를 맞아 고통스러워하고 만신에 피가 흐르는 것을 수시로 보았습니다. 이것은 모두 세금에서 나온 것이니 피로 만든 산이 아니고 무엇이겠습니까?"라고 하자 태종(太宗)이 급히 명하여 허물도록 하였다. 익왕(益王)은 태종의 다섯 번째 아들인 조원걸(趙元傑)이다.

宋姚坦爲益王府翊善, 王嘗作假山, 召僚屬, 置酒觀之. 衆皆褒美, 坦獨俛首不觀, 諫曰, 但見血山, 安得

---

407. 《시경(詩經)·대아(大雅)·억(抑)》에, "相在爾室, 尙不媿于屋漏"라고 하였다.
408. 《고금사문유취외집(古今事文類聚外集)·왕부관부(王府官部)》
409. 도홍경(陶弘景): 남조(南朝) 시대 제(齊)·양(梁) 간 사람으로, 자가 통명(通明)이다. 은거하면서 도술(道術)을 익혔고 본초학(本草學)에 관심을 가져 《본초경집주(本草經集注)》를 펴냈다. 양(梁) 소연(蕭淵)의 자문에 응해 주어 '산중재상(山中宰相)'의 칭호를 얻었다.
410. 《양서(梁書)·도홍경전(陶弘景傳)
411. 사마상여(司馬相如): 서한(西漢) 촉군(蜀郡) 성도(成都) 사람으로 자가 장경(長卿)이고 부(賦)를 잘 지어 〈자허부(子虛賦)〉, 〈상림부(上林賦)〉, 〈대인부(大人賦)〉 등의 걸작을 남겼다.
412. 노조린(盧照隣): 당(唐) 유주(幽州) 출신으로 자가 승지(昇之)이다. 시문에 뛰어나 초당사걸(初唐四傑)로 꼽힌다.
413. 전첨(典籤): 문서 처리를 담당한 소리(小吏)이다.
414. 《신당서(新唐書)·문예전(文藝傳)》
415. 요탄(姚坦): 송(宋) 제음(濟陰) 출신으로 자가 명백(明白)이다. 등주전운사(鄧州轉運使), 광주지주사(光州知州事) 등을 역임하였다.
416. 익선(翊善): 송대(宋代)에 친왕부(親王府)에서 시종(侍從)과 강의(講義)를 맡았던 벼슬 이름이다.

假山. 王驚問, 對曰, 臣在田舍, 時見州縣督稅, 上下相急, 父子兄弟, 鞭笞苦楚, 流血滿身. 此皆租稅所出, 非血山而何. 太宗亟命毁之. 益王, 太宗第五子元傑也.[417]

가까이할 수도 없고 멀리할 수도 없다.[불가친소(不可親疏)] 당(唐) 설원경(薛元敬)[418]은 젊어서 숙부인 설수(薛收),[419] 족형(族兄)인 설덕음(薛德音)[420]과 이름을 나란히 하였다. 무덕(武德)[421] 연간에 천책부기실(天策府記室)이 되어 십팔학사(十八學士)의 선발에 참여하였다. 성품이 본래 조심스러워 일찍이 방현령(房玄齡),[422] 두여회(杜如晦)[423]에게 성의를 나타낸 적이 없자 두여회가 감탄하면서 말하기를, "소기실(小記室)은 가까이할 수도 없고 멀리할 수도 없다"라고 하였다.

唐薛元敬少與從父收·族兄德音, 齊名. 武德中爲天策府記室, 與十八學士之選. 性素謹畏, 未嘗申款於房玄齡·杜如晦. 如晦嘆曰, 小記室不可得而親, 不可得而疏.[424]

설수(薛收)가 천책부기실(天策府記室)이 되었는데 왕이 사냥하는 것을 상소하여 간언하자 대답하기를, "경이 간언한 것을 보니 나를 이루어줄 사람은 경임을 알겠습니다. 여러 대의 수레에 실린 명주(明珠)도 한 마디 말씀만 못합니다"라고 하였다.

薛收爲天策府記室, 上書諫王畋獵, 答曰, 覽卿所諫, 知成我者, 卿也. 明珠兼乘, 未若一言.[425]

방외사마(方外司馬) 북위(北魏) 왕희(王晞)[426]가 상산왕(常山王)의 사마(司馬)가 되었는데 일찍이 세상 일에 얽매이지 않고 좋은 때와 아름다운 경치를 만나면 시를 읊고 노닐면서 담소와 연회를 일삼으니 선비들이 그를 일러 방외사마(方外司馬)라고 하였다.

後魏王晞爲常山王司馬, 未嘗以世務爲累, 良辰美景, 嘯詠遨遊, 以談讌爲事, 士人謂之方外司馬.[427]

공을 굽혀 부(府)를 귀중하게 하였다.[굴공중부(屈公重府)] 당(唐) 패왕부(沛王府)의 장사(長史)인 황보공의(皇甫公義)[428]가 위사겸(韋思謙)[429]을 이끌어 창조참군(倉曹參軍)으로 삼고 말하기를, "공은 지중물(池中物)[430]이 아니니 공을 굽혀 우리의 부(府)를 귀중하게 한 것뿐입니다"라고 하였다.

唐沛王府長史皇甫公義, 引韋思謙爲倉曹參軍, 謂曰, 公非池中物, 屈公以重吾府耳.[431]

왕부(王府)의 속관이 되는 것을 부끄러워하다.[치위

---

417. 《송사(宋史)·요탄전(姚坦傳)》
418. 설원경(薛元敬): 당(唐) 포주(蒲州) 출신으로 문학관학사(文學館學士), 태자사인(太子舍人) 등을 역임하였다.
419. 설수(薛收): 당(唐) 포주(蒲州) 출신으로 자가 백포(伯褒)이다. 천책부기실참군(天策府記室參軍)을 역임하였다.
420. 설덕음(薛德音): 당(唐) 포주(蒲州) 출신으로 저작랑(著作郞)을 역임하였다.
421. 무덕(武德): 당(唐) 고조(高祖)의 연호(618-626)이다.
422. 방현령(房玄齡): 당(唐) 제주(齊州) 출신으로 자가 교(喬)이다. 15년 동안 재상으로 있으면서 태종(太宗)을 도와 정관지치(貞觀之治)를 이루었다. 왕명으로 《진서(晉書)》를 중찬(重撰)하였다.
423. 두여회(杜如晦): 당(唐) 두릉(杜陵) 출신으로 자가 극명(克明)이다. 당의 창업공신으로 상서우복야(尙書右僕射)를 역임하였다.
424. 《구당서(舊唐書)·설원경전(薛元敬傳)》
425. 《신당서(新唐書)·설수전(薛收傳)》
426. 왕희(王晞): 북제(北齊) 북해(北海) 출신으로 자가 숙랑(叔郞)이다. 산기상시겸이부낭중(散騎常侍兼吏部郞中)을 역임하였다.
427. 《북사(北史)·왕희전(王晞傳)》
428. 황보공의(皇甫公義): 당(唐) 영주(寧州) 출신으로 패왕부(沛王府)의 장사(長史)를 역임하였다.
429. 위사겸(韋思謙): 당나라 때 사람으로 본명은 인약(仁約)이고 자가 사겸(思謙)이다. 봉각난대삼품(鳳閣鸞臺三品)과 태중대부(太中大夫) 등을 역임했다.
430. 지중물(池中物): 하는 일 없이 집안에만 틀어박혀 있는 사람을 비유하는 말이다.

부속(恥爲府屬)] 당(唐) 학처준(郝處俊)[432]이 두 번이나 등왕(滕王)의 우(友)가 되었는데 왕부(王府)의 속관이 되는 것을 부끄러워하여 관직을 버리고 떠났다. 일찍이 고지주(高智周)[433] 등과 각각 지향하는 바를 말하면서 이르기를, "대장부가 그저 벼슬을 안 할 따름이지 하였다 하면 반드시 재상에 이르러야 되겠지"라고 하였다.

唐郝處俊再轉滕王友, 耻爲王府屬, 棄官去. 嘗與高智周等, 各言所志, 曰大丈夫惟無仕, 仕必至宰相, 乃可.[434]

경(卿)에 힘입어 본보기로 삼다.[뇌경사구(賴卿師矩)] 당(唐) 유위지(劉禕之)[435]가 상왕부(相王府)의 사마(司馬)에 제수되었다. 황제가 이르기를, "경의 집안은 대대로 충성스럽고 효성스러웠으니, 내 아들이 경(卿)에 힘입어 본보기로 삼아, '쑥이 삼밭에 있으면 받쳐 주지 않아도 곧기'를 바라오"라고 하였다.

唐劉焯之[436]拜相王府司馬. 帝謂曰, 卿家世忠孝, 吾子賴卿師矩, 蓬蓬在麻中, 不扶而挺也.[437]

위주(韋湊)[438]가 상왕부(相王府)의 속관이 되었다. 당시에 요숭(姚崇)[439]이 부(府)의 장사(長史)를 겸하고 있었는데 말하기를, "위선생은 식견이 원대하고 글이 우아하다. 내가 그를 늦게 만난 것이 유감스럽다"라고 하였다.

韋湊爲相王府屬. 時姚崇兼府長史, 曰韋子識遠文優, 吾恨晚得之.[440]

강의에 법도가 있다.[강설유법(講說有法)] 가정(嘉定)의 이왕부(二王府)[441]에 시강어사(侍講御史)가 결원이 생겼다. 진양(陳襄)[442]이 사람을 고를 것을 아뢰자 신종(神宗)[443]이 이르기를, "정목(鄭穆)[444]의 덕행과 같아야 왕들을 보좌하기에 적합할 것이다"라고 하였다. 정목이 관각에 있었던 것이 30년이고 왕부(王府)에 있었던 것이 12년이었는데, 공적인 일이 아니면 대신[집정(執政)[445]]들의 집에 가지 않았고 강의에 법도가 있었으며 권고하고 경계할 만한 것에 이르면 반복하면서 반드시 골라서 읽어 주었으니 두 왕(王)이 공경히 예를 갖추었다.

嘉定二王府闕侍講御史. 陳襄謂擇人, 神宗曰, 如鄭穆德行, 乃宜左右王也. 穆居館下三十年, 在王邸一紀, 非公事, 不至執政之門, 講說有法, 至可爲勸戒者, 必反復摘誦, 二王敬禮焉.[446]

---

431. 《신당서(新唐書)·위사겸전(韋思謙傳)》
432. 학처준(郝處俊): 당(唐) 안주(安州) 출신으로 시랑(侍郎), 태자소보(太子少保), 중서령(中書令) 등을 역임하였다.
433. 고지주(高智周): 당(唐) 상주(常州) 출신으로 동중서문하삼품(同中書門下三品), 어사대부(御史大夫) 등을 역임하였다.
434. 《구당서(舊唐書)·학처준전(郝處俊傳)》
435. 유위지(劉禕之): 수당(隋唐) 시기 진릉(晉陵) 출신으로 자가 희미(希美)이다. 홍문관직학사(弘文館直學士), 검교중서시랑(檢校中書侍郎) 등을 역임하였다.
436. 《유원총보》의 '劉焯之'는 '劉禕之'의 오류이다.
437. 《신당서(新唐書)·유위지전(劉禕之傳)》
438. 위주(韋湊): 당(唐) 경조(京兆) 출신으로 자가 언종(彦宗)이다. 태부소경(太傅少卿), 하남윤(河南尹) 등을 역임하였다.
439. 요숭(姚崇): 당(唐) 협주(硤州) 출신으로 자가 원지(元之)이다. 현종 때의 재상으로, 송경(宋璟)과 함께 선정을 베풀어 '요송(姚宋)'이라고 병칭되었다.
440. 《신당서(新唐書)·위주전(韋湊傳)》
441. 이왕부(二王府): 기왕부(岐王府)와 가왕부(嘉王府)이다.
442. 진양(陳襄): 송(宋) 복주(福州) 출신으로 자가 술고(述古)이다. 시어사(侍御史), 판상서도성(判尙書都省) 등을 역임하였다.
443. 신종(神宗): 송(宋) 제6대 황제로 재위 기간은 1068-1085년이다.
444. 정목(鄭穆): 송(宋) 복주(濮州) 출신으로 자가 굉중(閎中)이다. 국자좨주(國子祭酒), 보문각대제(寶文閣待制) 등을 역임하였다.
445. 집정(執政): 송(宋)·금(金) 시기에 고급 관리들에 대한 통칭이다.
446. 《송사(宋史)·정목전(鄭穆傳)》

매사에 대해 자문하다.[매사자방(每事咨訪)] 송(宋) 신종(神宗)이 회양왕(淮陽王)을 봉해 주고 한유(韓維)[447]를 기실참군(記室參軍)으로 삼았다. 왕은 매사에 자문하였고 한유는 마음을 다하여 대답하였으니 일어나고 절하며 나아가고 물러나며 추창하고 읍하는 모습에 이르기까지 모두 그 절차를 진술해 주었다. 황제가 일찍이 그와 천하의 일을 논하면서 말이 공명(功名)에 이르니 한유가 아뢰기를, "성인(聖人)의 공명은 일을 통해 비로소 드러나니 사람은 공명심을 가지면 안 됩니다"라고 하자 황제가 칭찬하였다.

宋神宗封淮陽王, 以韓維爲記室參軍. 王每事咨訪, 維悉心以對, 至起拜進退趨揖之容, 皆陳其節. 上嘗與論天下事, 語及功名, 維曰, 聖人功名, 因事始見, 人不可有功名心. 上稱善.[448]

면전에서 가염(賈琰)[449]을 꾸짖다.[면질가염(面叱賈琰)] 《유원총보(類苑叢寶)》 11권 〈참정(參政)〉 조에 보인다.

見參政.

〈부귀잠(富貴箴)〉을 짓다.[작부귀잠(作富貴箴)] 송(宋) 손각(孫覺)[450]이 창왕부(昌王府)의 기실참군(記室參軍)으로 옮겼는데, 왕이 평생 경계할 것을 묻자 손각이 그에게 제후왕이 행해야 할 효도를 진술하고 〈부귀잠(富貴箴)〉을 지었다.

宋孫覺遷昌王府記室參軍, 王問終身之戒, 覺爲陳諸侯之孝, 作富貴箴.

제일의 사람을 찾다.[심제일인(尋第一人)] 송(宋) 황상(黃裳)[451]이 가왕부(嘉王府)의 익선(翊善)이 되었는데 광종(光宗)[452]이 그에게 이르기를, "가왕(嘉王)이 학문을 진작시킨 것은 모두 경의 공이오"라고 하였다. 황상이 사례하며 아뢰기를, "만약 옛날의 훌륭하신 왕들을 따르고자 하신다면 마땅히 천하 제일의 사람을 찾아야 될 것입니다"라고 하였다. 황제가 누구인지를 묻자 황상이 주희(朱熹)라고 대답하였다. 팽구년(彭龜年)[453]이 가왕부(嘉王府)의 직강(直講)이 되어 노(魯) 장공(蔣公)이 그 모친을 통제할 수 없었다는 부분을 강의하면서 말하기를, "모친은 통제할 수 없습니다. 마땅히 그 모시는 사람들을 통제해야 합니다"라고 하였다. 왕이 이것은 누구의 설인지를 묻자 대답하기를, "주희입니다"라고 하였다. 이후로 매번 강의할 때마다 주희의 설은 어떤지를 꼭 물었다.

宋黃裳爲嘉王府翊善, 光宗諭之曰, 嘉王進學, 皆卿之功. 裳謝曰, 若欲追踪古先哲王, 當尋天下第一等人, 乃可. 帝問爲誰, 裳以朱熹對. 及彭龜年爲嘉王府直講, 因講魯蔣公不能制其母, 曰母不能制. 當制其侍御之人. 王問此誰之說, 對曰, 朱熹也. 自後每講, 必問熹說何如.[454]

세상의 일을 묻다.[방이세무(訪以世務)] 소항(邵亢)[455]이 영왕부(潁王府) 익선(翊善)을 겸직하였는

447. 한유(韓維): 송(宋) 개봉(開封) 출신으로 자가 지국(持國)이다. 한림학사승지(翰林學士承旨), 문하시랑(門下侍郞) 등을 역임하였다.

448. 《송사(宋史)·한유전(韓維傳)》

449. 가염(賈琰): 송(宋) 진정(眞定) 출신으로 자가 계화(季華)이다. 추밀직학사(樞密直學士), 삼사부사(三司副使) 등을 역임하였다.

450. 손각(孫覺): 송(宋) 고우(高郵) 출신으로 자가 신로(莘老)이다. 어사중승(御史中丞), 용도각학사(龍圖閣學士) 등을 역임하였다.

451. 황상(黃裳): 송(宋) 보성(普成) 출신으로 자가 문숙(文叔)이다. 가왕부익선(嘉王府翊善), 예부상서겸시독(禮部尙書兼侍讀) 등을 역임하였다.

452. 광종(光宗): 남송(南宋) 제3대 황제로 재위 기간은 1190-1224년이다.

453. 팽구년(彭龜年): 송(宋) 청강(淸江) 출신으로 자가 자수(子壽)이다. 이부시랑(吏部侍郞), 보모각대제(寶謨閣待制) 등을 역임하였다.

454. 《산당사고(山堂肆考)·신직(臣職)》

데 군옥전(群玉殿)에 부름 받아 황제를 면대하였다. 영종(英宗)[456]이 세상의 일을 묻고 그를 칭찬하기를, "학사는 진정 나라의 그릇이로다"라고 하였다.

邵亢兼潁王府翊善, 召對群玉殿. 英宗訪以世務, 稱之曰, 學士, 眞國器也.[457]

왕에게 명하여 답배하게 하다.[명왕답배(命王答拜)]

시강(侍講) 심석(沈錫)[458]이 휘종(徽宗)[459]에게 아뢰기를, "진종(眞宗)[460] 시기에 장사손(張士遜)[461]을 왕의 우(友)로 삼고 왕에게 명하여 답배하게 하여 빈례(賓禮)를 보였습니다. 지금 왕부(王府)의 시독관(侍讀官)은 직책이 훈도(訓導)에 해당하니 역시 왕의 우부(友傅)[462]입니다. 왕의 우(友)의 예와 같이 왕에게 명하여 답배하게 하는 것이 좋겠습니다"라고 하였다.

侍講沈錫言於徽宗曰, 眞宗時以張士遜爲王友, 命王答拜, 以示賓禮. 今王府侍讀之官, 職在訓導, 亦王之友傅也. 可如王友例, 令王答拜.[463]

조홍지(趙弘智)[464]의 다섯 가지 효도[홍지오효(洪智五孝)] 《백공육첩(白孔六帖)》의 기록이다. 조홍지가 진왕(陳王)의 스승으로 들어가 백복전(百福殿)에서 《효경(孝經)》을 강의하였는데 홍지는 오효(五孝)[465]를 들어 왕에게 강의하였다.

孔帖. 趙洪智[466]入爲陳王師, 講孝經於百福殿, 洪智擧五孝, 爲王誦之.[467]

권신에게 아부하지 않다.[불부권신(不附權臣)]

송(宋) 소흥(紹興)[468] 연간에 조규(趙逵)[469]가 예부랑겸진안혜왕부교수(禮部郎兼晉安惠王府敎授)가 되었다. 부름 받아 황제를 면대하게 되었는데 황제가 이르기를, "경은 짐이 직접 발탁하였다. 진회(秦檜)[470]가 날마다 선비를 추천하였지만 일찍이 한 번도 경을 언급한 적이 없었으니 이로써 경은 권신에게 아부하지 않았음을 알겠다. 진정 천자의 문하생이다"라고 하였다.

宋紹興中趙逵爲禮部郎兼晉安惠王府敎授. 及引對, 上曰, 卿乃朕自擢. 秦檜日薦士, 曾無一言及卿, 以此知卿不附權臣. 眞天子門生也.[471]

---

455. 소항(邵亢): 송(宋) 단양(丹陽) 출신으로 자가 흥종(興宗)이다. 추밀부사(樞密副使), 자정전학사(資政殿學士) 등을 역임하였다.
456. 영종(英宗): 송(宋) 제5대 황제로 재위 기간은 1064-1067년이다.
457. 《송사(宋史)·소항전(邵亢傳)》
458. 심석(沈錫): 송(宋) 진주(眞州) 출신으로 자가 자소(子昭)이다. 통의대부(通議大夫)를 역임하였다.
459. 휘종(徽宗): 송(宋) 제8대 황제로 재위 기간은 1101-1125년이다.
460. 진종(眞宗): 송(宋) 제3대 황제로 재위 기간은 998-1022년이다.
461. 장사손(張士遜): 송(宋) 광화(光化) 출신으로 자가 순지(順之)이다. 시어사(侍御史), 동중서문하평장사(同中書門下平章事) 등을 역임하였다.
462. 우부(友傅): 우(友)의 직책으로 스승인 사람이다.
463. 《산당사고(山堂肆考)·신직(臣職)》
464. 조홍지(趙弘智): 당(唐) 낙주(洛州) 출신으로 황문시랑(黃門侍郎), 국자좨주(國子祭酒) 등을 역임하였다.
465. 오효(五孝): 《효경(孝經)》의 〈天子章〉, 〈諸侯章〉, 〈卿大夫章〉, 〈士章〉, 〈庶人章〉에서 말한, 신분에 따른 다섯 종류의 효도를 가리킨다.
466. 《유원총보》의 '趙洪智'는 '趙弘智'의 오류이다.[《신당서(新唐書)·조홍지전(趙弘智傳)》]
467. 《신당서(新唐書)·조홍지전(趙弘智傳)》
468. 소흥(紹興): 남송(南宋) 고종(高宗)의 연호(1131-1162)이다.
469. 조규(趙逵): 송(宋) 자주(資州) 출신으로 자가 장숙(莊叔)이다. 중서사인(中書舍人)을 역임하였다.
470. 진회(秦檜): 송(宋)과 남송(南宋) 교체기의 간신으로 자가 회지(會之)이다. 북송에서 어사중승(御史中丞), 남송에서 재상을 역임하였다. 고종(高宗) 때 악비(岳飛)를 죽이고 금(金)나라와 굴욕적인 화친을 맺었다. 뒤에 간신으로 몰려 작위를 삭탈당하고 시호도 유추(謬醜)로 바뀌었다.
471. 《송사(宋史)·조규전(趙逵傳)》

환관 宦官

• 《주례(周禮)》에 보이는, 혼인(閽人),[472] 시인(寺人),[473] 내수(內豎)[474]가 모두 그 직책이다. 춘추시대 제(齊)나라에 수도(豎刀)[475]가 있었고 진(晉)나라에 시인피(寺人披)[476]가 있었으며 진(秦)나라에 시인(寺人)이 있었고 서한(西漢)에 중상시(中常侍)가 있었는데 사인(士人)을 섞어서 임용하였다. 모두가 은당(銀鐺),[477] 좌초(左貂)[478]로 장식하였고 궁전(宮殿)과 대성(臺省)에서 봉직하였다. 동한(東漢)에 중상시(中常侍)가 있어 궁 안의 일을 도왔으며 자문하고 응대하였다. 명제(明帝)[479] 이후 금당(金鐺)과 우초(右貂)로 바꾸었다. 화희태후(和熹太后)[480]가 집정하면서 이에 혼인(閽人)을 상시(常侍)[481]와 소황문(小黃門)[482]으로 삼아 두 궁전 사이에 명을 전하게 하였다.

周禮, 閽人·寺人·內豎, 皆其職也. 春秋時, 齊有豎刀, 晉有寺人披, 秦有寺人, 西漢有中常侍, 參用士人. 皆銀鐺·左貂, 給事殿省. 東漢有中常侍, 贊導內事, 顧問應對. 明帝已後, 改金鐺·右貂. 和熹太后稱制, 乃以閽人爲常侍·小黃門, 通命兩宮.[483]

• 환관(宦官)을 내수(內豎)라고 이르는 것은 아직 관례를 하지 않았음을 이른 것이다. 동자(童子)는 드나드는 것이 민첩하고 또 그를 비빈(妃嬪)의 거처[궁액(宮掖)[484]]를 왕래하게 하는 것이 혐의가 없기 때문이다.

宦官謂之內豎者, 未冠者之名. 蓋童子出入便捷, 且使之往來宮掖, 無嫌也.[485]

한 통의 편지를 가지고 증거를 삼다.[취신위험(取信爲驗)] 한(漢) 원제(元帝)[486] 시기에 환관 석현(石顯)[487]이 권세가 날마다 성대해지면서 천자가 하루아침에 좌우의 말을 받아들여 자신을 멀리할까를 염려하였다. 이에 때때로 성의를 바치면서 한 통의 편지를 가지고 증거를 삼았다. 일찍이 여러 궁에 가서 징발해 오도록 한 것이 있었는데 먼저 스스로 밝히기를, 밤이 깊었을 때에 뒤쳐져 궁문(宮門)이 닫힐까 염려되니 조명(詔命)으로 관리에게 문을 열게 하도

472. 혼인(閽人): 《주례(周禮)》의 천관(天官)에 속한 벼슬로 궁문(宮門)의 개폐를 담당하였다.
473. 시인(寺人): 《주례(周禮)》의 천관(天官)에 속한 벼슬로 왕을 측근에서 모시며 주로 환관(宦官)이 맡는다.
474. 내수(內豎): 《주례(周禮)》의 천관(天官)에 속한 벼슬로 잡역(雜役)을 담당하였다.
475. 수도(豎刀): 춘추시대 제(齊) 환공(桓公)의 환관이었던 시인초(寺人貂)를 가리키는 말로 수조(豎刁)라고도 하며 후에는 간사한 환관을 가리키게 되었다.
476. 시인피(寺人披): 춘추시대 진(晉)나라 사람으로 일명 발제(勃鞮)라고 하였고 자가 백초(伯楚)이다.
477. 은당(銀鐺): 한대(漢代) 중상시(中常侍)의 관에 달던 은장식이다.
478. 좌초(左貂): 담비 꼬리로 꾸민 장식이다.
479. 명제(明帝): 동한(東漢) 제2대 황제로 재위 기간은 58-75년이다.
480. 화희태후(和熹太后): 동한(東漢) 제4대 황제인 화제(和帝)의 황후로 시호(謚號)가 희(熹)이다. 상제(殤帝), 안제(安帝) 때에 태후(太后)로 정사에 참여하여 덕정을 베풀었다.
481. 상시(常侍): 황제를 시종하는 근신을 가리킨다.
482. 소황문(小黃門): 황문시랑(黃門侍郎)보다 한 급이 낮은 환관이다. 뒤에는 환관(宦官)을 칭하게 되었다.
483. 《후한서(後漢書)·환자열전(宦者列傳)》
484. 궁액(宮掖): 궁(宮)은 궁전(宮殿)이고 액(掖)은 액정(掖庭)으로 비빈(妃嬪)이 거처하는 곳이다.
485. 《산당사고(山堂肆考)·신직(臣職)》
486. 원제(元帝): 서한(西漢) 제9대 황제로 재위 기간은 BC 48-BC 33년이다.
487. 석현(石顯): 한(漢)나라의 선제(宣帝)와 원제(元帝) 시절에 총애를 받았던 환관으로 중서령(中書令)을 지냈다. 원제가 병으로 자리에 누우며 그에게 정사를 맡기자 전횡하다가 성제(成帝) 즉위 후에 요직에서 쫓겨났다.

록 청하자 황제가 허락하였다. 석현이 고의로 밤늦게 돌아와 조명을 칭하고 문을 열고 들어왔다. 뒤에 과연 석현이 조명을 조작하여 궁문을 열게 하였다고 아뢴 자가 있었다. 황제가 크게 웃으면서 그 글을 석현에게 보여 주니 석현이 이로 인하여 눈물을 흘리면서 아뢰기를, "폐하께서 지나치게 소신(小臣)을 사랑하시니 여러 신하들이 질투하여 신을 모함하고 해치려 하지 않는 자가 없습니다. 바라건대 중책을 반납하고 후궁에서 청소하는 일을 맡는다면 죽어도 여한이 없겠습니다"라고 하였다. 황제가 가련하게 여겨 여러 차례 위로하고 격려하며 후한 상을 더해 주었다.

漢元帝時, 宦官石顯, 威權日盛, 恐天子一旦納左右言, 以間己. 乃時歸誠, 取一信以爲驗. 嘗使至諸宮有所徵發, 先自白, 恐後漏盡, 宮門閉, 請詔吏開門, 上許之. 顯故投夜還, 稱詔開門入. 後果有告顯矯詔開宮門者. 上大笑, 以其書示顯, 顯因泣曰, 陛下過私小臣, 群下無不嫉妬, 欲陷害臣者. 願歸樞機, 受後宮掃除之役, 死無所恨. 上憐之, 數勞勉, 加厚賜.488

정사를 논의하면서 권력을 농락하다.[의정농권(議政弄權)] 동한(東漢) 화제(和帝)489가 중상시(中常侍) 정중(鄭衆)490과 모의하여 두헌(竇憲)491을 죽였다. 공훈을 기록하고 상을 내리는데 정중이 적은 것을 받고 많은 것을 사양하자 황제가 그를 훌륭하게 여겨 항상 그와 정사를 논의하였다. 환관이 권력을 농락하는 것이 이로부터 시작되었다.

東漢和帝, 與中常侍鄭衆謀誅竇憲. 策勳頒賞, 衆受少辭多, 帝賢之, 常與議政. 宦官弄權, 自此始.492

진번(陳蕃)493을 밟고 차다.[답축진번(踏蹴陳蕃)] 환관 왕보(王甫)가 검사(劍士)를 시켜 진번(陳蕃)을 잡아오게 하고 북시옥(北寺獄)494에 송치하였다. 황문(黃門)의 속관이 진번을 밟고 차면서 말하기를, "늙은 도깨비가 아직도 우리 관서의 인원수를 줄이고 우리 관서의 봉급을 뺏을 수 있는가?"라 하고 그날로 죽였다.

宦官王甫使劍士收陳蕃, 送北寺獄. 黃門從官踏蹴蕃曰, 老魅尙能損我曹員數, 奪我曹稟假否. 卽日殺之.495

양하(良賀)496는 겸손하고 중후하였다.[양하퇴후(良賀退厚)] 동한(東漢) 순제(順帝)497 시기에 환관들이 다투어 세력을 과시하며 스스로 뛰어나다고 하였는데 오직 대장추(大長秋)498 양하만이 청렴하고 검소하며 겸손하고 중후하였다. 조서를 내려 용맹한 사람을 천거하라고 하자 양하만이 유독 천거한 사람이 없었다. 황제가 그 까닭을 묻자 대답하기를, "신은 초야에서 태어나 궁정에서 자라 이미 사람을 알아보는 눈도 없고 또 일찍이 선비들과 교류한 적이 없습니다. 옛날에 위앙(衛鞅)499이 경감(景監)500을 통하여 황제를 만났는데 식견이 있는 자들은 그

---

488. 《전한서(前漢書)·영행전(佞幸傳)》
489. 화제(和帝): 동한(東漢) 제4대 황제로 재위 기간은 89-105년이다.
490. 정중(鄭衆): 동한(東漢) 하남(河南) 출신으로 자가 중사(仲師)이다. 급사중(給事中), 대사농(大司農) 등을 역임하였다.
491. 두헌(竇憲): 동한(東漢) 부풍(扶風) 출신으로 자가 백도(伯度)이다. 시중(侍中), 거기장군(車騎將軍) 등을 역임하였다.
492. 《후한서(後漢書)·환자전(宦者傳)》
493. 진번(陳蕃): 동한(東漢) 여남(汝南) 출신으로 자가 중거(仲擧)이다. 낙안태수(樂安太守), 태부(太傅) 등을 역임하였다. 당시 태학생(太學生)의 존경을 받았으며 영제(靈帝) 시절에는 태부(太傅)가 되어 두무(竇武)와 함께 선정에 힘썼다. 태위(太尉)가 되었을 때 환관(宦官)의 전횡을 반대하여 제거하려다가 살해되었다.
494. 북시옥(北寺獄): 동한(東漢) 시기에 환관들이 세운 감옥 이름이다.
495. 《후한서(後漢書)·진번전(陳蕃傳)》
496. 양하(良賀): 동한(東漢) 순제(順帝) 시기의 환관으로 대장추(大將秋)를 역임하였다.
497. 순제(順帝): 동한(東漢) 제7대 황제로 재위 기간은 126-144년이다.
498. 대장추(大長秋): 한대(漢代)에 황후를 모시고 궁중의 일을 관리하던 벼슬 이름으로 환관들이 맡았다.

가 잘 마치지 못할 것을 알았습니다. 지금 신의 천거를 얻는 것은 영광이 아니고 굴욕이기 때문에 감히 하지 못한 것입니다"라고 하였다.

東漢順帝時, 宦官競賣勢自雄, 惟大長秋良賀淸儉退厚. 及詔擧武猛, 賀獨無所薦. 帝問故, 對曰, 臣生草茅, 長於宮掖, 旣無知人之明, 又未嘗交知士類. 昔衛鞅因景監以見, 有識者知其不終. 今得臣擧者, 匪榮伊辱, 是以不敢.[501]

여강(呂强)[502]은 청렴하고 충성스러웠다.[여강청충(呂强淸忠)] 동한(東漢)의 중상시(中常侍) 여강은 성고(成皐) 출신이다. 청렴과 충성으로 공사(公事)를 받들어 영제(靈帝)[503]가 일반적인 예에 따라 도향후(都鄕侯)에 봉했으나 굳게 사양하며 받지 않았다. 또 환관을 봉해 주는 잘못을 자세히 아뢰었다.

東漢中常侍呂强, 成皐人. 淸忠奉公, 靈帝以衆例封都鄕侯, 固辭不受. 且備言封宦寺之非.[504]

의랑(議郞) 채옹(蔡邕)[505]이 대책(對策)을 올려 아뢰기를, 소리(小吏)들이 대신(大臣)들을 헐뜯는 것을 들어주면 안 된다고 하자 황제가 상소문을 보고 탄식하였다. 환관 조절(曹節)이 훔쳐보고서 측근들에게 모두 말하니 중상시(中常侍) 정황(程璜)이 사람을 시켜 급히 상소를 올려 채옹의 사사로운 일을 아뢰어 낙양의 감옥에 하옥시키도록 하고 탄핵하기를, 채옹이 크게 불경하여 기시(棄市)해야 한다고 하였다. 여강(呂强)이 채옹을 안타깝게 여겨 힘써 사유를 밝혀 청하니, 조서를 내려 사형에서 한 등급을 감형하여 가솔들과 함께 머리 깎고 칼을 씌워 북방으로 유배시켰다.

議郞蔡邕對言, 不宜聽小吏雕琢大臣, 帝覽奏嘆息. 宦者曹節竊視之, 悉宣語左右, 中常侍程璜, 使人飛章言邕私事, 下雒陽獄, 劾邕大不敬, 當棄市. 呂强愍邕, 力爲申請, 詔減死一等, 與家屬髡鉗, 徙朔方.[506]

황보규(皇甫規)[507]를 모함하다.[함황보규(陷皇甫規)] 동한(東漢) 황보규가 여러 강족(羌族)을 쳐서 항복시키니 불려와서 의랑(議郞)에 제수되었다. 논공행상(論功行賞)을 하는데 환관 서황(徐璜)과 좌관(左悺)이 황보규에게 재물을 요구하였다. 황보규가 끝내 응답하지 않자 서황 등이 (황보규가) 여러 강족들에게 뇌물을 썼다는 일로 모함하였다. 아래 속관들이 돈을 거두어 사죄하기를 청하려고 하였으나 황보규가 맹세하면서 따르지 않자 마침내 좌교(左校)[508]에서 노역(勞役)하는 것으로 논죄되었다.

東漢皇甫規擊降諸羌, 徵還拜議郞. 論功行賞, 宦官徐璜·左悺從規求貨. 規終不答, 璜等陷以貨賂群羌之事. 下吏官屬欲賦斂請謝, 規誓不聽, 遂論輸左校.

부섭(傅燮)[509]에게 은근히 요구하다.[은근부섭(慇懃傅燮)] 영제(靈帝)가 환관 조충(趙忠)[510]으로 하여금 황건적(黃巾賊)을 토벌한 공을 논의하도록 하

499. 위앙(衛鞅): 위(衛)나라 사람인 상앙(商鞅)을 이르는 말이다.
500. 경감(景監): 전국시대 진(秦) 효공(孝公) 시기의 조정의 환관이었다.
501. 《후한서(後漢書)·환자전(宦者傳)》
502. 여강(呂强): 동한(東漢) 성고(成皐) 출신으로 자가 한성(漢盛)이다.
503. 영제(靈帝): 동한(東漢) 제11대 황제로 재위 기간은 168-189년이다.
504. 《후한서(後漢書)·환자전(宦者傳)》
505. 채옹(蔡邕): 동한(東漢) 진류(陳留) 출신으로 자가 백개(伯喈)이다. 낭중(郎中), 중랑장(中郞將) 등을 역임하였다. 시부(詩賦)를 잘하였으며, 저서에 《채중랑전집(蔡仲郎全集)》이 있다.
506. 《후한서(後漢書)·채옹전(蔡邕傳)》
507. 황보규(皇甫規): 동한(東漢) 안정(安定) 출신으로 자가 위명(威明)이다. 태산태수(太山太守), 도료장군(度遼將軍) 등을 역임하였다.
508. 좌교(左校): 오교(五校)의 하나로 재장(宰匠)에 관한 일을 담당한 부서이다.
509. 부섭(傅燮): 동한(東漢) 영주(靈州) 출신으로 자가 남용(南容)이다. 한양태수(漢陽太守)를 역임하였다.

자 집금오(執金吾) 견거(甄擧)[511]가 말하기를, "부남용이 전에 동군(東軍)에 있을 때 공이 있었는데도 제후에 봉해지지 않아 천하 사람들이 실망하였습니다. 지금 장군께서 중임을 맡고 계시니 마땅히 훌륭한 사람을 등용하고 굽은 사람을 다스려 대중의 마음에 부응하셔야 합니다"라고 하였다. 조충이 동생 조연을 시켜 부섭에게 은근한 요구를 하면서 말하기를, "부남용이 나에게 적게 보답하면 만호후(萬戶侯)는 얻을 수 없을 것이다"라고 하자 부섭이 정색을 하고 거절하면서 말하기를, "때를 만나고 못 만나는 것은 운명이고 공이 있는데도 논의되지 않는 것은 때이다. 내가 어찌 사사로운 상을 구하겠는가"라고 하였다.

靈帝使宦者趙忠論討黃巾之功, 執金吾甄擧謂曰, 傳南容前在東軍, 有功不侯, 天下失望. 今將軍親當重任, 宜進賢理屈, 以副衆心. 忠遣弟延致慇懃於燮曰, 南容少答我, 萬戶侯不足得也. 燮正色拒之曰, 遇不遇, 命也, 有功不論, 時也, 傅燮豈求私賞哉.[512]

관역사(館驛使)[513]를 삼다.[위관역사(爲館驛使)]

당(唐)의 옛 제도에 어사(御使) 2인이 역참을 주관하도록 하였다. 헌종(憲宗)[514] 원화(元和)[515] 12년에 환관으로 관역사를 삼으니 좌보궐(左補闕) 배린(裴潾)[516]이 간언하기를, "내시와 밖의 일은 직분이 각기 다릅니다. 마땅히 관직을 침범하는 근원을 막고 지위에 벗어나는 조짐을 끊어야 합니다. 일에 적당하지 못함이 있는 것은 처음에 경계해야 하고 명령에 혹시 장애가 있는 것은 반드시 큰 것에 달려 있지 않습니다"라고 하였으나 황제가 따르지 않았다.

唐舊制, 御使二人知驛. 憲宗元和十二年以宦者爲館驛使, 左補闕裵璘[517]諫曰, 內臣外事, 職分各殊. 宜塞侵官之源, 絶出位之漸. 事有不便, 當戒於初, 令或有妨, 不必在大. 上不聽.[518]

궁시사(宮市使) 덕종(德宗)[519]이 환관으로 궁시사(宮市使)를 삼고 다시 백망(白望)[520] 수백 명을 두어 사람들의 물건을 억압하여 구매하니, 이름은 궁시(宮市)이지만 사실은 뺏는 것이었다. 일찍이 어떤 농부가 노새에 땔나무를 지고 왔는데 환관이 궁시라고 하면서 뺏었다. 농부가 말하기를, "내게는 부모님과 처자식이 있어 이것에 의지하여 먹고사오. 지금 값을 받지 못하고 돌아가면 우리에게는 죽음이 있을 뿐이오"라 하고는 마침내 환관을 구타하였다. 가리(街吏)[521]가 그를 잡아 보고하니, 조서를 내려 환관을 내쫓고 농부에게 비단 10필을 주도록 하였다.

德宗以宦者爲宮市使, 復置白望數百人, 抑買人物, 名爲宮市, 其實奪之. 嘗有農夫以驢負柴, 宦官稱宮市取之. 農夫曰, 我有父母妻子, 待此後食. 今不取直而歸, 我有死而已. 遂歐宦者. 街吏擒之以聞, 詔黜宦者, 賜農夫絹十疋.[522]

---

510. 조충(趙忠): 동한(東漢) 기주(冀州) 출신으로 영제(靈帝) 시기 십상시(十常侍)의 하나이다. 중상시(中常侍), 대장추(大將秋) 등을 역임하였다.
511. 견거(甄擧): 내력이 자세하지 않다.
512. 《후한서(後漢書)·부섭전(傅燮傳)》
513. 관역사(館驛使): 임시로 순시나 역참의 사무를 맡은 하급 관원이다.
514. 헌종(憲宗): 당(唐) 제13대 황제로 재위 기간은 806-820년이다.
515. 원화(元和): 당(唐) 헌종(憲宗)의 연호(806-820)이다.
516. 배린(裴潾): 당(唐) 강주(絳州) 출신으로 좌보궐(左補闕), 기거사인(起居舍人), 병부시랑(兵部侍郞) 등을 역임하였다.
517. 《유원총보》의 '裵璘'은 '裴潾'의 오류이다.[《구당서(舊唐書)·배린전(裴潾傳)》]
518. 《구당서(舊唐書)·배린전(裴潾傳)》
519. 덕종(德宗): 당(唐) 제11대 황제로 재위 기간은 780-804년이다.
520. 백망(白望): 당대(唐代)에 궁중의 물품을 구입하기 위해 시장에 파견하던 환관을 가리킨다.
521. 가리(街吏): 거리를 순찰하는 관리를 가리킨다.
522. 《구당서(舊唐書)·장건봉전(張建封傳)》

옥갑(玉匣)으로 부친을 장례 지내다.[옥갑장부(玉匣葬父)] 환제(桓帝)[523] 시기에 환관 조충(趙忠)이 부친상을 당하여 돌아가 장례를 지내는데 참람되게 옥갑(玉匣)을 만들어 관 속에 두었다. 기주자사(冀州刺史) 주목(朱穆)[524]이 군(郡)에 내려가 조사하면서 관을 갈라 그것을 꺼냈다. 황제가 크게 노하여 주목을 불러 정위(廷尉)에 넘기고 좌교(左校)에서 노역(勞役)하게 하였다.

桓帝時宦者趙忠喪父歸葬, 僭爲玉匣置棺中. 冀州刺史朱穆下郡案驗, 剖棺出之. 帝大怒, 徵穆下廷尉, 輸作左校.[525]

은(銀) 북채로 황제의 죄를 열거하다.[은과수군(銀檛數君)] 당(唐) 소종(昭宗)[526] 광화(光化)[527] 연간에 최윤(崔胤)[528]이 황제와 함께 환관들을 주살할 것을 모의하자 중위(中尉) 유계술(劉季述)[529] 등이 병사를 이끌고 선화문(宣化門)에 들이닥쳐 황제를 부축하여 소양전(少陽殿)에 들러 은(銀) 북채로 땅에 그어가며 황제의 죄 수십 가지를 열거하였다. 이어서 문을 잠그고 쇠를 녹여 구멍을 막고 벽으로 음식을 들여보냈으며 조명을 조작하여 태자 이유(李裕)[530]를 세워 황제(皇帝)에 즉위하도록 하였다.

唐昭宗光化中, 崔胤與上謀誅宦官, 中尉劉季述等引兵突入宣化門, 扶上過少陽殿, 以銀檛畵地, 數上罪數十. 乃鎖門, 鎔鐵錮之穴, 墻通飮食, 矯詔立太子裕, 卽皇帝位.[531]

다투어 저택을 세우다.[경기제택(競起第宅)] 환제(桓帝)[532] 시기에 사후(四侯)[533]가 번갈아 가며 전횡하자 천하 사람들이 말하기를, "좌관(左悺)은 하늘을 돌리고 구원(具瑗)은 홀로 차지하였으며 서황(徐璜)은 누워 있는 호랑이이고 당형(唐衡)은 이리저리 못된 짓을 한다"라고 하였다. 모두가 다투어 저택을 세우고 화려함을 서로 뽐내며 형제와 친척들이 주군(州郡)을 다스리면서 백성들을 괴롭히는 것이 도적과 다름이 없었다. 전에 당형(唐衡), 선초(單超), 서황(徐璜), 좌관(左悺), 구원(具瑗)을 봉하여 오후(五侯)로 삼았는데 양기(梁冀)[534]를 죽인 공 때문이었다. 이때에 이르러 선초가 죽었기 때문에 사후(四侯)라고 하였던 것이다.

桓帝時四侯轉橫, 天下語曰, 左回天, 具獨坐, 徐臥虎, 唐兩墮. 皆競起第宅, 華侈相高, 兄弟親戚, 幸[535]州臨郡, 辜校百姓, 與盜無異. 初封唐衡·單超·徐璜·左悺·具瑗爲五侯, 以誅梁冀功也. 至是單超卒, 故云四侯.[536]

창을 늘어세우다.[열극(列戟)] 초당(初唐)의 제도

523. 환제(桓帝): 동한(東漢) 제11대 황제로 재위 기간은 147-167년이다.
524. 주목(朱穆): 동한(東漢) 출신으로 자가 공숙(公叔)이다. 시어사(侍御史), 기주자사(冀州刺史), 상서(尙書) 등을 역임하였다.
525. 《후한서(後漢書)·손목전(孫穆傳)》
526. 소종(昭宗): 당(唐) 제21대 황제로 재위 기간은 889-904년이다.
527. 광화(光化): 당(唐) 소종(昭宗)의 연호(898-900)이다.
528. 최윤(崔胤): 당(唐) 전절(全節) 출신으로 자가 수휴(垂休)이다. 어사중승(御史中丞), 호부시랑(戶部侍郎), 동중서문하평장사(同中書門下平章事) 등을 역임하였다.
529. 유계술(劉季述): 당대(唐代) 환관으로 소종(昭宗)을 소양원(少陽院)에 가두고 천자를 죽이려다가 피살되었다.
530. 이유(李裕): 당(唐) 소종(昭宗)의 장자로 황태자에 책봉되었으나 소종이 시해될 때 함께 피살되었다.
531. 《구당서(舊唐書)·소종본기(昭宗本紀)》
532. 환제(桓帝): 동한(東漢) 제11대 황제로 재위 기간은 147-167년이다.
533. 사후(四侯): 다음에 보이는 동한(東漢) 환제(桓帝) 시기의 네 명의 환관을 가리킨다.
534. 양기(梁冀): 동한(東漢) 안정(安定) 출신으로 자가 백탁(伯卓)이다. 황문시랑(黃門侍郎), 대장군(大將軍) 등을 역임하였다. 온갖 악행을 저지르다가 환관 선초(單超)에게 몰려 자살하였다.
535. 《유원총보》의 '幸'은 '宰'의 오류이다.[《후한서(後漢書)·선초전(單超傳)》]
536. 《후한서(後漢書)·선초전(單超傳)》

에 내시성(內侍省)에는 삼품관(三品官)을 두지 않아 일을 맡기지 않았다. 오직 황의(黃衣)[537]를 입고 녹미(祿米)를 먹으며 문을 지키고 명을 전달할 뿐이었다. 개원(開元), 천보(天寶) 연간에 비로소 삼품장군(三品將軍)에 제수하여 궐문에서 창을 늘어세운 채 지키게 하였다.

初唐制, 內侍省不置三品官, 不任以事. 惟黃衣廩食, 守門傳命而已. 開元天寶中始拜三品將軍, 列戟於門.[538]

현종(玄宗)이 고력사(高力士)[539]로 하여금 상소문을 결재하고 살피도록 하니 환관들이 흥성하기 시작하였다.

明皇使高力士決省章奏, 宦官始盛.[540]

뇌물을 무겁게 싣고 돌아오다.[중재뇌유(重載賂遺)]

대종(代宗)[541]은 환관을 우대하고 총애하였는데 왕명을 받고 사방에 사신 나갔던 자가 돌아오면 그가 얻어온 것을 물어보고 좀 작으면 자신의 명령을 경시했다고 여겼다. 이로부터 중사(中使)[542]들이 이르는 곳마다 공공연하게 뇌물을 요구하여 무겁게 싣고 돌아왔다. 덕종(德宗)[543]이 평소에 그 폐단을 알고 있었는데 중사(中使) 소광륜(邵光綸)을 보내 이희열(李希烈)[544]에게 정절(旌節)을 하사하자 희열이 그에게 마부와 말 및 비단 700필을 주었다. 황제가 화를 내며 광륜을 장형에 처하고 유배하였다.

代宗優寵宦官, 奉使四方者還, 問其所得, 頗少則以爲輕己命. 由是中使所至, 公求賂遺, 重載而歸. 德宗素知其弊, 遣中使邵光綸賜李希烈旌節, 希烈贈之僕馬及縑七百疋. 上怒, 杖光綸而流之.[545]

중사가 군대를 통솔하다.[중사령병(中使領兵)]

헌종(憲宗)[546]이 왕승종(王承宗)[547]을 토벌하는데 토돌승최(吐突承璀)[548]를 초토등사(招討等使)[549]로 삼자 백거이(白居易)[550]가 간언하기를, "옛날부터 지금까지 천하의 군대를 징발해서 중사에게 전적으로 통솔하게 한 적이 없습니다. 중관(中官)으로 장수를 통제하는 것이 폐하로부터 시작되었다는 것을 후대로 하여금 차마 전하게 하시겠습니까?"라고 하였다.

憲宗討王承宗, 以吐突承璀爲招討等使, 白居易諫曰, 自古及今, 未有徵天下之兵, 專令中使統領者也. 忍令後代相傳以中官爲制將, 自階[551]下始乎.[552]

537. 황의(黃衣): 당대(唐代) 환관의 복장을 일컫는다. 나아가 환관을 가리키게 되었다.
538. 《신당서(新唐書)·환자전(宦者傳)》
539. 고력사(高力士): 당나라 현종(玄宗) 때의 환관으로 환관 고연복(高延福)의 양자이다. 표기대장군(驃騎大將軍), 개부의동삼사(開府儀同三司) 등을 역임하였다. 현종을 제거하려 한 태평공주의 제거에 참여하여 현종의 총애를 받았다. 또 간신 이임보(李林甫)와 결탁하여 국정을 어지럽히고 안녹산을 조정에 추천하여 후에 안사의 난이 유발되게 하였다.
540. 《고금사문유취신집(古今事文類聚新集)·제원부(諸院部)》
541. 대종(代宗): 당(唐) 제10대 황제로 재위 기간은 762-779년이다.
542. 중사(中使): 궁중에서 파견하는 사자로 주로 환관이 맡는다.
543. 덕종(德宗): 당(唐) 제11대 황제로 재위 기간은 780-804년이다.
544. 이희열(李希烈): 당(唐) 연주(燕州) 출신으로 회서절도사(淮西節度使)에 올랐다. 변(汴)에서 반란을 일으켜 황제를 칭하고 국호를 초(楚)라고 하였다가 부하에게 독살되었다.
545. 송(宋) 범조우(范祖禹), 《당감(唐鑑)·덕종(德宗)》
546. 헌종(憲宗): 당(唐) 제13대 황제로 재위 기간은 806-820년이다.
547. 왕승종(王承宗): 당대(唐代) 거란족(契丹族) 출신이다.
548. 토돌승최(吐突承璀): 당(唐) 민(閔) 출신으로 토돌(吐突)은 복성이고 자가 인정(仁貞)이다.
549. 초토등사(招討等使): 투항을 권유하거나 반역을 토벌하는 일을 맡은 벼슬 이름이다.
550. 백거이(白居易): 당(唐) 화주(華州) 출신으로 자가 낙천(樂天)이다. 한림학사(翰林學士), 형부상서(刑部尙書) 등을 역임하였다.
551. 《유원총보》의 '階'는 '陛'의 오류이다.
552. 《당감(唐鑑)·순종(順宗)》

품계로 자식을 음서하기를 청하다.[청계음자(請階蔭子)] 문종(文宗)[553] 시기에 알자감(謁者監) 구사량(仇士良)[554]이 개부(開府)[555]로서 그의 자식을 음서하여 천우(千牛)[556]로 삼기를 청하였다. 급사중(給事中) 이중민(李中敏)[557]이 제지하며 말하기를, "개부는 품계가 진실로 자식을 음서하는 것이 마땅하지만 알자감이 무슨 연유로 자식이 있는가?"라고 하자 구사량이 부끄러워하면서 화를 내었다.

文宗時謁者監仇士良請以開府蔭其子爲千牛. 給事中李中敏制云, 開府階誠宜蔭子, 謁者監何由有兒. 士良慚恚.[558]

구사량이 노병(老病)으로 벼슬을 그만두자 그 무리들이 사저로 돌아가는 것을 전송하였다. 사량이 그들에게 가르쳐 주기를, "천자는 마땅히 사치와 화려함으로 그의 이목을 즐겁게 해야지 절대 그로 하여금 책을 읽도록 하지 말아야 한다. 전대의 흥망을 알아 마음으로 염려하고 근심할 줄 알면 우리는 소원해지고 배척된다"라고 하였다.

士良老病致仕, 其黨送歸私第. 士良敎之曰, 天子宜以奢靡娛其耳目, 愼勿使之讀書. 見前代興亡, 心知憂懼, 則吾輩踈斥矣.[559]

함께 말을 나누지 않다.[불여교언(不與交言)]

송경(宋璟)[560]이 광주도독(廣州都督)에서 형부상서(刑部尙書)가 되자 현종(玄宗)이 내시 양사욱(楊思勖)으로 하여금 맞이하게 하였다. 송경은 풍채가 점잖고 차분하여 사람들이 그 끝을 헤아릴 수 없었는데, 길에서 양사욱과 말을 나누지 않았다.

宗璟[561]自廣州都督爲刑部尙書, 玄宗遣內侍楊思勖迎之. 璟風度凝遠, 人莫測其際, 在途不與思勖交言.[562]

말 위에서 상대에게 읍하다.[마상상읍(馬上相揖)]

의종(懿宗)[563] 시기에 사대부들이 환관을 매우 미워하여 일이 조금이라도 서로 연계되면 많은 이들이 모두 포기해 버렸다. 건주(建州)의 진사인 섭경(葉京)[564]이 일찍이 선무군(宣武軍)의 연회에 참여하여 감군(監軍)의 얼굴을 알게 되었다. 급제한 뒤에 길에서 그를 만났는데 말 위에서 상대에게 읍하였다. 이 일로 비방하는 의론이 시끄럽자 마침내 초야에 묻힌 채 생을 마쳤다.

懿宗時士大夫深嫉宦官, 事有小相涉, 衆共棄之. 建州進士葉京嘗預宣武軍宴, 識監軍之面. 旣已及弟, 遇之於塗, 馬上相揖. 因而謗議諠然, 遂沈廢終身.[565]

시끄럽게 최윤(崔胤)[566]을 참소하다.[훤소최윤(諠

553. 문종(文宗): 당(唐) 제16대 황제로 재위 기간은 826-840년이다.
554. 구사량(仇士良): 당(唐) 흥녕(興寧) 출신으로 자가 광미(匡美)이다. 관군용사(觀軍容使)를 지내면서 20여 년 동안 정치를 독단하였다.
555. 개부(開府): 부서를 설립하고 관리를 두는 제도이다. 또 그런 권한이 있는 고관을 이른다.
556. 천우(千牛): 황제의 시위를 맡는 무관 벼슬이다.
557. 이중민(李中敏): 당(唐) 농서(隴西) 출신으로 자가 장지(藏之)이다. 시어사(侍御史), 간의대부(諫議大夫) 등을 역임하였는데 직간을 잘하였다.
558. 《산당사고(山堂肆考)·신직(臣職)》
559. 《당감(唐鑑)·무종(武宗)》
560. 송경(宋璟): 당(唐) 현종(玄宗) 시기의 현상(賢相)으로, 요숭(姚崇)과 함께 개원(開元) 연간의 훌륭한 치적을 이루었다. 직언을 잘하고 법집행에 공평무사하였다.
561. 《유원총보》의 '宗璟'은 '宋璟'의 오류이다.[《신당서(新唐書)·송경전(宋璟傳)》]
562. 《신당서(新唐書)·송경전(宋璟傳)》
563. 의종(懿宗): 당(唐) 제19대 황제로 재위 기간은 859-872년이다.
564. 섭경(葉京): 당(唐) 건안(建安) 출신으로 자가 수손(垂孫)이다. 태상박사(太常博士)를 역임하였다.
565. 오대(五代) 왕정보(王定保), 《당척언(唐摭言)》
566. 최윤(崔胤): 당(唐) 전절(全節) 출신으로 자가 수휴(垂休)이다. 어사중승(御史中丞), 호부시랑(戶部侍郎), 동중서문하평

訴崔胤)] 소종(昭宗)[567] 천복(天復)[568] 연간에 최윤이 환관들을 모두 제거하려고 하자 환관들이 글을 아는 미녀를 구하여 궁 안으로 들여보내고 몰래 그의 일을 사찰하도록 하였다. 최윤의 밀모를 다 알고 나서 밤낮으로 최윤을 제거할 방법을 모의하였다. 한전회(韓全誨) 등이 금군(禁軍)을 시켜 황제에게 최윤이 겨울옷을 줄인 일을 시끄럽게 참소하게 하자 황제가 어쩔 수 없이 최윤을 염철사(鹽鐵使)에서 해임시켰다.

昭宗天復中崔胤欲盡除宦官, 宦官乃求美女知書者, 內之宮中, 陰令伺察其事. 盡得胤密謀, 日夜謀所以去胤. 韓全誨等敎禁軍對上諠噪訴胤減損冬衣, 上不得已解胤鹽鐵使.[569]

이보신(李寶臣)[570]을 꾸짖고 욕하다.[후리보신(詬詈寶臣)] 대종(代宗)[571] 시기에 이보신(李寶臣)[572]이 전승사(田承嗣)[573]를 토벌하는 데 공이 있어 황제가 환관 마승천(馬承倩)을 시켜 조서를 지니고 가서 그를 위로하도록 하였다. 이보신이 비단 100필을 주자 마승천이 꾸짖고 욕하며 길에다 던져 버렸다. 왕무준(王武俊)[574]이 보신에게 이르기를, "공께서 새로이 공을 세웠는데도 어린 놈이 오히려 이러한데 하물며 도적이 평정된 뒤에 불려서 도성으로 가면 한 필부(匹夫)의 힘일 뿐입니다. 전승사를 풀어주어 본인의 밑천으로 삼는 것이 좋겠습니다"라고 하였다. 이보신이 마침내 적과 소극적으로 싸우려는 뜻을 갖게 되었다.

代宗時李寶臣討田承嗣, 有功, 上遣宦官馬承倩齎詔勞之. 寶臣遺以百縑, 承倩詬詈, 擲出道中. 王武俊說寶臣曰, 公新立功, 豎子尙爾, 況寇平後, 召歸京師, 一匹夫力耳. 不如釋承嗣以爲己資. 寶臣遂有玩寇之志.[575]

요남중(姚南仲)[576]을 무고하여 아뢰다.[무주남중(誣奏南仲)] 당(唐) 덕종(德宗)[577] 시기에 의성감군(義成監軍)인 환관 설영진(薛盈珍)이 절도사(節度使) 요남중의 군정(軍政)을 빼앗으려고 하였으나 남중이 따르지 않았다. 이로 말미암아 틈이 생기자 속관인 정무영(程務盈)을 시켜 남중의 죄를 무고하여 아뢰게 하였다. 남중의 아장(牙將)[578]인 조문치(曹文治)가 무영을 따라가 장락역(長樂驛)에서 그를 죽이고 직접 표문을 써서 남중의 억울함을 씻어 주고 마침내 자살하였다.

唐德宗時, 義成監軍宦者薛盈珍欲奪節度使姚南仲軍政, 南仲不從. 由是有隙, 遣小吏程務盈誣奏南仲罪. 南仲牙將曹文治追及務盈, 於長樂驛殺之, 自作表, 雪南仲冤, 遂自殺.[579]

반열이 재상들과 같다.[반동재상(班同宰相)] 송

장사(同中書門下平章事) 등을 역임하였다.

567. 소종(昭宗): 당(唐) 제21대 황제로 재위 기간은 889-904년이다.
568. 천복(天復): 당(唐) 소종(昭宗)의 연호(901-903)이다.
569. 《당감(唐鑑)·소종(昭宗)》
570. 이보신(李寶臣): 당대(唐代) 범양(范陽) 출신으로 자가 위보(爲輔)이다. 예부상서(禮部尙書)에 발탁되었다.
571. 대종(代宗): 당(唐) 제10대 황제로 재위 기간은 762-779년이다.
572. 이보신(李寶臣): 당대(唐代) 범양(范陽) 출신으로 자가 위보(爲輔)이다. 예부상서(禮部尙書)에 발탁되었다.
573. 전승사(田承嗣): 당(唐) 평주(平州) 출신으로 안녹산의 휘하 부장으로 있다가 당에 항복하였다. 위박절도사(魏博節度使)를 역임하였다.
574. 왕무준(王武俊): 당대(唐代) 거란(契丹) 출신으로 자가 원영(元英)이다. 이보신(李寶臣)의 비장(裨將)으로 보신을 당에 귀화시켰다.
575. 《당감(唐鑑)·대종(代宗)》
576. 요남중(姚南仲): 당(唐) 하규(下邽) 출신으로 우보궐(右補闕), 상서우복야(尙書右僕射) 등을 역임하였다.
577. 덕종(德宗): 당(唐) 제11대 황제로 재위 기간은 780-804년이다.
578. 아장(牙將): 직위가 중간이나 그 아래인 무관(武官)이다.

(宋) 휘종(徽宗)[580] 시기에 동관(童貫)[581]에게 개부의동삼사(開府儀同三司)와 영추밀원사(領樞密院事)가 더해졌다. 매번 봄가을에 큰 연회가 열리면 대신들의 위에 앉고 매일 재상들과 반열을 같이하였다. 올리는 것이 끝나면 바로 병풍의 뒤로 안에 들어가 다시 좁은 의복으로 갈아입고 여러 내시들과 대오를 이루었다. 나가서는 대신으로 체신에 맞는 예를 감당하고 들어가서는 가까운 내시로서 사령(使令)의 일을 행하니 옛날에 없던 일이었다.

宋徽宗時, 童貫加開府儀同三司領樞密院事. 每春秋大宴, 則坐執政之上, 日與宰相同班. 進呈畢, 卽自屛後入內, 復易窄衫, 與群閹爲伍. 出則爲大臣, 當體貌之禮, 入則爲近侍, 執使令之役, 古所未有也.[582]

통곡하고 진양(晉陽)으로 돌아가다.[곡귀진양(哭歸晉陽)] 진왕(晉王) 이존욱(李存勖)[583]이 위주(魏州)의 승려를 통해 전국새(傳國璽)[584]를 얻고 제위(帝位)에 오르려고 하자 장승업(張承業)[585]이 간언하기를, "하북(河北)은 겨우 안정되었지만 주씨(朱氏)가 아직 남아 있는데 왕께서 서둘러 대위(大位)에 오르시는 것은 결코 이전의 정벌의 의미가 아닙니다"라고 하자 왕이 이르기를, "이것은 내가 원하는 것이 아니니 여러 신하들의 뜻을 어찌하겠소"라고 하였다. 승업이 제지할 수 없음을 알고 통곡하면서 진양(晉陽)으로 돌아가 근심하다가 병이 되어 죽었다.

晉王存勖因魏州僧得傳國璽, 欲卽帝位, 張承業諫曰, 河北甫定, 朱氏尙存, 而王遽卽大位, 殊非從來征伐之意. 王曰, 此非余所願, 柰群下意何. 承業知其不可止, 乃慟哭歸晉陽, 悒悒成疾而卒.[586]

마존량(馬存亮)[587]이 어지러움을 막다.[존량미란(存亮弭亂)] 목종(穆宗)[588] 장경(長慶)[589] 연간에 점쟁이 소현명(蘇玄明)이 양방(梁坊)의 물품공급자인 장소(張韶)와 함께 양방의 공인(工人)과 무뢰한 100여 명을 모아 땔나무 수레에 병기를 숨긴 채 싣고 들어왔다. 그것이 무거운 것을 의심하여 따지는 자가 있자 장소는 다급하게 그를 죽이고 성문을 부수고 들어왔다. 황제가 낭패하여 우군(右軍)으로 갔는데 좌군중위(左軍中尉)인 마존량이 대장 강예전(康藝全)[590]으로 하여금 기병을 이끌고 궁에 들어가 적을 토벌하도록 하였다. 장소는 청사전(淸思殿)에 올라 어좌에 앉아 있었는데 강예전의 병사가 이르러 모두 격살(擊殺)시켰다. 마존량은 스스로를 자랑하지 않은 채 권세를 버리고 나가서 회남군(淮南軍)을 감독하기를 요청하였다.

穆宗長慶中卜者蘇玄明與梁坊供人張韶, 結梁工無賴者百餘人, 匿兵於柴草車, 載以入. 有疑其重而詰之者, 韶急殺之, 斬關而入. 上狼狽幸右軍, 左軍中尉馬存亮遣大將康藝全, 將騎卒入宮討賊. 韶升淸思殿, 坐御榻, 藝全兵至, 皆擊殺. 存亮不自矜, 委

---

579. 《당감(唐鑑)·덕종(德宗)》
580. 휘종(徽宗): 송(宋) 제8대 황제로 재위 기간은 1101-1125년이다.
581. 동관(童貫): 송(宋) 개봉(開封) 출신으로 환관이었다.
582. 《산당사고(山堂肆考)·신직(臣職)》
583. 이존욱(李存勖): 오대(五代) 시기 후량(後梁)을 멸망시키고 후당(後唐)을 창건한 장종(莊宗)이다.
584. 전국새(傳國璽): 임금이 대대로 전하는 국새이다.
585. 장승업(張承業): 당(唐) 희종(僖宗) 시기의 내시로 당이 망한 뒤에 고명(顧命)을 받아 이존욱을 보좌하였다.
586. 《산당사고(山堂肆考)·신직(臣職)》
587. 마존량(馬存亮): 당(唐) 하중(河中) 출신으로 자가 계명(季明)이다. 환관으로 좌신책중위(左神策中尉), 우령군위상장군(右領軍衛上將軍) 등을 역임하였다.
588. 목종(穆宗): 당(唐) 제14대 황제로 재위 기간은 821-824년이다.
589. 장경(長慶): 당(唐) 목종(穆宗)의 연호(821-824)이다.
590. 강예전(康藝全): 당(唐) 목종(穆宗) 시기 사람으로 좌신책대장(左神策大將), 부방절도사(鄜坊節度使) 등을 역임하였다.

權, 求出監准南軍.[591]

엄준미(嚴遵美)[592]가 권세를 피하다.[준미피권(遵美避權)] 당(唐) 소종(昭宗)[593] 시기에 엄준미가 관군용사(觀軍容使)[594]를 역임하였는데 탄식하면서, "내가 옛날에 환관[과삼(胯衫)[595]]으로 황제를 모셨는데 지금 홀(笏)을 잡고 있는 것은 과분하다"라 하고 마침내 청성산(青城山)에 은거하였다. 사마광(司馬光)[596]이 단정하기를, "항백(巷伯)이 나쁜 사람을 미워하고[597] 시인(寺人) 피(披)가 임금을 섬긴 일,[598] 정중(鄭衆)이 상을 사양하고[599] 여강(呂彊)이 직간한 일,[600] 조일승(曹日升)이 환난을 구제하고[601] 마존량(馬存亮)이 어지러움을 막은 일,[602] 양복광(楊復光)이 적을 토벌하고[603] 엄준미(嚴遵美)가 권세를 피한 일,[604] 장승업(張承業)이 충성을 다한 일[605] 등, 그 사이에 어찌 훌륭한 인재가 없었겠는가. 다만 군주가 그들과 정사(政事)를 논의함으로써 위력과 은혜[위복(威福)[606]]를 갖게 하여 사람들을 움직일 수 있게 해서는 안 될 뿐이다"라고 하였다.

唐昭宗時嚴遵美歷觀軍容使, 嘆曰, 吾昔誇三[607]給事, 今執笏過矣. 遂隱青城山.[608] 司馬公斷曰, 巷伯之嫉惡, 寺披之事君, 鄭衆之辭賞, 呂彊之直諫, 曹日升之救患, 馬存亮之弭亂, 楊復光之討賊, 嚴遵美之避權, 張承業之竭忠, 其間豈無賢才乎. 顧人主不當與之謀議政事, 使有威福, 足以動人耳.[609]

양복광(楊復光)[610]이 적을 토벌하다.[복광토적(復光討賊)] 황소(黃巢)[611]가 장안을 함락하자 충무절도사(忠武節度使) 주급(周岌)[612]이 항복하였다. 일찍이 밤에 연회를 마련하고 급하게 충무감(忠武

591. 《신당서(新唐書)·환자전(宦者傳)》
592. 엄준미(嚴遵美): 당대(唐代) 사람으로 좌군용사(左軍容使)를 역임하였다. 환관이면서도 환관이 발호하고 재상이 실권을 잃은 것을 탄식하다가 벼슬을 그만두고 청성산(青城山)에 은거하였다.
593. 소종(昭宗): 당(唐) 제21대 황제로 재위 기간은 889-904년이다.
594. 관군용사(觀軍容使): 당대(唐代)에 출정한 장수를 감시하던 최고 관직이었다.
595. 과삼(胯衫): 환관이 입는 옷, 나아가 환관을 가리킨다.
596. 사마광(司馬光): 송(宋) 섬주(陝州) 출신으로 자가 군실(君實)이다. 한림겸시독학사(翰林兼侍讀學士), 좌복야(左僕射) 등을 역임하였고 《자치통감(資治通鑑)》을 편찬하였다. 사후에 온국공(溫國公)에 봉해졌기 때문에 사마온공(司馬溫公)으로 칭해진다.
597. 항백(巷伯)은 환관을 가리킨다. 《시경(詩經)·소아(小雅)·항백(巷伯)》에서 항백이 참소하는 사람을 비판한 것을 말한다.
598. 시인(寺人) 피(披)가 군주에게 충성한 일이다. 《춘추좌전(春秋左傳)·희공(僖公)·24년》에 보인다.
599. 《유원총보》 권 15 [의정농권(議政弄權)] 항목 참조.
600. 《유원총보》 권 15 [여강청충(呂强淸忠)] 항목 참조.
601. 《자치통감(資治通鑑)·당기(唐紀)·숙종(肅宗)》
602. 《유원총보》 권 15 [존량미란(存亮弭亂)] 항목 참조.
603. 당(唐) 희종(僖宗) 시기의 환관인 양복광(楊復光)이 왕선지(王仙芝)와 황소(黃巢)의 반란을 진압한 것을 가리킨다. 아래 [복광토적(復光討賊)] 항목 참조.
604. 본 항목 참조.
605. 《유원총보》 권 15 [곡귀진양(哭歸晉陽)] 항목 참조.
606. 《상서(尙書)·홍범(洪範)》, "惟辟作福, 惟辟作威."
607. 《유원총보》의 '誇三'은 '胯衫'의 오류이다.
608. 《신당서(新唐書)·환자전(宦者傳)》
609. 《자치통감(資治通鑑)·당기(唐紀)·소종(昭宗)》
610. 양복광(楊復光): 당(唐) 민(閩) 출신으로 희종(僖宗) 시기의 환관이었다. 개부의동삼사(開府儀同三司)를 역임하였다.
611. 황소(黃巢): 당(唐) 조주(曹州) 사람으로, 소금장수였는데 후에 공부했으나 과거에 급제하지 못했다. 반란을 일으켜 따르던 무리가 백만에 달했으며, 장안에 입성하여 황제라 칭하고 국호를 대제(大齊)라 했다. 884년 당(唐)의 군대에 쫓기다 태산(泰山)에서 자살하였다.
612. 주급(周岌): 당(唐) 희종(僖宗) 시기 사람으로 허주대장(許州大將), 충무절도사(忠武節度使) 등을 역임하였다.

監) 양복광(楊復光)을 부르자 (양복광의) 측근들이 말하기를, "주급이 적장(賊將)에게 신하노릇 하니 내시들에게 이롭지 못합니다. 가지 않아야 합니다"라고 하였다. 복광이 말하기를, "일이 이미 여기에 이르렀으니 의리상 온전하기를 기대할 수 없다"라 하고 바로 그에게 갔다. 복광이 눈물을 흘리며, "공은 필부에서 공후(公侯)가 되었는데 어떻게 18자와 천자를 버리고 적에게 신하노릇 하십니까?"라고 하자 주급 역시 눈물을 흘리며 말하기를, "내가 홀로 항전할 수 없었소. 그러므로 겉으로는 받들지만 마음속으로 도모하고 있소. 오늘 공을 부른 것은 바로 이 때문이오"라 하고 이어 술을 땅에 뿌려 맹세하고 군대 8,000을 나누어 복광에게 주어 거느리게 하고 주온(朱溫)[613]을 쳐서 패배시켰고 마침내 등주(鄧州)를 탈환하였다.

黃巢陷長安, 忠武節度使周岌降之. 嘗以夜宴急召忠武監楊復光, 左右曰, 周公臣賊將, 不利於內侍. 不可往. 復光曰, 事已至此, 義不圖全, 卽詣之. 復光泣謂曰, 公自疋夫爲公侯, 柰何捨十八葉天子, 而臣賊乎. 岌亦流涕曰, 吾不能獨拒戰. 故貌奉而心圖之. 今日召公, 正爲此耳. 因瀝酒爲盟, 分軍八千與復光將之, 以擊朱溫敗之, 遂克鄧州.[614]

정책국로(定策國老)[615] 소종(昭宗)[616] 시기에 환관 양복공(楊復恭)[617]이 반역을 꾀하자 황제가 군대를 파견하여 토벌하게 하니 조카 양수량(楊守亮) 등과 군사를 일으켜 항명하였다. 한건(韓建)[618]이 그를 잡아 대궐 아래에 바쳤고 한 그루의 버드나무 아래에서 참수하였다. 이무정(李茂貞)[619]이 양복공이 양수량에게 보낸 편지를 바쳤는데 내용 중에, "내가 가시밭길에서 수왕(壽王)[620]을 세웠는데 막 존위(尊位)를 얻자마자 바로 정책국로를 폐기하다니 이렇게 마음을 저버리는 서생(書生) 천자가 있구나"라고 한 것이 있었다.

昭宗時宦者楊復恭謀反, 上遣兵討之, 與姪楊守亮等, 擧兵拒命. 韓建獲之, 獻於闕下, 斬於獨柳. 李茂貞獻復恭與守亮書, 吾於荊棘中立壽王, 纔得尊位, 卽廢定策國老, 有如此負心門生天子.[621]

은부선생(恩府先生)[622] 송(宋) 휘종(徽宗)[623] 시기에 내시 양사성(梁師成)[624]이 처음에 예사전(睿思殿)의 문자외고(文字外庫)를 담당하면서 점차 총애를 받게 되어 자주 옮겨져서 하동절도사(河東節度使)에 이르렀다. 왕보(王黼)[625]가 아버지로 섬기면서 은부선생이라고 칭하였고 채경(蔡京)[626] 부자도 역시 그에게 아부하고 따르니 도성 사람들이 지목하

613. 주온(朱溫): 주전충(朱全忠)의 본래 이름이다. 황소의 장군으로 당에 항복하여 사진절도사(四鎭節度使)가 되고 양왕(梁王)에 봉해졌다가 찬위하여 오대(五代) 양(梁)의 태조(太祖)가 되었다.

614. 《구당서(舊唐書)·양복광전(楊復光傳)》

615. 정책국로(定策國老): 당대(唐代) 후기에 환관들이 천자를 폐위하고 즉위시킬 만큼 막강한 권력을 휘둘렀는데 환관 양복공(楊復恭)이 천자를 책립한 원로라는 뜻으로 스스로를 칭한 말이다.

616. 소종(昭宗): 당(唐) 제21대 황제로 재위 기간은 889-904년이다.

617. 양복공(楊復恭): 당(唐) 민(閩) 출신으로 소종(昭宗) 시기의 환관이었다. 좌신책중위(左神策中尉)를 역임하였다.

618. 한건(韓建): 당말오대(唐末五代) 허주(許州) 출신으로 자가 좌시(佐時)이다. 태부(太傅)를 역임하였다.

619. 이무정(李茂貞): 오대(五代) 당(唐) 박야(博野) 출신으로 후당(後唐) 장종(莊宗)에게서 진왕(秦王)에 봉해졌다.

620. 수왕(壽王): 당(唐) 현종(玄宗)의 제18자로 이름이 모(瑁)이다.

621. 《구당서(舊唐書)·양복공전(楊復恭傳)》

622. 은부선생(恩府先生): 당대(唐代) 이후 스승에 대한 경칭으로 쓰였다.

623. 휘종(徽宗): 송(宋) 제8대 황제로 재위 기간은 1101-1125년이다.

624. 양사성(梁師成): 송(宋) 개봉(開封) 출신으로 자가 수도(守道)이다. 환관으로 글씨에 뛰어났으며 휘종(徽宗)의 총애를 받았고 개부의동삼사(開府儀同三司)를 역임하였다.

625. 왕보(王黼): 송(宋) 개봉(開封) 출신으로 자가 장명(將明)이다. 특진(特進), 태위(太尉) 등을 역임하였다.

여 '은상(隱相)'[627]이라고 하였다.

宋徽宗時內侍梁師成初領睿思殿文字外庫, 漸得幸, 累遷至河東節度使. 王黼以父事之, 稱爲恩府先生, 蔡京父子亦諂附焉, 都人目爲隱相.[628]

동관(童貫)[629]은 본성이 아첨하기를 잘하여 군주의 은미한 뜻을 잘 헤아렸다. 그 일로 총애를 받아 태부(太傅)가 되고 경국공(涇國公)에 봉해졌다. 채경이 동관과 안팎으로 서로 의지하니 사람들이 이르기를, "채경은 영감 재상[공상(公相)]이고 동관은 할미 재상[온상(媼相)]이다"라고 하였다.

童貫性巧媚, 善策人主微旨. 以故得幸, 爲太傅, 封涇國公. 蔡京與貫內外相倚, 人稱, 京爲公相, 貫爲媼相.[630]

지목하여 염라(閻羅)라고 하다.[목위염라(目爲閻羅)]

송(宋) 이종(理宗)[631] 시기에 환관 동송신(董宋臣)[632]이 황제의 뜻에 영합하여 매당(梅堂), 부용각(芙蓉閣), 향란정(香蘭亭)을 짓는데 백성들의 전답을 강탈하고 권세를 휘두르며 뇌물을 받는 등 하지 못하는 짓이 없자, 사람들이 동염라(董閻羅)라고 지목하였다.

宋理宗時宦者董宋臣逢迎上意, 起梅堂·芙蓉閣·香蘭亭, 豪奪民田, 招權納賄, 無所不至, 人以董閻羅目之.[633]

각장(閣長)과 문사(門司)[각장문사(閣長門司)]

《사조지(四朝志)》의 기록이다. 용도각(龍圖閣), 천장각(天章閣), 보문각(寶文閣)은 주관자가 4인인데 입내내시(入內內侍)[634]로 충원하였다. 역대 천자의 문장(文章)과 상서로운 보물이나 기물을 보관하는 일을 담당하는데 그들을 일러 '각장(閣長)'이라고 하였다. 내동문사(內東門司)는 주관자가 4인인데 입내내시(入內內侍)로 충원하였다. 궁중에서 사람과 물자의 출입을 관장하고 그 수를 자세히 알고 기찰하였는데 그들을 일러 '문사(門司)'라고 하였다.

四朝志. 龍圖·天章·寶文閣, 主管四人, 以入內內侍克.[635] 掌藏祖宗文章及符瑞寶玩之物, 謂之閣長.[636] 內東門司, 主管四人, 以入內內侍克.[637] 掌宮禁人物出入, 周知其數, 而譏察之, 謂之門司.[638]

제(齊)나라에서 알려지고 송(宋)나라에서 알려지다.[문제문송(聞齊聞宋)] 송(宋) 장자소(張子韶)[639]가 대책(對策)을 짓는데 포시(晡時)[640]에 이르도록 끝

---

626. 채경(蔡京): 송(宋) 선유(仙遊) 출신으로 자가 원장(元長)이다. 우복야(右僕射), 사공(司空), 태사(太師) 등 요직을 거치면서 네 차례나 재상의 자리에 올랐다. 왕안석(王安石)의 신법당(新法黨)을 모함하고, 무거운 세금과 토목공사로 국정을 어지럽혀 육적(六賊)의 우두머리로 꼽혔다. 휘종(徽宗) 연간의 재상으로 신법(新法)을 회복시킨다는 명목으로 원우당인(元祐黨人)을 탄압하였으며 토목공사를 과도하게 일으켜 국가 재정을 위태롭게 하였다.
627. 은상(隱相): 환관 양사성이 태위(太尉)로 권력을 휘두른 데에서 나온 말이다.
628. 《송사(宋史)·환자전(宦者傳)》
629. 동관(童貫): 송(宋) 개봉(開封) 출신으로 환관이었다.
630. 《송사(宋史)·환자전(宦者傳)》
631. 이종(理宗): 남송(南宋) 제5대 황제로 재위 기간은 1225-1264년이다.
632. 동송신(董宋臣): 남송(南宋) 이종(理宗) 시기의 환관으로 온갖 악행을 저질렀다.
633. 《산당사고(山堂肆考)·신직(臣職)》
634. 입내내시(入內內侍): 내시의 직위 가운데 하나이다.
635. 《유원총보》의 '克'은 '充'의 오류이다.[《송사(宋史)·직관지(職官志)》]
636. 《송사(宋史)·직관지(職官志)》
637. 《송사(宋史)·직관지(職官志)》
638. 《고금사문유취신집(古今事文類聚新集)·제원부(諸院部)》
639. 장자소(張子韶): 송(宋) 전당(錢塘) 출신인 장구성(張九成)으로 자가 자소(子韶)이다. 양시(楊時)의 제자로 예부시랑(禮部侍郞), 태사(太師) 등을 역임하였다.
640. 포시(晡時): 신시(申時), 즉 오후 3시에서 5시 사이를 가리킨다.

나지 않았다. 환관이 재촉하자 자소가 말하기를, "아직 끝나지 않았습니다. 막 그대들에 관해 말하고 있는 중입니다"라고 하였다. 그 대책에 이르기를, "환관이 이름나는 것은 나라의 상서롭지 못함입니다. 요순시대에 환관들이 전모(典謨)[641]에 알려지지 않았고 삼왕(三王) 시대에 환관들이 서고(誓誥)[642]에 알려지지 않았습니다. 수도(豎刀)[643]가 제나라에서 알려지면서 제나라가 어지러워졌고 이려(伊戾)[644]가 송나라에서 알려지면서 송나라가 위태로워졌습니다"라고 하였다.

宋張子韶對策, 至晡時未畢. 貂璫促之, 子韶曰, 未也. 方談及公等. 其策曰, 閹寺聞名, 國之不祥. 堯舜閹寺, 不聞於典謨, 三王閹寺, 不聞於誓誥. 豎刀聞於齊而齊亂, 伊戾聞於宋而宋危.[645]

원외랑(員外郞)이 천 명에 차다.[원외영천(員外盈千)]

원초객(袁楚客)[646]이 위원충(魏元忠)[647]에게 충고하기를, "환관이란 자들은 옛날에 노예로 길렀습니다. 중고(中古) 시대 이래 비로소 그들에게 일을 맡기고 권력을 주었기 때문에 수도(豎刀)가 제나라를 어지럽히고 이려(伊戾)가 송나라를 망하게 했습니다. 군주의 곁에 있는 사람이 대중들에게 두려움의 대상이 되는 것이 이른바 난새 머리의 파리이고 사당 담벽의 쥐입니다. 지금 천자께서 중흥을 이루시는데 오직 환관들이 자리를 차지하고 있으며 정식 궐원이 없는데도 모두 원외랑(員外郞)을 받아 천 명에 차는 데까지 이르니 청자색(靑紫色)의 인끈을 맨 자들이 창고의 재물을 낭비하고 있습니다"라고 하였다.

袁楚客規魏元忠曰, 閹豎者, 古以奴隷畜之. 中古以來, 乃委之以事, 授之以權, 故豎刀亂齊, 伊戾敗宋. 君側之人, 衆所畏懼, 所謂鸞頭之蝇, 廟垣之鼠也. 今大君中興, 獨有閹豎坐升班秩, 旣無正闕, 率受員外, 至盈千人, 綰靑紫, 耗府庫.[648]

641. 전모(典謨): 《서경(書經)》의 편명이다.

642. 서고(誓誥): 마침내 서경의 편명이다.

643. 수도(豎刀): 춘추시대 제(齊) 환공(桓公)의 환관이었던 시인초(寺人貂)를 가리키는 말로 수조(豎刁)라고도 하며 후에는 간사한 환관을 가리키게 되었다.

644. 이려(伊戾): 춘추시대 송(宋)나라 사람으로 태자내사(太子內師)로 있으면서 태자를 모함하여 죽게 하였다.

645. 《산당사고(山堂肆考)·신직(臣職)》

646. 원초객(袁楚客): 내력이 자세하지 않다.

647. 위원충(魏元忠): 당(唐) 송주(宋州) 출신으로 병부상서(兵部尙書), 중서령(中書令) 등을 역임하였다.

648. 《신당서(新唐書)·위원충전(魏元忠傳)》

【유원총보 권 16】

관직문(官職門)

경조윤 京兆尹

- 《주례(周禮)》에 내사(內史)가 있다.[1] 진(秦)나라에서 인습하여 도성을 다스리는 것을 맡았다.
  周官有內史. 秦因之, 掌治京師.[2]
- 한(漢) 경제(景帝)[3]가 좌내사(左內史)와 우내사(右內史)로 나누어 배치하였다.
  漢景帝分置左右內史.[4]
- 무제(武帝)가 이름을 바꾸어 우내사(右內史)를 경조윤(京兆尹)이라 하고 좌내사(左內史)를 좌풍익(左馮翊)이라 하였으며 주작도위(主爵都尉)를 우부풍(右扶風)이라 하였으니 이것이 삼보(三輔)[5]이다.
  武帝更名, 右內史爲京兆尹, 左內史爲左馮翊, 主爵都尉爲右扶風, 是爲三輔.[6]
- 가장 높은 곳을 '경(京)'이라 하고 10억(億)을 '조(兆)'라고 하니 많은 사람들이 모이는 곳이기 때문에 '경조(京兆)'라고 한다. 무릇 전대의 제왕들이 도읍한 곳은 모두 '윤(尹)'이라고 하였는데 윤(尹)은 바로잡는 것이다. '풍(馮)'은 보좌하는 것이고 '익(翊)'은 지키는 것이며 '부풍(扶風)'은 교화를 돕는 것이다.
  絶高曰京, 十億曰兆, 大衆所聚, 故曰京兆. 凡前代帝王所都, 皆曰尹, 尹, 正也. 馮, 輔, 翊, 衛也. 扶風, 扶助風化也.[7]
- 후한(後漢)은 낙양(洛陽)에 도읍하고 하남윤(河南尹)을 두었다. 삼보(三輔) 지역은 능묘(陵廟)가 있는 곳이라서 그 호칭을 바꾸지 않았다. 다만 그 품계를 감하여 태수(太守)와 같게 하였다.
  後漢都洛陽, 置河南尹. 以三輔陵廟所在, 不改其號. 但減其秩, 與太守同.[8]
- 남조(南朝) 시기에는 단양윤(丹陽尹)이라고 하였다.
  南朝曰丹陽尹.[9]
- 오대(五代)는 변(汴)에 도읍하고 개봉윤(開封尹)을 두었다.
  五代都汴, 爲開封尹.[10]

경조(京兆)의 정치가 맑아지다.[경조정청(京兆政清)]

조광한(趙廣漢)[11]이 경조윤을 겸직하였는데 경조의 정치가 맑아져 속관과 백성들이 칭송하면서 입에 다 담지 못할 정도였다. 광한은 감옥에 관한 일에 정통하여 간악함을 밝혀내고 숨겨진 것을 적발하는 것이 신(神)과 같았다. 겨울 옥사를 결단해야 하게 되자 먼저 관(棺)을 준비하도록 청하니 모두가 말하기를, "죽어도 여한이 없다"라고 하였다. 뒤에 위상(魏相)[12]의 부인이 여종을 죽인 일로 소망지(蕭望之)에게 탄핵을 당하여 정위(廷尉)에 넘겨지자 속관과 백성들이 대궐을 지키면서 소리쳐 우는 자가 수만 명이었다. 어떤 사람은 말하기를, "신은 살아도 현관(縣官)에게 도움되는 것이 없으니 바라건대 조경조

1. 《주례(周禮)·춘관(春官)·내사(內史)》에, "內史, 掌王之八枋之法, 以詔王治. 一曰爵, 二曰祿, 三曰廢, 四曰置, 五曰殺, 六曰生, 七曰與, 八曰奪"이라고 하였다.
2. 당(唐) 두우(杜佑), 《통전(通典)·직관(職官)》
3. 경제(景帝): 서한(西漢) 제 5대 황제로 재위 기간은 BC 156-BC 141년이다.
4. 《통전(通典)·직관(職官)》
5. 삼보(三輔): 한(漢)나라 시기 장안 부근의 세 지역, 또는 그곳의 담당 장관을 가리킨다.
6. 《통전(通典)·직관(職官)》
7. 송(宋) 손봉길(孫逢吉), 《직관분기(職官分紀)·삼보(三輔)》
8. 《후한서(後漢書)·백관지(百官志)》
9. 《후한서(後漢書)·백관지(百官志)》
10. 《문헌통고(文獻通考)·직관고(職官考)》
11. 조광한(趙廣漢): 한(漢) 탁군(涿郡) 출신으로 자가 자도(子都)이다. 경조윤(京兆尹), 영천태수(潁川太守) 등을 역임하였다.
12. 위상(魏相): 한(漢) 제음(濟陰) 출신으로 선제(宣帝) 때 승상을 역임하였다.

(趙京兆)를 대신해서 죽어 그로 하여금 백성들을 돌볼 수 있게 하소서"라고 하였다. 결국 요참(腰斬)을 당하자 백성들이 추모하면서 노래하였다.

趙廣漢行京兆尹, 京兆政淸, 吏民稱之, 而不容口. 廣漢精於吏事, 發姦擿伏如神. 冬獄當斷, 先爲請棺, 皆曰, 死無所恨. 後以魏相夫人殺婢事, 爲蕭望之劾奏, 下廷尉, 吏民守闕號泣者, 數萬人. 或言臣生無益縣官, 願代趙京兆死, 使得收養小民. 竟坐要斬, 百姓追思歌之.[13]

송사하던 자들이 서로 양보하다. [송자상양(訟者相讓)]

한연수(韓延壽)[14]가 좌풍익(左馮翊)이 되어 연말에 현(縣)을 순시하다가 고릉(高陵)에 이르렀는데 어떤 형제가 송사를 벌이고 있었다. 연수가 가슴아파하며 이르기를, "골육 간에 송사하는 것은 나의 가르침이 행해지지 않는 것이다"라 하고는 숙소에 들어와 문을 닫고 스스로 잘못을 생각하였다. 이에 송사하던 자들을 번갈아 책망하니 모두가 윗옷을 벗고 전답을 서로 양보하고 죽을 때까지 다투지 않기로 하였다. 연수의 은혜와 신의가 24현에 두루 퍼져, 송사하는 자가 없었고 속관들은 감히 속임수를 쓰지 않았다.

韓延壽爲左馮翊, 歲餘行縣至高陵, 有昆弟訟. 延壽傷之曰, 骨肉爭訟, 是吾敎不行也. 乃入傳舍, 閉閤自思過. 於是訟者相遞責讓, 皆肉袒, 願以田相移, 至死不爭. 延壽恩信周遍二十四縣, 無訟者, 吏不敢欺.[15]

모친이 평반(平反)[16]에 대해 묻다. [모문평반(母問平反)]

전불의(雋不疑)[17]가 경조윤이 되었는데 속관과 백성들이 그의 위엄과 신의를 공경하였다. 매번 현을 순시할 때마다 죄수들을 심리하고 돌아오면 그의 모친이 평반해 준 사람이 얼마나 되는지를 물었고 전불의가 있다고 말하면 모친은 기뻐하며 웃었고 간혹 구해 준 사람이 없으면 모친은 화를 내며 식사를 하지 않았다. 그 때문에 불의가 관리 노릇한 것은 엄했지만 잔인하지 않았다.

雋不疑爲京尹, 吏民敬其威信. 每行縣, 錄囚還, 母問平反幾何, 不疑曰有, 母卽喜笑, 或亡所出, 母怒爲不食. 故不疑爲吏, 嚴而不殘.[18]

저자에서 도둑이 없어지다. [시무투도(市無偸盜)]

장창(張敞)[19]은 자가 자고(子高)이다. 조광한이 사형을 당한 뒤에 사람들이 모두 직책을 잘 수행하지 못하였으니, 장안(長安)에서 저자에 도둑이 특히 많아져 모든 장사꾼들이 힘들어하였다. 장창에게 경조윤(京兆尹)을 맡겨 일을 보게 되자 도둑의 두목 여러 명을 모두 불러들여 문책을 하고 이어 그 죄를 용서하여 여러 도둑들을 스스로 속죄하게 하였다. 이로부터 북이 울리는 일이 드물어졌고 저자에 도둑이 없어지자 천자가 칭찬하였다. 조정에서 매번 큰 논의가 있을 때마다 장창이 고금의 일을 인용하면서 적절하게 처리하자 공경들이 모두 탄복하였다. 그러나 위의(威儀)가 없어 때로는 조회가 끝난 뒤에 장대가(章臺街)[20]에서 말을 달리며 직접 부채로 말을 치기도 하고 또 부인에게 눈썹을 그려 주기도 하였다. 뒤에 양운(楊惲)[21]과 사이가 좋았다는 이유로 탄

---

13. 《전한서(前漢書)·조광한전(趙廣漢傳)》
14. 한연수(韓延壽): 한(漢) 경조(京兆) 출신으로 자가 장공(長公)이다. 간대부(諫大夫), 좌풍익(左馮翊) 등을 역임하였다.
15. 《전한서(前漢書)·한연수전(韓延壽傳)》
16. 평반(平反): 억울한 옥사를 잘 바로잡는 것을 가리킨다.
17. 전불의(雋不疑): 한(漢) 발해(渤海) 출신으로 자가 만천(曼倩)이다. 청주자사(靑州刺史), 경조윤(京兆尹) 등을 역임하였다.
18. 《전한서(前漢書)·전불의전(雋不疑傳)》
19. 장창(張敞): 한(漢) 평양(平陽) 출신으로 자가 자고(子高)이다. 경조윤(京兆尹), 좌풍익(左馮翊) 등을 역임하였다.
20. 장대가(章臺街): 한(漢)나라 장안(長安)의 거리 이름이다.
21. 양운(楊惲): 한(漢) 경조(京兆) 출신으로 자가 자유(子幼)이다. 중랑장(中郞將)을 역임하였는데 뒤에 대역무도죄(大逆無道罪)로 요참(腰斬)을 당하였다.

핵을 당하였다.

張敞, 字子高. 廣漢誅後, 人皆不稱職, 長安市偸盜尤多, 百賈苦之. 以敞守京兆尹, 旣視事, 偸盜酋長數人皆召見責問, 因貰其罪, 令致諸偸以自贖. 由是枹鼓稀鳴, 市無偸盜, 天子嘉之. 朝廷每有大議, 敞引古今, 處便宜, 公卿皆服. 然無威儀, 時罷朝會, 走馬章臺街, 自以便面拊馬, 又爲婦畵眉. 後以楊惲厚善, 被劾.[22]

극악한 자들을 다스리고 어지러움을 정리하다.[발극정란(撥劇整亂)] 왕존(王尊)[23]은 자가 자공(子贛)이다. 성제(成帝)[24] 시기에 남산(南山)의 여러 도적인 붕종(傰宗) 등 수백 명이 속관과 백성들의 해악이 되자 왕봉(王鳳)[25]이 왕존을 추천하여 경조윤이 되었는데 한 달 만에 도적이 소탕되었다. 뒤에 광형(匡衡)[26]을 탄핵한 일로 좌천되어 고릉령(高陵令)이 되었다가 병으로 면직되었다. 호현(湖縣)의 삼로(三老)[27]인 공승흥(公乘興)[28] 등이 상소하여 아뢰기를, "장안의 난폭하고 간악한 자들이 백성들의 시랑(豺狼)이 된 것이 20년인데 잡아다 처벌하지 못하였습니다. 왕존이 극악한 자들을 다스리고 어지러움을 정리하였으며 포악한 자들을 처벌하고 사악함을 금했으니 모두가 이전에 드물었던 일입니다. 훌륭한 사람을 뽑아 등용하여 집에서 부름 받고 나와 경이 되었는데, 도적의 어지러움이 제거되자 즉시 말재주 피웠다는 것으로 쫓겨나니 한 사람의 왕존인데 3년 사이에 바로 현관(賢官)이 되었다가 바로 영신(佞臣)이 되는 것은 어찌 심하지 않겠습니까?"라고 하였다. 상소문이 올라가자 왕존을 서주자사(徐州刺史)로 삼았다.

王尊, 字子贛. 成帝時南山群盜傰宗等數百人爲吏民害, 王鳳薦尊爲京兆尹, 旬月間盜賊淸. 後以劾匡衡左遷爲高陵令, 病免. 湖三老公乘興等, 上書曰, 長安宿豪大猾, 爲百姓豺狼二十年, 莫能禽討. 尊撥劇整亂, 誅暴禁邪, 皆前所稀有. 選賢徵用, 起家爲卿, 賊亂旣除, 卽以佞巧廢黜, 一尊之身, 三期之間, 乍賢乍佞, 豈不甚哉. 書奏, 以尊爲徐州刺史.[29]

경조윤으로 선발되다.[선위경조(選爲京兆)] 왕존이 면직된 뒤에 대신한 자들이 직책을 잘 수행하지 못하자 왕장(王章)[30]이 경조윤으로 선발되었다. 당시에 황제의 장인인 왕봉(王鳳)이 정사를 보좌하였는데 왕장이 비록 왕봉에게 추천을 받았지만 왕봉이 권력을 전횡하는 것을 비난하면서 왕봉에게 따라붙지 않았다. 마침 일식이 있었는데 밀봉한 상소문을 올려 부름 받고 황제를 면대하게 되자 왕봉을 임용하면 안 된다고 아뢰었다. 얼마 후에 왕봉에게 모함을 당하여 죄가 대역(大逆)에 이르렀다. 왕장이 경조윤(京兆尹)이 된 지 2년 만에 죽었는데 그의 죄가 아니었기 때문에 많은 사람들이 억울하게 여겼고 속관과 백성들이 그에 대해 말하기를, "전에 조장(趙張)이 있고 후에 삼왕(三王)이 있다"라고 하였는데, 조

22. 《전한서(前漢書)·장창전(張敞傳)》
23. 왕존(王尊): 한(漢) 탁군(涿郡) 출신으로 자가 자공(子贛)이다. 경조윤(京兆尹), 서주자사(徐州刺史), 동군태수(東郡太守) 등을 역임하였다.
24. 성제(成帝): 한(漢) 제10대 황제로 재위 기간은 BC 32-BC 7년이다.
25. 왕봉(王鳳): 한(漢) 제남(濟南) 출신으로 자가 효경(孝卿)이다. 대사마(大司馬), 대장군령상서사(大將軍領尙書事) 등을 역임하였다. 정권을 전횡하다가 결국 그의 조카 왕망(王莽)에 이르러 서한(西漢)을 무너뜨렸다.
26. 광형(匡衡): 한(漢) 동해(東海) 출신으로 《시경(詩經)》에 해박하였다. 아들인 함(咸)도 경문(經文)에 조예가 있어 구경(九卿)을 역임하는 등 대대로 많은 박사(博士)가 배출되었다.
27. 삼로(三老): 세 국로(國老)이다. 주로 재상으로 벼슬을 그만둔 이들이 맡는다.
28. 공승흥(公乘興): 한(漢)나라 사람으로 왕존(王尊)의 억울함을 상소한 일로 유명하다.
29. 《전한서(前漢書)·왕존전(王尊傳)》
30. 왕장(王章): 한(漢) 태산(泰山) 출신으로 자가 중경(仲卿)이다. 간대부(諫大夫), 사례교위(司隷校尉), 경조윤(京兆尹) 등을 역임하였다.

광한(趙廣漢)과 장창(張敞), 왕존(王尊)과 왕장(王章)과 왕준(王駿)을 이르는 것이다. 왕준은 왕양(王陽)의 아들이다.

王尊免後, 代者不稱職, 王章以選爲京兆尹. 時帝舅王鳳輔政, 章雖爲鳳所擧, 非鳳專權, 不親附鳳. 會日蝕, 章奏封事, 召見, 言鳳不可任用. 遂爲鳳所陷, 罪至大逆. 章爲京兆二歲死, 不以其罪, 衆庶冤之, 吏民爲之語曰, 前有趙張, 後有三王. 謂廣漢·張敞, 王尊·王章·王駿. 駿卽王陽子也.[31]

권세가들을 공격하다.[박격호강(搏擊豪强)] 적방진(翟方進)[32]이 경조윤일 때에 권세가들을 공격하니 도성 사람들이 그를 두려워하였다. 당시에 호상(胡常)[33]이 청주자사(靑州刺史)였는데 그 말을 듣고 방진에게 편지를 보내 이르기를, "제가 듣자하니, 정령(政令)을 심히 밝히는 것으로 경조윤의 능력을 삼는다고 하시는데 적합하지 못한 바가 있을까 두렵습니다"라고 하였다. 방진이 마음속으로 그가 말한 바를 알고 그 뒤에는 약간 위엄을 풀었다.

翟方進爲京兆尹, 搏擊豪强, 京師畏之. 時胡常爲靑州刺史, 聞之, 與方進書曰, 竊聞, 政令甚明, 爲京兆能, 則恐有所不宜. 方進心知所謂, 其後少弛威嚴.[34]

이름이 조정에서 높다.[명중조정(名重朝廷)]

원안(袁安)[35]은 자가 소공(邵公)이다. 하남윤(河南尹)일 때에 정령과 호령이 엄격하고 분명하였다. 그러나 일찍이 뇌물죄로 사람을 심문한 적이 없었고 항상 이르기를, "무릇 글공부를 하여 벼슬하는 자들은 높게는 재상을 원하고 낮게는 목사나 수령을 바라는데 잘 다스려지는 세상에서 사람을 잡아 가두는 일은 내가 차마 할 수 없다"라고 하였다. 그 말을 들은 자들은 모두 감격하여 스스로 힘쓰니 재직하는 10년 동안 도성이 평온하였고 이름이 조정에서 높았다.

袁安, 字邵公. 爲河南尹, 政號嚴明. 然未曾以贓罪鞫人, 常稱曰, 凡學仕者, 高則望宰相, 下則希牧守, 錮人於聖世, 尹所不忍爲也. 聞之者, 皆感激自勵, 在職十年, 京師肅然, 名重朝廷.[36]

삼보(三輔) 사람들이 감탄하다.[삼보자차(三輔咨嗟)]

연독(延篤)[37]은 자가 숙견(叔堅)이다. 경조윤일 때에 그의 정치는 관대함과 인자함으로 백성들을 돌봐주고 덕망 있는 사람을 선발하여 정사에 참여시키니 군내(郡內)의 사람들이 기뻐하고 좋아하였으며 삼보 사람들이 감탄하였다. 이보다 앞서 진류(陳留)의 변봉(邊鳳)[38]이 경조윤이 되었는데 역시 잘한다는 명성이 있어 군내의 사람들이 그들에 대해 말하기를, "전에 조장(趙張)과 삼왕(三王)이 있었고 후에 변봉(邊鳳)과 연독(延篤) 두 분이 계시다"라고 하였다.

延篤, 字叔堅. 爲京兆尹, 其政用寬仁憂恤民黎, 擇用長者, 與參政事, 郡中歡愛, 三輔咨嗟焉. 先是陳留邊鳳爲京兆尹, 亦有能名, 郡人爲之語曰, 前有趙張三王, 後有邊延二君.[39]

천하 사람들이 마음에 흡족해하다.[천하협심(天下愜心)] 양표(楊彪)[40]는 자가 문선(文先)이다. 경조윤이 되었는데 광화(光和)[41] 연간에 황문령(黃門令)

---

31. 《전한서(前漢書)·왕장전(王章傳)》
32. 적방진(翟方進): 한(漢) 여남(汝南) 출신으로 자가 자위(子威)이다. 경조윤(京兆尹), 승상(丞相) 등을 역임하였다.
33. 호상(胡常): 한(漢) 청하(淸河) 출신으로 자가 소자(少子)이다. 청주자사(靑州刺史), 박사(博士) 등을 역임하였다.
34. 《전한서(前漢書)·적방진전(翟方進傳)》
35. 원안(袁安): 동한(東漢) 여남(汝南) 출신으로 자가 소공(邵公)이다. 태복(太僕), 사도(司徒) 등을 역임하였다.
36. 《후한서(後漢書)·원안전(袁安傳)》
37. 연독(延篤): 동한(東漢) 주(犨) 출신으로 자가 숙견(叔堅)이다. 경전(經典) 및 백가(百家)에 두루 통하였고 경조윤(京兆尹)을 역임하였다.
38. 변봉(邊鳳): 동한(東漢) 진류(陳留) 출신으로 자가 자장(子章)이다. 경조윤(京兆尹)을 역임하였다.
39. 《후한서(後漢書)·연독전(延篤傳)》

왕보(王甫)가 군내(郡內)에 막료들을 보내 관가의 재물 7,000여 만을 수탈하였다. 양표가 그 간악함을 적발하여 사례(司隷)에게 알리니 사례교위(司隸校尉) 양구(陽球)가 이 일로 왕보를 주벌할 것을 아뢰자 천하 사람들이 마음에 흡족해하지 않는 이가 없었다.

楊彪, 字文先. 爲京兆尹, 光和中黃門令王甫使門生於郡界, 辜榷官財物七千餘萬. 彪發其姦, 言之司隸. 司隸校尉陽球因此奏誅甫, 天下莫不愜心.[42]

은혜와 위엄과 사랑과 가르침[은위애훈(恩威愛訓)]

이섭(李燮)[43]은 자가 덕공(德公)이다. 경조윤이 되었는데 당시에 이미 뇌물로 관리를 삼았고 조서를 내려 다시 3억 전(錢)을 함부로 징발하여 서원(西園)을 채웠다. 경조윤이 봉사(封事)를 올려, 이렇게 함부로 세금을 거두는 것을 소탕할 것과 아울러 재앙과 실패에 대해 진술하였다. 글의 뜻이 몹시 간절하여 결국 중지하여 징발하지 않았다. 경조윤이 결백한 절개를 실천하고 충성과 선량함을 고수하니 속관과 백성들이 좋아하고 공경하여 다음과 같이 노래를 지어 불렀다.

我府君,　우리 부군(府君)[44]의
道教擧,　도덕의 교화가 베풀어지니
恩如春,　은혜는 봄과 같고
威如虎,　위엄은 호랑이 같으며
愛如母,　사랑은 어머니 같고
訓如父.　가르침은 아버지 같다.

李燮, 字德公. 爲京兆尹, 時既以貨賂爲官, 詔書復横發錢三億, 以實西園. 尹上封事, 蕩此橫調, 幷陳禍敗. 辭意深切, 遂止不發. 尹履潔白之節, 秉執忠良, 吏民愛敬, 作歌曰, 我府君, 道教擧, 恩如春, 威如虎, 愛如母, 訓如父.[45]

위엄이 도성에 진동하다.[위진경사(威震京師)]

갑훈(蓋勳)[46]이 경조윤(京兆尹)에 제수되었는데 당시에 장안령(長安令)이었던 양당(楊黨)[47]의 부친이 중상시(中常侍)가 되어 세력을 믿고 탐욕을 부리고 방자하였다. 조사하여 그가 1,000여만 전을 뇌물로 받은 것을 적발하니 귀척(貴戚)들이 모두 그를 위해 청원하였다. 갑훈이 들어주지 않고 모두 사실대로 아뢰고 아울러 양당의 부친을 연행하니 조서를 내려 끝까지 조사하도록 하자 위엄이 도성에 진동하였다. 당시에 공경(公卿) 이하로 동탁(董卓)[48]에게 비굴하게 낮추지 않는 자가 없었는데 갑훈이 장읍(長揖)[49]으로 예를 다투자 보는 자들이 모두 대경실색하였다. 동탁이 왕윤(王允)[50]에게 묻기를, "사례(司隸)를 기쁘게 해주고 싶은데 누가 할 수 있겠소?"라고 하니 왕윤이 대답하기를, "오직 갑 경조윤만이 할 수 있습니다"라고 하였다. 동탁이 말하기를, "이 사람은 요직을 줄 수 없다"라 하고 영천태수(潁川太守)로 내보냈다.

蓋勳拜京兆尹, 時長安令楊黨父爲中常侍, 恃勢貪

40. 양표(楊彪): 동한(東漢) 홍농(弘農) 출신으로 자가 문선(文先)이다. 사도(司徒), 태위(太尉), 녹상서사(錄尙書事) 등을 역임하였다.
41. 광화(光和): 동한(東漢) 영제(靈帝)의 연호(178-183)이다.
42. 《후한서(後漢書)·양표전(楊彪傳)》
43. 이섭(李燮): 동한(東漢) 남정(南鄭) 출신으로 자가 덕공(德公)이다. 의랑(議郎), 하남윤(河南尹) 등을 역임하였다.
44. 부군(府君): 한대(漢代)의 군상(郡相)과 태수(太守)에 대한 존칭이다.
45. 《후한서보일(後漢書補逸)·이섭전(李燮傳)》
46. 갑훈(蓋勳): 동한(東漢) 돈황(敦煌) 출신으로 자가 원고(元固)이다. 토로교위(討虜校尉), 경조윤(京兆尹) 등을 역임하였다.
47. 양당(楊黨): 내력이 자세하지 않다.
48. 동탁(董卓): 동한(東漢) 농서(隴西) 출신으로 자가 중영(仲穎)이다. 동중랑장(東中郎將), 태사(太師) 등을 역임하였다.
49. 장읍(長揖): 두 손을 올렸다가 내리는 예이다.
50. 왕윤(王允): 한(漢) 태원(太原) 출신으로 자가 자사(子師)이다. 예주자사(豫州刺史), 사도(司徒) 등을 역임하였다.

放. 案得其贓千餘萬, 貴戚咸爲之請. 勳不聽, 具以事聞, 幷連黨父, 有詔窮案, 威振京師. 時公卿以下莫不卑下於董卓, 勳長揖爭禮, 見者皆爲失色. 卓問王允曰, 欲得快司隸, 誰可者? 允曰, 唯有蓋京兆, 可. 卓曰, 此人不可假以雄職, 出爲潁川太守.[51]

기둥을 부수고 장삭(張朔)을 체포하다.[파주취삭(破柱取朔)] 이응(李膺)[52]이 하남윤(河南尹)일 때에 법을 집행하는 것이 흔들리지 않았다. 당시에 장양(張讓)[53]의 동생 장삭이 야왕령(野王令)으로 탐욕스럽고 잔인무도하였다. 심지어 임산부를 죽이기까지 하였는데 이응이 매우 위엄이 있음을 듣고 벌을 받을 것을 두려워하여 도성으로 도망쳐 와서 형 장양의 집에 숨었다. 합주(合柱)[54] 안에 숨어 있었는데 (이응이) 병사들을 인솔하여 가서 기둥을 부수고 장삭을 체포하였다. 낙양(洛陽)의 감옥에 넘겼다가 진술을 듣기를 마치고 바로 죽였다.

李膺爲河南尹, 執法不撓. 時張讓弟朔爲野王令, 貪殘無道. 至乃殺孕婦, 聞膺厲威嚴, 懼罪, 逃還京師, 因匿兄讓第舍. 藏於合柱中, 率將吏卒, 破柱取朔. 付洛陽獄, 受辭畢, 卽殺之.[55]

사사로운 청탁이 시행되지 않다.[사청불행(私請不行)] 사마지(司馬芝)[56]는 자가 자화(子華)이다. 황초(黃初)[57] 연간에 하남윤(河南尹)일 때에 강한 자를 억누르고 약한 자를 도와주었으며 사사로운 청탁이 시행되지 않았다. 여러 속관들에게 교령을 내리기를, "군주가 교령을 만들 수 있지만 관리들로 하여금 반드시 어기지 않게 할 수는 없고 관리가 교령을 어길 수 있지만 군주로 하여금 반드시 듣지 못하게 할 수는 없다. 교령을 만들었는데 어긴다면 군주의 잘못이고 교령을 어겼는데 알려진다면 관리의 재앙이다. 군주가 위에서 잘못하고 관리가 아래에서 재앙을 당하니 이것이 정사가 다스려지지 않는 이유이다. 진정 각자 힘쓰지 않을 수 있겠는가"라고 하였다.

司馬芝, 字子華. 黃初中爲河南尹, 抑强扶弱, 私請不行. 爲敎與群下曰, 君能設敎, 不能使吏必不犯也, 吏能犯敎, 而不能使君必不聞也. 夫設敎而犯, 君之劣也, 犯敎而聞, 吏之禍也. 君劣於上, 吏禍於下, 此政事所以不理也. 可不各勉之哉.[58]

법을 집행함이 흔들리지 않다.[병헌불요(秉憲不撓)] 위(魏) 유정(劉靖)[59]이 하남윤(河南尹)일 때에 산기상시(散騎常侍) 응거(應璩)[60]가 유정에게 편지를 보내 이르기를, "들어가서는 납언(納言)[61]이 되고 나가서는 도성의 책임을 맡아 백성을 넉넉하게 하는 방법이 날로 펼쳐지고 더해졌습니다. 여기에 더하여 은미한 불법을 명철하게 들춰내고 거듭하여 법을 집행함이 흔들리지 않았습니다. 담당관으로 왕명을 받드니 백 리 안에서 팔짱 끼고서 다스려짐을 기대합니다. 비록 옛날의 조장(趙張)과 삼왕(三王)의 다스림이라도 비교하기에 부족합니다"라고 하였다. 유정은 정사를 처리하는 것이 처음에는 자잘한 듯하였

51. 《후한서(後漢書)·갑훈전(蓋勳傳)》
52. 이응(李膺): 동한(東漢) 영천(潁川) 출신으로 자가 원례(元禮)이다. 사례교위(司隸校尉), 하남윤(河南尹) 등을 역임하였다.
53. 장양(張讓): 동한(東漢) 영천(潁川) 출신이다. 영제(靈帝) 때에 중상시(中常侍)가 되었다.
54. 합주(合柱): 여러 개의 나무를 합하여 만든 기둥으로 속이 비어 있다.
55. 《후한서(後漢書)·이응전(李膺傳)》
56. 사마지(司馬芝): 삼국(三國) 위(魏) 온(溫) 출신으로 자가 자화(子華)이다. 대사농(大司農)을 역임하였다.
57. 황초(黃初): 위(魏) 문제(文帝)의 연호(220-226)이다.
58. 《삼국지(三國志)·위지(魏志)·사마지전(司馬芝傳)》
59. 유정(劉靖): 삼국시대 위(魏) 상(相) 출신으로 진북장군(鎭北將軍)을 역임하였다.
60. 응거(應璩): 삼국시대 위(魏) 여남(汝南) 출신으로 자가 휴련(休璉)이다. 산기상시(散騎常侍), 시중(侍中) 등을 역임하였으며 낙수(洛水)의 물가에 집을 짓고 집 주변의 아름다운 경치를 시문으로 칭송하였다.
61. 납언(納言): 왕명의 출납을 담당하는 벼슬 이름이다.

지만 백성들이 편안해하였으니 유복(劉馥)[62]의 유풍이 있었다. 유정은 유복의 아들이다.

魏劉靖爲河南尹, 散騎常侍應璩書與靖曰, 入作納言, 出臨京任, 富民之術, 日引月長. 加之以明擿幽微, 重之以秉憲不撓. 有司供承王命, 百里垂拱仰辦. 雖昔趙張三王之治, 未足以方也. 靖爲政, 初雖碎密, 百姓便之, 有馥遺風. 靖, 馥之子也.[63]

예학(禮學)에 힘쓰게 하다.[근려예학(勤勵禮學)]

위(魏) 안비(顔斐)[64]가 경조윤일 때에 사람들에게 세금을 부과하면서 세금을 낼 때 각각 땔감 두 단을 마련하도록 하여 추울 때 붓과 벼루를 덥히도록 하였고 속현(屬縣)에 명을 내려 밭두둑을 정비하여 뽕나무와 과일나무를 심어 넉넉하게 하고 예학에 힘쓰게 하니 가르침이 크게 행해졌다. 사람들 중에 수레와 소가 없는 이들이 많자 안비는 사람들에게 한가로운 때에 수레를 만들 재목을 마련하도록 하고 돌아가며 서로 수레 만드는 것을 가르치도록 하였다. 또 백성들에게 부과하기를 소가 없는 자는 돼지를 길러 값이 비쌀 때 팔아 소를 사도록 명하였다. 처음에는 사람들이 번거롭게 여겼지만 1,2년 사이에 집집마다 한 대의 수레와 큰 소를 갖게 되니 속관들은 백성을 괴롭히지 않고 백성들은 이익을 탐하지 않았다. 평원태수(平原太守)로 옮기게 되자 속관과 사람들이 울면서 길을 막아 수레가 갈 수가 없었다.《위략(魏略)》

魏顔斐爲京兆尹, 課人, 輸租時各置薪兩束, 爲寒炙筆硯, 令屬縣皆整頓阡陌, 樹桑果豐富, 勤勵禮學, 風化大行. 人多無車牛, 斐課人閒月取車材, 使轉相教作車. 又課民無牛者, 命畜猪, 貴時賣以買牛. 始人以爲煩, 一二年間, 家家有丁車大牛, 吏不煩民, 民不求利. 遷爲平原太守, 吏人啼哭遮道, 車馬不得前.《魏略》[65]

외람되이 핍박을 당하다.[외견핍박(猥見逼迫)]

소준(蘇峻)[66]의 난이 비로소 평정되자 환온(桓溫)[67]과 유량(庾亮)[68] 등 여러 공들이 이르기를, 조정이 처음으로 회복되었으니 경조윤(京兆尹)은 명망과 실력이 있는 사람을 구해야 한다고 하였다. 오직 공군평(孔君平)[69]만이 거기에 해당할 수 있었는데 공군평이 굳게 사양하자 두 공의 독촉과 회유가 심히 지나쳤다. 공군평이 오만하게 말하기를, "선제께서 경들을 크게 가까이하시어 몸은 황제의 걸상에서 모시고 입은 황제의 명을 행하실 때 저는 당시에 그저 하찮은 신하일 뿐이었는데 어떻게 국가의 일에 관여하겠습니까? 안 됩니다. 오늘날 어지러운데 외람되이 핍박당하게 하시니, 제가 제사상의 썩은 고기가 되어 남에게 자르도록 맡기겠습니까?"라고 하였다. 유량이 부끄러워하면서 대답할 수 없었다.

蘇峻新平, 溫庾諸公以朝廷初復, 京尹宜得望實. 唯孔君平可以處之, 孔固辭, 二公逼諭甚苦. 孔敖然曰, 先帝大漸卿輩, 身侍御床, 口行詔令, 孔坦是時正璅臣耳, 何與國家事. 不可. 今日喪亂, 而猥見逼迫, 吾俎豆上腐肉, 任人割截耶. 庾愧不能答.[70]

---

62. 유복(劉馥): 삼국시대 위(魏) 상(相) 출신으로 자가 원영(元穎)이다. 양주자사(揚州刺史)를 역임하였다.
63. 《삼국지(三國志)·위지(魏志)·유정전(劉靖傳)》
64. 안비(顔斐): 삼국시대 위(魏) 제북(濟北) 출신으로 자가 문림(文林)이다. 태자선마(太子洗馬), 경조태수(京兆太守) 등을 역임하였다.
65. 《통지(通志)·안비전(顔斐傳)》
66. 소준(蘇峻): 진(晉)의 권신(權臣)으로 소릉공(邵陵公)에 봉해졌으나 성제(成帝) 연간에 병권(兵權)을 삭탈 당하자 조약(祖約) 등과 난을 일으켰다.
67. 환온(桓溫): 동진(東晉)의 고관(高官)으로 정서대장군(征西大將軍)을 역임하였으며 후일 왕위를 찬탈하려다 옛 부하이자 당시의 재상(宰相)이었던 사안(謝安)에게 패하였다.
68. 유량(庾亮): 동진(東晉) 영천(潁川) 출신으로 자가 원규(元規)이다. 성제(成帝) 시절에 중서령(中書令)을 역임하였다.
69. 공군평(孔君平): 진(晉)의 공탄(孔坦)으로 군평(君平)은 그의 자이다. 소준(蘇峻)을 토벌한 공으로 시중(侍中)에 올랐다.

도덕적 교화를 근본으로 삼다.[덕교위본(德教爲本)]

부가(傅嘏)[71]는 자가 난석(蘭石)이다. 하남윤(河南尹)이 되어 안으로는 도성을 담당하고 밖으로는 경기를 다스렸다. 그의 다스림은 도덕적 교화를 근본으로 삼았고 법을 지키는 것이 한결같음이 있어 소탈하면서도 거역할 수 없었고 이치와 정상을 알아 옥사에서 매질을 하지 않고도 그 실정을 파악하였다. 당시에 빛나는 이름은 없었지만 속관들과 백성들은 오래 지난 뒤에는 편안해하였다.

傳嘏, 字蘭石. 爲河南尹, 內掌帝都, 外統京畿. 其治以德敎爲本, 持法有恒, 簡而不可犯, 見理識情, 獄訟不加檟楚, 而得其實. 當時無赫赫之名, 吏民久而後安之.[72]

앞의 가돈이(賈敦頤)[73]와 뒤의 장인원(張仁愿)[74][전가후장(前賈後張)] 장인원이 검교낙주장사(檢校洛州長史)일 때에 도성에서 곡물이 비싸지자 도적이 매우 많았다. 인원이 모두 잡아다가 매를 때려 죽여서 시체를 관부의 문에 쌓아 놓으니 원근에서 두려워 떨었다. 전에 고종(高宗)[75] 시절에 가돈이가 낙주를 다스릴 때에 역시 치적이 있었는데 당시 사람들이 이르기를, "앞의 가돈이와 뒤의 장인원이 삼왕(三王)에게 대적할 만하다"라고 하였다.

張仁愿檢校洛州長史時, 都城穀貴, 盜竊甚衆. 仁愿皆捕獲杖殺之, 積屍府門, 遠近震慴. 初高宗時, 賈敦頤爲洛州, 亦有政績, 時人語曰, 前賈後張, 可敵三王.[76]

비의 재해를 허물로 돌리다.[우재귀구(雨災歸咎)]

이현(李峴)[77]이 경조윤일 때에 명성과 치적이 있었다. 천보(天寶)[78] 13년에 연이어 60여 일 동안 비가 왔는데 양국충(楊國忠)[79]은 그가 자기를 따르지 않는 것을 미워하여 비의 재해를 경조윤에게 허물로 돌려 장사태수(長沙太守)로 내보냈다. 당시에 도성에서 쌀값이 비싸자 백성들이 노래하기를, "쌀값을 싸게 하고자 하면 이현을 따르는 것보다 나은 것이 없다(欲得米粟賤, 無過追李峴)"라고 하였으니 그가 인심을 얻은 것이 이와 같았다.

李峴爲京兆尹, 有聲績. 天寶十三載, 連雨六十餘日, 楊國忠惡其不附己, 以雨災歸咎京兆尹, 出爲長沙太守. 時京師米貴, 百姓歌之曰, 欲得米粟賤, 無過追李峴. 其得人心, 如此.[80]

권세가들이 자취를 감추다.[호우병적(豪右屛迹)]

이조은(李朝隱)[81]이 하남윤(河南尹)일 때에 정치가 매우 깨끗하고 엄격하여 권세가들이 자취를 감추었다. 당시에 태자의 장인인 조상(趙常)[82]의 종이 세력

---

70. 《태평어람(太平御覽)·직관부(職官部)》
71. 부가(傅嘏): 삼국시대 위(魏) 이양(泥陽) 출신으로 자가 난석(蘭石)이다. 상서(尙書)를 역임하였다.
72. 《책부원귀(册府元龜)·목수부(牧守部)》
73. 가돈이(賈敦頤): 당(唐) 조주(曹州) 출신으로 영주자사(瀛州刺史), 낙주자사(洛州刺史) 등을 역임하였다.
74. 장인원(張仁愿): 당(唐) 화주(華州) 출신으로 본명은 인단(仁亶)이다. 동중서문하삼품(同中書門下三品)을 역임하였다.
75. 고종(高宗): 당(唐) 제3대 황제로 재위 기간은 650-683년이다.
76. 《구당서(舊唐書)·장인원전(張仁愿傳)》
77. 이현(李峴): 당(唐) 종실(宗室)로 관리로서의 능력이 뛰어났다. 중서시랑동중서문하평장사(中書侍郎同中書門下平章事), 예부상서겸종정경(禮部尙書兼宗正卿) 등을 역임하였다.
78. 천보(天寶): 당(唐) 현종(玄宗)의 연호(742-756)이다.
79. 양국충(楊國忠): 당(唐) 포주(蒲州) 출신으로 본명은 조(釗)이다. 양귀비(楊貴妃)의 힘으로 시어사(侍御史), 재상(宰相)을 역임하였다.
80. 《구당서(舊唐書)·이현전(李峴傳)》
81. 이조은(李朝隱): 당(唐) 경조(京兆) 출신으로 자가 광국(光國)이다. 어사대부(御史大夫), 영남채방처치사(嶺南採訪處置使) 등을 역임하였다.
82. 조상(趙常): 내력이 자세하지 않다.

을 믿고 평민들을 침탈하고 해를 끼치자 이조은이 말하기를, "이런 자를 다스리지 않는다면 어떻게 정치를 하겠는가"라 하고 잡아다가 곤장을 쳤다. 황제가 이 말을 듣고 다시 조서를 내려 그를 위로하고 격려하였다.

李朝隱爲河南尹, 政甚淸嚴, 豪右屛迹. 時太子舅趙常奴恃勢, 侵害平人, 朝隱曰, 此而不繩, 何以爲政. 執而杖之. 上聞之, 又降勑慰勉之.[83]

정치와 명령이 엄격하고 분명하다.[정호엄명(政號嚴明)] 류중영(柳仲郢)[84]이 경조윤일 때에 북사(北司)[85]의 속리가 곡식을 들여오면서 규약을 위반하자 중영이 죽여서 시체를 공개하였다. 이때부터 사람들이 감히 어기는 일이 없어 정사와 호령이 엄격하고 분명해졌다. 뒤에 하남윤(河南尹)이 되었는데 관대함과 은혜로 정사를 폈다. 어떤 사람이 말하기를, 도성을 다스릴 때와 같지 않다고 하자 중영이 이르기를, "도성[연곡(輦轂)[86]] 안에서는 진압하는 것이 우선이고 도읍을 다스리는 것은 은혜와 사랑이 근본입니다"라고 하였다.

柳仲郢爲京兆尹, 北司吏入粟違約, 仲郢殺而尸之. 自是人無敢犯, 政號嚴明. 後爲河南尹, 以寬惠爲政. 或言不類京師時, 仲郢曰, 輦轂之下, 彈壓爲先, 都邑之治, 惠愛爲本.[87]

형제가 경조윤이 되다.[형제경조(兄弟京兆)] 이숙명(李叔明)[88]은 자가 진(晉)이다. 형인 이중통(李仲通)[89]은 자가 향(向)인데 천보(天寶)[90] 말엽에 경조윤이 되었고, 숙명은 건원(乾元)[91] 연간에 경조윤이 되었는데 장안 사람들이 다음과 같이 노래하였다.

前尹赫赫, 전의 경조윤은 성대하여
具瞻允若, 모두가 우러르며 따랐고,
後尹熙熙, 뒤의 경조윤은 온화하여
具瞻允斯. 모두가 우러르며 믿는다.

李叔明, 字晉. 兄仲通, 字向, 天寶末爲京兆尹, 叔明乾元中爲京兆尹, 長安歌曰, 前尹赫赫, 具瞻允若, 後尹熙熙, 具瞻允斯.[92]

직분이 도성을 다스리는 것입니다.[직사연곡(職司輦轂)] 허맹용(許孟容)[93]이 경조윤일 때에 신책군(神策軍)이 흥원(興元)[94] 이후 날로 교만 방자해졌다. 군리(軍吏)인 이욱(李昱)이 부자의 돈 800만 관(貫)을 빌려 쓰고 3년이 되어도 갚지 않자 맹용이 잡아 가두고 칼을 채우니 온 군대가 모두 놀랐다. 황제에게 억울함을 호소하자 황제가 즉시 중사(中使)에게 명을 내려 본군(本軍)에 보내도록 하였다. 맹용이 보내지 않았고 중사가 다시 왔으나 고집하며 상주하기를, "신은 직분이 도성을 다스리면서 세력 있는 자들을 억제하는 것입니다. 돈을 모두 갚지 않으면 이욱은 돌아갈 수 없습니다"라고 하였다. 황제는 그가 정도를 지킨다고 여겨 허락하였고 이로부터 권세가들이 자취를 감추었다. 나가서 하남윤(河南尹)을 맡게 되었는데 역시 위엄스러운 명망이 있었다.

83. 《구당서(舊唐書)·이조은전(李朝隱傳)》
84. 류중영(柳仲郢): 당(唐) 경조(京兆) 출신으로 자가 유몽(諭蒙)이다. 경조윤(京兆尹), 형부상서(刑部尙書) 등을 역임하였다.
85. 북사(北司): 환관을 가리킨다. 내시성(內侍省)이 궁궐의 북쪽에 있어 붙여진 이름이다.
86. 연곡(輦轂): 황제가 타는 수레라는 뜻에서 도성을 가리킨다.
87. 《구당서(舊唐書)·류중영전(柳仲郢傳)》
88. 이숙명(李叔明): 당(唐) 신정(新政) 출신으로 자가 진(晉)이다. 검교호부상서(檢校戶部尙書), 태자태부(太子太傅) 등을 역임하였다.
89. 이중통(李仲通): 당(唐) 신정(新政) 출신으로 자가 향(向)이다. 경조윤(京兆尹)을 역임하였다.
90. 천보(天寶): 당(唐) 현종(玄宗)의 연호(742-756)이다.
91. 건원(乾元): 당(唐) 숙종(肅宗)의 연호(758-760)이다.
92. 《신당서(新唐書)·이숙명전(李叔明傳)》
93. 허맹용(許孟容): 당(唐) 경조(京兆) 출신으로 자가 공범(公範)이다. 경조윤(京兆尹), 병부낭중(兵部郎中) 등을 역임하였다.
94. 흥원(興元): 당(唐) 덕종(德宗)의 연호(784)이다.

許孟容爲京兆尹, 神策軍自興元後日驕恣. 軍吏李昱貸富人錢八百萬, 三歲不償, 孟容收捕械繫, 一軍盡驚. 訴冤於上, 立命中使令送本軍. 孟容不遣, 中使再至, 乃執奏曰, 臣職司輦轂, 彈抑豪强. 錢未盡輸, 昱不可得. 上以其守正許之, 自此豪右斂迹. 出爲河南尹, 亦有威名.[95]

권세가들이 손을 오므리다.[호우염수(豪右斂手)]

위욱(韋澳)[96]이 경조윤이 되자 권세가들이 손을 오므렸다. 국구(國舅)인 정광(鄭光)[97]이 농장에서 세금을 내지 않자 그 주관자를 잡아 가두고 닷새를 기약하였다. 태후(太后)가 그를 위해 말해 주자 황제가 위욱에게 묻기를, "오늘 세금을 납부하면 풀어주겠는가?"라고 하였다. 대답하기를, "아직 기한 내이니 내일이면 안 됩니다"라고 하자 황제가 들어가서 태후에게 이르기를, "위욱은 거역할 수 없습니다"라 하고 우선 돈을 보내 납부하니 순식간에 세금이 채워졌다.

韋澳爲京兆尹, 豪右斂手. 國舅鄭光, 庄不納租, 縶其主者, 期以五日. 太后爲言之, 上問澳曰, 今日納租, 放否. 曰尙在限內, 來日卽不得矣. 上入告太后曰, 韋澳不可犯. 且與送錢納, 却頃刻而租足.[98]

신책군의 소장(小將)을 매질하여 죽이다.[장살소장(杖殺小將)] 류공작(柳公綽)[99]이 경조윤에 제수되어 관부에 부임하려고 하는데 신책군의 소장(小將)이 말을 탄 채 피하지 않자 공이 길에서 매질하여 죽였다. 들어가 황제를 면대하는데 헌종(憲宗)[100]이 마음대로 사람을 죽인 상황을 캐묻자 대답하기를, "군대의 부장(副將)이 말을 달려 앞으로 지나갔으니 이것은 바로 폐하와 법을 경시한 것으로 단지 신만을 시험한 것이 아닙니다. 신은 무례한 사람을 매질한 것만 알고 신책군의 장수를 때린 것은 알지 못하겠습니다"라고 하였다. 황제가 이르기를, "경은 어찌 상주하지 않았는가"라고 하자 대답하기를, "신은 단지 결단하는 것이 합당했고 상주하는 것이 합당하지 않았기 때문이었습니다"라고 하였다. 황제가 이에 그만두었다.

柳公綽拜京兆尹, 將赴府上, 有神策小將乘馬不避, 公於街中杖殺之. 及入對, 憲宗詰專殺之狀, 對曰, 軍中編裨躍馬前過, 此乃輕陛下與法, 不獨試臣. 臣知杖無禮之人, 不知打神策軍將. 上曰, 卿何不奏. 對曰, 臣只合決, 不合奏. 上乃止.[101]

배중령(裴中令)이 부끄러운 기색을 띠다.[중령참색(中令慚色)] 장정보(張正甫)[102]가 하남윤일 때에 배중령이 회서(淮西)를 정벌하자 관부의 서쪽 정자에 술자리를 마련하였다. 배공이 글재주가 좋은 해두(解頭)[103] 한 사람을 천거하자 장정보가 정색을 하면서 말하기를, "상공의 이런 행동은 무엇 때문입니까? 어찌 하남부(河南府)의 해두를 기억할 수 있겠습니까?"라고 하자 배중령이 부끄러운 기색을 띠었다. 장정보는 어질고 반듯하였으며 관직생활이 깨끗하고 강직하여 이르는 곳마다 다스림을 칭송하였다.

張正甫爲河南尹, 裴中令伐淮西, 置宴府西亭. 裴公

---

95. 《구당서(舊唐書)·허맹용전(許孟容傳)》
96. 위욱(韋澳): 당(唐) 경조(京兆) 출신으로 자가 자비(子斐)이다. 한림학사승지(翰林學士承旨), 이부시랑(吏部侍郎) 등을 역임하였다.
97. 정광(鄭光): 당(唐) 윤주(潤州) 출신으로 헌종(憲宗) 정후(鄭后)의 동생이다.
98. 《신당서(新唐書)·위욱전(韋澳傳)》
99. 류공작(柳公綽): 당(唐)나라 때 사람으로 이부상서(吏部尙書)를 지냈다. 호남관찰사(湖南觀察使)로 나가서는 오원제(吳元濟)를 토벌하며 매번 승리를 거두었다.
100. 헌종(憲宗): 당(唐) 제13대 황제로 재위 기간은 806-820년이다.
101. 《신당서(新唐書)·류공작전(柳公綽傳)》
102. 장정보(張正甫): 당(唐) 남양(南陽) 출신으로 자가 천방(踐方)이다. 이부상서(吏部尙書)를 역임하였다.
103. 해두(解頭): 향시(鄕試)에서 장원으로 급제한 사람을 가리킨다.

擧一人詞藝好解頭, 張正色曰, 相公此行, 何爲也. 何記得河南府解頭. 中令有慚色. 正甫仁而端亮, 莅官淸强, 所至稱理.[104]

까마귀가 방울을 당기는 소리가 들리다.[문만령아(聞挽鈴鴉)] 온장(溫璋)[105]이 경조윤일 때에 하루는 방울을 당기는 소리를 듣고 살펴보니 바로 까마귀였다. 경조윤이 이르기를, "이는 반드시 사람이 새끼를 잡아간 것을 하소연하는 것이리라"라 하고 속관에게 명하여 살피게 하여 결국 새끼를 잡아간 자를 찾았다.

溫璋作京兆尹, 一日聞挽鈴者, 視之乃鴉也. 尹曰, 是必訴其人採子. 命吏視之, 果得採雛者.[106]

금군(禁軍)을 매질하여 죽이다.[장살금군(杖殺禁軍)] 설원상(薛元賞)[107]이 경조윤일 때에 일찍이 이석(李石)[108]의 집에 간 적이 있었다. 이석이 한창 한 사람과 논쟁을 하는데 무척 시끄러웠다. 설원상이 사람을 시켜 엿보게 하니 신책군의 장수가 일을 따지고 있었다. 원상이 빠른 걸음으로 들어가 말하기를, "상공은 천자를 보좌하고 사해의 기강이 되는데 지금 하나의 장수를 제압하지 못하고 무례함이 이와 같도록 하시니 어떻게 사이(四夷)를 눌러 복종시킬 수 있겠습니까?"라 하고 즉시 빠른 걸음으로 나가서 좌우의 체포 군졸로 하여금 하마교(下馬橋)에서 기다리도록 하고 원상이 이르러 즉시 옷을 벗기고 꿇어앉게 하였다. 그의 무리가 구사량(仇士良)에게 하소연하니 구사량이 환관을 파견하여 그를 부르자, 말하기를 "마침 공적인 일이 있으니 집행은 계속되어야 합니다"라 하고 마침내 매질하여 죽였다. 이어 흰옷을 입고 구사량을 찾아가니 구사량이 말하기를, "어리석은 서생이 어찌 감히 금군대장(禁軍大將)을 매질하여 죽였는가"라고 하였다. 설원상이 말하기를, "중위(中尉)는 대신(大臣)이고 재상도 역시 대신입니다. 재상의 아랫사람이 만약 중위에게 무례하다면 어떻게 하겠으며 중위의 아랫사람이 만약 재상에게 무례하다면 어떻게 용서할 수 있겠습니까? 중위는 나라와 체신을 함께하니 마땅히 나라를 위하여 법을 아끼셔야 합니다. 제가 이미 죄수복을 입고 왔으니 오직 중위께서 죽이든 살리든 하십시오"라고 하였다. 구사량이 어찌할 수 없어 이에 술을 가져오게 하고 원상과 즐겁게 마시고 마쳤다.

薛元賞爲京兆尹, 嘗詣李石第. 石方與一人爭辯, 甚喧. 元賞使覘之, 有神策軍將訴事. 元賞趨入曰, 相公輔佐天子, 紀綱四海, 今不能制一軍將, 使無禮如此, 何以鎭服四夷. 卽趨出命左右擒軍, 將俟於下馬橋, 元賞至, 則已解衣跽之矣. 其黨訴於仇士良, 士良遣宦者召之, 曰屬有公事, 行當繼至. 遂杖殺之. 乃白服見士良, 士良曰, 癡書生何敢杖殺禁軍大將. 元賞曰, 中尉大臣也, 宰相亦大臣也. 宰相之人, 若無禮於中尉, 如之何, 中尉之人, 無禮於宰相, 庸可恕乎. 中尉與國同體, 當爲國惜法. 元賞已囚服而來, 惟中尉死生之. 士良無可如何, 乃呼酒, 與元賞歡飮而罷.[109]

회창(會昌)[110] 연간에 다시 경조윤에 제수되었는데 도성의 저자에 호협한 소년들이 많아 눈썹먹으로 문신을 하고 특출한 힘을 자랑하면서 골목에서 노략질을 하였다. 원상이 비행 소년들을 잡아다가 30여 명을 매질하여 죽이고 저자에 시체를 진열하자 잔당들이 두려워하면서 다투어 불로 문신을 지웠다.

---

104. 《구당서(舊唐書)·장정보전(張正甫傳)》
105. 온장(溫璋): 당(唐) 태원(太原) 출신으로 대리승(大理丞), 경조윤(京兆尹) 등을 역임하였다.
106. 《금수만화곡후집(錦繡萬花谷後集)·경윤(京尹)》
107. 설원상(薛元賞): 당대(唐代) 사람으로 경조윤(京兆尹), 공부상서(工部尙書) 등을 역임하였다.
108. 이석(李石): 당(唐)의 종실(宗室)로 호부시랑(戶部侍郎), 검교사도(檢校司徒) 등을 역임하였다.
109. 《자치통감권(資治通鑑)·당기(唐紀)》
110. 회창(會昌): 당(唐) 무종(武宗)의 연호(841-846)이다.

會昌中復拜京兆尹, 都市多俠少年, 以黛墨鑱膚, 夸詭力, 剽奪坊閭. 元賞收惡少, 杖殺死三十餘輩, 陳諸市, 餘黨懼, 爭以火滅其文.[111]

이마운(李摩雲) 이한지(李罕之)[112]가 희종(僖宗)[113] 말엽에 하남윤이 되었는데 포강(蒲絳) 지역에 마운(摩雲)이라는 산이 있었다. 원주민들이 위에 보(堡)를 쌓고 마운채(摩雲寨)라고 하였는데 전후로 탈취하지 못하였다. 한지가 이르러 함락시키자 그를 지목하여 이마운(李摩雲)이라고 하였다.

李罕之, 僖宗末爲河南尹, 蒲絳之地有山曰摩雲. 土人設堡於上, 號摩雲寨, 前後不能取. 罕之至則下焉, 目爲李摩雲.[114]

현지 경조윤(京兆尹)[입지경조(立地京兆)] 정전(鄭戩)[115]이 개봉부(開封府)를 맡았는데 당시에 부의 속리 가운데 풍사원(馮士元)이라는 자가 있어 권귀(權貴)들과 결탁하여 위세를 부리니 도성에서 현지 경조윤(京兆尹)이라고 불렀다. 정전이 부임하여 그의 뇌물죄를 끝까지 조사하고 그의 집을 수색하여 조정 인사들과 거래한 문서를 확보하니 근신(近臣)과 권귀에 이르기까지 그에게 청탁한 것이 많았다. 정전이 모두 봐주지 않고 죄안이 이루어져 모두 해도(海島)로 유배되자 부중(府中)이 두려워 떨고 도성 안이 숙연해졌다.

鄭戩知開封府, 時有府吏馮士元者, 通結權貴, 倫弄威勢, 京師號爲立地京兆. 戩至, 窮案其贓, 搜其家, 得與朝士交易簿書, 連及近臣權貴, 多爲之請. 戩俱不顧, 案成, 流於海島, 府中股慄, 都下肅然.[116]

일을 결단하는 것이 신과 같다.[결사여신(決事如神)] 범중엄(范仲淹)[117]이 개봉부(開封府)를 맡았는데 명민하고 두루 헤아려 일을 결단하는 것이 신과 같자 도성에서 다음과 같이 노래하였다.

朝廷無憂有范君,	조정에 근심이 없는 것은 범군(范君)이 있기 때문이고,
京師無事有希文.	도성에 일이 없는 것은 희문(希文)이 있기 때문이네.

范仲淹知開封府, 明敏通照, 決事如神. 京師謠曰, 朝廷無憂有范君, 京師無事有希文.[118]

놀라면서 신명하다고 하다.[경이위신(驚以爲神)] 장방평(張方平)[119]이 개봉부(開封府)를 맡았는데 부의 일이 번다하여 부윤이 된 자들은 모두가 판(板)에 써가면서 일을 기록하였다. 공만이 유독 사용하지 않고 수백 가지를 암기하여 차례대로 심판하여 처리하면서 조금도 빠뜨리지 않았다. 속관과 백성들이 놀라면서 신명하다고 하였고 다시는 감히 속이지 못하였다.

張方平知開封府, 府事繁, 爲尹者皆書板以記事. 公獨不用, 默記數百, 以次決遣, 不遺毫髮. 吏民驚以爲神, 不敢復欺.[120]

귀인이나 총애받는 자들도 법으로 처리하다.[귀총치법(貴寵置法)] 구양수(歐陽脩)는 도성에 부윤으

---

111. 《신당서(新唐書)·설원상전(薛元賞傳)》
112. 이한지(李罕之): 당말(唐末) 진주(陳州) 출신으로 광주자사(光州刺史), 하양절도사동평장사(河陽節度使同平章事) 등을 역임하였다.
113. 희종(僖宗): 당(唐) 제20대 황제로 재위 기간은 873-888년이다.
114. 《천중기(天中記)·관찰사(觀察使)》
115. 정전(鄭戩): 송(宋) 소주(蘇州) 출신으로 자가 천휴(天休)이다. 추밀부사(樞密副使), 이부시랑(吏部侍郎) 등을 역임하였다.
116. 《천중기(天中記)·관찰사(觀察使)》
117. 범중엄(范仲淹): 송(宋)의 정치가이며 문학가로 자가 희문(希文)이다. 참지정사(參知政事), 섬서사로안무사(陝西四路按撫使) 등을 역임하였고, 구양수(歐陽脩) 등과 개혁 정책을 추진하였다. 시호는 문정(文正)이다.
118. 《천중기(天中記)·관찰사(觀察使)》
119. 장방평(張方平): 송(宋) 남경(南京) 출신으로 자가 안도(安道)이다. 참지정사(參知政事), 진주지주사(陳州知州事) 등을 역임하였다.
120. 《동파전집(東坡全集)·장문정공묘지명(張文定公墓誌銘)》

로 있으면서 풍채(風采)를 일삼지 않았다. 귀인이나 총애받는 자들이 금령(禁令)을 어겼는데 벗어난 자가 있으면 반드시 법으로 처리하였고 비록 조명(詔命)이라도 따르지 않는 경우가 있었다.

歐陽脩尹京, 不事風采. 至貴寵犯禁令, 有免者, 必置于法, 雖詔命, 有所不從.[121]

처리하고 결단하는 것이 신과 같다.[청단여신(聽斷如神)] 두연(杜衍)[122]이 개봉(開封)에 부윤으로 있으면서 처리하고 결단하는 것이 신과 같아, 권세가와 요직에 있는 이들이 감히 간섭할 수가 없었다.

杜衍尹開封, 聽斷如神, 權要不敢有所干.[123]

청탁이 이르지 않다.[관절부도(關節[124]不到)] 포증(包拯)[125]이 개봉부(開封府)를 맡았는데 사람됨이 강직하고 엄격하여 사적인 것으로 간섭할 수 없었다. 도성 사람들이 그에 대해 말하기를, "청탁이 이르지 않으니 염라대왕 포(包) 노인이 계시네"라고 하였다. 속관과 백성들이 두려워 복종하였으며 원근에서 칭송하였다. 마을의 어른과 아이, 남자와 여자들에 이르기까지 역시 그의 이름과 관직을 알았고 관가에서는 그 때문에 손을 움츠렸다. 옛 제도에 모든 소송은 바로 청사로 갈 수 없었고 속리가 문에 앉아 소장을 받았는데 이를 일러 첩사(牒司)라고 하였다. 포증이 즉시 관서(官署)의 문을 크게 열어 사람들이 바로 청사 안에 이르러 곡직(曲直)을 직접 말하도록 하니 속관과 백성들이 감히 속이지 못하였다.

包拯知開封府, 爲人剛嚴, 不可干以私. 京師爲之語曰, 關節不到, 有閻王包老. 吏民畏服, 遠近稱之. 至於閭里大小男女, 亦知其名官. 官爲之斂手. 舊制, 凡訟訴不得徑造府, 吏坐門收訟牒, 謂之牒司. 拯卽大開牙門, 人徑至庭下自道曲直, 吏民不敢欺.[126]

머릿속에 경조윤(京兆尹)이 있다.[두상유윤(頭上有尹)] 당(唐) 유서초(劉栖楚)[127]가 경조윤일 때에 권세가들을 꺾어누르며 후환을 돌아보지 않았다. 일이 크고 작고를 가릴 것 없이 반드시 치밀한 조사를 펼치니 사람들이 조광한(趙廣漢)에 비유하였다. 도성의 품행이 나쁜 젊은이들이 사대부를 능멸하고 가난하고 약한 이들을 갈취하는 것으로 일을 삼자 유서초가 한결같이 모두 끝까지 다스렸다. 한 군졸이 술김에 능멸하고 부딪치는 일이 있자 여러 소년들이 조롱하며 말하기를, "어리석은 놈이 죽을 날이 왔구나. 감히 사대부에게 접근하다니"라고 하였다. 사람마다 머릿속에 각자 유(劉) 경조윤이 있는 듯이 떨면서 두려워 땀을 흘리고 감히 나쁜 짓을 하지 못했다.

唐劉栖楚爲京兆尹, 摧抑豪右, 不顧患難. 事無大小, 必設鉤鉅, 人比之趙廣漢. 京城惡少陵衣冠, 奪貧弱爲事, 劉一皆窮治. 有一軍人乘醉, 有所凌突, 諸少年譟曰, 癡男子, 死日到. 敢近衣冠耶. 人人似頭上各有一劉尹, 慄慄汗懼, 不敢爲非.[128]

결단이 차질이 없다.[결단무차(決斷無差)] 당(唐) 덕종(德宗)[129] 시기에 오주(吳湊)[130]가 경조윤이 되었는데 속관들이 결정하기 어려운 의심스러운 옥사

---

121. 《산당사고(山堂肆考)·신직(臣職)》
122. 두연(杜衍): 송대(宋代) 월주(越州) 사람으로 자가 세창(世昌)이다. 옥사를 잘 다루었고 일처리가 분명하였다. 동평장사(同平章事)를 역임하였고 태자소사(太子少師)로 치사(致仕)하였다.
123. 《당송팔대가문초(唐宋八大家文鈔)·태자태사치사두기공묘지명(太子太師致仕杜祁公墓誌銘)》
124. 관절(關節): 몰래 뇌물을 먹여 관리를 매수하는 일, 또는 청탁을 가리킨다.
125. 포증(包拯): 송(宋) 여주(廬州) 출신으로 자가 희인(希仁)이다. 감찰어사(監察御使), 추밀부사(樞密副使) 등을 역임하였다. 중국 역사상 청백리의 대명사로 불린다.
126. 《송사(宋史)·포증전(包拯傳)》
127. 유서초(劉栖楚): 당(唐) 경종(敬宗) 시기 사람으로 형부시랑(刑部侍郎), 경조윤(京兆尹) 등을 역임하였다.
128. 《신당서(新唐書)·유서초전(劉栖楚傳)》
129. 덕종(德宗): 당(唐) 제11대 황제로 재위 기간은 780-804년이다.

가 있으면 오주가 막 외출하려고 할 때를 기다렸다가 올려서 하자를 지적받는 것을 면하려고 하였다. 오주는 비록 창졸간이더라도 반드시 그 간특하고 요행을 바라는 곳을 지적하고 글을 써서 결단하는 데 조금의 차질도 없었다. 속관들이 큰 잘못이 아니면 태벌(笞罰)을 가하지 않았으나 속관들은 더욱 두려워하였고 모든 일이 다 거행되었다.

唐德宗時吳湊爲京兆尹, 掾吏凡有疑獄難決之事, 候湊將出時呈, 冀免摘瑕病. 湊雖倉卒必指其奸倖之處, 下筆決斷, 無毫釐之差. 吏非大過, 不行笞責, 吏尤惕厲, 庶務咸擧.[131]

조용히 담소하다.[종용담소(從容談笑)] 송(宋) 심구(沈遘)[132]는 사람됨이 명철하고 정직했으며 세사(世事)에 통달하였다. 그가 개봉을 다스릴 때에 매일 새벽에 일어나서 일을 보아 한낮에는 청사에 남아있는 사람이 없었다. 나가서 벗들과 교류하고 조용히 담소하면서 여유를 보이자 사대부들이 그의 능력을 칭송하였다.

宋沈遘, 爲人明正, 通達世務. 其治開封, 每旦起視事, 日中則廷無留人. 出與親友往來, 從容談笑, 以示有餘, 士大夫稱其能.[133]

세력가와 교활한 자들이 손을 오므리다.[호활염수(豪猾斂手)] 오규(吳奎)[134]가 경조윤(京兆尹)을 맡았는데 부자인 손(孫)씨가 도성의 큰 세력가로 그 이자를 빚진 자들에게 액수를 따져 재산과 그들의 부녀자를 뺏기까지 하였다. 그의 묵은 죄까지 드러내어 먼 곳에 유배 보내니 세력을 부리고 교활한 자들이 손을 오므렸다.

吳奎領京尹, 富人孫氏, 京師大豪, 負其息者, 至訴[135]取物產及其婦女. 發其宿罪, 徒之遠方, 而豪猾斂手.[136]

이목(李穆)[137]이 개봉부(開封府)를 맡으니 권세가들이 자취를 감추고 총애받는 자들이 사적인 것으로 감히 청탁하지 못하였다.

李穆知開封府, 豪右屛迹, 權倖不敢干以私.[138]

도성이 평온해지고 기강이 서다.[연곡청숙(輦轂淸肅)] 한유(韓維)[139]가 개봉부(開封府)를 맡았는데 처음으로 팔상(八廂)[140]을 두어 가벼운 형벌을 나누어 처리하도록 하니 도성이 기강이 서고 평온해졌다. 신종(神宗)[141]이 이르기를, "한유는 문학(文學)으로 등용되었는데 번잡한 일을 직책에 맞게 한다고 할 만하니 사람을 얻었다고 할 수 있겠다"라고 하였다.

韓維知開封府, 始置八廂, 分決輕刑, 輦轂肅淸. 神宗曰, 韓維以文學任, 繁劇號稱職, 可謂得人.[142]

요(遼)의 사신이 감탄하다.[요사탄식(遼使歎息)] 왕안례(王安禮)[143]가 개봉부(開封府)를 맡았는데

---

130. 오주(吳湊): 당(唐) 복양(濮陽) 출신으로 경조윤(京兆尹), 병부상서(兵部尙書) 등을 역임하였다.
131. 《구당서(舊唐書)·오주전(吳湊傳)》
132. 심구(沈遘): 송(宋) 항주(杭州) 출신으로 자가 문통(文通)이다. 개봉지부사(開封知府事), 한림학사(翰林學士) 등을 역임하였다.
133. 《송사(宋史)·심구전(沈遘傳)》
134. 오규(吳奎): 송(宋) 북해(北海) 출신으로 자가 장문(長文)이다. 지정사(知政事), 청주지사(靑州知事) 등을 역임하였다.
135. 《유원총보》의 '訴'는 '評'의 오류이다.[《송사(宋史)·오규전(吳奎傳)》]
136. 《송사(宋史)·오규전(吳奎傳)》
137. 이목(李穆): 송(宋) 양무(陽武) 출신으로 자가 맹옹(孟雍)이다. 개봉지부사(開封知府事), 참지정사(參知政事) 등을 역임하였다.
138. 《송사(宋史)·이목전(李穆傳)》
139. 한유(韓維): 송(宋) 개봉(開封) 출신으로 자가 지국(持國)이다. 한림학사승지(翰林學士承旨), 문하시랑(門下侍郞) 등을 역임하였다.
140. 팔상(八廂): 송대(宋代)에 도성을 여덟 곳으로 나누어 백성들을 관리하던 곳이다.
141. 신종(神宗): 송(宋) 제6대 황제로 재위 기간은 1068-1085년이다.
142. 《송사(宋史)·한유전(韓維傳)》

일이 이르면 바로 결단하여 청사에 남아 있는 송사가 없었다. 오랫동안 계류되어 판결을 기다리던 것들을 모두 논정하여 판결하니 3개월도 지나지 않아 감옥 안이 모두 비어 관청의 문에 게시하였다. 요(遼)의 사신이 들러 보고 감탄하며, 특별한 일이라고 하였다. 황제가 이르기를, "안례가 외이(外夷)를 놀래어 감동하게 할 수 있었으니 옛날에 대해 부끄러움이 없도다"라고 하였다.

王安禮知開封府, 事至輒斷, 庭無留訟. 久係待辨者, 一切論決, 未三月而獄內皆空, 揭諸府門. 遼使過見, 歎息以爲異事. 上曰, 安禮能駭動外夷, 於古無愧矣.[144]

문밖의 돈 소리[호외전성(戶外錢聲)] 왕암수(王巖叟)[145]가 개봉부(開封府)를 맡았다. 조속(曹續)이 재산을 만 전의 돈으로 바꾸었는데 시장 거간꾼이 지체하면서 해를 넘기다가 단지 그 반만을 갚았다. 하루는 문밖에서 돈 소리가 들리더니 갚을 돈이 모두 충족되었다. 조속이 괴이하게 여겨 그 연유를 묻자 이에 대답하기를, "왕(王)공이 오늘 개봉부를 맡게 되었다"라고 하였다. 공이 개봉을 다스릴 때 정신과 지력을 쓰지 않아 마치 작은 군에서 일이 없는 것 같았으나 교활하고 간사한 자들이 저절로 두려워 떨었다.

王巖叟知開封府. 曹讀[146]以物產貿易萬緡, 市儈稽違逾年, 止輸其半. 一日聞戶外有錢聲, 償錢皆足. 讀怪之, 詢其由, 乃曰, 王公今日知府矣. 公治開封, 不爲精神智力, 如在無事小郡, 而老姦自然畏栗.[147]

도성을 다스리다.[삼세윤경(三世尹京)] 양자미(梁子美)[148]가 개봉부윤(開封府尹)을 대리하게 되자 들어가 사례하며 말하기를, "증조와 조부께서 모두 부(府)의 일을 맡으신 적이 있는데 지금 신이 다시 부윤(府尹)을 대리하게 되니 잘 감당하지 못할까 염려됩니다"라고 하였다. 휘종(徽宗)[149]이 이르기를, "경은 삼대가 도성을 다스리니 관계의 훌륭한 일이오"라고 하였다.

梁子美權開封府尹, 入謝言, 曾祖顥祖適皆嘗領府事, 今臣復攝尹, 懼不克荷. 徽宗曰, 卿三世尹京, 縉紳盛事也.[150]

관찰사 觀察使

- 순(舜)임금은 오장(五長)[151]으로 사방의 나라를 편안하게 하였는데 지금의 절제(節制)[152]와 같다. 주(周)나라는 십련(十聯)[153]으로 제후를 거느렸는데 지금의 염찰(廉察)[154]과 같다.《백씨장경집(白氏

143. 왕안례(王安禮): 송(宋) 무주(撫州) 출신으로 자가 화보(和甫)이다. 왕안석(王安石)의 아우로 한림학사(翰林學士), 상서좌승(尙書左丞) 등을 역임하였다.
144. 《송사(宋史)·왕안례전(王安禮傳)》
145. 왕암수(王巖叟): 송(宋) 대명(大名) 출신으로 자가 언림(彦霖)이다. 시어사(侍御史), 지추밀원(知樞密院) 등을 역임하였다.
146. 《유원총보》의 '讀'은 '續'의 오류이다.[《송사(宋史)·왕암수전(王巖叟傳)》]
147. 《송사(宋史)·왕암수전(王巖叟傳)》
148. 양자미(梁子美): 송(宋) 수성(須城) 출신으로 자가 재보(才甫)이다. 직룡도각(直龍圖閣), 개부의동삼사(開府儀同三司) 등을 역임하였다.
149. 휘종(徽宗): 송(宋) 제8대 황제로 재위 기간은 1101-1125년이다.
150. 《금수만화곡후집(錦繡萬花谷後集)·경윤(京尹)》
151. 오장(五長): 다섯 제후 가운데 현자를 세워 방백(方伯)으로 삼은 것이다.
152. 절제(節制): 절도사를 가리킨다.
153. 십련(十聯): 열 개의 주군(州郡)을 가리킨다.
154. 염찰(廉察): 당대(唐代) 이후 관찰사나 그에 상응하는 관원에 대한 약칭이다.

長慶集)》

舜以五長綏四國, 若今之節制也. 周以十聯率諸侯, 若今之廉察也.《白集》[155]

• 정관(貞觀)[156] 초엽에 대사(大使) 13인을 파견하여 천하의 여러 주를 순시하도록 하였다. 홍수와 가뭄에는 사신을 파견하였으니 순찰(巡察)·안무(安撫)의 명칭이 있었다.

正觀[157]初遣大使十三人, 巡省天下諸州. 水旱則遣使, 有巡察安撫之名.[158]

• 경운(景雲)[159] 3년에 십도안찰사(十道按察使)를 두었고 개원(開元) 2년에 십도안찰채방처치사(十道按察採訪處置使)라고 하였으며 건원(乾元) 원년에 관찰처치사(觀察處置使)라고 바꿨다. 풍년들게 하는 것을 최상의 고과로 삼았고 형벌을 줄이는 것을 중간의 고과로 삼았으며 세금을 처리하는 것을 최하의 고과로 삼았다.

景雲三年置十道按察使, 開元二年, 曰十道按察採訪處置使, 乾元元年, 改曰觀察處置使.[160] 以豐稔爲上考, 省刑爲中考, 辦稅爲下考.[161]

• 훌륭한 장수를 얻어 그로 하여금 맑고 깨끗하게 해야 한다.

宜得良帥, 俾之澄淸.[162]

• 군읍(郡邑)을 맑고 깨끗하게 하고 백성을 다스리고 어루만진다.

澄淸郡邑, 鎭撫黎元.[163]

• 매륜(埋輪)의 위엄을 펴고[164] 노면(露冕)[165]의 정사를 행한다.

宣埋輪之威, 布露冕之政.[166]

• 여러 군(郡)을 위무하고 여러 성(城)을 규율한다. 조명을 받들어 백성을 편안하게 하고 법도를 참작하여 군대를 훈련한다.[모두 《백씨장경집(白氏長慶集)》이다.]

勞徠諸郡, 綱紀列城. 奉詔條以安人, 參戎索以訓旅.[幷自集][167]

• 풍속을 관찰하고 강령을 진작시킨다.

觀風察俗, 提綱振領.[168]

• 사신의 위엄을 밝게 드러내고 왕명을 힘써 편다. 《백공육첩(白孔六帖)》

明闡使威, 勤宣王命.《六帖》[169]

• 한 주(州)를 자세히 살펴 그대의 총애로 삼을 것이다.

廉察一州, 以爲爾寵.[170]

---

155. 《백씨장경집(白氏長慶集)·이동수검교공부랑중충정활절도부사왕원중수검교형부원외랑충관찰판관각겸시어사사비자제(李彤授檢校工部郎中充鄭滑節度副使王源中授檢校刑部員外郎充觀察判官各兼侍御史賜緋紫制)》
156. 정관(貞觀): 당(唐) 태종(太宗)의 연호(627-649)이다.
157. 《유원총보》의 '正觀'은 '貞觀'의 오류이다.
158. 《산당사고(山堂肆考)·신직(臣職)》
159. 경운(景雲): 당(唐) 예종(睿宗)의 연호(710-712)이다.
160. 《문헌통고(文獻通考)·직관고(職官考)》
161. 《신당서(新唐書)·백관지(百官志)》
162. 《백씨장경집(白氏長慶集)·상서공부시랑집현전학사정공저가검교좌산기상시월주자사절동관찰사제(尙書工部侍郎集賢殿學士丁公著可檢校左散騎常侍越州刺史浙東觀察使制)》
163. 《백씨장경집(白氏長慶集)·관찰사(觀察使)》
164. 후한(後漢)의 장강(張綱)이 수레바퀴를 묻고 양기(梁冀)를 탄핵한 일을 가리킨다.
165. 후한(後漢)의 명제(明帝)가 형주자사(荊州刺史) 곽하(郭賀)의 선정에 면류관(冕旒冠)을 하사하고 수레의 휘장을 걷어 백성들이 볼 수 있도록 한 일을 가리킨다.
166. 《백씨장경집(白氏長慶集)·관찰사(觀察使)》
167. 《백씨장경집(白氏長慶集)·설비부방관찰사제(薛伾鄜坊觀察使制)》
168. 《고금사문유취유집(古今事文類聚遺集)·절사부유(節使部遺)》
169. 《백공육첩(白孔六帖)·관찰사(觀察使)》

• 염찰(廉察)의 사신은 당(唐)에서 시작되었다. 힘쓰고 수고함이 있지 않으면 가볍게 제수하지 않는다.
廉察之使, 始於有唐. 非有勤勞, 蓋不輕授.[171]

새로 제정한 의복을 하사하다.[사신제복(賜新制服)] 당(唐) 정원(貞元)[172] 연간에 절도관찰사(節度觀察使)에게 새로 제정한 당시의 의복을 하사하였다. 황제가 이르기를, "관찰사는 기러기가 위의(威儀: 즉 상서로운 풀이다)를 물고 있는 것으로 하라"라고 하였는데, 그것들이 날아갈 때 질서가 있는 것처럼 백성들을 다스리는 데에 위의(威儀)가 있기를 바란 것이다.

唐貞元中賜節度觀察使新制時服. 上曰, 觀察以鴈銜威儀.(卽瑞草也.) 取其行列有序, 冀牧人有威儀也.[173]

강서(江西)에서 대를 이은 관직[강서세관(江西世官)] 당(唐) 선종(宣宗)[174]이 재상들과 원화(元和)[175] 시절의 순리(循吏) 중에 누가 제일인지를 논의하였다. 주지(周墀)[176]가 말하기를, "신이 일찍이 강서(江西)를 다스릴 때 관찰사 위단(韋丹)[177]이 공덕이 여덟 주(州)에 펼쳐져 죽은 지 40년인데도 노인과 어린이까지 노래하고 그리워한다고 들었사온데, 마치 위단이 여전히 살아 있는 것과 같았습니다"라고 하였다. 이에 조서를 내려 위단의 공을 올리고 다음으로 비석에 새기도록 하였다. 뒤에 아들 위주(韋宙)[178] 역시 강서관찰사(江西觀察使)가 되었는데 정치에 간략함과 평이함을 숭상하니 강서 사람들이 대를 이은 관료라고 하였다.

唐宣宗與宰相論元和循吏孰爲第一. 周墀曰, 臣嘗守江西, 聞觀察使韋丹, 功德被八州, 沒四十年, 老稚歌思, 如丹尙存. 乃詔上丹功, 次刻石于碑. 後子宙亦爲江西觀察使, 政尙簡易, 江西以爲世官.[179]

무역을 통하게 하다.[사통무역(使通貿易)] 최릉(崔陵)[180]이 호남관찰사(湖南觀察使)로 옮겼는데 옛법에 비록 풍년이 들더라도 무역이 경계를 벗어나는 것을 허락하지 않아 다른 군(郡)에서 흉년이 들더라도 구휼하지 못하였다. 최릉이 부임하여 속관과 백성들에게 이르기를, "쌀의 구매를 막아 백성들을 이중으로 곤란하게 하는 것이 어찌 인정이겠는가"라하고 이어 그 금법을 없앴다. 이때부터 장사꾼들이 돌아다녔고 물자는 더욱 넉넉해졌다.

崔陵遷湖南觀察使, 舊法, 雖豐年, 貿易不許出境, 他郡災荒不之恤. 陵至, 謂吏民曰, 閉糴以重困民, 豈人情乎. 因削其禁. 自是商賈流行, 貲物益饒.[181]

향교를 세워 권면하고 지도하다.[설교권도(設校勸導)] 상곤(常袞)[182]이 복건관찰사(福建觀察使)가 되었는데 민(閩) 지역 사람들은 배울 줄을 몰랐다. 상곤

---

170. 《고금사문유취유집(古今事文類聚遺集)·절사부유(節使部遺)》
171. 《고금사문유취유집(古今事文類聚遺集)·절사부유(節使部遺)》
172. 정원(貞元): 당(唐) 덕종(德宗)의 연호(785-805)이다.
173. 《구당서(舊唐書)·덕종기(德宗紀)》
174. 선종(宣宗): 당(唐) 제18대 황제로 재위 기간은 847-858년이다.
175. 원화(元和): 당(唐) 헌종(憲宗)의 연호(806-820)이다.
176. 주지(周墀): 당(唐) 여남(汝南) 출신으로 자가 덕승(德升)이다. 동중서문하평장사(同中書門下平章事), 검교상서우복야(檢校尙書右僕射) 등을 역임하였다.
177. 위단(韋丹): 당(唐) 경조(京兆) 출신으로 자가 문명(文明)이다. 여러 관직을 거치면서 선정(善政)을 편 것으로 유명하다.
178. 위주(韋宙): 당(唐) 경조(京兆) 출신이다. 강서관찰사(江西觀察使), 영남절도사(嶺南節度使) 등을 역임하였다.
179. 《구당서(舊唐書)·순리열전(循吏列傳)》
180. 최릉(崔陵): 내력이 자세하지 않다.
181. 《산당사고(山堂肆考)·신직(臣職)》
182. 상곤(常袞): 당(唐) 경조(京兆) 출신이다. 중서사인(中書舍人), 동평장사(同平章事), 복건관찰사(福建觀察使) 등을 역임하였다. 매관매직의 악습을 막고 글재주가 없는 사람을 배척하여 '답백(䠨伯)'이라는 별명을 얻었다.

이 부임하여 향교를 세워 글 짓는 것을 가르치게 하고 직접 더욱 권면하고 지도하니 이로 말미암아 풍속이 대번에 변하여 매해에 공사(貢士)[183]가 내륙의 주(州)와 같게 되었다.

常兗爲福建觀察, 閩人未知學. 兗至, 設鄕校, 使作爲文章, 親加勸導, 由是俗爲一變, 歲貢士與內州等.[184]

나쁜 풍속이 크게 변하다.[악속대변(惡俗大變)]

이덕유(李德裕)[185]가 강서관찰사(江西觀察使)가 되었는데 남방은 무속(巫俗)을 믿어 비록 부모가 역질에 걸려도 자식이 버리고 감히 부양하지 않았다. 덕유가 어르신들을 골라 효도와 자애의 큰 윤리를 가르치니 몇 년 만에 나쁜 풍속이 크게 변하였다.

李德裕爲江西觀察, 南方信巫, 雖父母癘疫, 子棄之, 不敢養. 德裕擇長老, 諭以孝慈大倫, 數年惡俗大變.[186]

경종(敬宗)[187]이 방탕하고 편벽됨이 날로 심해지는데도 대신들이 알현하여 진언하는 자가 드물었다. 덕유는 자신이 번진(藩鎭)에 있으면서도 왕실을 염려하여 사자를 보내 〈단의육잠(丹扆六箴)〉을 바쳤다.

敬宗荒僻日甚, 大臣罕見進言. 德裕身居藩鎭, 乃心王室, 遣使獻丹扆六箴.[188]

채찍을 하사하여 충절(忠節)을 표창하다.[사편표충(賜鞭表忠)] 장건봉(張建封)[189]이 서(徐)·사(泗)·호(濠)의 관찰사를 역임하였는데 입조하여 덕종(德宗)[190]을 알현하니 예우하면서 등급을 올려 주었다. 번진으로 돌아가게 되자 시를 써서 주고 또 환관에게 명하여 평소에 지니던 채찍을 가져오게 하여 하사하면서 이르기를, "경의 충정(忠正)과 절의(節義)는 세한(歲寒)에도 변치 않았소. 그러므로 경에게 주어 충절(忠節)을 표창하는 것이오"라고 하였다. 당시 사방에 일이 많아 이에 해자를 보수하고 더욱 군대를 조련하니 각 지방에서 따르면서 기뻐하였다. 이희열(李希烈)[191]이 장수와 강한 병졸들을 보내 전투를 걸었으나 건봉이 모두 저지시켜 물리쳤다.

張建封爲徐·泗·濠觀察, 入覲德宗, 禮遇加等. 及還鎭賜詩, 又令中使賚常所執鞭, 賜曰, 卿忠正節義, 歲寒不移. 故以賜卿, 表忠節也. 時四方多故, 乃繕陴隍, 益治兵, 四鄙附悅. 希烈使將帥悍卒來戰, 建封皆沮衂之.[192]

성을 지키는 자에게 상을 주다.[상수성자(賞守城者)]

여원응(呂元膺)[193]이 악악관찰사(鄂岳觀察使)에 제수되었다. 일찍이 밤에 성에 오르는데 지키는 자가 허락하지 않았다. 측근이 이르기를, "중승(中丞)이시다"라고 하니 대답하기를, "밤중에 누가 진위를 구분하겠습니까? 비록 중승이시라도 안 됩니다"라고 하였다. 원응이 이에 돌아왔고 다음날 발탁하여

---

183. 공사(貢士): 지방에서 조정에 인재를 추천하는 일, 또는 그 인재를 가리킨다.
184. 《신당서(新唐書)·상곤전(常兗傳)》
185. 이덕유(李德裕): 당(唐) 말기의 정치가로 자가 문요(文饒)이다. 재상 이길보(李吉甫)의 아들로 병부상서(兵部尙書), 중서문하평장사(中書門下平章事) 등을 역임하였다.
186. 《신당서(新唐書)·이덕유전(李德裕傳)》
187. 경종(敬宗): 당(唐) 제15대 황제로 재위 기간은 825년이다.
188. 《구당서(舊唐書)·이덕유전(李德裕傳)》
189. 장건봉(張建封): 당(唐) 등주(鄧州) 출신으로 자가 본립(本立)이다. 시어사(侍御史), 어사대부(御史大夫) 등을 역임하였다.
190. 덕종(德宗): 당(唐) 제11대 황제로 재위 기간은 780-804년이다.
191. 이희열(李希烈): 당대(唐代)의 정치가이다. 검교상서우복야(檢校尙書右僕射)를 역임하였다. 반란을 일으켜 784년, 변주(汴州)에서 칭제(稱帝)하고 국호를 초(楚)라 하였다. 후에 부하에게 피살되었다.
192. 《신당서(新唐書)·장건봉전(張建封傳)》
193. 여원응(呂元膺): 당(唐) 동평(東平) 출신으로 자가 경부(景夫)이다. 이부시랑(吏部侍郎), 간의대부(諫議大夫), 태자빈객(太子賓客) 등을 역임하였다.

중직을 맡겼다.

呂元膺拜鄂岳觀察. 嘗夜登城, 守者不許. 左右曰, 中丞也. 對曰, 夜中誰辨眞僞. 雖中丞亦不可. 元膺乃還, 明日擢爲重職.194

한밤중에 일을 결단하다.[야분결사(夜分決事)]

당(唐) 최함(崔咸)195은 자가 중이(重易)이다. 섬괵관찰사(陝虢觀察使)로 옮겼는데 아침부터 저녁까지 빈객들과 통음하면서 항상 취해 깨어나지 않는데 문서는 쌓여 있었다. 한밤중에 이르러서야 일을 결단하여 처리하는데 정신이 조금의 착오도 없자 서리들이 신인(神人)이라고 일컬었다.

唐崔咸, 字重易. 遷陝虢觀察, 自旦至暮與賓佾196痛飮, 常醉不醒, 簿領堆積. 至夜分, 乃決事裁剖, 精神無毫釐之差, 吏胥稱爲神人.197

형법(刑法)을 신중하게 하다.[근중형법(謹重刑法)]

심전사(沈傳師)198가 강서관찰사(江西觀察使)가 되었다가 선주전사(宣州傳師)로 옮겼는데 관리의 행정에 밝아 속관들이 감히 속이지 못했다. 형법(刑法)을 신중하게 하여 매번 옥사를 결단할 때마다 막부(幕府)를 불러 공평하게 처리하고 경중(輕重)이 모두 맞은 뒤에 판결이 결정되었다.

沈傳師爲江西觀察, 徙宣州傳師, 於吏治明, 吏不敢罔. 謹重刑法, 每斷獄, 召幕府平處, 輕重盡合, 乃論決.199

권세가들이 두려워하고 조심하다.[호우외집(豪右畏戢)] 한차(韓佽)200가 여러 번 옮겨 계군관찰사(桂郡觀察使)가 되어 20여 주(州)를 거느리게 되자 참군(參軍)에서 현령(縣令)에 이르기까지 300명이었다. 수레에서 내리자 한 속관이 장부를 들고 결원을 보충할 것을 청하니 한차가 명령을 내리기를, "모름지기 장부에 따라 임용할 만한 사람을 골라서 임용해야 한다"라고 하였다. 마침 춘복사(春服使)가 이르렀는데 고을에 권세를 부리고 교활한 자가 있어 사자에게 뇌물을 많이 주고 현령이 되기를 구하였다. 한차가 그자를 불러 법을 어지럽힌 것을 꾸짖고 그의 등에 매질을 하여 군내(郡內)에 호령하였다. 이로부터 권세가들이 두려워하고 조심하였다.

韓佽累遷桂郡觀察, 部二十餘州, 自參軍至縣令三百員. 下車, 一吏持籍請補闕員, 佽下敎曰, 須按籍, 取可任任之. 會春服使至, 鄕有豪猾, 厚進賄使者, 求爲縣令. 佽召鄕豪, 責以撓法, 笞其背以令郡中. 自是豪右畏戢.201

아름다운 명성이 사방으로 드날리다.[미예사등(美譽四騰)] 오주(吳湊)202가 복건관찰사(福建觀察使)일 때에 아름다운 명성이 사방으로 드날렸다. 재상 두참(竇參)203과 감정이 있어 두참이 자주 비방을 하였고 또 말하기를, "오주는 중풍이 있어 제대로 달리거나 걸을 수 없다"고 하였다. 황제가 불러 그의 병을 징험해 보니 사실이 아니었다. 이로부터 두참을 정직하게 보지 않고 오주를 발탁하여 섬괵관찰사

194. 《자치통감(資治通鑑)·당기(唐紀)·헌종(憲宗)》
195. 최함(崔咸): 당(唐) 박평(博平) 출신으로 자가 중이(重易)이다. 시어사(侍御史), 비서감(秘書監) 등을 역임하였다.
196. 《유원총보》의 '佾'은 '僚'의 오류이다.[《구당서(舊唐書)·최함전(崔咸傳)》]
197. 《구당서(舊唐書)·최함전(崔咸傳)》
198. 심전사(沈傳師): 당(唐) 소주(蘇州) 출신으로 자가 자언(子言)이다. 강서관찰사(江西觀察使), 이부시랑(吏部侍郞) 등을 역임하였다.
199. 《산당사고(山堂肆考)·정사(政事)》
200. 한차(韓佽): 당(唐) 경조(京兆) 출신으로 자가 상지(相之)이다. 전중시어사(殿中侍御史), 급사중(給事中) 등을 역임하였다.
201. 《신당서(新唐書)·한차전(韓佽傳)》
202. 오주(吳湊): 당(唐) 복양(濮陽) 출신으로 경조윤(京兆尹), 병부상서(兵部尙書) 등을 역임하였다.
203. 두참(竇參): 당(唐) 부풍(扶風) 출신으로 자가 시중(時中)이다. 어사중승(御史中丞), 중서시랑동평장사(中書侍郞同平章事) 등을 역임하였다.

(陝虢觀察使)로 삼아 이익(李翼)을 대신하게 하였다. 이익은 두참의 무리였다.

吳湊爲福建觀察, 美譽四騰. 與宰相竇參有憾, 參數加短毁, 又言, 湊風痺, 不良趨走. 帝召還, 驗其疾, 非是. 繇是不直參, 擢湊陝虢觀察, 使代李翼. 翼, 參黨也.[204]

난정(蘭亭)의 절창(絶唱)[난정절창(蘭亭絶唱)] 원진(元稹)[205]이 절동관찰사(浙東觀察使)일 때에 회계(會稽)의 아름다운 산수를 유람하는데 임명한 막료 관원들이 모두 당시의 문사(文士)들이었고 경호(鏡湖)와 진망산(秦望山)의 유람이 한 달에 서너 차례가 되었다. 부사(副使)인 두공(竇鞏)이 세상에 이름이 알려져 있었는데 원진과 수창(酬唱)한 것이 지금까지 '난정(蘭亭)의 절창(絶唱)'으로 일컬어진다.

元稹爲浙東觀察, 遊會稽佳山水, 所辟幕職官, 皆當時文士, 而鏡湖·秦望之遊, 月三四焉. 副使竇鞏, 海內知名, 與元稹酬唱, 至今稱蘭亭絶唱.[206]

특별히 금어대(金魚袋)[207]를 차게 하다.[특계금어(特系金魚)] 진요자(陳堯咨)[208]가 용도각학사(龍圖閣學士)에서 관찰사(觀察使)로 옮겼다. 진요좌는 본디 유생(儒生)으로 폐하의 은혜를 입어 무관(武官)으로 바꿔 주었다. 아쉬운 것은 허리에 금어대가 없는 것이었는데 명을 내려 금어대를 차게 하여 두터운 은혜를 보였다.

陳堯咨, 自龍圖閣學士換觀察. 自陳本儒生, 蒙陛下易以武弁. 所惜者, 腰下無金魚袋, 命持系金魚, 以示優恩.[209]

청렴하고 충직하여 백성들에게 은혜를 베푼다.[청충혜민(淸忠惠民)] 왕위(王緯)[210]는 자가 문경(文卿)이다. 대력(大曆)[211] 연간에 이필(李泌)[212]과 함께 노사공(路嗣恭)[213]의 판관(判官)이 되었는데 이필이 원재(元載)[214]에게 미움을 받자 사공이 그의 뜻에 영합하여 이필을 죽이려고 하였다. 왕위가 변호하고 해명하여 겨우 벗어날 수 있었다. 이필이 대신이 되어 자신에게 사적인 은혜가 있는 것을 아뢰자 덕종(德宗)이 이필의 보답을 허락하고 특별히 왕위를 급사중(給事中)에 진급시켰다. 절서관찰사(浙西觀察使)가 결원이 되자 이필이 왕위를 추천하니 황제가 이르기를, "이 사람이 짐이 그대를 위하여 덕을 보답해준 자인가? 황문(黃門)은 요직인데 혹시 유임시켜 일을 처리하게 하지 않겠는가?"라고 하자 대답하기를, "절서(浙西)는 세수가 특히 많은데 왕위는 청렴하고 충직하여 은혜롭게 백성들을 기를 수 있습니다. 그래서 그를 보내기를 청하는 것입니다"라고 하니 조서를 내려 허락하였다.

---

204. 《신당서(新唐書)·오주전(吳湊傳)》
205. 원진(元稹): 당대(唐代)의 시인으로 자가 미지(微之)이다. 백거이(白居易)와 함께 육조(六朝) 이래의 화려한 시풍을 버리고 평이한 시어를 써서 '원백체(元白體)'라는 시체(詩體)를 형성하였다.
206. 《구당서(舊唐書)·원진전(元稹傳)》
207. 금어대(金魚袋): 공신 등이 관복을 입을 때 차던 붕어 모양의 금빛 주머니이다.
208. 진요자(陳堯咨): 송나라 때 사람으로 자(字)는 가모(嘉謨)이다. 송(宋) 진종(眞宗) 경자년(庚子年) 과거에 장원을 하고 벼슬이 용도각학사(龍圖閣學士), 상서공부낭중(尙書工部郎中) 등에 이르렀다. 예서(隸書)와 활쏘기에 조예가 깊었다.
209. 《산당사고(山堂肆考)·신직(臣職)》
210. 왕위(王緯): 당(唐) 병주(幷州) 출신으로 자가 문경(文卿)이다. 검교공부상서(檢校工部尙書) 등을 역임하였다.
211. 대력(大曆): 당(唐) 대종(代宗)의 연호(766-779)이다.
212. 이필(李泌): 당(唐) 대종(代宗) 연간의 대신으로 자가 장원(長源)이다. 어려서부터 총명하였고, 한림학사(翰林學士), 동평장사(同平章事)를 역임하였으며 업후(鄴侯)에 봉해졌다.
213. 노사공(路嗣恭): 당(唐) 경조(京兆) 출신으로 자가 의범(懿範)이다. 병부상서(兵部尙書), 동도유수(東都留守) 등을 역임하였다.
214. 원재(元載): 당(唐) 기산(岐山) 출신으로 자가 공보(公輔)이다. 중서시랑(中書侍郎)을 역임하였다.

王緯, 字文卿. 大曆中與李泌俱爲路嗣恭判官, 泌見惡於元載, 嗣恭希意, 欲殺之. 緯護解僅免. 泌執政, 奏於己有私恩, 德宗許爲泌報, 故進緯給事中. 浙西觀察使缺, 泌擬緯, 帝曰是朕爲君報德者乎? 黃門要地, 獨不留議事耶? 對曰. 浙西賦入尤劇, 緯淸而忠, 能惠養民. 故請遣之. 制可.[215]

곡가(穀價)를 억제하지 않다.[불억곡가(不抑穀價)] 당(唐) 헌종(憲宗)[216] 원화(元和)[217] 3년에 노탄(盧坦)[218]이 선흡관찰사(宣歙觀察使)가 되었다. 노탄이 부임하였을 때 흉년을 만나 곡가(穀價)가 날마다 오르자 어떤 사람이 그것을 억제하기를 청하였다. 노탄이 말하기를, "선흡은 곡식이 적어 사방에 기대어 먹고사는데 만약 가격이 싸지면 상선(商船)이 오지 않아 더욱 곤궁해질 것이다"라고 하였다. 얼마 후 쌀 한 말이 200전이 되자 장사꾼들이 밀려들어와 백성들이 그 덕에 살게 되었다.

唐憲宗元和三年, 盧坦爲宣歙觀察. 坦到官, 値歲饑, 穀價日增, 或請抑之. 坦曰, 宣歙穀少, 仰食四方, 若價賤, 則商船不來, 益困矣. 旣而米斗二百, 商旅輻輳, 民以賴生.[219]

백성을 위해 세금의 기한을 늦춰 주다.[위완조기(爲緩租期)] 당(唐) 위온(韋溫)[220]이 섬괵관찰사(陝虢觀察使)일 때 세금을 내야 하는데 보리가 아직 익지 않았다. 속관이 독촉할 것을 아뢰자 위온이 말하기를, "백성들로 하여금 밭의 이삭으로 대출받아 세금을 내게 하는 것이 옳겠는가"라 하고 그들을 위해 기한을 늦춰 주어 납부 문제가 결정되었다.

唐韋溫爲陝虢觀察, 當輸租而麥未熟. 吏白督之, 溫曰, 使民貸田中穗以供賦, 可乎. 爲緩期而賦辦.[221]

중인(中人)을 견책할 것을 아뢰다.[주책중인(奏責中人)] 당(唐) 선종(宣宗)[222] 대중(大中)[223] 6년에 고소일(高少逸)[224]을 섬괵관찰사(陝虢觀察使)로 삼았다. 황제의 사신이 섬서(陝西)의 우측 지방을 들렀다가 떡이 검다고 화를 내면서 역리(驛吏)를 매질하여 피를 본 일이 있었다. 고소일이 사실을 아뢰자 황제가 화가 나서 그를 견책하니 중인들이 모두 손을 움츠렸다.

唐宣宗大中六年, 以高少逸爲陝虢觀察. 有勅使過陝右, 怒餠黑, 鞭驛使見血. 少逸以聞, 帝怒責之, 中人皆斂手.[225]

다스림에 위엄과 은혜가 있다.[치유위혜(治有威惠)] 당(唐) 희종(僖宗)[226] 시기에 황소(黃巢)[227]가 복건(福建)을 침범하자 건주(建州) 사람인 진암(陳巖)[228]이 무리 수천 명을 모아 향리를 지키면서 구룡군(九

215. 《구당서(舊唐書)·왕위전(王緯傳)》
216. 헌종(憲宗): 당(唐) 제13대 황제로 재위 기간은 806-820년이다.
217. 원화(元和): 당(唐) 헌종(憲宗)의 연호(806-820)이다.
218. 노탄(盧坦): 당(唐) 하남(河南) 출신으로 자가 보형(保衡)이다. 호부시랑(戶部侍郞) 등을 역임하였다.
219. 《산당사고(山堂肆考)·신직(臣職)》
220. 위온(韋溫): 당(唐) 경조(京兆) 출신으로 자가 홍육(弘育)이다. 우보궐(右補闕)을 역임하였다.
221. 《신당서(新唐書)·위온전(韋溫傳)》
222. 선종(宣宗): 당(唐) 제18대 황제로 재위 기간은 847-858년이다.
223. 대중(大中): 당(唐) 선종(宣宗)의 연호(847-859)이다.
224. 고소일(高少逸): 당(唐) 발해(渤海) 출신으로 고원유(高元裕)의 형이다. 한림시강학사(翰林侍講學士), 간의대부(諫議大夫) 등을 역임하였다.
225. 《산당사고(山堂肆考)·신직(臣職)》
226. 희종(僖宗): 당(唐) 제20대 황제로 재위 기간은 873-888년이다.
227. 황소(黃巢): 당(唐) 조주(曹州) 사람으로 반란을 일으켜 장안에 입성하여 황제라 칭하고 국호를 대제(大齊)라 했다. 884년 당(唐)의 군대에 쫓기다 태산(泰山)에서 자살하였다.
228. 진암(陳巖): 당(唐) 건녕(建寧) 사람으로 복건안찰사(福建按察使)를 역임하였다.

龍軍)이라고 하였다. 관찰사(觀察使) 정일(鄭鎰)이 표문을 올려 진암으로 자신을 대신하도록 하였다. 진암은 다스림이 위엄과 은혜가 있어 민(閩) 사람들이 편안하게 여겼다.

唐僖宗時, 黃巢轉掠福建, 建州人陳巖聚衆數千, 保鄕里, 號九龍軍. 觀察使鄭鎰表巖以自代. 巖爲治有威惠, 閩人安之.[229]

8척(尺)의 은병(銀甁).[팔척은병(八尺銀甁)] 당(唐) 제영(齊映)[230]이 강서관찰사(江西觀察使)가 되었다. 전에 제영이 죄가 아닌 것으로 파면되어 다시 등용될 수 있기를 바라 공물을 많이 거두어 황제의 욕구에 맞추었다. 전에 여러 번진(藩鎭)에서 은병을 바쳤는데 단지 5척뿐이었는데 이겸(李兼)이 강서(江西)에 있으면서 처음으로 6척을 바쳤고 제영에 이르러 비로소 8척을 바쳤다.

唐齊映爲江西觀察. 始映罷不以罪, 冀得復進, 乃厚斂貢獻, 以中帝欲. 初諸藩進銀甁, 止五尺, 李兼在江西始進六尺, 至映, 乃進八尺.[231]

잉어를 삶다가 도장을 발견하다.[팽리득인(烹鯉得印)] 이종(李琮)[232]이 호남관찰사(湖南觀察使)일 때에 어부가 잉어 한 마리를 바쳤는데 길이가 여러 척이 되었다. 이종이 집안사람들에게 삶도록 했는데 뱃속에서 도장 하나를 발견하였고 '형산현인(衡山縣印)'이라는 글자가 새겨져 있었다. 이종이 속관에게 형산현의 근래 문서를 찾게 하여 그 인장의 글자를 보니 분명 새로 주조한 것 같았다. 이에 형산령(衡山令)을 불러 인장을 가져오도록 하였다. 살펴보니 과연 새로 주조한 것이었다. 이종이 사람들을 물리치고 힐난을 하니 형산령이 죄를 자복하면서 아뢰기를, "옛 인장을 나쁜 놈에게 도둑맞아 제가 주무 관리와 함께 형벌을 당할 것을 염려하여 참람되게 공인에게 명하여 만들도록 하였습니다. 지금 오직 죽을 죄를 기다릴 뿐입니다"라고 하였다. 이종이 그 일을 비밀로 하고 새 인장을 부숴뜨리고 옛 인장을 가지고 현으로 돌아가게 하니 아는 자가 드물었다.

李琮爲湖南觀察, 漁者獻鯉一頭, 長數尺. 琮命家人烹之, 腹中得印一面, 文曰衡山縣印. 琮令廳吏索衡山縣近日文書, 視其印篆, 分明似新鑄者. 乃遣召衡山令, 携印來. 閱之果然新鑄也. 琮屛人詰之, 令伏罪曰, 舊印爲惡人竊去, 某與主吏幷憂刑戮, 所以僭命工人爲之. 今則唯俟死命也. 琮秘其事, 碎新印, 令齋舊印歸縣, 罕有知者.[233]

나무 인형을 만들어 이름을 써넣다.[목우서명(木偶署名)] 이면(李勉)[234]이 강서관찰사(江西觀察使)일 때 관할 지역 사람이 아버지가 병이 들자 푸닥거리의 방법으로 나무 인형을 만들고 이면의 이름과 지위를 써서 자신의 밭에 묻은 일이 있었다. 어떤 사람이 고발하자, "아버지를 위하여 재앙을 쫓는 것은 또한 봐줄 만하다"라 하고 그를 놔주었다. 이면이 영남관찰사(嶺南觀察使)에 제수되었는데 전후로 서역(西域)의 배들이 바다를 건너 이르는 것이 한 해에 겨우 네다섯 차례였다. 이면은 청렴하여 배들이 왔을 때 전혀 조사하지 않았기 때문에 밀엽에는 이르는 것이 4천여 차례가 되었다. 교대하고 돌아가게 되자 석문(石門)에 이르러 배를 멈추게 하고 집안사람들이 모아 두었던 남쪽의 재물인 무소뿔이나 상아 등의 여러 물건을 모두 가져다 강 속에 던져 버렸다. 관리가 대궐에 나아가, 비석을 세워 줄 것을 청하자

229. 《자치통감(資治通鑑)·당기(唐紀)·희종(僖宗)》
230. 제영(齊映): 당(唐) 영주(瀛州) 출신으로 행군사마(行軍司馬), 중서시랑(中書侍郎) 등을 역임하였다.
231. 《산당사고(山堂肆考)·신직(臣職)》
232. 이종(李琮): 당(唐) 현종(玄宗)의 맏아들로 양주도독하서제군절도대사(涼州都督兼河西諸軍節度大使)를 역임하였다.
233. 《산당사고(山堂肆考)·신직(臣職)》
234. 이면(李勉): 당(唐) 종실로 자가 현경(玄卿)이다. 감찰어사(監察御使), 검교사공동평장사(檢校司空同平章事) 등을 역임하였다.

대종(代宗)[235]이 허락하였다.

李勉爲江西觀察, 部人有父病, 以蠱道爲木偶人, 署勉名位, 瘞于其壟. 或以告曰, 爲父禳災, 亦可矜也. 捨之. 勉除嶺南觀察, 前後西域舶泛海至者, 歲纔四五. 勉廉潔, 舶來都不檢閱, 故末年至者, 四千餘. 及代歸, 至石門停舟, 悉取家人所貯南貨犀象諸物, 投之江中. 人吏詣闕, 請立碑, 代宗許之.[236]

대대로 관찰사(觀察使)가 되다.[세위관찰(世爲觀察)] 최언(崔鄾)[237]이 괵주관찰사(虢州觀察使)가 되었다. 이에 앞서 조정에 공물을 바칠 때 재물이 부족하면 속관들의 녹봉을 빼앗아 보내는 데에 보탰는데 한 해에 대략 80여만 전이 되었다. 최언이 말하기를, "속관들이 자신을 넉넉하게 하지 못하면 어떻게 백성들을 돌봐줄 수 있겠는가? 내가 홀로 다스릴 수 없으니 어떻게 그저 스스로만 증식시킬 수 있겠는가?"라 하고 즉시 부중(府中)의 경상비를 내어 보내는 것을 대신하였다. 절서관찰사(浙西觀察使)로 옮겼는데 관대한 정사로 피폐한 사람들을 위안하였다. 악주(鄂州)와 저주(渚州)에 있을 때에는 법과 형벌을 엄격히 하여 하나의 사죄(死罪)도 용서하지 않으니 1개월 만에 여러 도적들을 모두 잡았다. 모두 세 번 안렴사(按廉使)를 지냈는데 청렴하고 소탈하여 일이 적었고 재용(財用)은 넉넉하였다. 아들 요(瑤)는 절서(浙西)와 악악(鄂岳)의 관찰사를 역임하였고, 근(瑾)은 호남관찰사(湖南觀察使)가 되었다.

崔鄾爲虢州觀察. 先是上供財乏, 奪官俸助輸, 歲率八十餘萬. 鄾曰, 吏不能贍私, 安能恤民. 吾不能獨治, 安得徒自封耶. 即捐府中常費, 代輸. 遷浙西觀察, 用寬政, 安疲人. 居鄂渚, 則峻法嚴刑, 未嘗貫一死罪, 朞月而盡獲群盜. 凡三按廉, 淸簡少事, 財用有餘. 子瑤歷浙西鄂岳觀察, 瑾爲湖南觀察使.[238]

곡강(曲江)의 나들이[곡강유상(曲江游賞)] 배휴(裵休)[239]가 선성(宣城)에 관찰사로 가게 되었는데 도성을 떠나기 전에 마침 곡강에 연꽃이 만발하여 같은 성(省)의 여러 명사들과 나들이에 나섰다. 자은사(慈恩寺)에서부터 각각 좌우를 물리치고 동복을 대동하여 걸어서 자운루(紫雲樓)에 이르니 아래에 몇 사람이 물가에 앉아 있는 것이 보였다. 황의(黃衣)를 입은 사람이 반쯤 취하여 교만하게 손가락질하고 돌아보며 웃고 떠들었다. 배휴가 마음이 약간 불편했지만 읍하고 묻기를, "그대는 맡은 바가 무슨 관직이신지요?"라고 하니 경솔하게 대답하기를, "예, 바로 감히 선주(宣州)의 광덕령(廣德令)을 새로이 제수받지 않았겠소"라 하고 배휴에게 반문하기를, "귀관은 맡은 바가 무슨 직책이시오?"라고 하니 배휴가 그를 흉내내어 말하기를, "예. 바로 감히 선주관찰사(宣州觀察使)를 새로이 제수받지 않았겠소"라고 하였다. 이에 낭패하여 달아나자 조정의 선비들이 손뼉을 치면서 크게 웃었다. 며칠 지나지 않아 도성에 포고를 하였는데 뒤에 전사(銓司)[240]에서 그를 방문하여 말하기를, "광덕령(廣德令)이 나강(羅江)으로 전보를 요청했습니다"라고 하였다. 선황(宣皇)[241]이 번저(藩邸)에 있을 때 이 말을 듣고 여러 제후왕들과 매번 농담을 하였다. 즉위하게 되자 배휴

235. 대종(代宗): 당(唐) 제10대 황제로 재위 기간은 762-779년이다.
236. 《구당서(舊唐書)·이면전(李勉傳)》
237. 최언(崔鄾): 당(唐) 패주(貝州) 출신으로 자가 광략(廣略)이다. 한림시독학사(翰林侍讀學士), 검교이부상서(檢校吏部尙書) 등을 역임하였다.
238. 《신당서(新唐書)·최언전(崔鄾傳)》
239. 배휴(裵休): 당(唐) 맹주(孟州) 출신으로 자가 공미(公美)이다. 동중서문하평장사(同中書門下平章事), 형남절도사(荊南節度使) 등을 역임하였다.
240. 전사(銓司): 인재 선발과 관직 수여를 맡은 관서이다.
241. 선황(宣皇): 당(唐) 제18대 황제인 선종(宣宗)으로 재위 기간은 847-858년이다.

가 재상으로 들어오게 되었는데 조서를 쓰는 기회에 요직에 있는 측근들을 돌아보며 이르기를, "예, 바로 감히 중서문하평장사(中書門下平章事)를 새로이 제수받지 않았겠소"라고 하였다.《극담록(劇談錄)》

裴休廉察宣城, 未離京, 値曲江荷花盛發, 同省諸名士游賞. 自慈恩寺, 各屛左右, 隨以小僕, 步至紫雲樓, 下見數人坐於水濱中. 有黃衣半酣, 軒昻指顧笑語. 裴意稍不平, 揖而問之, 吾賢所任何官? 率爾對曰, 喏. 卽不敢新授宣州廣德令. 反間[242]裴曰, 押衙所任何職? 裴效之曰, 喏. 卽不敢新授宣州觀察使. 於是狼狽而走, 朝士撫掌大笑. 不數日, 布於京華, 後於銓司訪之云, 有廣德令, 請換羅江矣. 宣皇在藩邸, 聞是說, 與諸王每爲戱談. 及龍飛, 裴入相, 因書麻制, 迴謂樞近曰, 喏. 卽不敢新授中書門下平章事.《劇談錄》[243]

곡식을 풀고 봉화(烽火)를 놓지 않다.[산곡파봉(散穀罷烽)] 왕식(王式)[244]이 절동관찰사(浙東觀察使)일 때에 도적 구보(裘甫)가 난을 일으키자 왕식이 잡아서 도성에 압송하여 참수시켰다. 여러 장수들이 돌아오자 왕식이 크게 술자리를 베풀고 여러 장수들을 모이게 하였다. 여러 장수들이 말하기를, "공이 처음에 군에 이르렀을 때, 양식이 한창 다급한데 갑자기 그것을 푼 것은 어째서입니까?"라고 물으니 왕식이 대답하기를, "도적이 곡식을 모아 굶주린 사람들을 유혹하니 내가 백성들에게 먹을 것을 주면 그 한 사람만 도적이 됩니다"라고 하였다. "봉화(烽火)를 놓지 않은 것은 어째서입니까?"라고 물으니 왕식이 대답하기를, "봉화는 급히 병력을 구하는 것이오. 지금 병력이 모두 나가서 보탤 수가 없고, 다만 백성들을 놀라게 하여 저절로 궤란(潰亂)되게 할 뿐이오"라고 하였다.

王式爲浙東觀察, 賊裘甫作亂, 式擒送京師斬之. 諸將還越, 式大置酒, 會諸將. 諸將謂曰, 公之始至軍, 食方急, 而遽散之, 何也? 式曰, 賊聚穀, 以誘饑人, 吾給之食, 則彼一人爲盜矣. 不置烽燧, 何也? 式曰, 烽燧, 所以趣救兵也. 今兵盡行, 無以繼之, 徒驚士民, 使自潰亂耳.[245]

도관(道觀)과 불사(佛寺)를 허물어 성벽을 쌓다.[훼사수벽(毁祠修壁)] 당(唐) 한황(韓滉)[246]이 절동서관찰사(浙東西觀察使)로 옮겼는데 도성이 아직 평정되지 않았기 때문에 석두성(石頭城)[247] 다섯 곳을 쌓아 경구(京口)로부터 옥산(玉山)에 이르게 하였다. 또 상원현(上元縣)의 도관과 불사 40곳을 허물어 성벽을 쌓으니 이로부터 건업(建業)에서 경현(京峴)에 이르기까지 성루(城樓)와 성가퀴가 서로 보였다.

唐韓滉遷浙東西觀察, 因京都未平, 築石頭五城, 自京口抵玉山. 又毁上元道佛祠四十區, 修爲壁, 由是建業抵京, 樓雉相望.[248]

음악소리가 들리지 않다.[성악불문(聲樂不聞)]

당(唐) 설평(薛平)[249]은 보정(寶鼎) 사람이다. 세 곳의 번진(藩鎭)을 바꿔 가며 맡았는데 음악소리가 집에서 들린 적이 없었다. 헌종(憲宗)[250] 시기에 치적으로 어사대부(御史大夫)로 옮겼고 뒤에 하동군공

242. 《유원총보》의 '間'은 '問'의 오류이다.
243. 당(唐) 강병(康駢), 《극담록(劇談錄)·권하(卷下)》
244. 왕식(王式): 당(唐) 태원(太原) 출신으로 절동관찰사(浙東觀察使), 좌금오위대장군(左金吾衛大將軍) 등을 역임하였다.
245. 《자치통감(資治通鑑)·당기(唐紀)·의종(懿宗)》
246. 한황(韓滉): 당(唐) 경조(京兆) 출신으로 자가 태충(太冲)이다. 동중서문하평장사(同中書門下平章事) 등을 역임하였다. 서예와 그림에 뛰어났다.
247. 석두성(石頭城): 남경시(南京市)의 청량산(淸凉山)에 있었던 성 이름이다.
248. 《신당서(新唐書)·한황전(韓滉傳)》
249. 설평(薛平): 당(唐) 강주(絳州) 출신으로 자가 탄도(坦塗)이다. 태자태보(太子太保), 사도(司徒) 등을 역임하였다.
250. 헌종(憲宗): 당(唐) 제13대 황제로 재위 기간은 806-820년이다.

(河東郡公)에 봉해졌다.

唐薛平, 寶鼎人. 易三鎭而聲樂不聞于家. 憲宗時以治行遷御史大夫, 後封河東郡公.[251]

꿈에 관찰사(觀察使)가 되다. [몽위관찰(夢爲觀察)]

정처회(鄭處誨)[252]의 재종부(再從父)인 정랑(鄭朗)[253]이 정주절도사(定州節度使)가 되었는데 당시에 처회는 공부시랑(工部侍郎)으로 있었다. 이른 아침의 조회라서 대루원(待漏院)에서 졸고 있는데, 홀연히 꿈에 자신이 절동관찰사(浙東觀察使)가 되어 변주(汴州)를 들르니 정랑은 변주의 장수가 되어서 머물게 하여 술자리를 마련하고 전송하는 것이었다. 이듬해에 정랑은 과연 정주(定州)로부터 선무(宣武)를 다스리게 되었고 위중(韋重)을 임명하여 서기(書記)를 맡게 하였다. 위중이 장차 떠나려 할 때 처회가 꿈꾼 것을 말해 주었다. 이듬해에 처회가 절동관찰사(浙東觀察使)에 제수되어 변주에 이르렀고 청서정(淸署亭)에서 연회를 하는데 꿈속에서 보았던 것과 모두 부합되니 온 좌석의 사람들이 감탄하였다.

鄭處誨族父朗, 爲定州節度使, 時處誨爲工部侍郎. 因早朝假寐於待漏院, 忽夢己爲浙東觀察使, 經過汴州, 而朗爲汴帥, 留連飮餞. 明年朗果自定州鎭宣武, 辟韋重, 掌書記. 重將行, 處誨告以所夢. 明年處誨授浙東觀察, 至汴, 宴於淸署亭, 悉符夢中所見, 四座感歎.[254]

자사 刺史

- 한초(漢初)에 승상(丞相)이 자사(刺史)를 나누어 파견하였는데 주(州)에 고정적으로 두지는 않았다. 무제(武帝) 시기에 처음으로 부자사(部刺史) 13인을 두었는데 녹봉은 600석이었다. 건무(建武)[255] 연간에 다시 자사(刺史) 12인을 두고 각각 한 주(州)를 주관하도록 하였다. 자(刺)의 말뜻은 참첨(參覘: 자세히 살핌)과 같다.

  漢初丞相分遣刺史, 州不常置. 武帝時初置部刺史十三人, 秩六百石. 建武中復置刺史十二人, 各主一州. 刺之爲言, 猶參覘也.[256]

- 요순(堯舜)의 관직을 세우니 마땅히 구목(九牧)[257]을 높여야 하고 공황(龔黃)[258]의 정치를 펼치니 반드시 육조(六條)[259]를 힘써야 한다.

  建唐虞之官, 宜崇九牧, 播龔黃之政, 必務六條.[260]

- 《교주기(交州記)》[261]의 기록이다. "자(刺)라는 것은 차례로 불법을 적발하는 것을 말한다. 사(史)라는 것은 사(使)이니 천자가 부리는 사람임을 말한다.

  交州記云. 刺者, 言其次擧不法. 史者, 使也, 言爲天子之所使也.[262]

조서를 내려 수레 덮개를 하사하다. [조사거개(詔賜

251. 《신당서(新唐書)·설평전(薛平傳)》
252. 정처회(鄭處誨): 당(唐) 정주(鄭州) 출신으로 자가 정미(廷美)이다. 형부시랑(刑部侍郎)을 역임하였다.
253. 정랑(鄭朗): 당(唐) 정주(鄭州) 출신으로 자가 유융(有融)이다. 공부상서(工部尙書), 동중서문하평장사(同中書門下平章事), 태자소사(太子少師) 등을 역임하였다.
254. 《구당서(舊唐書)·정처회전(鄭處誨傳)》
255. 건무(建武): 동한(東漢) 광무제(光武帝)의 연호(25-55)이다.
256. 《고금사문유취외집(古今事文類聚外集)·노관부(路官部)》
257. 구목(九牧): 구주(九州)의 지방장관을 가리킨다.
258. 공황(龔黃): 한대(漢代)의 순리(循吏)였던 공수(龔遂)와 황패(黃霸)를 가리킨다. 나아가 순리(循吏)를 가리키는 말로 쓰인다.
259. 육조(六條): 한대(漢代)에 자사를 두어 관리를 고과하던 여섯 조항이다.
260. 《고금사문유취외집(古今事文類聚外集)·노관부(路官部)》
261. 《교주기(交州記)》: 교주(交州)는 한(漢)에서 두었던 주(州)로 광서성(廣西省) 창오현(蒼梧縣) 지역이다.

車蓋)] 황패(黃霸)[263]가 복주자사(福州刺史)가 된 지 3년 만에 선제(宣帝)[264]가 조서를 내려 수레 덮개를 하사하였는데 특별히 3척을 높게 하였다.

黃霸爲福州刺史三歲, 宣帝下詔, 賜車蓋, 特高三尺.[265]

5계급을 특진시키다.[특진오계(特進五階)] 최관(崔瓘)[266]이 여러 차례 관직을 옮겨 예주자사(澧州刺史)에 이르렀는데 번거롭고 가혹하지 않아 사람들이 편안하게 여겼다. 유랑하던 자들이 돌아오니 2년이 되어 증가한 호수가 수만이 되자 조서를 내려 5계급을 특진시켜 뛰어난 정치에 대해 높여 주었다.

崔讙[267]累官至澧州刺史, 不爲煩苛, 人便安之. 流亡還歸, 居二年, 增戶數萬, 詔特進五階, 以寵異政.[268]

고과를 아뢴 것이 제일이었다.[주과제일(奏課第一)] 노종원(盧從愿)[269]이 예주자사(豫州刺史)로 내려갔는데 정치가 엄격하면서도 간결하였다. 고과를 아뢴 것이 천하에서 제일이자 조서로 치하하고 비단 100필을 하사하였다.

盧從愿下遷豫州刺史, 政嚴簡. 奏課爲天下第一, 璽書勞問, 賜絹百匹.[270]

선정(善政)에 찬사를 쓰다.[제찬선정(題贊善政)] 노환(盧奐)[271]이 섬주자사(陝州刺史)로 나가 있었다. 개원(開元) 24년에 황제가 서쪽에서 돌아오다가 섬주(陝州)에서 머물게 되었는데 그 선정(善政)을 가상히 여겨 청사에 다음과 같이 찬사를 썼다. 성을 책임진 막중함이고 섬주를 나눈 웅장함이다. 밖으로는 남을 이롭게 하고 안으로는 자신을 돌아보지 않는다. 이는 나라의 보배이자 가풍(家風)을 실추시키지 않았도다.

盧奐出爲陝州刺史. 開元二十四年帝西還, 次陝, 嘉其善政, 題贊於廳事曰. 專城之重, 分陝之雄. 外旣利物, 內存匪躬. 斯爲國寶, 不墜家風.[272]

백성들이 생사(生祠)[273]를 세우다.[민립생사(民立生祠)] 서신(徐申)[274]이 소주자사(韶州刺史)로 옮겼는데 소주는 전쟁이 일어나면서 40년 동안 자사(刺史)가 현성(縣城)을 치소(治所)로 삼고 현령(縣令)과 현승(縣丞)은 민간에 섞여 지냈다. 서신은 공전(公田)이 폐지된 것을 살펴 사람을 불러 소와 쟁기를 빌려주어 개간하게 하고 수확한 것을 그들에게 반을 주자 한 해의 수입이 거의 3만 곡(斛)이 되었다. 이에 옮겨 가서 옛 주(州)의 치소를 다스리니 얼마 되지 않아 고을과 마을이 처음과 같아졌으며 역참과 봉화대를 만들고 큰 시장을 지으니 기물의 쓰임이

---

262. 《흠정역대직관표(欽定歷代職官表)·역대건치(歷代建置)》
263. 황패(黃霸): 서한(西漢) 회양(淮陽) 출신으로 자가 차공(次公)이다. 내외직을 두루 거치면서 관대한 정치를 폈고 승상(丞相)을 역임하였다. 공수(龔遂)와 더불어 순리(循吏)의 대표적인 인물로 칭해진다.
264. 선제(宣帝): 서한(西漢) 제8대 황제로 재위 기간은 BC 73-BC 49년이다.
265. 《전한서(前漢書)·황패전(黃霸傳)》
266. 최관(崔瓘): 당(唐) 박릉(博陵) 출신으로 산남서도절도사(山南西道節度使)를 역임하였다.
267. 《유원총보》의 '崔讙'은 '崔瓘'의 오류이다.[《신당서(新唐書)·최관전(崔瓘傳)》]
268. 《신당서(新唐書)·최관전(崔瓘傳)》
269. 노종원(盧從愿): 당(唐) 상주(相州) 출신으로 자가 자공(子龔)이다. 공부상서(工部尙書), 이부상서(吏部尙書) 등을 역임하였다.
270. 《구당서(舊唐書)·노종원전(盧從願傳)》
271. 노환(盧奐): 당(唐) 활주(滑州) 출신으로 중서사인(中書舍人), 병부시랑(兵部侍郎) 등을 역임하였다.
272. 《신당서(新唐書)·노환전(盧奐傳)》
273. 생사(生祠): 살아있는 사람을 위하여 세운 사당이다.
274. 서신(徐申): 당(唐) 경조(京兆) 출신으로 자가 유강(維降)이다. 홍주장사(洪州長史), 영남절도사(嶺南節度使) 등을 역임하였다.

모두 갖추어졌다. 주의 백성들이 그가 공을 이룬 것 때문에 생사(生祠)를 지을 것을 청하였다.

徐申遷韶州刺史, 韶自兵興四十年, 刺史以縣爲治署, 而令丞雜處民間. 申按公田之廢者, 召人假牛犂墾發, 以所收半畀之, 歲入幾三萬斛. 乃徙治故州, 未幾邑閈如初, 創驛堠, 作大市, 器用皆具. 州民以其有功, 請爲生祠.[275]

황지(黃芝)가 주(州)의 치소(治所)에 자라나다.[지생주서(芝生州署)] 한사복(韓思復)[276]이 저주자사(滁州刺史)로 옮겼을 때 동관(銅官)[277]이 있었는데 사람들이 채굴에 특히 고생이 많았다. 사복이 그들을 위해 다른 지역 사람들을 고용하니 비용은 절약되고 수확은 많았다. 황지(黃芝)가 다섯 차례 주의 치소에 자라나니 백성들이 그를 위해 돌에 새겨 그 상서로움을 칭송하였다.

韓思復遷滁州刺史, 有銅官, 人鑱鑿尤苦. 思復爲貲他鄙, 費省獲多. 有黃芝五生州署, 民爲刻石, 頌其祥.[278]

찰기장이 경내에서 자라나다.[거생우경(秬生于境)] 마수(馬燧)[279]가 농사에 힘쓸 것을 권하면서 한 해에 한 번만 세금을 내도록 하니 사람들이 편하게 여겼다. 회주(懷州)로 옮겼는데 당시는 전쟁을 겪은 뒤였고 해가 크게 가물었으며 밭은 풀이 무성하여 경작할 수 없었다. 이해에 찰기장이 경내에서 자라나자 사람들이 덕분에 구제되었다.

馬燧勸督農力, 歲一稅, 人以爲便. 徙懷州, 時師旅後, 歲大旱, 田莽不及耕. 是歲秬生于境, 人賴以濟.[280]

경내에 들어가자 바로 비가 내리다.[입경첩우(入境輒雨)] 배관(裴寬)[281]이 포주자사(蒲州刺史)로 나갔는데 주(州)에 오랫동안 가뭄이 들었다가 배관이 경내에 들어가자 바로 비가 내렸다.

裴寬出爲蒲州刺史, 州久旱, 寬入境, 輒雨.[282]

직접 뙤약볕 아래에서 비를 빌다.[자폭기우(自暴祈雨)] 당(唐) 전인회(田仁會)[283]가 평주자사(平州刺史)일 때 해가 가물자 직접 햇볕 아래에서 기도하니 비가 많이 내렸다. 곡식이 마침내 풍년이 드니 사람들이 다음과 같이 노래하였다.

父母育我兮田使君,	부모처럼 우리를 기르신 전사군(田使君)이시여,
挺精誠兮上天聞.	정성을 펼치시니 하늘이 들으셨네.
中田致雨兮山出雲,	밭에 비를 내려 주시니 산에는 구름 일고
倉廩實兮禮義申.	창고가 채워지니 예의(禮義)가 펼쳐지네.
願公常在兮不患貧.	공께서 항상 계시기를 바라노니 가난을 걱정하지 않네.

唐田仁會爲平州刺史, 歲旱, 自暴以祈, 雨大至. 穀遂登, 人歌曰. 父母育我兮田使君, 挺精誠兮上天聞. 中田致雨兮山出雲, 倉廩實兮禮義申. 願公常在兮不患貧.[284]

275. 《신당서(新唐書)·서신전(徐申傳)》
276. 한사복(韓思復): 당(唐) 경조(京兆) 출신으로 자가 소출(紹出)이다. 간의대부(諫議大夫), 태자빈객(太子賓客) 등을 역임하였다.
277. 동관(銅官): 동광(銅鑛)의 채굴을 담당한 벼슬이다.
278. 《신당서(新唐書)·한사복전(韓思復傳)》
279. 마수(馬燧): 당(唐) 여주(汝州) 출신으로 자가 순미(洵美)이다. 동중서문하평장사(同中書門下平章事), 시중(侍中) 등을 역임하였다.
280. 《신당서(新唐書)·마수전(馬燧傳)》
281. 배관(裴寬): 당(唐) 강주(絳州) 출신으로 하남윤(河南尹), 예부상서(禮部尙書) 등을 역임하였다.
282. 《신당서(新唐書)·배관전(裴寬傳)》
283. 전인회(田仁會): 당(唐) 장안(長安) 출신으로 좌무후중랑장(左武候中郎將), 우금오대장(右金吾大將) 등을 역임하였다.

황충이 경내에 이르지 않다.[황부지경(蝗不至境)] 왕방익(王方翼)[285]이 숙주자사(肅州刺史)로 옮겼는데 성벽과 해자가 없어 도적이 쉽게 공격하였다. 이에 군사를 내어 성루와 성가퀴를 세우고 봉화를 정밀하고 밝게 하였다. 의봉(儀鳳)[286] 연간에 하서(河西)에서 황충이 발생하였는데 오직 왕방익의 경내에만 이르지 않았다. 다른 군의 백성들이 간혹 굶주려 죽게 된 자들이 왕방익의 경내로 들어왔다. 이에 개인 돈을 내어 물방아를 만들고 그 이익을 정리하여 굶주리고 병든 자들을 구제하였으며 백 채에 가까운 집을 지어 살게 하니 온전하게 살아난 자들이 매우 많았고 지초(芝草)가 그곳에서 자라났다.

王方翼遷肅州刺史, 無隍塹, 寇易以攻. 乃發卒, 建樓堞, 烽火精明. 儀鳳間河西蝗, 獨不至方翼境. 他郡民或餒死者, 走方翼治下. 乃出私錢, 作水磑, 簿其嬴, 以濟飢瘵, 創舍數十百楹, 居之, 全活甚衆, 芝產其地.[287]

호랑이가 포악을 부리지 않다.[호불위폭(虎不爲暴)] 이신(李紳)[288]이 저주(滁州)와 수주(壽州) 두 주의 자사(刺史)로 옮겼는데 곽산(霍山)에 호랑이가 많아 차를 뜯는 이들이 고통스러워하였다. 덫과 함정을 만들고 장정들을 뽑아 활을 쏘아도 제지할 수 없었는데 이신이 이르러 (덫과 함정을) 모두 제거하였으나 호랑이가 포악을 부리지 않았다.

李紳遷滁壽二州刺史, 霍山多虎, 採茶者病之. 治機穽, 發民壯, 射不能止, 紳至, 盡去之, 虎不爲暴.[289]

문장(文章)과 사람을 사랑하는 것[문장애인(文章愛人)] 설각(薛珏)[290]이 초주자사(楚州刺史)로 옮겼는데 당시에 조서를 내려 자사(刺史)와 현령(縣令)을 천거하도록 한 것이 거의 백 명이었고 불러들여 민간의 질고와 관리들의 잘잘못을 물어 특별히 통달한 자를 취한 것이 십 분의 이였다. 재상이 문사(文辭)로 심사하려고 하자 설각이 말하기를, “훌륭한 관리를 구하는데 문학을 요구하면 안 됩니다. 마땅히 사람을 사랑하는 것을 근본으로 삼아야 합니다”라고 하자 재상이 그의 계책을 훌륭하게 여겼다.

薛珏遷楚州刺史, 時詔擧刺史縣令者, 且百人, 延問人間疾苦, 吏得失, 取尤通達, 什二. 宰相欲校以文辭, 珏曰, 求良吏, 不可責文學. 宜以愛人爲本. 宰相多其計.[291]

예법(禮法)으로 아랫사람들을 다스리다.[예법치하(禮法治下)] 이빈(李頻)[292]이 요청하여 건주자사(建州刺史)가 되었다. 부임한 뒤에 예법(禮法)으로 아랫사람들을 다스리고 다시 법규와 교령을 폈다. 당시에 도적이 일어나고 정치가 어지러워 갈수록 서로 도적질을 하였는데 건주(建州)가 이빈에 힘입어 편안해졌다.

李頻乞爲建州刺史. 旣至, 以禮法治下, 更布條敎. 時盜興政亂, 轉相推寇, 而建賴頻以安.[293]

정치와 법규가 깨끗하고 간결하다.[정조청간(政條

---

284. 《구당서(舊唐書)·전인회전(田仁會傳)》
285. 왕방익(王方翼): 당(唐) 병주(并州) 출신으로 자가 중상(仲翔)이다. 정주자사(庭州刺史), 하주도독(夏州都督) 등을 역임하였다.
286. 의봉(儀鳳): 당(唐) 고종(高宗)의 연호(676-679)이다.
287. 《신당서(新唐書)·왕방익전(王方翼傳)》
288. 이신(李紳): 당(唐) 박주(亳州) 출신으로 자가 공수(公垂)이다. 우습유(右拾遺), 한림학사(翰林學士) 등을 역임하였다.
289. 《신당서(新唐書)·이신전(李紳傳)》
290. 설각(薛珏): 당(唐) 하중(河中) 출신으로 자가 온여(溫如)이다. 경조윤(京兆尹), 영남절도관찰사(嶺南節度觀察使) 등을 역임하였다.
291. 《신당서(新唐書)·설각전(薛珏傳)》
292. 이빈(李頻): 당(唐) 수창(壽昌) 출신으로 자가 덕신(德新)이다. 시어사(侍御史), 건주자사(建州刺史) 등을 역임하였다.
293. 《신당서(新唐書)·이빈전(李頻傳)》

淸簡)] 장일(張鎰)[294]이 대력(大曆)[295] 초엽에 호주자사(濠州刺史)로 나갔는데 정치와 법규가 깨끗하고 간결하였다. 경술(經術)을 지닌 선비를 맞이하여 생도들을 가르치게 하니 떠날 때에 이르러서는 주(州)에서 명경과(明經科)에 합격한 자가 40명이었다.

張鎰, 大曆初出爲濠州刺史, 政條淸簡. 延經術士, 講敎生徒, 比去, 州明經者四十人.[296]

〈청백잠(淸白箴)〉을 주니 그 사람이 부끄러워하다.[사잠인괴(賜箴人愧)] 허어사(許圉師)[297]가 양주자사(襄州刺史)일 때 항상 관대함으로 다스리니 고을 사람들이 돌에 새겨 아름다움을 칭송하였다. 관할 지역에서 뇌물을 받은 자가 있었는데 허어사는 차마 조사하지 못하고 다만 〈청백잠〉을 주었다. 그 사람이 스스로 부끄러워하고 뒤에 수양하고 조심하여 다시 청렴한 사람이 되었다.

許圉師爲襄州刺史, 嘗以寬治, 州人刻石頌美. 部有受贓者, 圉師不忍按, 但賜淸白箴. 其人自愧, 後修飭, 更爲廉士.[298]

운반천(員半千)[299]의 예교(禮敎)[반천예교(半千禮敎)] 운반천이 호주(濠州)와 기주(蘄州) 두 주의 자사(刺史)로 나갔는데 속관에게 오로지 맡기지를 않고 항상 문아(文雅)함으로 처리하였다. 그러므로 이르는 곳마다 예교가 크게 행해졌다.

員半千出爲濠蘄二州刺史, 不顓任吏, 常以文雅粉澤. 故所至, 禮敎大行.[300]

하후(夏侯) 형제의 은혜로운 정치[하후은정(夏侯恩政)] 하후단(夏侯亶)[301]이 예주자사(豫州刺史)가 되었는데 동생인 하후희(夏侯喜)도 역시 예주자사가 되었다. 모두 은덕이 있어 백성들이 다음과 같이 노래하였다.

我之有豫, 우리의 예주(豫州)는
州賴夏侯, 주민들이 하후씨(夏侯氏)에게 힘입었네.
前兄後弟, 먼저는 형이 뒤에는 동생이
敷政優優. 정치를 편 것이 너그러웠네.《양서(梁書)》

夏侯亶爲豫州刺史, 弟喜後亦爲之. 竝有恩惠, 百姓歌曰. 我之有豫, 州賴夏侯, 前兄後弟, 敷政優優.《梁書》[302]

가종(賈琮)[303]이 휘장을 걷다.[가종건상(賈琮褰裳)] 동한(東漢) 가종이 기주자사(冀州刺史)일 때 옛 전례에 전거(傳車)[304]에 탈 때에는 붉은 휘장을 내리도록 되어 있었다. 가종이 수레에 올라 휘장을 걷으면서 말하기를, "자사는 마땅히 멀리 보고 널리 들으면서 선악을 살펴야 하는데 어찌 도리어 휘장을 드리워 스스로를 막겠는가"라고 하였다. 백성들이 듣고 두려워 떨었다.

294. 장일(張鎰): 당(唐)나라 사람으로 자가 계권(季權)이다. 봉상(鳳翔), 농우절도사(隴右節度使) 등을 역임하였다.
295. 대력(大曆): 당(唐) 대종(代宗)의 연호(766-779)이다.
296. 《신당서(新唐書)·장일전(張鎰傳)》
297. 허어사(許圉師): 당(唐) 안주(安州) 출신으로 황문시랑(黃門侍郎), 좌상(左相), 호부상서(戶部尙書) 등을 역임하였다.
298. 《신당서(新唐書)·허어사전(許圉師傳)》
299. 운반천(員半千): 당(唐) 전절(全節) 출신으로 자가 영기(榮期)이다. 태자우유덕겸숭문관학사(太子右諭德兼崇文館學士)를 역임하였다.
300. 《신당서(新唐書)·운반천전(員半千傳)》
301. 하후단(夏侯亶): 남조(南朝) 양(梁) 초군(譙郡) 출신으로 자가 세룡(世龍)이다. 선성태수(宣城太守), 예주자사(豫州刺史) 등을 역임하였다.
302. 《양서(梁書)·하후단전(夏侯亶傳)》
303. 가종(賈琮): 동한(東漢) 동군(東郡) 출신으로 자가 맹견(孟堅)이다. 교지자사(交趾刺史), 기주자사(冀州刺史) 등을 역임하였다.
304. 전거(傳車): 역참에 비치된 수레를 가리킨다.

後漢賈琮爲冀州刺史, 舊典, 傳車驂駕, 垂赤帷裳. 琮升車褰裳曰, 刺史當遠視廣聽, 糾察善惡, 何反垂帷裳, 以自掩塞乎. 百姓聞之, 震慄.[305]

교지(交趾)에서 반란이 일어 자사(刺史)와 합포태수(合浦太守)를 체포하고 영제(靈帝)[306]는 가종으로 교주자사(交州刺史)를 삼았다. 가종이 관할 지역에 도착하여 흩어진 백성들을 부르고 위로하며 부역을 덜어 주고 면제해 주니 마을과 골목에서 다음과 같이 노래하였다.

賈父來晚, 가(賈) 어른 오신 것이 늦었는데
使我先反. 우리를 먼저 돌아오게 하시네.
今見清平, 이제 깨끗함과 평온함을 보이시니
吏不敢犯. 아전들이 감히 범하지 못하리.

交趾反, 執刺史及合浦太守, 靈帝以琮爲交州刺史. 琮到部, 招撫流散, 蠲復徭役, 里巷歌曰. 賈父來晚, 使我先反. 今見清平, 吏不敢犯.[307]

난쟁이 바치는 것을 그만두다.[파공주유(罷貢侏儒)]

양성(陽城)[308]이 도주자사(道州刺史)일 때에 백성을 다스리는 것을 집안을 다스리는 것과 같게 하여 벌을 주어야 할 자는 벌을 주고 상을 주어야 할 자는 상을 주어 문서에 개의하지 않았다. 주에서 난쟁이를 많이 낳는데 해마다 조정에 바쳤다. 양성이 아뢰기를, "주의 백성들이 모두 작은데 만약 바친다면 누구를 바쳐야 할지 모르겠습니다"라고 하였다. 이로부터 그만두게 되자 주의 백성들이 감격하여 '양(陽)'으로 아들의 이름을 지었다.

陽城爲道州刺史, 治民如治家, 宜罰罰之, 宜賞賞之, 不以簿書介意. 州產侏儒, 歲貢諸朝. 城奏曰, 州民盡短, 若以貢, 不知何者可供. 自是罷之, 州人感之, 以陽名子.[309]

관찰사(觀察使)가 판관(判官)을 파견하여 세금을 독촉하자 양성이 스스로 옥에 갇혔다. 판관이 놀라서 말하기를, "사군(使君)이 무슨 죄가 있으십니까? 저는 명을 받들고 와서 안부를 여쭐 뿐입니다"라고 하였다. 양성이 문을 닫고 관사 밖에서 자면서 명을 기다리니 판관이 서둘러 돌아갔다.

觀察使遣判官, 督其賦稅, 城自囚於獄. 判官驚曰, 使君何罪? 某奉命來, 候安否耳. 城闔門, 寢館外待命, 判官遽辭去.[310]

아전의 죄에 훈계하여 보내다.[이죄계견(吏罪誡遣)]

육상선(陸象先)[311]이 여러 차례 옮겨 포주자사겸하동찰방사(蒲州刺史兼河東察訪使)가 되었다. 아전이 죄가 있자 훈계하여 보내니 대리(大吏)가 따지면서 장형(杖刑)을 가해야 한다고 하였다. 육상선이 말하기를, "사람의 심정은 대개 서로 멀지 않다. 그가 내 말을 깨닫지 못했다고 여기는가? 반드시 추궁해야 할 것은 마땅히 너로부터 시작해야 하겠다"라고 하니 대리가 부끄러워하면서 물러갔다.

陸象先累徙蒲州刺史兼河東察訪使. 小吏有罪, 誡遣之, 大吏白爭, 以爲可杖. 象先曰, 人情大抵不相遠. 謂彼不曉吾言耶? 必責者, 當以汝爲始. 大吏慚而退.[312]

세공(歲貢)을 그만둘 것을 아뢰다.[세공주파(歲貢奏罷)] 공규(孔戣)[313]가 화주자사(華州刺史)가 되

305. 《후한서(後漢書)·가종전(賈琮傳)》
306. 영제(靈帝): 동한(東漢) 제11대 황제로 재위 기간은 168-189년이다.
307. 《후한서(後漢書)·가종전(賈琮傳)》
308. 양성(陽城): 당(唐) 정주(定州) 출신으로 자가 항종(亢宗)이다. 학문(學問)이 깊고 덕이 높아 저작랑(著作郎), 간의대부(諫議大夫), 도주자사(道州刺史) 등을 역임하였다.
309. 《신당서(新唐書)·양성전(陽城傳)》
310. 《신당서(新唐書)·양성전(陽城傳)》
311. 육상선(陸象先): 당(唐) 소주(蘇州) 출신으로 자가 숭현(崇賢)이다. 동중서문하평장사(同中書門下平章事), 검남안찰사(劍南按察使), 태자소보(太子少保) 등을 역임하였다.
312. 《신당서(新唐書)·육상선전(陸象先傳)》

었는데 주에서 매년 홍합, 꼬막 등을 바쳤다. 공규가 이에 바다에서 도성에 이르기까지 도로에서 43만 명이 부역을 한다고 하면서 아뢰어 그만두게 하였다.

孔戣爲華州刺史, 州歲貢淡菜蚶蛤之屬. 戣乃以爲自海抵京師, 道路役凡四十三萬人, 奏罷之.[314]

노예가 된 사람들을 대속해 주다.[속인위례(贖人爲隷)] 한유(韓愈)[315]가 원주자사(袁州刺史)로 옮겼는데 원주 사람들이 남녀를 노예로 삼고 (빌린 돈을) 기간이 지나도록 갚지 못하면 몰수하여 편입시켰다. 한유가 부임하여 남에게 부역되는 자들을 품삯으로 계산해주고 부모에게 돌려보낸 것이 700여 명이었다. 이어서 그들과 약속하기를 노예 삼는 것을 금하기로 하였다.

韓愈改袁州刺史, 袁人以男女爲隷, 過期不贖, 則沒入之. 愈至, 悉計傭得人所役, 歸之父母, 七百餘人. 因與約禁其爲隷.[316]

장사꾼들이 물건을 유통시키다.[상가류행(商賈流行)] 설대정(薛大鼎)[317]이 창주자사(滄州刺史)로 옮겼다. 무체거(無棣渠)가 오랫동안 막혀 있었는데 대정이 준설하여 바다로 잇자 장사꾼들이 지나면서 다음과 같이 노래하였다.

新渠通, 새로운 물길이 개통되니
舟楫利. 배의 통행이 편해졌네.
屬滄海, 바다와 이어지니
魚鹽至. 물고기와 소금이 이르네.
昔徒行, 전에는 걸어 다녔는데
今騁駟, 지금은 달려 다니니,
美哉薛公, 아름답다 설공이여
德滂被. 덕이 널리 퍼졌네.

薛大鼎徙滄州刺史. 無棣渠久廢塞, 大鼎浚治屬之海, 商賈流行, 歌曰, 新渠通, 舟楫利. 屬滄海, 魚鹽至. 昔徒行, 今騁駟, 美哉薛公, 德滂被.[318]

당시에 영주(瀛州)의 가돈이(賈敦頤)[319]와 조주(曺州)의 정덕본(鄭德本)[320]이 모두 아름다운 다스림이 있자, 하북(河北) 사람들이 칭송하여 당각자사(鐺脚刺史)[321]라고 하였다.

時瀛州賈敦頤, 曺州鄭德本, 俱有美政, 河北稱爲鐺脚刺史.[322]

크게 학교를 세우다.[대기학교(大起學校)] 이서균(李栖筠)[323]이 상주자사(常州刺史)가 되어 크게 학교를 세우고 당상(堂上)에 효우전(孝友傳)을 그려 제생(諸生)들에게 보이고 향음주례(鄕飮酒禮)를 행하여 올라가서는 노래하고 내려와서는 술을 마시게 하니 사람마다 힘쓸 줄을 알았다. 치적(治積)으로 진급하여 찬황현남(贊皇縣男)에 봉해지고 한 아들에게 관직이 하사되었다.

李栖筠爲常州刺史, 大起學校, 堂上畫孝友傳, 示諸生, 爲鄕飮酒禮, 登歌降飮, 人人知勸. 以治行進, 封贊皇縣男, 賜一子官.[324]

---

313. 공규(孔戣): 당대(唐代) 사람으로 자가 군엄(君嚴)이다. 화주자사(華州刺史), 예부상서(禮部尙書) 등을 역임하였다.
314. 《신당서(新唐書)·공규전(孔戣傳)》
315. 한유(韓愈): 당(唐) 하남(河南) 출신으로 자가 퇴지(退之)이다. 국자박사(國子博士), 중서사인(中書舍人), 형부시랑(刑部侍郞), 이부시랑(吏部侍郞) 등을 역임하였다.
316. 《신당서(新唐書)·한유전(韓愈傳)》
317. 설대정(薛大鼎): 당(唐) 포주(蒲州) 출신으로 자가 중신(重臣)이다. 창주자사(滄州刺史)를 역임하였다.
318. 《신당서(新唐書)·설대정전(薛大鼎傳)》
319. 가돈이(賈敦頤): 당(唐) 조주(曹州) 출신으로 영주자사(瀛州刺史), 낙주자사(洛州刺史) 등을 역임하였다.
320. 정덕본(鄭德本): 당(唐) 정주(鄭州) 출신으로 진주장사(晉州長史), 기주자사(冀州刺史) 등을 역임하였다.
321. 당각자사(鐺脚刺史): 솥에 있는 세 개의 다리를 비유로 하여 위의 세 사람을 칭송한 것이다.
322. 《신당서(新唐書)·설대정전(薛大鼎傳)》
323. 이서균(李栖筠): 당대(唐代) 사람으로 급사중(給事中), 절서관찰사(浙西觀察使) 등을 역임하였고, 찬황현남(贊皇縣男)에 봉해졌다.

근신(近臣)들을 선발할 것을 청하다. [청선근신(請選近臣)] 위사립(韋嗣立)[325]이 동평장사(同平章事)일 때 이교(李嶠)[326]와 당휴경(唐休璟)[327]이 아뢰기를, "지금 조정에서는 내직(內職)을 중시하고 외직(外職)을 경시하여 목수(牧守)를 제수하면 모두가 가지 않을 것을 호소합니다. 청컨대 대각(臺閣)의 현자를 선발하여 큰 주를 나누어 맡기실 것이며 근신(近臣)으로부터 시작하십시오"라고 하였다. 위사립이 (자신이) 먼저 실행하여 군신(群臣)들에게 보일 것을 청하자 측천무후(則天武后)가 기뻐하여 본관(本官)으로 검교변주자사(檢校汴州刺史)를 맡게 하였다. 이로부터 양재사(楊再思)[328] 등이 모두 외직에 보임되었다.

韋嗣立同平章事時, 李嶠·唐休璟曰, 今朝廷重內輕外, 除牧守, 皆訴不行. 請選臺閣賢者, 分典大州, 自近臣始. 嗣立請先行以示群臣, 后說, 以本官檢校汴州刺史. 由是楊再思等悉補外.[329]

청백리라고 일컬어지게 되다. [지호청리(至號淸吏)] 정선과(鄭善果)[330]는 나이 14세에 기주자사(沂州刺史)가 되었고 여러 번 옮겨 노군(魯郡)을 맡았다. 정선과의 모친 최(崔)씨가 현명하고 정치에 밝았다. 항상 집안에 앉아서 정선과가 정사를 처리하는 것을 듣고 이치에 맞으면 기뻐하고 불가한 것이 있으면 탁자 아래로 오게 하여 책망하였다. 그래서 이르는 곳마다 치적이 있었고 청백리라고 일컬어졌다.

鄭善果年十四爲沂州刺史, 累轉魯郡. 善果母崔賢明, 曉政治. 嘗坐閣內, 聽善果處決, 當理則悅, 有不可則引至床下, 責媿之. 故所至有績, 號淸吏.[331]

귀족이나 요직에 있는 이들의 편지를 사절하다. [절귀요서(絶貴要書)] 조염(趙琰)[332]이 청주자사(青州刺史)일 때 귀인이나 요직에 있는 이들이 편지로 청탁을 하면 모두 물속에 던져버리고 답변하는 일이 없었다.

趙琰爲青州刺史, 有貴要書囑托, 悉役之水中, 無有所報.[333]

공거(貢擧)[334]를 행할 역참을 짓다. [위공거사(爲貢擧舍)] 위경준(韋景駿)[335]이 방주자사(房州刺史)로 옮겼는데 주가 궁벽하여 오랑캐의 풍속이 있고 학교는 없고 삿된 귀신에게 제사 지내기를 좋아하였다. 경준이 공거(貢擧)를 행하고 좁은 길을 뚫고 역참을 지었다.

李景晙[336]遷房州刺史, 州窮險, 有蠻夷風, 無學校,

324. 《신당서(新唐書)·이서균전(李栖筠傳)》

325. 위사립(韋嗣立): 당(唐) 정주(鄭州) 출신으로 자가 연구(延構)이다. 중종(中宗) 신룡(神龍) 연간에 황문시랑(黃門侍郎)이 되고 병부상서(兵部尙書)로 옮겨졌으며, 후에 소요공(逍遙公)에 봉해졌다. 현종(玄宗) 개원(開元) 초에 국자좨주(國子祭酒)가 되었다.

326. 이교(李嶠): 당(唐) 찬황(贊皇) 출신으로 자가 거산(巨山)이다. 급사중(給事中), 봉각난대평장사(鳳閣蘭臺平章事) 등을 역임하였다.

327. 당휴경(唐休璟): 당(唐) 경조(京兆) 출신으로 이름이 선(璿)이고 휴경(休璟)은 그의 자다. 하관상서(夏官尙書), 태자소부(太子少傅) 등을 역임하였다.

328. 양재사(楊再思): 당(唐) 정주(鄭州) 출신으로 난대시랑(蘭臺侍郎), 동평장사(同平章事), 시랑(侍郎) 등을 역임하였다.

329. 《신당서(新唐書)·위사립전(韋嗣立傳)》

330. 정선과(鄭善果): 수나라 말엽 당나라 초기 사람으로 어머니의 현명함으로 인하여 청백리로 이름이 났다. 당나라에서 검교대리경겸민부상서(檢校大理卿兼民部尙書), 기주자사(沂州刺史)를 역임하였다.

331. 《신당서(新唐書)·정선과전(鄭善果傳)》

332. 조염(趙琰): 북위(北魏) 천수(天水) 출신으로 자가 숙기(叔起)이다. 연주사마(兗州司馬), 회남왕부장사(淮南王府長史) 등을 역임하였다.

333. 《예문유취(藝文類聚)·직관부(職官部)》

334. 공거(貢擧): 지방에서 조정에 인재를 추천하는 것이다.

335. 위경준(韋景駿): 당(唐) 경조(京兆) 출신으로 조주장사(趙州長史), 방주자사(房州刺史) 등을 역임하였다.

336. 《유원총보》의 '李景晙'은 '韋景駿'의 오류이다[《신당서(新唐書)·위경준전(韋景駿傳)》].

好祀淫鬼. 景晙爲貢擧, 通隘道, 作傳舍.[337]

변교(汴橋)에 나무를 세워 놓다.[변교립목(汴橋立木)] 권회은(權懷恩)[338]이 변주(汴州)를 들렀는데 자사 양덕간(楊德幹)이 회은과 명성이 서로 비슷하였다. 변교(汴橋)가 막 완성되었는데 길 중간에 나무를 세워 놓고 수레가 지나가는 것을 막았다. 회은이 마침 지나가다가 덕간에게 알리기를, "백성들을 제지할 수 없는가? 어찌 이런 것을 쓰는가?"라고 하자 덕간이 부끄러워하며 승복하였다.

權懷恩過汴州, 刺史楊德幹與懷恩名相埒. 汴橋新成, 立木中途, 止過車者. 懷恩適過之, 示德幹曰, 民不可止耶? 焉用此? 德幹慚服.[339]

다섯 용광로에서 동전을 주조하다.[오로주전(五鑪鑄錢)] 이청(李聽)[340]이 울주자사(蔚州刺史)일 때에 주에 동(銅) 제련소가 있는데 천보(天寶) 이후로 폐지된 채 운영되지 않아 백성들이 몰래 주조하여도 금하지 않았다. 이청이 이에 다섯 용광로를 열고 관에서 하루에 5만 전의 동전을 주조하니 백성들이 범하는 자가 없었다.

李聽爲蔚州刺史, 州有銅冶, 自天寶後廢不治, 民盜鑄不禁. 聽乃開五鑪, 官鑄錢一日五萬, 人無犯者.[341]

균수법(均水法)을 만들다.[작균수법(作均水法)] 대숙륜(戴叔倫)[342]이 무주자사(撫州刺史)를 맡았는데 해마다 관개(灌漑)를 다투자 그 때문에 균수법(均水法)을 만드니 민간에서 편리하게 여겼다. 경지의 양식이 해마다 늘고 감옥에는 갇힌 죄수가 없게 되자 얼마 후 정식으로 임용되었고 1년이 되니 조서를 내려 미정(美政)을 칭찬하였다.

戴叔倫守撫州刺史, 歲爭灌漑, 爲作均水法, 俗便利之. 耕餉歲廣, 獄無繫囚, 俄卽眞, 朞年詔書褒美.[343]

당체비(棠棣碑) 가돈이(賈敦頤)[344]가 낙주자사(洛州刺史)로 옮겼는데 낙주에는 권세가들이 많아 토지를 독점하고 제도를 어겼다. 돈이가 모두 몰수한 것이 3천여 경(頃)이 되어 가난한 사람들에게 나눠주었으며 간악한 자들을 밝혀내고 숨은 것을 적발하니 아랫사람들이 속일 수 없었다. 함형(咸亨)[345] 초엽에 동생 돈실이 낙주장사(洛州長史)가 되었는데 역시 관대하고 은혜로워 민심이 쏠렸다. 전에 백성들이 가돈이를 위하여 큰 시장 옆에 비를 세웠는데 가돈실이 태자우서자(太子右庶子)로 들어가게 되자 다시 그 옆에 비를 세우고 '당체비(棠棣碑)'라고 불렀다.

賈敦頤遷洛州刺史, 洛多豪右, 占田踰制. 敦頤擧沒者, 三千餘頃, 以賦貧民, 發奸擿伏, 下無能欺. 咸亨初弟敦實爲洛州長史, 亦寬惠, 人心懷向. 始人爲敦頤立碑大市旁, 及敦實入爲太子右庶子, 復立碑其側, 號曰棠棣碑.[346]

후향거(後鄕渠)를 개통하다.[개후향거(開後鄕渠)] 온조(溫造)[347]가 낭주자사(朗州刺史)가 되어 후

337. 《신당서(新唐書)·위경준전(韋景駿傳)》
338. 권회은(權懷恩): 당(唐) 경조(京兆) 출신으로 여러 주의 자사(刺史)와 장사(長史)를 거치면서 위명(威名)을 떨쳤다.
339. 《신당서(新唐書)·권회은전(權懷恩傳)》
340. 이청(李聽): 당(唐) 조주(洮州) 출신으로 자가 정사(正思)이다. 어사중승(御史中丞), 태자태보(太子太保) 등을 역임하였다.
341. 《신당서(新唐書)·이청전(李聽傳)》
342. 대숙륜(戴叔倫): 당(唐) 금단(金壇) 출신으로 자가 유공(幼公)이다. 무주자사(撫州刺史),용관경략사(容管經略使) 등을 역임하였다.
343. 《신당서(新唐書)·대숙륜전(戴叔倫傳)》
344. 가돈이(賈敦頤): 당(唐) 조주(曹州) 출신으로 영주자사(瀛州刺史), 낙주자사(洛州刺史) 등을 역임하였다.
345. 함형(咸亨): 당(唐) 고종(高宗)의 연호(670-674)이다.
346. 《신당서(新唐書)·가돈이전(賈敦頤傳)》
347. 온조(溫造): 당(唐) 태원(太原) 출신으로 자가 간여(簡輿)이다. 시어사(侍御史), 어사중승(御史中丞), 예부상서(禮部尙書) 등을 역임하였다.

향거 100리를 개통하고 논 2,000경을 관개하였다. 백성들이 그 이익을 입고 '우사거(右史渠)'라고 불렀다.

溫造爲朗州刺史, 開後鄕渠百里, 漑田二千頃. 民獲其利, 號右史渠.348

설종(薛從)349이 분주자사(汾州刺史)로 옮겨 문곡(文谷)과 여하(濾河)에 제방을 쌓아 물을 끌여들여 공전(公田)과 사전(私田)을 관개하니 분주 사람들이 모두 이롭게 여겼다.

薛從遷汾州刺史, 隄文谷·濾河, 引漑公私田, 汾人皆利之.350

이서균(李栖筠)351이 상주자사(常州刺史)일 때에 해가 거듭 가물어 호적에 편입된 백성들이 죽어가 운구행렬이 길을 이었다. 서균이 그들을 위해 도랑을 준설하여 장강의 물을 끌어다 논을 관개하니 마침내 크게 풍년이 들었다.

李栖筠爲常州刺史, 歲仍旱, 編人死徙踵路. 栖筠爲浚渠, 廝江流灌田, 遂大豊稔.352

배요경(裵耀卿)353이 제주자사(濟州刺史)가 되었는데 이에 앞서 홍수가 나서 황하의 제방이 무너졌다. 여러 주에서 함부로 부역을 일으키지 못하자 요경이 말하기를, "지극히 공적이지 못하다"라 하고 몸소 감독하여 부역을 일으켰다. 일이 끝나지 않았는데 관직을 옮기는 조서가 내리자 요경은 일이 완성되지 않을 것을 염려하여 순시하며 독촉하였다. 제방이 완성되자 조서를 발표하고 떠나니 제주 사람들이 그를 위해 비를 세우고 공덕을 기렸다.

裵耀卿爲濟州刺史, 前此大水, 河防壞. 諸州不敢擅興役, 耀卿曰, 非至公也. 乃躬護作役. 未訖, 詔徙官, 耀卿懼功未成, 撫巡飭厲. 隄成, 發詔而去, 濟人爲立碑頌德.354

신의로 여러 도적들을 대하다. [신대군도(信待羣盜)]

여원응(呂元膺)355이 기주자사(蘄州刺史)일 때에 일찍이 죄수들을 심사하는데 죄수 중의 어떤 자가 아뢰기를, "부모가 계신데 내일 설날에 뵐 수 없는 것이 한이 됩니다"라 하고 눈물을 흘렸다. 원응이 측은하여 모두 칼을 풀어주고 돌려보내면서 돌아올 기한을 공고하였다. 속관이 감히 할 수 없다고 아뢰자 대답하기를, "내가 신의로 사람을 대하는데 그들이 어찌 나를 어기겠는가"라고 하였다. 기일에 맞춰 돌아오니 이로부터 뭇 도적들이 감격하고 부끄러워하여 모두 경내를 피해 떠나갔다.

呂元膺爲蘄州刺史, 嘗錄囚, 囚或白, 父母在, 明日歲旦不得省, 爲恨. 因泣. 元膺惻然, 悉釋械歸之, 而戒還期. 吏白不敢, 答曰, 吾以信待人, 人豈我違. 如期而至, 自是群盜感愧, 悉避境去.356

풍원상(馮元常)357이 미주자사(眉州刺史)로 옮겼는데 검남(劍南)에 광화도(光火盜)358가 있어 밤에

348. 《신당서(新唐書)·온조전(溫造傳)》
349. 설종(薛從): 당(唐) 강주(絳州) 출신으로 자가 순지(順之)이다. 분주자사(汾州刺史), 좌영군위상장군(左營軍衛上將軍) 등을 역임하였다.
350. 《신당서(新唐書)·설종전(薛從傳)》
351. 이서균(李栖筠): 당나라 때 사람으로 급사중(給事中), 절서관찰사(浙西觀察使)를 역임하였고, 찬황현남(贊皇縣男)에 봉해졌다.
352. 《신당서(新唐書)·이서균전(李栖筠傳)》
353. 배요경(裵耀卿): 당(唐) 강주(絳州) 출신으로 자가 환지(煥之)이다. 지방관으로 있으면서 좋은 다스림을 폈고 동중서문하평장사(同中書門下平章事)를 역임하였다.
354. 《신당서(新唐書)·배요경전(裵耀卿傳)》
355. 여원응(呂元膺): 당(唐) 동평(東平) 출신으로 자가 경부(景夫)이다. 이부시랑(吏部侍郞), 간의대부(諫議大夫), 태자빈객(太子賓客) 등을 역임하였다.
356. 《신당서(新唐書)·여원응전(呂元膺傳)》
357. 풍원상(馮元常): 당(唐) 상주(常州) 출신으로 상서좌승(尙書左丞), 광주도독(廣州都督) 등을 역임하였다.

는 사람들을 약탈하고 낮에는 산골에 숨어 있었다. 풍원상이 은혜와 신의로 깨우치자 잘못을 뉘우치고 스스로 새로워지기를 약속하였다. 적들이 서로 이끌고 갑옷을 벗고 면박(面縛)[359]한 채 투항하였다.

馮元常徙眉州刺史, 劍南有光火盜, 夜掠人, 晝伏山谷. 元常喩以恩信, 約悔過自新. 賊相率脫甲面縛.[360]

두 개의 문으로 세운 망루[이문초로(二門譙櫓)]

마수(馬燧)[361]가 농주자사(隴州刺史)일 때에 서산(西山)에 토번(吐蕃)이 있고 그 위에 통하는 길이 있었는데 오랑캐들이 출입하는 곳이었다. 마수가 돌을 쌓고 나무를 심어 그것을 막고 두 개의 문을 세워 망루로 삼았다. 8일 만에 끝내니 오랑캐들이 침략하지 못하였다.

馬燧爲隴州刺史, 西山有吐蕃, 其上有通道, 虜出入者. 燧聚石種樹障之, 設二門, 爲譙櫓. 八日而畢, 虜不能暴.[362]

면류관을 드러나게 하다.[노면(露冕)] 동한(東漢) 곽하(郭賀)[363]는 자가 교경(喬卿)이다. 형주자사(荊州刺史)일 때에 특별한 치적이 있자 백성들이 노래하기를, "그 덕이 어질고 명철하니 곽교경(郭喬卿)이요, 조정에서 바르고 반듯하니 상하가 평안하다(厥德仁明郭喬卿, 中正朝廷上下平)"라고 하였다. 현종(顯宗)[364]이 삼공(三公)의 복식인 보불(黼黻)과 면류관(冕旒冠)을 하사하고 명을 내려, 관할 지역을 순시할 때에 휘장을 제거하여 면류관을 드러나게 하여 백성들로 하여금 그의 모습과 복식을 보도록 하여 덕이 있는 것을 드러내 주었다.

東漢郭賀, 字喬卿. 爲荊州刺史, 有殊政, 百姓歌曰, 厥德仁明郭喬卿, 中正朝廷上下平. 顯宗賜以三公之服黼黻冕旒, 勑行部, 去襜帷露冕, 令百姓見其容服, 以彰有德.[365]

효자와 충신[효자충신(孝子忠臣)] 한(漢) 왕존(王尊)[366]이 익주자사(益州刺史)가 되었는데 이보다 앞서 자사 왕양(王陽)이 관할 지역을 순시하다가 공래(邛郲)의 구절판(九折坂)에 이르렀을 때 탄식하며 말하기를, "선인이 물려주신 몸을 받드는데 어떻게 이런 험한 곳을 오르겠는가"라 하고 마침내 관직을 떠났다. 왕존이 이곳에 이르자 속관에게 묻기를, "이곳은 왕양이 두려워했던 길이 아니냐"라 하고 그 마부를 다그치기를, "말을 몰아라"라고 하였다. 세상 사람들이 이르기를, "왕양은 효자이고 왕존은 충신이다"라고 하였다.

漢王尊爲益州刺史, 先是刺史王陽行部, 至邛郲九折坂, 嘆曰, 奉先人遺體, 奈何乘此險乎. 遂去官. 及尊至此, 問吏曰, 此非王陽所畏道耶. 叱其馭曰, 驅之. 世謂王陽爲孝子, 王尊爲忠臣.[367]

수레를 멈추고 일을 결단하다.[주거결사(駐車決事)]

한(漢) 주박(朱博)[368]은 자가 자원(子元)이다. 성제(成帝)[369] 시기에 기주자사(冀州刺史)가 되었는데

---

358. 광화도(光火盜): 횃불을 들고 공공연히 강도짓하는 무리이다.
359. 면박(面縛): 두 손을 뒤로 묶고 얼굴을 앞으로 내미는 것으로 투항을 의미한다.
360. 《신당서(新唐書)·풍원상전(馮元常傳)》
361. 마수(馬燧): 당(唐) 여주(汝州) 출신으로 자가 순미(洵美)이다. 동중서문하평장사(同中書門下平章事), 시중(侍中)을 역임하였다.
362. 《신당서(新唐書)·마수전(馬燧專)》
363. 곽하(郭賀): 동한(東漢) 광한(廣漢) 출신으로 자가 교경(喬卿)이다. 중서령(中書令), 하남윤(河南尹) 등을 역임하였다.
364. 현종(顯宗): 동한(東漢) 명제(明帝)의 묘호(廟號)로 재위 기간은 58-75년이다.
365. 《산당사고(山堂肆考)·신직(臣職)》
366. 왕존(王尊): 한(漢) 탁군(涿郡) 출신으로 자가 자공(子贛)이다. 경조윤(京兆尹), 서주자사(徐州刺史), 동군태수(東郡太守) 등을 역임하였다.
367. 《전한서(前漢書)·왕존전(王尊傳)》
368. 주박(朱博): 한(漢) 두릉(杜陵) 출신으로 자가 자원(子元)이다. 좌풍익(左馮翊), 어사대부(御史大夫), 승상(丞相) 등을 역

주박은 본디 무관(武官)이라 법규에 익숙하지 않았다. 관할 지역을 순시하게 되었는데 속관과 백성들이 길을 막고 직접 하소연하자 종사(從事)[370]가 주박을 관찰하면서 시험하고자 하였다. 주박이 수레를 멈추고 결단하고 처리하는 것이 신(神)과 같자 4, 5백 명이 모두 그만두고 떠났으며 주군(州郡) 사람들이 그의 위엄을 두려워하였다.

漢朱博, 字子元. 成帝時爲冀州刺史, 博本武吏, 不習文法. 及行部, 吏民遮道自言, 從事欲以觀試博也. 博駐車決遣如神, 四五百人皆罷去, 州郡畏其威嚴.[371]

도둑을 사면하고 자신을 탄핵하다.[사도자핵(赦盜自劾)] 심현(鐔顯)[372]은 안제(安帝)[373] 시기에 예주자사(豫州刺史)가 되었다. 당시 천하에 기근이 들어 다투어 도적이 되니 주의 경내에서 잡아들인 자들이 매우 많았다. 심현은 그들이 곤궁하여 저절로 형벌에 빠진 것을 안타까워하여 번번이 자기 마음대로 사면하고 자신을 탄핵하였다.

鐔顯, 安帝時爲豫州刺史. 時天下饑荒, 競爲盜賊, 州界收捕甚衆. 顯愍其困窮, 自陷刑辟, 輒擅赦之, 因自劾.[374]

주청하여 조세로 기근을 구휼하도록 하다.[청조진기(請租賑饑)] 황보숭(皇甫嵩)[375]이 기주목(冀州牧)일 때에 주청하기를, 1년의 조세로 기근이 든 백성들을 구휼할 것을 아뢰자 백성들이 다음과 같이 노래하였다.

天下亂兮市爲墟,	천하가 어지러워 시장은 폐허가 되었고,
母不任子兮妻失夫,	어머니는 자식을 감당하지 못하고 아내는 남편을 잃었는데,
賴得皇甫兮復安居.	황보에게 힘입어 다시 편안히 살게 되었네.

皇甫嵩爲冀州牧, 奏請一年租稅以賑饑民, 百姓歌曰. 天下亂兮市爲墟, 母不任子兮妻失夫, 賴得皇甫兮復安居.[376]

죽과 약을 만들어 병든 자를 구제하다.[위약제병(爲藥濟病)] 수(隋) 공손경무(公孫景茂)[377]가 식주자사(息州刺史)가 되었는데 진(陳)나라를 평정한 뒤라서 정벌에 나섰던 이들이 병든 이들이 많았다. 경무가 자신의 녹봉을 내어 죽과 약을 만들어 병든 자들을 구제하니, 그에 힘입어 온전하게 살아난 자가 천으로 헤아려졌다.

隋公孫景茂爲息州刺史, 平陳之後, 征人多病. 景茂捐捧爲粥藥, 以賑濟病者, 賴全活者, 千計.[378]

멀리서 풍채를 보고 관직을 버리다.[망풍기관(望風棄官)] 동한(東漢) 이응(李膺)[379]이 청주자사(靑州刺史)가 되자 수령들이 그의 위엄과 명성을 듣고 멀리서 모습을 보고 관직을 버린 이들이 많았다.

東漢李膺爲靑州刺史, 守令畏其威名, 多望風棄

임하였다.

369. 성제(成帝): 서한(西漢) 제10대 황제로 재위 기간은 BC 32-BC 7년이다.
370. 종사(從事): 주군(州郡)의 장관이 개인적으로 거느리던 속관이다.
371. 《전한서(前漢書)·주박전(朱博傳)》
372. 심현(鐔顯): 동한(東漢) 처(郪) 출신으로 자가 자송(子誦)이다. 장락위위(長樂衛尉), 예주자사(豫州刺史) 등을 역임하였다.
373. 안제(安帝): 동한(東漢) 제6대 황제로 재위 기간은 107-125년이다.
374. 《후한서(後漢書)·심현전(鐔顯傳)》
375. 황보숭(皇甫嵩): 동한(東漢) 안정(安定) 출신으로 자가 의진(義眞)이다. 북지태수(北地太守), 기주목(冀州牧) 등을 역임하였다.
376. 《후한서(後漢書)·황보숭전(皇甫嵩傳)》
377. 공손경무(公孫景茂): 수(隋) 부성(阜城) 출신으로 자가 원울(元蔚)이다.
378 《수서(隋書)·공손경무전(公孫景茂傳)》
379. 이응(李膺): 동한(東漢) 영천(潁川) 출신으로 자가 원례(元禮)이다. 사례교위(司隷校尉), 하남윤(河南尹) 등을 역임하였다.

官.[380]

세 가지 불혹(不惑)[삼불혹(三不惑)] 양병(楊秉)[381]은 자가 숙절(叔節)로 청렴하고 소박하였다. 예주(豫州), 형주(荊州), 서주(徐州), 연주(兗州)의 4주 자사(刺史)를 역임하였는데 날짜를 따져 녹봉을 받고 나머지 녹봉은 자기 집에 받아들이지 않았다. 집안이 가난하여 이틀에 한 번씩 밥을 먹었는데 일찍이 말하기를, "나에게는 세 가지 불혹(不惑)이 있으니 술, 여자, 재물이다"라고 하였다.

楊秉, 字叔節, 淸儉雅素. 歷豫·荊·徐·兗四州刺史, 計日受俸, 餘祿不入私門. 家室貧窶, 倂日而食, 嘗曰, 我有三不惑, 酒·色·財也.[382]

소문만 듣고도 두려워 떨다.[문풍진률(聞風震慄)]

왕공(王龔)[383]은 안제(安帝)[384] 시기에 청주자사(靑州刺史)가 되었는데 권세가들을 두려워하지 않았다. 탐욕스럽고 교활한 2,000석 녹봉을 받는 10여 명을 조사하여 탄핵하니 군읍(郡邑)의 수령들이 소문만 듣고도 두려워 떨었다.

王龔, 安帝時爲靑州刺史, 不畏豪强. 按劾貪猾二千石十餘人, 郡邑守令聞風震慄.[385]

관청의 촛불을 켜지 않다.[불연관촉(不燃官燭)]

파지(巴祗)[386]는 자가 경조(敬祖)이다. 양주자사(楊州刺史)가 되었는데 관직에 있으면서 처자식을 맞아들이지 않았고 밤에 손님과 앉아 있을 때 어둠 속에서도 관청의 촛불을 켜지 않았다.

巴祗, 字敬祖. 爲楊州刺史, 在官不迎妻子, 夜與客坐, 暗中不燃官燭.[387]

평안하게 해주는 장관[태평관부(太平官府)] 당(唐) 강모(姜謨)[388]는 상규(上邽) 출신이다. 진주자사(秦州刺史)가 되었는데 태종(太宗)이 이르기를, "이전에 의금환향(衣錦還鄕)이라는 말을 하였는데 출신 주(州)를 그대에게 제수하노라"라고 하였다. 강모가 은혜와 신의로 변방 사람들을 다스리니 사람들이 기뻐하며 말하기를, "다시 평안하게 해주는 장관을 만날 줄 생각하지도 못했다"라고 하였다.

唐康謨[389], 上邽人. 爲秦州刺史, 太宗曰, 昔稱衣錦還鄕, 以本州相授. 謨撫邊人以恩信, 人喜曰, 不意復見太平官府.[390]

성(城) 위에서 음악을 연주하다.[성상작악(城上作樂)]

장수규(張守珪)[391]가 과주자사(瓜州刺史)일 때에 오랑캐들이 갑자기 습격하여 사람들이 놀라게 되었다. 장수규가 말하기를, "만신창이가 된 뒤에 어떻게 활과 돌로 겨룰 수 있겠는가? 모름지기 권도(權道)로 승리해야 한다"라 하고 마침내 성 위에 술자리를 마련하여 여러 장수들을 모이게 하고 음악을 연주하였다. 오랑캐들이 대비가 있는가를 의심하여 감히 공격하지 못하고 인솔하여 떠나자 장수규는 군대를 풀어 요격하여 패퇴시켰다.

張守珪爲瓜州刺史, 虜奄至, 衆失色. 守珪曰, 瘡痍之餘, 詎可矢石相角. 須權以勝之. 遂置酒城上, 會

---

380. 《후한서(後漢書)·이응전(李膺傳)》
381. 양병(楊秉): 동한(東漢) 홍농(弘農) 출신으로 자가 숙절(叔絶)이다. 양진(楊震)의 아들로 여러 주(州)의 자사(刺史)와 태위(太尉)를 역임하였다.
382. 《후한서(後漢書)·양병전(楊秉傳)》
383. 왕공(王龔): 동한(東漢) 산양(山陽) 출신으로 자가 백종(伯宗)이다. 태위(太尉)를 역임하였다.
384. 안제(安帝): 동한(東漢) 제6대 황제로 재위 기간은 107-125년이다.
385. 《후한서(後漢書)·왕공전(王龔傳)》
386. 파지(巴祗): 내력이 자세하지 않다.
387. 《산당사고(山堂肆考)·신직(臣職)》
388. 강모(姜謨): 당(唐) 상규(上邽) 출신으로 상국주조참군(相國胄曹參軍), 진주자사(秦州刺史) 등을 역임하였다.
389. 《유원총보》의 '康謨'는 '姜謨'의 오류이다.[《구당서(舊唐書)·강모전(姜謨傳)》]
390. 《구당서(舊唐書)·강모전(姜謨傳)》
391. 장수규(張守珪): 당(唐) 섬주(陝州) 출신으로 과주자사(瓜州刺史), 보국대장군(輔國大將軍)을 역임하였다.

諸將作樂. 虜疑有備, 不敢攻, 引去, 守珪縱兵, 邀擊敗之.[392]

거짓 편지를 적에게 보내다.[사서송적(詐書送敵)]

후주(後周) 위효관(韋孝寬)[393]이 연주자사(兗州刺史)일 때에 동위(東魏)의 양주자사(楊州刺史)인 우도항(牛道恒)이 변경의 사람들을 선동하고 유혹하였다. 효관이 그것을 염려하여 이에 거짓으로 도항이 효관에게 보내는 편지를 만들었는데 귀순하겠다는 뜻을 알리는 것이었다. 또 편지에 촛불의 흔적을 남겨 마치 촛불 아래에서 쓴 것처럼 하고, 돌아가서 적의 진영에 던져 놓도록 하였다. 이로 말미암아 위(魏)에서는 도항을 의심하여 그의 계책을 쓰지 않았다.

後周韋孝寬爲兗州刺史, 東魏楊州刺史牛道恒煽誘邊人. 孝寬患之, 乃詐作道恒與孝寬書, 論歸款意. 又爲落燼迹於書, 若燈下書者, 還令送與敵營. 由是魏疑道恒, 不用其計.[394]

강에 가서 교룡을 잡다.[임강집교(臨江執蛟)] 수(隋) 가주자사(嘉州刺史) 조욱(趙昱)[395]은 당시에 늙은 교룡이 해를 끼치자 자신이 천여 명을 인솔하여 강에 다가가 북치고 시끄럽게 떠들다가 직접 칼을 들고 물에 들어갔다. 얼마 후 강물이 모두 붉게 물들었는데 조욱이 교룡을 잡고 물결을 일으키며 나왔다. 송(宋) 태종(太宗) 시기에 신용대장군(神勇大將軍)에 봉해졌고 관강(灌江)의 입구에 사당을 세워 제사 지냈다.

隋嘉州刺史趙昱, 時有老蛟爲害, 昱率千餘人, 臨江鼓譟, 自持刀入水. 有頃江水盡赤, 昱執蛟奮波而起. 宋太宗時封爲神勇大將軍, 廟祀灌江口.[396]

시내에 제사하여 악어를 몰아내다.[제계구악(祭溪驅鱷)] 한유(韓愈)[397]가 조주자사(潮州刺史)일 때에 악계(惡溪)에 악어가 있어 백성들의 가축을 거의 다 잡아먹었다. 한유가 제사를 지내고 3일 안으로 떠날 것을 약조하니 어느 날 저녁 우레가 치더니 모두 바다로 떠났다.

韓愈爲潮州刺史, 惡溪有鱷魚, 食民畜且盡. 愈爲祭之, 約三日徙, 一夕震雷起, 盡徙于海.[398]

노인들이 덕을 노래하다.[기로가덕(耆老歌德)]

적인걸(狄仁傑)[399]이 영주자사(寧州刺史)일 때에 어사 곽한(郭翰)이 농우(隴右)를 순행하다가 영주(寧州)의 경내로 들어오니 자사의 미덕을 노래하는 노인들이 길에 가득하였다. 곽한이 표문으로 그를 추천하여 공부시랑(工部侍郎)으로 삼았다.

狄仁傑爲寧州刺史, 御史郭翰巡隴右, 入寧州境, 耆老歌刺史美德者, 盈路. 翰表薦之, 以爲工部侍郎.[400]

적인걸이 이전에 영주자사(寧州刺史)일 때에 융족의 부락을 무마하여 환심을 얻게 되자 군민(郡民)들이 비를 세워 덕을 칭송하였다. 뒤에 예주자사(豫州刺史)로 옮겼는데 당시에 월왕(越王) 이정(李

---

392. 《구당서(舊唐書)·장수규전(張守珪傳)》
393. 위효관(韋孝寬): 북주(北周)의 경조(京兆) 두릉(杜陵) 사람으로, 북위(北魏) 말에 통군(統軍)이 되었고 주(周)에 들어서 대사공(大司空)을 역임하였다.
394. 《산당사고(山堂肆考)·신직(臣職)》
395. 조욱(趙昱): 수(隋) 촉(蜀) 출신으로 도사 이각(李珏)을 따라 청성산(青城山)에서 은거하다가 가주자사(嘉州刺史)를 역임하였다.
396. 《산당사고(山堂肆考)·신직(臣職)》
397. 한유(韓愈): 당(唐) 하남(河南) 출신으로 자가 퇴지(退之)이다. 국자박사(國子博士), 중서사인(中書舍人), 형부시랑(刑部侍郎), 이부시랑(吏部侍郎) 등을 역임하였다.
398. 《신당서(新唐書)·한유전(韓愈傳)》
399. 적인걸(狄仁傑): 당(唐) 병주(幷州) 출신으로 자가 회영(懷英)이다. 대리승(大理丞), 지관시랑(地官侍郎), 영주자사(寧州刺史), 위주자사(魏州刺史) 등을 역임하였다.
400. 《구당서(舊唐書)·적인걸전(狄仁傑傳)》

貞)[401]이 거병하였다가 실패하자 잔당으로 남은 삼천 명이 모두 사형으로 논죄되었다. 인걸이 그들의 칼을 풀어주고 은밀히 상소하여, 그들의 본의가 아니고 속임수로 잘못되어 여기에 이르렀다고 아뢰자 조서를 내려 사형을 면해 주고 모두 변방에서 수자리 살게 하였다. (죄수들이) 영주를 떠나는데 부로(父老)들이 묻기를, "적사군(狄使君)이 너희를 살려 주신 것인가?"라 하고 이어 서로 더불어 비석 아래에서 울다가 재계하고 3일 만에 떠났다. 유배지에 이르러서도 역시 그를 위해 비를 세웠다.

狄仁傑先爲寧州刺史, 撫和戎落, 得歡心, 郡人立碑頌德. 後遷豫州刺史, 時越王兵敗, 支黨餘三千人, 皆論死. 仁傑釋其械, 密疏云, 非其本意, 詿誤至此, 有詔免死, 悉謫戍邊道. 出寧州, 父老問曰, 狄使君活汝耶? 因相與泣碑下, 齋三日乃去. 至流所, 亦爲立碑.[402]

당(唐) 장광보(張光輔)[403]가 월왕(越王)의 군대를 토벌하여 공을 믿고 포악함이 많자 적인걸이 당시에 예주자사(豫州刺史)로서 힘껏 그를 막았다. 광보가 화를 내며 말하기를, "주(州)의 장수가 원수(元帥)를 경시하는가"라고 하자 인걸이 말하기를, "하남(河南)을 어지럽힌 자는 한 월왕(越王)인데 공께서 군사 30만을 거느리고 적을 평정하고서 마구 횡포를 부려 무고한 사람들로 하여금 모두 도탄에 빠지게 하니 이것은 한 월왕이 죽자 백 월왕이 살아난 것입니다. 만약 상방참마검(尙方斬馬劍)[404]을 얻어 그대의 목에 가할 수 있다면 비록 죽어도 유감이 없겠습니다"라고 하였다. 광보가 돌아가 인걸이 불손하다고 아뢰자 인걸은 전보되어 복주자사(復州刺史)에 제수되었다.

唐張光輔討越王軍士, 恃功多暴, 狄仁傑時爲豫州刺史, 力拒之. 光輔怒曰, 州將輕元帥耶? 仁傑曰, 亂河南者, 一越王, 公董士三十萬, 以平賊, 縱使暴橫, 使無辜之人咸墜塗炭, 是一越王死, 百越王生也. 如得尙方斬馬劍, 加君項, 雖死不恨. 光輔還, 奏仁傑不遜, 改授復州.[405]

지나친 제사를 없앨 것을 아뢰다.[주훼음사(奏毁淫祀)]

적광사(狄光嗣)[406]는 적인걸의 아들이다. 허주자사(許州刺史)일 때에 절실하지 않은 징수를 그만두고 지나친 제사를 없앨 것을 아뢰자 당시 의논이 옳게 여겼다.

狄光嗣, 仁傑子. 爲許州刺史, 罷不切之征, 奏毁淫祀, 時論韙之.[407]

남겨진 일이 없고 갇힌 죄수가 없다.[무류무체(無留無滯)] 《양서(梁書)》의 기록이다. 시흥왕(始興王) 소담(蕭憺)[408]은 자가 승달(僧達)이다. 형주자사(荊州刺史)일 때에 관청에 남겨진 일이 없고 감옥에 갇힌 죄수가 없었다. 조정으로 돌아가게 되자 사람들이 다음과 같이 노래하였다.

始興至, 시흥왕(始興王)이 이르니
人之父. 사람들의 부모로다.
赴民急, 백성들의 다급함에 나섬이
如水火. 물과 불에 빠진 듯이 하시네.
時復來, 언제 다시 오시어

---

401. 이정(李貞): 당(唐) 태종(太宗)의 아들로 측천무후(則天武后) 시기에 반정(反正)을 도모하였으나 실패하였다.
402. 《신당서(新唐書)·적인걸전(狄仁傑傳)》
403. 장광보(張光輔): 당(唐) 경조(京兆) 출신으로 동봉각난대평장사(同鳳閣鸞臺平章事), 납언(納言) 등을 역임하였다.
404. 상방참마검(尙方斬馬劍): 상방(尙方: 제왕이 쓰는 기물을 만드는 관아)에서 만든 어용검(御用劍)이다. 대신에게 하사하기도 하는데 말을 벨 정도로 예리하여 붙여진 이름이다.
405. 《신당서(新唐書)·적인걸전(狄仁傑傳)》
406. 적광사(狄光嗣): 당(唐) 병주(幷州) 출신으로 지관원외랑(地官員外郞), 양주자사(揚州刺史) 등을 역임하였다.
407. 《산당사고(山堂肆考)·신직(臣職)》
408. 소담(蕭憺): 남조(南朝) 양(梁) 무제(武帝)의 아우로 자가 승달(僧達)이다.

乳哺我. 우리를 기르고 먹여 주시려나.
다시 형주(荊州)를 맡게 되자 남녀들이 경내를 나와 맞이하는 자가 만여 명이나 되었다.

宋書.[409] 始興王澹,[410] 字僧遠.[411] 爲荊州刺史, 曹無留事, 獄無滯囚. 及還朝, 人歌曰, 始興王, 人之父. 赴民急, 如水火. 時復來, 乳哺我. 及重臨荊州, 男女出境迎者, 萬餘人.[412]

쉽기도 하고 어렵기도 하다.[역이역난(亦易亦難)] 고양왕(高陽王) 원옹(元雍)[413]이 상주자사(相州刺史)가 되자 북위(北魏) 헌문제(獻文帝)가 경계하기를, "목사(牧使) 노릇을 하는 도리는 쉽기도 하고 어렵기도 하다. 그 자신이 바르면 명령하지 않아도 시행되니 그러므로 쉽고, 그 자신이 바르지 못하면 비록 명령하더라도 따르지 않으니 그러므로 어렵다"라고 하였다. 원옹이 군주의 명을 한결같이 따르니 임지에 있는 동안 자주 치적이 있었다.《북사(北史)》

王雍爲相州刺史, 魏主戒之曰, 作牧之道, 亦易亦難. 其身正, 不令而行, 故易, 其身不正, 雖令不從, 故難. 雍一遵主命, 在任累有政績.《北史》[414]

의사(義舍)를 주다.[급의사(給義舍)] 당(唐) 원자(袁滋)[415]는 자가 덕심(德深)이다. 화주자사(華州刺史)일 때에 정치가 청렴하고 간결하였다. 유민(流民)이 이르면 땅을 주어 머물게 하였는데 이름하여 '의사(義舍)'라고 하였다. 교대하여 떠나게 되자 노인들이 길을 막아 갈 수가 없었다. 교대자인 양오릉(楊於陵)이 말하기를, "나는 감히 원공의 다스림을 바꾸지 못하겠다"라고 하였다. 사람들이 모두 늘어서서 절한 뒤에 떠날 수 있었다.

唐袁滋, 字德深. 爲華州刺史, 政淸簡. 流民至者, 給地居之, 名曰義舍. 及代將行, 耆老遮道, 不得去. 代者楊於陵曰, 吾不敢易袁公政. 人皆羅拜, 乃得去.[416]

백성들을 보내 돌아가 추수하도록 하다.[종민귀렴(縱民歸斂)] 당(唐) 경휘(敬暉)[417]가 위주자사(衛州刺史)가 되었는데 당시에 하북(河北)이 돌궐(突厥)의 소요를 겪었다. 막 가을이 되었는데 성을 쌓아 대비하자 경휘가 말하기를, "금성탕지(金城湯池)도 곡식이 없으면 지킬 수 없다. 어찌 농토를 버리고 해자를 일삼는 일이 있겠는가"라 하고 백성들을 풀어주어 돌아가서 추수하도록 하니 온 군(郡)이 덕분에 편안해졌다.

唐敬暉爲衛州刺史, 時河北經突厥所騷. 方秋, 築城備之, 暉曰, 金湯, 非粟不守. 豈有棄農畝, 事池隍哉. 縱民歸斂, 闔郡利安.[418]

전답으로 세금을 매기다.[이전점조(以田占租)] 당(唐) 이고(李翶)[419]가 여주자사(廬州刺史)가 되었는데 당시 주(州)에 큰 가뭄이 들어 호적이 없는 자들이 모두 사방으로 흩어졌다. 권세가들은 백성들의 전답과 가옥을 싸게 사들이면서 많은 이익을 챙겼고 가난한 집들은 여전히 세금을 바쳤다. 이고가

409. 《유원총보》의 '宋書'는 '梁書'의 오류이다.[《양서(梁書)·시흥왕소담전(始興王蕭憺傳)》]
410. 《유원총보》의 '澹'은 '憺'의 오류이다.[《양서(梁書)·시흥왕소담전(始興王蕭憺傳)》]
411. 《유원총보》의 '僧遠'은 '僧達'의 오류이다.[《양서(梁書)·시흥왕소담전(始興王蕭憺傳)》]
412. 《양서(梁書)·시흥왕소담전(始興王蕭憺傳)》
413. 원옹(元雍): 북위(北魏) 헌문제(獻文帝)의 넷째 아들로 자가 사목(思穆)이다. 작위가 고양왕(高陽王)이다.
414. 《북사(北史)·고양왕원옹전(高陽王元雍傳)》
415. 원자(袁滋): 당(唐) 채주(蔡州) 출신으로 자가 덕심(德深)이다. 중서시랑(中書侍郞), 동중서문하평장사(同中書門下平章事) 등을 역임하였다.
416. 《신당서(新唐書)·원자전(袁滋傳)》
417. 경휘(敬暉): 당(唐) 강주(絳州) 출신으로 자가 중엽(仲曄)이다. 중대우승(中臺右丞), 시중(侍中) 등을 역임하였다.
418. 《신당서(新唐書)·경휘전(敬暉傳)》
419. 이고(李翶): 당(唐) 조군(趙郡) 출신으로 자가 습지(習之)이다. 중서사인(中書舍人), 산남동도절도사(山南東道節度使) 등을 역임하였다.

교령(敎令)을 내려 전답으로 세금을 매겨 숨길 수 없도록 하여 부호의 집에서 세금 만이천 관을 거두니 가난한 이들이 편안해졌다.

唐李翱爲廬州刺史, 時州大旱, 無籍者皆散四方. 權豪賤市小民田屋, 牟厚利, 而窶戶仍輸賦. 翱下敎, 使以田占租, 無得隱, 收豪室稅萬二千緡, 貧弱以安.[420]

다시 상주(相州)를 다스리다.[부위상주(復爲相州)]

수(隋) 양언광(梁彦光)[421]은 자가 수지(脩之)이다. 조주자사(趙州刺史)에 제수되자 황제에게 아뢰기를, "신이 전에 상주(相州)에서 봉직할 때에 풍속이 험하고 치우쳐 신을 지목하여 대모당(戴帽餳)[422]이라고 하였습니다. 신은 청컨대 다시 상주를 다스려 그곳의 풍속을 바꾸고자 합니다"라고 하자 황제가 따랐다. 포악하고 교활한 자들은 언광이 자청하여 온다는 말을 듣고 비웃지 않는 자가 없었지만 언광은 간악하고 숨긴 것을 적발하는 것이 귀신과 같았다. 포악하고 교활한 자들이 도망가 숨으니 온 경내가 크게 다스려졌다.

隋梁彦先,[423] 字脩之. 拜趙州刺史, 言于上曰, 臣前待罪相州, 風俗險詖, 目臣爲戴帽餳. 臣請復爲相州, 變其風俗. 上從之. 豪猾聞彦先自請而來, 莫不嗤笑, 彦先發摘奸隱, 有若神明. 豪猾竄伏, 闔境大治.[424]

다시 병주(幷州)에 제수하다.[중수병주(重授幷州)]

위(魏) 양습(梁習)[425]은 자가 자우(子虞)이다. 병주자사(幷州刺史)로 옮겼는데 변경이 모두 편안해졌다. 문제(文帝)가 즉위하자 양습이 명성과 봉지가 있다는 이유로 다시 병주에 제수되니 다스림이 항상 천하의 최고가 되었다.

魏梁習, 字子虞. 遷幷州刺史, 邊境咸安. 文帝卽位, 以習有譽幷土, 重授幷州, 政治常爲天下最.[426]

단지 희생(犧牲)만을 바치다.[지헌희견(止獻餼牽)]

당(唐) 현종(玄宗)이 봉선(封禪)을 하고 돌아오다가 송주(宋州)에 머물러 시종관들에게 연회를 베풀어 주었다. 장열(張說)[427]에게 이르기를, "지금 짐이 대종(岱宗)에서 제사를 지냈는데 회주자사(懷州刺史) 왕구(王丘)[428]는 희생(犧牲) 이외에는 하나도 다른 헌납이 없었고 위주(魏州)의 최면(崔沔)[429]은 장막을 바쳤는데 비단에 수놓은 것이 없었으니 나에게 검소함을 보인 것이다. 제주(濟州)의 배요경(裴耀卿)[430]은 수백 자의 표문을 올렸는데 바로잡고 간언함이 아닌 것이 없으니 짐은 항상 자리 옆에 놓을 것이다. 세 사람 같은 이들은 남을 수고롭게 하지 않고 은혜를 베푸니 진정 훌륭한 관리이다"라고 하였다.

唐玄宗封禪, 還次宋州, 宴從官. 謂張說曰, 今朕有

420. 《신당서(新唐書)·이고전(李翱傳)》
421. 양언광(梁彦光): 수(隋) 안정(安定) 출신으로 자가 수지(修芝)이다. 조주자사(趙州刺史), 상주자사(相州刺史) 등을 역임하였다.
422. 대모당(戴帽餳): 모자를 씌운 엿가락, 즉 연약하고 무능한 사람을 비유하는 말이다.
423. 《유원총보》의 '梁彦先'은 '梁彦光'의 오류이다.[《수서(隋書)·양언광전(梁彦光傳)》]
424. 《수서(隋書)·양언광전(梁彦光傳)》
425. 양습(梁習): 삼국시대 위(魏) 진군(陳郡) 출신으로 자가 자우(子虞)이다. 병주자사(幷州刺史), 대사농(大司農) 등을 역임하였다.
426. 《삼국지(三國志)·위지(魏志)·양습전(梁習傳)》
427. 장열(張說): 당(唐) 낙양(洛陽) 출신으로 자가 도제(道濟), 열지(悅之)이고 봉호가 연국공(燕國公)이다. 동중서문하평장사(同中書門下平章事), 중서령(中書令)을 역임하였다. 문장에 뛰어나서 조정의 문서가 대부분 그의 손에서 나와, 허국공(許國公) 소정(蘇頲)과 함께 연허대수(燕許大手)라고 칭해졌다.
428. 왕구(王丘): 당(唐) 상주(相州) 출신으로 자가 중산(仲山)이다. 이부시랑(吏部侍郞), 예부상서(禮部尙書) 등을 역임하였다.
429. 최면(崔沔): 당(唐) 장안(長安) 출신으로 자가 선충(善沖)이다. 비서감(秘書監), 태자빈객(太子賓客) 등을 역임하였다.
430. 배요경(裴耀卿): 당(唐) 강주(絳州) 출신으로 자가 환지(煥之)이다. 지방관으로 있으면서 좋은 다스림을 폈고 동중서문하평장사(同中書門下平章事)를 역임하였다.

事岱宗, 而懷州刺史王丘, 餼牽之外, 一無他獻, 魏州崔沔, 供帳無錦綉, 示我以儉. 濟州裴耀卿, 表數百言, 莫非規諫, 朕常置之座隅. 如三人者, 不勞人以示恩, 眞良吏矣.[431]

청탁을 받아들이지 않다.[불수청탁(不受請托)] 동한(東漢)의 좌웅(左雄)[432]은 안제(安帝)[433] 시기에 기주자사(冀州刺史)가 되었는데 성격이 청렴하고 엄하여 남의 청탁을 받아들이지 않았고 이천석의 관리 중에 탐욕스럽고 교활한 자들을 아뢰어 조사하면서 피하거나 꺼리는 것이 없었다.

東漢左雄, 安帝時爲冀州刺史, 性淸嚴, 不受人請託, 奏按二千石貪猾, 無所回忌.[434]

감로(甘露)가 뜰에 내리다.[감로강정(甘露降庭)] 당(唐) 대력(大曆)[435] 연간에 독고급(獨孤及)[436]이 상주자사(常州刺史)가 되었는데 다스림에 간략함과 평이함을 숭상하니 사람마다 좋아하고 추앙하였다. 길에서는 떨어진 물건을 줍지 않고 남은 곡식이 이랑에 쌓여 있었으며 감로가 그의 청사에 내렸다.

唐大曆中獨孤及爲常州刺史, 治尙簡易, 人人愛戴. 路不拾遺, 餘糧棲畝, 甘露降其庭.[437]

정치와 법령이 청렴하고 공평하다.[정호염평(政號廉平)] 당(唐) 유덕위(劉德威)[438]가 정관(貞觀)[439] 초엽에 면주자사(綿州刺史)가 되었는데 정사와 호령이 청렴하고 공평하여 백성들이 비를 세워 덕을 칭송하였다.

唐劉德威, 貞觀初爲綿州刺史, 政號廉平, 百姓立碑頌德.[440]

아울러 의장대를 주다.[병급우의(幷給羽儀)] 소량(蘇亮)[441]이 기주(岐州)를 다스리게 되자 조정에서 그가 출신 주를 다스린다는 이유로 특별히 노거(路車)[442]와 악대를 주어 먼저 그의 집에 돌아가게 하였다. 아울러 기사(騎士) 삼천 명을 주어 의장대를 이루어 고을을 돌게 하니 고향 사람들이 몰려들어 관람하였다. 한 달이 지난 후에 주에 들어가니 세상 사람들이 영광으로 여겼다.

蘇亮爲岐州, 朝廷以其牧本州, 特給路車·鼓吹, 先還其宅. 幷給騎士三千, 列羽儀, 遊鄕黨, 故人聚觀. 旬月而後入州, 世以爲榮.[443]

곡식과 비단을 가난한 자들에게 나눠 주다.[곡백산빈(穀帛散貧)] 북위(北魏) 위진(韋珍)[444]이 태화(太和)[445] 연간에 영주자사(郢州刺史)가 되었는데 위(魏)의 군주가 말과 곡식, 비단을 하사하였다. 이에 경내의 외롭고 가난한 자들을 모아 놓고 나눠 주면서 말하기를, "천자께서 나에게 그대들을 잘 다스

---

431. 《신당서(新唐書)·배요경전(裴耀卿傳)》
432. 좌웅(左雄): 동한(東漢) 열양(涅陽) 출신으로 자가 백호(伯豪)이다. 기주자사(冀州刺史), 상서령(尙書令) 등을 역임하였다.
433. 안제(安帝): 동한(東漢) 제6대 황제로 재위 기간은 107-125년이다.
434. 《후한서(後漢書)·좌웅전(左雄傳)》
435. 대력(大曆): 당(唐) 대종(代宗)의 연호(766-779)이다.
436. 독고급(獨孤及): 당(唐) 하남(河南) 출신으로 자가 지지(至之)이다. 태상박사(太常博士), 상주자사(常州刺史)를 역임하였다.
437. 《산당사고(山堂肆考)·신직(臣職)》
438. 유덕위(劉德威): 당(唐) 팽성(彭城) 출신으로 형부상서(刑部尙書), 대리경(大理卿) 등을 역임하였다.
439. 정관(貞觀): 당(唐) 태종(太宗)의 연호(627-649)이다.
440. 《신당서(新唐書)·유덕위전(劉德威傳)》
441. 소량(蘇亮): 서위(西魏) 무공(武功) 출신으로 자가 경순(景順)이다. 중서감(中書監), 시중(侍中) 등을 역임하였다.
442. 노거(路車): 천자나 귀족이 타는 큰 수레이다.
443. 《북사(北史)·소량전(蘇亮傳)》
444. 위진(韋珍): 북위(北魏) 경조(京兆) 출신으로 자가 영지(靈智)이다. 좌장군(左將軍), 중루장군(中壘將軍) 등을 역임하였다.
445. 태화(太和): 북위(北魏) 효문제(孝文帝)의 연호(477-499)이다.

리도록 하여 그 때문에 곡식과 비단을 하사하셨으니 내가 어찌 감히 혼자 그것을 차지하겠는가?"라고 하였다.

後魏韋珍, 太和中爲郢州刺史, 魏主賜以馬與穀帛. 乃集境內孤貧者, 散與之曰, 天子以我撫綏卿等, 故賜以穀帛, 吾何敢獨有之.[446]

천리안(千里眼) 후위(後魏) 양일(陽逸)[447]이 광주자사(光州刺史)일 때에 정치를 하면서 사람들을 사랑하고 정황을 살피는 자들을 널리 배치하니 당시 사람들이 천리안(千里眼)이 있다고 일렀다.

後魏陽逸爲光州刺史, 爲政愛人, 廣設耳目, 時人謂有千里眼.[448]

벽돌을 품에 지녀 다스리기 어렵다.[회전난치(懷塼難治)] 제(齊)의 풍속이 천박하여 태수가 처음 부임하면 모두가 벽돌을 품에 지닌 채 머리를 조아리면서 뜻을 보이지만 교대하고 떠나게 되면 벽돌로 그를 치니, 처음과 끝의 향배가 다름을 말한 것이다. 위(魏) 이연(李延)[449]이 일찍이 청주자사(靑州刺史)가 되었는데 황제가 이르기를, "벽돌을 품에 지니는 풍속은 세상에서 다스리기 어렵다고 하니 마땅히 마음을 세심히 써야 하오"라고 하였다.

齊俗淺薄, 太守初至, 皆懷塼叩頭以見意, 及代去, 以塼擊之, 言其終始向背之異也. 魏李延嘗爲靑州刺史, 帝謂曰, 懷塼之俗, 世號難治, 且用好心腹.[450]

정도(正道)로 자신을 규율하다.[율기이정(律己以正)] 송(宋) 한주자사(漢州刺史) 안수충(安守忠)[451]은 당시에 난리가 막 평정되어 사신 갈 일이 사방으로 뒤섞여서 공금이 부족하자, 그는 개인 돈을 내어 비용에 충당하였다. 태조(太祖)가 매번 사신을 보낼 때마다 반드시 그에게 경계하기를, "안수충이 촉(蜀)에 있을 때 정도로 자신을 규율하였으니 그대는 마땅히 그의 사람됨을 본받을 것이다"라고 하였다.

宋漢州刺史安守忠, 時寇難甫平, 使事旁午, 公帑不足, 守忠出私錢以給用. 太祖每遣使, 必戒之曰, 安守忠在蜀, 律已以正, 汝當效其爲人.[452]

낙수(洛水)의 물가에서 음식을 하사하다.[낙빈사선(洛濱賜膳)] 현종(玄宗)이 직접 각 부서의 장관 중에 명망이 있는 자를 뽑아 자사(刺史)로 삼으니 대리경(大理卿) 원광유(源光裕), 상서좌승(尙書左丞) 양승령(楊承令), 병부시랑(兵部侍郎) 구차(寇泚) 등 11명이 모두 선발 안에 있었다. 재상과 제후왕 및 각 부서의 장관과 경대(卿臺), 어사(御史)들에게 명하여 낙수(洛水)의 물가에서 전별하게 하고 황제의 음식을 하사하였다. 황제가 직접 십운시(十韻詩)를 쓰고 고력사(高力士)에게 명하여 하사하도록 하였다.

玄宗自選諸司長官有聲望者, 爲刺史, 大理卿源光裕·尙書左丞楊承令·兵部侍郎寇泚等十一人, 皆在選中. 命宰相·諸王及諸司長官·卿臺[453]·御史, 餞於洛濱, 賜以御膳. 上自書十韻詩, 命高力士賜之.[454]

먼저 경전(經典)의 뜻을 질문하다.[선질경의(先質經義)] 당(唐) 고지주(高智周)[455]는 다스림에 문아(文雅)함을 숭상하였다. 관할 지역을 순시할 때에 먼

446. 《위서(魏書)·위진전(韋珍傳)》
447. 양일(陽逸): 북위(北魏) 항농(恒農) 출신으로 자가 준도(遵道)이다. 급사황문시랑(給事黃門侍郎), 광주자사(光州刺史) 등을 역임하였다.
448. 《산당사고(山堂肆考)·신직(臣職)》
449. 이연(李延): 내력이 자세하지 않다.
450. 《산당사고(山堂肆考)·신직(臣職)》
451. 안수충(安守忠): 송(宋)나라 사람으로 자가 신신(信臣)이다. 한주자사(漢州刺史), 위덕군절도관찰유후(威德軍節度觀察留後) 등을 역임하였다.
452. 《송사(宋史)·안수충전(安守忠傳)》
453. '卿臺'는 《자치통감(資治通鑑)·당기(唐紀)·현종(玄宗)》에는, '臺郎'으로 되어 있다.
454. 《자치통감(資治通鑑)·당기(唐紀)·현종(玄宗)》

저 유생들을 만나서 경전(經典)의 뜻과 정치의 잘잘못을 질문한 뒤에 옥사를 심사하고 농사와 납세의 부지런함과 게으름을 살피는 것으로 상례를 삼았다.
唐高智周, 治尙文雅. 行部, 先見諸生, 質經義及政事得失, 然後錄獄訟, 考耕餉勤惰, 以爲常.[456]

'자애로운 어머니'라고 부르다. [호위자모(呼爲慈母)] 수(隋) 신공의(辛公義)[457]가 민주자사(岷州刺史)일 때에 토속(土俗)이 한 사람이 병이 있으면 문을 닫고 피하였다. 공의가 그 풍속을 바꾸고자 하여 관할 내에 병이 있는 자를 조사하여 수레로 옮겨 자신의 청사에 두고 의원을 맞이하여 치료해 주고 그 친척들을 불러 깨우쳐 주기를, "만약 서로 전염이 된다면 나는 벌써 죽었을 것이다"라고 하였다. 여러 집안의 자식들이 모두 부끄러워하고 감사하면서 떠나니 온 경내에서 '자애로운 어머니'라고 불렀다.
隋辛公義爲岷州刺史, 土俗一人有病, 合門避之. 公義欲變其俗, 檢部內有病者, 輿置己之廳事, 迎醫療之, 召其親戚, 諭之曰, 若相染者, 吾死久矣. 諸家子孫皆慚謝而去, 合境之內, 呼爲慈母.[458]

개황(開皇)[459] 연간에 병주자사(幷州刺史)로 옮겼는데 수레에서 내리자마자 먼저 옥안으로 가서 노천에 앉아 10여 일을 조사하여 결단이 모두 끝난 뒤에 비로소 청사로 돌아와 새로운 송사를 받았다. 감금할 자가 있으면 신공의는 바로 청사에서 자면서 끝내 관사로 돌아가지 않았다. 어떤 사람이 간하기를, "공사(公事)는 절차가 있는데 어찌 스스로를 힘들게 하십니까?"라고 하자 신공의가 말하기를, "자사가 덕이 없어 백성들로 하여금 송사가 없게 하지 못하였소. 어찌 옥에 갇혀 있는 사람이 있는데 집에서 편안히 잘 수 있겠는가"라고 하였다. 백성 중에 송사를 하려는 자가 있으면 그 고을의 어른들이 서둘러 깨우치기를, "이것은 작은 일인데 차마 사군(使君)을 힘들게 하겠는가"라고 하니 송사하려는 자들이 대부분 서로 양보하여 그만두었다.
開皇中遷幷州刺史, 下車, 先至獄中, 露坐驗問十餘日, 斷決咸盡, 方還廳, 受新訟. 有須禁者, 公義卽宿廳事, 終不還閣. 或諫曰, 公事有程, 何自苦? 公義曰, 刺史無德, 不能使民無訟. 豈可禁人在獄, 而安寢於家乎. 民有欲爭訟者, 其鄕閭父老遽相曉曰, 此蓋小事而忍勤勞使君. 爭訟者, 多兩讓而止.[460]

청렴이 조부에 미치지 못하다. [청불급조(淸不及祖)] 당(唐) 육장원(陸長源)[461]이 여주자사(汝州刺史)가 되었는데 경솔하여 위의(威儀)가 없었지만 청렴결백하였다. 장차 여주를 떠나려 할 때에 보내는 수레가 두 대가 되자 말하기를, "우리 조부께서는 위주(魏州)를 그만두실 때 수레 한 대가 있었고 책이 그 반을 차지했으니, 나는 조부에게 미치지 못하는 것이 부끄럽다"라고 하였다.
唐陸長源爲汝州刺史, 率易無威儀, 而淸白. 自將去汝州, 送車二乘曰, 吾祖罷魏州, 有車一乘, 而圖書半之, 吾愧不及先人云.[462]

청렴이 부친만 못하다. [청불여부(淸不如父)] 진(晉) 호질(胡質)[463]이 형주자사(荊州刺史)일 때에 아들 호위(胡威)가 도성에서 부친을 뵈러 왔다. 하직하고

---

455. 고지주(高智周): 당(唐) 상주(常州) 출신으로 동중서문하삼품(同中書門下三品), 어사대부(御史大夫) 등을 역임하였다.
456. 《신당서(新唐書)·고지주전(高智周傳)》
457. 신공의(辛公義): 수(隋) 농서(隴西) 출신으로 민주자사(岷州刺史), 모주자사(牟州刺史) 등을 역임하였다.
458. 《수서(隋書)·신공의전(辛公義傳)》
459. 개황(開皇): 수(隋) 문제(文帝)의 연호(581-600)이다.
460. 《수서(隋書)·신공의전(辛公義傳)》
461. 육장원(陸長源): 당(唐) 소주(蘇州) 출신으로 자가 영지(泳之)이다. 여주자사(汝州刺史), 선무군행군사마(宣武軍行軍司馬) 등을 역임하였다.
462. 《신당서(新唐書)·육장원전(陸長源傳)》

돌아가는데 부친이 비단 한 필을 주니 호위가 아뢰기를, "어디에서 이 비단을 얻었습니까?"라고 하자 호질이 말하기를, "내 녹봉 중에서 남은 것이니 너에게 주어 가는 길에 양식으로 하도록 하는 것이다"라고 하였다. 호위가 절하고 받아서 돌아왔다. 뒤에 호위가 서주(徐州)를 다스리게 되었는데 무제(武帝)가 묻기를, "그대와 부친은 누가 청렴한가?"라고 하자 대답하기를, "신은 부친만 못합니다. 신의 부친은 청백하면서 오직 남이 알까를 걱정하셨는데 신은 청백하면서 오직 남이 알아주지 못할까를 걱정합니다"라고 하였다.

晉胡質爲荊州刺史, 子威自京省父. 辭歸, 父賜縑一匹, 威曰, 安得此絹? 質曰, 吾俸祿之餘, 與汝爲行糧. 威拜受而歸. 後威爲徐州, 武帝問曰, 卿孰與父淸? 對曰, 臣不如父. 臣父淸, 惟畏人知, 臣淸, 惟畏人不知.[464]

'설(薛)'로 자손을 이름 짓다.[이설자손(以薛字孫)] 당(唐) 설봉(薛逢)[465]이 파주자사(巴州刺史)일 때에 사람들이 다음과 같이 노래하였다.

日出而耕, 해 뜨면 밭을 갈고
日入而歸. 해 지면 돌아오네.
吏不到門, 아전이 문에 이르지 않고
夜不掩扉. 밤에도 문을 닫지 않네.
有孩有童, 아기가 생기고 아이가 있으면
願以名垂. 이름으로 남기고 싶네.
何以字之, 어떻게 이름 지을 것인가,
薛孫薛兒. 설손(薛孫), 설아(薛兒)라고 하리라.

唐薛逢爲巴州刺史, 人歌之曰. 日出而耕, 日入而歸. 吏不到門, 夜不掩扉. 有孩有童, 願以名垂. 何以字之, 薛孫薛兒.[466]

쇠를 녹여 반군(叛軍)에게 붓다.[주철관적(鑄鐵灌賊)] 《북사(北史)》의 기록이다. 위(魏) 양진(楊津)[467]은 자가 나한(羅漢)이다. 정주자사(定州刺史)에 제수되었는데 당시에 반군들이 주의 경내를 잔혹하게 노략질하였다. 양진이 화로를 준비하여 쇠를 녹이고 그것을 가지고 반군들에게 부었다. 반군들이 마침내 서로 말하기를, "날카로운 창과 견고한 성이 두렵지 않고 오직 양공의 쇳물 불꽃이 두렵다"라고 하였다.

北史. 魏楊津, 字羅漢. 除定州刺史, 時賊殘掠州境. 津置爐鑄鐵, 持以灌賊. 賊遂相告曰, 不畏利槊堅城, 惟畏楊公鐵星.[468]

금을 대하고 통곡하여 오랑캐들을 감동시키다.[곡금감이(哭金感夷)] 수(隋) 문제(文帝) 시기에 양비(梁毗)[469]가 서영주자사(西寧州刺史)가 된 11년 동안, 오랑캐의 우두머리들이 모두가 금이 많은 자를 우두머리로 여겨 번갈아가며 서로 공격하고 빼느라 거의 편한 해가 없었다. 양비가 이것을 걱정하고 있었는데 뒤에 여러 우두머리들이 금을 양비에게 보내자 양비는 금을 자리 옆에 놓고 그것을 마주하여 통곡하면서 그들에게 이르기를, "이것은 기근에 먹을 수도 없고 추위에 입을 수도 없다. 너희는 이것 때문에 서로를 멸망시키는데 지금 이것을 가져온 것은

463. 호질(胡質): 삼국(三國) 위진(魏晋) 시기 초국(楚國) 출신으로 자가 문덕(文德)이다. 형주자사(荊州刺史), 정동장군(征東將軍) 등을 역임하였다.
464. 《진서(晉書)·호위전(胡威傳)》
465. 설봉(薛逢): 당(唐) 포주(蒲州) 출신으로 자가 도신(陶臣)이다. 시어사(侍御史), 상서랑(尙書郞), 비서감(秘書監) 등을 역임하였다.
466. 《산당사고(山堂肆考)·신직(臣職)》
467. 양진(楊津): 북위(北魏) 항농(恒農) 출신으로 자가 나한(羅漢)이다. 정주자사(定州刺史), 이부상서(吏部尙書), 사공(司空) 등을 역임하였다.
468. 《북사(北史)·양진전(楊津傳)》
469. 양비(梁毗): 수(隋) 안정(安定) 출신으로 자가 경화(景和)이다. 서영주자사(西寧州刺史), 형부상서(刑部尙書) 등을 역임하였다.

나를 죽이려는 것이냐?"라 하고 하나도 받아들이지 않았다. 오랑캐들이 감동하고 깨달아 마침내 서로 공격하지 않았다.

隋文帝時, 梁毗爲西寧州刺史十一年, 蠻夷酋長, 皆以金多者爲豪, 遞相攻奪, 略無寧歲. 毗患之, 後諸酋以金遺毗, 毗置金坐側, 對之慟哭, 謂之曰, 此物, 饑不可食, 寒不可衣. 汝等以此相滅, 今將此來, 欲殺我耶. 一無所納. 蠻夷感悟, 遂不相攻擊.[470]

군자의 마음을 지니다.[유군자심(有君子心)] 수(隋) 양달(楊達)[471]은 자가 사달(士達)이다. 세 주의 자사(刺史)를 역임하였는데 문제(文帝)가 천하의 목사(牧使)를 등급 매기면서 양달을 최고로 쳤다. 양소(楊素)[472]는 매번 말하기를, "군자의 예모가 있으면서 군자의 마음을 겸한 자는 오직 양달뿐이다"라고 하였다.

隋楊達, 字士達. 爲三州刺史, 文帝差品天下牧宰, 達爲第一. 楊素每曰, 有君子貌, 兼君子心者, 惟楊達耳.[473]

초상을 그려 놓고 스스로 경계하다.[화상자계(畵像自戒)] 후주(後周) 신휘(申徽)[474]는 자가 세의(世儀)이다. 양주자사(襄州刺史)일 때에 침실에 양진(楊震)[475]의 초상을 그려 놓고 스스로 경계하였다. 교대하여 돌아가게 되자 백성들과 속관들이 전송하는 자가 수십 리에 끊어지지 않았다. 신휘가 감격하면서도 부끄러움을 지니고 청수정(淸水亭)에 시를 써놓았다. 소문을 들은 자들이 다투어 와서 읽고 번갈아가며 서로 이르기를, "이것이 신공(申公)의 필적이다"라 하고 모두 베껴서 암송하였다.

後周申徽, 字世儀. 爲襄州刺史, 畵楊震像于寢室以自戒. 及代還, 人吏送者, 數十里不絶. 徽慨然懷媿, 因賦詩於淸水亭. 聞者競來就讀, 遞相謂曰, 此申公手跡也. 竝寫誦之.[476]

시를 읊조리면서 스스로 즐기다.[아시자오(哦詩自娛)] 당(唐) 위응물(韋應物)[477]이 정원(貞元)[478] 초엽에 소주자사(蘇州刺史)가 되었는데 군에 있으면서 한가한 날에 오직 향을 피우고 시를 읊조리면서 스스로 즐기니 풍류의 우아한 운치가 오(吳) 지역에 퍼졌다.

唐韋應物, 貞元初爲蘇州刺史, 在郡暇日, 唯焚香哦詩以自娛, 風流雅韻, 播於吳中.[479]

부자(父子)의 가르침[부자풍교(父子風敎)] 위(魏) 정술조(鄭述祖)[480]가 부친인 정도소(鄭道昭)에 이어 연주자사(兗州刺史)가 되었다. 어떤 사람이 저자에 들어가 포목을 훔쳤는데 그의 아버지가 화를 내면서 말하기를, "어찌하여 우리의 사군(使君)을 저버리는가?"라 하고 잡아와서 자수하게 하였다. 정술조가 그

470. 《수서(隋書)·양비전(梁毗傳)》
471. 양달(楊達): 수(隋)의 종실로 자가 사달(士達)이다. 여러 주의 자사(刺史)와 공부상서(工部尙書) 등을 역임하였다.
472. 양소(楊素): 수(隋)나라의 정치가이자 군사가로 자가 처도(處道)이다. 수(隋) 문제(文帝) 양견(楊堅)을 도와 천하를 평정하였다. 양제(煬帝) 때에 사도(司徒)에 오르고 초국공(楚國公)에 봉해졌다.
473. 《북사(北史)·양달전(楊達傳)》
474. 신휘(申徽): 북주(北周) 위군(魏郡) 출신으로 자가 세의(世儀)이다. 대어사(大御史), 소사도(小司徒), 소종백(小宗伯) 등을 역임하였다.
475. 양진(楊震): 동한(東漢) 사람으로 자가 백기(伯起)이다. 학문을 좋아해 관서공자(關西孔子)로 불렸다. 형주자사(荊州刺史), 동래태수(東萊太守), 탁군태수(涿郡太守)를 거쳐 태위(太尉)를 역임하였다.
476. 《주서(周書)·신휘전(申徽傳)》
477. 위응물(韋應物): 당(唐) 경조(京兆) 출신으로 좌사낭중(左司郎中), 소주자사(蘇州刺史) 등을 역임하였다.
478. 정원(貞元): 당(唐) 덕종(德宗)의 연호(785-805)이다.
479. 《산당사고(山堂肆考)·신직(臣職)》
480. 정술조(鄭述祖): 북제(北齊) 형양(滎陽) 출신으로 자가 공문(恭文)이다. 연주자사(兗州刺史), 태자소사(太子少師), 의동삼사(儀同三司) 등을 역임하였다.

를 용서해 주니 이로부터 도둑이 없어졌고 백성들은 다음과 같이 노래하였다.

大鄭公小鄭公,	대정공(大鄭公)과 소정공(小鄭公)이시여,
相去十五載,	떨어진 것이 15년이지만
風敎猶相同.	가르침은 오히려 똑같다네.

魏鄭述祖繼其父道昭, 爲兗州刺史. 有人入市盜布, 其父怒曰, 何故負吾君. 執以歸首. 述祖原之, 自是無盜, 百姓歌曰. 大鄭公·小鄭公, 相去十五載, 風敎猶相同.[481]

형제의 명성[형제성예(兄弟聲譽)] 당(唐) 잠희(岑羲)[482]가 섬주총관(陝州総管)일 때에 매우 치적이 있었다. 동생인 중상(仲翔)은 섬주자사(陝州刺史)가 되어 형제가 서로 이으면서 함께 명성을 날렸다.

唐岑羲爲陝州総管, 甚有政績. 弟仲翔爲陝州刺史, 兄弟相踵, 并馳聲譽.[483]

청풍관(淸風觀)과 명월루(明月樓)[풍관월루(風觀月樓)] 위(魏) 형소(邢邵)[484]는 자가 자재(子才)이다. 서연주자사(西兗州刺史)일 때에 선정이 있어 북소리가 울리지 않았다. 아전들의 간사한 상황이나 수령들의 장단점을 모르는 것이 없자 군에서 청풍관과 명월루를 세웠다.《북사(北史)》

魏邢邵, 字子才. 爲西兗州刺史, 有善政, 枹鼓不鳴. 吏人奸狀·守令長短, 無不知之, 在郡起淸風觀·明月樓.《北史》[485]

걸상을 물려준 은애(恩愛)를 기념하다.[유탑유애(留榻遺愛)] 후위(後魏) 설총(薛聰)[486]이 제주자사(齊州刺史)가 되었는데 다스림에 간략함과 고요함을 숭상하였다. 주에서 죽었는데 백성들과 속관들이 추모하여 그가 앉던 걸상을 남겨 물려준 은애(恩愛)로 삼았다.

後魏薛聰爲齊州刺史, 政尙簡靜. 卒於州, 人吏追思, 留所坐榻, 以爲遺愛.[487]

감당(甘棠)[488]의 선정(善政)을 베풀었던 사람의 자손[감당자손(甘棠子孫)] 요제(廖齊)[489]의 부친인 요상직(廖爽直)이 일찍이 영주자사(永州刺史)가 되었는데 요제가 뒤에 영릉(零陵)에 들렀다가 민간에서 부친이 벽에 써놓은 시를 보았다. 이 일로 감격되어 시를 이루었으니 다음과 같다.

下馬連聲叩竹門,	말에서 내려 연이어 소리치며 대나무 문을 두드리니,
主人何事感遺恩.	주인은 무슨 일로 물려준 은애(恩愛)에 감격하는가.
回頭泣向兒童道,	머리 돌려 눈물 흘리며 아이에게 말하기를,
重見甘棠舊子孫.	감당의 선정을 베풀었던 옛 자손을 다시 만나게 되었구나.

廖齊父爽直嘗爲永州刺史, 齊後遊零陵, 于民間見父題詩於壁. 因感而成詩曰. 下馬連聲叩竹門, 主人何事感遺恩. 回頭泣向兒童道, 重見甘棠舊子孫.[490]

---

481. 《북사(北史)·정술조전(鄭述祖傳)》
482. 잠희(岑羲): 당나라 때 사람으로 잠문본(岑文本)의 아들이다. 자가 백화(伯華)이고 이부시랑(吏部侍郎)과 시중(侍中) 등을 역임했다.
483. 《산당사고(山堂肆考)·신직(臣職)》
484. 형소(邢邵): 북제(北齊) 하간막(河間鄚) 출신으로 자가 자재(子才)이다.
485. 《북사(北史)·형소전(邢邵傳)》
486. 설총(薛聰): 북위(北魏) 하동(河東) 출신으로 자가 연지(延智)이다. 제주자사(齊州刺史), 치서시어사(治書侍御史), 산기상시(散騎常侍) 등을 역임하였다.
487. 《산당사고(山堂肆考)·신직(臣職)》
488. 감당(甘棠): 《시경(詩經)·국풍(國風)》의 편명으로, 백성들이 주(周) 소공(召公)의 선정을 기린 내용이다.
489. 요제(廖齊): 내력이 자세하지 않다.
490. 송(宋) 완열(阮閱), 《시화총구(詩話叢龜)·권25》

금성옥색(金聲玉色) 당(唐) 도효(塗曉)[491]는 중산대부(中散大夫)로 강주자사(江州刺史)를 지낼 때 청렴과 능력이 칭송할 만하여 금성옥색(金聲玉色)이라고 하였다.

唐塗曉以中散大夫爲江州刺史, 廉能可述, 號爲金聲玉色.[492]

홀로 말을 타고 군영에 가다.[단기조영(單騎造營)] 수(隋) 인수(仁壽)[493] 연간에 산료(山獠)[494]들이 난을 일으키자 자주자사(資州刺史)인 위문승(衛文昇)[495]이 막 부임하자마자 홀로 말을 타고 그들의 군영에 가서 이익으로 설득하니 우두머리가 감동하고 기뻐하면서 군사를 풀고 떠났다.

隋仁壽中山獠作亂, 資州刺史衛文昇初到官, 單騎造其營, 說以利害, 渠帥感悅, 解兵而去.[496]

비정사(鼻亭祠)[497]를 허물다.[훼비정사(毁鼻亭祠)] 비정사는 영주(永州)에 있었는데 상(象)이 여기에 봉해졌다. 자사 설백고(薛伯高)[498]가 말하기를, "상(象)의 도리는 아들로 말하면 해친 것이고 동생으로 말하면 오만한 것이다"라 하고 그 집을 허물고 그 땅을 폐허로 만들었으며 그 신주를 강에 가라앉혔다.

鼻亭祠在永州, 象封此. 刺史薛伯高曰, 象之道, 以爲子則賊, 以爲弟則傲. 撤其屋, 墟其地, 沈其主於江.[499]

가죽을 깔고 앉고 베 이불에서 자다.[석피와포(席皮臥布)] 동한(東漢) 이순(李恂)[500]은 자가 숙영(叔英)이다. 연주자사(兗州刺史)일 때에 청렴과 검약으로 아랫사람들을 이끌었다. 항상 양가죽을 깔고 앉고 베 이불에 누워 잤는데 위엄과 명성이 크게 떨쳐졌다.

東漢李恂, 字叔英. 爲兗州刺史, 淸約率下. 常席羊皮, 臥布被, 威名大振.[501]

청덕비(淸德碑) 당(唐) 장경천(張景倩)[502]이 무주자사(撫州刺史)일 때에 몸가짐이 근검절약하고 정치는 청렴하고 밝았다. 안진경(顔眞卿)[503]이 그를 위해 청덕비(淸德碑)를 썼다.

唐張景倩爲撫州刺史, 立身勤約, 爲政淸明. 顔眞卿爲書淸德碑.[504]

벼를 채취한 사람을 매질하다.[편인지도(鞭人持稻)] 도간(陶侃)[505]이 형주자사(荊州刺史)일 때에 일찍이 밖을 나섰다가 어떤 사람이 아직 익지 않은 벼 한 줌을 잡고 있는 것을 보았다. 도간이 이것으로 무엇을 하려는지를 묻자 그 사람이 말하기를, "길을 가다

491. 도효(塗曉): 내력이 자세하지 않다.
492. 《산당사고(山堂肆考)·신직(臣職)》
493. 인수(仁壽): 수(隋) 문제(文帝)의 연호(601-603)이다.
494. 산료(山獠): 중국 고대의 종족인 요족(獠族)이다.
495. 위문승(衛文昇): 수(隋) 하남(河南) 출신의 위현(衛玄)으로 자가 문승(文昇)이다. 북주(北周)에서 경조윤(京兆尹), 수(隋)에서 회주총관(淮州總管)을 역임하였다.
496. 《수서(隋書)·위현전(衛玄傳)》
497. 비정사(鼻亭祠): 순(舜)임금의 아우인 상(象)을 받들던 사당이다.
498. 설백고(薛伯高): 내력이 자세하지 않다.
499. 《산당사고(山堂肆考)·신직(臣職)》
500. 이순(李恂): 동한(東漢) 임경(臨涇) 출신으로 자가 숙영(叔英)이다. 시어사(侍御史), 무위태수(武威太守) 등을 역임하였다.
501. 《후한서(後漢書)·이순전(李恂傳)》
502. 장경천(張景倩): 내력이 자세하지 않다.
503. 안진경(顔眞卿): 당대(唐代)의 정치가이자 서예가로 자가 청신(淸臣)이다. 태자태사(太子太師)를 역임하였다. 해서(楷書)에 능통하여 안진경체(顔眞卿體)를 이루었다.
504. 《산당사고(山堂肆考)·신직(臣職)》
505. 도간(陶侃): 동진(東晉) 여강(廬江) 출신으로 자가 사행(士行)이다. 형주자사(荊州刺史), 팔주제군사(八州諸軍事)를 역임하였다.

보인 것이라 그냥 채취했을 뿐입니다"라고 하였다. 도간이 크게 화를 내면서 이르기를, "너는 농사도 짓지 않으면서 장난으로 남의 벼를 해치는가"라 하고 잡아다가 매질을 하였다.

陶侃爲荊州刺史, 嘗出遊, 見人持一把未熟稻. 侃問用此何爲, 人云, 行道所見, 聊取之耳. 侃大怒曰, 汝旣不佃, 而戲賊人稻. 執而鞭之.[506]

옥으로 만든 고리를 집어던지다.[투옥환(投玉環)]

진(晉) 주방(周訪)[507]이 형주자사(荊州刺史)일 때에 어떤 사람이 왕돈(王敦)[508]에게 말하기를, "형주는 전쟁하기에 좋은 지역이니 공께서 직접 다스려야 합니다"라고 하였다. 이에 주방을 양주(梁州)로 전임시키자 주방이 크게 화를 내었다. 왕돈이 직접 편지를 써서 비유하여 해명하고 이어 옥으로 만든 고리와 옥으로 만든 주발을 보내자 주방은 그것을 땅바닥에 집어던지며 말하기를, "내가 어찌 장사꾼처럼 보물로 기쁘게 할 수 있겠는가?"라고 하였다.

晉周訪爲荊州刺史, 或說王敦曰, 荊州, 用武之國, 公宜自領. 乃改訪梁州, 訪大怒. 敦手書譬釋, 因遺以玉環玉椀, 訪投諸地曰, 吾豈賈豎可以寶悅乎.[509]

신병(神兵)이라고 부르다.[호왈신병(號曰神兵)]

당(唐) 최녕(崔寧)[510]이 한주자사(漢州刺史)일 때에 토번(吐蕃)이 서산(西山)을 침범하였다. 엄무(嚴武)[511]가 절도사(節度使)로서 최녕에게 군사를 거느리고 서쪽으로 가게 하였다. 적의 성곽에 다다라서 땅굴을 파서 이틀 만에 함락시키고 수백 리의 땅을 넓히자 토번의 무리들이 놀라 서로 이르기를, "최녕은 신병(神兵)이다"라고 하였다.

唐崔寧爲漢州刺史, 吐蕃寇西山. 嚴武爲節度使, 遣寧將兵而西. 旣薄賊城, 乃爲地道, 再宿而拔, 拓地數百里, 虜衆驚, 相謂曰, 寧神兵也.[512]

밭두둑에 모여서 구경하다.[천맥취관(阡陌聚觀)]

개원(開元) 말엽에 이옹(李邕)[513]이 활주자사(滑州刺史)가 되었는데 일찍부터 성대한 명성이 있었다. 사람들이 그의 눈썹과 눈이 괴이하다고 전하자 밭두둑에 이르러 모여서 구경하였다.

開元末李邕爲滑州刺史, 早有盛名. 人傳其眉目怪異, 至阡陌聚觀.[514]

자사잠(刺史箴) 수(隋) 문제(文帝) 시기에 하타(何妥)[515]가 용주자사(龍州刺史)가 되었는데 책 상자를 지고 와서 공부하는 자가 있으면 하타는 모두 그들에게 강의하고 가르쳐 주었다. 또 〈자사잠(刺史箴)〉을 지어 주의 문에 새겨 놓았다.

隋文帝時何妥爲龍州刺史, 有負笈游學者, 妥皆爲講說敎授之. 又作刺史箴, 勒於州門.[516]

나는 새가 황충을 먹다.[비조식황(飛鳥食蝗)]

남북조(南北朝)의 소수(蕭修)[517]가 양주(梁州)와 진주(秦州) 두 주의 자사일 때에 풍속을 바꾸자 사

---

506. 《진서(晉書)·도간전(陶侃傳)》
507. 주방(周訪): 진(晉) 심양(潯陽) 출신으로 자가 사달(士達)이다. 형주자사(荊州刺史), 양주자사(梁州刺史) 등을 역임하였다.
508. 왕돈(王敦): 서진(西晉) 말기 사람으로 자가 처중(處仲)이다. 양주자사(揚州刺史), 진동대장군(鎭東大將軍) 등을 역임하였다. 동진(東晉) 원제(元帝) 때 대장군이 되었으며, 세력이 점점 커져감에 따라 견제가 심해지자 반란을 일으켰다.
509. 《진서(晉書)·주방전(周訪傳)》
510. 최녕(崔寧): 당(唐) 위주(衛州) 출신으로 서천절도사(西川節度使), 영주대도독(靈州大都督) 등을 역임하였다.
511. 엄무(嚴武): 당(唐) 화음(華陰) 출신으로 자가 계응(季鷹)이다. 검남절도사(劍南節度使)를 역임하였다.
512. 《신당서(新唐書)·최녕전(崔寧傳)》
513. 이옹(李邕): 당(唐) 강도(江都) 출신으로 자가 태화(泰和)이다. 우습유(右拾遺), 북해태수(北海太守) 등을 역임하였다.
514. 《신당서(新唐書)·이옹전(李邕傳)》
515. 하타(何妥): 수(隋)나라 사람으로 자가 서봉(棲鳳)이다. 용주자사(龍州刺史)를 역임하였다.
516. 《수서(隋書)·하타전(何妥傳)》
517. 소수(蕭修): 남조(南朝) 양(梁) 남난릉(南蘭陵) 출신으로 자가 세화(世和)이다. 양주(梁州)와 진주(秦州)의 자사와 태보(太保) 등을 역임하였다.

람들이 '자부(慈父)'라고 불렀다. 당시에 황충이 벼를 해치자 소수가 깊이 자신을 책망하니 홀연 나는 새가 수천 마리로 무리 지어 내려와 황충을 거의 다 먹어치웠다.

南北朝蕭循[518]爲梁秦二州刺史, 移風易俗, 人號慈父. 時蝗害禾, 循深自咎責, 忽有飛鳥千群下, 食蝗殆盡.[519]

큰 박(駮)[520]이 짐승을 잡아먹다.[대박식수(大駮食獸)]

산동(山東) 연주성(兗州城)의 동북쪽에 증산(甑山)이 있는데 후위(後魏) 시기에 경내에 맹수들이 포악을 부렸다. 장화원(張華原)[521]이 자사일 때에 홀연 큰 박(駮)이 나타나 짐승을 잡아먹자 모두들 감화의 소치라고 하였다. 박(駮)은 말과 같은데 큰 이빨로 호랑이나 표범을 잡아먹을 수 있다.

山東兗州城東北有甑山, 後魏時境內猛獸爲暴. 張華原爲刺史, 忽有大駮食獸, 咸以爲化感所致. 駮如馬, 鉅牙能食虎豹.[522]

비단을 뺏은 도적을 잡다.[획겁견적(獲劫絹賊)]

북위(北魏)[원위(元魏)[523]]의 양진(楊津)[524]이 기주자사(岐州刺史)일 때에 무공(武功) 사람이 비단을 가지고 가다가 도적에게 뺏겼다. 역참의 관리를 만나서, 가서 상황을 양진에게 아뢰도록 하니 양진이 교령을 내려 말하기를, "어떤 색의 옷을 입고 어떤 색의 말을 탄 자가 성의 동쪽에서 살해되었다. 만약 가족이 있으면 빨리 수습하고 살피도록 하라"라고 하였다. 한 할머니가 소리 내어 울면서 나와, 그것이 자기 아들이라고 하였다. 양진이 이에 기병을 보내 잡아들이고 아울러 비단도 모두 되찾았다. 이로부터 온 경내 사람들이 두려워하고 따랐다.

元魏楊津爲岐州刺史, 有武功人齎絹, 爲賊所劫. 値驛使至以狀白津, 津下敎云, 有人著某色衣, 乘某色馬者, 在城東被殺. 若有家人, 可速收視. 有一老母行哭而出云, 是己子. 津於是遣騎追收, 并絹俱獲. 自是闔境畏服.[525]

여러 신선들이 환영하다.[군신상영(群神相迎)]

당(唐) 장개(張開)[526]가 형주자사(荊州刺史)가 되어 군의 경계에 이르렀는데 비바람 치고 어두워져서 얼굴을 분간하지 못할 정도였고 다만 공중에서 크게 외치는 소리만 들렸다. 이윽고 자주색 옷을 입고 갑주(甲胄)를 걸친 자 수십 명이 구름 속에서 내려오는 것이 보였다. 장개가 그 연고를 물으니 대답하기를, "우리는 형주(荊州)의 안팎을 주관하는 신입니다. 오랫동안 사군(使君)의 훌륭하신 명성을 우러렀기 때문에 환영하러 온 것일 뿐입니다"라고 하였다. 또 등수(藤脩)[527]가 광주자사(廣州刺史)가 되었는데 다섯 신선이 다섯 마리의 양을 타고 와서 환영하였다.

唐張開爲荊州刺史, 至郡界, 風雨晦冥, 不辨面目, 唯聞空中有呵喝之聲. 旣而見衣紫披甲胄者數十人, 自雲中而下. 開問其故, 對曰, 某荊州內外所主之神. 久仰使君令名, 故來相迎耳. 又藤脩爲廣州刺史, 有五仙人騎五羊來迎.[528]

---

518. 《유원총보》의 '蕭循'은 '蕭修'의 오류이다.[《남사(南史)·소수전(蕭修傳)》]
519. 《남사(南史)·소수전(蕭修傳)》
520. 박(駮): 호랑이와 표범을 잡아먹는다는 전설상의 동물이다.
521. 장화원(張華原): 북제(北齊) 대군(代郡) 출신으로 자가 국만(國滿)이다. 연주자사(兗州刺史)를 역임하였다.
522. 《북제서(北齊書)·장화원전(張華原傳)》
523. 원위(元魏): 탁발(拓拔)씨의 북위(北魏)가 성씨를 원(元)으로 바꾸어 원위(元魏)라고 하게 되었다.
524. 양진(楊津): 북위(北魏) 항농(恒農) 출신으로 자가 나한(羅漢)이다. 정주자사(定州刺史), 이부상서(吏部尙書), 사공(司空) 등을 역임하였다.
525. 《북사(北史)·양진전(楊津傳)》
526. 장개(張開): 내력이 자세하지 않다.
527. 등수(藤脩): 내력이 자세하지 않다.

서백현(徐伯玄)이라는 사람이 와서 사례하다. **[백현래사(伯玄來謝)]** 진(晉) 은중감(殷仲堪)[529]이 형주자사(荊州刺史)로 나가게 되자 효무제(孝武帝)[530]가 이르기를, "항상 경을 영원히 조정의 보배로 삼고자 하였는데 홀연 형초(荊楚)의 보물이 되었으니 참으로 유감이오"라고 하였다. 이에 앞서 은중감이 강가에 떠내려온 관을 거두어 장례 지낸 적이 있었는데 그의 문앞 개울이 갑자기 솟아올라 언덕이 되었다. 밤에 꿈을 꾸는데 어떤 사람이 자칭 서백현(徐伯玄)이라고 하면서 와서 사례하고 또 말하기를, "물 가운데에 언덕이 생긴 것은 그 이름을 '주(洲)'라고 합니다. 그대는 장차 주(州)를 다스릴 것입니다"라고 하였는데 이때에 이르러 과연 형주(荊州)를 맡게 되었다.

晉殷仲堪出爲荊州刺史, 孝武帝曰, 嘗謂卿永爲廊廟之寶, 而忽爲荊楚之珍, 良用慨恨. 先是仲堪收葬江邊流棺, 其門前溝忽起爲岸. 夜夢有人自稱徐伯玄來謝, 且曰, 水中有岸, 其名曰洲. 君將爲州也. 至是, 果臨荊州.[531]

구리송(九里松) 당(唐) 원인경(袁仁敬)[532]이 개원(開元) 연간에 항주자사(杭州刺史)가 되었는데 소나무를 심어 영은사(靈隱寺)의 9리에 걸쳐 모두 좌우를 각각 세 줄로 하고 각 줄은 서로의 거리가 8, 9척이 되게 하였다. 푸르게 길을 끼고 자라니 '구리송(九里松)'이라고 불렀다.

唐袁仁敬, 開元中爲杭州刺史, 植松以靈隱寺凡九里, 左右各三行, 每行相去八九尺. 蒼翠夾道, 號九里松.[533]

당 앞에 난초를 심다. [당전식란(堂前植蘭)] 송(宋) 나기(羅畸)[534]는 자가 주로(疇老)이다. 원우(元祐)[535] 4년에 저주자사(滁州刺史)가 되었는데 어떤 사람이 말하기를, "저주는 가난하고 궁벽한 군입니다"라고 하자 공이 이르기를, "이곳은 구공(歐公)[구양수(歐陽脩)]의 취향(醉鄕)입니다.[536] 서자(庶子)와 자미봉(紫微峰), 향천(香泉)의 만 곡(斛)으로 물자를 삼고 낭야산(瑯琊山)의 유곡(幽谷)과 백운(白雲) 천 경(頃)으로 직전(職田)을 삼으니 어찌 가난하고 궁벽하다고 하겠습니까?"라고 하였다. 이듬해에 관청을 짓고 당 앞에 난초 수십 본을 심었으며 또한 그 기문(記文)[537]을 지었다.

宋羅畸, 字疇老. 元祐四年爲滁州刺史, 或曰, 滁州, 貧僻郡. 公曰, 此歐公之醉鄕也. 有庶子·紫微·香泉萬斛, 以爲供給, 有瑯琊幽谷·白雲千頃, 以爲職田, 何謂貧僻耶. 明年治廨宇, 於堂前植蘭數十本, 且爲之記.[538]

동으로 된 말[斗]과 철로 된 자[尺] [동두철척(銅斗鐵尺)] 조경(趙煚)[539]이 수(隋)에서 벼슬하여 기주자사(冀州刺史)가 되었는데 매우 위엄과 은애가 있

528. 촉(蜀) 왕인유(王仁裕), 《개원천보유사(開元天寶遺事)·권3》
529. 은중감(殷仲堪): 진(晉) 진군(陳郡) 출신으로 형주자사(荊州刺史), 광주자사(廣州刺史) 등을 역임하였다.
530. 효무제(孝武帝): 동진(東晉) 제9대 황제로 재위 기간은 373-396년이다.
531. 《진서(晉書)·은중감전(殷仲堪傳)》
532. 원인경(袁仁敬): 당대(唐代) 사람으로, 항주자사(杭州刺史)를 역임하였다.
533. 《산당사고(山堂肆考)·신직(臣職)》
534. 나기(羅畸): 송(宋) 남검주(南劍州) 출신으로 자가 주로(疇老)이다. 저주자사(滁州刺史), 태상박사(太常博士) 등을 역임하였다.
535. 원우(元祐): 송(宋) 철종(哲宗)의 연호(1086-1093)이다.
536. 구양수(歐陽脩)가 저주(滁州)를 다스릴 때 쓴 《취옹정기(醉翁亭記)》에서 따온 말이다.
537. 〈난당기(蘭堂記)〉이다.
538. 《산당사고(山堂肆考)·신직(臣職)》
539. 조경(趙煚): 수(隋) 천수(天水) 출신으로 자가 현통(賢通)이다. 대장군(大將軍) 상서우복야(尙書右僕射) 등을 역임하였다.

었다. 시장에 간악함과 속임수가 많자 이에 동으로 된 말과 철로 된 자를 만들어 가게에 두게 하니 백성들이 편안하게 여겼다.

趙煚仕隋, 爲冀州刺史, 甚有威惠. 市多奸詐, 乃爲銅斗鐵尺, 置於肆, 百姓便之.[540]

해진 수레와 마른 말[폐거이마(弊車羸馬)] 《백공육첩(白孔六帖)》의 기록이다. 당(唐) 가돈이(賈敦頤)[541]가 창주자사(滄州刺史)일 때에 관직에 있으면서 청렴결백하였다. 매번 조정에 들어올 때 모든 식구가 오는데도 해진 수레 한 대와 마른 말 몇 필이었으며 고삐가 부족하여 새끼로 그것을 만들었으니 보는 자들이 자사인 줄을 몰랐다.

白帖. 唐賈敦頤爲滄州刺史, 在職淸潔. 每入朝, 盡室而行, 唯弊車一乘, 羸馬數匹, 羈勒有缺, 以繩爲之, 見者不知爲刺史也.[542]

탐욕스럽고 포악한 자들을 적발하다.[적발탐포(摘發貪暴)] 당(唐) 요숙(姚璹)[543]이 익주자사(益州刺史)로 옮겼는데 전에 촉(蜀)의 속관들이 탐욕스럽고 포악하자 요숙이 그들을 적발하여 용서함이 없었다. 측천무후(則天武后)가 조서를 내려 권장하고 위로하면서 이어 좌우에 이르기를, "2천 석(二千石)으로 자신을 청렴하게 하는 것은 쉽지만 속관들로 하여금 모두 청렴하게 하는 것은 어려운데, 오직 요숙만이 그것을 겸하였다"라고 하였다.

唐姚璹遷益州刺史, 初蜀吏貪暴, 璹摘發之, 無所容貸. 武后降詔獎慰, 因謂左右曰, 爲二千石淸其身者易, 使吏盡淸者難, 唯璹兼之.[544]

한 개의 주가 한 말[斗] 크기이다.[일주여두(一州如斗)] 유송(劉宋)의 여러 왕자들로 방진(方鎭)을 맡은 자들은 대부분 친근한 측근으로 전첨(典籤)[545]을 맡겨 교명(敎命)을 출납하게 하니 자사들이 그 직책을 관장할 수 없었다. 종각(宗慤)[546]이 예주자사(豫州刺史)가 되자 오희(吳喜)가 전첨(典籤)을 맡았는데 매번 거스르는 것이 많았다. 종각이 크게 화를 내면서 말하기를, "내가 나이 장차 60이 되어 가면서 나라를 위해 목숨을 바치고자 하는데 겨우 한 말 크기의 주(州)를 얻었으니 다시는 전첨(典籤)과 함께 다스리지 못하겠다"라고 하였다. 오희가 이마를 찧어 피를 흘리자 그만두었다.

劉宋諸皇子爲方鎭者, 多以親近左右領典籤, 出納敎命, 刺史不得專其職. 及宗慤爲豫州刺史, 吳喜爲典籤, 每多違執. 慤大怒曰, 慤年將六十, 爲國竭命, 正得一州如斗大, 不能復與典籤共臨之. 喜稽顙流血, 乃止.[547]

미옥(美玉)을 받지 않다.[불수미옥(不受美玉)]

후위(後魏) 최정(崔挺)[548]이 광주자사(光州刺史)일 때에 액현(掖縣)[549]의 노인이 스스로 말하기를, "일찍이 임읍(林邑)에서 일한 적이 있는데 미옥(美玉)을 얻어서 섬에 보관한 지가 거의 60년이 되어 갑니다. 지금 밝은 다스림을 만났으니 그것을 바치고자

540. 《수서(隋書)·조경전(趙煚傳)》

541. 가돈이(賈敦頤): 당(唐) 조주(曹州) 출신으로 영주자사(瀛州刺史), 낙주자사(洛州刺史) 등을 역임하였다.

542. 《산당사고(山堂肆考)·신직(臣職)》

543. 요숙(姚璹): 당(唐) 경조(京兆) 출신으로 자가 영장(令璋)이다. 중서사인(中書舍人), 동봉각난대평장사(同鳳閣鸞臺平章事) 등을 역임하였다.

544. 《신당서(新唐書)·요숙전(姚璹傳)》

545. 전첨(典籤): 문서 처리를 담당한 소리(小吏)이다.

546. 종각(宗慤): 남조(南朝) 송(宋) 남양(南陽) 출신으로 자가 원간(元幹)이다. 진무장군(振武將軍), 예주자사(豫州刺史) 등을 역임하였다.

547. 《남사(南史)·여문현전(呂文顯傳)》

548. 최정(崔挺): 북위(北魏) 출신으로 자가 쌍근(雙根)이다. 북해왕사마(北海王司馬), 광주자사(光州刺史) 등을 역임하였다.

549. 액현(掖縣): 산동성(山東省)에 있었던 현(縣) 이름이다.

합니다"라고 하였으나 최정이 받지 않았다. 교대하고 떠나게 되자 노인과 어린이까지 따라 나왔고 비단을 선물하였으나 모두 물리쳤다.

後魏崔挺爲光州刺史, 有掖縣老人自言, 嘗使林邑, 得美玉, 藏之海島, 垂六十年. 今逢明政, 願奉之. 挺不受. 及代去, 老幼追, 送縑帛, 亦却之.[550]

우물 속에서 사람이 나오다.[정중인출(井中人出)]

진릉(晉陵)의 위랑(韋朗)[551]은 집이 영릉(迎陵)에 있었는데 원가(元嘉)[552] 초엽에 뜰 앞의 우물 속에서 한 사람이 나오는 것을 보았다. 키는 한 자쯤 되는데 띠를 띠고 갑옷을 입었으며 대오를 지휘하여 서로 대답하고 서로 따르면서 문을 나가 한참 후에 다 없어졌다. 위랑의 형인 위수(韋藪)가 점을 꽤 잘 쳐 항상 말하기를, "우리 아들과 아우들은 장차 자사(刺史)에 이를 것이다"라고 하였는데 위랑이 청주(青州)와 광주(廣州) 두 주의 자사를 역임하였다.

晉陵韋朗, 家在迎陵, 元嘉初忽見庭前井中有一人出. 高長尺許, 被帶組甲, 麾伍相應相隨出門, 良久乃盡. 朗兄藪頗善占筮, 常云, 吾子弟當至刺史. 朗歷靑廣二州.[553]

높은 봉우리에 누대를 세우다.[준봉기대(峻峯起臺)]

하후상(夏侯詳)[554]이 상주자사(湘州刺史)가 되었는데 하후상은 관리의 사무에 뛰어나 주에 있는 4년 동안 백성들에게 칭송을 받았다. 주의 성 남쪽이 물에 접해 있고 산봉우리가 높았다. 예전부터 전해지기로, 자사가 이 산에 오르면 바로 교대된다고 하였다. 이 때문에 역대로 감히 이르는 자가 없었는데 하후상이 그곳에 누대를 세우고 속관들을 불러 겸손의 뜻[물러나겠다는 뜻]을 드러내었다.

夏侯詳爲湘州刺史, 詳善吏事, 在州四載, 爲百姓所稱. 州城南臨水, 山峻峯. 舊傳云, 刺史登此山, 輒代. 由是歷政莫敢至, 詳於其地起臺榭, 延僚屬, 以表損挹之志.[555]

금으로 만든 뱀을 적발하다.[규발금사(糾發金蛇)]

충호(种暠)[556]가 익주자사(益州刺史)일 때에 직책에 있은 지 3년 만에 민산(岷山)의 여러 부락이 모두 마음으로 따르고 복종하였다. 영창태수(永昌太守)가 황금을 주조하여 무늬가 있는 뱀을 만들어 양기(梁冀)[557]에게 바치자 충호가 적발하여 체포하고 역참의 말을 달려 위에 아뢰었다. 양기가 이로 말미암아 노여움을 품게 되었다.

种暠爲益州刺史, 在職三年, 岷山雜落皆懷服. 永昌太守鑄黃金爲文蛇, 以獻梁冀, 暠糾發追捕, 馳傳上言. 冀由是銜怒.[558]

보물과 재화를 벽에 걸어 두다.[보화괘벽(寶貨掛壁)]

위(魏) 진태(陳泰)[559]는 자가 백현(伯玄)으로 병주자사(幷州刺史)가 되었다. 도성의 귀족들이 보물과 재화를 보내는 자가 많았는데 진태를 통하여 노비를 사려는 것이었다. 진태는 그것들을 모두 벽에 걸어 두고 봉한 것을 풀지 않았다. 부름 받아 상서(尙書)가 되자 그것들을 모두 되돌려 주었다.

魏陳泰, 字伯玄, 爲幷州刺史. 京邑貴人, 多寄寶貨,

---

550. 《위서(魏書)·최정전(崔挺傳)》
551. 위랑(韋朗): 내력이 자세하지 않다.
552. 원가(元嘉): 유송(劉宋) 문제(文帝)의 연호(424-453)이다.
553. 송(宋) 유경숙(劉敬叔), 《이원(異苑)·권4》
554. 하후상(夏侯詳): 남조(南朝) 양(梁) 초(譙) 출신으로 자가 숙업(叔業)이다. 상서좌복야(尙書左僕射)를 역임하였다.
555. 《양서(梁書)·하후상전(夏侯詳傳)》
556. 충호(种暠): 동한(東漢) 하남(河南) 출신으로 자가 경백(景伯)이다. 시어사(侍御史), 사도(司徒) 등을 역임하였다.
557. 양기(梁冀): 동한(東漢) 안정(安定) 출신으로 자가 백탁(伯卓)이다. 황문시랑(黃門侍郎), 대장군(大將軍) 등을 역임하였다.
558. 《후한서(後漢書)·충호전(种暠傳)》
559. 진태(陳泰): 삼국시대 위(魏) 영천(潁川) 출신으로 자가 백현(伯玄)이다. 정서장군(征西將軍), 상서좌복야(尙書左僕射) 등을 역임하였다.

因泰市奴婢. 泰皆掛之於壁, 不發其封. 及徵爲尙書, 悉付還之.560

호상(胡牀)561을 벽에 걸어 놓다.[호상괘벽(胡牀掛壁)] 위(魏) 배잠(裵潛)562이 연주자사(兗州刺史)일 때에 일찍이 호상 하나를 만들었는데 떠나게 되자 남겨두어 벽에 걸어 놓았다.

魏裵潛爲兗州刺史時, 嘗作一胡牀, 及去, 留以掛壁.563

송아지를 남겨 두다.[유독(遺犢)] 진(晉) 양기(羊曁)564가 청주자사(靑州刺史)일 때에 양기의 소가 송아지를 낳았다. 옮겨 가게 되자 관사(官舍)에서 낳은 것이라는 이유로 남겨 두고 떠났다.

晉羊曁爲靑州刺史, 曁牛產犢. 及遷, 以官舍所生, 遺之而去.565

장막을 나누고 일을 결단하다.[분유결사(分帷決事)] 한(漢) 사이오(謝夷吾)566는 자가 요경(堯卿)이다. 형주자사(荊州刺史)로 옮겼는데 관할 지역을 순시하다가 처음으로 남양현(南陽縣)에 이르렀을 때 효장황제(孝章皇帝)567가 순수(巡狩)하면서 노양(魯陽)으로 행차하는 수레를 만났다. 조서를 내려 형주자사(荊州刺史)가 죄수들을 심사한 것을 들여와 짐이 장차 보도록 하겠다고 명하였다. 황제는 서상(西廂)에 있으면서 남쪽을 향하고 사이오는 동상(東廂)에 위치하여 장막을 나누어 중앙을 막았다. 사이오가 결단한 것이 바로 한 현(縣)의 300여 가지 일이었는데 모두가 황제의 뜻과 합치되었다. 황제가 감탄하며 이르기를, "여러 주의 자사들이 모두 이와 같다면 짐은 천하를 염려하지 않겠다"라고 하였다.

漢謝夷吾, 字堯卿. 遷荊州刺史, 行部始到南陽縣, 遇孝章皇帝巡狩, 駕幸魯陽. 有詔, 勅荊州刺史入傳錄見囚徒, 朕將覽焉. 上臨西廂南面, 夷吾處東廂, 分帷隔中央. 夷吾所決, 正一縣三百餘事, 悉與上合. 上歎息曰, 諸州刺史盡如此, 朕不憂天下.568

길을 가득 메우고 수레를 당기다.[색로반원(塞路攀轅)] 엄준(嚴遵)569이 익주자사(益州刺史)일 때에 은혜와 사랑이 있었다. 매번 관직을 옮길 때마다 속관과 백성들이 길을 가득 메우고 수레를 당기니 조서를 내려 마침내 유임하게 하였다. 관직에 있은 것이 18년이었다.《화양국지(華陽國志)》

嚴遵爲益州刺史, 有惠愛. 每當遷官, 吏人塞路攀轅, 詔遂留之. 居官十八年.《華陽國志》570

먼저는 청렴하였다가 뒤에 혼탁해지다.[선청후탁(先淸後濁)] 진(晉) 왕손(王遜)571이 광주자사(廣州刺史)일 때에 백성들 가운데 뵙는 자에게 대부분 금 명함을 만들어 이름을 전하도록 하였다. 아내가 따지며 말하기를, "어찌 먼저는 청렴하였다가 뒤에 혼탁해졌는지요?"라고 하였다.

晉王遜爲廣州刺史, 民人謁者, 多使作金刺通名. 妻

---

560. 《삼국지(三國志)·위지(魏志)·진태전(陳泰傳)》
561. 호상(胡牀): 접의자의 일종으로 교상(交牀)이라고도 한다.
562. 배잠(裵潛): 삼국시대 위(魏) 하동(河東) 출신으로 자가 문행(文行)이다. 대군태수(代郡太守), 상서령(尙書令) 등을 역임하였다.
563. 《고금사문유취속집(古今事文類聚續集)·거처부(居處部)》
564. 양기(羊曁): 내력이 자세하지 않다.
565. 《예문유취(藝文類聚)·직관부(職官部)》
566. 사이오(謝夷吾): 동한(東漢) 회계(會稽) 출신으로 자가 요경(堯卿)이다. 형주자사(荊州刺史), 거록태수(鉅鹿太守) 등을 역임하였다.
567. 효장황제(孝章皇帝): 동한(東漢) 제3대 황제인 장제(章帝)로 재위 기간은 76-88년이다.
568. 《후한서보일(後漢書補逸)·사이오전(謝夷吾傳)》
569. 엄준(嚴遵): 한(漢) 촉(蜀) 출신으로 복서(卜筮)에 능했다.
570. 진(晉) 상거(常璩), 《화양국지(華陽國志)·파지(巴志)》
571. 왕손(王遜): 진(晉) 위흥(魏興) 출신으로 자가 소백(邵伯)이다. 남이교위(南夷校尉), 영주자사(寧州刺史) 등을 역임하였다.

詰之曰, 何先淸而後濁也.[572]

세 마리의 호랑이가 상여를 따르다.[삼호수상(三虎隨喪)] 왕업(王業)[573]이 형주(荊州)에 제수되었고 사례(司隸)로 옮겨 가다 길에서 죽었는데 세 마리의 흰 호랑이가 머리를 늘어뜨리고 상여를 따라갔다.

王業拜荊州, 遷司隸, 道卒, 有三白虎, 低頭隨喪而去.[574]

황주(黃州) 사람들이 두 번 노래하다.[황인이가(黃人二歌)] 당(唐) 건원(乾元)[575] 2년에 찬선대부(贊善大夫) 좌진(左振)[576]이 황주자사(黃州刺史)로 나갔다. 수레에서 내리자 황주 사람들이 다음과 같이 노래하였다.

我欲逃鄕里, 우리는 고향을 피하려 하였고
我欲去墳墓, 우리는 선영을 떠나려 하였는데,
左公今旣來, 좌공(左公)이 이제 오셨으니
誰忍棄之去 누가 감히 버리고 떠나리오.

1년 후에 또 다음과 같이 노래하였다.

吾鄕有鬼巫, 우리 고을에 무당이 있어
惑人人不知. 사람들을 미혹시키는데도 사람들은 모르네.
天子正尊信, 천자도 바로 높이고 믿는데
左公能殺之. 좌공(左公)이 그를 죽일 수 있었네.《차산집(次山集)》

唐乾元二年, 贊善大夫左振出爲黃州刺史. 下車, 黃人歌曰, 我欲逃鄕里, 我欲去墳墓, 左公今旣來, 誰忍棄之去. 後一歲, 又歌云, 吾鄕有鬼巫, 惑人人不知. 天子正尊信, 左公能殺之.《次山集》[577]

아름다운 경치의 주인[풍월주인(風月主人)] 맹촉(孟蜀)[578]의 좌승(左丞)인 구양빈(歐陽彬)[579]은 형산(衡山) 사람이다. 가주자사(嘉州刺史)가 되자 기뻐하며 말하기를, "청산(靑山)과 녹수(綠水) 가운데 이천석의 자사가 되어 시를 짓고 술을 마시며 아름다운 경치의 주인이 되었으니 어찌 즐겁지 않으리오"라고 하였다.

孟蜀左丞歐陽彬, 衡山人. 爲嘉州刺史, 喜曰, 靑山綠水中, 爲二千石, 作詩飮酒, 爲風月主人, 豈不嘉哉.[580]

신에게 기원하자 호랑이가 죽다.[축신호폐(祝神虎斃)] 사걸(謝傑)[581]이 고주자사(高州刺史)일 때에 경내에 호랑이가 많아 밤에 성곽 안으로 들어와 포악을 부려 사람들이 편안히 지내지 못하였다. 사걸이 하루는 목욕하고 성황묘(城隍廟)에 찾아가 술을 들어 신에게 기원하기를, "어리석은 백성들이 무슨 잘못이 있다고 호랑이가 포악을 부립니까? 이것은 자사가 덕의 교화가 없음이니 바라건대 호랑이는 다만 자사만 잡아먹고 어리석은 백성들을 해치지 말게 하소서"라 하고 이어 좌우를 물리친 채 홀로 성황묘의 뜰에서 잤다. 이날 밤 삼경(三更)에 성황묘의 동남쪽 모퉁이에서 홀연 울부짖는 것이 있었고 그 소리는 우레와 같았는데 한참 만에 그쳤다. 새벽에 살펴보니 여러 마리의 호랑이가 모두 죽어 있었다.《구국지(九國志)》

572.《북당서초(北堂書鈔)·설관부(設官部)》
573. 왕업(王業): 위진(魏晋) 시기 사람으로 산기상시(散騎常侍), 상서좌복야(尙書左僕射) 등을 역임하였다.
574.《고금사문유취외집(古今事文類聚外集)·노관부(路官部)》
575. 건원(乾元): 당(唐) 숙종(肅宗)의 연호(758-760)이다.
576. 좌진(左振): 당대(唐代) 사람으로 황주자사(黃州刺史), 금주자사(金州刺史) 등을 역임하였다.
577. 당(唐) 원결(元結),《차산집(次山集)·권9》
578. 맹촉(孟蜀): 오대십국(五代十國)의 하나인 후촉(後蜀)의 다른 이름이다.
579. 구양빈(歐陽彬): 오대(五代) 촉(蜀) 형산(衡山) 출신으로 자가 제미(齊美)이다. 한림학사(翰林學士), 가주자사(嘉州刺史) 등을 역임하였다.
580.《십국춘추(十國春秋)·후촉(後蜀)》
581. 사걸(謝傑): 내력이 자세하지 않다.

謝傑爲高州刺史, 境多虎, 夜入郭中爲暴, 人不安居. 傑一日沐浴, 謁城隍廟, 擧酒祝神曰, 愚民何辜, 而虎暴之. 蓋刺史無德化, 願虎只食刺史, 無傷愚民. 因屛左右, 獨宿殿庭中. 是夜三鼓, 廟東南隅忽有物咆哮, 其聲如雷, 良久乃止. 遲明視之, 數虎悉斃.《九國志》[582]

이대충(李大蟲) 초(楚) 이경(李瓊)[583]이 계주자사(桂州刺史)가 되었는데 장대하고 힘이 많았다. 매번 고기 10여 근을 먹는데 상에 걸터앉아 크게 씹는 것이 탐욕스러워 군중에서 이 호랑이[이대충(李大蟲)]이라고 불렀다. 이에 앞서 계주(桂州)의 아이들이 큰길에서 놀다가 갑자기 서로 놀라 도망가면서 말하기를, "호랑이[대충(大蟲)]가 온다"라고 하였는데 이에 이르러 과연 호응한 것이다.[위와 같다]

楚李瓊爲桂州刺史, 魁岸多力. 每食肉十餘斤, 據按大嚼耽耽然, 軍中號曰李大蟲. 先是, 桂州兒童聚錢[584]衢路, 忽相驚走曰, 大蟲來. 至是果應.[上同][585]

백성들이 자애로운 부모를 얻다.[민우자부(民遇慈父)] 조적(祖逖)[586]이 예주자사(豫州刺史)일 때에 백성들이 감화되었다. 술자리를 마련하고 노인들을 크게 모으니 함께 눈물을 흘리면서 감탄하기를, "우리들이 늘그막에 다시 부모를 얻었으니 죽어도 장차 무엇이 유감이겠는가"라고 하였다. 또 동요에, "다행히도 남은 백성들이 승냥이와 호랑이의 해를 면하니, 삼신(三辰)[587]이 밝아지자 자애로운 부모를 만났네"라고 하였다.

祖逖爲豫州刺史, 百姓感化. 置酒大會耆老, 相與流涕而歎曰, 吾等投老, 更得父母, 死將何恨. 又童謠曰, 幸哉遺民免豺虎, 三辰旣朗遇慈父.[588]

태수 太守

- 옛 주목(州牧)[589]의 임무이다. 진(秦)에서 제후(諸侯)를 폐지하고 수(守)를 두었으니, 군수(郡守)는 녹봉이 2천 석이다. 한(漢) 경제(景帝)[590] 시기에 비로소 태수(太守)로 이름을 바꾸었다.

  古州牧之任也. 秦罷侯置守, 郡守秩二千石. 漢景帝始更名太守.[591]

- 태수가 머무는 집은 자황(雌黃)[592]을 바른다. 그러므로 '황당(黃堂)'이라고 한다.

  太守所居之堂, 塗以雌黃. 故曰黃堂.[593]

- 《속한지(續漢志)》의 기록이다. 태수는 모두 검은색 일산(日傘)과 붉은색의 말다래를 한다.

---

582. 《십국춘추(十國春秋)·남한(南漢)》
583. 이경(李瓊): 오대십국(五代十國) 초(楚)나라 사람으로 용맹과 담력이 뛰어났다. 정강군절도사(靜江軍節度使), 동평장사(同平章事) 등을 역임하였다.
584. 송(宋) 마영이(馬永易), 《실빈록(實賓録)·권8》에, '錢'은 '戲'로 되어 있다.
585. 《실빈록(實賓録)·권8》
586. 조적(祖逖): 동진(東晋) 사람으로 자가 사아(士雅)이다. 중원 회복을 위해 북벌을 주장하였다. 민제(愍帝) 시기에 분위장군(奮威將軍)으로 임명되어 중원 회복에 나섰다.
587. 삼신(三辰): 해, 달, 별을 가리킨다.
588. 《진서(晉書)·조적전(祖逖傳)》
589. 주목(州牧): 주(州)의 장관이다. 《서경(書經)·주서(周書)·주관(周官)》에, "唐虞稽古, 建官惟百, 內有百揆四岳, 外有州牧侯伯, 庶政惟和, 萬國咸寧"이라고 하였다.
590. 경제(景帝): 서한(西漢) 제5대 황제로 재위 기간은 BC 156-BC 141년이다.
591. 《산당사고(山堂肆考)·신직(臣職)》
592. 자황(雌黃): 반투명의 노란색을 띠는 광물 이름이자 이것으로 만든 안료를 가리킨다.
593. 《산당사고(山堂肆考)·신직(臣職)》

續漢志. 二千石, 皆皁蓋朱轓.594

- 한(漢)나라 제도이다. 군수(郡守)의 수레는 가로대 위에 곰을 그려 놓는다. 그러므로 '웅식(熊軾)'이라고 한다.

漢制. 郡守車畵熊于軾上. 故云熊軾.595

- 문제(文帝)596 초엽에 군수(郡守)에게는 동호부(銅虎符)597와 죽사부(竹使符)598를 배정하였다.

文帝初, 郡守置銅虎符·竹使符.599

- 《신당서(新唐書)·거복지(車服志)》의 기록이다. 동방의 여러 주에는 청룡부(靑龍符)를 주고 남방은 주작부(朱雀符)를 주며 서방은 추우부(騶虞符)를 주고 북방은 현무부(玄武符)를 준다. 모두 좌부(左符)는 3매(枚)이고 우부(右符)는 4매인데 좌(左)인 것은 안으로 들어오는 것이고 우(右)인 것은 밖에 주는 것이다.

唐兵志.600 東方諸州, 給靑龍符, 南方朱雀符, 西方騶虞符, 北方玄武符. 皆左四右三, 左者進內右者付外.601

태수는 네 마리 말로 수레를 메우고 한 마리 말로 봄 순행[행춘(行春)602]을 한다. 그러므로 오마(五馬)가 있다.

太守, 駟馬車駕, 一馬行春. 故有五馬.603

안지(鴈池) 우국(虞國)604이 일남태수(日南太守)일 때에 백성을 사랑하고 동물에까지 미쳐 외출하면 기러기 두 마리가 가마를 따랐다. 임기가 차서 집으로 돌아가는데 기러기도 함께 따라갔고 그가 죽자 묘지에 머물며 떠나지 않았다. 후대 사람들이 그 연못을 이름 붙여 '안지(鴈池)'라고 하였다.

虞國爲日南太守, 愛民及物, 出則雙鴈隨軒. 秩滿還家, 鴈與俱至, 其卒也, 棲於墓不去. 後人名其水曰鴈池.605

합포(合浦)에 진주가 돌아오다.[합포환주(合浦還珠)] 한(漢) 맹상(孟嘗)606은 자가 백주(伯周)로 상우(上虞) 사람이다. 합포태수(合浦太守)가 되었는데 군에는 곡식이 나지 않고 바다에서 진주가 나서 백성들은 항상 진주를 채취하여 쌀과 바꾸었다. 이에 앞서 태수가 탐욕을 부리자 진주가 점차 교지(交趾)의 경계로 옮겨 갔고 합포에 진주가 없어지니 굶어 죽는 자가 길에 가득하였다. 맹상이 군에 이르러 이전의 폐단을 바꾸고 없애자 한 해가 가기도 전에 떠났던 진주가 다시 돌아왔다.

漢孟嘗, 字伯周, 上虞人. 爲合浦太守, 郡不產穀實, 而海出珠, 民嘗採珠以易米. 先是守宰貪穢, 珠漸徙去交趾境界, 合浦無珠, 餓死者盈路. 及嘗到郡, 革去前弊, 未踰歲, 去珠復還.607

문을 열어 손님을 맞이하다.[개문접빈(開門接賓)] 촉(蜀) 상랑(向朗)608은 젊어서 관리의 능력으로 칭송되었고 일찍이 파서(巴西), 장가(牂牁), 방릉(房

594. 《통지(通志)·기복략(器服略)》
595. 《산당사고(山堂肆考)·신직(臣職)》
596. 문제(文帝): 서한(西漢) 제4대 황제로 재위 기간은 BC 179-BC 157년이다.
597. 동호부(銅虎符): 동(銅)으로 만든, 호랑이 모양의 병부(兵符)이다.
598. 죽사부(竹使符): 지방관에게 주던, 대로 만든 부신(符信)이다.
599. 《금수만화곡(錦繡萬花谷)·전집(前集)》
600. 《유원총보》의 '兵志'는 '車服志'의 오류이다.[《신당서(新唐書)·거복지(車服志)》]
601. 《신당서(新唐書)·거복지(車服志)》
602. 행춘(行春): 관리가 봄에 관할 지역을 순시하는 일이다.
603. 《산당사고(山堂肆考)·신직(臣職)》
604. 우국(虞國): 내력이 자세하지 않다.
605. 《산당사고(山堂肆考)·신직(臣職)》
606. 맹상(孟嘗): 동한(東漢) 상우(上虞) 출신으로 자가 백주(伯周)이다.
607. 《후한서(後漢書)·맹상전(孟嘗傳)》

陵)의 태수(太守)를 역임하였다. 전적(典籍)에 마음을 기울여 나이 80이 넘어서도 직접 책을 교정하였으며 문을 열어 손님을 맞이하고 후진들을 받아들였다.

蜀向朗, 少以吏能見稱, 嘗爲巴西·牂牁·房陵太守. 潛心典籍, 年踰八十, 猶手自校書, 開門接賓, 引納後進.[609]

까마귀가 고기를 채간 것을 알다.[지오확육(知烏攫肉)]

황패(黃霸)[610]가 영천태수(潁川太守)일 때에 일찍이 사찰하려는 것이 있어 나이가 많고 청렴한 속관을 골라서 보내며 빈틈없이 할 것을 경계하였다. 속관이 감히 역참에서 머물지 못하고 길가에서 식사를 하는데 까마귀가 그의 고기를 채갔다. 뒤에 돌아오니 황패가 그의 노고를 치하하면서 말하기를, "매우 고생했소. 길가에서 식사하다가 까마귀에게 고기를 뺏겼다지요?"라고 하자 속관이 크게 놀라며 신명하다고 일컬었다. 처음에 자잘한 듯하여 그 다스림이 세세하였지만 황패는 정력적으로 실천하였다. 주(注)이다. 미염(米鹽)은 지극히 세세한 것을 말한다.

黃霸爲潁川太守, 嘗欲有所伺察, 擇年長廉吏遣行, 屬令周密. 吏不敢舍郵亭, 食于道旁, 烏攫其肉. 後還, 霸勞之曰, 甚苦. 食于道旁, 乃爲烏所攫肉. 吏大驚, 稱爲神明. 始若煩碎, 其政米鹽, 霸精力行之. 注米鹽言至細.[611]

황패의 다스림과 교화가 크게 행해져 상서로운 벼가 관서에서 나고 봉황이 경내에 모였다. 선제(宣帝)[612]가 금 40근을 하사하였다.

霸政化大行, 嘉禾生於府, 鳳凰集於境. 宣帝賜金四十斤.[613]

하병(何竝)[614]이 영천태수(潁川太守)로 옮겼는데 선한 자를 드러내고 선비를 좋아하여 이름이 황패(黃霸)에 버금갔다. 처자식이 관사(官舍)에 이르지 않았다.

何竝徙潁川守, 表善好士, 名次黃霸. 妻子不至官舍.[615]

은자를 초빙하다.[초빙은일(招聘隱逸)] 동한(東漢) 잠희(岑熙)[616]는 자가 경인(景仁)이다. 위군태수(魏郡太守)일 때 은자를 초빙하여 정사에 참여하게 하였다. 정사를 본 지 2년 만에 많은 사람들이 다음과 같이 노래하였다.

我有枳棘, 우리에게 가시나무가 있는데
岑君伐之. 잠군(岑君)이 잘라 주셨네.
我有蟊賊, 우리에게 해충이 있는데
岑君遏之. 잠군이 막아 주셨네.
吠犬不驚, 개가 짖어도 놀라지 않고
足下生氂. 다리 아래에 털이 나네.
含哺鼓腹, 실컷 먹고 배 두드리니
焉知凶災. 어찌 흉함과 재앙을 알리오.
我喜我生, 우리는 우리의 삶을 기뻐하노니
獨丁此時. 오직 이런 때를 만났기 때문이다.
善哉岑君, 훌륭하신 잠군이시여,
於乎休玆. 아아 여기에서 쉬신다.

東漢岑熙, 字景仁. 爲魏郡太守, 招聘隱逸, 與參政事. 視事二年, 輿人歌曰. 我有枳棘, 岑君伐之. 我有

---

608. 상랑(向朗): 삼국시대 촉(蜀) 의성(宜城) 출신으로 자가 거달(巨達)이다.
609. 《삼국지(三國志)·촉지(蜀志)·상랑전(向朗傳)》
610. 황패(黃霸): 서한(西漢) 회양(淮陽) 출신으로 자가 차공(次公)이다. 내외직을 두루 거치면서 관대한 정치를 폈고 승상(丞相)을 역임하였다. 공수(龔遂)와 더불어 순리(循吏)의 대표적인 인물로 칭해진다.
611. 《전한서(前漢書)·황패전(黃霸傳)》
612. 선제(宣帝): 서한(西漢) 제8대 황제로 재위 기간은 BC 73-BC 49년이다.
613. 《산당사고(山堂肆考)·신직(臣職)》
614. 하병(何竝): 한(漢) 평릉(平陵) 출신으로 자가 자렴(子廉)이다. 장릉령(長陵令), 영천태수(潁川太守) 등을 역임하였다.
615. 《전한서(前漢書)·하병전(何竝傳)》
616. 잠희(岑熙): 동한(東漢) 사람으로 위군태수(魏郡太守)를 역임하였다.

盜賊, 岑君遏之. 吠犬不驚, 足下生氂. 含哺鼓腹, 焉知凶災. 我喜我生, 獨丁此時. 善哉岑君, 於乎休玆.[617]

날아오던 황충이 경계를 떠나다.[비황거계(飛蝗去界)]

동한(東漢) 송균(宋均)[618]이 구강태수(九江太守)가 되었다. 당시에 산양(山陽), 초(楚), 패(沛) 지역에 황충이 많았는데, 그 날아오던 것들이 문득 동서로 흩어져 경계 밖으로 갔다. 또 마릉(馬棱)[619]이 무릉태수(武陵太守)가 되자 날아다니던 황충이 바다로 갔다. 송(宋) 조변(趙抃)[620]이 청주(青州)를 맡았을 때 경동(京東)이 크게 가물어 황충이 장차 경내로 들어오려다가 바람을 만나 물러나며 날아가다가 물에 떨어지니 청주는 해가 없었다.

東漢宋均爲九江守. 時山陽楚沛多蝗, 其飛至者, 輒東西散, 去界外.[621] 又馬稜[622]爲武陵守, 飛蝗赴海.[623] 宋趙抃知青州, 京東大旱, 蝗將入境, 遇風, 退飛墜水, 而青州無害.[624]

문옹(文翁)[625]이 촉(蜀) 지역을 교화하다.[문옹화촉(文翁化蜀)] 문옹이 경제(景帝)[626] 말엽에 촉군태수(蜀郡太守)가 되었는데 성도(成都)에 학궁(學宮)을 세우고 아래 현의 젊은이들을 불러들여 학궁의 생도로 삼으니 이로 말미암아 촉(蜀) 지역이 크게 교화되었다.

文翁, 景帝末爲蜀郡太守, 修起學宮於成都, 招下縣子弟, 以爲學宮子弟, 由是蜀地大化.[627]

한(漢) 왕부(王阜)[628]가 익주(益州)를 다스릴 때 다스림과 교화가 크게 시행되어 신마(神馬)가 전지(滇池)[629] 안에서 나왔고 감로(甘露)가 내렸으며 백오(白烏)가 나타났다.

漢王阜守益州, 政化大行, 神馬出滇池中, 甘露降, 白烏見.[630]

소(召) 아버지와 두(杜) 어머니[소부두모(召父杜母)]

한(漢) 소신신(召信臣)[631]과 두시(杜詩)[632]가 서로 계승하여 남양태수(南陽太守)가 되었는데 속관과 백성이 그들을 사랑하여 이르기를, "전에는 소(召) 아버지가 계셨고 뒤에는 두(杜) 어머니가 계시네"라고 하였다.

漢召信臣·杜詩, 相繼爲南陽太守, 吏民愛之曰, 前有召父, 後有杜母.[633]

학교(學校)를 힘써 세우다.[돈수학교(敦修學校)]

동한(東漢) 복공(伏恭)[634]은 자가 숙제(叔齊)이다. 상산태수(常山太守)일 때에 힘써 학교를 세우고 가

617. 《후한서(後漢書)·잠팽전(岑彭傳)》
618. 송균(宋均): 동한(東漢) 안중(安衆) 출신으로 자가 숙상(叔庠)이다. 하내태수(河內太守)를 역임하였다.
619. 마릉(馬棱): 동한(東漢) 부풍(扶風) 출신으로 자가 백위(伯威)이다. 여러 주의 태수를 역임하였다.
620. 조변(趙抃): 송(宋) 인종(仁宗), 신종(神宗) 때의 관리로 자(字)는 열도(閱道)이다. 청백리로 이름을 날렸다. 벼슬은 태자소보(太子少保)에 이르렀다.
621. 《후한서(後漢書)·송균전(宋均傳)》
622. 《유원총보》의 '馬稜'은 '馬棱'의 오류이다.[《후한서(後漢書)·마릉전(馬棱傳)》]
623. 《후한서(後漢書)·마릉전(馬棱傳)》
624. 《산당사고(山堂肆考)·신직(臣職)》
625. 문옹(文翁): 한(漢) 여강(廬江) 출신으로 자가 이다. 촉군태수(蜀郡太守)를 역임하였다.
626. 경제(景帝): 서한(西漢) 제5대 황제로 재위 기간은 BC 156-BC 141년이다.
627. 《한서(漢書)·문옹전(文翁傳)》
628. 왕부(王阜): 내력이 자세하지 않다.
629. 전지(滇池): 운남성(雲南省) 곤명시(昆明市)에 있는 못으로 곤명호(昆明湖)라고도 한다.
630. 《후한서(後漢書)·남만서남이전(南蠻西南夷傳)》
631. 소신신(召信臣): 한(漢) 수춘(壽春) 출신으로 자가 옹경(翁卿)이다. 남양태수(南陽太守)를 역임하였다.
632. 두시(杜詩): 동한(東漢) 급(汲) 출신으로 자가 군공(君公)이다. 여남도위(汝南都尉), 남양태수(南陽太守) 등을 역임하였다.
633. 《후한서(後漢書)·두시전(杜詩傳)》

르침을 그치지 않았다. 이로 말미암아 북방의 주(州)에 복씨(伏氏)의 학문이 많아졌다.

東漢伏恭, 字叔齊. 爲常山太守, 敎修學校, 敎授不輟. 由是北州, 多伏氏之學.[635]

영남(嶺南)의 중원(中原) 풍속[영남화풍(嶺南華風)]

동한(東漢) 임연(任延)[636]은 자가 장손(長孫)이다. 건무(建武)[637] 초엽에 구진태수(九眞太守)가 되었는데 백성들에게 농사짓는 것과 결혼하는 것을 가르쳤다. 석광(錫光)[638]은 교지(交趾)에서 백성들에게 예의를 가르쳤다. 영남(嶺南)의 중원 풍속이 두 태수에게서 비롯되었다.

東漢任延, 字長孫. 建武初爲九眞太守, 敎民耕種嫁娶. 錫光在交趾敎民禮義. 嶺南華風始于二守.[639]

수레에 태워 궁전 안에 들어오게 하다.[재거입전(載車入殿)] 동한(東漢) 소육(蕭育)[640]은 소망지(蕭望之)[641]의 아들이다. 남군태수(南郡太守)가 되었는데 황제는 소육이 훈구 명신의 아들이라는 이유로 삼공(三公)의 사거(使車)[642]로 소육을 태워 궁전 안에 들어오게 하였다.

東漢蕭育, 望之子. 爲南郡太守, 上以育爲耆舊名臣之子, 乃以三公使車, 載育入殿中.[643]

먼저 임당(任棠)[644]을 찾아가다.[선후임당(先候任棠)]

동한(東漢) 방참(龐參)[645]은 자가 중달(仲達)로 구씨(緱氏) 사람이다. 한양태수(漢陽太守)가 되었는데 군(郡) 사람인 임당(任棠)이 특별한 절개가 있어 방참이 막 부임하자마자 먼저 그를 찾아갔다. 임당은 더불어 말을 하지 않고 다만 큰 염교 한 뿌리와 물 한 동이를 문가리개 앞에 놓고 자신은 손주를 안고 방에 엎드려 있었다. 방참이 그 은미한 뜻을 생각하다가 한참 만에 이르기를, "물은 내가 청렴하기를 바라는 것이고 큰 염교를 뽑아놓은 것은 내가 강한 호족들을 격파하기를 바라는 것이다. 손주를 안고 방에 있는 것은 내가 문을 열고 외로운 사람들을 돌보기를 바라는 것이다"라 하고 감탄하면서 돌아왔다. 솔선하여 그것을 행하니 한양이 크게 다스려졌다.

東漢龐參, 字仲達, 緱氏人. 爲漢陽太守, 郡人任棠有奇節, 參初到, 先候之. 棠不與言, 但以薤一大本·水一盂, 置戶屛前, 自抱兒孫, 伏戶. 參思其微意, 良久曰, 水者, 欲吾淸也, 拔大本薤者, 欲吾擊强宗也. 抱兒當戶者, 欲吾開門恤孤也. 嘆息而還. 率而行之, 漢陽大治.[646]

물고기를 걸어 놓다.[현어(懸魚)] 동한(東漢) 양속(羊續)[647]은 자가 흥조(興祖)이다. 여강태수(廬江太守)일 때에 부승(府丞)이 산 물고기를 선물하자 양

---

634. 복공(伏恭): 동한(東漢) 낭야(琅邪) 출신으로 자가 숙제(叔齊)이다. 제시(齊詩)에 밝았으며, 사공(司空)을 역임하였다.
635. 《후한서(後漢書)·복공전(伏恭傳)》
636. 임연(任延): 동한(東漢) 원(宛) 출신으로 자가 장손(長孫)이다. 구진태수(九眞太守), 영천태수(潁川太守) 등을 역임하였다.
637. 건무(建武): 동한(東漢) 광무제(光武帝)의 연호(25-55)이다.
638. 석광(錫光): 동한(東漢) 한중(漢中) 출신으로 자가 장충(長沖)이다. 교지태수(交趾太守)를 역임하였다.
639. 《후한서(後漢書)·임연전(任延傳)》
640. 소육(蕭育): 서한(西漢) 난릉(蘭陵) 출신으로 자가 차군(次君)이다. 중랑장(中郎將), 남군태수(南郡太守) 등을 역임하였다.
641. 소망지(蕭望之): 서한(西漢) 난릉(蘭陵) 출신으로 자가 장천(長倩)이다. 태자태부(太子太傅)를 역임하였고 유조(遺詔)를 받아 어린 임금 원제(元帝)를 보필(輔弼)하였다.
642. 사거(使車): 사자(使者)로 나갈 때 타는 수레이다.
643. 《전한서(前漢書)·소육전(蕭育傳)》
644. 임당(任棠): 동한(東漢) 상규(上邽)의 은자로 특별한 절개가 있었다.
645. 방참(龐參): 동한(東漢) 구씨(緱氏) 출신으로 자가 중달(仲達)이다. 태위록상서사(太尉錄尙書事) 등을 역임하였다.
646. 《후한서(後漢書)·방참전(龐參傳)》
647. 양속(羊續): 동한(東漢) 태산(太山) 출신으로 자가 흥조(興祖)이다. 여강태수(廬江太守), 남양태수(南陽太守), 태위(太尉) 등을 역임하였는데 청렴으로 이름이 높았다.

속은 받아서 청사의 뒤에 걸어 놓았다. 뒤에 다시 물고기를 바치니 양속이 전의 물고기를 가져다 보이자 부승이 부끄러워하면서 그만두었다.

東漢羊續, 字興祖. 爲廬江太守, 府丞饋生魚, 續受而懸于庭後. 復進魚, 續乃出前魚示之, 丞慚而止.[648]

죽마를 타고 맞이하며 절하다.[죽마영배(竹馬迎拜)]

곽급(郭伋)[649]은 자가 세후(細侯)이다. 갱시(更始)[650] 연간에 처음으로 벼슬하여 병주목(幷州牧)이 되었는데 은혜로운 다스림이 있었다. 일찍이 관할 지역을 순시하다가 서하(西河) 미직(美稷)에 이르렀는데 아이들 수백 명이 죽마를 타고 길 옆에서 맞이하며 절하였다. 일이 끝나 돌아오는데 다시 절하면서 전송하였다. 건무(建武)[651] 연간에 영천태수(潁川太守)가 되었는데 황제가 위로하며 이르기를, "현능한 태수가 경성에서 멀지 않으니 황하가 9리(里)를 윤택하게 하듯이 경성이 복을 받으리"라고 하였다.

郭伋, 字細侯. 初仕更始爲幷州牧, 有惠政. 嘗行部, 至西河美稷, 兒童數百騎竹馬, 迎拜道左. 事訖還, 復拜送. 建武中爲潁川太守, 帝勞云, 賢能太守, 帝城不遠, 河潤九里, 京師蒙福也.[652]

흰 사슴이 수레바퀴 양쪽으로 지나가다.[백록협곡(白鹿夾轂)] 한(漢) 정홍(鄭弘)[653]은 자가 거군(巨君)으로 회계(會稽) 산음(山陰) 사람이다. 임회태수(臨淮太守)가 되었는데 다스림이 번거롭거나 가혹하지 않았다. 해가 크게 가물자 정홍이 봄 순행을 나서니 비가 수레를 따라가며 내리고 흰 사슴이 바로 수레바퀴 양쪽으로 지나갔다. 주부(主簿)인 동국(董國)이 축하하며 아뢰기를, "듣자오니 삼공(三公)의 거번(車幡)[654]에는 사슴을 그린다고 하는데 명부(明府)[655]께서는 반드시 재상이 되실 것입니다"라고 하였다. 장제(章帝)[656] 원화(元和)[657] 초엽에 이르러 태위(太尉)에 제수되었다.

漢鄭弘, 字巨君, 會稽山陰人. 爲臨淮太守, 政不煩苛. 歲大旱, 弘行春, 雨隨車而至, 有白鹿方夾轂而行. 主簿董國賀曰, 聞三公車幡畫鹿, 明府必爲宰相. 至章帝元和初, 拜太尉.[658]

까막까치가 수레를 감싸다.[오작옹차(烏鵲擁車)]

당(唐) 이원굉(李元紘)[659]은 자가 대강(大綱)이다. 윤주(潤州)를 맡았는데 은혜로운 다스림이 있었다. 교대하고 떠날 때 속관과 백성들이 길을 막고 만류하였으며 까막까치가 무리지어 날면서 역시 수레의 행렬을 감쌌다. 다른 본에서는 원굉이 윤주별가(潤州別駕)가 되었다고 하였다.

唐李元紘, 字大綱. 守潤州, 有惠政. 代去, 吏民遮留, 烏鵲群飛, 亦擁車行. 一云, 紘爲潤州別駕.[660]

---

648. 《후한서(後漢書)·양속전(羊續傳)》
649. 곽급(郭伋): 한(漢) 부풍(扶風) 출신으로 자가 세후(細侯)이다.
650. 갱시(更始): 한(漢) 갱시제(更始帝)의 연호(23-25)이다.
651. 건무(建武): 동한(東漢) 광무제(光武帝)의 연호(25-55)이다.
652. 《후한서(後漢書)·곽급전(郭伋傳)》
653. 정홍(鄭弘): 동한(東漢) 회계(會稽) 출신으로 자가 거군(巨君)이다. 상서령(尙書令), 대사농(大司農), 태위 등을 역임하였다.
654. 거번(車幡): 수레 좌우의 가리개이다.
655. 명부(明府): 한위(漢魏) 이래 군수(郡守)나 목사(牧使), 현령(縣令)에 대한 존칭으로 쓰였다. 당(唐) 이후로는 현령(縣令)에 대해서만 쓰이게 되었다.
656. 장제(章帝): 동한(東漢) 제3대 황제로 재위 기간은 76-88년이다.
657. 원화(元和): 동한(東漢) 장제(章帝)의 연호(84-86)이다.
658. 《후한서보일(後漢書補逸)·정홍(鄭弘)》
659. 이원굉(李元紘): 당(唐) 경조(京兆) 출신으로 자가 대강(大綱)이다. 중서시랑(中書侍郞), 동중서문하평장사(同中書門下平章事) 등을 역임하였다.

보리가 두 이삭이 패다.[맥수양기(麥秀兩岐)]

장감(張堪)[661]은 자가 군유(君游)이다. 어양태수(漁陽太守)일 때에 전답 800여 경(頃)을 개간하여 백성들이 큰 부를 이루니 백성들이 노래하기를, "뽕나무는 곁가지가 없고 보리는 두 개의 이삭이 패어난다(桑無附枝, 麥秀兩岐)"라고 하였다. 또 촉군태수(蜀郡太守)가 되었는데 재임하는 동안 조금도 취하는 것이 없어 직책을 떠나는 날에 끌채가 부러진 수레를 타고 베이불을 싼 것뿐이었다.

張堪, 字君游. 爲漁陽太守, 墾田八百餘頃, 民致殷富, 百姓歌曰, 桑無附枝, 麥秀兩歧. 又爲蜀郡守, 在任秋毫無取, 去職之日, 乘折轅車, 囊布被而已.[662]

벼가 나는데 아홉 이삭이 패다.[화생구수(禾生九穗)]

맹업(孟業)[663]은 자가 경업(敬業)이다. 동군태수(東郡太守)로 옮겼는데 관대함과 은혜로 이름이 났다. 보리가 나는데 한 줄기에 다섯 이삭이 패고 상서로운 벼는 한 줄기에 아홉 이삭이 패자 모두들 다스림의 교화에 감화된 것이라고 하였다.《북사(北史)》

孟業, 字敬業. 遷東郡太守, 以寬惠著名, 麥生一莖五穗, 嘉禾一莖九穗, 咸以爲政化所感.《北史》[664]

부드러운 가죽 채찍으로 부끄러움을 보여 주다(알게 하다).[피편시치(皮鞭示耻)] 제(齊) 최백겸(崔伯謙)은 자가 사손(士遜)이다. 북지태수(北池太守)일 때에 다스림에 부드러운 가죽 채찍을 써서 차마 피를 보지 못하고 부끄러움을 보여 줌[알게 함] 뿐이었다.

齊崔伯謙, 字士遜. 爲北池太守, 政用皮鞭, 不忍見血, 示耻而已.[665]

유관(劉寬)[666]은 부들 채찍을 사용하였다.

劉寬用蒲鞭.[667]

최경진(崔景眞)[668]은 평창현(平昌縣)을 다스리면서 하나의 부들 채찍을 마련해 놓고 사용하지 않았다.

崔景貢[669]守平昌懸, 一蒲鞭而不用.[670]

또 남양태수(南陽太守)의 갈대 회초리가 있다.

又有南陽葦杖.[671]

군에 한 명의 죄수도 없다.[군무일수(郡無一囚)]

남북조(南北朝) 제(齊) 송세량(宋世良)[672]은 자가 원우(元友)이다. 청하태수(淸河太守)에 제수되었는데 재능과 학식이 능숙하고 밝았으며 특히 다스리는 방법에 뛰어났다. 군(郡)에 굽은 제방이 있는데 도둑들이 많이 출몰하였다. 세량이 여덟 조항의 제도를 시행하여 도둑들이 다른 지역으로 도망가자 (사람들이) 노래하기를, "굽은 제방이 비록 험하지만 도둑에게 무슨 이익이 되리오. 다만 송공(宋公)이 계시니 저절로 자취를 감추었네(曲隄雖險賊何益. 但有宋公自屛跡)"라고 하였다. 뒤에 크게 사면령을 내리니 군에 한 명의 죄수도 없게 되었고 다만 여러

660.《산당사고(山堂肆考)·신직(臣職)》

661. 장감(張堪): 동한(東漢) 원(宛) 출신으로 자가 군유(君游)이다. 어양태수(漁陽太守)를 역임하였다.

662.《후한서(後漢書)·장감전(張堪傳)》

663. 맹업(孟業): 북제(北齊) 안국(安國) 출신으로 자가 경업(敬業)이다.

664.《북사(北史)·맹업전(孟業傳)》

665.《북제서(北齊書)·최백겸전(崔伯謙傳)》

666. 유관(劉寬): 동한(東漢) 홍농(弘農) 출신으로 자가 문요(文饒)이다. 상서령(尙書令), 태위(太尉) 등을 역임하였다.

667.《후한서(後漢書)·유관전(劉寬傳)》

668. 최경진(崔景眞): 남조(南朝) 제(齊) 출신으로 평창태수(平昌太守)를 역임하였다.

669.《유원총보》의 '崔景貢'은 '崔景眞'의 오류이다.

670.《남사(南史)·최경진전(崔景眞傳)》

671. 남양태수(南陽太守)를 지낸 동한(東漢)의 유관(劉寬)에 관한 고사이다.[《후한서(後漢書)·유관전(劉寬傳)》]

672. 송세량(宋世良): 북위(北魏) 광평(廣平) 출신으로 자가 원우(元友)이다. 동군태수(東郡太守)를 역임하였다.

속관들을 인솔하여 조명에 절할 뿐이었다. 옥 안에 돌벼가 자라나고 복숭아나무, 쑥들이 모두 가득하였으며 매일 관청의 문이 고요하고 다시는 송사를 일으키는 자가 없게 되니 그것을 '신문(神門)'이라고 하였다.

南北朝齊宋世良, 字元友. 拜清河太守, 才識閑明, 尤善政術. 郡有曲隄, 盜多出沒. 世良施八條之制, 盜奔他境, 謠曰, 曲隄雖險賊何益. 但有宋公自屏跡. 後大赦, 郡無一囚, 但率群吏, 拜詔而已. 獄中有櫓,673 桃樹蓬蒿竝滿, 每日闤門虛寂, 無復訴訟, 謂之神門.674

끌채를 잡아당기고 수레바퀴 앞에 눕다.[반원와철(攀轅臥轍)] 후패(侯霸)675가 임회태수(臨淮太守)가 되었는데 왕망(王莽) 시기에 도성을 보호하며 스스로 지켜 끝내 전 관할 지역을 온전히 하였다. 갱시(更始)676 초엽에 부름을 받았는데 백성들이 끌채를 잡아당기고 수레바퀴 앞에 누워 떠나지 못하게 하면서 다시 1년을 머물 것을 청원하였다.

侯霸爲臨淮太守, 王莽時保國自守, 卒全一部. 更始初被徵, 百姓攀轅臥轍, 不得去, 願乞復留朞年.677

다리를 끊고 문을 닫다.[절교폐문(絶橋閉門)]

송(宋) 증공(曾鞏)678이 제주(濟州)를 다스리는데 마침 조정에서 변법(變法)을 시행하여 사신을 사방으로 파견하였다. 공은 일을 추진하는 것이 방법이 있어 백성들이 번거롭지 않았다. 그만두고 떠나게 되자 주(州)의 사람들이 다리를 끊고 문을 닫으면서 공을 막아 머물게 하니 밤에 틈을 타서야 떠날 수 있었다.

宋曾子固守濟州, 會朝廷變法, 遣使四出. 公推行有方, 民用不擾. 及罷去, 州人絶橋閉門, 遮留公, 夜乘間, 乃得去.679

제방 위에서 머물면서 자다.[지숙제상(止宿隄上)]

한(漢) 왕존(王尊)680이 동군태수(東郡太守)가 되었는데 황하가 넘쳐 호자(瓠子)와 금제(金隄)681가 침수되었다. 왕존이 흰 말을 던져 신에게 제사하면서 몸으로 금제를 막고자 청하고 이어 제방 위에서 머물면서 자니 속관과 백성 수천 명이 머리를 조아리며 말렸다.

漢王尊爲東郡守, 河溢, 浸瓠子金隄. 尊沈白馬祀神, 請以身塡金隄, 因止宿隄上, 吏民數千叩頭救止.682

송(宋) 조사비(朝士陴)683가 수녕(遂寧)을 다스릴 때 강수(江水)가 갑자기 불어났다. 강가에 제방이 있었는데 물이 그 토대를 잠식하였다. 조사비가 호상(胡床)을 구해 제방 위에 앉으니 좌우에서 피할 것을 청했으나 허락하지 않았다. 때가 지나자 물이 가라앉으니 당시 사람들이 왕존(王尊)에 비겼다.

宋朝士陴知遂寧, 江水暴漲. 瀕江有隄, 水囓其阯.

673. 《유원총보》의 '櫓'는 '穭'의 오류이다.[《북제서(北齊書)·송세량전(宋世良傳)》]

674. 《북제서(北齊書)·송세량전(宋世良傳)》

675. 후패(侯霸): 동한(東漢) 하남(河南) 출신으로 자가 군방(君房)이다. 상서령(尙書令), 대사도(大司徒) 등을 역임하였으며, 《곡량춘추(穀梁春秋)》를 정리하였다.

676. 갱시(更始): 한(漢) 갱시제(更始帝)의 연호(23-25)이다.

677. 《후한서(後漢書)·후패전(侯霸傳)》

678. 증공(曾鞏): 송(宋) 건창(建昌) 출신으로 자가 자고(子固)이고 남풍선생(南豊先生)으로 불렸다. 여러 주의 지주사(知州事)와 중서사인(中書舍人) 등을 역임하였다.

679. 《고금사문유취외집(古今事文類聚外集)·노관부(路官部)》

680. 왕존(王尊): 한(漢) 탁군(涿郡) 출신으로 자가 자공(子贛)이다. 경조윤(京兆尹), 서주자사(徐州刺史), 동군태수(東郡太守) 등을 역임하였다.

681. 호자(瓠子), 금제(金隄): 모두 제방 이름이다.

682. 《전한서(前漢書)·왕존전(王尊傳)》

683. 조사비(朝士陴): 내력이 자세하지 않다.

士陣索胡床, 坐隄上, 左右請避去, 不許. 移時水落, 時人以比王尊.[684]

소식(蘇軾)이 서주(徐州)를 다스리는데 당시 조촌(曺村)에서 황하가 터져 물이 주(州)의 성 안까지 몰려들어왔다. 부자들이 다투어 피해가자 소식이 다시 들어가도록 하고 몸소 군사와 인부들을 인솔하여 긴 제방을 쌓는데, 머리는 희마대(戲馬臺)에서 시작하고 꼬리는 성에 이어지게 하였다. 비가 밤낮으로 그치지 않고 하수의 세력이 더욱 거칠어지자 소식은 성 위에서 자면서 관리들로 하여금 담을 나누어 지키도록 하여 마침내 성을 온전히 하였다. 이듬해에 다시 증축하니 백성들이 지금까지 덕으로 여긴다.

蘇軾知徐州, 時河決曺村, 水滙州城下. 富民爭出避, 軾使復入, 躬率兵夫, 築長堤, 首起戲馬臺, 尾屬於城. 雨日夜不止, 河勢益暴, 軾宿于城上, 使官吏分堵而守, 卒全其城. 次年復增築, 故民至今德之.[685]

특별히 거마(車馬)를 하사하다.[특사거마(特賜車馬)] 동한(東漢) 한숭(韓崇)[686]이 여남태수(汝南太守)가 되어 부름 받아 알현하니 특별히 거마(車馬)와 한 묶음의 비단을 하사하였다. 또 한숭에게 신칙하여 이르기를, "여남은 중요한 군으로 위상이 도성에 다음이 되기 때문에 특별히 경을 부른 것이오"라고 하였다.

東漢韓崇爲汝南太守, 召見, 特賜車馬束帛. 又勅崇曰, 汝南, 心腹之郡, 位次京師, 故特召卿耳.[687]

등자(鐙子)[688]를 자르고 채찍을 감추다.[절등류편(截鐙留鞭)] 당(唐) 요숭(姚崇)[689]이 형주(荊州)를 다스렸는데 교대하는 날에 백성들이 말의 머리를 잡고 채찍과 등자를 모두 잘라서 감추었다.

唐姚崇牧荊州, 受代之日, 民擁馬首, 鞭鐙皆截留之.[690]

흰 사슴이 수레를 따라오다.[백록수어(白鹿隨馭)] 진(陳) 유축(劉竺)[691]이 여릉태수(廬陵太守)일 때에 국가에는 미납된 세금이 없었고 자신의 집에는 남은 곡식이 없었다. 교외를 나가면 흰 사슴이 수레를 따라왔다.

陳劉竺爲廬陵守, 公家無負租, 私室無餘粟. 出郊則白鹿隨馭.[692]

단지 1전(錢)만 받다.[지수일전(止受一錢)] 유총(劉寵)[693]은 자가 영조(榮祖)이다. 회계태수(會稽太守)로 있다가 부름 받아 장작대장(將作大匠)이 되었는데 노인 대여섯 명이 각각 100전을 가지고 와서 유총에게 주자, 그들에게서 큰 돈 하나를 골라서 받았다. 양(梁) 동양태수(東陽太守) 사훤(謝諼)[694]은 임기가 다 되어 관직을 떠날 때 사람들이 돈 1만 전을 주자 단지 1백 전만을 남겨 놓고 대답하기를, "수가 유총보다 많으면 더욱 부끄러움이 된다"라고 하였다.

劉寵, 字榮祖. 爲會稽太守, 徵爲將作大匠, 父老五

---

684. 《산당사고(山堂肆考)·신직(臣職)》
685. 《송사(宋史)·소식전(蘇軾傳)》
686. 한숭(韓崇): 동한(東漢) 남양(南陽) 출신으로 자가 덕고(德高)이다. 여남태수(汝南太守), 대홍려(大鴻臚) 등을 역임하였다.
687. 《산당사고(山堂肆考)·신직(臣職)》
688. 등자(鐙子): 말을 탈 때 두 발을 디디는 물건이다.
689. 요숭(姚崇): 당(唐) 협주(硤州) 출신으로 자가 원지(元之)이다. 현종 때의 재상으로, 송경(宋璟)과 함께 선정을 베풀어 '요송(姚宋)'이라고 병칭되었다.
690. 촉(蜀) 왕인유(王仁裕), 《개원천보유사(開元天寶遺事)·권1》
691. 유축(劉竺): 내력이 자세하지 않다.
692. 《산당사고(山堂肆考)·신직(臣職)》
693. 유총(劉寵): 동한(東漢) 동래(東萊) 출신으로 자가 조영(祖榮)이다. 영제(靈帝) 시절에 사도(司徒), 태위(太尉) 등을 역임하였는데 인자함으로 이름이 있었다.
694. 사훤(謝諼): 남조(南朝) 양(梁) 진군(陳郡) 출신으로 사도우장사(司徒右長史), 동양태수(東陽太守) 등을 역임하였다.

六, 人人齎百錢以送寵, 爲人選一大錢受之.[695] 梁東陽太守謝諼, 秩滿去官, 人送錢一萬, 止留一百, 答曰, 數多劉寵, 更以爲愧.[696]

한 개의 벼루도 가지지 않다. [불지일연(不持一硯)]

포증(包拯)[697]이 단주태수(端州太守)가 되었다. 주(州)에서 해마다 벼루를 공물로 바치는데 이전의 태수가 취한 것은 번번히 수십 배로 하여 권귀(權貴)들에게 선물하였다. 공은 제작하는 자들에게 명하여 단지 공물로 바치는 숫자만 채우도록 하였고 임기가 찼을 때 한 개의 벼루도 가지고 가지 않았다. 도악(陶岳)[698]도 일찍이 단주(端州)를 다스렸는데 여정(余靖)이 단주에 들러 여러 노인들을 방문하니 말하기를, "전후로 벼루를 요구하지 않은 이는 포공(包公)과 도공(陶公) 두 분입니다"라고 하였다.

包拯爲端州守. 州歲貢硯, 前守所取, 輒數十倍, 以遺權貴. 公命製者纔足貢數, 官滿不持一硯歸. 陶岳亦嘗知端州, 余靖過端, 訪諸父老, 言前後不求硯者, 包公·陶公二人.[699]

나무 밑에서 노숙하다. [노숙수하(露宿樹下)] 위(魏) 맹강(孟康)[700]은 자가 공휴(公休)이다. 홍농태수(弘農太守)일 때에 순시할 일이 있으면 모두 미리 독우(督郵)에게 신칙하여 전송과 환영, 문안하는 일을 하지 않도록 하였다. 또 속관과 백성들을 번거롭게 하지 않으려고 머무는 곳에서 직접 말의 풀을 베었으며 역참에서 자지 않고 나무 밑에서 노숙하였다.

魏孟康, 字公休. 爲弘農太守, 有所按行, 皆預勅督郵不遣送迎探候. 又不欲煩吏人, 所在自刈馬草, 不宿傳舍, 露宿樹下.[701]

보낸 배를 받지 않다. [불수유선(不受遺船)] 책탕(翟湯)[702]은 자가 도연(道淵)이다. 시안태수(始安太守)가 된 간보(干寶)[703]가 책탕과 대대로 교분이 있어 책탕에게 배 한 척을 주면서 속리에게 신칙하기를, "책공(翟公)은 청렴하고 겸손하니 편지 전하기를 마치는 대로 배를 두고 돌아오라"라고 하였다. 적양이 되돌려줄 수 없자 이에 배를 팔아 비단을 사서 간보에게 보냈다. 간보는 본래 후의로 하였는데 도리어 번거롭게 하자 더욱 감탄하면서 부끄러워하였다.

翟陽,[704] 字道淵. 爲始安太守干寶, 與陽通家, 遺陽一船, 勅吏曰, 翟公廉讓, 致書訖, 委船而還. 陽旣不反致, 乃以船貨之, 買絹物, 寄還寶. 寶本以爲惠, 而反煩之, 益嘆媿焉.[705]

황룡이 관아를 바라보다. [황룡망부(黃龍望府)]

심풍(沈豐)[706]이 파릉태수(巴陵太守)일 때에 채찍이나 곤장을 들지 않아도 시장에 형벌이 없어졌다.

---

695. 《후한서(後漢書)·유총전(劉寵傳)》
696. 《남사(南史)·사훤전(謝諼傳)》
697. 포증(包拯): 송(宋) 여주(廬州) 출신으로 자가 희인(希仁)이다. 감찰어사(監察御使), 추밀부사(樞密副使) 등을 역임하였다. 중국 역사상 청백리의 대명사로 불린다.
698. 도악(陶岳): 송(宋) 영주(永州) 출신으로 자가 순자(舜咨)이다. 태상박사(太常博士), 단주지주사(端州知州事) 등을 역임하였다.
699. 《산당사고(山堂肆考)·신직(臣職)》
700. 맹강(孟康): 삼국(三國) 위(魏) 안평(安平) 출신으로 자가 공휴(公休)이다. 산기시랑(散騎侍郞), 중서령(中書令) 등을 역임하였고, 《한서(漢書)》에 주를 달았다.
701. 《책부원귀(册府元龜)·목수부(牧守部)》
702. 책탕(翟湯): 진(晉) 여강(廬江) 출신으로 자가 도연(道淵)이다. 남산(南山)에 은거하며 벼슬하지 않았다.
703. 간보(干寶): 진(晉) 신채(新蔡) 출신으로 자가 영승(令升)이다. 역사와 음양, 산수에 정통하였고 괴이전설(怪異傳說)을 집대성한 《수신기(搜神記)》를 지었다. 저작랑(著作郞), 산기상시(散騎常侍) 등을 역임하였다.
704. 《유원총보》의 '翟陽'은 '翟湯'의 오류이다. [《진서(晉書)·책탕전(翟湯傳)》]
705. 《진서(晉書)·책탕전(翟湯傳)》
706. 심풍(沈豐): 동한(東漢) 회계(會稽) 출신으로 자가 성통(聖通)이다. 파릉태수(巴陵太守), 영릉태수(零陵太守) 등을 역임

세 마리의 황룡이 관아를 바라보는 일이 있었다.

沈豐爲巴陵守, 鞭扑不擧, 市無刑戮. 有三黃龍望府中.707

들보에 칼이 걸려 있는 꿈을 꾸다.[몽량현도(夢梁懸刀)] 왕준(王濬)708이 광한태수(廣漢太守)일 때 밤에 꿈을 꾸었는데, 세 개의 칼이 침실의 들보에 걸려 있고 잠시 뒤에 다시 한 개의 칼이 더해지는 것이었다. 주부(主簿) 이의(李毅)가 아뢰기를, "삼도(三刀)는 '주(州)'자인데 다시 일도(一刀)가 더해졌으니 태수께서는 장차 익주(益州)에 부임하실 것입니다"라고 하였다. 결국 그 말과 같이 되었다. 당(唐) 옹도(雍陶)709의 다음과 같은 시구(詩句)가 있다. "오늘 밤은 도주(刀州)의 꿈을 꾸기가 어렵겠다(今宵難作刀州夢.)"710

王濬爲廣漢太守, 夜夢三刀懸於臥屋梁上, 須臾又益一刀. 主簿李毅曰, 三刀爲州字, 又益一刀, 明府其臨益州乎. 卒如其言. 唐雍陶詩. 今宵難作刀州夢.711

꿈속에서 산에 실을 걸어 놓다.[몽산괘사(夢山掛絲)] 장량(張亮)712이 무정(武定)713 초엽에 태중대부(太中大夫)가 되었다. 설숙(薛叔)714이 일찍이 꿈을 꾸었는데, 장량이 산 위에 실을 걸어놓는 것이었다. 장량에게 말하기를, "산 위에 실을 걸어놓은 것은 '유(幽)' 자이니 그대는 장차 유주(幽州)를 맡으실 것이다"라고 하였는데 며칠 후에 과연 그렇게 되었다.

張亮, 武定初拜太中大夫. 薛叔嘗夢亮於山上掛絲. 以告亮曰, 山上掛絲, 幽字也, 君其守幽州乎. 數日後果然.715

월(越)에서 물건을 챙기는 데에 있지 않다.[부재월장(不在越裝)] 양(梁) 왕승유(王僧孺)716가 천감(天監)717 연간에 남해태수(南海太守)가 되었는데 전의 군수(郡守)가 토산품을 사들여 여러 배로 이익을 취했다. 승유는 전혀 취하는 것이 없었고 탄식하며 말하기를, "옛사람이 촉군(蜀郡)의 장사(長史)가 되어서 종신토록 촉 지역의 물건을 소유하지 않았다고 하였는데 내가 자손에게 남기고 싶은 것은 월에서 물건을 챙기는 데에 있지 않다"라고 하였다. 일을 본 것이 2년이었는데 명성과 치적이 훤히 알려졌다.

梁王僧孺, 天監中爲南海太守, 前郡守市土物, 要利數倍. 僧孺竝無所取, 嘆曰, 昔人爲蜀郡長史, 終身無蜀物, 吾欲遺子孫者, 不在越裝. 視事二年, 聲績著聞.718

《백낙천집(白樂天集)》을 산 것을 한으로 여기다.[한시백집(恨市白集)] 송(宋) 이급(李及)719은 자가 지기(知幾)이다. 항주태수(杭州太守)일 때에 하루는 눈을 무릅쓰고 교외로 나서 홀로 처사 임포(林

하였다.

707. 《산당사고(山堂肆考)·신직(臣職)》

708. 왕준(王濬): 서진(西晉) 홍농(弘農) 출신으로 자가 사치(士治)이다. 오(吳)를 멸망시키는데 큰 공을 세우고 무군대장군(撫軍大將軍)을 역임하였다.

709. 옹도(雍陶): 당(唐) 성도(成都) 출신으로 자가 국균(國鈞)이다. 시어사(侍御史), 국자박사(國子博士) 등을 역임하였다.

710. 시제(詩題)는 〈숙가릉역루(宿嘉陵驛樓)〉이다.

711. 《산당사고(山堂肆考)·신직(臣職)》

712. 장량(張亮): 북제(北齊) 습성(隰城) 출신으로 자가 백덕(伯德)이다. 승상참군(丞相參軍), 광록훈(光祿勳) 등을 역임하였다.

713. 무정(武定): 북위(北魏) 효정제(孝靜帝)의 연호(543-550)이다.

714. 설숙(薛叔): 내력이 자세하지 않다.

715. 《북사(北史)·장량전(張亮傳)》

716. 왕승유(王僧孺): 남조(南朝) 양(梁) 동해(東海) 출신으로 남해태수(南海太守), 어사중승(御史中丞) 등을 역임하였다.

717. 천감(天監): 남조(南朝) 양(梁) 무제(武帝)의 연호(502-519)이다.

718. 《양서(梁書)·왕승유전(王僧孺傳)》

719. 이급(李及): 송(宋) 범양(范陽) 출신으로 자가 지기(知幾)이다. 공부시랑(工部侍郎), 어사중승(御史中丞) 등을 역임하였다.

逋)[720]를 찾아가 청담(淸談)을 나누고 저물녘에 이르러서야 돌아갔다. 관직에 있은 지 여러 해 동안 일찍이 오(吳) 지역의 물건을 산 적이 없었다. 떠날 때가 되어 오직 《백낙천집》 한 질을 샀는데 바로 종신(終身)의 한으로 여겼다.

宋李及, 字知幾. 爲杭州守, 一日冒雪出郊, 獨造處士林逋, 淸談至暮而歸. 居官數年, 未嘗市吳中物. 比去, 惟市白樂天集一部, 乃爲終身之恨.[721]

책상을 창고에 보내다.[서안부고(書案付庫)] 유송(劉宋) 강병지(江秉之)[722]가 신안태수(新安太守)일 때에 받은 녹봉을 모두 친구들에게 나눠주었다. 관직에 있으면서 오직 책상 하나를 만들었는데 관직을 떠날 때 남겨서 창고에 보냈다.

劉宋江秉之爲新安太守, 所得俸祿, 悉散親故. 在官止作一書案, 去官, 留以付庫.[723]

항상 해진 솜옷을 입다.[상옹패서(常擁敗絮)] 유송(劉宋) 완장지(阮長之)[724]는 자가 경무(景茂)이다. 임해태수(臨海太守)에 제수되었는데 관직에 있는 동안 항상 해진 솜옷을 입었고 평생토록 어두운 방에서도 함부로 행동하지 않았다. 부임하는 곳에 모두 은혜로운 다스림이 있어 후대 사람들이 그리워하였다.

南宋[725]阮長之, 字景茂. 除臨海太守, 在官常擁敗絮, 一生不傷闇室. 所莅皆有惠政, 爲後人所思.[726]

쌀을 싣고 관청에 부임하다.[재미지관(載米之官)] 진(晉) 등유(鄧攸)[727]는 자가 백도(伯道)이다. 오군태수(吳郡太守)가 되었는데 쌀을 싣고 관청에 부임하였고 녹봉을 받지 않았으며 오직 오(吳) 지역의 물만 마셨다. 뒤에 병을 칭하고 직책을 떠나는데 백성 수천 명이 배를 잡아당겨 나아갈 수 없자 밤중에 몰래 떠났다. 오(吳) 지역 사람들이 노래하기를, "둥둥 오경의 북이 울리니 닭이 울며 날이 새려고 한다. 등후(鄧侯)는 만류할 수 없고 사령(謝令)은 밀어낼 수 없네(紞如打五鼓, 鷄鳴天欲曙. 鄧侯挽不留, 謝令推不去)"라고 하였다. 살피건대 '담(紞)'은 북 치는 소리이다.

晉鄧攸, 字伯道. 爲吳郡太守, 載米之官, 不受俸祿, 惟飮吳水而已. 後稱疾去職, 百姓數千人挽留船, 不得進, 夜中遁去. 吳人歌之曰, 紞如打五鼓, 鷄鳴天欲曙. 鄧侯挽不留, 謝令推不去. 按紞, 擊鼓聲.[728]

형제가 이어서 오다.[형제종래(兄弟踵來)] 한(漢) 풍립(馮立)[729]은 자가 성경(聖卿)이다. 하서태수(河西太守)와 상군태수(上郡太守)로 옮겼는데 형인 야왕(野王)과 서로 교대하였고 다스림의 행적이 공정하고 청렴한 것도 역시 서로 비슷하여 백성들이 다음과 같이 노래하였다.

---

720. 임포(林逋): 송(宋) 전당(錢塘) 출신으로 자가 군복(君復)이다. 서호(西湖)의 고산(孤山)에 은거하며 매화를 심고 학을 길러 매처학자(梅妻鶴子)라고 일컬어졌다.

721. 《송사(宋史)·이급전(李及傳)》

722. 강병지(江秉之): 남조(南朝) 송(宋) 제양(濟陽) 출신으로 자가 현숙(玄叔)이다. 신안태수(新安太守), 임해태수(臨海太守) 등을 역임하였다.

723. 《송서(宋書)·강병지전(江秉之傳)》

724. 완장지(阮長之): 남조(南朝) 송(宋) 진류(陳留) 출신으로 자가 경무(景茂)이다. 무창태수(武昌太守), 임해태수(臨海太守) 등을 역임하였다.

725. 《유원총보》의 '南宋'은 '劉宋'의 오류이다.[《송서(宋書)·완장지전(阮長之傳)》]

726. 《송서(宋書)·완장지전(阮長之傳)》

727. 등유(鄧攸): 진(晉) 평양(平陽) 출신으로 자가 백도(伯道)이다. 태자중서자(太子中庶子), 상서좌복야(尚書左僕射) 등을 역임하였다. 청렴하고 선정을 베풀어 크게 민심을 얻었다.

728. 《진서(晉書)·등유전(鄧攸傳)》

729. 풍립(馮立): 풍봉세(馮奉世)의 아들로 자가 성경(聖卿)이다. 형 풍야왕(馮野王)과 동생 풍립(馮立) 형제가 앞뒤로 상군태수(上郡太守)가 되었는데 모두 관직에 있으면서 공평하고 청렴하여 당시 사람들이 대풍군(大馮君)과 소풍군(小馮君)으로 부르며 칭송하였다.

大馮君·小馮君. 대풍군(大馮君)과 소풍군(小馮君)이시여.
兄弟繼踵來相仍, 형제가 계승하여 서로 이음에,
聰明賢智恩惠民. 총명함과 현명함으로 백성들에게 은혜를 베풀었네.
政如魯衛德化均, 다스림은 노(魯)와 위(衛)처럼 덕의 교화가 같고
周公康叔猶二君. 두 태수는 주공(周公)과 강숙(康叔) 같구나.

漢馮立, 字聖卿. 徙河西上郡太守, 與兄野王相代, 治行公廉, 亦相似. 民歌之曰, 大馮君, 小馮君. 兄弟繼踵來相仍, 聰明賢智恩惠民. 政如魯衛德化均, 周公康叔猶二君.[730]

부자(父子)가 서로 잇다.[부자상대(父子相代)]

북위(北魏) 필중경(畢衆敬)[731]과 아들 필원빈(畢元賓)[732]은 부자가 서로 이어서 연주태수(兗州太守)가 되니 당시 사람들이 영광으로 여겼다. 원빈이 매번 정무 처리를 끝내면 중경이 가마[판여(板輿)[733]]를 타고 원빈이 있는 곳에 이르렀다. 좌우로 하여금 알리지 않도록 단속하고 일어나서 그가 결단한 것을 듣고는 즐겁게 기쁜 기색이 얼굴에 나타났다.

唐[734]畢終敬[735]與子元賓, 父子相代爲兗州太守, 當世榮之. 元賓每聽政終, 敬乘板輿, 至元賓所. 遣左右勅不聽, 起觀其決斷, 忻忻然喜見顏色.[736]

위강(韋康)[737]이 부친을 이어 양주(涼州)를 다스리게 되었다. 부친이 나가서 역참에 머물고 위강이 관사로 들어오니 당시 사람들이 영광으로 여겼다. 《삼보결록(三輔決錄)》

韋康代父爲涼州. 父出止傳舍, 康入官, 時人榮之. 《三輔決錄》[738]

큰 원칙을 관할하다.[총대체(總大體)] 마원(馬援)[739]은 자가 문연(文淵)이다. 농서태수(隴西太守)일 때에 관대함과 신의를 펴기에 힘써 은혜로 아랫사람들을 대하였고 큰 원칙만을 관할할 뿐이었다. 여러 관서에서 밖의 일을 아뢰면 번번이 말하기를, "이것은 장사(長史)와 아전의 임무인데 어찌 나를 번거롭게 할 것이 있겠는가? 호족들이 백성을 해치거나 교활한 강족(羌族)이 무리지어 침입하려 한다면 이것이 바로 태수의 일일 뿐이다"라고 하였다.

馬援, 字文淵. 爲隴西太守, 務開寬信, 恩以待下, 総大體而已. 諸曹白外事, 輒曰, 此丞掾之任, 何足相煩. 若大姓侵小民, 黠羌欲旅距, 此乃太守事耳.[740]

오랑캐들이 조회할 때마다 무덤에 절하다.[이조배위(夷朝拜位)] 채동(祭肜)[741]이 요동태수(遼東太守)일 때에 위엄과 명성이 북방에 드날려 오랑캐들이 와서 복종하였고 지역에 전란이 없었다. 죽은 뒤

730. 《전한서(前漢書)·풍립전(馮立傳)》
731. 필중경(畢衆敬): 북위(北魏) 동평(東平) 출신으로 남조(南朝) 송(宋)에서 태산태수(泰山太守)를 지내고 북위(北魏)에서 연주자사(兗州刺史), 전중상서(殿中尙書)를 역임하였다.
732. 필원빈(畢元賓): 북위(北魏) 동평(東平) 출신으로 남조(南朝) 송(宋)에서 정원장군(正員將軍)을 지내고 북위(北魏)에 투항하여 연주자사(兗州刺史)를 역임하였다.
733. 판여(板輿): 사람이 드는 수레이다.
734. 《유원총보》의 '唐'은 '北魏'의 오류이다.[《북사(北史)·필중경전(畢衆敬傳)》]
735. 《유원총보》의 '畢終敬'은 '畢衆敬'의 오류이다.[《북사(北史)·필중경전(畢衆敬傳)》]
736. 《북사(北史)·필중경전(畢衆敬傳)》
737. 위강(韋康): 동한(東漢) 경조(京兆) 출신으로 자가 원장(元將)이다.
738. 《태평어람(太平御覽)·직관부(職官部)》
739. 마원(馬援): 동한(東漢) 부풍(扶風) 출신으로 자가 문연(文淵)이다. 농서태수(隴西太守)를 역임하였고 변방을 안정시킨 공이 있다.
740. 《후한서(後漢書)·마원전(馬援傳)》
741. 채동(祭肜): 동한(東漢) 영천(潁川) 출신으로 자가 차손(次孫)이다. 요동태수(遼東太守)를 역임하였다.

에 오환족(烏桓族)과 선비족(鮮卑族)이 조정에 조회할 때마다 채동의 무덤에 들러 배알하고 통곡한 뒤에 떠났다.

蔡肜[742]爲遼東太守, 威聲揚於北方, 胡夷來附, 野無風塵. 及卒, 烏桓·鮮卑每朝京師, 過肜塚, 拜謁號泣, 乃去.[743]

태수가 되어 부친을 찾다.[위수득부(爲守得父)]

촉군(蜀郡)의 임가(任嘉)[744]가 나이 서너 살일 때 부친 임등(任騰)이 한중(漢中)에서 유생(儒生)으로 스승을 찾아가다가 도적을 만났다. 길이 끊기자 장사(長沙)에서 나그네로 머물다가 주(州)의 속관이 되었다. 뒤에 임가는 장사태수(長沙太守)가 되었고 임등은 주조연(奏曺掾)이 되었는데 말은 없었지만 임가가 사실 자신의 아들임을 알았다. 임가의 모친이 이야기하던 차에 임가에게 이르기를, "주조(奏曺)에서 서리를 맡고 있는 사람이 바로 너의 부친이다. 다만 약간 늙었을 뿐이다"라고 하였다. 임가가 말하기를, "천하에 어찌 임씨가 하나뿐이겠습니까? 그 사람이 어찌 늙은 것으로 지나친 마음을 먹는지요?"라고 하였다. 모친이 말하기를, "아, 내가 너를 기르는 수십 년 동안 의심이나 비난이 없었는데 어찌 죽음에 가까워 다시 실수하겠는가?"라고 하였다. 뒤에 임가가 서리의 목소리가 태수와 비슷한지와 어느 주의 출신인지를 물으니 서리가 대답하기를, "본래 건위군(犍爲郡) 무양(武陽) 사람인데 정처없이 떠돌다 여기에 이르렀습니다"라고 하였다. 모친이 자세히 살펴보니 다시 왼쪽 귀의 앞에 난 혹을 알아보게 되었고 바로 나와서 껴안고 눈물을 흘리니 임가가 걸상을 넘어뜨리며 목메어 울었다.《풍속통(風俗通)》

蜀郡任嘉, 年三四歲時, 父騰爲諸生於漢中, 就師有盜賊. 道路斷絶, 客處長沙, 爲州郡吏. 後嘉爲長沙太守, 騰爲奏曺掾, 默知嘉實其子也. 嘉母語次謂嘉曰, 奏曺任掾, 則汝父也. 但差老耳. 嘉曰, 天下豈獨有一任. 夫人何以老生淫意. 母曰, 咄. 我守養汝數十年, 無嫌譏, 豈以垂沒更失計哉. 後嘉問掾聲音類太守, 何州里耶. 掾曰, 本犍爲武陽人, 蓬轉到此. 母察審諦, 又識左耳前贅, 因出抱持流涕, 嘉投榻哽咽.《風俗通》[745]

아내가 직접 취사를 하다.[처자취촌(妻自炊爨)]

제오륜(第五倫)[746]은 자가 백어(伯魚)이다. 회계태수(會稽太守)일 때에 항상 나물반찬으로 밥을 먹고 베옷을 입었으며 아내가 직접 취사를 하였다. 교대할 때가 되어 떠나려 하자 백성들이 노인이나 젊은이나 수레와 말을 당기면서 말하기를, "우리를 버리고 어디로 가십니까?"라고 하였다.

第五倫, 字伯魚. 爲會稽太守, 常蔬食布衣, 妻自炊爨. 代到當發, 百姓老少, 攀車叩馬, 曰捨我何之.[747]

은혜가 죽을 사람에게 미치다.[혜급사자(惠及死者)]

진림(陳臨)[748]이 창오태수(蒼梧太守)일 때에 어떤 사람이 유복자로 부친의 원한을 갚고서 잡혀 감옥에 갇혔다. 진림은 그가 자식이 없는 것을 안타깝게 여겨 그 아내로 하여금 옥에 들어오게 하여 마침내 아들을 낳자 사람들이 다음과 같이 노래하였다.

蒼梧府君惠及死,	창오(蒼梧)의 태수님은 은혜가 사형수에게까지 미쳐
能令死人不絶嗣.	죽을 사람에게 후사가 끊어지지 않게 할 수 있었네.

742. 《유원총보》의 '蔡肜'은 '祭肜'의 오류이다.[《후한서(後漢書)·채동전(祭肜傳)》]
743. 《후한서(後漢書)·채동전(祭肜傳)》
744. 임가(任嘉): 내력이 자세하지 않다.
745. 《태평어람(太平御覽)·직관부(職官部)》
746. 제오륜(第五倫): 동한(東漢) 경조(京兆) 출신으로 자가 백어(伯魚)이다. 회계태수(會稽太守), 사공(司空) 등을 역임하였다.
747. 《후한서보일(後漢書補逸)·동관한기(東觀漢記)》
748. 진림(陳臨): 동한(東漢) 향산(香山) 출신으로 자가 자연(子然)이다. 창오태수(蒼梧太守)를 역임하였다.

陳臨爲蒼梧太守, 有人遺腹子, 報父怨, 捕得繫獄. 臨傷其無子, 令其妻入獄, 遂産得男, 人歌之曰, 蒼梧府君惠及死, 能令死人不絶嗣.[749]

돌을 가져다 배를 누르다.[취석압주(取石壓舟)]

육적(陸績)[750]이 울림태수(鬱林太守)가 되었다가 그만두고 돌아올 때 돌 하나를 가져다 배를 눌렀다. [《유원총보·제5권》, 돌[석(石)] 조에 상세하다.[751]]

陸績爲鬱林守, 罷歸, 取一石以壓舟.[詳石][752]

홍규(洪規)[753]가 회계태수(會稽太守)가 되었다가 그만두고 돌아오면서 재물이 없자 사람들이 자신의 청렴을 아는 것을 바라지 않아 배에 황토를 싣고 돌아왔다.

洪規爲會稽守, 罷歸, 無資, 不欲人知其淸, 以船載黃土而歸.[754]

양(梁) 강혁(江革)[755]이 회계부사(會稽府事)를 겸직하였다가 돌아올 때 서릉(西陵)에 이르러 돌 10여 개를 가져다 배를 안정시켰다.

梁江革行會稽府事, 及歸, 至西陵, 取石十餘片, 以鎭舸艣.[756]

일곱 고을의 읍재(邑宰)에게 시를 보여 주다.[시칠재시(示七宰詩)] 송(宋) 왕십붕(王十朋)[757]이 천주(泉州)를 맡았을 때 일곱 고을의 읍재(邑宰)를 모이게 하여 술을 권하면서 백성을 사랑하는 뜻을 말해 주고 시를 꺼내어 보여 주었으니 다음과 같다.

九重天子愛民深,	구중궁궐에 계시는 천자가 백성을 사랑하심이 깊으니
令尹宜懷惻隱心.	영윤(令尹)들은 마땅히 측은지심을 가져야 하리.
今日黃堂一杯酒,	오늘 태수의 한 잔 술은
使君端爲庶民斟.	내[사군(使君)]가 공경히 백성을 위해 따르는 것이라네.

宋王十朋知泉州, 會七邑宰, 勸酒, 告以愛民之意, 出詩示之云. 九重天子愛民深, 令尹宜懷惻隱心. 今日黃堂一杯酒, 使君端爲庶民斟.[758]

서재 앞에 참비름을 기르다.[재전종현(齋前種莧)]

양(梁) 오흥태수(吳興太守) 채준(蔡撙)[759]은 자가 경절(景節)이다. 관직에 있는 동안 오직 군(郡)의 우물물만 마셨고 서재 앞에 직접 참비름과 가지를 길러 일상의 먹을거리로 삼으니 조서를 내려 그의 청렴을 칭찬하였다.

梁吳興太守蔡樽,[760] 字景節. 在官, 惟飮郡井, 齋前自種白莧·紫茄, 以爲常餌, 詔褒其淸.[761]

---

749. 《광박물지(廣博物志)·직관(職官)》
750. 육적(陸績): 삼국시대 오(吳) 오군(吳郡) 출신으로 자가 공기(公紀)이다. 울림태수(鬱林太守), 편장군(偏將軍) 등을 역임하였다.
751. 《유원총보·제5권》, "당 육구몽은 대대로 고소(姑蘇)에 살았는데 문에 큰 돌이 있었다. 먼 조상인 육적(陸績)이 오(吳)나라에서 벼슬하여 울림(鬱林)의 태수를 지냈다. 그만두고 돌아올 때 짐이 없어서 배가 가벼워 바다를 지날 수 없자 돌을 실어 무겁게 하였다. 사람들이 그의 청렴을 칭송하여 그 돌을 '울림석(鬱林石)'이라고 하였다(唐陸龜蒙世居姑蘇, 門有巨石. 遠祖績仕吳爲鬱林太守. 罷歸, 無裝舟輕, 不可越海, 取石爲重. 人稱其廉, 號鬱林石.)"
752. 《산당사고(山堂肆考)·신직(臣職)》
753. 홍규(洪規): 내력이 자세하지 않다.
754. 《산당사고(山堂肆考)·신직(臣職)》
755. 강혁(江革): 남조(南朝) 양(梁) 제양(濟陽) 출신으로 자가 휴영(休暎)이다. 어사중승(御史中丞), 탁지상서(度支尙書) 등을 역임하였다.
756. 《남사(南史)·강혁전(江革傳)》
757. 왕십붕(王十朋): 송(宋) 온주(溫州) 출신으로 자가 구령(龜齡)이다. 여러 주의 지사(知事)와 태자첨사(太子詹事), 용도각학사(龍圖閣學士) 등을 역임하였다.
758. 《고금사문유취외집(古今事文類聚外集)·노관부(路官部)》
759. 채준(蔡撙): 남조(南朝) 양(梁) 제양(濟陽) 출신으로 자가 경절(景節)이다. 이부상서(吏部尙書), 중서령(中書令) 등을 역임하였다.
760. 《유원총보》의 '蔡樽'은 '蔡撙'의 오류이다.[《남사(南史)·채준전(蔡撙傳)》]

들보 위에 오이를 두다.[양상치과(梁上置瓜)]

북제(北齊) 소경(蘇瓊)[762]이 청하태수(淸河太守)일 때에 군(郡) 사람인 조영(趙穎)이 햇오이 두 개를 바쳤으나 소경은 들보 위에 두고 끝내 잘라먹지 않았다. 백성 중에 을보명(乙普明) 형제가 전답을 가지고 싸우자 소경이 이치로 타이르니 10년 동안 나뉘어 지내다가 마침내 다시 함께 살게 되었다.

北齊蘇瓊爲淸河太守, 郡人趙穎獻新瓜一雙, 瓊置梁上, 竟不割. 百姓乙普明兄弟爭田, 瓊諭以理, 分異十年, 遂復同居.[763]

원광정(袁光庭)[764]이 악한 자를 쫓아내다.[광정축악(光庭逐惡)] 당(唐) 원광정이 큰 번진(藩鎭)을 맡아 뛰어난 다스림이 있자 명황(明皇)이 재상들에게 이르기를, "광정이 악한 자를 쫓아내는 것은 마치 부채로 모기를 몰아내는 것과 같다"라고 하였다.

唐袁光庭典名藩, 有異政, 明皇詔宰輔曰, 光庭逐惡, 如扇驅蚊蚋.[765]

신군(神君)[766]과 불자(佛子)[767][신군불자(神君佛子)]

양(梁) 공환(孔奐)[768]이 진릉태수(晉陵太守)일 때에 청렴결백하여 스스로 녹봉을 고아나 과부들에게 나누어주자 '신군(神君)'이라고 일컬어졌다.

梁孔奐爲晉陵太守, 淸白, 自將秩俸分贍孤寡, 號曰神君.[769]

곡아(曲阿)의 부자인 은기(殷綺)라는 자가 털옷 한 벌을 선물하자 공환이 말하기를, "태수의 좋은 녹봉으로 어찌 이것을 마련하지 못하겠소? 다만 백성들이 흡족하지 못한데 따뜻함과 배부름을 홀로 누릴 수 없소"라고 하였다.

曲阿富人殷綺餉以衣氈一具, 奐曰, 太守美祿, 何爲不能辨此. 但百姓未周, 不容獨享溫飽.[770]

송(宋) 원소(袁韶)[771]가 가정(嘉定)[772] 연간에 임안부(臨安府)를 맡았는데 송사를 다스리는 것이 분명하고 간결하였으며 억울한 옥사를 잘 처리하자 길에서는 떨어진 물건을 줍지 않게 되니, 불자(佛子)라고 일컬어졌다.

宋袁紹[773], 嘉定中知臨安府, 理訟淸簡, 平反冤獄, 道不拾遺, 呼爲佛子.[774]

여숭귀(余崇龜)[775]가 개희(開禧)[776] 연간에 강주(江州)를 다스리는데 여름부터 가을에 이르도록 비가 오지 않았다. 공이 군에 이르러 온 집안이 나물반찬으로 밥을 먹으면서 백성을 위해 기도하였다. 얼마 후 비가 계속 내려 마침내 풍년이 들자 '여불(余

761. 《남사(南史)·채준전(蔡撙傳)》
762. 소경(蘇瓊): 북제(北齊) 무강(武强) 출신으로 자가 진지(珍之)이다. 삼공낭중(三公郎中), 대리경(大理卿) 등을 역임하였다.
763. 《북사(北史)·소경전(蘇瓊傳)》
764. 원광정(袁光庭): 당대(唐代) 사람으로 이주자사(伊州刺史)를 역임하였다.
765. 《당어림(唐語林)·방정(方正)》
766. 신군(神君): 현명한 관리를 높여 부르는 말이다.
767. 불자(佛子): 자비로운 사람을 가리킨다.
768. 공환(孔奐): 남조(南朝) 양(梁) 산음(山陰) 출신으로 자가 휴문(休文)이다. 양(梁)에서 단양윤(丹陽尹), 진(陳)에서 진릉태수(晉陵太守), 이부상서(吏部尙書) 등을 역임하였다.
769. 《진서(陳書)·공환전(孔奐傳)》
770. 《진서(陳書)·공환전(孔奐傳)》
771. 원소(袁韶): 송(宋) 경원부(慶元府) 출신으로 자가 언순(彦淳)이다. 임안부윤(臨安府尹), 절서제치사(浙西制置使) 등을 역임하였다.
772. 가정(嘉定): 남송(南宋) 영종(寧宗)의 연호(1208-1224)이다.
773. 《유원총보》의 '袁紹'는 '袁韶'의 오류이다.[《송사(宋史)·원소전(袁韶傳)》]
774. 《송사(宋史)·원소전(袁韶傳)》
775. 여숭귀(余崇龜): 남송(南宋) 선유(仙遊) 출신으로 자가 경망(景望)이다. 병부시랑(兵部侍郞)을 역임하였다.
776. 개희(開禧): 남송(南宋) 영종(寧宗)의 연호(1205-1207)이다.

佛)'이라고 일컬어졌다.

余崇龜, 開禧中守江州, 自夏涉秋不雨. 公到郡, 擧家蔬食, 爲民祈禱. 旣而雨霔, 遂有秋, 呼爲余佛.777

한탁주(韓侂冑)778의 문하에서 나오지 않다.[불출한문(不出韓門)] 송(宋) 왕완(王阮)779이 무주(撫州)를 맡았는데 한탁주가 왕완의 명성을 듣고 장차 그를 좋은 관직으로 유혹하려고 하였다. 왕완이 친한 사람에게 개인적으로 말하기를, "내가 듣기에, 공경(公卿)들이 선비를 택한다고 하는데 선비도 역시 공경을 택한다. 지금 정사가 한씨(韓氏)로부터 나오지만 내가 그의 문하에서 나올 수 있겠는가?"라 하고 바로 옷을 떨치고 관문(關門)을 나섰다.

宋王阮知撫州, 韓侂冑聞阮名, 將誘之以美官. 阮私謂所親曰, 吾聞, 公卿擇士, 士亦擇公卿. 今政自韓氏出, 吾可出其門哉. 卽拂衣出關.780

금잔으로 술을 하사하다.[금배사주(金杯賜酒)]

수(隋) 번자개(樊子蓋)781가 무위태수(武威太守)일 때에 황제가 묻기를, "사람들이 공정과 청렴을 말하지만 과연 이와 같을 수 있겠는가?"라고 하자 감사하며 말하기를, "신이 어찌 감히 청렴을 말하겠습니까? 다만 조심하면서 뇌물을 받지 않았을 뿐입니다"라고 하였다. 이에 맛이 좋은 곡식 100여 곡(斛)을 하사하였다. 번자개가 청원하기를, "신은 항상 가까이에서 모시기를 원합니다"라고 하니 황제가 이르기를, "공이 짐을 모시는 것은 한 사람일 뿐이지만 사방을 맡기면 만 사람을 상대하는 것이오"라고 하였다. 뒤에 적취지(積翠池)에서 황제를 모시고 연회를 하는데 황제가 친히 금잔으로 번자개에게 술을 하사하였고 바로 그 잔을 선물하였다.

隋樊子蓋爲武威太守, 帝問曰, 人道公淸, 果如此不? 謝曰, 臣安敢言淸, 止是小心, 不納賄耳. 乃賜口味百餘斛. 子蓋請曰, 臣願常奉丹陛. 帝曰, 公侍朕, 則一人而已, 委以四方, 則萬人之敵也. 後陪宴積翠池, 帝親以金杯賜子蓋酒, 卽以此杯賜.782

고상한 풍모와 큰 절개[고풍대절(高風大節)] 왕우칭(王禹偁)783이 황주(黃州)를 맡았는데 사군자(士君子)들이 그의 고상한 풍모와 큰 절개를 좋아하였다. 옮겨서 기주(蘄州)를 맡도록 하자 사양하는 상소를 올렸는데, "선실전(宣室殿)에서 귀신의 질문이 있으니 감히 살아 돌아오기를 바라겠으며 무릉(茂陵)에서 봉선(封禪)의 문서가 나왔으니 이미 죽은 뒤를 기약하였습니다"라고 한 구절이 있었다. 황제가 이르기를, "우칭이 혹시 죽을 것인가?"라고 하였는데 해를 넘기자 죽었다.

王禹偁知黃州, 士君子樂其高風大節. 移知蘄州, 謝表有云, 宣室鬼神之問, 敢望生還, 茂陵封禪之書, 已期身後. 帝曰, 禹偁其亡乎. 踰年而卒.784

오원제(吳元濟)785의 사당을 허물다.[철원제사(撤元齊祠)] 송(宋) 왕질(王質)786이 채주(蔡州)를 맡았는데 채주의 풍속이 예로부터 오원제를 제사 지냈

777. 《고금사문유취외집(古今事文類聚外集)·노관부(路官部)》
778. 한탁주(韓侂冑): 송(宋) 상주(相州) 출신으로 자가 절부(節夫)이다. 영종(寧宗)의 옹립에 공을 세우고 정권을 장악하였다.
779. 왕완(王阮): 송(宋) 강주(江州) 출신으로 자가 남경(南卿)이다. 무주지주사(撫州知州事)로 있다가 여산(廬山)에 은거하였다.
780. 《송사(宋史)·왕완전(王阮傳)》
781. 번자개(樊子蓋): 수(隋) 여강(廬江) 출신으로 자가 화종(華宗)이다. 무위태수(武威太守), 동도유수(東都留守) 등을 역임하였다.
782. 《수서(隋書)·번자개전(樊子蓋傳)》
783. 왕우칭(王禹偁): 송(宋) 제주(濟州) 출신으로 자가 원지(元之)이다. 우습유(右拾遺), 한림학사(翰林學士) 등을 역임하였다. 성격이 강직하였고 시문(詩文)에 뛰어났는데 작시에 화려함을 추구하지 않았다.
784. 《송사(宋史)·왕우칭전(王禹稱傳)》
785. 오원제(吳元濟): 당대(唐代) 사람으로 반란을 일으켰다가 이소(李愬)에게 잡혀 참형(斬刑)을 당하였다.
786. 왕질(王質): 송(宋) 대명(大名) 출신으로 자가 자야(子野)이다. 천장각대제(天章閣待制), 채주자사(蔡州刺史) 등을 역임하였다.

다. 공이 이르기를, "어찌 반역자인데 사당에서 제사를 올리는 일이 있는가? 적인걸(狄仁傑)[787]과 이소(李愬)[788]는 덕이 채주 사람들에게 베풀어졌는데 어찌 제사를 지내지 않는가?"라 하고 목공(木工)에게 명하여 원제의 사당을 허물고 두 공(公)의 사당을 세우도록 하였다.

宋王質知蔡州, 蔡俗舊祀吳元濟. 公曰, 豈有逆醜而廟食耶. 狄梁公·李太尉, 德加蔡人, 胡爲不祀. 命工撤元濟祠, 建二公祀.[789]

번잡한 일에 자신의 힘을 다하다.[극직자효(劇職自效)] 양(梁) 손겸(孫謙)[790]이 두 현(縣)과 다섯 군(郡)을 다스리면서 몸가짐이 검소하여 침상에 거친 대발을 걸어 바람을 막았고 겨울에는 베 이불에 왕골자리를 깔았다. 매번 조정에서 황제를 뵐 때마다 오히려 번잡한 직책을 청하여 자신의 힘을 다하자 무제(武帝)가 웃으면서 이르기를, "짐은 경의 지혜를 사용해야 하지 경의 힘을 사용하면 안 되오"라고 하였다.

梁孫謙歷二縣五郡, 居身儉素, 床施蘧篨屏風, 冬則布被莞席. 每朝見, 猶請劇職自效, 武帝笑曰, 朕當使卿智, 不當使卿力.[791]

작은 군(郡)이 무슨 장애가 되겠소.[소군하상(小郡何傷)] 송(宋) 이급(李及)[792]이 항주(杭州)를 맡았는데 당시에 내시인 강덕원(江德元)이 권세가 천하를 기울게 하였다. 그의 동생 덕명(德明)이 왕명을 받들고 항주에 사신으로 왔는데 이급이 그를 대함에 더하는 것이 없었다. 속관들이 아뢰기를, "강사군(江使君)의 형은 대신들을 승진시키고 강등시키는 것이 손바닥 뒤집듯 합니다. 공께서 비록 복을 기대하시지는 않더라도 어찌 화를 염려하지 않으십니까?"라고 하자 이급이 말하기를, "이와 같이 하면 충분하다. 다시 무엇을 더하겠는가?"라고 하였다. 덕명이 이급의 속관들에게 말하기를, "이공은 연세가 많으시니 여항(餘杭)[793]의 번잡한 일을 어찌 처리하실 수 있겠소?"라고 하자 이급이 웃으면서 말하기를, "나는 늙어서 진실로 작은 군(郡)을 얻고자 하니 무슨 장애가 되겠소"라고 하니 덕명도 해를 끼칠 수 없었다.

宋李及知杭州, 時內侍江德元, 權傾天下. 其弟德明奉使過杭, 及待之, 無所加. 僚佐曰, 江使君之兄, 榮枯大臣如反掌. 公雖不期福, 獨不畏禍乎. 及曰, 如是足矣. 又何加焉. 德明謂及僚佐曰, 李公年高, 餘杭繁劇豈能辦耶. 及笑曰, 及老矣, 誠願得小郡, 庸何傷. 德明亦不能傷也.[794]

돈을 하사하고 청렴을 표창하다.[사전정결(賜錢旌潔)] 송(宋) 가황중(賈黃中)[795]이 승주(昇州)를 맡았는데 하루는 창고를 조사하다가 빗장과 자물쇠가 매우 단단히 되어 있는 것을 보았다. 그것을 여니 금은보화 수천 상자가 있었는데 모두 이당(李唐)의 궁중에 있던 것으로 문서에 속해 있지 않은 것들이었다. 가황중이 모두 아뢰어 올리니 태종(太宗)[796]이 감탄하

787. 적인걸(狄仁傑): 당(唐) 병주(幷州) 출신으로 자가 회영(懷英)이다. 대리승(大理丞), 지관시랑(地官侍郞), 위주자사(魏州刺史) 등을 역임하였다.

788. 이소(李愬): 당(唐) 농우(隴右) 출신으로 자가 원진(元眞)이다. 동중서문하평장사(同中書門下平章事), 태자소보(太子少保) 등을 역임하였다.

789. 《송사(宋史)·왕질전(王質傳)》

790. 손겸(孫謙): 남조(南朝) 양(梁) 동완거(東莞莒) 출신으로 자가 장손(長遜)이다. 영릉태수(零陵太守), 광록대부(光祿大夫) 등을 역임하였다.

791. 《양서(梁書)·손겸전(孫謙傳)》

792. 이급(李及): 송(宋) 범양(范陽) 출신으로 자가 지기(知幾)이다. 공부시랑(工部侍郞), 어사중승(御史中丞) 등을 역임하였다.

793. 여항(餘杭): 항주(杭州)의 군(郡) 이름이다.

794. 《산당사고(山堂肆考)·신직(臣職)》

795. 가황중(賈黃中): 송(宋) 창주(滄州) 출신으로 자가 왜민(媯民)이다. 급사중(給事中), 참지정사(參知政事), 예부시랑겸비서감(禮部侍郞兼秘書監) 등을 역임하였다.

며 이르기를, "창고의 물건이 문서가 있어도 탐욕스러운 자들은 오히려 법을 무릅쓰고 취하는데 하물며 이것은 망한 나라의 남은 물건임에랴"라 하고 이백만 전을 하사하고 그의 청렴을 표창하였다.

宋賈黃中知昇州, 一日按行府庫, 見扃鑰甚嚴. 發之, 得寶貨數千櫝, 皆李氏宮閨之物, 不隸於籍. 黃中悉表上之, 太宗歎曰, 府庫之物, 有籍, 貪黷者尙冒法取之, 況此亡國之餘物乎. 賜錢二百萬, 以旌其潔.[797]

백성들에게 느릅나무를 심게 하다.[영민종유(令民種楡)] 한(漢) 공수(龔遂)[798]가 발해태수(渤海太守)가 되어 백성들에게 느릅나무 백 그루, 염교 50뿌리, 파 한 두둑, 부추 3무(畝)를 심게 하고 돼지 다섯 마리와 닭 다섯 마리를 기르도록 하였다.

漢龔遂爲渤海守, 令民種楡百本·薤五十本·蔥一畦·韭三畝, 彘五鷄五.[799]

송(宋) 신중보(辛仲甫)[800]가 외임으로 팽주(彭州)를 맡았는데 백성들을 독려하여 버드나무를 심어 행인들에게 그늘을 지게 하도록 하자 사람들이 지목하여 '보궐류(補闕柳)'라고 하였다. 이순(李順)이 반란을 일으켰을 때에도 오히려 명을 내려 이 나무를 손상시키지 못하게 하였다.

宋辛仲甫出知彭州, 課民種柳, 以蔭行人, 人目爲補闕柳. 至李順之亂, 猶令無傷此樹.[801]

흉노가 인형에 활을 쏘다.[흉노사형(匈奴射形)] 한(漢) 질도(郅都)[802]가 경제(景帝)[803] 시기에 안문태수(鴈門太守)가 되었는데 흉노가 그의 이름을 듣고 마침내 질도가 죽을 때까지 감히 안문에 접근하지 못하였다. 일찍이 인형을 만들어 질도의 모습과 비슷하게 하고 기사(騎士)들에게 활을 쏘게 하였으나 적중할 수 있는 자가 없었다.

漢郅都, 景帝時爲鴈門太守, 匈奴聞其名, 竟都死, 不敢近鴈門. 嘗爲偶人象都形, 令騎士射之, 莫能中.[804]

일배정(一杯亭) 송(宋) 조여우(趙汝愚)[805]가 신주(信州)를 맡았는데 다스림이 이루어지고 은택이 흡족하자 군민(郡民)들이 성의 남쪽에 사당을 세우고 초상을 마련하여 그를 위해 축수(祝壽)하였다. 여우가 그로 인해 안에서 손님들에게 술을 권하다가 자신의 초상을 거두도록 하고 장난 삼아 이름 짓기를, '일배정(一杯亭)'이라고 하였다.

宋趙汝愚知信州, 政成惠洽, 郡人於城南建祠設像, 爲之祝壽. 汝愚因觴客於中, 命撤其像, 戲名曰一杯亭.[806]

죄수를 집에 돌아가도록 하다.[견수환가(遣囚還家)] 남제(南齊) 왕지(王志)[807]가 동양태수(東陽太守)일

---

796. 태종(太宗): 송(宋) 제2대 황제로 재위 기간은 976-997년이다.
797. 《고금사문유취외집(古今事文類聚外集)·노관부(路官部)》
798. 공수(龔遂): 한(漢) 산양(山陽) 출신으로 자가 소경(少卿)이다. 발해태수(渤海太守)가 되어 백성들을 잘 다스려 순리(循吏)의 모범으로 일컬어진다.
799. 《한서(漢書)·공수전(龔遂傳)》
800. 신중보(辛仲甫): 송(宋) 분주(汾州) 출신으로 자가 지한(之翰)이다. 우보궐(右補闕), 참지정사(參知政事), 태자소보(太子少保) 등을 역임하였다.
801. 《송사(宋史)·신중보전(辛仲甫傳)》
802. 질도(郅都): 서한(西漢) 하동(河東) 출신으로 경제(景帝) 시절에 중랑장(中郎將), 중위(中尉) 등을 역임하였다.
803. 경제(景帝): 서한(西漢) 제5대 황제로 재위 기간은 BC 156-BC 141년이다.
804. 《한서(漢書)·질도전(郅都傳)》
805. 조여우(趙汝愚): 송(宋) 종실(宗室)로 자가 자직(子直)이다. 이부상서(吏部尙書), 지추밀원사(知樞密院事)를 역임하였다.
806. 《산당사고(山堂肆考)·신직(臣職)》
807. 왕지(王志): 남조(南朝) 제(齊) 낭야(琅邪) 출신으로 자가 차도(次道)이다. 단양윤(丹陽尹), 산기상시(散騎常侍) 등을 역임하였다.

때에 군(郡)에 죄수 10여 명이 있었는데 동짓날에 집에 돌아가 명절을 보내도록 하니 모두 돌아왔는데 오직 한 사람만 이 기한을 어겼다. 주관하는 자가 근심하자 왕지가 말하기를, "이것은 본래 태수의 일이니 주관자는 근심하지 마라"라고 하였다. 다음날 과연 도착하니 속관과 백성들이 더욱 탄복하였다.

南齊王志爲東陽太守, 郡有獄囚十餘, 冬至日遣還家過節, 皆返, 惟一人失期. 主者憂之, 志曰, 此自太守事, 主者勿憂. 明日果至, 吏人益嘆服.[808]

윤택은 강해(江海)와 같다.[윤동강해(潤同江海)]

진(晉) 응첨(應詹)[809]이 남평태수(南平太守)일 때에 당시에 천하가 크게 어지러웠으나 응첨의 경내만 유독 온전하자 백성들이 다음과 같이 노래하였다.

拯我塗炭, 우리를 도탄에서 건져주시니
惠隆丘阜. 은택은 언덕처럼 높다.
潤同江海, 윤택은 강해(江海)와 같으며
恩猶父母. 은혜는 부모와 같도다.

晉應詹爲南平太守, 時天下大亂, 詹境獨完, 百姓歌之曰, 拯我塗炭, 惠隆丘阜. 潤同江海, 恩猶父母.[810]

성문을 열어 오랑캐들을 의심하게 하다.[계관의구(啓關疑寇)] 송(宋) 마지절(馬知節)[811]이 연주(延州)를 맡았는데 변방의 오랑캐들이 침입하려고 하였다. 때가 마침 상원절(上元節)이었는데 서둘러 등을 달고 성문을 열어 잔치를 벌이도록 하였다. 오랑캐들이 혹시 대비가 있을까 의심하여 바로 인솔하여 떠났다.

宋馬知節知延州, 邊寇將至. 時方上元節, 遽令張燈啓關, 以爲宴樂. 寇疑其有備, 卽引去.[812]

오염된 풍속이 대번에 바뀌다.[오속일변(汚俗一變)]

송(宋) 왕수(王遂)[813]가 평강부(平江府)를 맡아 학교(學校)를 높이고 민력(民力)을 너그럽게 하며 강포한 자들을 끊고 풍속을 바로잡았다. 당시에 촌사람 중에 혼을 이탈시킨다고 함부로 말하면서 사람들을 미혹시키는 자가 있었고 또 우란분회(盂蘭盆會)[814]가 있었는데 모두 금지시키니 오염된 풍속이 대번에 바뀌었다.

宋王遂知平江府, 崇學校, 寬民力, 折豪强, 正風俗. 時有村民, 妄言出神, 惑衆者, 又有盂蘭盆會, 皆禁絶之, 汚俗一變.[815]

증개문(曾開門) 송(宋) 증공량(曾公亮)[816]이 정주(鄭州)를 맡자 도적들이 모두 다른 경계로 도망갔다. 길에서는 떨어진 물건을 줍지 않고 밖의 문을 닫지 않고 살면서 '증개문(曾開門)'이라고 불렀다.

宋曾公亮知鄭州, 寇盜悉竄他境. 路不拾遺, 外戶不閉, 號曾開門.[817]

기둥을 부수고 도둑을 잡다.[파주금도(破柱擒盜)]

송(宋) 이상(李常)[818]이 제주(齊州)를 맡았는데 제주에 도둑이 많아 논죄하여 보고하느라 비는 날이

808. 《양서(梁書)·왕지전(王志傳)》
809. 응첨(應詹): 진(晉) 여남(汝南) 출신으로 자가 사원(思遠)이다. 강주자사(江州刺史)를 역임하였으며 왕돈(王敦)의 반란을 진압하였다.
810. 《진서(晉書)·응첨전(應詹傳)》
811. 마지절(馬知節): 송(宋) 개봉(開封) 출신으로 자가 자원(子元)이다. 추밀부사(樞密副使), 지추밀원사(知樞密院事) 등을 역임하였다.
812. 《송사(宋史)·마지절전(馬知節傳)》
813. 왕수(王遂): 송(宋) 진강부(鎭江府) 출신으로 자가 영숙(潁叔)이다. 감찰어사(監察御使), 우정언(右正言), 공부상서(工部尙書) 등을 역임하였다.
814. 우란분회(盂蘭盆會): 음력 7월 15일에 거행되는 법회이다.
815. 《산당사고(山堂肆考)·신직(臣職)》
816. 증공량(曾公亮): 송(宋) 천주(泉州) 출신으로 자가 명중(明仲)이다. 참지정사(參知政事), 추밀사(樞密使), 동평장사(同平章事) 등을 역임하였다.
817. 《송명신언행록후집(宋名臣言行錄後集)·증공량(曾公亮)》

없었다. 이상이 영리한 도둑을 잡아 불러다 사병으로 삼아 자신의 휘하에 있게 하여 은거지를 다 알게 되었다. 일거에 지붕을 날리고 기둥을 부숴 그 근원을 뽑아 버리니 간악한 자들이 숨을 곳이 없었다.

宋李常知齊州, 齊多盜, 論報無虛日. 常得黠盜, 刺爲兵, 使在麾下, 盡知囊括處. 悉發屋破柱, 拔其根株, 奸無所匿.[819]

성을 온전하게 하여 모친을 훌륭하게 하다.[전성현친(全城顯親)] 송(宋) 개희(開禧)[820] 연간에 주호(周虎)[821]가 화주(和州)를 다스리며 오랑캐를 격파하여 성을 온전하게 하자 백성들이 그를 위해 생사(生祠)를 세웠다. 그의 모친인 하씨(何氏)는 가산을 기울여 군사들에게 음식을 제공하여 감의군부인(感義郡夫人)에 봉해졌다.

宋開禧中, 周虎守和州, 破虜全城, 民爲立生祠. 其母何氏傾家貲, 以犒軍士, 封感義郡夫人.[822]

징을 매달아 억울함을 알리다.[현정달원(懸鉦達冤)] 송(宋) 가정(嘉定)[823] 연간에 조여환(趙與懽)[824]이 길안주(吉安州)를 맡아 동(銅)으로 된 징을 마련하여 문에 매달아 놓고 억울함을 호소하고자 하는 자에게 치도록 하였다.

宋嘉定中, 趙與懽知吉安州, 設銅鉦, 懸于門, 欲訴冤者, 擊之.[825]

돈을 내게 하여 싸움을 멈추다.[수전식투(輸錢息鬪)] 송(宋) 국진경(鞠眞卿)[826]이 윤주(潤州)를 다스릴 때 백성 중에 치고받으며 싸운 자들이 있었는데 본죄(本罪) 이외에 별도로 먼저 친 자가 돈을 내어 뒤에 대응한 자에게 주도록 하였다. 그 후에는 종일 다투어도 서로 보면서 감히 먼저 손을 대는 자가 없었다.

宋鞠眞卿守潤州, 民有鬪毆者, 本罪之外, 別令先毆者出錢, 以與後應者. 其後終日紛爭, 相視無敢先下手者.[827]

걸쇠를 바꾸어 도적의 기를 꺾다.[역휼저도(易鐍沮盜)] 송(宋) 유순경(劉舜卿)[828]이 대주(代州)를 맡았는데 요(遼)가 첩자를 보내 밤에 서관(西關)의 열쇠를 훔쳤다. 유순경이 역시 탐문하지 않고 몰래 이전의 걸쇠를 바꾸어 크게 하였다. 며칠 만에 오랑캐의 첩자가 훔친 것과 열쇠를 보내자 순경이 이르기를, "나는 일찍이 열쇠를 잃어버린 적이 없다"라 하고 문에 걸어 보도록 하니 몇 치가 컸다. 도적과 함께 돌려보내니 오랑캐가 크게 부끄러워하면서 기가 꺾여 첩자를 죽였다.

宋劉舜卿知代州, 遼遣諜夜盜西關鎖去. 舜卿亦不問, 密易舊鐍而大之. 數日虜牒送盜者幷鎖還, 舜卿曰, 吾未嘗亡鎖也. 命加於門, 則大數寸. 併盜還之, 虜大慚沮, 因誅諜者.[829]

경주(更籌)[830]를 서두르게 하여 적을 물리치다.[촉

---

818. 이상(李常): 송(宋) 건창(建昌) 출신으로 자가 공택(公擇)이다. 어사중승(御史中丞)을 역임하였다.
819. 《송사(宋史)·이상전(李常傳)》
820. 개희(開禧): 남송(南宋) 영종(寧宗)의 연호(1205-1207)이다.
821. 주호(周虎): 송(宋) 임회(臨淮) 출신으로 자가 숙자(叔子)이다. 합문사인(閤門舍人)을 역임하였다.
822. 《산당사고(山堂肆考)·신직(臣職)》
823. 가정(嘉定): 남송(南宋) 영종(寧宗)의 연호(1208-1224)이다.
824. 조여환(趙與懽): 송(宋)나라 종실로 자가 열도(悅道)이다. 이부상서(吏部尙書), 개부의동삼사(開府儀同三司) 등을 역임하였다.
825. 《송사(宋史)·조여환전(趙與懽傳)》
826. 국진경(鞠眞卿): 내력이 자세하지 않다.
827. 《몽계필담(夢溪筆談)·관정(官政)》
828. 유순경(劉舜卿): 송(宋) 개봉(開封) 출신으로 자가 희원(希元)이다. 여러 주의 지주사(知州事)를 역임하였다.
829. 《송사(宋史)·유순경전(劉舜卿傳)》
830. 경주(更籌): 밤 시간을 알리는 데 사용하던, 시간을 재는 대오리이다.

주둔적(促籌遁賊)] 송(宋) 풍찬(馮瓚)[831]이 재주(梓州)를 맡았는데 적이 밤에 성을 공격하였다. 풍찬이 몰래 경주(更籌)를 서두르게 하여 아직 한밤중이 되지 않았는데 오경(五更)의 북을 치도록 하였다. 적이 마침내 물러가자 이어 군대를 풀어 추격하여 그 우두머리를 잡으니 경내가 편안해졌다.

宋馮瓚知梓州, 賊夜攻城, 瓚密令促更籌, 未夜分擊五鼓. 賊遂遁去, 因縱兵追擒其首, 境內獲安.[832]

좋은 부사(府使)[호지부(好知府)] 송(宋) 장영(張詠)[833]이 익주(益州)를 맡았는데 한 교활한 속관을 죽였다. 속관이 죄가 없음을 말했을 때 공이 판결문을 봉하여 저자에 이르러 낭독하게 하였다. 속관이 판결문을 듣고 나서 저자의 사람들에게 말하기를, "너희들은 좋은 부사(府使)를 만났다"라고 하였다. 반적(反賊) 이순(李順)이 일찍이 죽을죄가 있어 옥에 갇혔는데 이 속관이 일부러 풀어준 것이다.

宋張詠知益州, 斬一猾吏. 吏稱無罪, 公封判, 令至市曺讀示之. 吏旣聞斷詞, 告市人曰, 爾輩得好知府矣. 蓋反賊李順嘗有死罪繫獄, 此吏故縱之也.[834]

장영이 촉(蜀)을 다스리면서 매번 일을 결단할 때마다 반드시 판결어를 만들어 보여 주니 촉 지역 사람들이 목판에 새겨 〈계민집(戒民集)〉이라고 이름을 붙였다. 대개가 풍속을 바꾸고 효와 도리를 돈독하게 하는 것을 근본으로 삼았다.

詠守蜀, 每斷事, 必爲判語以示之, 蜀人鏤板, 名曰戒民集. 大抵以移風俗·篤孝義爲本也.[835]

새끼를 가져간 자를 벌하다.[죄취추자(罪取雛者)]

송(宋) 장차산(張次山)[836]은 청렴하다는 명성과 곧은 절개로 사마광(司馬光)[837]에게 인정을 받았다. 마침내 태산태수(太山太守)를 맡았는데 황새가 계석(戒石)[838]의 앞에 앉아 있는 것이 하소연할 것이 있는 듯하였다. 차산이 소리쳐서 먼저 날아가게 하고 사람을 시켜 가는 곳을 따르게 하였다. 황새가 한 큰 나무 위에 앉는데 이웃 사람 중에 그것의 새끼 두 마리를 가져간 자가 있었던 것이다. 차산이 그의 죄를 다스리자 황새가 비로소 물러나서 날아갔다.

宋張次山, 淸名直節, 見知於司馬光. 遂知太山守, 有鸛集戒石前, 若有所訴. 次山諭令先飛, 命人隨往. 鸛集一大木上, 蓋隣有取其二雛者. 次山爲治其罪, 鸛始退飛.[839]

원숭이를 다루는 자를 벌하다.[형희후자(刑戲猴者)]

송(宋) 양회(楊繪)[840]가 인종(仁宗)[841] 시기에 흥원부(興元府)를 맡았는데 속관이 담을 뚫고 창고의 비단을 훔친 자를 잡을 것을 요청하였다. 양회가 가서 보니 종적이 사람이 출입한 것과는 같지 않았다. 이에 원숭이를 다루는 자를 불러 청사에서 조사하니

---

831. 풍찬(馮瓚): 송(宋) 제주(齊州) 출신으로 자가 예신(禮臣)이다. 좌간의대부(左諫議大夫), 대리경겸판비서성(大理卿兼判祕書省) 등을 역임하였다.
832. 《송사(宋史)·풍찬전(馮瓚傳)》
833. 장영(張詠): 송(宋) 견성(鄄城) 출신으로 자가 복지(復之)이다. 추밀직학사(樞密直學士), 이부상서(吏部尙書) 등을 역임하였다.
834. 《산당사고(山堂肆考)·신직(臣職)》
835. 《송사(宋史)·장영전(張詠傳)》
836. 장차산(張次山): 내력이 자세하지 않다.
837. 사마광(司馬光): 송(宋) 섬주(陝州) 출신으로 자가 군실(君實)이다. 한림겸시독학사(翰林兼侍讀學士), 좌복야(左僕射) 등을 역임하였고 《자치통감(資治通鑑)》을 편찬하였다. 사후에 온국공(溫國公)에 봉해졌기 때문에 사마온공(司馬溫公)으로 칭해진다.
838. 계석(戒石): 관리가 지켜야 할 경계를 새겨 관아의 뜰에 세워둔 돌이다.
839. 《산당사고(山堂肆考)·신직(臣職)》
840. 양회(楊繪): 송(宋) 한주(漢州) 출신으로 자가 원소(元素)이다. 한림학사(翰林學士), 천장각대제(天章閣待制) 등을 역임하였다.
841. 인종(仁宗): 송(宋) 제4대 황제로 재위 기간은 1023-1063년이다.

한 번의 심문에 모두 복종하였다. 마침내 그 형벌을 바르게 집행하자 신명하다고 일컬어졌다.

宋楊繪, 仁宗時知興元府, 吏請攝穿窬盜庫縑者. 繪就視之, 蹤跡不類人所出入. 乃呼戲猴者, 詰於庭, 一訊具服. 遂正其刑, 稱爲神明.[842]

인정에 맞게 하기를 힘쓰다.[무합인정(務合人情)] 송(宋) 왕소(王素)[843]가 성도(成都)를 맡았는데 다스림이 인정에 맞게 하기를 힘썼다. 촉(蜀) 사람들이 그가 시행한 것을 기록하여 '왕공이단(王公異斷)'이라고 하였다. 왕소는 또 위주(渭州)를 다스린 적이 있는데 장병들을 거느림에 은혜가 있었고 또 적정을 잘 헤아렸다. 그러므로 변방이 군사는 항상 적었지만 쌓인 곡식은 10년을 지탱할 수 있었다.

宋王素知成都, 爲政務合人情. 蜀人錄其所行, 號曰王公異斷. 素又嘗守渭州, 馭將卒有恩, 且善料敵. 故塞下戍卒常少, 而積粟可支十年.[844]

노재상의 아드님이시다.[노상공자(老相公子)] 송(宋) 한기(韓琦)[845]가 옮겨서 정주(定州)를 맡았는데 옛 법으로 관리들을 가르쳤다. 해가 기근이 들자 700만 명을 구휼하니 이웃 군(郡)에서 그의 다스림을 취하여 본보기로 삼았다. 그의 아들인 한충언(韓忠彦)이 두 번이나 정주를 맡자 백성들이 기뻐하며 말하기를, "이분은 노재상의 아드님이시니 반드시 우리는 편안하게 해주실 것이다"라고 하였다. 충언은 부친의 법도를 시행하여 백성들 보기를 다친 사람 보듯이 하였다.

宋韓琦徙知定州, 以古法敎士. 歲饑, 賑七百萬人, 隣郡取其政以爲法. 其子忠彦兩知定州, 民喜曰, 此老相公子也, 必使我曺安穩. 忠彦推行父法, 視民如傷.[846]

마음을 다하고 마음을 공평하게 하다.[진심평심(盡心平心)] 첨체인(詹體仁)[847]이 정강부(靜江府)를 맡았는데 관직에 있으면서 다스림을 행하는 것이 마음을 다하고 마음을 공평하게 하는 데에 힘썼다. 일찍이 말하기를, "마음을 다하면 부끄러움이 없고 마음을 공평하게 하면 치우침이 없다"라고 하니 세상 사람들이 그의 정확한 논리에 탄복하였다.

詹體仁知靜江府, 居官莅政, 務盡心平心. 嘗曰盡心則無愧, 平心則無偏. 世服其確論.[848]

속관들을 단속하고 백성들을 다스리다.[속리치민(束吏治民)] 채군모(蔡君謨)[849]가 복당(福唐)을 맡았는데 속관들을 단속하고 백성들을 다스림에 조금도 봐주는 것이 없었다. 진유열(陳幼烈)이 채군모와 동문수학한 사이인데 하루는 그를 만나러 갔다. 정자 아래에 배를 매었다가 그의 엄격함을 듣고는 마침내 찾아가지 않고 정자에 시를 남겼으니 다음과 같다.

溪山龍虎蟠,	시내와 산에 용과 호랑이가 웅크리고 있는데
溪水角聲喧.	시내에 화각(畵角) 소리[각성(角聲)[850]] 시끄럽다.
中宵鄕夢罷,	한밤중에 고향 꿈이 깨자

---

842. 《송사(宋史)·양회전(楊繪傳)》

843. 왕소(王素): 송(宋) 대명(大名) 출신으로 자가 중의(仲儀)이다. 지간원(知諫院), 공부상서(工部尙書) 등을 역임하였다.

844. 《송사(宋史)·왕소전(王素傳)》

845. 한기(韓琦): 송(宋)의 정치로 자가 치규(稚圭)이다. 사마광(司馬光)과 함께 왕안석(王安石)의 신법(新法)에 반대하였으며 추밀사(樞密使)와 재상을 역임하였다. '위공(魏公)'은 그의 봉호이다.

846. 《산당사고(山堂肆考)·신직(臣職)》

847. 첨체인(詹體仁): 송(宋) 건녕(建寧) 출신으로 자가 원선(元善)이다. 여러 주의 지주사(知州事)와 사농경(司農卿) 등을 역임하였다.

848. 《송사(宋史)·첨체인전(詹體仁傳)》

849. 채군모(蔡君謨): 송(宋) 인종(仁宗) 연간의 문신(文臣)인 채양(蔡襄)으로 자가 '군모(君謨)'이다. 송(宋) 흥화군(興化軍) 출신으로 지제고(知制誥), 개봉지부사(開封知府事), 한림학사(翰林學士) 등을 역임하였다.

六月衣衾寒. 유월의 이불이 차다.
風雨生殘樹, 비바람은 남은 가지에 불어대고
蛟螭喜怒瀾. 교룡의 희노(喜怒)에 물결이 인다.
殷勤祝舟子, 간곡히 사공에게 부탁하여
移棹過前灘. 노 저어 앞 여울을 지나네

채군모가 듣고서 그로 인해 약간 위엄을 풀었다.

蔡君謨守福唐, 束吏治民, 毫髮不假. 陳幼烈與君謨共硯席, 一日往見之. 維舟亭下, 聞其嚴, 遂不往, 留詩於亭曰. 溪山龍虎蟠, 溪水角聲喧. 中宵郷夢罷, 六月衣衾寒. 風雨生殘樹, 蛟螭喜怒瀾. 殷勤祝舟子, 移棹過前灘. 君謨聞之, 爲之少霽.[851]

두 군의 백성들이 서로 다투다.[이군교쟁(二郡交爭)] 두연(杜衍)[852]은 자가 세창(世昌)이다. 건주(乾州)를 맡았는데 안무사(按撫使)가 그의 치적을 살피고 공에게 봉상부(鳳翔府)를 겸임하게 하였다. 두 군의 백성들이 경계에서 서로 다투는데, 한 사람은 "우리의 공(公)인데 너희가 뺏어 갔다"라 하였고 한 사람은 "이제 우리의 공(公)인데 너희들이 무슨 관계가 있느냐?"라고 하였다.

杜衍, 字世昌. 知乾州, 安撫察其治行, 以公權知鳳翔府. 二郡之民交爭於境上, 一曰, 我公也, 汝奪之. 一曰, 今我公也, 汝何有焉.[853]

악부사(樂府詞)에 뜻을 기탁하다.[우의악사(寓意樂詞)] 채정(蔡挺)[854]은 자가 자정(子正)이다. 오랫동안 변경의 군(郡)에 머물다 보니 답답하고 자연 무료하여 악부사에 뜻을 기탁하였으니 "응당 옥관(玉關)에서 사람이 늙어 감을 생각해 주어야 할 텐데"라는 구절이 있었다. 중사(中使)가 이르렀다가 배우에게 노래하게 하였고 궁중에까지 전해지니 신종(神宗)[855]이 안타깝게 여겼고 마침내 추부(樞府)의 제수가 있었다.

蔡挺, 字子正. 久留邊郡, 鬱鬱不自聊, 寓意樂府詞, 有應念玉關人老之句. 中使至, 使倡優歌之, 達於禁掖, 神宗憫之, 遂有樞府之拜.[856]

보루를 수리하고 군사를 훈련하다.[즙루연병(葺壘練兵)] 유겹(劉鞈)[857]이 월주(越州)를 다스릴 때 방납(方臘)이 난리를 일으켜 월(越) 지역이 크게 동요되었고 관리들이 모두 도망갔다. 공이 이르기를, "나는 군수로서 장차 성(城)과 함께 살고 죽으리라"라 하고는 보루를 수리하고 군사를 훈련하면서 전투를 위해 대비를 갖추었다. 다음해에 적들이 성 아래에 이르자 공은 군사들을 지휘하여 나가 싸우니 적이 크게 궤멸되어 널린 시체가 길을 덮었다. 이로부터 적들이 감히 다가오지 못하자 월주의 주민들이 함께 생사(生祠)를 짓고 음식을 마련하여 항상 축원하기를, "우리를 살려주신 것은 유공(劉公)이시다"라고 하였다.

劉忠顯守越州時, 方臘作亂, 越大震, 官吏悉遁. 公曰, 吾爲郡守, 將與城存亡. 遂葺壘練兵, 爲戰守備. 明年賊至城下, 公麾衆出戰, 賊大潰, 橫屍蔽路. 自是賊不敢近, 越民相與創生祠, 飮食必祝曰, 活我者, 劉公也.[858]

---

850. 각성(角聲): 옛날 군중에서 화각을 불어 아침과 저녁을 알렸다.
851. 《금수만화곡(錦繡萬花谷) · 군수(郡守)》
852. 두연(杜衍): 송(宋) 월주(越州) 출신으로 자가 세창(世昌)이다. 옥사를 잘 다루었고 일처리가 분명하였다. 동평장사(同平章事)를 역임하였고 태자소사(太子少師)로 치사(致仕)하였다.
853. 《송명신언행록(宋名臣言行錄) · 두연(杜衍)》
854. 채정(蔡挺): 송(宋) 응천(應天) 출신으로 자가 자정(子正)이다. 섬서전운부사(陝西轉運副使), 추밀부사(樞密副使) 등을 역임하였다.
855. 신종(神宗): 송(宋) 제6대 황제로 재위 기간은 1068-1085년이다.
856. 《송사(宋史) · 채정전(蔡挺傳)》
857. 유겹(劉鞈): 송(宋) 건주(建州) 출신으로 자가 중언(仲偃)이다. 여러 주의 지주사(知州事)와 섬서전운부사(陝西轉運副使) 등을 역임하였다. 시호(謚號)가 충현(忠顯)이다.

간교한 계책을 미리 알다. [예지간모(預知姦謀)]

노감(盧鑑)859이 섬서(陝西)의 의주(儀州)를 맡았는데 주(州)에 제승관(制勝關)860이 있었다. 이계천(李繼遷)861이 빈틈을 타서 습격하려고, 큰 소리를 치면서 장차 크게 쳐들어올 것이라고 하자 조서가 내려와 노약자와 어린이, 꼴과 곡식을 내지(內地)로 옮기도록 하였다. 노감이 말하기를, "이것은 반드시 간교한 계책일 것이다"라 하고 끝내 옮기지 않으니 적들도 역시 이르지 않았다.

盧鑑知陝西儀州, 州有制勝關. 李繼遷欲乘虛襲破, 放言將大入, 有詔, 徙老幼芻栗于內地. 鑑曰, 此必奸謀也. 卒不徙, 而賊亦不至.862

속관들이 농부와 같다. [이사야인(吏似野人)] 송(宋) 왕대거(汪待擧)863가 처주(處州)를 맡았는데 다스림에 아랫사람들의 실정을 곡진하게 살폈다. 백성들 중에 송사가 있으면 불러다 면전에서 곡직을 결정하게 하였고 속관에게 맡기지 않았다. 백성들이 다음과 같이 시로 칭송하였다.

官舍却如僧舍靜,	관사(官舍)는 절간같이 고요하고
吏人渾似野人閑.	속관들은 아예 농부처럼 한가하다.

宋汪待擧知處州, 爲政曲盡下情. 民有爭訟, 呼之使前面定曲直, 不以屬吏. 百姓以詩頌之曰. 官舍却如僧舍靜, 吏人渾似野人閑.864

상하가 놀라 감탄하다. [상하경타(上下驚咤)]

원우(元祐)865 초엽에 전협(錢勰)866이 개봉부(開封府)를 맡았는데 늙은 속관이 그의 기민함을 두려워하여 일로 그를 곤란하게 하려고 사람들을 끌어다가 소장이 700건에 이르도록 하였다. 전협이 그때그때 바로 처리하고 도리에 맞지 않는 것을 골라 봉해 놓고 기억해 두었다가 다시는 오지 말도록 경계하였다. 달포가 지났는데 한 사람이 또 오자 전협이 그를 불러 꾸짖으며 말하기를, "너는 전의 서장에서 이러이러하다고 했지"라 하고 봉함을 여니 정말로 그러하자 상하가 모두 놀라 감탄하였다.

元祐初錢勰知開封府, 老吏畏其敏, 欲困以事, 導人訴牒至七百. 勰隨卽剖決, 簡不中理者, 緘而識之, 戒無復來. 閱月一人又至, 勰呼詰之曰, 汝前訴云云. 啓緘信然, 上下皆驚咤.867

노인과 어린이들이 잡고 만류하다. [노치반류(老稚攀留)] 송(宋) 왕십붕(王十朋)868이 기주(夔州)를 맡았는데 황제의 은혜를 펴고 백성의 고통을 돌봐주며 백성들이 세금을 낼 때 스스로 계량하도록 하니 소문을 들은 자들이 서로 보고하여 묵은 세금도 내려고 하였다. 떠나는 날에 노인과 어린이들이 잡

---

858. 《송명신언행록속(宋名臣言行錄續)·유겹(劉韐)》
859. 노감(盧鑑): 송(宋) 강녕(江寧) 출신으로 자가 정신(正臣)이다. 여러 주의 지주사(知州事)와 서상각문사(西上閤門使) 등을 역임하였다.
860. 제승관(制勝關): 관문(關門)의 이름이다.
861. 이계천(李繼遷): 송(宋) 당항(黨項) 출신으로 이계봉(李繼捧)의 조카이다. 하주자사(夏州刺史), 정난군절도사(定難軍節度使) 등을 역임하였다. 요(遼)에 항복하여 하국왕(夏國王)이 되었다.
862. 《송사(宋史)·노감전(盧鑑傳)》
863. 왕대거(汪待擧): 송(宋) 구주(衢州) 출신으로 자가 회충(懷忠)이다. 처주지주사(處州知州事)를 역임하였다.
864. 《산당사고(山堂肆考)·신직(臣職)》
865. 원우(元祐): 송(宋) 철종(哲宗)의 연호(1086-1093)이다.
866. 전협(錢勰): 송(宋) 항주(杭州) 출신으로 자가 목보(穆父)이다. 용도각대제(龍圖閣待制), 호부상서(戶部尙書) 등을 역임하였다.
867. 《송사(宋史)·전협전(錢勰傳)》
868. 왕십붕(王十朋): 송(宋) 온주(溫州) 출신으로 자가 구령(龜齡)이다. 여러 주의 지사(知事)와 태자첨사(太子詹事), 용도각학사(龍圖閣學士) 등을 역임하였다.

고 만류하며 눈물을 흘리고 경내를 넘어서까지 전송하니 사모하는 것이 부모와 같았다.

宋王十朋知夔州, 宣上恩, 恤民隱, 民輸租, 俾自概量, 聞者相告, 宿逋亦願償之. 去之日, 老稚攀留涕泣, 越境以送, 思之如父母.[869]

사람이 종을 죽인 것을 결단하다.[단인살복(斷人殺僕)] 송(宋) 이태(李兌)[870]가 등주(鄧州)를 맡았는데 다스림이 간결하고 엄격하였으며 늙을수록 정밀하고 밝았다. 어떤 부자가 종을 매질하다 죽자 목을 묶어 우물 속에 던져 놓고 스스로 목을 맸다고 변명하였다. 이태가 말하기를, "우물에 뛰어든 뒤에 다시 스스로 목을 매다니 이런 이치가 있는가? 반드시 속관이 뇌물을 받고 시킨 것이리라"라고 하였다. 신문하니 과연 그러하였다.

宋李兌知鄧州, 爲政簡嚴, 老益精明. 有富人榜僕死, 繫頸投井中, 而以自縊爲解. 兌曰, 旣赴井, 復自縊, 有是理乎. 必吏受賕敎之耳. 訊之果然.[871]

네 공(公)의 뛰어난 점을 겸하여 지니다.[겸유사장(兼有四長)] 송(宋) 전황(田況)[872]은 자가 원균(元均)이다. 덕으로 사람들을 교화하니 사람들이 감히 속이지 못하고 당시에 그를 일러 '조천납촉(照天蠟燭)'이라고 하였다. 또 이르기를, 장괴애(張乖崖)[873]의 명철함, 왕문강(王文康)[874]의 공평함, 정문간(程文簡)[875]의 엄숙함, 한충헌(韓忠獻)[876]의 사랑이 네 공(公)의 뛰어난 점인데 공(公)은 모두 겸하여 지니고 있다고 하였다.

宋田況, 字元均. 以德化人, 人不敢欺, 時謂之照天蠟燭. 又謂張乖崖之明, 王文康之平, 程文簡之肅, 韓忠獻之愛, 四公所長, 公皆兼而有之.[877]

두 가지 고통을 없애 줄 수 있었다.[능제이고(能除二苦)] 송(宋) 상부(祥符)[878] 연간에 소엽(邵曄)[879]이 광주(廣州)를 맡았는데 내하(內河)를 뚫어 배를 다니게 하고 백성들이 폭풍의 피해를 벗어나게 하였다. 진세경(陳世卿)[880]이 그를 대신하였고 다시 아뢰어 주(州)의 사람들이 식구 수에 따라 소금을 사는 폐해를 없애니 광주 사람들이 다음과 같이 노래하였다.

邵父陳母, 　소(邵) 아버지와 진(陳) 어머니가
除我二苦. 　우리의 두 가지 고통을 없애 주셨네.

宋祥符中邵曄知廣州, 鑿內河通舟, 免民颶風之害. 及陳世卿代之, 又奏免州人計口買鹽之害, 廣人歌之曰. 邵父陳母, 除我二苦.[881]

---

869. 《송사(宋史)·왕십붕전(王十朋傳)》
870. 이태(李兌): 송(宋) 영창(潁昌) 출신으로 자가 자서(子西)이다. 전중시어사(殿中侍御史), 공부상서(工部尙書) 등을 역임하였다.
871. 《송사(宋史)·이태전(李兌傳)》
872. 전황(田況): 송(宋) 신도(信都) 출신으로 자가 원균(元均)이다. 추밀사(樞密使), 태자소부(太子少傅) 등을 역임하였다.
873. 장괴애(張乖崖): 송(宋) 견성(鄄城) 출신인 장영(張詠)으로 호가 괴애(乖崖)이다. 추밀직학사(樞密直學士), 이부상서(吏部尙書) 등을 역임하였다.
874. 왕문강(王文康): 송(宋) 하남(河南) 출신인 왕서(王曙)로 시호가 문강(文康)이다. 추밀사(樞密使), 동중서문하평장사(同中書門下平章事) 등을 역임하였다.
875. 정문간(程文簡): 송(宋) 영녕군(永寧軍) 출신인 정림(程琳)으로 시호가 문간(文簡)이다. 참지정사(參知政事), 동평장사(同平章事) 등을 역임하였다.
876. 한충헌(韓忠獻): 송(宋)의 정치가인 한기(韓琦)로 시호가 충헌(忠獻)이다. 사마광(司馬光)과 함께 왕안석(王安石)의 신법(新法)에 반대하였으며 추밀사(樞密使)와 재상을 역임하였다.
877. 《산당사고(山堂肆考)·신직(臣職)》
878. 상부(祥符): 송(宋) 진종(眞宗)의 연호(1008-1016)이다.
879. 소엽(邵曄): 송(宋) 경조(京兆) 출신으로 자가 일화(日華)이다. 광주지주사(廣州知州事), 연해안무사(緣海按撫使) 등을 역임하였다.
880. 진세경(陳世卿): 송(宋) 남검주(南劍州) 출신으로 자가 광원(光遠)이다. 비서소감(秘書少監), 광주지주사(廣州知州事) 등을 역임하였다.

수정등롱(水精燈籠) 송(宋) 손도부(孫道夫)[882]가 촉주(蜀州)를 맡자 도둑이 감히 경내에 들어오지 못했고, 일을 대하여 명철하게 살피자 사람들이 지목하여 '수정등롱(水精燈籠)'이라고 하였다.

宋孫道夫知蜀州, 盜不敢入境, 遇事明察, 人目爲水精燈籠.[883]

송(宋) 장중용(張中庸)[884]이 진종(眞宗)[885] 시기에 양주(洋州)를 맡았는데 역시 '수정등롱(水精燈籠)'이라고 불렸다.

宋張中庸, 眞宗時知洋州, 亦號水精燈籠.[886]

절개를 지키고 청렴을 지키다.[수절수렴(守節守廉)] 서사회(徐師回)[887]가 송(宋) 원풍(元豐)[888] 연간에 남강군(南康軍)를 맡았다. 관아에 전당(殿堂)을 세우고 여덟 그루의 삼나무를 심고서 호를 '직절(直節)'이라 하고 말하기를, "내가 절개를 지키는 것이 이 삼나무의 곧기와 같고자 한다"라고 하였다. 또 명월천(明月泉) 가에 정자를 세우고 말하기를, "청렴을 지키는 것이 이 물의 청결함과 같고자 한다"라고 하였다.

徐師回, 宋元豐中知南康軍. 公廨建堂, 植八杉, 號爲直節曰, 吾欲守節如此杉之直. 又建亭于明月泉上曰, 吾欲守廉如此水之淸.[889]

강한 도적들을 놀라 흩어지게 하다.[해산극적(駭散劇賊)] 동한(東漢) 양선(楊琁)[890]이 영릉태수(零陵太守)가 되었는데 창오(蒼梧)와 계림(桂林)에 강한 도적들이 모여 공격하곤 하였다. 양선이 이에 말 수레를 만들어 석회 자루를 싣고 말의 꼬리에 천으로 된 줄을 매달았다. 또 병거(兵車)에 활과 쇠뇌를 싣고 날짜를 정하여 모여 전투하기로 하였다. 말 수레에서 바람을 따라 석회를 날리니 적들이 볼 수가 없게 되었고 불을 천에 붙이니 천이 타면서 말이 놀라 적진으로 치달렸다. 활과 쇠뇌가 어지러이 발사되자 뭇 도적들이 놀라 흩어졌고 추격하여 벤 것이 무수하였다.

東漢楊琁爲零陵太守, 蒼梧桂林, 劇賊相聚來攻. 琁乃製馬車, 載石灰囊, 繫布索于馬尾. 又以兵車載弓弩, 剋期會戰. 馬車順風鼓灰, 賊不得視, 以火燒布, 布燃, 馬驚奔突賊陳. 弓弩亂發, 群盜駭散, 追斬無數.[891]

부자(父子)가 (함께) 임명되다.[부자부부(父子剖符)] 장만(蔣滿)[892]은 상당태수(上黨太守)가 되었고 장자(長子)인 장만(蔣萬)은 북지도위(北地都尉)가 되었으며 차자(次子)인 장보(蔣輔)는 안정태수(安定太守)가 되었다. 장만(蔣滿)과 장만(蔣萬)은 모두 이름이 났었는데 당시에 이천석(二千石)인 자 13인을 불러 (황제가) 함께 만나는데 장만(蔣萬)이 뒤로 물러나 있으면서 감히 부친과 함께 서지 않았다. (황제가) 불러서 꾸짖으며 알자(謁者)에게 묻기를, "어

881. 《산당사고(山堂肆考)·신직(臣職)》
882. 손도부(孫道夫): 송(宋) 단릉(丹陵) 출신으로 자가 태충(太沖)이다. 예부시랑(禮部侍郎), 면주지주사(綿州知州事) 등을 역임하였다.
883. 《산당사고(山堂肆考)·신직(臣職)》
884. 장중용(張中庸): 내력이 자세하지 않다.
885. 진종(眞宗): 송(宋) 제3대 황제로 재위 기간은 998-1022년이다.
886. 《직관분기(職官分紀)·군태수(郡太守)》
887. 서사회(徐師回): 송대(宋代) 사람으로 자가 망성(望聖)이다. 남강군지주사(南康軍知州事)를 역임하였다.
888. 원풍(元豐): 송(宋) 신종(神宗)의 연호(1078-1085)이다.
889. 《강서통지(江西通志)·명환(名宦)》
890. 양선(楊琁): 동한(東漢) 회계(會稽) 출신으로 자가 기평(機平)이다. 영릉태수(零陵太守), 발해태수(渤海太守), 상서복야(尙書僕射) 등을 역임하였다.
891. 《후한서(後漢書)·양선전(楊琁傳)》
892. 장만(蔣滿): 서한(西漢) 시대 사람으로 상당태수(上黨太守), 회남상(淮南相) 등을 역임하였다.

찌 나란히 서지 않는가?"라고 하자 측근들이 아뢰기를, "이들은 부자간입니다"라고 하였다. 선제(宣帝)[893]가 감탄하며 이르기를, "바로 부자가 (함께) 임명되는가?"라 하고 장만(蔣滿)을 회양왕상(淮陽王相)으로 삼고 장만(蔣萬)을 홍농태수(弘農太守)로 삼았다. 부자가 같은 날에 어전에서 제수되니 황제가 가상히 여겼다.

蔣滿爲上黨太守, 長子萬爲北地都尉, 次子輔爲安定太守. 滿與萬俱知名, 時徵爲二千石者十三人, 俱引見, 萬退却不敢與父竝. 詔譴問謁者曰, 何以不齊? 左右曰, 此乃父子也. 宣帝歎息曰, 乃父子剖符耶. 詔以滿爲淮陽王相, 萬爲弘農太守. 父子同日拜於前, 上嘉之.[894]

나이가 적은 태수[연소태수(年少太守)] 장면(張緬)[895]은 자가 원장(元長)이다. 나이 몇 살 때에 외조부인 중산(中山) 유중덕(劉仲德)이 그를 특별하게 여겨 이르기를, "이 아이는 범상치 않은 그릇이다"라고 하였다. 비서랑(秘書郎)으로 부름 받아 벼슬을 시작하였고 회남태수(淮南太守)로 출임하였는데 당시의 나이가 18세였다. 무제(武帝)[896]는 그의 나이가 적어 관청의 일에 익숙하지 못할까 염려되어 관가의 문서를 가져오게 하였는데 그가 결단한 것이 합당함을 보고 매우 칭찬하였다. 여러 번 옮겨 예장내사(豫章內史)가 되었는데 다스림이 은혜를 위주로 하고 계락을 세우지 않자 속관과 백성들이 그의 덕에 감화되었다.《남사(南史)》

張緬, 字元長. 年數歲, 外祖中山劉仲德異之曰, 此兒非常器. 起家秘書郎, 出爲淮南太守, 時年十八. 武帝疑其年少, 未閑吏事, 取郡曺文案, 見其斷決允愜, 甚稱賞之. 累遷豫章內史, 爲政任恩惠, 不設鉤距, 吏人化其德.《南史》[897]

진(晉) 순선(荀羨)[898]은 자가 영칙(令則)이다. 나이 20에 서주자사(徐州刺史)가 되었는데 동진(東晉) 시기의 방백(方伯) 중에 순선처럼 젊은 자는 없었다.

晉荀羨, 字令則. 年二十爲徐州刺史, 中興方伯, 未有如羨少者.[899]

길에서 송사를 결단하다.[취로결송(就路決訟)]

임방(任昉)[900]이 오군태수(吳郡太守)일 때에 아이들과 여종들은 보리를 먹을 뿐이었다. 친구인 도개(到漑)[901] 형제와 함께 산택(山澤)의 유람을 하였고 교대되어 도성에 이르렀는데 옷이 없자 심약(沈約)[902]이 옷을 보내어 맞이하였다. 다시 신안태수(新安太守)가 되었는데 옷차림에 신경 쓰지 않고 지팡이를 끌면서 걸어다녔고 송사를 올리는 자에게는 길에서 결단하였다. 다스림이 청렴하고 간략하여 속관들이 편하게 여겼다. 관직에 있다가 죽었는데 오직 현미(玄米) 20석(石)이 있었을 뿐이었다. 백성들이 함께 사당을 세워 제사 지냈다.《남사(南史)》

任昉爲吳郡太守, 兒妾食麥而已. 與友人到漑兄弟,

893. 선제(宣帝): 서한(西漢) 제8대 황제로 재위 기간은 BC 73-BC 49년이다.
894. 《천중기(天中記)·자사(刺史)》
895. 장면(張緬): 남조(南朝) 양(梁) 방성(方城) 출신으로 자가 원장(元長)이다. 예장내사(豫章內史)를 역임하였다.
896. 무제(武帝): 남조(南朝) 양(梁) 초대 황제로 재위 기간은 502-549년이다.
897. 《남사(南史)·장면전(張緬傳)》
898. 순선(荀羨): 진(晉) 영천(潁川) 출신으로 자가 영칙(令則)이다. 서주자사(徐州刺史), 연주자사(兗州刺史), 우군장군(右軍將軍) 등을 역임하였다.
899. 《진서(晉書)·순선전(荀羨傳)》
900. 임방(任昉): 남조(南朝) 양(梁) 박창(博昌) 출신으로 자가 언승(彦昇)이다. 제(齊)에서 태학박사(太學博士), 양(梁)에서 신안태수(新安太守) 등을 역임하였다.
901. 도개(到漑): 남조(南朝) 양(梁) 출신으로 자가 무관(茂灌)이다. 이부상서(吏部尙書)를 역임하였다.
902. 심약(沈約): 남조(南朝) 양(梁)의 문학가이자 사학가로 자가 휴문(休文)이다. 이부상서(吏部尙書), 태자소부(太子少傅) 등을 역임하였다. 사성론(四聲論)과 팔병설(八病說)을 제기하여 근체시(近體詩) 형성의 기틀을 마련하였다.

共爲山澤游, 及被代至都, 無衣, 沈約遣裙衫迎之. 再爲新安太守, 不事邊幅, 曳杖徒行, 通辭訟者, 就路決焉. 爲政淸省, 吏人便之. 卒於官, 唯有桃花米二十石. 百姓共立祠祀之.《南史》.[903]

다스림으로 감천(甘泉)을 얻다. [정치감천(政致甘泉)] 방표(房豹)[904]는 자가 중간(中幹)이다. 낙릉태수(樂陵太守)가 되었는데 가르침이 닦이고 다스려졌다. 군(郡)이 바다에 가까워 물맛이 대부분 짜고도 쓰자 방표가 명을 내려 우물 하나를 파게 하여 마침내 감천(甘泉)을 얻으니 원근에서 정치와 교화의 소치라고 하였다. 방표가 그만두고 돌아간 뒤에 감천(甘泉)이 다시 짜졌다.

房豹, 字中幹. 爲樂陵太守, 風敎脩理. 郡瀕海, 水味多醎苦, 豹命鑿一井, 遂得甘泉, 遐邇以爲政化所致. 豹罷歸後, 甘泉復醎.[905]

홀로 서 있는 군수[독립사군(獨立使君)] 배협(裵俠)[906]은 자가 숭화(嵩和)이다. 하북군수(河北郡守)가 되었는데 백성들을 사랑하는 것이 자식과 같았다. 먹는 것은 콩과 보리, 소금과 채소뿐이었다. 일찍이 여러 수령들과 함께 북주(北周)의 문제(文帝)를 배알하였는데 문제가 배협을 따로 서 있도록 명하고 수령들에게 이르기를, "배협은 청렴하고 신중하게 공무를 받드는 것이 천하의 최고이다"라 하고 명하여 여러 사람 가운데 배협과 같은 자가 있으면 그와 함께 서 있어도 좋다고 하였다. 여러 사람이 모두 말없이 감히 호응하는 자가 없었다. 문제가 이에 배협에게 후하게 상을 내리니 조야(朝野)에서 인정하면서 '홀로 서 있는 군수[독립사군(獨立使君)]'라고 불렀다.

裵俠, 字嵩和. 爲河北郡守, 愛人如子. 所食, 唯菽麥鹽菜而已. 嘗與諸牧守俱謁周文, 周文命俠別立, 謂牧守曰, 裵俠淸愼奉公, 爲天下之最. 令衆中有如俠者, 可與之俱立. 衆皆默然, 無敢應者. 周文乃厚賜俠, 朝野服焉, 號爲獨立使君.[907]

손주(孫洲) 오(吳) 부춘현(富春縣)에 모래밭이 솟아난 곳[사창(沙漲)]이 있었는데 손견(孫堅)[908]이 군(郡)의 속관이 되어 관부에 부임할 때에 마을 사람들이 전송하면서 모래사장에 모였다. 부로(父老)들이 말하기를, "이 모래사장은 좁고 기니 그대는 뒤에 장차 장사태수(長沙太守)가 될 것이다"라고 하였는데 과연 그러하였다. 그로 인하여 '손주(孫洲)'라고 이름을 지었다.

吳富春縣有沙漲, 孫堅爲郡吏, 赴府, 鄕人餞之, 會於沙上. 父老曰, 此沙狹而長, 君後當爲長沙太守. 果然. 因名孫洲.[909]

가위를 얻다. [득전도(得剪刀)] 종원(宗爰)[910]이 신안태수(新安太守)일 때에 남쪽 경계에 각석(刻石)이 있었다. 종원이 그 아래에 이르러 연회를 열었는데 어떤 사람이 돌 아래에서 가위를 얻었다. 여러 사람이 모두 이상하게 여기자 주부(主簿)가 대답하기를, "삼도(三刀)는 주(州)인데 지금 가위[교도(交刀)]를 얻었으니 사군(使君)께서는 또한 장차 주를 다스리실 것입니다"라고 하였다. 뒤에 과연 교주자사(交州刺史)가 되었다.《세설(世說)》

903. 《남사(南史)·임방전(任昉傳)》
904. 방표(房豹): 북제(北齊) 출신으로 자가 중간(中幹)이다. 낙릉태수(樂陵太守)를 역임하였다.
905. 《북제서(北齊書)·방표전(房豹傳)》
906. 배협(裵俠): 북주(北周) 하동(河東) 출신으로 자가 숭화(崇和)이다. 하북군수(河北郡守), 공부중대부(工部中大夫) 등을 역임하였다.
907. 《북사(北史)·배협전(裵俠傳)》
908. 손견(孫堅): 동한(東漢) 부춘(富春) 출신으로 자가 문대(文臺)이다. 둘째 아들 손권(孫權)이 오(吳)를 건국하여 무열황제(武烈皇帝)로 추존하였다.
909. 송(宋) 유경숙(劉敬叔), 《이원(異苑)·권4》
910. 종원(宗爰): 내력이 자세하지 않다.

宗爰爲新安太守, 南界有刻石. 爰至其下醮, 有人於石下得剪刀者. 衆咸異之, 主簿對曰, 三刀爲州, 今得交刀, 君亦當爲州. 後果作交州.《世說》[911]

성(姓)으로 아들을 이름 짓다.[이성명자(以姓名子)]

강기(江祈)[912]가 안남태수(安南太守)일 때에 백성들이 그의 덕을 사모하여 아들을 낳으면 '강(江)'으로 이름 짓는 이들이 많았다.

江祈爲安南太守, 民思其德, 生子, 多以江名子.[913]

맹종(孟宗)[914]이 예장태수(豫章太守)일 때에 사람들이 그의 은혜를 사모하여 맹(孟)으로 이름을 지었다.

孟宗爲豫章太守, 人思其惠, 以孟爲名.[915]

풍만석(馮萬石) 《동관한기(東觀漢記)》의 기록이다. 풍근(馮勤)[916]의 증조인 풍양(馮揚)이 선제(宣帝)[917] 시기에 홍농태수(弘農太守)가 되었다. 아들 여덟을 낳았는데 모두 군(郡)을 맡게 되자 조위(趙魏) 지역에서 '풍만석(馮萬石)'이라고 불렀다.

東觀漢記. 馮勤曾祖揚, 宣帝時爲弘農太守. 生八男, 皆典郡, 趙魏間, 號爲馮萬石.[918]

백성들에게 길쌈을 가르치다.[교민방적(敎民紡績)]

최식(崔寔)[919]이 오원태수(五原太守)가 되었는데 오원은 땅이 삼과 모시에 적합한데도 습속이 길쌈할 줄을 몰라 백성들이 겨울철에도 옷이 없어 가는 풀을 쌓아 놓고 그 안에서 자고 관리를 보면 풀로 된 옷을 입고 나왔다. 최식이 부임하여 삼을 심을 것을 권하고 목공에게 명하여 나무를 잘라 베틀을 만들게 하고 백성들에게 길쌈을 가르쳤다.

崔寔爲五原太守, 五原土宜麻枲, 而俗不知紡績, 民冬月無衣, 積細草而臥其中, 見吏則衣草而出. 寔至官, 勸種麻, 命工伐木, 作機紡車, 敎民紡績.[920]

소를 끌고 경계로 들어오다.[견우입계(牽牛入界)]

주휘(朱暉)[921]가 임회태수(臨淮太守)로 옮겼다. 건무(建武)[922] 16년에 사방에서 소가 크게 전염병이 돌았는데 임회 지역만 전염병이 돌지 않자 이웃 군민(郡民)들이 소를 끌고 경계로 들어오는 이들이 많았다.

朱暉遷臨淮太守. 建武十六年, 四方牛大疫, 而臨淮獨不疫, 隣郡人多牽牛入界.[923]

거지가 수레를 타다.[걸아승거(乞兒乘車)] 사마의(司馬懿)[924]가 주태(周泰)[925]를 불러 신성태수(新城太守)로 임명하였는데 종육(鍾毓)[926]으로 하여금 그를 놀려 말하게 하기를, "그대는 갈옷을 벗고 재상부

911.《태평어람(太平御覽)·직관부(職官部)》
912. 강기(江祈): 내력이 자세하지 않다.
913.《태평어람(太平御覽)·직관부(職官部)》
914. 맹종(孟宗): 삼국시대 오(吳) 강하(江夏) 출신으로 자가 공무(恭武)이다. 효성으로 이름났었고 사공(司空)을 역임하였다.
915.《삼국지보주(三國志補注)·오서(吳書)》
916. 풍근(馮勤): 동한(東漢) 위군(魏郡) 출신으로 자가 위백(偉伯)이다. 급사상서(給事尙書), 사도(司徒) 등을 역임하였다.
917. 선제(宣帝): 서한(西漢) 제8대 황제로 재위 기간은 BC 73-BC 49년이다.
918.《동관한기(東觀漢記)·풍근(馮勤)》
919. 최식(崔寔): 동한(東漢) 사람으로 자가 자진(子眞)이다. 오원태수(五原太守), 상서(尙書) 등을 역임하였다.
920.《동관한기(東觀漢記)·최식(崔寔)》
921. 주휘(朱暉): 동한(東漢) 남양(南陽) 출신으로 자가 문계(文季)이다. 위사령(衛士令), 상서령(尙書令) 등을 역임하였다.
922. 건무(建武): 동한(東漢) 광무제(光武帝)의 연호(25-55)이다.
923.《동관한기(東觀漢記)·주휘(朱暉)》
924. 사마의(司馬懿): 삼국시대 위(魏)의 대신(大臣)으로 대장군 조상(曹爽)이 그를 배척하려 하자 반란을 일으켜 그를 죽이고 249년 승상(丞相)이 되어 정치의 실권을 장악했다.
925. 주태(周泰): 삼국시대 오(吳) 하채(下蔡) 출신으로 자가 유평(幼平)이다. 신성태수(新城太守), 한중태수(漢中太守) 등을 역임하였다.
926. 종육(鍾毓): 삼국시대 위(魏) 영천(潁川) 출신으로 자가 치숙(稚叔)이다. 어사중승(御史中丞), 상서(尙書) 등을 역임하였다.

에 오른 지 36일 만에 깃발과 일산을 세우고 병마(兵馬)의 호위하에 군(郡)을 맡게 되었으니 거지가 작은 수레를 탄 듯 어쩌면 그렇게 빠르시오?"라고 하였다. 주태가 말하기를, "그대는 명공(名公)의 자제로서 오랫동안 관직에 있었는데 원숭이가 흙 소[토우(土牛)[927]]를 탄 듯 어쩌면 그렇게 느리시오?"라고 하였다.

司馬懿辟周泰爲新城太守, 使鍾毓嘲之曰, 君釋褐登宰府, 三十六日擁麾蓋, 守兵馬, 典郡, 乞兒乘小車, 一何快耶. 泰曰, 君, 名公之子, 故守吏職, 獼猴騎土牛, 一何遲耶.[928]

복일(伏日)과 납일(臘日)에 죄수들을 석방하다.[복납방수(伏臘放囚)] 하윤(何胤)[929]은 자가 자계(子季)이다. 건안태수(建安太守)가 되었는데 백성들이 차마 속임수를 쓰지 못하였다. 복일과 납일에 죄수들을 석방하여 집에 돌아가게 하였는데 기일이 되면 돌아왔다.

何胤, 字子季. 爲季安[930]太守, 民不忍欺. 伏臘放囚還家, 及期而至.[931]

청렴과 밝음을 바탕으로 삼다.[청명위기(淸明爲基)] 《진류기구전(陳留耆舊傳)》의 기록이다. 고신(高愼)[932]이 동래태수(東萊太守)를 역임했는데 그의 아내가 이르기를, "그대는 여러 차례 수령이 되었으면서 어찌 재물을 모아 자손에게 남겨 주지 않습니까?"라고 하자 고신이 말하기를, "나는 근검하고 청렴한 명예를 바탕으로 삼아, 이천석(二千石)의 품계를 남겨 준 것이오"라고 하였다.

陳留耆舊傳. 高愼歷東萊太守, 其妻謂曰, 君累爲宰守, 何不爲蓄以遺子孫? 愼曰, 我之勤苦而淸名爲基, 以二千石遺之也.[933]

환영하는 자들이 구름과 같다.[영자여운(迎者如雲)] 월수군(越嶲郡)[934]은 전후로 태수가 자주 정사를 번거롭게 하니 오랑캐들이 반란을 일으켰다. 장흡(張翕)[935]이 부름 받아 다시 태수(太守)가 되자 환영하는 자들이 구름과 같았다.

越雋[936]前後太守數煩擾, 夷人叛亂. 張翕起家復爲太守, 迎者如雲.[937]

처음에는 두 마리의 말을 타는 관원이었는데, 뒤에 두 마리 모두 죽자 걸어서 도성으로 돌아왔다.

初乘兩馬之官, 後竝死, 步歸京師.[938]

다섯 종류의 과일나무를 더 심도록 하다.[익오과(益五果)] 위(魏) 정혼(鄭渾)[939]이 산양(山陽)과 위군(魏郡)의 태수일 때에 군(郡) 안의 백성들이 목재가 부족하여 고생하였다. 이에 느릅나무를 심어 울타리로 하도록 하고 아울러 다섯 종류의 과일나무를 더 심도록 하였다. 느릅나무가 모두 울타리를 이루고

---

927. 토우(土牛): 진흙으로 만든 소이다. 섣달에 토우를 내놓아 한기(寒氣)를 몰아내고 농사를 시작하는 상징으로 하였다.[《예기(禮記)·월령(月令)》]
928. 《직관분기(職官分紀)·군태수(郡太守)》
929. 하윤(何胤): 남조(南朝) 양(梁) 사람으로 자가 자계(子季)이다. 건안태수(建安太守)를 역임하였다.
930. 《유원총보》의 '季安'은 '建安'의 오류이다.[《양서(梁書)·하윤전(何胤傳)》]
931. 《양서(梁書)·하윤전(何胤傳)》
932. 고신(高愼): 동한(東漢) 진류(陳留) 출신으로 자가 효보(孝甫)이다. 동래태수(東萊太守)를 역임하였다.
933. 《광박물지(廣博物志)·직관(職官)》
934. 월수군(越嶲郡): 한대(漢代)에 둔 군(郡)의 이름이다.
935. 장흡(張翕): 동한(東漢) 파군(巴郡) 출신으로 자가 자양(子陽)이다. 월서태수(越西太守)를 역임하였다.
936. 《유원총보》의 '越雋'은 '越嶲'의 오류이다.[《태평어람(太平御覽)·직관부(職官部)》]
937. 《태평어람(太平御覽)·직관부(職官部)》
938. 《태평어람(太平御覽)·직관부(職官部)》
939. 정혼(鄭渾): 삼국시대 위(魏) 개봉(開封) 출신으로 자가 문공(文公)이다. 시어사(侍御史), 장작대장(將作大匠) 등을 역임하였다.

다섯 종류의 과일나무가 풍성하게 열매 맺으니, 위군(魏郡)의 경계에 들어오면 마을들이 가지런하기가 한결같았고 백성들은 재정이 넉넉하고 씀씀이가 풍요로워질 수 있었다.

魏鄭渾爲山陽·魏郡太守, 郡下百姓, 苦乏材木. 乃課樹楡爲籬, 竝益樹五果. 楡皆成藩, 五果豐實, 入魏郡界, 村落齊整如一, 民得財足用饒.[940]

양평(陽平)과 패군(沛郡) 두 군의 태수(太守)로 옮겼는데 군의 경내가 낮고 습하여 홍수를 당하고 백성들은 기근과 가난을 겪었다. 정혼이 제방을 쌓고 전답을 개간하자 군민(郡民)들이 모두 불편하게 여겼으나 정혼은 몸소 속관과 백성들을 인솔하여 일을 일으켰다. 한 겨울 사이에 모두 완성하니 매년 크게 풍년이 들고 전답은 해마다 증가하였으며 조세의 수입은 평소의 배가 되었다. 백성들이 그 이익을 입자 돌에 새겨 칭송하고 '정피(鄭陂)'라고 불렀다.

遷陽平·沛郡二太守, 郡界下濕, 患水澇, 百姓饑乏. 渾興陂遏, 開稻田, 郡人皆以爲不便, 渾躬率吏民, 興立功夫. 一冬間皆成, 比年大收, 頃田歲增, 租入倍常. 民賴其利, 刻石頌之, 號曰鄭陂.[941]

창고를 열어 백성을 진휼하다.[개창진민(開倉賑民)]

한(漢) 제오방(第五訪)[942]이 장액태수(張掖太守)로 옮겼는데 해가 기근이 들어 곡식 한 섬이 수천 전이 되자 제오방은 창고를 열고 진휼하여 그 폐해를 막았다. 속관이 상부에 보고하고자 하였으나 제오방은 허락하지 않고 곡식을 내어 백성들을 진휼하니 순제(順帝)[943]가 조서로 칭찬하였다.

漢第五訪遷張掖太守, 歲饑, 粟石數千, 訪乃開倉賑給, 以救其弊. 吏欲上言, 訪不聽, 出粟賑民, 順帝, 璽書嘉之.[944]

진(晉) 정묵(鄭默)[945]이 동군태수(東郡太守)가 되었는데 해가 기근이 들어 사람들이 굶주리자 정묵은 바로 창고를 열어 진휼하고 이어서 역참에 머물면서 스스로 표를 올려 처분을 기다렸다. 조정에서는 정묵이 나라를 걱정한 것을 가상히 여기고 조서를 내려 칭찬하고 천하에 포고하여 군현(郡縣)에 이와 비슷한 경우가 있으면 모두 창고를 여는 것을 허락하였다.

晉鄭默爲東郡太守, 値歲荒人飢, 默輒開倉賑給, 乃舍都亭, 自表待罪. 朝廷嘉默憂國, 詔書褒歎, 頒告天下, 郡縣有此比者, 皆聽出給.[946]

양주(涼州)의 새끼 딸린 암호랑이[양주유호(涼州乳虎)] 한(漢) 번엽(樊曄)[947]은 천수(天水) 사람이다. 금법을 어긴 자가 있으면 대개 살아서 옥을 나오지 못하니 속관과 백성들 및 오랑캐들도 그를 두려워하였다. 길에서는 버려진 물건을 줍지 않고 나그네들이 밤에도 이르렀으며 의복을 길가에 모아 놓고 번공(樊公)에게 보내야 한다고 하였다. 양주(涼州) 사람들이 그에 대해 다음과 같이 노래하였다.

寧見乳虎穴,	차라리 새끼 딸린 어미호랑이 굴을 만나지
不入冀府寺.	기현(冀縣)의 관청에는 들어가지 마라.
大笑期必死,	크게 웃는 것은 반드시 죽음을 기

940. 《삼국지(三國志)·위지(魏志)·정혼전(鄭渾傳)》

941. 《삼국지(三國志)·위지(魏志)·정혼전(鄭渾傳)》

942. 제오방(第五訪): 동한(東漢) 경조(京兆) 출신으로 자가 중모(仲謀)이다. 장액태수(張掖太守), 호강교위(護羌校尉) 등을 역임하였다.

943. 순제(順帝): 동한(東漢) 제 7대 황제로 재위 기간은 126-144년이다.

944. 《후한서(後漢書)·제오방전(第五訪傳)》

945. 정묵(鄭默): 진(晉) 형양(滎陽) 출신으로 자가 사원(思元)이다. 비서랑(秘書郎), 동군태수(東郡太守) 등을 역임하였다.

946. 《진서(晉書)·정묵전(鄭默傳)》

947. 번엽(樊曄): 동한(東漢) 남양(南陽) 출신으로 자가 중화(仲華)이다. 시어사(侍御史), 양주목(揚州牧), 천수태수(天水太守) 등을 역임하였다.

약하고

忿怒或見置. 화내는 것은 간혹 석방될 수 있다네.

嗟我樊府君, 아! 번부군(樊府君)이시여,

安可再遭値. 어디에서 정녕 또 만날 것인가.

漢樊曄爲天水人. 有犯其禁者, 率不生出獄, 吏人及羌胡畏之. 道不拾遺, 行旅至夜, 聚衣裝道傍曰, 以付樊公. 涼州爲之歌曰, 寧見乳虎穴, 不入冀府寺. 大笑期必死, 忿怒或見置. 嗟我樊府君, 安可再遭値.[948]

《익부기구전(益部耆舊傳)》의 기록이다. 장칙(張則)[949]이 장가태수(牂牁太守)가 되었는데 속관과 백성들이 그를 '와호(臥虎)'라고 불렀다.

益部耆舊傳. 張則爲牂牁大守, 吏民號之曰臥虎.[950]

장부(醬麩)[951]를 먹다.[식장부(食醬麩)] 환계(桓階)[952]가 조군태수(趙郡太守)가 되었는데 군(郡)에 있을 때 녹봉으로 장부를 먹는 데 다 썼다. 황제가 그 말을 듣고 자주 그를 놀리기를, "경의 집에 장이 좀 줄지 않았는가?"라고 하였다. 이어 조서를 내려, "옛날에 자문(子文)[953]은 청렴하고 검소하여 아침에 저녁을 계획하지 못할 정도가 되자 육포와 양식의 녹봉이 있었고 선자(宣子)[954]는 간략함을 지켜 군대에서 물고기 반찬을 먹자 가양(加粱)의 하사가 있었다. 어찌 동량의 대신인데 나물을 먹는 일이 있겠는가? 내가 현자를 예우하는 뜻이 아니니 그에게 사슴 사냥꾼 2인과 활을 하사하노라"라고 하였다.

桓階爲趙郡太守, 在郡時, 俸盡食醬麩. 上聞之, 數戲之曰, 卿家, 醬頗得不減耶? 乃詔曰, 昔子文淸儉, 朝不謀夕, 而有脯糧之秩, 宣子守約, 軍食魚餐, 而有加粱之賜. 豈棟宇大臣而有蔬食. 非吾所以禮賢之意, 其賜射鹿師二人, 并弩.[955]

함께 거친 밥을 먹다.[공식추려(共食麁糲)] 한(漢) 복담(伏湛)[956]이 평원태수(平原太守)가 되었다. 당시에 갑자기 전쟁이 일어나 천하가 동요되었지만 복담은 태연히 가르치기를 멈추지 않고 처자식에게 이르기를, "하나의 곡식이 익지 않으면 군주는 제사를 생략한다. 지금 백성들이 굶주리는데 어떻게 홀로 배부를 수 있겠는가?"라 하고 이에 함께 거친 밥을 먹었다.

漢伏湛爲平原太守. 時倉卒兵起, 天下驚擾. 而湛獨晏然, 教授不廢, 謂妻子曰, 一穀不登, 國君撤膳. 今民皆飢, 奈何獨飽. 乃共食麤糲.[957]

황충(蝗蟲)이 날아서 바다로 들어가다.[황비입해(蝗飛入海)] 《동관한기(東觀漢記)》의 기록이다. 마능(馬棱)[958]이 광한태수(廣漢太守)가 되었는데 군(郡)의 경내에 항상 황충이 생겨 곡식을 먹었다. 마능이 위엄과 덕이 있자 황충이 날아서 강과 바다로 들어가 물고기와 새우가 되었다.

東觀漢記. 馬稜[959]爲廣漢太守, 郡界常有蝗蟲, 食穀. 稜有威德, 蝗蟲飛入江海, 化爲魚蝦.[960]

백오(白烏)가 모이다.[백오집(白烏集)] 진(晉) 우

948. 《후한서(後漢書)·번엽전(樊曄傳)》
949. 장칙(張則): 동한(東漢) 남정(南鄭) 출신인 장양칙(張良則)으로 자가 원수(元脩)이다. 장가태수(牂牁太守), 양주자사(梁州刺史) 등을 역임하였다.
950. 출전이 자세하지 않다.
951. 장부(醬麩): 장을 만드는 데 쓰는 곡식의 껍질, 또는 그것으로 만든 장을 가리키는 듯한데 내용이 자세하지 않다.
952. 환계(桓階): 삼국시대 위(魏) 임상(臨湘) 출신으로 자가 백서(伯緖)이다. 시중(侍中), 태상(太常) 등을 역임하였다.
953. 자문(子文): 내력이 자세하지 않다.
954. 선자(宣子): 내력이 자세하지 않다.
955. 《삼국지보주(三國志補注)·위서(魏書)》
956. 복담(伏湛): 동한(東漢) 사람으로 자가 혜공(惠公)이다. 상서(尙書)를 역임했고 불기후(不其侯)에 봉해졌다.
957. 《후한서(後漢書)·복담전(伏湛傳)》
958. 마능(馬棱): 동한(東漢) 부풍(扶風) 출신으로 자가 백위(伯威)이다.
959. 《유원총보》의 '馬稜'은 '馬棱'의 오류이다.[《동관한기(東觀漢記)·마능(馬棱)》]

보(虞溥)[961]가 파양태수(鄱陽太守)로 옮겼는데 백오(白烏)가 정원의 나무에 모였다.

晉虞浦[962]遷鄱陽太守, 有白烏集於庭樹.[963]

황목(黃穆)[964]이 산양태수(山陽太守)일 때에 덕스러운 다스림이 있자 감로(甘露), 백토(白兎), 신작(神爵)의 상서로움이 감응하였다.

黃穆爲山陽太守, 有德政, 感甘露·白兎·神爵之瑞.[965]

가시나무가 저절로 없어지다.[형극자제(荊棘自除)] 포영(鮑永)[966]이 동군태수(東郡太守)일 때에 공자(孔子)의 궐리(闕里)에 가시나무가 저절로 없어진 것이 강당(講堂)에서 이문(里門)까지 이르렀다. 포영이 특별하게 여기면서 부승(府丞)과 노(魯)의 현령에게 말하기를, "바야흐로 지금 위급한 때인데 궐리가 저절로 열리니 이는 아마도 공자께서 나로 하여금 예를 행하도록 하여 내가 무도한 자들을 벌하는 것을 돕는 것이리라"라고 하였다.

鮑永爲東郡太守, 孔子闕里, 荊棘自除, 從講堂至里門. 永異之, 謂府丞及魯令曰, 方令[967]危急, 而闕里自開, 斯豈夫子欲令太守行禮, 助吾誅無道邪.[968]

콩이 군(郡)의 경내에 자라나다.[두생군계(豆生郡界)] 구순(寇恂)[969]이 영천태수(潁川太守)가 되었는데 당시에 군(郡)의 경내에 콩이 자라나 10여 만 곡(斛)을 수확하여 여러 군영에 공급하였다.

寇恂爲潁川太守, 時有豆生于郡界, 收得十餘萬斛, 以給諸營.[970]

진시황(秦始皇)의 제사를 없애다.[제시황사(除始皇祀)] 왕랑(王朗)[971]이 회계태수(會稽太守)가 되었는데 회계(會稽)에서는 예로부터 진시황(秦始皇)을 제사하면서 나무를 깎아 상을 만들어 놓았다. 왕랑이 부임하여, 덕이 없는 군주는 제사를 받으면 안 된다고 하면서 이에 그것을 없앴다. 군에 있는 4년 동안 은혜와 사랑이 백성에게 있었다.

王朗爲會稽太守, 會稽舊祀秦始皇, 刻木爲像. 朗到官, 以爲無德之君, 不應見祀, 於是除之. 居郡四年, 惠愛在民.[972]

백성들이 사모하며 바라보다.[민인사망(民人思望)] 이자(李資)[973]가 파군태수(巴郡太守)일 때에 당시에 해마다 이어서 풍년이 들었다. 이자가 옮겨가게 되자 백성들이 사모하면서 다음과 같이 노래하였다.

望遠忽不見,	멀리 바라보아도 홀연 보이지 않으니
惆悵常徘徊.	슬퍼하면서 내내 서성이네.
想君恩澤深,	그대가 그리우니 은택이 깊었고
難留誓永懷.	만류하기 어려우니 맹세코 영원히 그리워하리.

---

960. 《동관한기(東觀漢記)·마능(馬棱)》
961. 우보(虞溥): 진(晉) 고평(高平) 출신으로 자가 윤원(允源)이다. 낭중(郎中), 파양내사(鄱陽內史) 등을 역임하였다.
962. 《유원총보》의 '虞浦'는 '虞溥'의 오류이다.[《진서(晉書)·우보전(虞溥傳)》]
963. 《진서(晉書)·우보전(虞溥傳)》
964. 황목(黃穆): 내력이 자세하지 않다.
965. 송(宋) 마영이(馬永易), 《실빈록(實賓錄)·권3》
966. 포영(鮑永): 동한(東漢) 상당(上黨) 출신으로 자가 군장(君長)이다. 간의대부(諫議大夫), 사례교위(司隸校尉) 등을 역임하였다.
967. 《유원총보》의 '令'은 '今'의 오류이다.[《후한서(後漢書)·포영전(鮑永傳)》]
968. 《후한서(後漢書)·포영전(鮑永傳)》
969. 구순(寇恂): 동한(東漢) 창평(昌平) 출신으로 자가 자익(子翼)이다. 하내태수(河內太守), 집금오(執金吾) 등을 역임하였다.
970. 《후한서보일(後漢書補逸)·구순(寇恂)》
971. 왕랑(王朗): 왕숙(王肅)의 부친으로 회계태수(會稽太守)를 역임하였다.
972. 《통지(通志)·왕랑전(王朗傳)》
973. 이자(李資): 내력이 자세하지 않다.

李資爲巴郡太守, 時歲比豐稔. 及資遷去, 民人思望, 歌之曰. 望遠忽不見, 惆悵常徘徊. 想君恩澤深, 難留誓永懷.[974]

수레를 따르며 울다.[수가체읍(隨駕涕泣)] 경순(耿純)[975]이 동군태수(東郡太守)가 되었다가 관직에서 물러났다. 동헌(董憲)[976]을 치러 올라가는 길에 동군(東郡)을 들렀는데 백성들이 노인과 어린이까지 수천 명이 수레를 따라 울면서 말하기를, "다시 경군(耿君)을 모시기를 바랍니다"라고 하였다.

耿純爲東郡太守, 免官. 上擊董憲, 道過東郡, 百姓老少數千, 隨車駕涕泣云, 願復得耿君.[977]

다리 아래의 검은 사마귀[척하흑자(蹠下黑子)]

호소(胡紹)[978]가 18세에 현청(縣廳)의 낮은 간부가 되었는데 태수(太守) 허형(許荊)[979]의 다리 아래를 보고 웃었다. 허형이 화를 내자 호소가 말하기를, "태수님의 다리 아래에 검은 사마귀가 있는 것을 보았는데 저도 그것이 있기 때문에 웃었을 뿐입니다"라고 하였다. 허형이 호소에게 공부하도록 하였는데 8년 후에 마침내 구진태수(九眞太守)로 옮겨졌다.

胡紹十八爲縣閣下幹, 見太守許荊蹠下而笑. 荊怒, 紹曰, 見明府蹠下有黑子, 紹亦有之, 故笑爾. 荊令紹學, 後八年遂遷爲九眞太守.[980]

여군(廬君)[981]이 함께 약속하다.[여군여약(廬君與約)]

《열이전(列異傳)》의 기록이다. 전백(田伯)[982]이 여강태수(廬江太守)일 때에 군(郡)에서 귀신을 지나치게 모시는 것을 바꾸면서 명령하기를 모두 관서에 이르도록 하고 1개월 내에 직접 만나러 오지 않으면 장차 사당을 허물 것이라고 하였다. 오직 여군(廬君)만이 만나러 와서 스스로 현(縣)의 백성이라고 칭하면서 태수와 약속하여 100일을 기한으로 장차 큰 군(郡)으로 옮기겠다고 하였다. 지나간 뒤에 기약한 것과 같은지를 봐주기를 바랐는데 과연 패상(沛相)이 되었다. 공이 사당에 들르지 않고도 항상 여군을 만났는데 한 달여 만에 병들어 죽었다.[983]

列異傳. 田伯爲廬江太守, 移郡淫鬼, 命盡到府, 一月不自來見, 當壞祠. 唯廬君往見, 自稱縣民, 與府君約刻百日, 當遷大郡. 願見過後如期, 果爲沛相. 公不過于祠, 常見廬君, 月餘病死.[984]

어진 바람을 일으키다.[양인풍(揚仁風)] 진(晉) 원굉(袁宏)[985]이 동양군(東陽郡)을 다스리는데 사안(謝安)[986]이 부채 한 자루를 주자 원굉이 말하기를, "감히 받들어 어진 바람을 일으켜서 백성들을 위로

974. 진(晉) 상거(常璩) 《화양국지(華陽國志) · 파지(巴志)》
975. 경순(耿純): 동한(東漢) 거록(鉅鹿) 출신으로 자가 백산(伯山)이다. 동군태수(東郡太守), 태중대부(太中大夫) 등을 역임하였다.
976. 동헌(董憲): 왕망(王莽) 시기의 동해(東海) 출신으로 기병하여 장군이 되었다가 광무제에게 패하였다.
977. 《후한서(後漢書) · 경순전(耿純傳)》
978. 호소(胡紹): 내력이 자세하지 않다.
979. 허형(許荊): 동한(東漢) 회계(會稽) 출신으로 자가 소장(少張)이다. 계양태수(桂陽太守), 간의대부(諫議大夫) 등을 역임하였다.
980. 《태평어람(太平御覽) · 직관부(職官部)》
981. 여군(廬君): 주(周) 시기에 여산(廬山)에 은거하였다는 광속(匡俗)을 높여 이르는 말이다.
982. 전백(田伯): 내력이 자세하지 않다.
983. 내용이 자세하지 않다.
984. 《북당서초(北堂書鈔) · 설관부(設官部)》
985. 원굉(袁宏): 동진(東晉) 진군(陳郡) 출신으로 자가 언백(彦伯)이다. 문장에 능하였으며 양주자사(揚州刺史), 동양태수(東陽太守) 등을 역임하였다.
986. 사안(謝安): 동진(東晉) 진군(陳郡) 출신으로 자가 안석(安石)이고 시호는 문정(文靖)이다. 명문가의 후예로 왕희지(王羲之) · 지둔(支遁) 등과 사귀다 40여세에 출사(出仕)했다. 태원(太元) 8년에 전진(前秦)의 대군이 남하하자 정토대도독(征討大都督)을 맡아 비수(淝水) 전투에서 대승을 거뒀고 이어 여러 도시들을 수복했다.

하지 않겠습니까?"라고 하였다.

晉袁宏爲東陽郡, 謝安贈一柄扇, 宏曰, 敢不奉揚仁風, 以慰黎庶.987

말과 금을 사양하다.[사마금(辭馬金)] 장환(張奐)988이 안정(安定)을 다스릴 때 강족(羌族)들이 말과 금을 바치자 장환이 술을 따르면서 말하기를, "가령 말이 양처럼 많아도 마구간에 넣지 못하고 금이 낟알처럼 많아도 품에 넣지 못한다"라고 하였다.

張奐爲安定, 羌卒上馬金, 奐以酒酬曰, 使馬如羊, 不入廄, 金如粟, 不入懷.989

과녁을 쏘게 하다.[사구(射狗)990] 이리(李悝)991가 위(魏) 문후(文侯)의 상지태수(上地太守)가 되었는데 백성들을 활을 잘 쏘게 하려고 하여 명을 내려 이르기를, "백성 중에 의심스런 송사가 있는 자는 과녁을 쏘게 하여 맞추는 자가 이기고 맞추지 못하는 자가 지게 하도록 한다"라고 하였다. 백성들이 활쏘기를 연습하면서 밤낮으로 쉬지 않았고 진(秦)나라와 전쟁하여 크게 패배시켰다.《한비자(韓非子)》

李悝爲魏文侯上地守, 欲民善射, 乃下令云, 民有狐疑之訟者, 令之射狗, 中之者勝, 不中者負. 民習射, 日夜不休, 與秦戰, 大敗之.《韓子》992

대남군(大南郡)·소남군(小南郡)[대소남군(大小南郡)] 유지린(劉之遴)993이 남군태수(南郡太守)에 제수될 때 무제(武帝)994가 이르기를, "경의 모친은 연세와 덕이 모두 높으니 경이 금의환향(錦衣還鄕)하여 영화롭게 봉양하는 예를 다하도록 한다"라고 하였다. 상동장사(湘東長史)로 옮겨졌는데 태수는 옛 그대로 하였다. 동생 유지형(劉之亨)이 유지린을 대신하여 장사(長史)와 남군태수(南郡太守)가 되었는데 형주(荊州)의 선비들이 그들을 그리워하여 다시는 이름을 부르지 않고 대남군(大南郡), 소남군(小南郡)이라고 불렀다.《남사(南史)》

劉之遴除南郡太守, 武帝曰, 卿母年德俱高, 故今卿衣錦還鄕, 盡榮養之禮. 傳湘東長史, 大守如故. 弟之亨代之遴, 爲長史南郡太守, 荊士懷之, 不復稱名, 號大南郡·小南郡.《南史》995

기악비(記惡碑) 노환(盧奐)996이 자주 큰 군(郡)을 맡아 다스림에 특별한 업적이 있자 사람들이 신처럼 경외하였다. 무릇 간악한 자들을 다스릴 때 그의 죄를 결단한 뒤에 다시 그가 어긴 것을 돌에 새겨 문에 세워 놓았고 다시 어기면 반드시 저승의 명부에 올리니[죽이니] (사람들이) 그것을 일러 '기악비(記惡碑)'라고 하였다.

盧輿997累任大郡, 治有異績, 人畏之如神. 凡治奸惡, 旣斷其罪, 又以其所犯刻石立門, 再犯, 必致之死籍, 謂之記惡碑.998

청렴결백을 남겨 주다.[유이청백(遺以淸白)] 양진(楊震)999이 탁군태수(涿郡太守)가 되었는데 본성이

987. 《진서(晉書)·원굉전(袁宏傳)》
988. 장환(張奐): 동한(東漢) 주천(酒泉) 출신으로 자가 연명(然明)이다. 호흉노중랑장(護匈奴中郎將)을 역임하였다.
989. 《후한서(後漢書)·장환전(張奐傳)》
990. 《유원총보》의 '狗'는 '的'의 오류이다.[《한비자(韓非子)·내저설상(內儲說上)》]
991. 이리(李悝): 전국시대 위(魏) 출신으로 위(魏) 문후(文侯)의 재상을 역임하였다. 여러 가지 법제를 만들어 후에 상앙(商鞅)이 근본으로 삼았다.
992. 《한비자(韓非子)·내저설상(內儲說上)》
993. 유지린(劉之遴): 남조(南朝) 양(梁) 남양(南陽) 출신으로 자가 사정(思貞)이다. 남군태수(南郡太守), 태상경(太常卿)을 역임하였다.
994. 무제(武帝): 남조(南朝) 양(梁) 초대 황제로 재위 기간은 502-549년이다.
995. 《남사(南史)·유지린전(劉之遴傳)》
996. 노환(盧奐): 당(唐) 활주(滑州) 출신으로 여러 주의 자사와 병부시랑(兵部侍郎), 상서우승(尙書右丞) 등을 역임하였다.
997. 《유원총보》의 '盧輿'은 '盧奐'의 오류이다.[《개원천보유사(開元天寶遺事)·권1》]
998. 《개원천보유사(開元天寶遺事)·권1》

청렴하였다. 어떤 사람이 재산을 불릴 것을 권하자 양진은 내켜하지 않으며 말하기를, "후세로 하여금 청백리(淸白吏)의 자손이라고 일컫게 하여 이것으로 남겨 주면 또한 넉넉하지 않겠는가"라고 하였다.

楊震爲涿郡太守, 性廉. 或勸開產業, 震不肯曰, 使後世稱爲淸白吏子孫, 以此遺之, 不亦厚乎.[1000]

맑아서 월석(越石)이 보이다.[청견월석(淸見越石)] 송(宋) 우원(虞愿)[1001]이 진안태수(晉安太守)가 되었는데 해변에 월왕석(越王石)이 있어 항상 구름과 안개 속에 가려져 있었다. 전해지는 말에, 청렴한 태수라야 볼 수 있다고 하였다. 우원이 가서 보니 맑게 트여 가린 것이 없었다.

宋虞愿爲晉安太守, 海邊有越王石, 常隱雲霧. 相傳云, 淸太守乃得見. 愿往觀之, 淸徹無所隱蔽.[1002]

송세량(宋世良)[1003]이 청하태수(淸河太守)일 때에 어떤 노인이 말하기를, "부군(府君)께서는 다스림이 훌륭할 뿐 아니라 청렴함도 역시 철저하십니다"라고 하였다.

朱世良[1004]爲淸河太守, 有老人曰, 府君, 非惟政善, 淸亦徹底.[1005]

병이 있다고 글을 올리고 일을 보지 않아 송사를 그치게 하다.[이병지송(移病止訟)] 한연수(韓延壽)[1006]가 동군태수(東郡太守)일 때에 백성 중에 형제가 전답으로 송사를 하였다. 연수가 가슴 아파하면서 말하기를, "자리를 차지하여 군(郡)의 대표가 되었는데 지금 백성들이 골육 간에 서로 송사하는 일이 있다니"라 하고 이날 병이 있다고 글을 올리고 일을 보지 않았다. 이에 (형제가) 양보하고 사죄하면서 감히 다시는 다투지 않았다.

韓延壽爲東郡太守, 民兄弟訟田. 延壽傷之曰, 備位爲郡表率, 今民有骨肉相訟. 是日移病不聽事. 於是遜謝, 不敢復爭.[1007]

다리가 있는 봄볕[유각양춘(有脚陽春)] 송경(宋璟)[1008]이 태수(太守)가 되었는데 백성을 사랑하고 만물을 가여워하자 사람들이 이르기를, '다리가 있는 봄볕[유각양춘(有脚陽春)]'이라고 하였다.

宋璟爲太守, 愛民恤物, 人謂有脚陽春.[1009]

장표(臧彪) 양(梁) 장궐(臧厥)[1010]이 진양태수(晉陽太守)일 때에 엄격하고 가혹하여 은혜가 적자 백성들이 그를 일러 '장표(臧彪)'라고 하였다.

梁臧厥爲晉陽太守, 嚴酷少恩, 百姓謂之臧彪.[1011]

엄연년(嚴延年)[1012]이 하남태수(河南太守)일 때

---

999. 양진(楊震): 동한(東漢) 사람으로 자가 백기(伯起)이다. 학문을 좋아해 관서공자(關西孔子)로 불렸다. 형주자사(荊州刺史), 동래태수(東萊太守), 탁군태수(涿郡太守)를 거쳐 태위(太尉)를 역임하였다.

1000. 《후한서(後漢書)·양진전(楊震傳)》

1001. 우원(虞愿): 남조(南朝) 송(宋) 회계(會稽) 사람으로 자가 사공(士恭)이다. 벼슬에서 청렴하였으며 정위(廷尉)를 지냈다. 《오경논문(五經論問)》을 저술하였다.

1002. 《남사(南史)·우원전(虞愿傳)》

1003. 송세량(宋世良): 북위(北魏) 광평(廣平) 출신으로 자가 원우(元友)이다.

1004. 《유원총보》의 '朱世良'은 '宋世良'의 오류이다.[《북제서(北齊書)·송세량전(宋世良傳)》]

1005. 《북제서(北齊書)·송세량전(宋世良傳)》

1006. 한연수(韓延壽): 한(漢) 경조(京兆) 출신으로 자가 장공(長公)이다. 간대부(諫大夫), 동군태수(東郡太守), 좌풍익(左馮翊) 등을 역임하였다.

1007. 《한서(漢書)·한연수전(韓延壽傳)》

1008. 송경(宋璟): 당(唐) 현종(玄宗) 때의 현상(賢相)으로, 요숭(姚崇)과 함께 개원(開元) 연간의 훌륭한 치적을 이루었다. 직언을 잘 하고 법집행에 공평무사하였다.

1009. 《개원천보유사(開元天寶遺事)·권4》

1010. 장궐(臧厥): 남조(南朝) 양(梁) 동완(東莞) 출신으로 자가 헌경(獻卿)이다. 진양태수(晉陽太守), 원외산기상시(員外散騎常侍) 등을 역임하였다.

1011. 《남사(南史)·장궐전(臧厥傳)》

에 '도백(屠伯)'이라고 불렸다.

嚴延年爲河南太守, 號曰屠伯.[1013]

소작(蘇綽)[1014]의 여섯 가지 조항[소작육조(蘇綽六條)]

소작이 여섯 가지 조항을 만들었으니 다음과 같다. 첫째, 바른 마음을 앞세운다. 둘째, 교화를 돈독히 한다. 셋째, 지리(地利)를 극대화한다. 넷째, 훌륭한 사람을 발탁한다. 다섯째, 옥사와 송사를 잘 살핀다. 여섯째, 부역을 공평하게 한다. 주(周) 태조(太祖)가 그것을 중시하여 항상 좌우에 두었고 모든 관원들에게 외워 익히도록 하였다.

蘇綽爲六條. 一先正心.[1015] 二敦化.[1016] 三盡地利. 四擢賢良. 五恤獄訟. 六均賦役. 周太祖重之, 常置諸左右, 令百司誦習.[1017]

호랑이가 동쪽으로 강을 건너가다.[호동도강(虎東渡江)] 동한(東漢) 송균(宋均)[1018]은 자가 숙상(叔庠)이다. 구강태수(九江太守)일 때에 포악한 호랑이가 많아 이전에 함정을 만들어 잡았으나 그래도 상해가 많았었다. 송균이 공문을 내려 함정을 제거하도록 하였는데 사람들이 전하기를 호랑이가 동쪽으로 강을 건너서 가버렸다고 하였다.

後漢宋均, 字叔庠. 爲九江太守, 多暴虎, 先是設檻捕之, 猶多傷害. 均下記去檻穽, 人人相傳, 虎東渡江而去.[1019]

친척과 친구들이 숨을 죽이다.[친구병식(親舊屛息)]

포증(包拯)[1020]이 여주(廬州)를 맡았는데 바로 고향 군(郡)이었다. 친척과 친구들이 세력을 이용하여 관청을 어지럽히는 일이 많았다. 사촌 처남이 법을 어기자 희인(希仁)이 매를 치니 이로부터 친척과 친구들이 숨을 죽였다.

包拯知廬州, 卽鄕郡. 親舊多乘勢, 擾官府. 有從舅犯法, 希仁撻之, 自是親舊屛息.[1021]

희인은 사람됨이 강직하고 엄격하여 사적인 것으로 청탁할 수 없었다. 도성 사람들이 그에 대해 말하기를, "청탁[관절(關節)[1022]]이 이르지 않으니 염라대왕 포(包) 노인이 계시네"라고 하였다. 포증은 합비(合淝) 사람으로 출신 군(郡)을 다스리게 되었는데 법을 굽혀 향리에 아부하지 않자 다음과 같은 시구가 있었다.

直栢終爲棟, 곧은 잣나무는 끝내 마룻대가 되고
眞剛不作鉤. 참된 강철은 고리가 되지 않네.

希仁爲人剛嚴, 不可干以私. 京師爲之語曰, 關節不到, 有閻羅包老. 拯合淝人, 守本郡, 不屈法阿鄕曲, 有詩曰. 直栢終爲棟, 眞剛不作鉤.[1023]

시중(侍中)을 뵙기가 부끄럽다.[참견시중(慙見侍中)]

충헌공(忠獻公) 한기(韓琦)[1024]가 안양(安陽)을 다스릴 때 사람들이 장차 싸우고 송사하려다가도 문득

1012. 엄연년(嚴延年): 한(漢) 하비(下邳) 출신으로 자가 차경(次卿)이다. 시어사(侍御史), 하남태수(河南太守) 등을 역임하였다.

1013. 《한서(漢書)·엄연년전(嚴延年傳)》

1014. 소작(蘇綽): 서위(西魏) 경조(京兆) 출신으로 자가 영작(令綽)이다. 대행대좌승(大行臺左丞), 사농경(司農卿) 등을 역임하였다.

1015. 先正心: 《북사(北史)·소작전(蘇綽傳)》에는, '先修心'으로 되어 있다.

1016. 敦化: 《북사(北史)·소작전(蘇綽傳)》에는, '敦敎化'로 되어 있다.

1017. 《북사(北史)·소작전(蘇綽傳)》

1018. 송균(宋均): 동한(東漢) 안중(安衆) 출신으로 자가 숙상(叔庠)이다. 하내태수(河內太守)를 역임하였다.

1019. 《후한서(後漢書)·송균전(宋均傳)》

1020. 포증(包拯): 송(宋) 여주(廬州) 출신으로 자가 희인(希仁)이다. 감찰어사(監察御使), 추밀부사(樞密副使) 등을 역임하였다. 중국 역사상 청백리의 대명사로 불린다.

1021. 《고금사문유취외집(古今事文類聚外集)·노관부(路官部)》

1022. 관절(關節): 몰래 뇌물을 먹어 관리를 배수하는 일, 또는 청탁을 가리킨다.

1023. 《고금사문유취외집(古今事文類聚外集)·노관부(路官部)》

스스로 그치며 말하기를, “내가 너를 두려워하는 것이 아니고 시중(侍中)을 뵙기가 부끄러울 뿐이다”라고 하였다.

韓忠獻公守安陽, 人將鬪訟, 輒自止曰, 吾非畏汝, 慚見侍中耳.[1025]

정자산(鄭子産)[1026]에 비유하다.[비정자산(比鄭子産)] 왕질(王質)[1027]이 형남부(荊南府)를 맡았을 때 백성 중에 결혼으로 송사를 일으킨 자가 있었다. 하소연하기를, “가난하여 재물이 없어서 기한을 늦춘 것입니다”라고 하자 그 비용이 얼마인지를 묻고 녹봉을 그에게 주어 결혼하게 하였다. 남의 옷을 훔친 자를 잡았는데 말하기를, “굶주림과 추위에 쫓겨서 한 것입니다”라고 하자 공은 그를 가련하게 여기고 옷을 가져다 입혀서 보내니 형(荊) 지역 사람들이 공을 자산(子産)에 비유하였다.

王質知荊南府, 民有訟婚者. 訴曰, 貧無貲, 故後期. 問其用幾何, 以俸錢與之使婚. 穫盜竊人衣者, 曰迫於飢寒而爲之. 公爲之哀憐, 取衣衣之遣去, 荊人比公爲子產.[1028]

도둑이 굶주려 사형을 감형하다.[도기감사(盜飢減死)] 문충공(文忠公) 왕요신(王堯臣)[1029]이 광주(光州)를 맡았는데 해가 크게 가물었다. 뭇 도적들이 백성의 창고를 털어 법으로 마땅히 사형시켜야 하는데 공이 이르기를, “이것은 굶주린 백성들이 먹을 것을 구한 것일 뿐이니 구황정책에서 구휼해 줄 사람들이다”라 하고 사형의 논죄를 감형하기를 청원하였다. 그 뒤에 마침내 등록하여 법령으로 삼았다.

王文忠公堯臣知光州, 歲大旱. 群盜發民倉廩, 法當死, 公曰, 此飢民求食爾, 荒政之所恤. 乃請以減死論. 其後遂著爲令.[1030]

탁군(涿郡)은 변방의 열악(劣惡)한 군이다.[탁군외극(涿郡外劇)] 위(魏) 왕관(王觀)[1031]이 탁군태수(涿郡太守)가 되었는데 당시에 명제(明帝)[1032]가 즉위하여 조서를 내려 군현(郡縣)을 분류하여 열악(劣惡), 중등(中等), 평안(平安)을 정하도록 하였다. 주관하는 자가 군(郡)이 평안(平安)과 중등(中等)이라고 보고하려 하자 왕관이 깨우쳐 말하기를, “이 군은 경계가 외적(外賊)에 가까워 자주 침탈의 피해가 있는데 어찌 열악이 아니라고 하시오?”라고 하였다. 주관하는 자가 말하기를, “만약 군(郡)이 변방의 열악(劣惡)이 되면 아마 명부(明府)께서는 아들을 인질로 조정에 맡겨야 할 것입니다”라고 하였다. 왕관이 말하기를, “군주라는 것은 백성을 위하는 이입니다. 지금 군(郡)이 변방의 열악에 해당되면 부역의 등급에서 마땅히 강등이 있을 것입니다. 어찌 태수(太守)의 사사로움을 위하여 온 군민(郡民)을 저버릴 수 있겠습니까?”라고 하였다. 마침내 변방의 열악한 군(郡)으로 하기로 보고하고 뒤에 아들을 인질로 보내

1024. 한기(韓琦): 송(宋)의 정치로 자가 치규(稚圭)이다. 사마광(司馬光)과 함께 왕안석(王安石)의 신법(新法)에 반대하였으며 추밀사(樞密使)와 재상을 역임하였다. ‘충헌공(忠獻公)’은 그의 시호이다.

1025. 《고금사문유취외집(古今事文類聚外集) · 노관부(路官部)》

1026. 정자산(鄭子產): 춘추시대 정(鄭)나라 대부(大夫)인 공손교(公孫僑)로 자가 자산(子產)이다. 정(鄭)나라의 정경(正卿)이 되어 훌륭한 정치를 폈다.

1027. 왕질(王質): 송(宋) 대명(大名) 출신으로 자가 자야(子野)이다. 천장각대제(天章閣待制), 채주자사(蔡州刺史) 등을 역임하였다.

1028. 《송사(宋史) · 왕질전(王質傳)》

1029. 왕요신(王堯臣): 송(宋) 응천부(應天府) 출신으로 자가 백용(伯庸)이다. 한림학사(翰林學士), 권삼사사(權三司使), 참지정사(參知政事) 등을 역임하였다.

1030. 《고금사문유취외집(古今事文類聚外集) · 노관부(路官部)》

1031. 왕관(王觀): 삼국시대 위(魏) 동군(東郡) 출신으로 자가 위대(偉臺)이다. 탁군태수(涿郡太守), 남양태수(南陽太守), 사공(司空) 등을 역임하였다.

1032. 명제(明帝): 삼국시대 위(魏) 제2대 황제로 재위 기간은 227-239년이다.

어 업(鄴)에 가도록 하였다. 당시에 왕관은 단지 아들 하나만 있었고 또 어린 나이였는데도 그의 공변된 마음이 이와 같았다.

魏王觀爲涿郡太守, 時明帝卽位, 下詔書, 使郡縣條爲劇·中·平者. 主者欲言郡爲平中, 觀敎曰, 此郡濱近外虜, 數有寇害, 云何不爲劇邪. 主者曰, 若郡爲外劇, 恐於明府有任子. 觀曰, 夫君者, 所以爲民也. 今郡在外劇, 則於役條當有降差. 豈可爲太守之私, 而負一郡之民乎. 遂言爲外劇郡, 後送任子詣鄴. 時觀但有一子而又幼弱, 其公心如此.[1033]

1033. 《삼국지(三國志)·위지(魏志)·왕관전(王觀傳)》

문헌목록

＊ 이 목록은 《유원총보》에 인용된 문헌에다 간략히 서지사항을 곁들인 것이다. 그러나 널리 알려진 경서류(經書類)와 사서류(史書類), 제자백가류(諸子百家類)의 서적은 여기에 포함시키지 않았다.

《역(易)》=《주역(周易)》
《중(中)》=《중용(中庸)》
《시(詩)》=《시경(詩經)》
《논(論)》=《논어(論語)》
《노(老)》=《노자(老子)》
《장(莊)》=《장자(莊子)》
《사(史)》=《사기(史記)》

· 《가화(嘉話)》=《가화록(嘉話錄)》: 당(唐)의 유우석(劉禹錫)이 지은 필기소설집(筆記小說集).
· 《감우전(感遇傳)》=《신선감우전(神仙感遇傳)》: 당(唐)의 두광정(杜光庭)이 지은 소설집(小說集).
· 《개원천보유사(開元天寶遺事)》: 촉(蜀)의 왕인유(王仁裕)가 민간에 전해져 오던 고사(故事)를 모아 만든 책이라 하나 사실(史實)을 전한 것이 아니라 현종(玄宗) 시대[곧 開元, 天寶 연간]에 대한 동경에서 나온 풍문과 설화 모음집이라 할 수 있다.
· 《건강실록(建康實錄)》: 당(唐)의 허숭(許嵩)이 엮은 건강(建康) 일대의 지방지(地方志).
· 《건착도(乾鑿度)》: 정식 명칭은 《주역건착도(周易乾鑿度)》이며 《주역(周易)》의 위서(緯書)이다.
· 《격치경원(格致鏡原)》: 청(淸)의 진원룡(陳元龍)이 지은 필기류(筆記類)의 책이다.
· 《고금사문유취(古今事文類聚)》: 본집(本集)은 송(宋)의 축목(祝穆)이, 외집(外集)은 원(元)의 부대용(富大用)이 엮은 유서(類書)이다.
· 《고금주(古今注)》: 진(晉)의 최표(崔豹)가 지은 책으로 그 당시와 그 이전 시기의 각종 사물(事物)에 대하여 해설하고 전석(詮釋)한 것이다.
· 《고령요(考靈曜)》: 《상서(尙書)》 위서(緯書) 가운데 하나로 지금은 일실되었고, 집본이 《고미서(古微書)》에 전한다.

· 《고미서(古微書)》: 명(明)의 손곡(孫瑴)이 엮은 책으로 주로 위서류(緯書類)를 집록(輯錄)한 것이다.
· 《고사전(高士傳)》: 진(晉)의 황보밀(皇甫謐)이 지은, 요순(堯舜) 이래로 한위(漢魏)에 이르는 은사(隱士)들의 전기(傳記)를 다룬 책이다.
· 《곤학잡록(困學雜錄)》: 원(元)의 선우추(鮮于樞)가 지은 필기류(筆記類)의 책이다.
· 《공총자(孔叢子)》: 공자(孔子) 이하 자사(子思)·자고(子高)·자순(子順) 등 공씨(孔氏) 집안의 언행을 모아 놓은 것으로 공자(孔子)의 8세손인 공부(孔鮒)가 지은 것이라 하나 후인의 위작(僞作)이다.
· 《관령내전(關令內傳)》: 《수서(隋書)·경적지(經籍志)》에, "귀곡선생찬(鬼谷先生撰)"으로 되어 있지만 내력이 자세하지 않다.
· 《괄지지(括地志)》: 당대(唐代)의 위왕(魏王) 이태주(李泰主)가 엮은 대형 지리서(地理書)이다.
· 《광아(廣雅)》: 위(魏)의 장읍(張揖)이 엮은 소학류(小學類)의 책이다.
· 《금수만화곡(錦繡萬花谷)》: 편자를 알 수 없는 송대(宋代)의 유서(類書)이다.
· 《기찬연해(記纂淵海)》: 송(宋)의 반자목(潘自牧)이 엮은 유서(類書)이다.
· 《남강기(南康記)》: 진(晉)의 등덕명(鄧德明)이 지은 남강군(南康郡)과 우도(雩都) 일대의 지방지(地方志).
· 《남부신서(南部新書)》: 송(宋)의 전이(錢易)가 지은 책인데 당(唐)과 오대(五代)의 고사(故事)를 기록한 것이다.
· 《냉재야화(冷齋夜話)》: 송(宋)의 혜홍(惠洪)이 지은, 필기(筆記)와 시화(詩話)가 섞인 책인데 논시(論詩)를 위주로 하고 있다.
· 《담원(談苑)》: 송(宋)의 공평중(孔平仲)이 지은 필기류(筆記類)의 책이다.
· 《담원제호(譚苑醍醐)》: 명(明)의 양신(楊愼)이 지은 훈고서(訓詁書).
· 《당문수(唐文粹)》: 송(宋)의 요현(姚鉉)이 지은 당나라 문장 선집이다.
· 《동명기(洞冥記)》: 한(漢)의 곽헌(郭憲)이 지은 것으로 전해지는 소설로 《한무제별국동명기(漢武帝別國洞冥記)》라고도 한다.
· 《동성부로전(東城父老傳)》: 당(唐)의 진홍(陳鴻)이 지은 전기소설집(傳奇小說集)이다.
· 《동파전집(東坡全集)》: 북송(北宋) 소식(蘇軾)의 저작 총집으로 명말(明末)에 간행되었다.
· 《두양잡편(杜陽雜編)》: 당(唐)의 소악(蘇鶚)이 지은 필기소설집(筆記小說集)이다.
· 《두위의(斗威儀)》=《예두위의(禮斗威儀)》: 한대(漢代)에 엮어진 《예기(禮記)》의 위서(緯書).
· 《명황잡록보유(明皇雜錄補遺)》: 《명황잡록(明皇雜錄)》과 함께 당(唐)의 정처회(鄭處晦)가 지은 필기류의 책이다.
· 《몽계필담(夢溪筆談)》: 송(宋)의 심괄(沈括)이 지은 필기류(筆記類)의 책으로 송(宋)나라 과학사(科學史) 연구의 중요한 자료로서 후세에 공헌한 바가 크다.
· 《몽화록(夢華錄)》=《동경몽화록(東京夢華錄)》: 송(宋)의 맹원로(孟元老)가 엮은 책으로 북송(北宋)의 수도였던 개봉부(開封府)의 풍모(風貌)를 추억하여 기술한 것인데 풍속과 상업 등 귀족과 서민의 생활상 전반을 두루 다루고 있어 사료적인 가치가 매우 크다.
· 《문견후록(聞見後錄)》: 송(宋)의 소박(邵博)이 지은 필기류의 책이다.
· 《문자(文子)》: 노자(老子)의 제자인 문자(文子)가 지은 것으로 전해지는 책으로 《통현진경(通玄眞經)》으로

불리기도 한다. 《노자(老子)》, 《장자(莊子)》, 《열자(列子)》와 더불어 도가(道家) 사대경전(四大經典)의 하나이다.

- 《문창잡록(文昌雜錄)》: 송(宋)의 방원영(龐元英)이 엮은 역사(歷史) 필기류(筆記類)의 책이다.
- 《박물지(博物志)》: 서진(西晉)의 장화(張華)가 엮은 책으로 선인(仙人)과 괴수(怪獸)에 대한 이야기가 대부분이나 자연(自然)에 관한 사항도 있다.
- 《박오경이의보유(駁五經異義補遺)》: 《박오경이의(駁五經異義)》와 함께 한(漢)의 정현(鄭玄)이 지은 경학(經學) 관련 도서인데 주로 허신(許愼)의 견해를 비판한 것이다.
- 《반자진시화(潘子眞詩話)》: 황정견(黃庭堅)의 제자였던 북송(北宋)의 반순(潘淳 : 潘惇이라고도 함)이 엮은 시화집(詩話集). '子眞'은 그의 자이다.
- 《백공육첩(白孔六帖)》: 당(唐)의 백거이(白居易)가 지은 일종의 유서(類書)인 《육첩(六帖)》에 송(宋)의 공전(孔傳)이 《후육첩後六帖)》을 더하여 엮은 책이다.
- 《백집(白集)》=《백씨장경집(白氏長慶集)》: 당대(唐代) 백거이(白居易)의 시문집인데 '長慶'은 당(唐)나라 목종(穆宗) 장경(長慶) 연간에 간행되었기 때문에 붙여진 것이다.
- 《백호통(白虎通)》=《백호통의(白虎通義)》=《백호통덕론(白虎通德論)》: 동한(東漢)의 반고(班固)가 편찬한 책이다. 장제(章帝) 시절에 군유(群儒)가 백호관(白虎觀)에 모여 오경(五經)의 이동(異同)을 담론한 것을 편집한 것이다.
- 《법서요록(法書要錄)》: 당(唐) 장언원(張彦遠)이 엮은, 서법(書法)에 관계되는 논저(論著)의 총집(總集)이다.
- 《별록(別錄)》: 유향(劉向)이 비서성(秘書省)에서 경전(經傳)을 교감한 뒤에 편목(篇目)을 나누어 대의(大意)를 기술한 책으로 중국 목록학(目錄學)의 비조로 일컬어진다.
- 《별아(別雅)》: 청(淸)의 오옥진(吳玉搢)이 지은 《이아(爾雅)》 계통의 사서류(辭書類)이다.
- 《보전(寶典)》=《옥촉보전(玉燭寶典)》: 수(隋)의 두태경(杜台卿)이 엮은 필기류(筆記類)의 책이다.
- 《북당서초(北堂書鈔)》: 당(唐)의 우세남(虞世南)이 엮고 명(明)의 진우모(陳禹謨)가 보주(補註)한, 현존하는 중국 최고(最古)의 유서(類書)이다.
- 《비아(埤雅)》: 송(宋)의 육전(陸佃)이 지은 책으로, 여러 사물의 명의(名義)를 밝혔는데 특히 이름을 얻게 된 연유를 캔 것이 많다. 책명은 《이아(爾雅)》를 보충한다는 뜻이다.
- 《사물기원(事物紀原)》: 송(宋)의 고승(高承)이 엮은 책으로 사물의 기원(起源)을 논한 것이다.
- 《산당사고(山堂肆考)》: 명(明)의 팽대익(彭大翼)이 엮은 유서(類書)이다.
- 《산서(山書)》: 청(淸)의 손승택(孫承澤) 이 엮은 지리서(地理書)이다.
- 《산해경(山海經)》: 하(夏)나라 우왕(禹王) 또는 백익(伯益)이 지었다고 하나 전국시대 이후에 지어진 것으로 보이는 중국 최고(最古)의 지리서(地理書)이다. 원래는 23권이었다고 하나 전한(前漢) 말기에 유흠(劉歆)이 교정(校定)한 18편만 전해지고 있다.
- 《삼략직해(三略直解)》: 명(明)의 유인(劉寅)이 엮은 《삼략(三略)》의 주해서(注解書)이다.
- 《삼수소독(三水小牘)》: 당(唐)의 황보매(皇甫枚)가 지은 전기소설집(傳奇小說集)이다.
- 《상서중후(尙書中候)》: 한대(漢代)에 엮어진 《상서(尙書)》의 위서(緯書).

·《서경잡기(西京雜記)》: 진(晉)의 갈홍(葛洪)이 전한(前漢) 시대의 잡사(雜事)를 기록한 책이다.
·《서응도(瑞應圖)》: 한대(漢代)의 손씨(孫氏)가 지은 것으로 전해지는 위서(緯書).
·《석명(釋名)》: 후한(後漢)의 유희(劉熙)가 지은 책으로 같은 음을 가진 말로 어원을 설명한 것이다. 분류방법은《이아(爾雅)》와 같으나 소리가 비슷한 말은 의미에도 많은 관련이 있다고 여기는 성훈(聲訓)의 입장에서 해설한 것이다.
·《석씨요람(釋氏要覽)》: 북송(北宋)의 석도성(釋道誠)이 엮은, 승려들과 수도(修道)에 관한 생활 지침 등을 다룬 책이다.
·《선실지(宣室志)》: 당(唐) 장독(張讀)이 편찬한 책으로, 귀신(鬼神)의 일을 기록한 것이다.
·《설문(說文)》=《설문해자(說文解字)》: 동한(東漢)의 허신(許愼)이 지은 자서(字書)로, 총 9,353자가 수록되어 있다. 처음으로 한자(漢字)를 부수(部首)에 따라 배열하고, 육서(六書)에 입각하여 자형(字形)과 자원(字源)을 분석하였다.
·《세시광기(歲時廣記)》: 송(宋)의 진원정(陳元靚)이 지은 세시류(歲時類)의 책이다.
·《소서(素書)》: 한(漢)의 황석공(黃石公)이 엮은 것으로 전해지는 병서(兵書)이다.
·《소설(小說)》: 남조(南朝) 양(梁)의 은운(殷芸)이 지은 소설집으로 육조(六朝)의 문헌학(文獻學) 방면에 중요한 가치를 지니고 있는 책이다.
·《속제해기(續齊諧記)》: 양(梁)의 오균(吳均)이 지은 지괴소설집(志怪小說集)이다.《제해기(齊諧記)》는 유송(劉宋)의 동양무의(東陽無疑)가 지은 것이다.
·《송고승전(宋高僧傳)》:《대송고승전(大宋高僧傳)》이라고도 하며 송(宋)의 찬녕(贊寧)이 칙명에 따라 편찬한 책으로 당(唐) 태종(太宗)으로부터 송(宋) 태종(太宗)에 이르는 시기의 고승들에 대한 전기(傳記)를 다루었다.
·《송략(宋略)》: 남조(南朝) 양(梁)의 배자야(裴子野)가 엮은, 유송(劉宋)의 역사서로 전서(全書)는 산일되고 그 일부가《통전(通典)》과《문원영화(文苑英華)》 등에 보인다.
·《수신기(搜神記)》: 위진(魏晉)의 간보(干寶)가 엮은, 괴이전설(怪異傳說)을 집대성한 책이다.
·《습유기(拾遺記)》: 진(晉)의 왕가(王嘉)가 지은 지괴서(志怪書)이다.
·《시자(尸子)》: 전국시대(戰國時代) 초(楚)나라 시교(尸佼)가 엮은, 도가(道家)와 법가(法家) 사상이 뒤섞여 있는 책이다.
·《시화총구(詩話總龜)》: 송(宋)의 완열(阮閱)이 엮은 시화총집(詩話總集)이다.
·《신안지(新安志)》: 송(宋)의 나원(羅願)이 지은 신안(新安) 일대의 지방지(地方志).
·《신이경(神異經)》: 한(漢)의 동방삭(東方朔)이 지은 소설이라 하나 진(晉)나라 이후의 위작(僞作)이다.
·《양자법언(揚子法言)》: 전한말(前漢末)의 양웅(揚雄)이《논어(論語)》의 체재를 모방하여 문답체로 구성한 사상서(思想書)이다.
·《양한박문(兩漢博聞)》: 송(宋)의 양간(楊侃)이 엮은 양한(兩漢) 시기의 잡사(雜史).
·《어선당송시순(禦選唐宋詩醇)》: 청(淸)의 건륭제(乾隆帝)가 엮은 당송(唐宋) 시기의 시선집(詩選集).
·《어은총화(漁隱叢話)》: 송(宋)의 호자(胡仔)가 엮은 시화총집(詩話總集)이다.
·《어은총화후집(漁隱叢話後集)》:《어은총화전집(漁隱叢話前集)》과 함께 송(宋)의 호자(胡仔)가 엮은 시화

총집(詩話總集)이다.

· 《어정연감유함(禦定淵鑑類函)》: 청(淸) 강희제(康熙帝)의 칙령에 따라 장영(張英)과 왕사정(王士禎) 등이 편찬한 유서(類書)이다.

· 《업중기(鄴中記)》: 진(晉)의 육홰(陸翽)가 엮은 재기류(載記類)의 역사서(歷史書).

· 《여산기(廬山記)》: 송(宋)의 진순유(陳舜兪)가 여산의 지리환경과 명승고적 및 옛사람들의 제시(題詩) 등을 모아 엮은 책이다.

· 《역림(易林)》: 한(漢)의 초연수(焦延壽)가 지은 《주역(周易)》에 관한 책이다.

· 《역비후(易飛候)》: 한대(漢代)의 경방(京房)이 지은 《주역(周易)》의 위서(緯書)로 정식 명칭은 《주역비후(周易飛候)》이다.

· 《역아(易雅)》: 송(宋)의 조여매(趙汝楳)가 지은 《주역(周易)》에 관한 책이다.

· 《역위(易緯)》: 《주역(周易)》 위서(緯書)의 하나.

· 《역전(易傳)》: 한대(漢代)의 경방(京房)이 지은 《주역(周易)》의 위서(緯書)로 정식 명칭은 《경씨역전(京氏易傳)》이다.

· 《연번로(演繁露)》: 송(宋)의 정대창(程大昌)이 지은 책으로 《정씨연번록(程氏演繁錄)》이라고도 하는데 격물치지(格物致知)를 종지(宗旨)로 삼아 삼대(三代)에서 송대(宋代)에 이르는 시기의 잡다한 일을 기록한 것이다.

· 《열녀전(列女傳)》: 한(漢)의 유향(劉向)이 지은, 현모(賢母) · 양처(良妻) · 열녀(烈女) · 투부(妬婦)의 전기(傳記)를 다룬 책이다.

· 《열이전(列異傳)》: 진(晉)의 장화(張華)가 엮은 것으로 전해지는 신괴류(神怪類)에 관한 책이다.

· 《영릉기(零陵記)》: 송(宋)의 도악(陶岳)이 엮은 영주(永州) 일대의 지리지(地理志)이다.

· 《영외록이(嶺外錄異)》: 유송(劉宋)의 유창(劉昶)이 이문(異聞)과 잡사(雜事)를 수집하여 엮은 책이다.

· 《예문유취(藝文類聚)》: 당(唐) 구양순(歐陽詢)이 엮은 유서(類書)이다.

· 《오경통의(五經通義)》: 한(漢)의 유향(劉向)이 지은, 오경(五經)에 대한 주석서이다.

· 《옥지당담회(玉芝堂談薈)》: 명(明)의 서응추(徐應秋)가 엮은 책으로 기존의 필기(筆記類)와 소설(小說)을 채록하여 여러 가지 일을 고증(考證)한 책이다.

· 《운급칠첨(雲笈七籤)》: 송(宋)의 장군방(張君房)이 지은, 도교(道敎) 교리를 종합한 책으로 《소도장(小道藏)》이라고도 한다.

· 《월절서(越絶書)》: 오월(吳越)의 역사와 지리를 기록한 엮은이를 알 수 없는 한대(漢代)의 책인데 《월절(越絶)》, 《월록(越錄)》, 《월기(越記)》 등으로도 불린다.

· 《유괴록(幽怪錄)》: 당(唐)의 우승유(牛僧孺)가 지은 소설집인데 애초의 제목은 《현괴록(玄怪錄)》이었으나 송인(宋人)들이 《유괴록》으로 고쳐 불렀다.

· 《유명록(幽明錄)》: 남조(南朝) 송(宋) 유의경(劉義慶)이 편찬했다고 전해지는 지괴소설집이다. 원서는 이미 없어졌고 노신(魯迅)의 《고소설구침(古小說鉤沈)》에 일문(逸文) 260 항목이 집록되어 있다.

· 《유설(類說)》: 송(宋)의 증조(曾慥)가 고래(古來)의 문언소설(文言小說)을 모아 엮은 총집이다.

· 《유양잡조(酉陽雜俎)》: 당(唐)의 단성식(段成式)이 지은 필기류의 책으로 당대(唐代) 사회를 연구하는 데 있

어 귀중한 사료가 되고 있다.

·《육도(六韜)》: 중국 고대 병학(兵學)의 최고봉인 '무경칠서(武經七書)' 가운데 하나. '도(韜)'는 화살을 넣는 주머니, 싸는 것, 수장(收藏)하는 것을 말하며, 변하여 깊이 감추고 나타내지 않는다는 뜻에서 병법의 비결을 의미한다.

·《육첩(六帖)》: 당(唐)의 백거이(白居易)가 지은 일종의 유서(類書)로 오늘날의 고사성어집(故事成語集)과 유사하다.

·《익부기구전(益部耆舊傳)》: 삼국(三國) 촉(蜀)의 진수(陳壽)가 지은 촉(蜀)나라 인물들에 대한 전기(傳記)이다.

·《장력(長曆)》: 삼국시대(三國時代)의 오서정(吳徐整)이 엮은 역서(曆書)이다.

·《장루기(粧樓記)》: 남당(南唐)의 장필(張泌)이 엮은 책 이름.

·《전략(典略)》=《회계전략(會稽典略)》: 위(魏)의 어환(魚豢)이 지은 것으로 전해지는 회계(會稽) 일대의 지방지(地方志).

·《제동야어(齊東野語)》: 송(宋)의 주밀(周密)이 지은 필기류의 책으로 송원(宋元) 교체기의 조정(朝廷) 대사(大事)를 주로 다룬 것이다.

·《제왕세기(帝王世紀)》: 진(晉)의 황보밀(皇甫謐)이 지은 책으로 역대 제왕의 세계(世系)와 연대(年代) 및 사적(事跡)을 적은 일종의 역사서이다.

·《제지기(齊地記)》: 진(晉)의 안모(安模)가 지은 제(齊)나라 일대의 역사와 지리, 풍속들을 정리하여 엮은 책이다.

·《조야첨재(朝野僉載)》: 당(唐)의 장작(張鷟)이 당대(唐代) 조야(朝野)의 유사(遺事)와 일문(軼聞)을 엮은 책이다.

·《주비산경(周髀算經))》: '산경십서(算經十書)'의 하나로 중국 최고(最高)의 산서(算書)이자 역서(曆書)이다. 주대(周代)에 그 원형(原形)이 이루어졌다고 하나 지은이는 알 수 없다.

·《주사(麈史)》: 송(宋)의 왕득신(王得臣)이 지은 필기류(筆記類)의 책인데 시화(詩話)와 함께 문장을 논한 것이 많다.

·《주역괘서론(周易卦序論)》: 진(晉)의 양예(楊乂)가 《주역(周易)》의 괘(卦)와 그 순서에 관하여 논한 책이다.

·《지림(志林)》=《동파지림(東坡志林)》: 송(宋)의 소식(蘇軾)이 원풍(元豊)에서 원부(元符) 연간에 이르는 20여 년 사이에 지은 잡설(雜說) 및 사론(史論) 등을 모아 놓은 책이다.

·《지정집(至正集)》: 원(元)의 허유임(許有壬)이 지은 별집류(別集類)의 책이다.

·《진고(眞誥)》: 양(梁)의 도홍경(陶弘景)이 지은 책으로, 신선(神仙)들이 비결(秘訣)을 전수한 일을 기록하였다.

·《집이기(集異記)》: 당(唐)의 설용약(薛用弱)이 지은 전기소설집(傳奇小說集)이다. 일명 고이기(古異記)라고도 한다.

·《찬요(纂要)》=《양원제찬요(梁元帝纂要)》: 남조(南朝)의 양원제(梁元帝)가 엮은 잡서류(雜書類)의 책이다.

·《척언(摭言)》=《당척언(唐摭言)》: 오대(五代)의 왕정보(王定保)가 엮은 필기소설집(筆記小說集)으로 당대

(唐代) 시인(詩人)과 문사(文士)들의 유문일사(遺聞逸事)를 수록한 것이다.

·《천중기(天中記)》: 명(明)의 진요문(陳耀文)이 엮은 유서(類書)이다.

·《청이록(淸異錄)》: 송(宋)의 도곡(陶穀)이 수당(隋唐)과 오대(五代)시기의 책에서 천문(天文), 지리(地理), 초목(草木) 등과 관련한 사항들을 채록(採錄)한 것이다.

·《초학기(初學記)》: 당(唐)의 서견(徐堅) 등이 편찬한 유서(類書)로 고금(古今)의 시문(詩文)을 전거(典據)로 하고 있다는 점이 특기할 만하다.

·《춘추감정부(春秋感精符)》: 《춘추(春秋)》의 위서(緯書) 가운데 하나이다. 지금은 없어졌고 집본(輯本)이 《고미서(古微書)》에 전한다.

·《춘추고요(春秋考曜)》: 정식 명칭은 《춘추고령요(春秋考靈曜)》이며 《춘추(春秋)》의 위서(緯書)이다.

·《춘추번로(春秋繁露)》: 한(漢)의 동중서(董仲舒)가 《춘추공양전(春秋公羊傳)》을 근거로 하여 《춘추(春秋)》의 뜻을 밝힌 책이다.

·《춘추설제사(春秋說題辭)》: 《춘추(春秋)》의 위서(緯書) 가운데 하나이다.

·《춘추연공(春秋演孔)》: 송균(宋均)이 지은 것으로 전해지는, 《춘추(春秋)》의 위서(緯書)로 정식 명칭은 《춘추연공도(春秋演孔圖)》이다.

·《춘추원명포(春秋元命苞)》: 《춘추(春秋)》의 위서(緯書) 가운데 하나이다. 지금은 없어졌고 집본(輯本)이 《고미서(古微書)》와 《옥함산방집일서(玉函山房輯逸書)》에 전한다.

·《침구갑을경(鍼灸甲乙經)》: 진(晉)의 황보밀(皇甫謐)이 지은 의서(醫書)이다. 줄여서 《갑을경(甲乙經)》으로 칭하기도 한다.

·《태평광기(太平廣記)》: 북송(北宋)의 이방(李昉) 등이 칙찬(勅撰)한 소설(小說) 총집이다.

·《태평어람(太平禦覽)》: 애초의 이름은 《태평총류(太平總類)》이며 줄여 《어람(御覽)》이라고도 한다. 송(宋) 태종(太宗)의 명에 따라 이방(李昉) 등이 편찬한 유서(類書)로 977년에 착수하여 983년에 완성시킨 1,000권에 달하는 방대한 책이다.

·《태현경(太玄經)》: 서한(西漢)의 양웅(揚雄)이 《주역(周易)》을 모방하여 지은 것으로, 천지 만물의 기원과 그 공덕을 논하였다.

·《통전(通典)》: 당대(唐代)의 두우(杜佑)가 엮은 책으로 태고에서부터 당대까지의 전장제도(典章制度)의 변천 등을 다룬 것이다.

·《풍속통(風俗通)》=《풍속통의(風俗通義)》: 후한(後漢)의 응소(應劭)가 지은 책으로 당시 사람들의 풍속에 대한 잘못된 인식을 바로잡으려고 사물을 고증하고 논술한 것이다.

·《하도(河圖)》=《하도괄지상도(河圖括地象圖)》: 옛날에 우(禹)임금이 치수를 할 때 얻었다고 하는 지리서(地理書)이다. 오늘날 전해지는 것은 명(明)의 손곡(孫穀)이 잔결(殘缺)을 《고미서(古微書)》에 집록(輯錄)한 것이다.

·《한부명담(翰府名談)》: 《송사(宋史)·예문지(藝文志)》에 의하면 유부(劉斧)의 저서로 되어 있으나 원서는 전하지 않고 각종 시화류에 그 잔문(殘文)이 보인다.

·《한의(漢儀)》: 한(漢)의 채질(蔡質)이 엮은 한(漢)나라 의례(儀禮)에 관한 책이다.

·《함문가(含文嘉)》: 한대(漢代)에 엮어진 《예기(禮記)》의 위서(緯書)로 정식 명칭은 《예함문가(禮含文嘉)》

이다.

·《해내십주기(海內十洲記)》: 한(漢)의 동방삭(東方朔)이 지었다고 하나 육조(六朝) 사람의 위작(僞作)이다. 십주(十洲)의 소재지와 산물 등을 기술한 책이다.

·《혁상신서(革象新書)》: 원(元)의 조우흠(趙友欽)이 지은 천문산술서(天文算術書)이다.

·《협제유고(夾漈遺稿)》: 송(宋)의 정초(鄭樵)가 지은 별집류(別集類)의 책이다.

·《형초세시기(荊楚歲時記)》: 양(梁)의 종름(宗懍)이 지은 세시기인데 현존하는 중국 세시기 중에서 가장 오래된 것으로 초나라 특유의 세시뿐만 아니라 일반적인 풍습도 기술되어 있다.

·《환범(桓範)》=《환범세요론(桓範世要論)》: 위(魏)의 환범(桓範)이 지은 책으로 《군서치요(群書治要)》에 그 일부인 〈정요론政要論〉 14편(篇)이 실려 있다.

·《황제내경소문(黃帝內經素問)》: 진한대(秦漢代)에 지어진 의서(醫書)이다. 황제(黃帝)가 그의 신하이자 명의(名醫)인 기백(岐伯)과 문답하는 형식으로 내용을 기술하였다.

·《회계전록(會稽典錄)》: 진(晉)의 우예(虞預)가 지은 회계(會稽) 일대의 지방지(地方志)로 명(明)의 도종의(陶宗儀)가 편찬한 《설부(說郛)》에 집록되어 있다.

·《후산시화(後山詩話)》: 송(宋)의 진사도(陳師道)가 지은 시화집(詩話集)이다.

·《후청록(侯鯖錄)》: 송(宋)의 조령치(趙令畤)가 엮은 책으로 당(唐)·오대(五代)의 시사(詩詞)와 문장(文章) 및 이와 유관한 일사(軼事)를 기록한 것이다.

Abstract

Yuwonchongbo (類苑叢寶)

Translated and Annotated by
Yeong-Ju Lee, Seong-Do Heo, Chang-Hwan Kim

Yuwonchongbo, edited by Kim Yuk (金堉), a scholar during the reign of King Injo (仁祖) of the Joseon (朝鮮) dynasty, is a set of encyclopedias composed of 47 volumes. It contains the essence of hundreds of major Chinese books. *Yuwonchongbo* is divided into 25 sections: The Way of Heaven, the Time of Providence, the Way of the Earth, Kings, Government Post, Yibu (吏部), Hobu (戶部), Yebu (禮部), Byungbu (兵部), Hyungbu (刑部), Human Duties, Humanity, Personnel, Literature, Brush and Chinese Ink, Royal Seal, Precious Treasures, Cloth and Silk, Instruments, Food, Official Outfits, Grain, Trees and Plants, Birds and Beasts, and Insects and Fish. It is actually 27sections when one includes Sai (四夷: barbarians) and Shingwi (神鬼: Sprits) that are attached to the Appendix. Thus we can say *Yuwonchongbo* contains all the human affairs and the world of Nature.

The most distinct characteristic of *Yuwonchongbo* is that its items and references were chosen from a Korean viewpoint by a Korean. In addition, though *Yuwonchongbo* was modeled after a Chinese encyclopedia, *Shiwenleiju* (事文類聚), it omitted messy parts and supplemented some necessary parts and corrected mistakes on the basis of some famous books such as *Yiwenleiju* (藝文類聚), *Tangleihan* (唐類函), *Tianzhongji* (天中記), *Santangsikao* (山堂肆考), and *Yunfuqunyu* (韻府群玉). Also, it was convenient to read since it functionedas both a dictionary and an encyclopedia. Thus the completeness of the book was much improved.

The reason that we translated *Yuwonchongbo* into Korean is not because it has any historical value as one of the first encyclopedias, but because it is representative from the aspectsof the form and content. As the book has already been recognized as a treasure for a long time, it is believed that the book will function as a necessary tool for present-day scholars.

발간사

'한국학'은 이제 학문의 한 분야로 자리잡았다. 한국학을 전공으로 하는 학과도 생겨나고 한국학 연구자들의 국제학술대회도 자주 접할 수 있다. 한국사회가 짧은 시기에 보여 준 역동적인 변화에 대한 학문적 관심이 나라 안팎으로 증대된 결과일 것이다. 한국의 역사와 문화, 사회적 경험에 점점 더 많은 연구자들이 관심을 기울이는 것은 매우 반가운 일이다.

한국학이란 고정된 분과학문 체계 내의 한 부분영역이 아니라 다양한 분과학문들이 함께 참여하는 학제적 연구의 성격을 지닌다. 한국학은 과거의 전통에 깊은 관심을 갖지만 현재의 문제들에도 주목하며 미래의 전망을 모색하는 작업도 포함한다. 인문학적 논의와 사회과학적 관심은 물론이고 자연과학적 문제의식과 예술적 시각이 함께 어우러지는 곳이다. 당연히 한국학은 국내의 연구자들이 자신의 특수성만을 부각시키는 폐쇄적인 장이 아니라 전 세계의 학자들이 자유롭게 참여하는 지적 토론의 공간이 되어야 한다. 한국을 대상으로 한 다양한 연구를 지원하며 진지한 논의와 지적 실험을 뒷받침하는 것이야말로 한국학의 가장 중요한 역할이라 할 것이다.

이런 의미에서 한국학은 한국의 문화와 역사적 경험을 전 인류의 문화유산과 역사적 경험의 한 부분으로 바라보는, 전 지구적 시각을 요구받고 있다. 한국학은 한국사회의 경험을 연구하되, 그것을 21세기 세계사적 과제들과 더불어 사고함으로써 새로운 문명적 대안을 모색하는 세계 학계의 논의에 적극적으로 동참하는 작업이 되어야 한다. 이런 종합적이고 개방적인 연구의 집적이 이루어질 때 한국의 특수성만을 절대화하는 오류에서 벗어나면서 동시에 서구의 눈으로 한국을 대상화, 타자화하는 오리엔탈리즘적 지역학의 한계도 극복할 수 있는 길이 열릴 것이다.

한국의 학문 발전에 큰 책임을 지고 있는 서울대학교 규장각한국학연구원은 한국학의 바람직한 발전을 위해 적극적인 역할을 하고자 한다. 이를 위해 별도의 연구재원을 마련하여 '21세기 신규장각 자료구축사업'을 추진하고, 이 사업의 결과물들을 모아 연구총서, 자료총서, 모노그래프를 출간하고 있다. 한국학 연구자들의 연구역량과 진지한 문제의식들이 결집됨으로써 한국학의 연구수준이 더욱 높아지고 내용이 보다 풍부해지리라 믿는다. 이 연구 사업이 해를 거듭할수록 한국사회에 대한 이해가 깊어짐은 물론이고 한국의 경험을 통해 세계 학계의 시각과 논의도 더욱 풍성해질 것을 기대해 마지않는다.

2015년 2월

서울대학교 규장각한국학연구원 한국학연구사업위원회

저자 약력

김육(金堉)

조선 인조(仁祖).효종(孝宗) 때의 문신이자 학자로 본관이 청풍(淸風)이며 자는 백후(伯厚), 호는 잠곡(潛谷), 시호는 문정(文貞)이다. 효종이 즉위(1649)하자 대사헌(大司憲)을 거쳐 우의정(右議政)이 되어 실록청(實錄廳) 총재관(總裁官)으로 《인조실록(仁祖實錄)》의 편찬을 주재하였다. 저서로는 그의 시문을 모은 《잠곡유고(潛谷遺稿)》와 《잠곡별고(潛谷別稿)》, 《잠곡유고보유(潛谷遺稿補遺)》, 《잠곡속고(潛谷續稿)》가 전한다. 일반 저술로는 《유원총보(類苑叢寶)》 외에도 《황명기략(皇明紀略)》, 《종덕신편(種德新編)》, 《송도지(松都誌)》, 《천성일록(天聖日錄)》, 《청풍세고(淸風世稿)》, 《조천일기(朝天日記)》, 《기묘록(己卯錄)》, 《잠곡필담(潛谷筆談)》, 《당삼대가시집(唐三大家詩集)》 등이 있다.

역주자 약력

이영주(李永朱)

서울대학교 중어중문학과를 졸업하고 서울대학교 대학원에서 문학박사학위를 받았다. 현재 서울대학교 중어중문학과 교수로 재직하면서 당시(唐詩)를 연구, 강의하고 있다. 《한자자의론(漢字字義論)》, 《한국시화(韓國詩話)에 보이는 두시(杜詩)》, 《사불휴(死不休): 두보의 삶과 문학》(공저) 외 두보 초기 시부터 재주낭주시기까지의 시를 역해한 여러 권의 저서를 공동으로 출간하였고, 두시의 형식적 특성을 분석한 논문을 지속적으로 발표하고 있다.

허성도(許成道)

서울대학교 중어중문학과를 졸업하고 같은 대학교 대학원에서 석사학위와 박사학위를 받았다. 서울대학교 중어중문학과에서 중국어학(현대어법)을 가르치다가 정년퇴임하고 지금은 명예교수로 있다. 저서로는 《쉽게 배우는 중국어 입문》, 《현대 중국어 어법의 이해》, 《현대 중국어학 개론》, 《현대 중국어 어법론》, 《중국어 작문과 어법》, 《공자도 모르는 게 있고 장자도 후회할 때 있다 1·2》 등이 있으며 역서로 《현대 중국어학 개론》, 《현대 중국어 어법론》 등이 있다.

김창환(金昌煥)

서울대학교 사범대학 불어교육학과를 졸업하고 한국고전번역원 국역연수원에서 유가 경전을 비롯한 한문의 기초를 공부하였다. 연수원을 졸업하고 서울대학교 대학원 중어중문학과에서 석사학위와 박사학위를 받았다. 서울대학교 사범대학 초빙교수, 서울대학교 인문대학 중국어문학연구소 책임연구원을 역임하였으며, 현재 규장각한국학연구원의 연구 프로젝트를 수행하고 있다. 주요 저서로 《달라이라마의 생각을 읽자》, 《중국의 명문장 감상》, 《도연명의 사상과 문학》 등이 있으며 역서로 《장자》, 《유원총보역주》 등이 있다.

서울대학교 규장각한국학연구원 한국학자료총서

1 古代國語 語彙標記 漢字의 字別 用例 研究 | 송기중

2 한국철학자료집: 불교편1 – 삼국과 통일신라의 불교사상 | 허남진 외 편역

3 한국철학자료집: 불교편2 – 고려시대의 불교사상 | 심재룡 외 편역

5 서울대학교 중앙도서관 고문헌자료실 소장『경제문고』해제집 | 권태억 외

6 한글본 이언 연구 | 민현식

7상 원문 교주 구운몽 | 원작 김만중, 교주 김병국

7하 현대역 구운몽 | 원작 김만중, 옮김 김병국

8 해방 이후 한국기업의 진화 I: 1976～2005년간의 통계의 구축과 기초분석 | 이근 외

9 해방 이후 한국기업의 진화 II: 1956～1977년간의 통계의 구축과 기초분석 | 이근 외

10 서울대학교박물관소장 식민지시기 유리건판 | 이문웅·강정원·신일 편

11 풍자 우화 그리고 계몽담론 | 권영민

12 한국근현대문학의 프랑스문학수용 | 이건우 외

13 한국 근대도면의 원점: 서울대학교 규장각한국학연구원 소장 근대 측량도와 건축도 1861~1910 | 전봉희·이규철·서영희

14-1 유원총보역주 1 | 허성도·김창환·강성위 역주

14-2 유원총보역주 2 | 허성도·김창환·강성위 역주

15 식민권력과 근대지식: 경성제국대학 연구 | 정근식·정진성·박명규·정준영·조정우·김미정

16-1 근대한국 국제정치관 자료집: 제1권 개항·대한제국기 | 장인성·김현철·김종학 엮음

16-2 근대한국 국제정치관 자료집: 제2권 제국–식민지기 | 장인성·김태진·이경미 엮음

17 1980년대 조선–청 국경회담 관련 자료 선역 | 김형종 편역

서울대학교 규장각한국학연구원 한국학연구총서

01 지방문학사: 연구의 방향과 과제 | 조동일

02 한국 근대과학 형성과정 자료 | 문만용·김영식

03 목석의 울음: 손창섭 문학의 정신분석 | 조두영

04 통일한국의 농업 | 김완배·김한호·이정재·이태호·정하우

05 현대 한국사회의 철학적 문제: 사회운영원리 | 백종현

06 한국유교의 과제 | 금장태

07 韓國 古代·中世初期 土地制度史: 古朝鮮~新羅·渤海 | 이경식

08 『무과총요』 연구 | 나영일

09 북한 주요 산업지역의 토지이용 변화와 개방지역에 관한 연구 | 황만익·이기석

10 재벌체제와 다국적기업: 경제개발의 두 가지 유형 | 이승훈

11 붉은악마와 월드컵 | 이순형

12 『조선왕조실록』 보존을 위한 기초 조사연구(1) | 송기중·신병주·박지선·이인성

13 한국 근대의 사회복지 | 안상훈·조성은·길현종

14 한국어 체언의 음변화 연구 | 이상억

15 조선 중기 무예서 연구 | 나영일·노영구·양정호·최복규

16 1950년대 사회주의 건설기의 북한 보건의료 | 황상익

17 후발 산업화와 국가의 동학: 탈관료화와 강성국가의 공동화 | 하용출

18 조선 후기의 기술도: 서양 과학의 도입과 미술의 변화 | 정형민·김영식

19 韓國 中世 土地制度史: 朝鮮前期 | 이경식

20 남북 언어의 문법 표준화 | 권재일

21 50권본 『화엄경』 연구 | 이승재

22 한·중 소화의 비교 | 서대석

23 고려전기의 전시과 | 이경식

24 개항기 전후 경상도의 육상교통 | 허우긍·도도로키 히로시

25 한국어의 주제와 통사 분석: 주제 개념의 새로운 전개 | 임홍빈

26 한국적 패션 디자인의 제다움 찾기: 전통미와 현대적 활용을 중심으로 | 김민자

27 한국 근대문학교육사 연구 | 우한용

28 『조선왕조실록』의 여진족 족명과 인명 | 김주원

29 중앙아시아 고려말의 문법 | 권재일

30 삼국통일전쟁사 | 노태돈

31 한국의 사회운동과 진보정당 | 임현진

32 한국 행락문화의 변천과정 | 황기원

33 노래의 상상계 : '수사'와 존재생태 기호학 | 신범순

34 한국의 언어 민속지 : 전라남북도 편 | 왕한석

35 주시경의 언어이론과 표기법 | 송철의

36 일제강점기의 철도 수송 | 허우긍

37 인권으로 읽는 동아시아: 한국과 일본의 인권 개선조건 | 정진성·공석기·구정우

38 정조와 정조시대 | 김인걸 외

39 문화의 정치와 지역사회의 권력구조: 안동과 안동김씨 | 김광억

40 한국어 명사구의 의미론: 한정성/특정성, 총칭성, 복수성 | 전영철

서울대학교 규장각한국학연구원 한국학모노그래프

1 예빈도에 보인 고구려: 당 이현묘 예빈도의 조우관을 쓴 사절에 대하여 | 노태돈
2 현대 한국유교와 전통 | 금장태
3 살인의 진화심리학: 조선 후기의 가족 살해와 배우자 살해 | 최재천·한영우·김호·황희선·홍승효·장대익
4 무협소설의 문화적 의미 | 전형준
5 정조시대의 무예 | 나영일
6 벼락도끼와 돌도끼: 고고자료에 대한 전통적 인식 연구 | 이선복
7 한국 옛 경관 속의 생태지혜 | 이도원
8 식민권력과 통계: 조선총독부의 통계체계와 센서스 | 박명규·서호철
9 한국의 천연염료: 전통염료와 천연염색기술 | 김재필·이정진
10 북한의 의학교육 | 박재형·김옥주·황상익
11 국문 글쓰기의 재탄생 | 권영민
12 사할린 귀환자 | 이순형
13 조선시대의 간척지 개발: 국토 확장과정과 이용의 문제 | 박영한·오상학
14 3칸×3칸: 한국 건축의 유형학적 접근 | 전봉희·이강민
15 위성영상을 이용한 북한지역의 해안습지연구: 평안남도를 사례로 | 유근배
16 한국 구비문학에 수용된 재담 연구 | 서대석
17 한국 자본자유화와 금융자유화의 근년변화: OECD 가입 및 IMF 사태 이후의 실상, 평가 및 대응 | 이천표
18 구어 한국어의 의향법 실현방법 | 권재일
19 조선시대 복식에 나타난 적색계 색명의 의미 | 남윤자·김순영·박성실
20 우리나라 인체기생충 및 의용절지동물의 동물상과 개요 | 채종일
21 경제개방이 우리나라 노동시장에 미친 효과 | 김대일
22 한국 고소설에 나타난 오이디푸스 콤플렉스: 〈심청전〉·〈콩쥐팥쥐전〉 | 류인균
23 남북한 경제의 이질성: 경제통합에 관한 함의 | 이지순
24 한국에서 마르크스주의 경제학의 도입과 전개과정 | 김수행
25 한국 장수인의 개체적 특성과 사회환경적 요인: 호남지방 장수벨트를 중심으로 | 박상철·이미숙·이정재·한경혜
26 전통마을 경관요소들의 생태적 의미 | 이도원
27 한국의 중산층 | 홍두승
28 한국 여성의 건강증진행위 | 윤순녕·김숙영·이지윤
29 心과 性: 茶山의 『孟子』 해석 | 금장태
30 20세기 초기 국어의 문법 | 권재일
31 한국의 고령노동: 경제활동과 고용구조의 장기적 변화 | 이철희
32 웃음으로 눈물 닦기: 한국 언어문화의 한 특질 | 김대행
33 한국의 좌파 경제학자들 | 김수행·김공회